GESTÃO DE TECNOLOGIAS EMERGENTES

CB055788

G393   Gestão de tecnologias emergentes: a visão da Wharton School / George S. Day, Paul J. H. Schoemaker e Robert E. Gunther; trad. Zaida Maldonado. – Porto Alegre : Bookman, 2003.

1. Administração – Tecnologias – Gestão. I. Schoemaker, Paul J.H. II. Gunther, Robert E. III. Título.

CDU 658.284

Catalogação na publicação: Mônica Ballejo Canto – CRB 10/1023

ISBN 85-363-0191-0

GESTÃO DE
TECNOLOGIAS EMERGENTES

A VISÃO DA
WHARTON SCHOOL

GEORGE S. DAY
PAUL J. H. SCHOEMAKER
ROBERT E. GUNTHER
e colaboradores

Tradução:
ZAIDA MALDONADO

Consultoria, supervisão e revisão técnica desta edição:
TANIA M. VIDIGAL LIMEIRA
Doutora em Marketing pela EAESP/FGV.
Professora de Marketing na EAESP/FGV e no IBMEC/SP.
Professora convidada na Reims Management School.

2003

Obra originalmente publicada sob o título:
Wharton on Managing Emerging Technologies

Copyright © 2000, George S. Day, Paul J. H. Schoemaker e Robert E. Gunther
Tradução autorizada do original em língua inglesa publicado por John Wiley & Sons

ISBN 0-471-36121-6

Capa:
TATIANA SPERHACKE

Preparação de originais:
DANIEL GRASSI

Leitura final:
IARA SALIM GONÇALVES

Supervisão editorial:
ARYSINHA JACQUES AFFONSO

Editoração eletrônica:
AGE – ASSESSORIA GRÁFICA E EDITORIAL LTDA.

Reservados todos os direitos de publicação em língua portuguesa à
ARTMED® EDITORA S.A.
(Bookman® Companhia Editora é uma divisão da Artmed® Editora S.A.)
Av. Jerônimo de Ornelas, 670 – Santana
90040-340 Porto Alegre – RS – Brasil
Fone: (51) 3330-3444 Fax: (51) 3330-2378

É proibida a duplicação ou reprodução deste volume, no todo ou em parte,
sob quaisquer formas ou por quaisquer meios (eletrônico, mecânico, gravação,
fotocópia, distribuição na Web e outros), sem permissão expressa da Editora.

SÃO PAULO
Av. Rebouças, 1.073 – Jardins
05401-150 São Paulo – SP – Brasil
Fone: (11) 3062-3757* Fax: (11) 3062-2487

SAC 0800 703-3444

IMPRESSO NO BRASIL
PRINTED IN BRAZIL

Agradecimentos

Primeiro gostaríamos de reconhecer a excelência, o entusiasmo e o espírito colaborador dos nossos colegas do corpo docente da Wharton, autores dos capítulos deste livro. Orgulhamo-nos de estar associados a um corpo docente de classe mundial, que compartilha da dedicação da escola ao tratar dos desafios a serem enfrentados pelos líderes empresariais de hoje. Esses autores representam um amplo espectro de interesses e de formação, vindos de cinco departamentos diferentes. A diversidade coletiva de suas contribuições dá a este livro uma admirável profundidade e alcance de perspectiva.

Todos nós temos uma grande dívida com as empresas que têm apoiado o Emerging Technologies Management Research Program, incluindo a Bell, a Atlantic, a Biogen, a Cigna, a Delphi/General Motors, a DuPont, a IBM, a Knight-Ridder, a McKinsey & Co., a Minnesota Mining and Manufacturing, o Bank of Montreal, a National Security Agency, a Monsanto, a Procter & Gamble, a Smith Kline Beecham, a Sprint e a Xerox. Esses parceiros desempenharam muitos papéis nessa rede de aprendizagem. Auxiliando-nos a estabelecer prioridades de pesquisa à luz de suas necessidades por soluções práticas, mantiveram-nos próximos das realidades do dia-a-dia das tecnologias emergentes. Servindo como grupos de repercussão, conselheiros e palestrantes em mais de 20 *workshops* e conferências, eles partilharam suas experiências e nos ajudaram a testar nossas idéias. Somos especialmente gratos a eles por nos desafiarem a compreender melhor as questões e identificar as melhores práticas no lidar com elas. Eram, de fato, parceiros em nosso empreendimento coletivo.

É impossível reconhecermos adequadamente todos os administradores perspicazes que nos guiaram. Desejamos destacar seis deles por suas contribuições especiais: Steve Andriole, da Cigna, hoje Safeguard Scientifics, Terry Fadem, da DuPont, Steve Rossi, da Knight-Ridder, Harry Andrews, da 3M, Larry Huston, da Procter & Gamble, e Mark Meyers, da Xerox. Também fomos privilegiados por receber o sábio conselho dos nossos colegas seniores, que trazem uma verdadeira riqueza de experiência dentro da área: Don Doering, Warren Haug, Adam Fein, Bob Hershock, Roch Parayre, William Pipkin e Rob Riley.

O Emerging Technologies Management Research Program é uma iniciativa do Huntsman Center for Global Competition and Innovation. A missão especial do Huntsman Center é servir de ponto de foco para a pesquisa em Wharton sobre estratégia competitiva, inovação e tecnologias emergentes. Nossas atividades são um tributo a Jon Huntsman, empresário visionário e aluno de destaque da escola, que teve a inspiração de estabelecer o Center em 1988. Esse centro floresceu no intenso ambiente intelectual da Wharton School. Agradecimentos especiais vão para Tom Gerrity, que nos concedeu apoio inabalável durante o cargo de reitor e proporcionou as sementes de financiamento que deram início a essa iniciativa. Somos muito gratos pelo apoio e pelo incentivo que nos foram concedidos por Janice Bellace no cargo de reitor-adjunto.

A direção intelectual desse programa de pesquisa adveio de um grupo especial de docentes: Bill Hamilton, Graham Mitchell, Harbir Singh, Jitendra Singh, Sid Winter e os editores. Este livro celebra as singulares contribuições de um grupo diverso de estudiosos que compartilharam da nossa visão de que as tecnologias emergentes constituem um jogo diferente. Começamos a nos reunir regularmente em 1994 a fim de talharmos uma estratégia para o programa, resolvermos problemas conceituais e práticos e construirmos uma rede de estudiosos que hoje se estende pelo mundo. Nosso grupo central desenvolveu a estrutura básica deste livro e desempenhou um papel integral no trabalho com os autores. Um acontecimento crucial nesse processo foi o retiro de um dia, no qual os autores compartilharam os conceitos básicos de seus capítulos e estabeleceram conexões com os outros capítulos.

As idéias que sustentam este livro foram formuladas por muitas pessoas. Desejamos agradecer especialmente aos nossos parceiros de outros centros de pesquisa da Wharton que colaboraram nos *workshops* e nos projetos: Ned Bowman e Bruce Kogut, do Reginald Jones Center, Ian MacMillan, do Sol C. Snider Entrepreneurial Center, e Jerry Wind, do SEI Center. Sentimos profundamente o falecimento recente de Ned Bowman e prestamos tributo à sua profunda influência no clima de pesquisa da escola. Muitos alunos de administração de outras escolas, além da Wharton, nos auxiliaram generosamente, compartilhando seus últimos pareceres sobre as questões com as quais lidávamos. Entre os que foram particularmente influentes estão Raffi Amit (da UBC e hoje da Wharton), Clayton Christensen (Harvard), Kathleen Eisenhardt (Stanford), Richard Foster (McKinsey & Co.), Rebecca Henderson (MIT), Gary Pisano (Harvard), Richard Rosenbloom (Harvard), Michael Tushman (Harvard), C.K. Prahalad (Michigan), Andrew van de Ven (Minnesota) e Eric von Hippel (MIT).

O diretor administrativo do Emerging Technologies Management Research Program, Michael Tomczyk, forneceu o entusiasmo, a energia e o apoio para mantermos o programa de pesquisa prosperando. Ele enxergou as possibilidades desse programa em sua gênese e trabalhou de perto com os nossos parceiros para assegurar que essas possibilidades se realizassem. Seus informes e relatórios de conferência foram contribuições valiosas à nossa agenda de pesquisa e a este livro, contribuições altamente valorizadas pelos nossos inúmeros parceiros da área.

Muitas pessoas nos ajudaram a finalizar este empreendimento. Agradecimentos especiais a Robert Gunther por sua inestimável ajuda editorial. Ele desempenhou um papel central no desenvolvimento e na apresentação dos temas no livro, integrando as diversas contribuições dos autores e reescrevendo muitos dos capítulos para que fossem persuasivos e acessíveis. Somos gratos a Jeanne Glasser, nossa editora na Wiley, por guiar este projeto em sua longa e sinuosa estrada até a publicação. Nossa sincera gratidão à equipe da Publications Development Company por ajudar a transformar este projeto gerado por muitas cabeças diferentes em um livro, sofrendo a pressão de prazos bastante apertados. Por todo o projeto, tivemos a boa sorte de receber a assistência de Michele Klekotka, que alegremente lidou com o complexo fluxo de comunicações enquanto esboços de linhas gerais e rascunhos circulavam pela escola. Também nos beneficiamos imensamente das habilidades gráficas de John Carstens e de Meredith Wickman, do departamento de *marketing* da Wharton.

As heroínas deste livro são as nossas esposas, Marilyn e Joyce, que forneceram o apoio essencial, o estímulo e a compreensão para nos manter empenhados. Nós dois fomos abençoados com as nossas companheiras de vida. Dedicamos este livro aos nossos filhos e netos, cujas vidas podem ser profundamente transformadas pelas várias tecnologias discutidas aqui. Esperamos que os administradores e empresários encarregados dessas tecnologias as utilizem para melhorar o mundo e a experiência de vida deles.

Finalmente, agradecemos a toda comunidade de Wharton, com sua cultura singular de colaboração, de excelência e de empreendimento que viabilizou esse projeto. Esperamos que este livro reflita a verdadeira profundidade e excelência da escola e de seu admirável corpo docente.

G. S. D.
P. J. H. S.

Bryn Mawr, Pennsylvania
Villanova, Pennsylvania

Prefácio

O DESAFIO

Embora Terry Fadem seja oficialmente diretor de desenvolvimento de novos negócios na Dupont, na realidade ele se situa além da estrutura formal da organização. Fadem agora trabalha em um vórtice de incansáveis experiências para tirar vantagem das 18 mil e tantas patentes da empresa. Sua divisão não pode ser considerada uma unidade empresarial no sentido tradicional, nem seu cargo pode ser considerado um cargo de gerência. Ele se comporta muito mais como um investidor de risco.

Após a restruturação nos anos 90, a DuPont encarregou um núcleo central *(core group)* de desenvolver novos mercados para invenções como um material emissor de luz que pudesse substituir a lâmpada. "Tinhamos a função de construir novos negócios da maneira que pudéssemos", disse Fadem. "Não começamos com equipes de pessoas que a nós se reportam, mas, ao longo do tempo, fomos desenvolvendo um plano empresarial, uma organização, e assim por diante". Mesmo essa abordagem, no entanto, não era rápida o suficiente, e a empresa começou a reunir uma variedade de equipes de empreendimento. "Juntamos pessoas em uma equipe e lhes dissemos para encontrar uma oportunidade que a empresa pudesse perseguir, traçar um plano de trabalho e que, se a empresa o aprovasse, nós o financiaríamos".

Os principais negócios da DuPont em náilon, fluorcarbonos e outras áreas continuam a operar dentro de uma organização formal. Mas a vida para Fadem e para os administradores situados nessas fronteiras é bem diferente. Como eles lidam com as inúmeras tecnologias emergentes que criam novas oportunidades ou revolucionam os negócios estabelecidos? Como navegam em meio à complexidade, à incerteza e à rápida mudança inerentes a esse território indomado? Como permanecem parte de uma empresa maior e estabelecida, sem serem engolidos ou retardados por ela? Onde encontram o conhecimento e o talento para gerir tecnologias emergentes?

Quando uma dupla de pesquisadores do Emerging Technologies Program (Programa de Tecnologias Emergentes) da Wharton perguntou a Fadem onde ele conseguia suas visões sobre a gestão de tecnologias emergentes, ele respondeu: "Eu tento não interpretar o pensamento em voga. Minha função é construir novos negócios e tenho de procurar pelo pensamento de ponta o tempo todo. Se todos já estão fazendo isso, pode já ser tarde demais para nós. A única maneira de conquistar vantagem competitiva é indo além do existente."

As tecnologias emergentes, baseadas nos avanços da tecnologia de informação, da biotecnologia e de outras disciplinas científicas, representam o futuro de alguns setores e vão transformar muitos outros. Essas tecnologias estão criando e reestruturando indústrias em um ritmo sem precedentes, tornando obsoletas práticas tradicionais e criando uma necessidade para novas e melhores práticas, competências centrais e estratégias competitivas. As empresas com freqüência não têm escolha, a não ser se transformar em participantes ativas nas tecnologias externas que poderiam redefinir o seu futuro. Elas porém, por vezes enfrentam os maiores desafios internamente, porque a gestão das tecnologias emergentes requer um conjunto de habilidades, de estruturas e estratégias diferente daquele necessário à gestão das tecnologias existentes. Como os administradores dominam essas novas abordagens? Como Fadem, eles procuram o *edge*, o que está além das fronteiras conhecidas.

PROCURANDO ALÉM DAS FRONTEIRAS

O Emerging Technologies Management Research Program (Programa de Pesquisa de Gestão de Tecnologias Emergentes) da Wharton estabeleceu-se em 1994 (antes de Internet ser uma palavra usual em todos os lares) para tratar desses desafios. Uma equipe diversa de docentes começou a trabalhar com executivos seniores, como Fadem, a fim de compreender os desafios singulares da gestão das tecnologias emergentes e desenvolver estratégias para o sucesso. Esse trabalho baseou-se em uma conscientização crescente vinda do nosso estudo no setor de que as tecnologias emergentes seriam importantes para o sucesso futuro da gestão. Desde então, a explosão da Internet e a maturação da biotecnologia puseram as tecnologias à frente e no centro do pensamento gerencial.

Esta iniciativa representa uma das primeiras e mais amplas tentativas de se levar um elemento de rigor a um campo que tem se caracterizado por prescrições simplistas, por falatório e pela hipérbole ocasional. Nosso programa de pesquisa casa a experiência da prática com as ferramentas, formulações e pesquisas emergentes feitas por professores, consultores e profissionais previdentes. Algumas dessas ferramentas estão em nossas mãos há décadas (como o planejamento de cenário e a análise das opções reais), mas apenas agora começam a encontrar caminho para uso mais disseminado. O potencial das outras interpretações neste livro, como as perspectivas da biologia evolucionária e das estratégias de rede, ainda permanece por ser amplamente reconhecido.

Este livro constrói uma importante veia de pesquisa que explora a gestão de inovações baseadas em tecnologia. Entre as notáveis obras já escritas sobre esse tópico incluem-se *Innovation: The Attacker's Advantage*, de Richard Foster (Summit Books, 1986), *Crossing the Chasm*, de Geoffrey Moore (Harper, 1991), *Innovation Explosion*, de James Brian (Free Press, 1997) e, mais recentemente, *The Innovator's Dilemma*, de Clay Christensen (Harvard Business School Press, 1997). Embora todas essas obras ofereçam contribuições importantes à gestão das tecnologias emergentes, o objetivo deste livro é proporcionar mais do que um único referencial ou perspectiva. Este projeto reúne uma ampla gama de autores de diversas disciplinas que vêm concentrando a atenção em tecnologias emergentes. Os desafios de gestão apresentados pelas tecnologias emergentes atravessam toda a organização, visitando disciplinas que incluem finanças, administração de alianças, recursos humanos, administração de empresas, teoria do trabalho em redes, *marketing*, estratégia e muitas outras. Todas essas perspectivas estão representadas neste livro.

O presente volume oferece uma rigorosa destilação da nossa sabedoria coletiva sobre o estudo das tecnologias emergentes até hoje. Entre as questões das quais tratamos estão: como os empresários precisam modificar suas abordagens sobre análise financeira, *marketing*, estratégia competitiva e organização interna? Como evitam as armadilhas comuns e trabalham com sócios? Como antecipam as questões de política pública que irão dar forma aos mercados emergentes? Como podem gerir as questões organizacionais que fortalecem ou destroem as iniciativas das tecnologias emergentes? Essas discussões auxiliam a preparar os administradores nas empresas estabelecidas e nas novas para competir, sobreviver e obter sucesso.

O conhecimento emergente

Este livro examina os desafios de gestão impostos pelas tecnologias emergentes a partir do ponto em que a pesquisa científica se revela uma possibilidade tecnológica e segue até a comercialização da tecnologia em mercados pioneiros. Essa é aproximadamente a zona no gráfico abaixo entre as intersecções rotuladas de "modalidades competitivas" e "aplicações competitivas". Nós não lidamos extensivamente com o gerenciamento de pesquisa e desenvolvimento nem com a comercialização, numa fase mais adiantada, de uma tecnologia comprovada. Aborda-

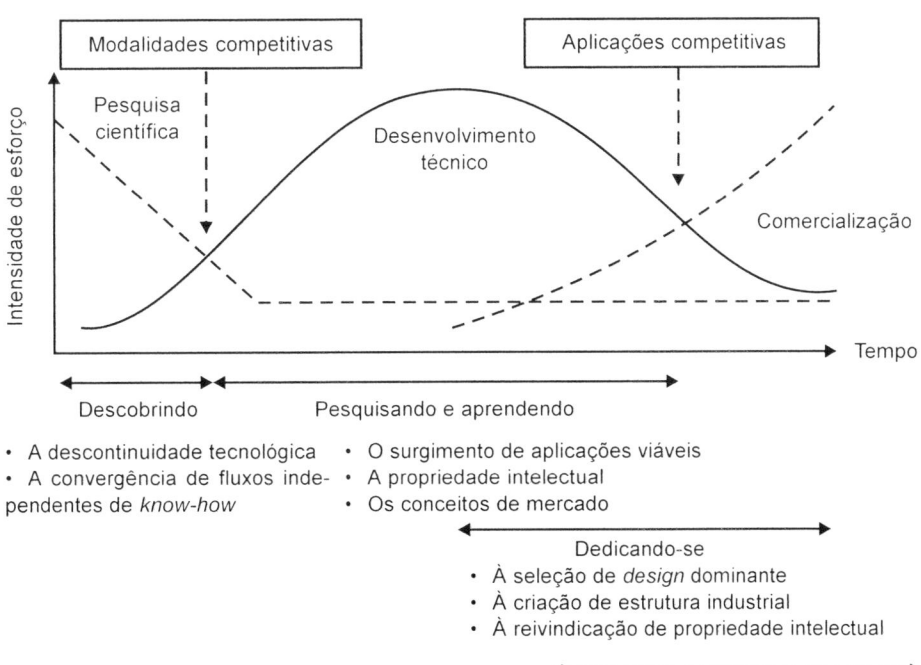

Fonte: baseado em uma estrutura originalmente desenvolvida pelo Prof. William Hamilton.

FIGURA P.1 Como o conhecimento emergente evolui.

mos a questão de uma perspectiva da direção da empresa e não lidamos com as complexidades das tecnologias individuais. Escolhemos essa zona porque ela apresenta os maiores desafios à administração.

A habilidade de dominar tecnologias emergentes é essencial à sobrevivência em um número crescente de setores. Esse fato promete ser ainda mais verdadeiro no futuro. Estamos apenas no começo de uma onda de novidades que se igualarão às da década passada ou as superarão. Uma rápida olhada nos laboratórios da indústria e na ciência revela tecnologias, como motores e sensores microeletromecânicos, materiais feitos sob encomenda construídos com uma camada atômica por vez, a medicina personalizada por intermédio de tratamentos geneticamente formulados, a eletrônica orgânica e os exames da íris para identificação pessoal. Muitas outras tecnologias prometem tornar a vida interessante e desafiadora para os administradores no futuro.

A neve derrete-se primeiro nas extremidades. Com as tecnologias emergentes de ponta começando a derreter as estruturas estabelecidas de muitos setores, podemos aprender muito ao examinarmos a periferia. É na periferia que melhor podemos compreender como competir em setores que estão sendo transformados por tecnologias emergentes. As maneiras tradicionais de pensar, de analisar e de organizar não são mais adequadas. Abordagens diferentes que emergem na periferia vão, no final, formar parte da corrente principal da administração.

Passamos vários anos explorando a neve que derretia por intermédio de uma feliz sinergia de profissionais previdentes tentando aprender com as suas experiências e uns com os outros, junto com acadêmicos inquisidores que criam e testam novas teorias de administração e métodos que estudam os vencedores e os perdedores. Esses debates com mais de 20 empresas de destaque auxiliaram na formulação de um conjunto de questões prioritárias (veja o quadro) que constituíram a base para o desenvolvimento deste livro. Uma vez que não existe um modelo ou paradigma estabelecido para a gestão de tecnologias emergentes – mas, no melhor dos casos, uma gama diversa de perspectivas e de abordagens –, nosso livro busca equilibrar a pluralidade das visões ao redor do cerne comum dos desafios de jogar melhor o jogo um tanto diferente das tecnologias emergentes.

As questões prioritárias da gestão de tecnologias emergentes

1. *A avaliação das tecnologias emergentes.* Como as empresas decidem e comprometem-se em face da extrema incerteza de uma tecnologia emergente?
2. *O planejamento e a administração das alianças.* Como as empresas estabelecidas e as empreendedoras aliam-se para capitalizar suas forças centrais a fim de conquistarem benefícios mútuos? Como evolui o ciclo de vida da aliança?
3. *As estratégias para a participação nas tecnologias emergentes.* Como as empresas decidem se adotam agressivamente uma nova estratégia (por meio da aquisição, do licenciamento ou do desenvolvimento interno), se participam em uma rede de alianças ou se seguem uma abordagem de observação e espera? Quais os riscos e as recompensas dessas e de outras estratégias?
4. *O desenvolvimento de produtos para os mercados realmente novos.* Como podem as empresas aprimorar sua habilidade de desenvolver conceitos inovadores de produtos que irão impulsionar a criação e/ou utilizar as tecnologias emergentes, e como podem lidar com a ambiguidade do mercado potencial, com as exigências dos clientes e as capacidades competitivas?
5. *O planejamento de organizações para competir nas tecnologias emergentes.* Quais estruturas organizacionais as empresas devem usar para desenvolver e comercializar

uma tecnologia emergente? Quais os incentivos e sistemas necessários para incentivar os inovadores e os defensores dentro da organização?
6. *A administração da propriedade intelectual.* Como as empresas identificam as oportunidades de adquirir propriedade intelectual e de protegê-la de uma perda para os sócios ou concorrentes? Qual é o valor e o papel da propriedade intelectual em uma economia de informação?
7. *A evolução das indústrias emergentes baseadas em tecnologias.* No que as indústrias emergentes baseadas em tecnologia são diferentes das indústrias tradicionais? Como emergem e evoluem e quais as melhores práticas, estratégias e fatores de sucesso?

PLANO PARA O LIVRO

Este livro parte dessas prioridades para examinar como os administradores entendem e avaliam as tecnologias e os mercados, como formulam estratégias, tomam decisões de investimento e modificam as suas organizações para enfrentar os desafios da gestão das tecnologias emergentes. Os capítulos de abertura examinam o raciocínio geral necessário para compreender as tecnologias emergentes e como isso representa um "jogo diferente", caracterizado por alta incerteza, rápida mudança e competências que se deslocam. A abertura do livro também examina as potenciais armadilhas que, com freqüência, deixam as empresas em desvantagem com relação às empresas menores, e as estratégias para evitar essas armadilhas.

Com essa base, voltamos nossa atenção à questão da avaliação para desenvolvimento das rápidas tecnologias. Na Parte I, exploramos os caminhos do desenvolvimento de tecnologia, as formulações para a avaliação das tecnologias e o papel do governo no afloramento de tecnologias e indústrias. Após examinarmos o processo de avaliação das tecnologias, focalizamos os mercados para essas novas tecnologias. Na Parte II, examinamos como esses mercados, que são bem diferentes dos mercados maduros de tecnologia, exigem novas abordagens de pesquisa e de avaliação. Eles também exigem uma compreensão das intercessões entre os segmentos de mercado e as várias barreiras de tecnologia. Por fim, examinamos como ativos complementares afetam a difusão de novas tecnologias e o impacto que essas tecnologias podem exercer nas empresas estabelecidas.

O processo de formulação de estratégias é em si virado de ponta-cabeça nos ambientes de rápida mudança e alta incerteza. Na Parte III, exploramos as exigências da formulação de estratégias nas empresas de tecnologias emergentes, inclusive a necessidade de combinar a disciplina e a imaginação, o uso do planejamento de cenários e as estratégias para a divisão dos ganhos conjuntos.

Já que o objetivo do desenvolvimento de tecnologias estratégicas geralmente é produzir um retorno em algum ponto do futuro, o desafio seguinte por nós considerado é a questão da avaliação dos investimentos nas tecnologias emergentes. A Parte IV oferece contribuições quanto ao uso de opções reais, que ajudam a avaliar o valor e o potencial das tecnologias emergentes para projetos nos quais o valor presente líquido pode ser negativo. Esta seção também examina uma variedade de abordagens financeiras internas e externas moldadas às tecnologias emergentes.

As rápidas tecnologias emergentes exercem tremendas forças gravitacionais na organização e pedem modelos e métodos diferentes de gestão. A Parte V explora a reformulação da organização visando às tecnologias emergentes – tanto desenvolvendo "redes de conhecimento" externas e alianças, como por meio de novas formas organizacionais e relacionamentos entre os funcionários.

A história aqui contada – como os setores estudados – é um trabalho em andamento. Reflete o conhecimento dos líderes da prática e dos pesquisadores de ponta na área, mas não existem palavras finais ou receitas definitivas para o sucesso. Há *insights* arduamente conquistados, mas mesmo esses devem ser constantemente desafiados. Enquadram-se em sua situação em particular? Mostram-se verdadeiros no caso *desta* tecnologia? As lições do passado se encaixam no futuro que você vê? Existe um modo melhor de você alcançar seus objetivos e metas?

Para os que estão envolvidos neste projeto, ele ofereceu um dos mais recompensadores e desafiadores trabalhos no qual nos engajamos. Não existe oportunidade maior de causar impacto do que a de lutar com o futuro e suas inúmeras indefinições. Continuaremos a aprender neste ambiente e queremos ouvir os leitores falando de suas próprias perspectivas neste desafio. Como as tecnologias que estamos estudando, os princípios da administração neste ambiente ainda estão emergindo.

GEORGE S. DAY
PAUL J. H. SCHOEMAKER

The Wharton School

Sumário

Capítulo 1
Um jogo diferente 17
George S. Day e Paul J. H. Schoemaker

Capítulo 2
Evitando as armadilhas das tecnologias emergentes 36
George S. Day e Paul J. H. Schoemaker

Parte I
AVALIANDO TECNOLOGIAS

Capítulo 3
Especiação de tecnologia e o caminho de tecnologias emergentes 63
Ron Adner e Daniel A. Levinthal

Capítulo 4
Identificação e avaliação de tecnologias emergentes 78
Don S. Doering e Roch Parayre

Capítulo 5
Tecnologias emergentes e políticas públicas: lições da Internet 98
Gerald R. Faulhaber

Parte II
GERENCIANDO MERCADOS

Capítulo 6
Avaliando mercados futuros para novas tecnologias 121
George S. Day

Capítulo 7
Estratégia de tecnologia em cenários de mercados difusos 140
Ian C. MacMillan e Rita Gunther McGrath

Capítulo 8
Comercializando tecnologias emergentes por meio de ativos complementares 159
Mary Tripsas

Parte III
CRIANDO ESTRATÉGIAS

Capítulo 9
Imaginação disciplinada: criando estratégias em ambientes incertos 173
Gabriel Szulanski e Kruti Amin

Capítulo 10
Planejamento de cenários para tecnologias revolucionárias 187
Paul J. H. Schoemaker e V. Michael Mavaddat

Capítulo 11
Apropriando-se dos ganhos com a inovação 215
Sidney G. Winter

Parte IV
INVESTINDO PARA O FUTURO

Capítulo 12
Gerenciando opções reais 241
William F. Hamilton

Capítulo 13
Estratégias de financiamento e capital de risco 257
Franklin Allen e John Percival

Capítulo 14
Estratégias financeiras inovadoras para empreendimentos de biotecnologia 272
Paul J. H. Schoemaker e Alan C. Shapiro

Parte V
REPENSANDO A ORGANIZAÇÃO

Capítulo 15
Gerenciando redes dinâmicas de conhecimento 295
Lori Rosenkopf

Capítulo 16
Utilizando alianças para construir vantagem competitiva
  em tecnologias emergentes 312
Jeffrey H. Dyer e Harbir Singh

Capítulo 17
O desenho de novas formas organizacionais 328
Jennifer Herber, Jitendra V. Singh e Michael Useem

Capítulo 18
Projetando o local de trabalho personalizado 342
John R. Kimberly e Hamid Bouchikhi

Notas 358

Índice 380

CAPÍTULO 1

UM JOGO DIFERENTE

GEORGE S. DAY
The Wharton School

PAUL J. H. SCHOEMAKER
The Wharton School

terapia de genes, o comércio eletrônico, os sensores inteligentes, as imagens digitais, a microengenharia, a supercondutividade e outras tecnologias emergentes têm o potencial de reconstruir setores inteiros e tornar obsoletas estratégias já estabelecidas. Esse fato é animador para os atacantes do jogo que podem escrever – e explorar – as diferentes regras da competição, em especial se não estão sobrecarregados por um negócio já existente. Para os titulares das tecnologias, contudo, as tecnologias emergentes são, com freqüência, traumáticas. A maioria sente não ter outra escolha a não ser participar nos mercados que emergem. O primeiro motivo é defensivo, dirigido pelo temor de que recém-chegados estejam tramando usar novas funcionalidades ou modalidades para atacar seus mercados principais. O segundo motivo é o inverso do primeiro: se a tecnologia emergente realizar seu potencial, criará oportunidades de mercado por demais atraentes para serem ignoradas.

Os sinais da turbulência tecnológica estão difundidos. O crescimento da Internet criou uma ansiedade crescente entre os varejistas tradicionais e outros negócios enquanto lutam para dominar as regras diferentes segundo as quais devem jogar contra concorrentes jovens e agressivos que fincam os pés nesse novo ambiente. O surgimento das operações bancárias *(homebanking)* através da Internet, por exemplo, faz os banqueiros tremerem ao contemplar a reformulação do setor bancário. As inovações em biotecnologia deram nova forma ao mundo tradicional das empresas químicas e farmacêuticas, forçando-as a se reestruturar, a criar novas alianças e a desenvolver novas estratégias.

Algumas empresas estão mais próximas ao centro da tormenta da destruição criativa causada pelas novas tecnologias, mas pouquíssimas vão escapar completamente do impacto perturbador dessas novas forças. As tecnologias de informação estão transformando muitos setores da economia, enquanto a pesquisa genética e de materiais promete ter um impacto em áreas tão diversas como a dos medicamentos, da produção de alimentos e da medicina legal. De setor em setor, a gestão das tecnologias emergentes vem se tornando essencial ao sucesso.

> **O que são tecnologias emergentes?**
>
> Tecnologias emergentes são inovações com base científica que detêm o potencial de criar um novo setor ou de transformar um já existente. Incluem tecnologias descontínuas derivadas de inovações radicais (por exemplo, a bioterapia, a fotografia digital, os supercondutores de alta temperatura, os microrobôs ou os computadores portáteis), além de tecnologias mais evolutivas formadas pela convergência de correntes de pesquisa antes separadas (por exemplo, as imagens de ressonância magnética, os *faxes*, o banco eletrônico, a TV de alta definição e a Internet). Cada uma dessas tecnologias oferece uma rica fonte de oportunidades de mercado, proporcionando o incentivo para que sejam feitos investimentos arriscados.
>
> O termo *tecnologia* é usado amplamente nos negócios e na ciência em referência ao processo de transformação de um conhecimento básico em uma aplicação útil. A ciência pode ser considerada um *conhecimento do quê* e a tecnologia um *conhecimento do como*, enquanto os mercados ou as empresas enfocam o *conhecimento do onde* e o *conhecimento de quem*. Aqui, definimos tecnologia como um conjunto de habilidades baseadas em uma disciplina que se aplicam a um produto ou mercado em particular. A tecnologia pode se concentrar em um componente, um produto inteiro ou uma indústria. As tecnologias emergentes são aquelas em que: (1) a base do conhecimento está se expandindo, (2) a aplicação aos mercados existentes está passando por inovação ou (3) novos mercados estão sendo testados ou criados.
>
> É também útil distinguirem-se as tecnologias que são novas para as empresas, ou para uma unidade da empresa, daquelas que são novas para o mundo. Muitos administradores empenham-se bastante em sondar, experimentar e integrar as tecnologias disponíveis externamente (sejam as novas ou as maduras) a seus produtos existentes e também em criar novos produtos. O nosso foco neste livro recai sobre como transformar as tecnologias que ainda surgem (tanto dentro quanto fora da empresa) em criação de valor dentro dos mercados existentes ou dos recém-surgidos.

VENCEDORES E PERDEDORES

Os fracassos dos titulares de tecnologias são tão amplamente reconhecidos que a sabedoria comum sustenta que os atacantes vindos de fora têm vantagem quando uma tecnologia emergente ameaça um mercado existente ou um regime tecnológico[2]. Os novos ingressantes no jogo utilizaram a tecnologia para tomar o mercado das empresas com copiadoras, calculadoras eletrônicas, fabricação de aço em minifábricas, gravadores de videoteipe e equipamentos hidráulicos de remoção de terra. O setor de computação evoluiu da concorrência entre grupos verticalmente integrados, controlados pela DEC, IBM, Wang, Amdahl, Nixdorf, NEC ou Matsushita, para um modelo industrial horizontal no qual há concorrência entre os fornecedores de componentes. Poucos líderes no modelo horizontal, como a Dell, a Cisco, a Microsoft ou a Intel, vieram das fileiras do antigo setor vertical[3]. A mesma história se desenrolou na indústria de discos rígidos, na qual a liderança de mercado modificou-se com cada geração sucessiva do produto[4]. Nos jogos eletrônicos, a Atari foi superada pela Sega, e a Nintendo pode vir a liderar na nova geração.

A perda da liderança de mercado pelos titulares de uma tecnologia não é inevitável. Algumas empresas conseguem superar os desafios associados à titularidade e não ser marginalizadas por uma nova tecnologia. Entre os exemplos recentes e dignos de nota de grandes empresas que abraçaram com sucesso tecnologias emergentes, incluem-se:

- A Microsoft, que adotou uma postura agressiva para superar sua entrada tardia na Internet, redirecionando uma grande parcela do seu orçamento destinado à pesquisa e ao desenvolvimento (P & D) para projetos relacionados com a Internet e investindo pesado na produção de conteúdo digital.
- A Monsanto, que passou por uma complexa reformulação livrando-se do seu negócio cíclico de produtos químicos para se concentrar em suas operações farmacêuticas, agrícolas e de ingredientes alimentícios, que exploram 20 anos de vários bilhões de dólares de investimentos na biotecnologia agrícola. Será uma estrada acidentada, com profundas preocupações em relação aos alimentos geneticamente modificados, mas a perspectiva a longo prazo parece muito promissora.
- A Intel, que foi capaz de largar o setor de memória de semicondutores e com sucesso dedicar-se aos microprocessadores, a despeito das crenças profundamente enraizadas de que as memórias eram a coluna vertebral da empresa.[5]
- A Charles Schwab, que é a primeira empresa de investimentos com descontos, e lançou com êxito uma página de investimentos na Internet, apesar do alto custo inicial causado pelas baixas comissões em todas as operações *on-line*. A perda inicial logo foi recuperada pelos ganhos de produtividade e pelas novas receitas, geradas por conceder aos clientes informações personalizadas em tempo real.
- A General Electric, que encontra-se em meio a uma transformação profunda, com Jack Welch pregando e empurrando na direção de uma mudança revolucionária. Em cada departamento da GE se pediu a criação de uma iniciativa de DestruaMeuNegócio.com, sob o lema de que ou você muda o modelo empresarial ou alguém o fará por você.

Algumas dessas empresas tiveram que "encarar a morte de perto" antes de darem as guinadas radicais em suas organizações e traçarem as estratégias necessárias ao sucesso. Em cada caso, tiveram de repensar drasticamente as suas abordagens ao negócio para enfrentar os desafios dessas novas tecnologias. Foi apenas abandonando deliberadamente suas estratégias provadas e comprovadas que tornaram-se capazes de fazer frente ao teste dessa severa prova da concorrência.

Os titulares de tecnologias trazem muitos recursos às tecnologias emergentes: infra-estruturas e processos estabelecidos, marcas visíveis e respeitadas e bolsos bem fundos. Podem investir, e investem, pesado em desenvolvimento de tecnologia. Os 15 maiores gastadores com P & D são grandes corporações. Responderam por 50% dos US$ 130 bilhões não-governamentais gastos em P & D em 1990, embora a maior parte dessa quantia seja dedicada a sustentar a inovação.

Apesar de todas as suas vantagens, as empresas titulares de tecnologias com freqüência encontram-se impotentes face a uma ruptura tecnológica radical. O tamanho delas, em geral uma vantagem, nesse caso atrapalha. Os compromissos com instalações, com pessoal e com parceiros restringem sua flexibilidade. Os mercados de ações esperam ganhos contínuos, ao passo que as empresas iniciantes são valorizadas por seus ganhos futuros e recompensadas com enormes capitalizações de mercado que podem utilizar para financiar o crescimento.

Os titulares de tecnologia estão em desvantagem especialmente por causa de suas estruturas, capacidades e mentalidades. Essas empresas já dominaram o jogo estabelecido em seus setores. Mas os seus instintos muito afiados, os seus métodos heurísticos e as suas habilidades incrustadas, lentamente adquiridas, tornam difícil lidar com uma tecnologia emergente que cria um novo jogo. O sucesso nessa nova arena depende de um conjunto diferente de capacidades, ferramentas e perspectivas. Essas novas estruturas, esses novos pontos de vista e abordagens organizacionais constituem o foco deste livro.

UM JOGO DIFERENTE

Os problemas que freqüentemente confundem os titulares de tecnologia estão enraizados nas incertezas tecnológicas, nos sinais ambíguos de mercado e nas estruturas competitivas embrionárias que distinguem as tecnologias emergentes das estabelecidas. Ao mesmo tempo em que a tecnologia, a infra-estrutura, os clientes e o setor são relativamente bem-definidos para tecnologias estabelecidas, uma névoa de ambiguidade cerca tecnologias emergentes (veja a Tabela 1.1). Essas diferenças demandam novas habilidades, novas maneiras de pensar e abordagens inovadoras de administração para poderem agüentar e no fim prevalecer. Três desafios em particular precisam ser encarados e abraçados por uma empresa estabelecida se ela pretende ter alguma chance de sucesso com uma tecnologia emergente: lidar com grande incerteza e complexidade, acompanhar a mudança acelerada e desenvolver novas competências.

Lidando com grande incerteza e complexidade

Já em 1995, a televisão interativa dominou as telas dos radares corporativos como o mais quente mercado eletrônico recém-criado. Os sonhos de uma televisão interativa desapareceram no horizonte com a World Wide Web revelando o poder das conexões em rede, de modo que as imagens e as informações possam fluir livremente. Será que alguém realmente sabe o que o amanhã apresentará nesse meio? Qual das novas e chamativas tecnologias dos laboratórios da atualidade vão se tornar os novos produtos de amanhã? Quais vão ser abraçadas pelo mercado e quais serão ignoradas?

TABELA 1.1 Contrastando tecnologias emergentes com estabelecidas

	Estabelecidas	*Emergentes*
Tecnologia		
• Base científica e aplicações	Estabelecidas	Incertas
• Arquitetura ou padrões	Evolucionários	Emergentes
• Funções ou benefícios	Evolucionários	Desconhecidos
Infra-estrutura		
• Redes de fornecedores de valor, canais	Estabelecidos	Em formação
• Normas/padrões	Estabelecidos	Emergentes
Mercado/clientes		
• Padrões de uso/comportamento	Bem-definidos	Em formação
• Conhecimento do mercado	Profundo	Especulativo
Setor		
• Estrutura	Estabelecida	Embrionária
• Concorrentes	Bem-conhecidos	Novos jogadores
• Regras do jogo	Conhecidas	Emergentes

Como as empresas podem avançar face a esse tipo de incerteza? Novas tecnologias freqüentemente produzem uma grande ruptura na trajetória estabelecida dos avanços técnicos, alimentando-se de bases científicas novas ou diferentes e, portanto, requerendo o árduo desenvolvimento de novas competências. Mas, nas etapas mais iniciais do desenvolvimento, não fica evidente se vão atingir uma vantagem relativa decisiva. Com efeito, um dos aspectos mais confusos das tecnologias emergentes é o fato de os padrões de uso e o comportamento dos consumidores serem exploratórios e estarem em formação, ao passo que o conhecimento do mercado é escasso, e a estrutura de concorrência, embrionária.

Como isso difere da incerteza presente em todos os setores, mesmo no mais estável e previsível? A incerteza em um ambiente estável é administrável porque existem em geral apenas uns poucos resultados discretos que definem o futuro, e estratégias robustas podem ser criadas para uma adaptação a essas possibilidades. O caráter da incerteza criada por uma tecnologia emergente é profundamente diferente. Os riscos não são apenas externos, mas também internos, relacionados às parcialidades e às limitações das estruturas de pensamento das pessoas. O filósofo alemão Jurgen Habermas se refere a isso como um "risco epistêmico" (ou seja, o risco de não se saber o que não se sabe).

Há tantas condições imprevisíveis e voláteis interagindo de maneiras não-antecipadas nos estágios iniciais que não há uma forma sensata de prever o futuro. Ainda assim, seria uma tolice os administradores desanimarem e deixarem de analisar a situação. Seria um equívoco desistir de criar uma estratégia coerente para agir através da incerteza. Devem ser feitas escolhas sobre as iniciativas em apoio à tecnologia emergente, sobre as alianças para persegui-las e os recursos humanos para desenvolvê-las. A análise e a estratégia subseqüente, no entanto, devem incluir um componente humilde de aprendizagem e devem reconhecer inúmeros futuros. Mesmo nas tecnologias mais incertas e embrionárias há uma miríade de fatores – como as trajetórias de desempenho – que talvez sejam desconhecidos, mas podem ser estudados, se adotadas as corretas estruturas mentais[6].

Acompanhando a velocidade acelerada

O tempo da era da Internet, como a passagem dos anos para os cães, passa bem mais rapidamente do que o tempo comum. Essa aceleração pode ser vista na compressão crescente das curvas de adoção de tecnologias na Figura 1.1. Enquanto a Internet se situa na ponta de liderança dessa intensificação na pressão do tempo, forças similares trabalham com outras tecnologias, refletindo o ritmo geral do progresso tecnológico e o desejo de ganhar uma vantagem de primeiro entrante.

O ímpeto recente de atividade nas tecnologias de rede, na biotecnologia, nos materiais avançados e na nanotecnologia, nomeando apenas algumas aplicações, representa a culminação de anos de pesquisa em áreas díspares que alcançam massa crítica. A primeira divisão bem-sucedida de um gene ocorreu em 1973 e a Internet foi inicialmente concebida (como a ARPANET) nos anos 1960 (ver o Capítulo 5). Ademais, os avanços em um domínio estão se alimentando do progresso em outros e os reforçando, como ocorre com os poderosos computadores existentes hoje, que facilitam as técnicas da química combinatória e a manipulação dos genes. A tendência geral na direção dos mercados livres, da globalização e da

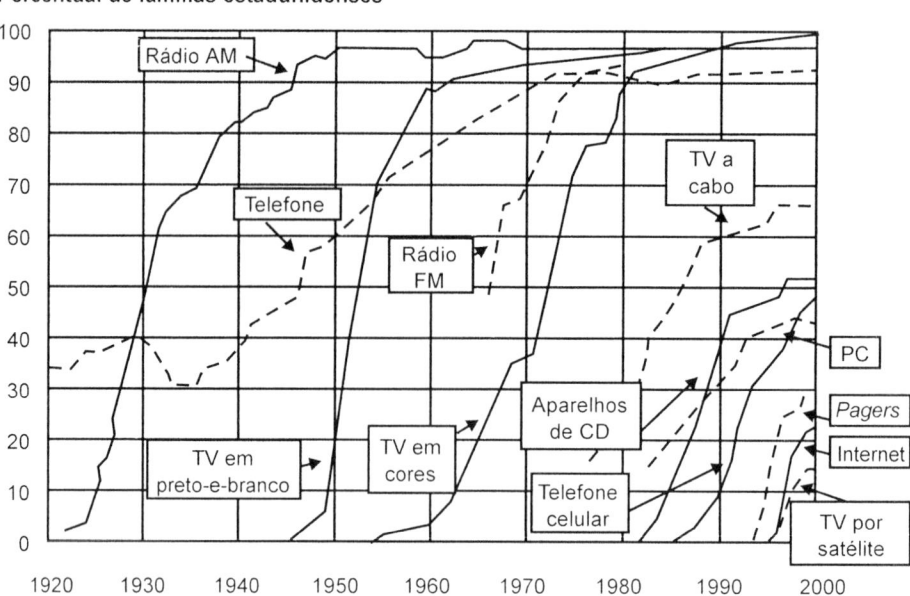

Fonte: *The Wall Street Journal*, edição para as salas de aula, 1998

FIGURA 1.1 Índices de adoção de várias tecnologias de comunicação.

desregulamentação apenas acrescenta combustível ao ritmo acelerado da mudança tecnológica.

Quando o ritmo do progresso tecnológico era mais mensurável, era possível para as empresas observarem passivamente uma descontinuidade ocasional ou esperarem que as outras empresas arriscassem com o desenvolvimento. Essa estratégia de "rápido seguidor", que um dia pareceu prudente, hoje se torna uma opção arriscada nos mercados em que "o vencedor leva tudo"[7], nos quais existe uma enorme brecha que se amplia entre o líder e os seguidores. Por exemplo, é axiomático o fato de que, nos mercados do comércio eletrônico, os jogadores iniciais dominantes, como a AOL ou a Yahoo, recebem a maior parte das recompensas. Já em 1998, um estudo constatou que os maiores *web sites* (5% da *rede*) detinham mais de 74% de todo o tráfego da Internet.[8]

Desenvolvendo novas competências

Uma inovação descontínua pode aumentar ou destruir as competências existentes. No setor tipográfico, a evolução dos tipos de impressão, passando de processos manuais para processos mecânicos, somava-se às competências dos participantes existentes e, portanto, os titulares com freqüência lideraram a mudança (como será discutido no Capítulo 8). Mas, freqüentemente, as tecnologias emergentes não se encaixam nas suas competências e minam as habilidades, o conhecimento e os ativos adquiridos lentamente, antes necessários para dominar a tecnologia estabelecida que agora está sendo substituída.[9] As empresas Friden and Monroe viram as suas grandes e sólidas redes de produção e serviços de calculadoras mecânicas tornarem-se obsoletas diante das calculadoras eletrônicas altamente confiáveis. De igual modo, as competências de transmissão de telegramas da Western Union foram ultrapassadas pelo *fax*, o *e-mail* e os serviços de entrega no dia seguinte.

Esses padrões de "destruição criativa" não representam um fenômeno recente da alta tecnologia[10]. Os jogadores atacantes já haviam tirado de campo os titulares quando as locomotivas elétricas a diesel prevaleceram sobre as locomotivas a vapor, quando as esferográficas suplantaram as canetas-tinteiro e quando os tubos a vácuo deram lugar aos transístores[11]. No início do século, desenrolou-se uma longa e amarga batalha entre Edison e a Westinghouse quanto aos padrões de distribuição de eletricidade de corrente direta *versus* a de corrente alternada.[12]

Portanto, embora a gestão das tecnologias emergentes não seja um "jogo novo", trata-se de um "jogo diferente", para o qual os administradores das organizações estabelecidas não estão bem equipados. À parte dos três desafios gerais discutidos anteriormente (gerir uma alta incerteza, acompanhar o ritmo e desenvolver novas competências), o jogo diferente das tecnologias emergentes acarreta desafios mais específicos dentro de cada empresa. Em alguns casos, um novo modelo de distribuição precisa ser engendrado, ou se fazem necessárias modificações fundamentais no processo de produção. Em outros casos, a tecnologia exigirá novas características do produto ou novas dimensões de concorrência (por exemplo, deslocar-se de uma concorrência por custo para uma concorrência por inovação, serviços ou alianças).

Pode ser o efeito cumulativo de inúmeras modificações pequenas em muitas dimensões da empresa, ou de umas poucas modificações quânticas em algumas dimensões principais, que torna o jogo diferente. Modificações suficientes de grau podem somar-se e representar uma modificação de tipo. Esse é o desafio da gestão das tecnologias emergentes, que pode ser tão diferente para os administradores como a transição dos negócios regulados para o mercado livre ou como a extensão dos produtos da empresa para mercados estrangeiros ou emergentes. Se os administradores fracassam em reconhecer que o jogo é diferente, eles já podem havê-lo perdido antes da primeira rodada.

A NECESSIDADE DE UMA NOVA ABORDAGEM DE GESTÃO

Dadas essas diferenças entre a administração das tecnologias emergentes e das estabelecidas, quais são os requisitos para o sucesso de administração? Em sua maior parte, as abordagens que ensinamos em nossos programas de MBA de planejamento estratégico, análise financeira, estratégia de *marketing* e planejamento organizacional baseiam-se em pressuposições de continuidade, com um foco correspondente no equilíbrio, na racionalidade e na excelência[13]. Mesmo nos casos em que os princípios centrais não estejam presentes de forma explícita, trata-se de uma crença amplamente partilhada a de que o papel do administrador é o de controlar e gerir a incerteza. Essas suposições são diretamente desafiadas por tecnologias emergentes, que se caracterizam por desequilíbrio, profunda ambigüidade e um ritmo de mudança que, com freqüência, desafia a análise usual. Alguns dos mais bem-sucedidos jogadores no jogo das tecnologias emergentes não administraram a incerteza e, sim, navegaram por ela e a exploraram.

As estruturas e perspectivas tradicionais continuam a servir como ótimos guias para as grandes organizações em mercados mais estáveis. Mas, como a física newtoniana, começam a desabar ao nos aproximarmos da intensidade e da complexidade na "velocidade da luz" das tecnologias emergentes. Diante dessa realidade, alguns administradores viraram as costas por inteiro às suas formulações analíticas. Mas isso também é perigoso. O que se precisa é de um novo conjunto de estruturas e ferramentas avançadas mais bem ajustado ao caráter perturbador das tecnologias emergentes.

Embora reconheçamos que existem diferenças significativas entre as tecnologias emergentes – os desafios da biotecnologia, por exemplo, diferem bastante dos da tecnologia de informação –, concentramo-nos nos princípios comuns de administração. Assim como os negócios em setores diversos podem utilizar abordagens contábeis comuns, buscamos ferramentas e perspectivas que podem se aplicar a um amplo conjunto de tecnologias emergentes. Ao aplicá-las, os administradores devem levar em conta características específicas de suas próprias tecnologias, mercados e organizações.

Regras diferentes

Esse jogo diferente – com sua alta incerteza e suas rápidas mudanças destruidoras da competência – mina as antigas regras usadas na gestão das tecnologias estabelecidas. A Internet e a biotecnologia desafiam constantemente a análise do valor presente líquido *(net present value – NPV)* e outras abordagens tradicionais. Em contrapartida, se os administradores abandonam suas antigas ferramentas e regras, a atitude parece convidar ao caos. Se estamos avançando com projetos que tenham um NPV negativo, baseados em que estamos tomando decisões? Se não podemos saber quando e se uma dada tecnologia se desenvolverá a ponto de poder ser comercializada, como é possível uma empresa construir um negócio em torno desse sonho de uma idéia cuja concretização pode nunca chegar? Se cooperamos com os nossos concorrentes, como podemos competir?

Para os administradores nas empresas titulares, essa mudança geralmente se parece com uma mudança da ordem para o caos. Na realidade, existe um conjunto diferente de regras e uma estrutura subjacente nesse jogo diferente das tecnologias emergentes, como é resumido na Tabela 1.2. Compreender essa nova abordagem não reduzirá necessariamente os riscos e os desafios envolvidos, mas pode fazer com que fique mais fácil administrá-los.

Os capítulos deste livro apresentam uma variedade de ferramentas e perspectivas novas que auxiliam os administradores a atuar de acordo com essas novas regras. Entre as mudanças no pensamento e na prática que os administradores precisam fazer, incluem-se:

- *Um contexto organizacional mais fluído.* As tecnologias estabelecidas se calcam em regras aceitas e em limites e capacidades bem-definidos. Os procedimentos e processos de tomada de decisão estão bem estabelecidos e planejados para evitar conflitos. Em contraste, as tecnologias emergentes desafiam a mentalidade e as rotinas existentes, calcando-se em limites e parcerias permeáveis. A tomada de decisão deve ser acelerada e planejada para estimular um conflito construtivo.

TABELA 1.2 Um jogo diferente

Domínio	Tecnologias estabelecidas	Tecnologias emergentes
Ambiente / Setor	Risco e incerteza administráveis (poucos resultados discretos definem o futuro)	Volátil e imprevisível (nenhuma base para a previsão do futuro), alta complexidade e ambigüidade
(a) Textura	Estável e previsível	Turbulenta e incerta
(b) *Feedback*	Linear e estruturado	Causalmente ambíguo
(c) Atuantes (p. ex., fornecedores, concorrentes, clientes, canais, reguladores)	Conhecidos	Novos ou desconhecidos
(d) Domínio do jogo	Definido claramente	Em formação / evoluindo
Contexto / clima organizacional		
(a) Mentalidade/rotinas	Regras aceitas, zonas de conforto conhecidas	Sem regras, sem sabedoria convencional, em geral irrelevante ou enganosa
(b) Limites	Limites rígidos e bem-definidos, com dependência nas capacidades existentes	Permeáveis, com ênfase em ultrapassar limites, no uso de padrões para superar a ausência de capacidades e em uma dependência de recursos externos
(c) Tomada de decisão	Procedimentos e processos bem-estabelecidos, evitando conflitos	Tomada de decisão acelerada que valoriza o conflito construtivo e a intuição
Formulação de estratégia	Enfoque no ganho de vantagem e alavancar recursos, tempo presente, ferramentas de estratégia "tradicionais", pensamento convergente	Enfoque na criação de um conjunto robusto e adaptável de estratégias múltiplas; tempo real, processo voltado para as questões; desenvolvimento de cenário; pensamento divergente
Locação de recursos		
(a) Critérios	Fluxo de caixa descontado tradicional/ prazo para retorno ou criação de valor para o acionista	Valor de opções reais; heurísticos
(b) Processo e responsabilidade	Procedimentos bem especificados (risco explícito / negociações recompensadoras)	Informais e iterativos (pequenos compromissos iniciais)
(c) Monitoramento	Parâmetros claros	Juízo amadurecido
Avaliação de mercado	Pesquisa estruturada em um contexto definido, com atributos conhecidos, concessões identificáveis e concorrentes conhecidos; enfoque na demanda primária	Experimentação e abordagens de sondar para aprender; pesquisa de necessidade latente; análise dos usuários líderes; enfoque na demanda secundária
Processo de desenvolvimento	Processo formal *stage-gate** que visa à reprodução, às medidas definidas, às especificações fixas e à pressão de tempo para a comercialização	Processo adaptado para o desenvolvimento em estágio inicial por meio da experimentação, levando adiante múltiplas alternativas e um prazo de tempo elástico
Gerenciamento de pessoal	Recrutamento, seleção, supervisão, promoção e compensação tradicionais	Novo / ênfase na diversidade, quebra de regras, novos sistemas de compensação, e assim por diante
Apropriação dos ganhos	Ganhos apropriados através de vantagens sustentáveis baseadas na durabilidade, na ambigüidade causal, nas barreiras à imitação e em ameaças acreditáveis	Ganhos apropriados por meio de mecanismos como patentes, segredos, vantagem de tempo e controle dos ativos complementares

* N. de T. Desenvolvido por Robert G. Cooper, o *stage-gate* é um processo sistemático que divide o desenvolvimento de um produto em uma série de etapas. Cada etapa incorpora um conjunto prescrito de melhores práticas da indústria executadas paralelamente, e não em seqüência, assegurando que sejam desempenhadas de forma rápida e eficiente. Dividindo as etapas, os momentos de decisão nos quais se decide a prosseguir, terminar, segurar ou reciclar o projeto.

- *Uma formulação de estratégia mais robusta e adaptável.* As estratégias para as tecnologias estabelecidas enfocam o ganho de vantagem estrutural e alavancar recursos. Baseiam-se em uma abordagem mais linear que segue um cronograma estabelecido que conduz a um pensamento convergente. Em contraste, as tecnologias emergentes são administradas perseguindo-se múltiplas trajetórias. Por exemplo, a Microsoft, no final da década de 80, perseguia simultaneamente as plataformas Windows, OS/2 e Unix. O que pode ter parecido uma estratégia sem foco, para o caso das tecnologias existentes, provou ser uma "estratégia adaptável robusta", para o caso das tecnologias emergentes. Em contraste com os processos de planejamento mais lineares, os administradores criam portfólios de estratégias, utilizando o pensamento divergente e o planejamento do cenário para explorar múltiplas opções (ver os Capítulos 9-11). O planejamento deve ser visto como um aprendizado, e não como um mecanismo de controle ou de previsibilidade.
- *Uma alocação de recursos em etapas.* O financiamento de tecnologias emergentes baseia-se em uma perspectiva de opções reais, em vez de tão-somente em fluxos de caixa descontados ou em prazos simplistas para retorno. Enquanto a análise tradicional faz pouco da incerteza, a análise das opções a valoriza (ver o Capítulo 12). A alocação de recursos deve ser mais informal e iterativa, com pequenos compromissos iniciais que são reavaliados com o passar do tempo, em vez das simples decisões de sim ou não.
- *Uma exploração do mercado.* Os administradores das tecnologias existentes podem testar conhecidos atributos e contrapartidas com os clientes, que, com muita freqüência, estão familiarizados com a tecnologia. Nas tecnologias emergentes, os administradores precisam identificar a demanda de mercado para um produto que a maioria dos clientes não entende ou reconhece. O foco move-se da tecnologia em si para a identificação das necessidades latentes e o estudo dos usuários pioneiros. As empresas também devem usar a experimentação e as abordagens de sondar e aprender para explorarem o mercado, em vez de desempenharem uma avaliação detalhada de seu potencial (ver o Capítulo 6).
- *Um desenvolvimento de tecnologia adaptável.* A pesquisa e o desenvolvimento de tecnologias emergentes também procedem de forma diferente. Em contraste com o processo formal de *stage-gate* para as extensões e melhorias no caso das tecnologias estabelecidas, a pesquisa é mais flexível nas tecnologias emergentes, com a utilização de uma pesquisa de estratégias adaptáveis, uma variedade de pequenas experimentações e a busca de múltiplas alternativas. Uma vez que o estágio exploratório termine, os projetos de desenvolvimento procedem com a disciplina necessária a qualquer grande projeto.

JOGANDO O JOGO

Como os administradores jogam com sucesso esse jogo diferente? Uma das premissas do programa da Wharton tem sido que, ao estudarmos os vencedores e os perdedores nesse meio, podemos obter algumas interpretações quanto às melhores práticas. Considere as contribuições dos dois exemplos seguintes vindos da tecnologia de informação e da biotecnologia.

Prestidigitação

Em 1992, o CEO da Apple Computer, John Sculley, audaciosamente proclamou com grande estardalhaço nas capas das principais publicações empresariais que o "assistente pessoal digital" (*personal digital assistant* – PDA) Newton seria o precursor de um novo setor de informações digitais de US$ 3,5 milhões[15]. Naquele mesmo ano, fundava-se uma pequena empresa, a Palm Computing, Inc.

Já em 1998, o PalmPilot havia se tornado o produto eletrônico mais vendido aos consumidores na história, entregando mais de 1 milhão de unidades em seu primeiro ano e meio. Nesse mesmo ano, após gastar US$ 500 milhões com o Newton, a Apple desligou a tomada de seu produto fracassado[16].

O campo dos PDAs estava apinhado de concorrentes muitos poderosos e bem financiados. Além da Apple, a Motorola, a AT&T, a Bell South, a IBM, a Hewlett-Packard, a Novell, a Casio, a Sony e a Microsoft anunciaram planos de construir ou de investir nesses pequenos dispositivos revolucionários[17]. Houve muitas perdas. Além do Newton, a Go Corporation, empresa fundada pela Kleiner Perkins Caufield & Byers, torrou US$ 75 milhões antes de também sair de linha. A Palm alegou ter gasto apenas US$ 3 milhões para desenvolver o protótipo do Pilot[18].

Como o fundador da Palm Computing, Jeff Hawkins, foi capaz de formular e liderar essa tecnologia emergente? Como a Palm foi capaz de transformar uma tecnologia que muitos outros também conheciam em um estouro de vendas? Entre as lições estão:

- *Os titulares de tecnologia podem estar em desvantagem*. As pequenas empresas podem correr em círculos ao redor dos concorrentes maiores que estão perseguindo essencialmente a mesma oportunidade de mercado, porque os atuais sistemas e mentalidades das empresas estabelecidas limitam suas iniciativas e progresso. O Capítulo 2 examina algumas das "armadilhas" nas quais as titulares de tecnologia geralmente caem ao abordar novas tecnologias e discute as possíveis soluções para elas. O Capítulo 8 explora as vantagens que os ativos complementares e os relacionamentos com clientes podem por vezes proporcionar aos titulares de tecnologia.
- *Os ativos do conhecimento pesam mais que os ativos físicos*. Contra os recursos de concorrentes bem maiores, a Palm equiparou a desenvoltura de sua compreensão da cognição e dos *insights* humanos com o conhecimento de como os clientes usam a máquina. O estudo da cognição humana representou um interesse de toda uma vida para Hawkins e lhe concedeu visões singulares sobre o pensamento humano. Esse conhecimento o ajudou a desenvolver um programa prático de reconhecimento de escrita. Não é só o conhecimento interno da empresa que importa no desenvolvimento de tecnologias emergentes, e sim as redes de conhecimento. O Capítulo 15 examina o desenvolvimento e o gerenciamento das redes de conhecimento nas tecnologias emergentes.
- *Compreender como os clientes usam a tecnologia*. Não é a tecnologia em si que importa, mas a interface com as pessoas. Hawkins se deu conta de que era mais fácil ensinar às pessoas um alfabeto modificado do que construir uma máquina que pudesse reconhecer uma ampla variedade de estilos de escrita. Ele também se deu conta de que os usuários queriam sincronizar a informação dos seus PDAs com os computadores, e então projetou um sistema fácil para a transferência de informação. Por haver compreendido os verdadeiros

benefícios que os clientes buscavam e os compromissos que estavam dispostos a assumir, ele pôde se mover de uma tecnologia intrincada para um produto com potencial comercial. As mais importantes decisões de Hawkins foram na determinação de qual tecnologia deixar de fora (como o reconhecimento de escrita personalizado e o *e-mail*) e quais acrescentar (como um berço que permitisse uma fácil calibração com um computador). O Capítulo 7 examina como as empresas podem decidir qual tecnologia perseguir em "mercados difusos" com diversas preferências de cliente. O Capítulo 6 mostra ser possível aprender sobre os mercados, mesmo antes de emergirem, estudando as necessidades latentes e os usuários pioneiros, e depois continuar a aprender com sondagens seletivas no mercado.

- *Aprender com experimentações*. O primeiro produto da Palm, o Zoomer, era lento, pesado e caro (US$ 700). Surgindo logo após o Newton, caiu junto com todas as outras ofertas no mercado. Mas proporcionou lições importantes à Palm quando ela ensaiou uma segunda rodada no mercado com o Pilot. O Capítulo 9 apresenta uma estrutura para planejamento e aprendizagem por meio de uma "imaginação disciplinada", equilibrando a disciplina de um planejamento cuidadoso linear com a oportunidade para saltos criativos da imaginação.
- *Não partir para o grande mercado de uma só vez*. A explosão de uma nova tecnologia depende não só da tecnologia em si, mas da interseção da tecnologia com a sua aplicação de mercado. Esse desenvolvimento geralmente ocorre em etapas, nas quais nichos especializados que são tolerantes com as arestas mal aparadas ou com os altos preços dos protótipos, proporcionam um terreno de teste para refinar a tecnologia e formar o mercado. Alguns dos fracassos iniciais dos PDAs, como o da Go Corporation e o Newton, da Apple, adiantaram-se ao mercado mais amplo antes de o produto estar pronto e sofreram, como conseqüência, a humilhação. A Palm foi capaz de caminhar para o mercado pisando nas carcaças dos concorrentes (e de seu próprio fracasso anterior). O Capítulo 3 examina os padrões de desenvolvimento de tecnologia emergente e o processo de "especiação de tecnologia", no qual a tecnologia se move de um terreno de aplicação para outro meio no qual se desenvolve rapidamente.

Andando na montanha-russa da biotecnologia

Fundada em 1979, a Centocor liderou o caminho na subida eufórica da biotecnologia e depois se segurou firme durante a corrida doida do desenvolvimento de um novo setor. Em 1997, depois de quase duas décadas, a empresa cruzou uma soleira importante: a da lucratividade. O presidente e co-fundador Hubert J. P. Schoemaker escreveu: "(...) Eu sabia que seria um desafio estabelecer e administrar uma empresa orientada para a inovação em seu estágio inicial. Não poderia ter imaginado o tamanho do desafio ou o tempo que levaria para realizar os nossos objetivos. Tampouco poderia ter imaginado a magnitude das recompensas"[19].

Os desafios foram grandes. Uma nova droga pode levar aproximadamente 15 anos para ser desenvolvida a um custo de mais de US$ 350 milhões. As estimativas são que apenas uma em 10.000 drogas chegam ao mercado[20]. Apesar dos riscos envolvidos, as recompensas esperadas eram altas o bastante, de modo que os investimentos decolaram nos anos 80. À medida que as empresas lutavam com as realidades da ciência e a regulamentação ambígua, os investidores corriam para o mercado em busca dessa tecnologia, que tinha o potencial de afetar uma ampla gama de setores, incluindo-se o dos medicamentos e da diagnose médica, o da piscicultura, o agrícola, o químico, o têxtil, o dos produtos domésticos, o da manufaturação, o da limpeza ambiental, o do processamento de alimentos e o da medicina legal.

Em 1991, os investidores haviam despejado mais de US$ 2,5 bilhões nas empresas de biotecnologia, e a Ernst & Young estimou que a receita para o setor, então de apenas US$ 4 bilhões, chegaria a US$ 75 bilhões até 2000. A Centocor vendera os direitos de mercado de seu primeiro produto importante baseado em tecnologia, o de anticorpo monoclonal, para a Eli Lilly, por cerca de US$ 100 milhões. A Food and Drug Administration (FDA), contudo, derrubou o requerimento da Centoxina do Centocor e mais tarde recusou aprovação a várias outras drogas biotécnicas também, retirando o vento que inflava as velas do setor. Entre 31 de janeiro e setembro de 1992, o índice 100 da Hambrecht & Quist Biotech perdeu 43% de seu valor. As ações da Centocor caíram de mais de US$ 60 a cota para abaixo de US$ 6 durante esse período. Em 1991, a FDA havia liberado menos de 30 drogas relacionadas à biotecnologia na primeira década dessa tecnologia[21]. Com alterações tanto em tecnologia como no interesse dos investidores, a montanha-russa da biotecnologia parecia estar destinada a descer morro abaixo.

Para empresas como a Centocor, que sobreviveram à corrida, as recompensas podem ser de fato grandes. A Centocor, desenvolveu drogas terapêuticas e de diagnóstico para o câncer, problemas cardiovasculares e outras doenças. Ao final de 1994, havia sido liberada pelos órgãos reguladores na Europa e nos Estados Unidos para comercializar a ReoPro, uma droga anticoagulante para pacientes de angioplastia. Em 1998, a Centocor e sua parceira Eli Lilly estavam vendendo US$ 365 milhões do medicamento por ano, e os analistas esperavam que as vendas subissem para cerca de US$ 700 milhões em uns dois anos[22]. Embora a Eli Lilly tivesse perdido mais de US$ 100 milhões com a primeira droga da Centocor, acertou em cheio com a segunda, justamente por ter recebido uma opção da Centocor para os seus direitos comerciais, caso a primeira droga fracassasse.

Para enfrentar os altos custos e a longa estrada exigidos para uma participação, muitas empresas menores, como a Centocor, uniram forças com grande empresas farmacêuticas. Em acréscimo a seu pacto de *marketing* com a Eli Lilly, a Centocor uniu-se à Warner-Lambert, à Glaxo Wellcome e à Schering-Plough[23]. Por fim, em 1999, a Centocor foi comprada pela Johnson & Johnson por cerca de US$ 4,9 bilhões[24]. Sustentar o curso da descoberta de drogas requer bolsos bem fundos.

Entre as lições estão:

- *Entender o papel do governo*. O destino de muitas empresas e de suas tecnologias emergentes com freqüência reside em decisões governamentais. A decisão da Food and Drug Administration em relação à Centoxina deixou todo o setor oscilando e reduziu drasticamente os investimentos em biotecnologia. Nas drogas terapêuticas, a aprovação da FDA pode representar uma questão de vida ou morte para uma empresa, mas o governo também dá forma ao campo de jogo em muitas tecnologias emergentes. Os órgãos reguladores dão forma à infra-estrutura e ao campo de jogo da concorrência desde o início, como fizeram com o desenvolvimento da Internet, ou podem adentrar mais tarde no processo para proteger interesses públicos percebidos. O Capítulo 5 explora o impacto do governo e examina as estratégias para os administradores.

- *Utilizar parceiros.* Muitas tecnologias novas, mesmo para empresas estabelecidas, são muito difíceis de serem perseguidas por conta própria. As alianças e as parcerias ajudam grandes empresas, como a Johnson & Johnson e a Eli Lilly, a tirar proveito dos avanços em biotecnologia. Também ajudam pequenas empresas a construir os recursos de que precisam para levar suas novidades ao mercado. O Capítulo 15 discute a importância das "redes de conhecimento" no desenvolvimento e na comercialização de tecnologias, e o Capítulo 16 examina as estratégias para a participação com parceiros.
- *Usar um planejamento flexível.* O desenvolvimento da ciência subjacente, as jogadas dos concorrentes, a aceitação pelos mercados e as ações do governo contêm elementos imprevisíveis. A Centocor e seus colegas tiveram de ser capazes de se preparar para vários futuros. O Capítulo 10 explora os usos do planejamento de cenário para enfrentar os desafios da incerteza, da complexidade e mudanças de paradigma nas tecnologias emergentes.
- *Empregar novas estratégias para avaliação financeira.* Avaliar o potencial de uma empresa que essencialmente perde dinheiro por mais de uma década com um potencial altamente incerto de retorno é um desafio significativo. Os administradores precisam de abordagens novas para a identificação de valores dessas futuras empresas construídas sobre as tecnologias emergentes. O Capítulo 12 examina como a estrutura de "opções reais" pode ser utilizada não só para *avaliar* opções de tecnologia, mas também para criá-las e administrá-las. O Capítulo 13 explora estratégias financeiras internas e externas para as tecnologias emergentes, enquanto o Capítulo 14 trata explicitamente dos desafios financeiros singulares na biotecnologia.

Um alerta sobre as lições

Histórias de sucesso e de fracasso, como a discussão da Palm Computing e da Centocor, talvez sejam enganosas porque são relatadas com o benefício de uma visão retrospectiva. Na verdade, os administradores são forçados a tomar decisões sobre a busca de novas tecnologias com informações altamente imperfeitas. A realidade é que algumas tecnologias obtêm sucesso e outras fracassam, e os administradores jamais podem saber de antemão com certeza se uma tecnologia será um fiasco ou o próximo sucesso em vendas. Temos a tendência de celebrar os casos de empresas que perseguem agressivamente uma nova tecnologia que acaba se provando um sucesso, e de sacudir o dedo para empresas que tiveram uma postura passiva em relação a uma tecnologia, depois de ela obter sucesso.

Mas o que acontece quando a tecnologia fracassa? Cria-se um conjunto todo diferente de casos, como é demonstrado na Tabela 1.3. Assim, a empresa "tola", que não investiu na tecnologia, parece sábia, como ocorre com as empresas de eletricidade que decidiram esperar para ver sobre a energia nuclear. E a empresa "esperta", que perseguiu agressivamente a nova tecnologia, sente-se tola quando se torna a primeira a despencar do penhasco, como ocorre com os investidores na fusão fria ou na aviação supersônica. Qualquer conselho baseado no conceito de melhor prática merece um importante alerta quanto à "parcialidade da seleção" descrita. Essa parcialidade corre solta e é difícil de evitar devido ao modo como a história se registra e aos interesses da mente humana. O erro do compromisso simplesmente recebe mais atenção na im-

TABELA 1.3 Decisões sob incerteza

Qual estado da natureza por fim prevalecerá?

		A tecnologia obtém sucesso	A tecnologia falha*
Postura de decisão	Postura agressiva (compromisso e criação de opções)	**Célula Nº 1** Microsoft e PCs 3M e notas Post-It Sony e Walkman Sun Microsystems e *chips* RISC Amgen e Biotech	**Célula Nº 2** RCA e o videodisco Investidores na fusão fria Citicorp e *home banking*
	Postura passiva (esperar para ver)	**Célula Nº 3** Enciclopédia Britânica e CD-ROMs RCA e rádio FM US Steel Co. e Minimills DEC e PCs Sony e o formato VHS Kodak e produtos copiadores	**Célula Nº 4** Muitos serviços de eletricidade e o uso da energia nuclear Monsanto e casas pré-fabricadas de plástico Outros bancos e *home banking*

* O fracasso pode ter ocorrido porque: (1) a tecnologia não funcionava ou não pôde ser elevada a taxas de produção comercialmente viáveis, (2) uma tecnologia melhor a superou ou (3) estava à frente de seu tempo.

prensa popular e na pesquisa do que o erro da omissão, mesmo se forem igualmente graves. Essa parcialidade da seleção, por sua vez, pode causar sérias distorções e limitações em qualquer conselho baseado na melhor prática, na sabedoria popular ou nas percepções singulares de qualquer empresário que tenha obtido sucesso sobre todas as probabilidades.

À medida que os administradores buscam avaliar o potencial das novas tecnologias, eles também o deveriam fazer com humildade. É fácil cometerem-se erros. A Western Union recusou uma chance de comprar a patente do telefone de Alexander Graham Bell, e o próprio inventor considerava a patente apenas um "aprimoramento do telégrafo". O motor a jato, em sua versão ineficiente inicial, foi desprezado pela National Academy of Sciences por ser impraticável, e o transístor foi considerado um meio de desenvolver melhores aparelhos de surdez. A IBM calculou inicialmente que cinco pedidos satisfariam toda a demanda mundial por suas pesadas máquinas a vácuo. (O número cinco foi deduzido pelo presidente da IBM, Thomas Watson, estimando o número total de cálculos que estavam sendo desempenhados à época no mundo por ano. O que ele subestimou por completo foi como o fornecimento de computadores rápidos criaria a sua própria demanda.)

Para tornar a situação ainda mais incerta, enquanto essas novas tecnologias radicais estão ganhando aceitação, novas gerações de tecnologias diferentes podem emergir saltando por cima delas. Ou, alternativamente, tecnologias complementares podem levar a um rápido crescimento das existentes, como as máquinas de *fax* e a Internet conduziram a um uso crescente das telecomunicações. O economista da Stanford, Nathan Rosenberg, comentou: "Umas das maiores incertezas em relação às novas tecnologias é a invenção de outras ainda mais novas".[25]

Não significa apenas utilizar a tecnologia certa, mas também no momento certo. Uma vez, a DuPont afundou mais de US$ 1 bilhão na aquisição de empresas de imagem, de formatação e publicação digitais. Esperava capitalizar a emergente tecnologia de imagens, mas a infra-estrutura ainda não estava assentada. Como Terry Fadem, da DuPont, comentou: "A visão foi correta, mas o *timing* foi inadequado".

VIVENDO COM O PARADOXO

Embora os capítulos deste livro enfoquem as estruturas, as abordagens e as perspectivas que nos ajudam a responder a algumas das perguntas de administração levantadas pelas tecnologias emergentes, talvez as maiores lições venham das perguntas não-respondidas. As lições das tecnologias emergentes não são simples. Os administradores precisam manter a postura saudável de dúvida em relação a quaisquer respostas simples aos desafios complexos apresentados por essas tecnologias. Seríamos sábios ao considerar a observação do editor jornalístico H.L. Mencken de que "Sempre há uma solução fácil para todo problema humano – bem-arranjada, plausível e errada".

Os administradores das empresas emergentes de tecnologia precisam tornar-se mais confortáveis com os altos níveis de complexidade e de paradoxo. Entre os principais paradoxos, incluem-se:

- *Um forte compromisso se faz necessário, mas você também tem de manter abertas as suas opções.* Por um lado, existem argumentos persuasivos de que os investimentos em tecnologias emergentes devem ser vistos como se criassem um portfólio de opções no qual o compromisso de recursos adicionais sujeita-se ao alcance de marcos definidos e à resolução de incertezas cruciais. Essas opções são investimentos que trazem ao investidor o direito, mas não a obrigação, de fazer investimentos adicionais[26]. Os fundos adicionais são proporcionados tão-somente se o projeto continua parecendo promissor. Se as perspectivas não são mais promissoras ou o nível de incerteza fica alto, a administração pode deixar a opção expirar, não fazendo investimentos adicionais, ou retardá-la até as perspectivas serem mais atraentes. Em uma estrutura de opções, a administração e o compromisso financeiro são condicionais e protegidos. Presumivelmente isso limita a exposição à perda à quantidade de investimentos no passado, enquanto não restringe o bom potencial.

    Por outro lado, existem evidências convincentes de que os vencedores, com o passar do tempo, são com freqüência os iniciadores do jogo, que se comprometeram cedo e inequivocamente com um caminho de tecnologia. Andy Grove[27], da Intel, argumenta que toma toda a energia de uma organização perseguir um objetivo estratégico claro e simples – especialmente frente a competidores agressivos e focados – e que a garantia (o *hedging*) da exploração de várias direções alternativas é cara e dilui o compromisso. Por essas razões, a Intel decidiu não trabalhar para aprimorar a TV e colocou toda a sua energia no desenvolvimento do chip do computador pessoal, a fim de que tivesse as capacidades visuais e interativas para oferecer um aparelho de informação universal. Tomar posições flexíveis de opção parece ser prudente, mas talvez subvalorize o poder do comprometimento. Esses casos parecem provar a declaração de William James: "Com bastante freqüência a nossa fé antecipada em um resultado incerto é a única coisa que faz com que o resultado se realize".

Os administradores precisam ser capazes de equilibrar comprometimento com flexibilidade. Um modo de mitigar esse problema é tornar a organização mais flexível a fim de que os investimentos necessários a um forte comprometimento ou à mudança desse comprometimento sejam relativamente pequenos. O *timing* do comprometimento também pode ajudar a evitar esse paradoxo. A melhor prática sugere ser melhor, nos estágios iniciais de exploração de uma tecnologia emergente, manter um número de opções abertas, comprometendo-se apenas em etapas aos investimentos, seguindo vários caminhos de tecnologia e retardando alguns projetos. Uma vez que a incerteza seja reduzida a um nível tolerável e que haja um consenso difundido dentro da organização quanto a um caminho de tecnologia apropriado que possa utilizar as capacidades de desenvolvimento interno da empresa – como no caso da escolha da Intel pelo computador pessoal em vez de pela televisão, como aparelho de informação preferido – o desenvolvimento interno em escala total pode começar.

- *Os vencedores em geral são pioneiros, mas a maioria dos pioneiros fracassa.* Um paradoxo que surge como conseqüência do primeiro é que a única maneira de se chegar primeiro a um novo território é ser um pioneiro; no entanto, os pioneiros, na maioria das vezes, terminam no fundo de um despenhadeiro com flechas fincadas nas costas. As grandes recompensas vêm do fato de ser um pioneiro, desde que se consiga sobreviver, mas é necessário paciência para aumentar as chances de sucesso. Ser um pioneiro é inerentemente arriscado, mas não há necessidade de assumir riscos bobos. Como foi observado na discussão dos PDAs, algumas empresas fracassaram porque correram rápido demais a um mercado que não estava preparada com um produto que não estava desenvolvido.

  Existe uma tênue linha entre apostar e decidir-se por um risco calculado, como Alfred Sloan enfatizou quando transformou a General Motors de uma organização de estrutura funcional em uma empresa de várias divisões. Movendo-se à frente em etapas, você pode construir bases de descanso e postos de abastecimento ao longo do caminho. Desse modo, você não andará mais rápido que as suas linhas de fornecimento ou se verá preso em uma região erma sozinho. Os postos avançados dos pequenos nichos iniciais proporcionam um terreno de teste para as estratégias, uma oportunidade de aprender a como sobreviver na fronteira e a desenvolver parcerias que são essenciais ao sucesso. Mas as empresas de tecnologias emergentes têm de viver com o equilíbrio entre a promessa e os perigos da situação pioneira.

- *As estratégias devem se basear em competências existentes, mas uma separação organizacional geralmente é necessária ao sucesso.* Como será discutido no Capítulo 2, as mesmas características que tornaram grandes organizações um sucesso criam armadilhas para elas na gestão das tecnologias emergentes. Para evitar contaminação do novo negócio de tecnologia emergente, as empresas em geral estabelecem incubadoras – divisões separadas nas quais esses negócios podem crescer e se desenvolver sem os encargos da empresa madura. Tais organizações separadas, em geral, possuem culturas, estruturas de remuneração, planejamentos organizacionais e medidas de desempenho totalmente diferentes.

O problema é que, quanto mais separadas se tornam essas operações, menos podem se apoiar na força da empresa matriz. A Xerox PARC engajou-se em saltos criativos que levaram a várias inovações, como a interface gráfica de usuário (*graphical user interface* – GUI), mas não foi a Xerox que se beneficiou disso, e sim a Apple e a Microsoft. A Saturn criou um modelo muito diferente para a sua organização, mas o impacto esperado na organização da General Motors como um todo nunca materializou-se e de certa maneira a nova iniciativa foi impedida pela matriz. A IBM, em sua busca por desenvolver um PC verdadeiramente novo, estabeleceu uma unidade separada, por volta de 1980, que não conseguiu se beneficiar de qualquer uma de suas formidáveis competências tecnológicas. O PC da IBM foi um produto montado, sem uma real tecnologia proprietária, e conseqüentemente logo atraiu clones. Pode haver uma separação demasiada entre o empreendimento e a matriz da empresa.

É preciso existir separação suficiente para que o progresso tecnológico não seja sufocado, mas envolvimento bastante para se buscar sinergias com as competências da organização existente. Como ocorre na educação de um adolescente, o novo empreendimento deve receber liberdade para tentar, mas ainda assim ser mantido na família. Dadas as personalidades distintas desses novos empreendimentos internos, esse equilíbrio é sempre um desafio, mas é fundamental para se evitar sufocar o negócio da tecnologia emergente ou erodir a sua utilidade para a empresa.

Em certo sentido, as empresas também precisam desenvolver novas formas de organizações que sejam ambidestras[28]. Tais organizações são capazes de conduzir as tecnologias existentes ou os negócios tradicionais com a mão direita enquanto conduzem o negócio da tecnologia emergente com a esquerda. Isso requer um jogo de equilíbrio especial, que pode trazer vantagens enormes se realizado com sucesso. Como sempre ocorre em tais casos, é importante que a mão esquerda saiba o que a direita está fazendo, e vice-versa. Um dos grandes equívocos cometidos pelas empresas ao estabelecerem essas unidades separadas é o de não prestarem atenção adequada às conexões entre essas e a matriz. As empresas que realmente reconhecem o desafio podem criar mecanismos e estruturas formais de coordenação para manter ambas as partes da organização em sincronia.

- *A concorrência é intensa e brutal, mas vencer, ainda assim, requer colaboração.* A concorrência por tecnologias emergentes pode ser brutal. Em contextos nos quais o vencedor leva os mercados, e empresas que apostaram todo o seu futuro no sucesso, o fracasso geralmente não representa uma opção. Ao mesmo tempo, nenhuma empresa de tecnologia emergente constitui uma ilha isolada. O sucesso de uma nova terapia de gene pode depender de redes extensas de pesquisadores em áreas específicas. O sucesso de um novo padrão de tecnologia de informação depende da sua adoção a jusante e a montante por parte de fornecedores e clientes. Gerir alianças e outras parcerias é uma das atividades centrais para se desenvolver e comercializar com sucesso tecnologias emergentes. E a estrutura desses relacionamentos determina as vantagens do processo (como a IBM constatou em sua parceria com a Microsoft e a Intel). Freqüentemente, as mesmas empresas que são colaboradoras em uma arena são concorrentes em outra. Por exemplo, a Sony e a Philips, que são concorrentes intensas no mercado consumidor, estão trabalhando juntas no estabelecimento de padrões de mídia óptica e fornecendo componentes uma à outra. As empresas estão entrando em pactos de compartilhamento de tecnologia, nos quais empresas concorrentes concordam em compartilhar os desenvolvimentos futuros da tecnologia. Por exemplo, a IBM pode ter um acordo com a Hitachi para licenciar inovações futuras nas unidades de disco por uma taxa determinada[29]. Uma parte central do desenvolvimento de tecnologias emergentes é gerir as complexas redes de relacionamentos com a mistura adequada de cooperação e de concorrência, tão crucial ao desenvolvimento delas.[30]

Abraçando o paradoxo e a ambigüidade

Alguns desses paradoxos podem ser suavizados através de abordagens formuladas para as tecnologias emergentes, mas não podem ser eliminados de todo. Uma parte importante da gestão de tecnologias emergentes é a habilidade de viver com o paradoxo e com suas ambiguidades associadas. São poucas e distintas as respostas simples e absolutas. E se houvesse respostas simples, as recompensas de vencer nesse novo jogo não poderiam ser grandes, já que muitos jogadores dominariam as estratégias e táticas necessárias. Pode ser a habilidade de coexistir com essas ambigüidades e de continuamente as identificar e ponderar que representa uma das mais importantes habilidades da gestão das tecnologias emergentes. É a própria complexidade do jogo e a sua estrutura associada e oblíqua de recompensas que fazem valer a pena para as organizações estabelecidas aprender a jogá-lo bem.

CAPÍTULO 2

EVITANDO AS ARMADILHAS DAS TECNOLOGIAS EMERGENTES

GEORGE S. DAY
The Wharton School

PAUL J. H. SCHOEMAKER
The Wharton School

A posição de mercado e os recursos das empresas titulares de tecnologia deviam lhes conceder uma vantagem sobre os recém-chegados. No entanto, muitas empresas de tecnologia apresentam um desempenho fraco ao desenvolver e ao gerir tecnologias emergentes. O que sai errado? Este capítulo examina algumas das principais armadilhas para as empresas detentoras de tecnologia identificadas por meio de pesquisas e conversas com os administradores. Essas pesquisas e conversas incluem retardar a participação, apegar-se ao conhecido, não se dedicar por completo e não persistir. Essas armadilhas podem ser evitadas? Os autores apresentam quatro estratégias que podem auxiliar as empresas a se manter distantes dessas armadilhas: prestar atenção aos sinais vindos da periferia, construir uma capacidade de robusta aprendizagem, manter uma flexibilidade estratégica e planejar o grau apropriado de separação organizacional.

A despeito de seus recursos superiores, as empresas titulares de tecnologia com freqüência perdem para os concorrentes menores no desenvolvimento de tecnologias emergentes (Tabela 2.1). Por que essas empresas apresentam tanta dificuldade com as descontinuidades tecnológicas? Como elas podem antecipar e superar suas desvantagens? Nossos estudos sobre tecnologias emergentes constatam que as detentoras sofrem com quatro armadilhas comuns que as colocam em desvantagem. Elas podem resistir a participar de início ou perseguir o caminho tecnológico errado. E, mesmo se essas armadilhas forem evitadas, muitas empresas estabelecidas não estarão dispostas a dedicar um comprometimento integral em persistir face à adversidade.

Não obstante, algumas empresas estabelecidas, como a Intel, a Charles Schwab, a Monsanto e a General Electric, têm sido capazes de evitar a "maldição das titulares" e abraçar as mudanças descontínuas em tecnologia. Como essas empresas e as outras evitam as quatro armadilhas? Na segunda metade deste capítulo, combinamos as lições da melhor prática com princípios mais amplos de gestão estratégica para proporemos quatro soluções possíveis: (1) prestar atenção nos sinais vindos da periferia, (2) investir na capacidade de aprendizagem, (3) manter a flexibilidade adotando-se uma perspectiva de op-

TABELA 2.1 Conseqüências da inovação tecnológica *

Quem é o inovador pioneiro?	Quem ganha a eventual liderança de mercado?		
	Titular de tecnologia	Novo ingressante	Nenhum / ambos
Empresa titular	Processamento eletrônico de dados *Float glass* Fibras sintéticas Registradoras eletrônicas	Gravadores de videoteipe de *scan* helicoidal	Gravação de dados ópticos Videodisco Motor automotivo Wankel
Novo ingressante		Copiadoras xerográficas de mesa Calculadoras eletrônicas Equipamentos hidráulicos para transportar terra Fabricação de aço em minifábricas Rádios transístores portáteis Controles programáveis de motor Pneus radiais nos Estados Unidos Microprocessadores RISC Eletrônica de semicondutores Navios a vapor	
Aliança acima	Drogas monoclonais		Insulina recombinante

* Somos gratos a Arnie Cooper, da Purdue University, e a Clayton Christensen, da Harvard Business School, por pesquisarem alguns desses exemplos.

ções e (4) manter uma separação organizacional[1]. Cada umas dessas soluções permite que uma empresa estabelecida contorne ou escape às armadilhas impostas por uma tecnologia emergente. Não constituem, no entanto, prescrições fáceis, prontas para o uso. Exigem formulação cuidadosa à cultura, ao contexto e às capacidades da empresa.

AS ARMADILHAS NO HORIZONTE DAS EMPRESAS ESTABELECIDAS

O surgimento de uma tecnologia desafiadora, como a computação interativa ou o comércio eletrônico, raras vezes constitui uma surpresa. A maioria dos administradores freqüenta conferências da indústria, lê a imprensa empresarial, compra estudos de consultores, conversa com clientes e, em geral, monitora os desenvolvimentos em sua área. O problema é que cada uma dessas fontes tende a oferecer opiniões conflitantes que se refletem em visões divergentes dentro da empresa. A ambigüidade inerente a uma tecnologia emergente e os novos mercados que pode criar, conjugados com a dominância de estruturas decisórias tradicionais, tornam as empresas estabelecidas vulneráveis a quatro armadilhas seqüenciais. Embora essas quatro armadilhas sejam relacionadas, elas ocorrem em estágios diferentes do processo de decisão, envolvem causas diferentes e, em geral, exigem remédios diferentes.

Armadilha nº 1: a participação adiada

No confronto com uma grande incerteza, é tentador e talvez racional apenas "observar e esperar". Uma tarefa de observação pode ser designado a um grupo de desenvolvimento, ou pode-se solicitar que um estudo de consultoria examine as implicações. O fato de existir uma energia organizacional por detrás dessas investigações depende basicamente de existir dentro da empresa um defensor digno de crédito para a tecnologia emergente, que ofereça um paradigma alternativo para a interpretação dos fracos sinais externos.

Os administradores operam a partir de modelos mentais que impõem ordem em situações ambígüas para reduzir a incerteza a níveis administráveis. Essa mentalidade em geral constitui adaptações sensatas ao que os administradores aprenderam de experiências passadas. No entanto, as pessoas tendem tão-somente a ver o que se encaixa nesses modelos mentais e filtram ou distorcem o que não se enquadra. Os modelos mentais que prevalecem nas empresas estabelecidas são de ajuda para as inovações marginais dentro de cenários conhecidos, mas podem se tornar míopes e disfuncionais quando aplicados a situações desconhecidas, como as tecnologias emergentes.

Por causa das limitações de seus modelos mentais, os administradores podem não gostar das oportunidades latentes nas tecnologias emergentes. Por exemplo, quando a IBM pensou em fabricar a copiadora Haloid-Xerox 914 em 1958, a preocupação básica era se o setor de vendas existente das máquinas datilográficas elétricas podia lidar com o produto. O foco recaiu sobre espalhar o custo de venda dessa divisão em duas linhas de produto, em vez de considerá-la um negócio completamente novo para a IBM. Uma vez que as copiadoras não pareciam atraentes nessa visão um tanto estreita, rejeitou-se a oportunidade[2].

As tecnologias emergentes, estruturam-se, em geral, como adequadas apenas para aplicações estreitas que ainda não são exigidas pelos clientes existentes. É bastante fácil fazer pouco de tais tecnologias não-provadas com o pretexto de que os pequenos mercados não solucionarão as necessidades de crescimento das grandes empresas. É claro, todos os grandes mercados estiveram um dia em estado embrionário, com as suas origens em uma aplicação limitada. A IBM, de início, não enxergou a grande oportunidade oferecida pelos PCs. Eles foram julgados como sistemas iniciais a partir dos quais os compradores, no fim, trocariam para os *mainframes*. A decisão malfadada da IBM no início dos anos 80, de não obter uma licença exclusiva do sistema operacional da Microsoft, foi testemunha dessa grande cegueira, assim como o é o fracasso da IBM de exercitar sua opção de compra de 10% da Intel (cujo preço da ação aumentou 40 vezes entre 1985 e 1997).

As iterações imaturas e iniciais da maioria das tecnologias emergentes em geral as torna fáceis de serem relegadas. Tendemos a comparar essas versões imperfeitas e caras com as versões refinadas da tecnologia estabelecida. Às fotos das câmeras eletrônicas inicialmente faltava a resolução do filme de emulsão química; e os primeiros PDAs apresentavam limitações desapontadoras, como houve no caso da Newton, da Apple, em 1993; os primeiros relógios eletrônicos eram grandalhões, pesados e pouco atraentes; e a Internet continua a frustrar os usuários por causa da resposta demorada, das mensagens indesejadas, da interatividade limitada, das preocupações com a privacidade e os mecanismos de busca ineficientes.

Empresas visionárias compreendem que as tecnologias, em sua infância – que a princípio podem "apresentar feições que só uma mãe amaria" – podem crescer para se transformar em setores maduros importantes. Quando os administradores focam nova tecnologia, precisam concentrar-se no seu potencial derradeiro, e não se cegar por sua aparência e seu comportamento atual, ou a forma atual de seu mercado. O mercado mudará. A tecnologia evoluirá. Os administradores precisam ver a tecnologia não como é hoje, mas como pode se tornar. Isso requer previsão e imaginação. Ao mesmo tempo, entretanto, as empresas precisam ser realistas quanto ao tempo que levará para chegar lá. Assim, precisam cuidadosamente pesar o valor potencial daquele mercado, as potenciais jogadas das empresas concorrentes e os custos de não se andar para frente. Essa avaliação pode ainda levar a empresa detentora de tecnologia a retardar a participação, mas, então, será pelas razões certas, em vez de ser resultante de uma falha de imaginação ou de um desejo de proteger o *status quo*.

Perguntas-chave para a armadilha nº 1. Para se engajarem no tipo de pensamento que ajuda a evitar a armadilha da participação adiada, os administradores devem se fazer as seguintes perguntas:

- Ao que essa tecnologia pode se parecer no futuro? Que cenários podem ser imaginados?
- Com que rapidez poderiam se desenvolver? Quais mudanças os clientes precisariam fazer para a tecnologia emergir? Que avanços são necessários à tecnologia? Quais tecnologias complementares ou modificações de mercado podem acelerar ou retardar seu progresso? Quais tecnologias competitivas podem superá-la?
- Que riscos se correm pela espera? Quais concorrentes estão a postos para se mover mais rapidamente? Quanto do mercado podemos dispor ao ceder a eles? Quais são as vantagens para os iniciantes nesse mercado?
- Quais são algumas das maneiras criativas de desenvolver opções estratégicas para permanecer no jogo sem se dedicar a ele por completo? Como essas opções podem ser usadas para evitar uma participação adiada?
- Presumindo-se que o *status quo* não durará, como as forças descritas poderiam criar mudanças quânticas em nosso negócio? Qual o pior cenário para o negócio estabelecido? Quem mais se prejudica?
- Existem casos similares no passado em que caímos na armadilha da participação adiada? Em retrospectiva, o que deveríamos então ter feito? O que isso sugere hoje para nós?

Armadilha nº 2: agarrando-se ao conhecido

Quando a Enciclopédia Britânica foi procurada no final dos anos 80 para licenciar o seu conteúdo para entrega em CD-ROM, ela escolheu ficar com a conhecida tecnologia impressa em papel. A empresa perdeu 50% de sua receita entre 1990 e 1995 devido às estradas abertas pela tecnologia de CD-ROM[3]. Mesmo se as empresas detentoras de tecnologia a princípio recusam a participação, precisam em algum ponto escolher se e como participar na tecnologia emergente. Geralmente, elas escolhem ficar com o conhecido por um tempo longo demais, mesmo quando existem argumentos convincentes a favor da mudança. Essa preferência pelo conhecido aumenta se as potenciais vantagens da tecnologia desconhecida são subestimadas devido à imaginação limitada discutida na armadilha nº 1.

A maioria das pessoas é avessa ao risco e não aprecia a ambigüidade. Temos a tendência de preferir uma probabilidade conhecida a uma probabilidade desconhecida de igual valor esperado[4]. Para as tecnologias emergentes, agarrar-se ao conhecido é ainda mais atraente porque o salto para uma nova tecnologia freqüentemente está repleto de incertezas. Existem dúvidas quanto ao caminho da tecnologia, quanto a se as barreiras tecnológicas podem ser vencidas e quanto ao padrão ou arquitetura que poderá prevalecer como o desenho dominante. O problema é mais agudo com as tecnologias emergentes derivadas das inovações radicais, como a queratectomia fotorrefrativa, a supercondutividade de alta temperatura ou a tecnologia de recombinação de DNA.

O desafio é ainda mais complexo quando várias tecnologias avançam simultaneamente. O surgimento de inovações revolucionárias derivadas da convergência e da recombinação de correntes previamente independentes de tecnologias existentes é muito difícel de prever. Por exemplo, os custos de uma extrapolação do armazenamento de disco de computador sugere que as tecnologias ópticas vão alcançar as tecnologias magnéticas dentro de 10 a 15 anos. Uma terceira tecnologia baseada no armazenamento de memória em estado sólido se desenvolve, contudo, a um ritmo ainda mais rápido e pode alcançar a tecnologia óptica em 20 anos. Entrementes, há incertezas sobre a questão de se a tecnologia de armazenamento magnético alcançou o topo da "curva S" (que traça as melhorias de desempenho contra o tempo) e adentra a zona de retornos marginais em diminuição.[5]

As escolhas tecnológicas mais inquietantes são aquelas nas quais versões múltiplas brigam para se tornar o modelo dominante, como ocorreu no passado com a lâmpada e, mais recentemente, com os gravadores de vídeo, os *modems*, os telefones sem-fio digitais, e as televisões de alta definição (high definition television – HDTV). Um projeto torna-se dominante quando comanda uma ampla devoção no mercado, de modo que os concorrentes são forçados a adotá-lo se desejam participar. Esse acontecimento representa um marco no surgimento de uma tecnologia porque reforça a padronização que permite que as economias de produto sejam percebidas, enquanto removem um importante inibidor à adoção em ampla escala da tecnologia.

Com freqüência, existe uma concorrência explícita entre as empresas para estabelecer o padrão do setor na esperança de ganhar uma vantagem duradoura. As guerras pelos padrões envolvem questões complexas de efeitos *lock-in*, externalidades de rede, elos de *feedback* positivos, retornos crescentes, custos modificados e bases instaladas[6]. Acima de tudo, cada empresa precisa saber que tipo de batalhas por padrões está enfrentando, o que, por sua vez, se apóia na compatibilidade de sua própria tecnologia nova com uma tecnologia anterior, além da tecnologia empregada pelos concorrentes. As apostas nas guerras por padrões podem ser muito grandes, pois, se um outro modelo ou padrão prevalece, os perdedores ficam encurralados[7]. O dilema para os administradores é que eles precisam se comprometer agressivamente a empurrar seus modelos ou padrões, sem diluir seus esforços com outras abordagens, para terem qualquer chance de prevalecer.

As chances de escolher um caminho conhecido, porém errado, de tecnologia aumentam quando:

- O sucesso passado reforça modos estabelecidos de solução de problemas e tomadas de decisões, levando a empresa a buscar áreas que estão relacionadas de perto com suas atuais habilidades e tecnologias. Freqüentemente, a

capacidade de uma empresa e de sua história passada limitam o que ela pode perceber e desenvolver eficazmente.
- À empresa falta capacidade interna para avaliar por inteiro a tecnologia emergente. Assim, essa pode ser subestimada ou temida em demasia. Conduzir a filial de uma rede bancária é bem diferente de conduzir um comércio eletrônico, por exemplo. Conseqüentemente, os bancos no início se retraem e acabam não oferecendo serviços eletrônicos.
- Uma mentalidade de proprietário atrapalha. O instinto de uma grande empresa com uma posição de proprietária em seu mercado central é o de encontrar uma posição de proprietária similar para a nova tecnologia que vai segurar os clientes. Contudo, essa estratégia levanta suspeitas nos clientes, em especial no ambiente de sistema aberto da atualidade. A nova tecnologia pode nem mesmo permitir um nicho de proprietário como esse. Por exemplo, os jornais há muito usufruem de uma forte franquia local em suas comunidades, baseada em sua receita publicitária e cobertura de informação local. No entanto, no mundo da Internet, uma franquia local similar pode não ser possível.

A preferência pelo conhecido está profundamente enraizada na psicologia humana[8]. Primeiro, a maioria das pessoas registra mais vividamente as perdas do que os ganhos equivalentes. Segundo, elas não gostam de arriscar o pescoço. Agir acarreta visibilidade, vulnerabilidade e responsabilidade, de modo que o ônus da prova fica com os que esperam para mudar. Terceiro, um ato de missão (em oposição a um de omissão) carrega um risco maior de arrependimento, de descrédito ou de censura por um descuido de comissão. Por último, a mudança acarreta custos transacionais e esforço. Por essas e outras razões, a maioria das pessoas (e, por conseguinte, das empresas) compromete-se excessivamente com preservar o *status quo*.

Perguntas-chave para a armadilha nº 2: Para tratar da armadilha de se agarrar ao conhecido, os administradores podem se fazer as seguintes perguntas:

- Qual a força do *status quo* na sua empresa e que padrões prevalecem em seu setor? Quais as suposições fundamentais em que sua empresa se baseia?
- Como a sua empresa pode trazer perspectivas de especialistas sobre tecnologias, mercados e estratégias desconhecidos? Como os administradores podem ir buscar novas fontes de idéias (periódicos, conferências, etc.) para romper suas perspectivas limitadas?
- Quais as novas idéias que poderiam desafiar suas suposições e o seu *status quo*? Quais as novas guerras de padrões que apenas começam a esquentar?
- Se você fosse começar um negócio do zero hoje, o que estaria fazendo que não está fazendo hoje? Você deveria estar fazendo isso mesmo assim?
- Como os administradores foram tratados em sua empresa quando optaram pelo desconhecido? Quem são os defensores na administração sênior a favor de "tentar algo diferente"? Qual a base do poder deles e que resultado obtiveram?
- É este o momento de fazer algo diferente? Qual é o grau de estabilidade da base de tecnologia que sustenta o setor ou o mercado em que você atua? O que paira no horizonte tecnológico?

Armadilha nº 3: a relutância ao total compromisso

Mesmo quando as empresas superam a tendência de retardar a participação (Armadilha nº 1) e tentam não se agarrar apenas ao conhecido (Armadilha nº 2), podem ainda assumir um comprometimento apenas indiferente. Um estudo de 27 empresas estabelecidas constatou que apenas quatro entraram agressivamente nas tecnologias descontínuas, enquanto três não participaram de todo dessas tecnologias[9]. A maioria teceu um comprometimento inicial modesto que concedeu aos ingressantes de fora do setor tempo para assegurar uma forte posição no mercado.

Algumas dessas pequenas apostas podem ser opções reais bem consideradas, como será discutido no Capítulo 12. A empresa pode desejar investir em etapas para limitar os riscos enquanto mantém a sua mão no jogo. Mas as empresas titulares de tecnologia tendem a errar sendo por demais cautelosas. Elas podem racionalizar seu temor ao comprometimento agressivo como se constituísse uma ótima estratégia de opções. Em vez disso, elas precisam ser vigilantes e honestas quanto aos verdadeiros riscos que tomam fazendo pequenos investimentos e as verdadeiras opções que podem ser realizadas no futuro. Essa não é uma questão fácil de avaliar, mas é um dos pontos mais importantes com os quais os administradores de tecnologia devem se confrontar em suas próprias decisões. Até que ponto as decisões são formatadas pela prudência cautelosamente ponderada *versus* uma aversão inconsciente ao risco?

Por que as empresas líderes são tão incapazes ou estão tão indispostas a fazer comprometimentos agressivos com uma tecnologia emergente, uma vez que decidem participar? Em primeiro lugar, os administradores preocupam-se, com razão, com a possibilidade de canibalizar os produtos lucrativos existentes ou com uma resistência dos parceiros do canal, e, portanto, podem adiar o apoio. Tanto a IBM como a DEC relutaram em investir nas redes distribuídas que iriam erodir os seus computadores altamente lucrativos de *mainframe*. Importantes companhias de seguro, como a New York Life ou a Metropolitan Life, compreensivelmente preocupam-se com a venda de apólices através do telefone ou da Internet à luz de seu investimento em uma rede grande, leal e produtiva de agentes. O primeiro impulso da Kodak foi ingressar na imagem digital com o seu Photo CD, que permitia aos consumidores transferir imagens de filmes convencionais a discos compactos, e assim não canibalizar seu negócio central.

Em segundo lugar, há um paradoxo na gestão do risco, tendendo a previsões *audaciosas*, por um lado, e escolhas *tímidas,* por outro[10]. As previsões *audaciosas* podem florescer de uma confiança em geral demasiada ou, mais especificamente, de uma habilidade limitada de enxergar os argumentos contrários às nossas previsões. As escolhas tímidas refletem uma inclinação para a aversão ao risco e uma tendência a olhar as escolhas isoladamente (em vez de uma perspectiva de portfólio). Há um imenso conjunto de outras parcialidades cognitivas cujo impacto no juízo e na escolha empresarial geralmente resulta em um comportamento aquém do ótimo[11]. Muito mais pesquisas serão necessárias para conectar essas parcialidades de nível individual às armadilhas organizacionais específicas encontradas na gestão de tecnologias emergentes.

Em terceiro lugar, quando as perspectivas de lucro não são claras, e possivelmente menos atraentes do que a configuração atual do negócio, os investimentos são em geral difíceis de se justificar sob os rígidos critérios de retorno sobre investimento (*return on investment* – ROI). Os costumeiros processos de decisão e critérios de escolha são parciais contra os arriscados investimentos a longo prazo. Há um "efeito certeza" na medida em que os retornos relativamente certos obtidos dos investimentos em melhorias marginais de produto para o mercado de hoje são mais valorizados do que os investimentos arriscados dos mercados de amanhã[12].

Além disso, os retornos projetados para uma tecnologia emergente são, com freqüência, piores dos que os das tecnologias estabelecidas que tratam das necessidades específicas dos clientes atuais. Foi difícil para a Enciclopédia Britânica pensar em substituir uma coleção impressa de US$ 1.300 por um CD-ROM que venderia a US$ 80. Do mesmo modo, as margens brutas nas gerações sucessivas das unidades de disco rígido estreitaram-se e exigiram modelos diferentes de negócio antes de uma participação lucrativa ser possível. Quando as margens brutas para as unidades de disco nos *mainframes* eram de 60%, as margens para as unidades de disco nos PCs e *notebooks* ficavam entre 15% e 35%. Essas margens mais magras foram um verdadeiro empecilho à participação entusiástica das empresas estabelecidas no mercado, que em sua quase totalidade perderam a liderança na geração seguinte[13]. Semelhantemente, a Kodak teve de aprender a lutar com margens muito mais baixas para seus produtos de imagens digitais do que com o filme de emulsão química. As empresas farmacêuticas, da mesma forma, lutam corpo a corpo com investimentos em novas tecnologias genéticas, enquanto contrastam os retornos vindos de nichos de tratamentos com os lucros generosos vindos dos grandes mercados para os medicamentos de prescrição. Os administradores possuem um forte incentivo para manter o antigo negócio de margens mais altas pelo maior tempo possível.

Uma quarta razão por que comprometimentos tímidos são geralmente feitos é que a atenção das empresas estabelecidas concentra-se primeiramente em suprir as necessidades dos clientes atuais, em vez de buscar servir a novas necessidades e novos mercados. Assim, elas rejeitam novas tecnologias ou não prestam atenção a elas, e essas tecnologias parecem aplicáveis apenas a segmentos menores de mercado, aos quais atualmente não servem ou que não compreendem[14]. Por exemplo, os grandes centros copiadores, que representavam o cerne do mercado tradicional da Xerox e da Kodak, fracassaram em apreciar o valor das pequenas copiadoras de mesa para os lares ou pequenas empresas. Esse descuido abriu caminho para a Canon. A Sears subestimou a ameaça da estratégia de desconto da Wal-Mart porque essa, no início, se implementou em pequenos e aparentemente pouco econômicos mercados locais que não podiam suportar lojas convencionais.

As exigências dos clientes existentes em geral recebem atenção desproporcional, e também a habilidade da tecnologia emergente de melhor suprir as necessidades dos que não são clientes é menosprezada. Os fabricantes de discos rígidos de 5,25 polegadas que estavam altamente sintonizados com as demandas dos fabricantes de PCs para maior capacidade de memória subestimaram grosseiramente o apelo dos discos de 3,5 polegadas, que eram menores, mais leves e mais resistentes e que, por sua vez, permitiram que o mercado de *laptops* emergisse. Com freqüência, o potencial por melhoria da tecnologia "perturbadora" é subestimado, até que o mercado principal comece a migrar da tecnologia estabelecida. Neste ponto, os detentores de tecnologia dispõem-se a participar, mas os pioneiros da nova tecnologia podem já estar muito adiante.

Por fim, o que também constitui um fator muito importante é que as organizações de sucesso não são naturalmente "ambidestras". Elas encontram inúmeros problemas debilitantes para equilibrar as exigências conhecidas de competir em mercados atualmente servidos com as exigências desconhecidas de uma tecnologia emergente e potencialmente ameaçadora. Dentro do negócio central, geralmente existe um alinhamento próximo entre a estratégia, as capacidades e a cultura, que, por sua vez, se apóiam em processos e rotinas bem estabelecidos para manter esses elementos em equilíbrio. Isso concede à organização muita estabilidade que precisa ser superada antes que as novas rotinas e capacidades necessárias à competição com a tecnologia emergente possam ser desenvolvidas[15]. Quanto mais bem-sucedida for a empresa, mais próximos estarão alinhados os elementos da estratégia, capacidades, estrutura e cultura, e mais difíceis e longas se tornarãos as mudanças descontínuas. A inércia também floresce da "dependência de caminho" na qual as abordagens de decisão e de solução de problemas usadas na estrutura anterior temperam e estruturam as decisões sobre a nova tecnologia. O Capítulo 3 proporciona mais detalhes sobre a dependência de caminhos e as mudanças evolucionárias.

As cinco forças descritas reforçam umas às outras para produzir um fraco comprometimento com a nova tecnologia. O efeito líquido é o de prejudicar a tomada de decisão, erodir o entusiasmo necessário dos defensores e fazer com que as empresas hesitem ou se protejam antes de tecerem grandes compromissos. Essas aflições não inibem os novos ingressantes, que podem pressentir a oportunidade antes, compreendem melhor ou acreditam nos benefícios da nova tecnologia, não possuem nenhuma história enganosa contra a qual lutar, nem têm nenhum negócio central no qual se apoiar. Em um sentido, os novatos colocam muito mais em jogo do que os detentores de tecnologia para tentar fazer da nova tecnologia um sucesso. O paradoxo aqui é que as empresas estabelecidas se esquivam dos riscos que as iniciantes avidamente abraçam, embora uma grande empresa possa com mais facilidade agüentar os riscos, dados o seu tamanho e a sua diversificação de portfólio.

Perguntas-chave para a armadilha nº 3. Os administradores das empresas estabelecidas precisam resguardar-se contra a parcialidade a favor de um comprometimento fraco perguntando-se o seguinte:

- O não comprometimento completo representa, no fundo, um resultado do temor ao canibalismo? Se representa, quanto tempo se pode, de fato, segurar o produto existente nos mercados? Quais as chances dos concorrentes de comer o seu almoço, caso você não o coma primeiro?
- Você está realmente criando e administrando opções estratégicas ou trata-se apenas de uma desculpa para assumir um pequeno comprometimento?
- Quais grupos dentro da empresa gostariam de ver a nova tecnologia fracassar e como a influência direta ou indireta deles afetou o processo de decisão?
- Você está fazendo previsões audaciosas, mas escolhas tímidas? Você é avesso em demasia ao risco?
- Como o seu atual modelo de lucro limita o interesse em investir em novas tecnologias de margens mais baixas? Suas margens presentes são sustentáveis?
- Você está limitando sua análise a seus mercados atuais? Talvez você esteja próximo demais de seus clientes atuais? Quais são os mercados, além dos tradicionais, que você poderia servir com a nova tecnologia?
- Sua organização está muito adaptada ao negócio central e incapaz de operar fora de um equilíbrio? Um ajuste ótimo ao negócio presente pode não constituir uma ótima configuração para a sobrevivência a longo prazo.

Armadilha nº 4: falta de persistência

Suponha, contudo, que uma empresa estabelecida tenha conseguido evitar as três primeiras armadilhas e feito investimentos significativos em uma nova tecnologia. Terá ela o empenho de se manter no curso? As grandes empresas, ao se deparar com pressão por resultados trimestrais, logo perdem a paciência com resultados adversos. Um estudo constatou que oito de 21 empresas estabelecidas que ingressaram em mercados nos quais tecnologias emergentes eram bem-sucedidas subseqüentemente retiraram-se, e a maioria não retomou seus esforços até que a viabilidade do novo produto fosse demonstrada por pessoas de fora[16]. Nesse ponto em geral, era tarde demais para reconquistar uma liderança.

Não obstante, previsões perdidas e esperanças despedaçadas são comumente experimentadas durante a gestação de novas tecnologias que no fim obtêm sucesso. A demanda de mercado pode não se materializar tão cedo quanto o esperado, um número muito grande de concorrentes pode inundar o mercado, ou a tecnologia pode desviar-se para uma nova e inesperada direção. Com o tempo, o entusiasmo inicial pode ser substituído pelo ceticismo sobre quando – e se em algum dia – a nova tecnologia vai se tornar uma realidade empresarial lucrativa.

Essa armadilha da baixa persistência é o lado inverso de uma outra armadilha bem-conhecida – a falácia do custo aplicado. A ironia é que as próprias empresas que são demasiado dedicadas a seu negócio central (a armadilha do custo aplicado) em geral desligam muito cedo a tomada dos investimentos nas tecnologias emergentes. A Knight Ridder, Inc. (importante empresa jornalística dos Estados Unidos) voltou várias vezes atrás em seus movimentos iniciais na direção de tecnologias emergentes, como a publicação eletrônica, as notícias *on-line* e os serviços interativos, em resposta a resultados financeiros negativos (Tabela 2.2). A Time Warner, outra empresa de mídia, abandonou seus investimentos recentes no comércio a cabo e eletrônico. Uma hesitação como essa vem também ocorrendo nas compras interativas feitas de casa intermediadas pelo computador, nas quais se levantam questões sobre como superar alguns problemas logísticos críticos. Como pode um pedido ser entregue, perguntam os administradores, se não há ninguém em casa para recebê-lo? Os custos serão aceitáveis para o consumidor? Que tipo de capacidades de atendimento de pedidos será necessária para apoiar as compras feitas de casa? As empresas participantes podem arcar com esses investimentos?

Aqueles que verdadeiramente gostam das possibilidades da tecnologia emergente e sentem entusiasmo por qualquer projeto novo situam-se com freqüência bem no fundo da organização e podem exercer pouca influência no pensamento estratégico de alto escalão. Assim, se o negócio central de uma empresa começa a lutar, e a administração sênior está procurando maneiras de cortar custos ou reduzir ativos, o novo empreendimento é um alvo fácil. Afinal de contas, as verdadeiras compensações do novo empreendimento podem não se dar até mesmo depois da aposentadoria da administração sênior. Deste modo, o apoio político para o empreendimento evapora junto com os recursos para alimentar o crescimento e acompanhar os desenvolvimentos de rápida mudança. Por essa razão, o CEO deve ser o defensor de um investimento a longo prazo em novas idéias. Quanto Gannett lançou o seu inovador jornal *USA Today*, experimentou mais de 10 anos de perdas, antes de se tornar um vencedor. Por sorte, o conceito foi defendido pelo CEO, Al Neuhardt, contra o "melhor julgamento" de muitos.

TABELA 2.2 Jogadas estratégicas da Knight-Ridder

Data	Jogada estratégica
1974	Fusão entre os jornais Knight e Ridder
1978	Compra de três estações de televisão em três estados estadunidenses
1981	Formação de uma empresa de serviço a cabo com a TCI
1982	Lançamento do Vu-Text (*link* de compartilhamento de computador)
1988	Compra da Dialog (banco de dados eletrônicos)
1989	Venda das estações de televisão *
1993	Compra da Data Star (serviço *on-line*)
1995	Compra de uma pequena cota da Netscape
1996	Venda da Financial Information Services (por US$ 275 milhões) *
1997	Anúncio de plano para alienar a KR Information *
1997	Compra de quatro outros jornais da Disney (US$ 1,65 bilhão)

* Redução pela empresa de tecnologias emergentes ou desconhecidas.

A paciência com perdas contínuas será ainda mais exigida se a empresa já sofreu perdas com empreendimentos relacionados, e a memória corporativa começa a traçar paralelos pouco enaltecedores com o último empreendimento fracassado. A CitiCorp e a McGraw-Hill foram compreensivelmente cautelosas em relação à promessa do comércio eletrônico depois de terem se queimado 10 anos antes no comércio eletrônico de larga escala de petróleo global. A empresa conjunta delas, chamada Gemco, utilizou uma rede privada para conectar 70 provedores de informação com centenas de negociadores de ações e um banco. A rede foi usada para reunir informações e negociar, bem como para fazer pagamentos e negociar ações. Embora a tecnologia funcionasse como devido, a Gemco acabou fracassando porque os negociadores dispersos por toda a parte não desejavam modificar seus padrões de interação para se ajustar aos ditames da rede central.

Perguntas-chave para a armadilha nº 4. Como os administradores podem evitar cair na armadilha de desligar cedo demais a tomada das novas tecnologias promissoras? Eles devem se fazer as seguintes perguntas:

- Como a empresa pode proteger o empreendimento de nova tecnologia das pressões por lucro da organização matriz (por exemplo, uma organização separada, sistemas contábeis diferentes, critérios de desempenho diferentes)?
- Há comprometimento de liderança de alto escalão em relação ao projeto ou este é impulsionado apenas por aqueles que possuem pouco controle em relação às alocações de recurso?
- Elimine a memória organizacional quando são feitas comparações inapropriadas com o passado. Assim como as empresas precisam aprender, também deveriam tentar esquecer. Um certo grau de amnésia corporativa é desejável uma vez que o passado pode ser enganoso ao ser confrontado com um novo mundo.
- Sobre qual base a empresa vai avaliar se o empreendimento é um sucesso ou um fracasso? Enfatiza a criação de riqueza ou o ROI a curto prazo? Os critérios prevalecentes vão conceder à iniciativa uma chance de luta ou fadá-la a um abandono prematuro?
- Não agonize sobre cada perda trimestral relatada, mas agregue as perdas em cifras anuais e prepare a organização para esperar essas perdas como parte do cenário de "estrada acidentada" associado ao investimento em uma tec-

nologia emergente. (Psicologicamente, machuca menos perder US$ 1 milhão de uma só vez do que perder US$ 250 mil em quatro ocasiões separadas.)

MOLDANDO SOLUÇÕES

Embora estar ciente dessas quatro armadilhas possa ajudar a evitá-las, a melhor defesa pode ser um bom ataque. As empresas estabelecidas que de fato prevalecem seguem uma trilha mais agressiva que equilibra flexibilidade de postura com comprometimento continuado e seguem adiante. Nesta seção, oferecemos quatro soluções comprovadas: ampliar a visão periférica, criar uma cultura de aprendizagem, permanecer flexível nas formas estratégicas e proporcionar autonomia organizacional. Essas soluções não correspondem uma a uma a cada armadilha, mas tratam várias delas de uma vez. Pense nessas quatro estratégias como ingredientes a partir dos quais uma abordagem geral de solução pode ser confeccionada para se adequar unicamente à sua empresa.

Ampliando a visão periférica

As tecnologias emergentes marcam a sua chegada bem antes de desabrocharem em sucessos comerciais amadurecidos. Entretanto, o índice sinal/barulho é inicialmente baixo, de modo que se precisa trabalhar duro para avaliar os indicadores iniciais. Isso significa olhar à frente dos resultados desapontadores, da funcionalidade limitada e das aplicações iniciais modestas a fim de antecipar as possibilidades. Muitos sinais estão disponíveis àqueles que os procuram; outros sinais podem ser vistos apenas pela mente preparada. Como o filósofo Kant observou, só podemos ver o que estamos preparados para ver. Os vencedores são aqueles que escutam os fracos sinais e podem antecipar e imaginar possibilidades futuras mais rapidamente que a concorrência. O planejamento de cenário, que será discutido no Capítulo 10, tem se provado uma poderosa ferramenta na ampliação dos fracos sinais e na imaginação de futuros diferentes.

Os fracos sinais a serem capturados em geral vêm da periferia, na qual concorrentes novos (e previamente desconhecidos) estão abrindo estradas, clientes desconhecidos estão participando em aplicações iniciais e paradigmas de tecnologia desconhecidos estão surgindo. Mas a periferia é muito barulhenta, com inúmeras tecnologias tangenciais que podem ou não ser relevantes. Esse ruído de pano de fundo pode ser visto nos setores de entretenimento em rápida convergência, como os de telecomunicações, informações, TV a cabo e computação, nos quais uma miríade de tecnologias, como a TV interativa, a Web TV, o CD-ROM, o vídeo de *desktop* e a transmissão por satélite, combina-se para criar novos produtos e serviços. O que representa ruído de fundo para um participante pode ser um forte sinal para outro.

O primeiro passo na decisão sobre que sinais e tendências merecem exame é definir quais tecnologias emergentes são estrategicamente significantes (como foi discutido adiante no Capítulo 4). Isso requer deslocar o foco corporativo das características de seus produtos ou serviços existentes para os traços que proporcionam benefícios aos clientes ou os auxiliam a resolver os seus problemas. Por exemplo, os clientes não desejavam raios X ou *scans* CAT *per se*, mas desejavam imagens mais acuradas de tecidos e estruturas ósseas que identificassem anomalias. Concentrando-se nos benefícios potenciais, os administradores podem identificar mais prontamente tecnologias emergentes que podem oferecer novas maneiras de proporcionar ou aprimorar esses benefícios. Para os consumidores, um CD é apenas uma forma de armazenar e reproduzir música adequada a um estado de espírito ou a uma ocasião em particular, de modo que ficam abertos a novas tecnologias como os aparelhos de MP3 que armazenam música baixada da Internet. As empresas também podem estudar os usuários pioneiros que estão adiante na curva, para ver a promessa de uma nova tecnologia, ou trabalhar conjuntamente com usuários pioneiros (em mercados industriais, por exemplo) para criar a nova geração de produtos.

Definidas as funcionalidades subjacentes, a pergunta seguinte é o grau de perfeição com que a tecnologia emergente pode prover as novas características que suprem as necessidades e os orçamentos dos clientes, em relação a outras tecnologias concorrentes. Tal projeção estratégica do desempenho potencial de uma tecnologia emergente acarreta mais que uma extrapolação linear para o futuro. Primeiro, devíamos levar em conta o típico relacionamento em forma de S entre o desempenho e o desenvolvimento cumulativo[17]. Isso em geral exige um período de esforço significativo, antes de quaisquer resultados serem vistos, seguidos por um rápido progresso com um esforço relativamente pequeno antes de, no final, atingir um limite. Essas curvas em S aplicam-se tanto dentro da empresa (para o desenvolvimento de tecnologia proprietária) como em termos de setor ou de mercado. Por conseguinte, para se chegar a projeções úteis (que podem consistir em estimativas ou de faixas de pontos), é necessário estimar a taxa de gasto dos concorrentes com desenvolvimento. Além disso, a projeção deve levar em conta possíveis melhorias na tecnologia estabelecida, já que o que importa mais é o desempenho relativo. Sendo assim, a projeção tem de ser feita em relação ao alvo móvel da antiga tecnologia.

Uma vez que a trajetória de uma tecnologia foi projetada, o desafio é estimar a taxa de adoção e o tamanho do mercado em potencial. Quando ainda não se pode vislumbrar quem serão os clientes, e os usuários pioneiros nem experimentaram o nível de desempenho nem as características que são possíveis, tais estimativas são difíceis de fazer. As técnicas de pesquisa de mercado convencionais raras vezes são aplicáveis às incertezas dos mercados embrionários[18]. Abordagens como os levantamentos, os testes de conceito e as análises conjuntas foram planejadas para tratar de problemas mais bem definidos nos mercados existentes. Uma abordagem diferente se faz necessária quando o conceito de mercado é malformado, a tecnologia mal está pronta e as questões do custo relativo, da disponibilidade e do desempenho não estão solucionadas. Em vez de perguntar diretamente aos clientes suas respostas aos novos produtos ou serviços, ou seu interesse por eles, a pesquisa de mercado inicial deve se concentrar nos usuários pioneiros e nas melhorias das funcionalidades. Os potenciais clientes podem não saber se desejam a tecnologia da TV holográfica, mas em geral conseguem avaliar suas funções e benefícios em relação à atual tecnologia.

A estratégia da Xerox de estimar o potencial de mercado para as máquinas de *fax* nos anos 70 ilustra como os benefícios do cliente e as funcionalidades podem ser usados no desenvolvimento de estimativas de mercado para uma tecnologia embrionária[19]. Os administradores basearam suas estimativas no grau e na freqüência de mensagens escritas urgentes, sua sensibilidade ao tempo e à forma e o tamanho da mensagem (número de páginas, uso de gráficos, etc.). Depois eles contrastaram a promessa de capacidade do *fax* com as soluções existentes como cartas, telefone, telegramas, entregas expressas. Com essa abordagem de estimar a demanda latente pelas funcionalidades do fax, como alternativa aos estudos de respostas a declarações de conceito, a Xerox previu um mercado empresarial de aproximadamente 1 milhão de unidades no início da década de 70. Em retrospectiva, esse número provou-se por demais baixo, mas foi muito maior do que as pessoas imaginaram.

Infelizmente para a Xerox, escolheram o caminho errado de tecnologia porque preferiram continuar com as transferências de computador para computador (caindo na Armadilha nº 2). A empresa desenvolveu um sistema de envio de mensagens fac-símiles de um computador para outro, com o computador recebedor imprimindo a cópia com a tecnologia-padrão de imagem. Essa acabou provando-se uma abordagem muito menos atraente do que ter dispositivos especiais ligados por linhas telefônicas mais baratas e mais ubíquas (embora o papel termal à cera desses dispositivos fosse inferior ao papel comum). No final, contudo, a visão da Xerox da transmissão de *fax* baseada nos PCs pode prevalecer sobre as máquinas isoladas de *fax*.

A escolha de métodos para avaliar o mercado para uma tecnologia emergente deve ser guiada por três princípios-chave, que são discutidos em profundidade no Capítulo 6:

1. *Pintar um quadro mais amplo*. As questões gerenciais não precisam ser elaboradas nem exigir resultados precisamente calibrados. Nas etapas mais iniciais da exploração, a questão é simplesmente se o mercado potencial pode ser "grande o bastante" para suportar as atividades de desenvolvimento. Questões de potencial de mercado, de *timing* e de taxa de crescimento são prematuras.
2. *Usar múltiplos métodos*. Todos os métodos de estimativa de mercado são falhos ou limitados em algum aspecto importante. Assim, analogias com mercados para tecnologias com características similares são suspeitas porque as situações podem não ser comparáveis em aspectos críticos, porém ignorados. Semelhantemente, as pesquisas de especialistas que utilizam os métodos Delphi para montar previsões compostas da demanda podem não ser mais do que um somatório de ignorância coletiva. Embora todos métodos sejam limitados, uma combinação de métodos – cada um fazendo a mesma pergunta de um modo diferente e, portanto, estando sujeito a parcialidades diferentes – pode render conclusões que sejam direcionalmente sensatas. O processo de triangulação de resultados busca temas e padrões comuns após responder a parcialidades específicas através de sua neutralização entre os métodos.
3. *Enfocar necessidades, não produtos*. Como foi discutido, os possíveis clientes não conseguem visualizar produtos radicalmente novos baseados em inovações descontínuas. Em contrapartida, podem ser eloqüentes quanto a suas necessidades, seus problemas, suas situações de uso ou de aplicação e seus requisitos modificados que ditarão a eventual aceitação deles – mas só se as perguntas certas forem feitas.

Criando uma cultura de aprendizagem

Uma segunda abordagem às armadilhas das tecnologias emergentes é continuar aprendendo. E o desafio aqui é o da *aprendizagem coletiva*, não só da aprendizagem individual[20]. Em seu livro *The Living Company*, Arie de Geus reconta um estudo clássico de Allan Wilson sobre duas espécies de pássaros comuns nos jardins ingleses[21]. Uma espécie (os piscos vermelhos) era predominantemente territorial enquanto a outra espécie (o chapim) revoava em bando. Ambas as espécies gostavam de bicar o creme das jarras abertas de leite postas às portas pelos leiteiros antes da Primeira Guerra Mundial. Entre as duas guerras mundiais, algumas tecnologias novas emergiram na forma de garrafas com selos de alumínio, o que significava que os pássaros não tinham mais acesso fácil ao creme. Alguns pássaros inovadores (empresários), contudo, calcularam que podiam simplesmente furar o papel alumínio com os bicos e chegar deste modo ao creme. Entre os pássaros territoriais (os piscos vermelhos), essa inovação foi isolada e infreqüente. Entre a outra espécie (os chapins), essa inovação espalhou-se rapidamente, já que as aves comunicavam-se e revoavam em bandos. A questão é que a aprendizagem individual apenas se traduz em aprendizagem coletiva em uma cultura que compartilha informações e se comunica com freqüência.

Como já foi discutido, fontes diversas de informações fluindo da periferia criam bastante barulho. Esse fluxo de informações pode levar à confusão e à imobilidade, em vez de a uma interpretação correta e à ação, se não houver nenhum processo para uma aprendizagem compartilhada ou conjunta. A informação deve ser absorvida, comunicada amplamente e intensamente discutida a fim de que as implicações totais sejam compreendidas. Isso exige uma capacidade de aprendizagem organizacional que transcende a aprendizagem individual. Essa capacidade se caracteriza por:

- Uma abertura para a diversidade de pontos de vista, dentro e através das unidades organizacionais;
- Uma disposição para se desafiar suposições profundamente enraizadas de modelos mentais arraigados ao facilitar o esquecimento de abordagens ultrapassadas[22].
- Uma experimentação contínua em um clima organizacional que estimula e recompensa o fracasso "bem-intencionado".
- Um domínio das habilidades do diálogo profundo e da conversação estratégica.

Incentivando a abertura a pontos de vista diversos. As incertezas das tecnologias emergentes que causam rupturas exigem detalhes minuciosos. A análise inicial deve incentivar opiniões *divergentes* sobre soluções tecnológicas, oportunidades de mercado e estratégias de participação. Com a evolução da aprendizagem, uma ou várias visões emergem como uma base para *convergência* na direção de umas poucas soluções comercializáveis que podem ser testadas. O tom desse debate extensivo deve ser estabelecido pela administração sênior por intermédio de suas disposições para incluir pessoas com formações não-tradicionais, pela sua própria imersão no fluxo de dados e pelas perguntas desafiadoras que devem ser feitas. Os administradores seniores precisam sair de seus escritórios e das zonas de conforto e começar a ter conversas com as pessoas internas à organização, geralmente bem-informadas, com os especialistas externos e com os clientes. Eles precisam estudar as jogadas competitivas e as situações análogas, lançar idéias e buscar colaborações. Isso pode ser feito em diversos fóruns, incluindo-se as reuniões de equipe, as conferências fora da empresa e os quadros de aviso eletrônicos. O envolvimento de cima para baixo somente será produtivo se houver uma participação de baixo para cima. Os funcionários de níveis diferentes trazem pontos de vista e conhecimentos diferentes e em geral estão mais próximos das realidades dos mercados e da tecnologia. Com o prosseguimento desses debates e os argumentos se tornando mais refinados, os fatos e as posições entrarão em um foco muito mais afinado.

Esse foi o processo orquestrado por Hugh McColl, que fez do Nationsbank um dos 20 maiores bancos dos EUA por meio de uma série agressiva de aquisições[23]. O modelo tradicional de consolidação que levava a grandes bancos que obtêm enormes economias de escala vem sendo desafiado por novas tecnologias nos serviços financeiros. É possível fazer operações bancárias por telefone ou pelo computador em casa, através de "*smart cards*" ou pela TV interativa com uma tela ATM. Nesse novo mundo, as operações bancárias podem se tornar uma atividade de serviço de baixo valor agregado que simplesmente lida com transações para uma "loja" eletrônica de alto lucro controlada por um terceiro, como a Microsoft. Nesse caso, os relacionamentos de valor com os clientes erodiriam por estes tentarem buscar empréstimos, hipotecas e serviços financeiros de baixo custo ou mais rápidos na Internet. Para lidar com essas incógnitas, McColl teve de mudar o seu modo de confiança, baseado em um círculo interno de conselheiros, e trazer terceiros para o sistema, ouvir idéias de fontes diversas dentro da empresa e investir em um grupo estratégico de 95 pessoas (operando como consultores internos), que traçaram tendências e estudaram possibilidades. O objetivo é criar uma estratégia de crescimento à qual toda a organização possa responder.

Com o aumento da incerteza, aumenta também o potencial para confusão e paralisia, o que pode resultar em uma postura de "esperar para ver", de atrasos e de falta de comprometimento. As organizações precisam de um mecanismo para se unir e se concentrar no diálogo em andamento, enquanto reduzem as várias incertezas a porções administráveis. A análise de cenário (veja o Capítulo 10) alcança isso através de um processo de visão coletiva de um conjunto limitado de futuros plausíveis que sejam internamente consistentes e detalhados. Cada cenário pode ser usado para gerar opções estratégicas, estimar investimentos possíveis e avaliar a sua robustez[24].

Desafiar a mentalidade predominante. Pontos de vista diversos não terão impacto se a mentalidade predominante da organização a impede de absorver essas interpretações. O raciocínio expansivo sobre o futuro é imediatamente subvertido pela rigidez e pelas restrições dos prevalecentes modelos mentais, das fórmulas de sucesso da indústria, da sabedoria convencional e das falsas analogias do passado. As operações limitantes e simplificadoras dos modelos mentais profundamente incorporados levantam sérias questões sobre se mesmo as abordagens de cenário são apropriadas para lidar com mudanças profundamente destruidoras e descontínuas. A preocupação é que o processo de formação de cenário ancora-se no presente – como é formulado pela mentalidade predominante – e então projeta à frente o que *poderia* acontecer. Em contraste, empresas que exploram com sucesso as descontinuidades podem ter de separar o seu pensamento das crenças e realidades usuais para imaginar o que *poderia ser*, e então fazer o caminho de volta ao que precisa ser feito para garantir que esse futuro desejado se realize. Ackoff, Hamel e Prahalad[25], enfatizam que esse tipo de previsão exige uma curiosidade profunda e ilimitada, uma disposição para especular sem evidências conclusivas, o uso liberal de analogias com situações comparáveis e compreensões profundas das necessidades, das exigências e dos comportamentos dos clientes.

Os modelos mentais podem impedir o pensamento irrestrito necessário para imaginar perturbações, surpresas ou desenvolvimentos improváveis, porque se encontram tão enraizados na experiência passada, reforçados pelos comprometimentos atuais e aprisionados pela inércia do *status quo*. Antes dos impedimentos dos modelos mentais predominantes poderem ser desafiados, a estrutura dessas mentalidades deve ser descrita por meio de um exercício de mapeamento mental que explicita as visões e as suposições centrais da equipe gestora sobre as importantes forças de mudança e suas conseqüências[26]. Uma vez que essas visões forem demonstradas, incertezas cruciais podem ser trazidas à tona, e as pressuposições subjacentes, desafiadas. O perigo de um pensamento verdadeiramente ilimitado todavia, reside em se transformar em fantasia desconectada da realidade. O que a administração sênior deve lutar para alcançar é uma imaginação disciplinada, como será discutido no Capítulo 9.

Experimentar continuamente. A melhor maneira de aprender é por meio de experimentação contínua. Uma adaptação bem-sucedida aos caprichos das tecnologias emergentes exige uma disposição para experimentar e uma abertura para aprender com os fracassos e reveses inevitáveis. Existem várias facetas no clamor por uma experimentação contínua. Às vezes significa uma disposição para criar um portfólio diverso de soluções tecnológicas, endossando-se atividades paralelas de desenvolvimento. Por exemplo, a Intel se empenhou em pesquisa sobre *chips* RISC, mesmo enquanto eram enfatizados os microprocessadores CISC. Pode igualmente significar uma rápida criação de protótipos, introduzindo-se versões iniciais e imaturas do produto em um segmento plausível de mercado, aprendendo-se com a experiência, modificando-se o produto e a abordagem de *marketing* e tentando-se de novo em um processo de aproximação sucessiva. Foi como a Motorola ingressou no mercado de telefones celulares e como a GE participou no segmento de *scanners* CT 27. Em outros cenários, podem ser realizados testes de mercado mais formais e mais ambiciosos, como os testes extensivos da televisão interativa feitos pelas Baby Bells.*

Continuamente experimentar e improvisar com uma nova tecnologia produz observações sobre as possibilidades e os limites da tecnologia, sobre as respostas de diversos segmentos de mercado e sobre as opções competitivas consideradas pelos clientes. Uma vez resolvidas incertezas importantes, tais organizações de aprendizagem estão prontas para agir. Por exemplo, se influenciar padrões é chave para o sucesso, elas podem julgar melhor quais elementos endossar.

A experimentação requer uma tolerância ao fracasso. A aprendizagem por tentativa e erro, que se apóia na experimentação, é subvertida com facilidade se existe uma síndrome de temor ao fracasso. As organizações que recompensam os que jogam seguro e culpam os que se arriscam mesmo por fracassos "bem-intencionados" desestimulam a aprendizagem. O caminho da aprendizagem marca-se pelo acaso e pelo conhecimento vislumbrado de diagnoses cuidadosas das possíveis razões de um fracasso. Infelizmente, freqüentemente há pouca paciência em

---

* N. de R. Empresas regionais de telefonia dos EUA, originadas pela quebra do monopólio do sistema Bell, nos anos 80.

relação ao fracasso e poucos incentivos para o estudo do fracasso. Em ambientes contraprodutivos, sem capacidades bem-desenvolvidas de aprendizagem, um diagnóstico que poderia distinguir as causas dos efeitos é visto como uma maneira de assinalar a culpa. É preciso uma liderança orquestrada para criar um clima mais aberto, que recompensa a improvisação e possibilita a aprendizagem com o fracasso. A British Petroleum realiza essa tarefa através de exames de desempenho de projetos preparados para o presidente pela junta de diretores[28].

Diálogo profundo. A aplicação com sucesso dos remédios citados exige que as organizações dominem a arte da conversação estratégica. Howard Perlmutter identificou vários impedimentos ao diálogo profundo, que vão da falta de confiança, passando por problemas não-solucionados, até os mal-entendidos culturais[29]. Perlmutter define o diálogo profundo como um encontro de mentes e de corações, o que, por sua vez, alimenta a união entre as pessoas, elimina as diferenças e une as idéias. Kees van der Heijden, antigo chefe de gerenciamento de cenário da Royal Dutch/Shell, também vê a compreensão estratégica como se emanasse da conversação ponderada[30]. Ele defende várias técnicas e abordagens, como o planejamento de cenário, para criar contextos que sejam conducentes a um encontro mais profundo das mentes corporativas. As organizações podem ter de (re)aprender como se engajar em um diálogo estratégico produtivo, a fim de dispersar a névoa das tecnologias emergentes. O brilhantismo individual não basta. O que realmente importa é a sabedoria coletiva e a inteligência emocional da empresa, que só pode ser melhorada pela interação social construtiva e pelo diálogo estratégico sobre as oporunidades desconhecidas de mercado que residem adiante.

Permanecendo-se flexível nas formas estratégicas

Um dos paradoxos das tecnologias emergentes, como foi discutido no Capítulo 1, é que, embora seja prudente fazer investimentos limitados, por vezes é o comprometimento forte que leva ao sucesso. Um modo de reduzir a severidade desse dilema é aumentando a flexibilidade organizacional. Quanto maior for a flexibilidade da organização, menor será o custo de tecer comprometimentos e menor será o custo de reverter a direção. Isso se assemelha a usar sistemas flexíveis de fabricação, ao invés de fixos. Um sistema flexível em uma instalação automotiva pode ser usado para o comprometimento com um certo modelo de veículo, mas esse comprometimento pode ser facilmente modificado se a demanda por outro modelo inesperadamente aumentasse. Em contraste, exercer o mesmo comprometimento através de uma instalação comprometida significaria uma reformulação muito cara para cada mudança de modelo. É importante reconhecer que o comprometimento nem sempre se mede em valor de dólar absoluto, de modo que existem maneiras de conservar recursos ao se comprometer com uma tecnologia em particular.

À primeira vista, o comprometimento parece ser o oposto da flexibilidade e não se pode ter os dois ao mesmo tempo[31]. Apenas se o comprometimento for irreversível é que ele transgride diretamente a flexibilidade. Por exemplo, se você se compromete com uma viagem de navio e paga o valor completo de uma vez, pode parecer que sua flexibilidade foi diminuída. Entretanto, se você também comprou seguro de cancelamento (em caso de doença ou de morte na família), você realmente preserva uma flexibilidade considerável de mudar de curso, se necessário. Essa é a arte da gestão de opções: envolve a criação de proteções e a habilidade de imaginar cenários diversos. O único senão de criar flexibilidade é poder reduzir o valor de sinalização estratégica do comprometimento, que realmente requer a irreversibilidade para ser crível (por exemplo, ao se fazer uma jogada de tecnologia preemptiva ou ao se construir uma nova instalação para assustar os outros). Todos esses fatores precisam ser equilibrados na perspectiva das opções.

A Microsoft é um ótimo exemplo de empresa estabelecida que mantém a flexibilidade em face a tecnologias incertas. Sua muito celebrada resposta "fazer dar certo com poucos recursos", quando confrontada com o navegador da Internet da Netscape, é apenas um exemplo de seu padrão de agilidade de propósito. A Microsoft estava apostando suas fichas no produto já em 1988 ([32]). Àquele tempo, a Apple estava no topo com a sua interface gráfica de usuário superior para o Macintosh, fazendo o DOS, da Microsoft, aparecer em distante segundo lugar. Contudo, a Microsoft operava em frentes múltiplas em 1988. Em uma frente, desenvolvia o Windows; em outra, empurrava o OS/2, que desenvolveu em parceria com a IBM. E, ao mesmo tempo, a Microsoft estava lançando vários pacotes de aplicações de *software*, incluindo o Excel e o Word, tanto para o Windows como para o Macintosh da Apple. Por último, a Microsoft tinha uma parceria com a SCO, a maior provedora de sistemas Unix baseados em PC.

Em essência, a Microsoft havia desenvolvido uma forte mão de cartas para jogar em uma variedade de mundos que podiam emergir. Seu portfólio de opções era comensurável às incertezas que cercavam o desenvolvimento de *hardwares* e de *softwares* à época. As questões de padrões, de características, de canais e de modos de entrega (PCs *versus* provedores) ainda estavam por ser estabelecidas. Em acréscimo ao desenvolvimento de uma poderosa mão de cartas, a Microsoft desenvolveu uma cultura que podia rapidamente mudar a estratégia. Bill Gates provou-se um líder audaz ao mudar de curso em meio do caminho, quando a ameaça e a promessa da Internet tornaram-se visíveis.

A Sun Microsystems e suas aliadas há muito vinham trabalhando em uma linguagem de programação mais universal (Java), cuja promessa era desenvolver rapidamente programas de codificação de *software* e de aplicações para *download* pelos provedores. Quando a Internet foi acrescentada a essa arremetida como uma nova mídia para a entrega de *software* (em acréscimo aos provedores e às estações de trabalho), Gates reconheceu que a Netscape podia correr à frente com a oportunidade da Internet. A Netscape foi formada em tempo recorde de Internet. Dois meses após o lançamento do Navigator, em dezembro de 1994, a Netscape capturara 60% do mercado de navegadores, representando uma base instalada de mais de 38 milhões de usuários[33]. A Netscape alcançou vendas anuais de mais de US$ 500 milhões em pouco mais de três anos, um nível que exigiu 14 anos da Microsoft para ser atingido. Quando a AOL comprou a Netscape em março de 1999, ela valia mais de US$ 10 bilhões.

A Netscape representava uma ameaça para a Microsoft em duas frentes. O seu navegador fora produzido para criar uma interface universal com o mundo em rede, ao oferecer capacidades entre plataformas (dos computadores pessoais, passando pelos fones celulares, até as *intranets*). Segundo, a Netscape perseguiu uma estratégia aberta de padrões que podia desviar o ímpeto do padrão Wintel. Para seu crédito, a Microsoft moveu-se rapidamente para concorrer de frente com essa nova força formidável, deslocando a sua estratégia em poucos meses. Centenas de projetos de desenvolvimento de *softwares* foram interrompidos no meio do caminho, para realinhar pessoal, dinheiro e tempo na direção do navegador da própria Microsoft e da sua nova estratégia de Internet. As lições da Microsoft: manter abertas as opções; estudar os concorrentes intensamente; e mudar de direção com ousadia e rapidez quando necessário.

Administrando opções reais. A melhor prática sugere ser desejável, nos estágios iniciais de exploração de uma tecnologia emergente, manter um número de opções abertas, se comprometendo com investimentos em etapas, seguindo vários caminhos tecnológicos e retardando alguns projetos. Uma vez que a incerteza tenha sido reduzida a um nível tolerável e haja um consenso difundido na organização quanto a um caminho tecnológico apropriado que possa utilizar as capacidades de desenvolvimento interno da empresa – como ocorreu quando a Intel escolheu o computador, e não a televisão, como o aparelho preferido de comunicação –, o desenvolvimento interno de escala completa pode começar.

Mas e se existirem muitos caminhos tecnológicos plausíveis, os riscos de perseguir um, e não os outros, são inaceitáveis, e à empresa faltam as capacidades internas necessárias? Essa situação foi enfrentada pela Rhone-Poulenc-Rohrer, que tentou criar uma estrutura de aliança flexível para buscar mais oportunidades na terapia de genes. Para obter resultados terapêuticos, muitas tecnologias teriam de ser integradas – indo das descobertas dos genes e dos vectores na entrega do gene até a compreensão dos mecanismos biológicos envolvidos no câncer, nas doenças cardiovasculares e nas desordens do sistema nervoso. Não só foi impossível dominar todas essas tecnologias, como as abordagens modificavam-se rapidamente. A solução foi formar uma subsidiária separada, a RPR-Gencell, para servir de conexão em uma rede de 19 parceiros de tecnologia, incluindo universidades, empresas de biotecnologia e outras atividades. Cada parceiro proporcionou recursos distintos de pesquisa em paradigmas terapêuticos, de acordo com um modelo integrador. A rede permaneceu fluída e aberta, com os parceiros indo e vindo, dependendo do fato de poderem alcançar os marcos de desempenho baseados em comparações com o que havia sido alcançado pelos melhores concorrentes disponíveis. Uma vez que uma terapia se tornasse comercialmente um sucesso, os parceiros dividiriam os pagamentos de *royalties*.

Duvida-se que o modelo particular desenvolvido pela RPR-Gencell funcionará. A sua abordagem de aliança particular funcionou bem na fase de criação de conhecimento, mas sofreu tensão na fase de comercialização. Ainda assim, a estratégia de desenvolver uma organização mais flexível é vital para a criação do equilíbrio apropriado entre o comprometimento e as opções necessárias para desenvolver com sucesso as tecnologias emergentes. A estratégia de colaboração faz sentido ao explorar inúmeras possibilidades, mas pode ruir se as questões de posse de propriedade intelectual estiverem pouco claras. Além disso, a RPR-Gencell desempenhou um papel talvez demasiado central na rede que criaram, uma questão tratada com mais detalhes no Capítulo 16.

Além da criação de uma flexibilidade organizacional, acertar o ritmo dos comprometimentos também pode proporcionar flexibilidade estratégica. Muitas empresas farmacêuticas que enfrentam as mesmas incertezas que a Rhone-Poulenc-Rohrer adotaram uma postura de "esperar para ver" ou se engajaram em um cauteloso "aprender fazendo". Algumas empresas, como a Merck, a Schering-Plough, a Eli Lilly ou a Novartis, fizeram investimentos significativos no setor, mas pequenos como porcentagem do total de seus gastos com desenvolvimento. A suposição é que os pioneiros fracassarão ou, se obtiverem sucesso, tornar-se-ão disponíveis como candidatos à aquisição. Por exemplo, a Johnson & Johnson comprou a empresa de biotecnologia Centocor por US$ 4,9 bilhões, 20 anos depois de sua fundação. A Pfizer também persegue uma estratégia de ingresso tardio. É mais provável que uma estratégia como essa seja realizada se o crescimento no mercado for muito lento, se existirem muitas tecnologias concorrentes com pouca probabilidade de que um modelo dominante jamais venha a emergir e se quaisquer tecnologias que realmente venham a prevalecer sejam difíceis de proteger ou fáceis de imitar. Em última instância, a abordagem ótima (que vai da aposta até o esperar para ver) depende do conjunto de escolhas que uma empresa e seus concorrentes enfrentam. Quanto mais flexibilidade houver em uma organização, menores serão os custos de estabelecer ou mudar um compromisso.

Proporcionando autonomia organizacional

A quarta estratégia para evitar as armadilhas dos grandes titulares de tecnologia é a de levar o negócio da tecnologia emergente para fora da corporação principal, a uma unidade separada. Quanto mais a iniciativa de tecnologia emergente puder operar a partir de uma mentalidade empresarial menor, menos será retardada pela inércia, pelos controles, pela aversão a riscos e pela mentalidade da grande empresa que conduz às quatro armadilhas discutidas antes. Criando um viveiro isolado, a empresa protege o negócio da tecnologia emergente da infecção dos micróbios, os quais, por não serem perigosos para a empresa, podem ser fatais para o novo empreendimento.

Muitas grandes empresas estabelecem organizações separadas dedicadas a buscar novos empreendimentos (como a divisão do Saturn, da GM, a unidade de PC da IBM ou o investimento Genentech, da Roche). O objetivo de "encasular" o novo negócio é criar uma fronteira que permita ao novo grupo agir diferentemente, ao possibilitar a transferência de recursos e idéias entre ele e a matriz. Essa medida também permite objetivos separados, o reconhecimento de longos ciclos de desenvolvimento e de contínua apreciação de dinheiro, além de critérios diferentes de medição, de modo que o desempenho dos administradores no restante da organização não fique prejudicado. Acima de tudo, cria flexibilidade[34].

Existem muitos graus de separação. Algumas empresas levam a abordagem de separação longe o bastante para criar novos desmembramentos: novas empresas formadas com suas próprias ações, corpo de diretores e equipes de administradores, nos quais a matriz retém alguma posição de proprietária. Tais empreendimentos criadores de valor foram perseguidos pela Thermo Electron (mais de 14 desmembramentos), pela Safeguard Scientifics (mais de 10 desmembramentos), bem como pela Enron, pela Genzyme e pela The Limited (dois desmembramentos). Um estudo da McKinsey relatou um acúmulo de retorno anual de 20% para tais empreendimentos após três anos, o que é 9,6% melhor do que o índice Russell 2000 para esse período (que mede o desempenho de uma ampla gama de pequenas empresas de capital aberto)[35]. Um empreendimento criador de valor fornece acesso a capital (através de uma oferta pública de ações), valor estratégico do centro corporativo, independência de operação, desenvolvimento de talento e uma maior motivação de funcionários cruciais (através das opções de ações e de maior liberdade). Nas palavras de John Wood, CEO da Thermedics: "As subsidiárias empreendedoras nos permitem desenvolver novos negócios que, de outro modo, não desenvolveríamos". A Figura 2.1 resume a estrutura da Thermo Electron em 1999. Desde então, a empresa sofreu significativa simplificação e reorganização porque havia se tornado por demais pesada. Suas ações recebiam pressão, em parte por causa da fraqueza do mercado asiático, mas em especial por haver demasiada separação e complexidade organizacional. É um difícil jogo de equilíbrio entre o controle e a autonomia, especialmente se a matriz também se beneficia das subsidiárias criadoras de valor.

A experiência da Kodak com as imagens eletrônicas salienta a importância estratégica da separação organizacional (em uma forma qualquer). Originariamente, as atividades de imagem eletrônica estavam dispersas entre as instalações da Kodak para imagens químicas, em Rochester. Isso acarretou inúmeras conseqüências negativas. Os executivos do setor de filmes interferiam continuamente nos projetos de imagens eletrônicas, vistos como ameaças à base de clientes. A política da empresa de todos os engenheiros receberem salários iguais fez com que a Kodak não pudesse competir pelos engenheiros elétricos, de preço mais alto, mesmo no caso de eles poderem ser levados à Nova York. Como os projetos de imagens digitais estavam espalhados por toda a empresa, não havia uma visão coesa e havia pouca responsabilidade pelo desempenho no mercado.

Quando George Fisher saiu da Motorola para se tornar CEO da Kodak, ele reuniu todos os projetos de imagens digitais em uma divisão autônoma e exigiu que a divisão lançasse novos produtos. Abandonando a tradicional estratégia de

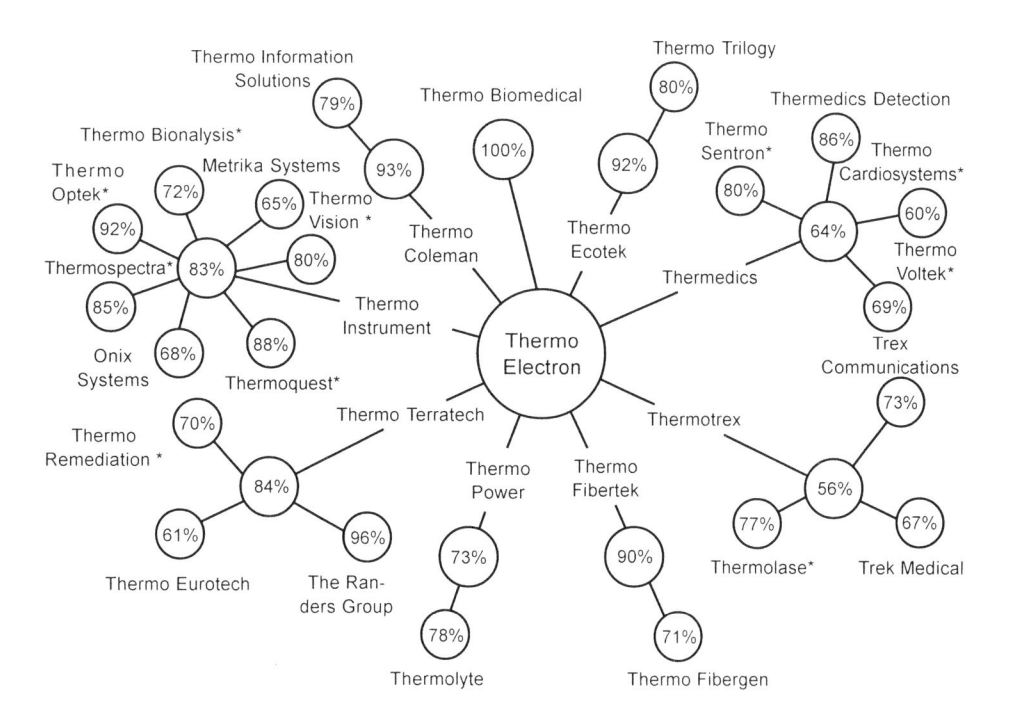

* Propriedade combinada entre a Thermo Electron e a matriz.

FIGURA 2.1 Estrutura da Thermo Electron em 1999.

"se virar sozinho", ele também iniciou algumas de alianças para desenvolver conjuntamente projetos de imagens digitais.

Quanta independência representa um nível ótimo? Depende da magnitude da descontinuidade tecnológica e de se essa ameaça vai erodir ou tornar obsoletas as competências do negócio central; depende da extensão em que as atividades e os clientes dos dois negócios são diferentes e das diferenças em lucratividade. Quanto maiores forem essas diferenças, mais importante será que o novo negócio não seja avaliado pelas lentes do antigo.

Para tecnologias completamente novas e descontínuas, pode ser necessária uma separação física e estrutural – estabelecendo-se uma divisão separada que se reporte à administração sênior. Mesmo quando esse grau tão completo de separação não se justifique, ainda é desejável ter-se um *financiamento* e uma *contabilidade* em separado, de forma que as perdas com novos projetos não sejam arcadas por uma unidade empresarial estabelecida.

O novo empreendimento também precisa de *políticas distintas,* que se ajustem às realidades da formação de um novo negócio. O novo empreendimento deve ser capaz de atrair o melhor pessoal, apresentar a amplitude de fabricar rapidamente protótipos e sondar mercados mal definidos, enquanto mantém os controles restritivos e os pesados encargos a um mínimo aceitável. Eles precisam estar isentos de boa parte do planejamento de rotina e de orçamento exigido de seus irmãos mais maduros. E, acima de tudo, dever-se-ia permitir a nova unidade, e mesmo estimular, a canibalização do negócio estabelecido.

Canibalize-se. Essa foi a escolha do Bank One, quando lançaram a Wingspan.com como banco virtual totalmente separado e irrestrito. O comprometimento do CEO, John B. McCoy, foi completo. Mais de US$ 150 milhões foram gastos em *marketing* no primeiro ano para lançar o novo banco (comparados ao US$ 1,2 milhão gastos pela pioneira na Internet, a Net.Bank). Começar do nada significou não desperdiçar tempo ligando-se aos maciços sistemas do Bank One, ao controles detalhados e às políticas de pessoal ou de preço e de marca. Também significou não poderem acessar diretamente a base dos clientes existentes. A necessidade por inovação ao ritmo do mundo da Internet simplesmente dominou as considerações de eficiência e de compatibilidade em relação aos sistemas legados.

E que tal "sinergia"? Quando duas estruturas devem cooperar? Uma visão dita que a concorrência interna e alguma redundância sempre devem ser estimuladas, com unidades empresariais diferentes defendendo modelos empresariais diferentes[36]. Uma visão com mais nuances diz que o empreendimento separado deve ser capaz de alavancar os pontos fortes da matriz, enquanto evita a absorção ou a subserviência. É irônico e instrutivo o fato de a IBM, em sua tentativa de desenvolver um computador pessoal verdadeiramente novo, ter estabelecido uma unidade separada e geograficamente remota, em 1980, que não conseguiu fazer uso de qualquer uma das formidáveis capacidades tecnológicas da IBM. Em conseqüência, o PC da IBM foi essencialmente um produto montado sem quaisquer sistemas ou semicondutores de sua propriedade e logo atraiu clones.

Pense no potencial de recursos compartilhados entre os varejistas tradicionais e as suas ramificações *on-line.* Empresas estabelecidas, como a L.L. Bean, a Wal-Mart ou a Barnes & Noble, trazem nomes de marcas visíveis e estabelecidos (que se traduzem em custos de *marketing* bem mais baixos), uma distribuição estabelecida e um sistema de desempenho, além de fluxos substanciais de caixa; e os consumidores gostam da conveniência da devolução em uma loja física de bens comprados *on-line*. Ainda assim, reunir as culturas díspares do mercado *on-line* e do varejo físico será difícil. A empresa *on-line* precisa situar-se a uma certa distância para não ser vencida pelas políticas lentas das lojas físicas, além de ser capaz de atrair e recompensar os empregados qualificados que estão sendo cortejados pelas empresas iniciantes que lhes acenam com opções de ações.

No caso extremo, o novo empreendimento pode absorver a matriz, se a tecnologia emergente desova um modelo empresarial que torna obsoleto o modelo antigo. Isso ocorreu quando Charles E. Schwab ingressou na corretagem *on-line* com a e.Schwab. A nova página na Internet permitiu que os investidores negociassem eletronicamente qualquer título disponível em uma conta regular, por uma taxa fixa de US$ 29,95, em qualquer negociação de até 1.000 cotas. Ao final de 1997, eles eram os corretores dominantes *on-line,* com ativos 10 vezes maiores que os do desafiante, a E*Trade.

No meio tempo, os clientes da corretora de descontos de Schwab ainda pagavam uma média de US$ 65 por negociação, mas recebiam serviço personalizado. Com o avanço das negociações *on-line*, cresciam as tensões criadas por um sistema de preço duplo que forçava os clientes a escolher entre serviço e preço. Decidiu-se que todas as negociações custariam US$ 29,95, apesar das perdas líquidas nos lucros e nas receitas de curto prazo, depois de permitir o aumento dos ativos e do volume de negócios. Não só isso lhes ajudou na concorrência com os rivais *on-line*, como tornou a Schwab uma ameaça maior aos corretores de serviço completo, pois agora eles podiam entregar informações personalizadas sobre investimentos aos clientes a um custo bem baixo[37].

CONCLUSÕES

Como as empresas podem competir, sobreviver e obter sucesso em setores que estão sendo criados ou transformados pelas tecnologias emergentes? O sucesso exige apoio contínuo da administração sênior, separação do novo empreendimento das atividades estabelecidas, flexibilidade organizacional e estratégica e disposição para arriscar e aprender com as experimentações. Deve haver uma diversidade de pontos de vista que desafiem as mentalidades dominantes, os precedentes enganosos e as visões potencialmente míopes dos novos empreendimentos. Os melhores inovadores parecem ser capazes de pensar amplamente e de antever uma ampla gama de possibilidades antes de convergir para uma solução qualquer.

Essas prescrições são direcionalmente corretas, mas precisam de considerável adaptação ao caráter distintivo de cada tecnologia emergente e às características particulares da organização. Embora essa não seja uma lista completa das armadilhas e soluções, esses têm sido temas predominantes na pesquisa acadêmica e nos debates com administradores. Estamos bem longe de compreendermos as implicações completas tanto das armadilhas como das maneiras de evitá-las, mas os esboços gerais dos equívocos comuns e das soluções práticas tornam-se mais visíveis. Estando conscientes das quatro armadilhas e adequando as quatro soluções às suas organizações particulares, os administradores têm a oportunidade de aprender com os erros dos outros e de não estar fadados a repeti-los.

PARTE I

AVALIANDO TECNOLOGIAS

Como uma empresa de produtos químicos efetua a transição para a biotecnologia? Como John Hume, diretor de planejamento corporativo da Monsanto, descreveu essa virada durante uma conferência em Wharton, foi preciso "fé, esperança e US$ 2 bilhões". Foi também preciso algo mais: uma mudança de orientação mental, uma nova maneira de ver a tecnologia e a empresa. "Fizemos uma aposta enorme e estamos criando uma nova empresa em torno dela", afirmou. "Estamos construindo com base em fé e esperança. Agora, a questão é como medir o grau de produtividade e valor que as inovações terão na ciência e no mercado"[1].

A marcha das novas tecnologias é incansável e cada uma delas levanta novos desafios para as empresas estabelecidas. Por exemplo, a pesquisa do genoma humano oferece um mapa genético que poderia apontar o caminho para novos produtos para a Monsanto. Com diversas tecnologias emergindo, a empresa precisa decidir se essas novas trilhas através da selva irão dar em despenhadeiros ou em auto-estradas. "Teremos de fazer escolhas para decidir se investigamos o genoma de um organismo", disse Hume. "Poderíamos também ser especialistas em lidar com proteínas. O campo é tão grande, temos de fazer difíceis escolhas sobre o nosso envolvimento na ciência, o nosso enfoque e o potencial comercial".

Essa nova perspectiva das tecnologias emergentes teve de ser conquistada ao mesmo tempo em que a empresa sustentava seu negócio central. Na descrição de Hume do desafio, "A nossa maneira de ver é que estamos trabalhando na asa de um avião, enquanto voamos, e esperamos acabar antes de termos de ir muito longe". Especialmente crítica à época de preparação dessa obra, é a aceitação dos alimentos geneticamente modificados nas sociedades ao redor do mundo.

A PRÓXIMA GRANDE COISA

As tecnologias emergentes constituem um terreno desconhecido para muitos administradores de empresas. Os riscos e as recompensas são imensos, a incerteza é extremamente alta. Avaliar e gerir essas tecnologias – desenvolvendo as que vão definir o futuro e evitando os escoadouros tecnológicos que podem engolir a empresa – representa um desafio significativo. A Parte I do livro oferece contribuições para a compreensão dos padrões de desenvolvimento, referenciais para identificar e avaliar tecnologias e perspectivas quanto ao papel do governo no desenvolvimento delas.

O desenvolvimento de tecnologia emerge de uma interação complexa entre pesquisa, consumidores e empresas. A Internet foi criada para servir a uma comunidade militar e acadêmica, mas explodiu com o desenvolvimento tecnológico relativamente menor do navegador. Como os desenvolvimentos biológicos, nos quais uma espécie é submetida a um rápido crescimento e desenvolve novas características quando transplantada para um novo ambiente, as mudanças na aplicação podem levar a um processo de "especiação de tecnologia". Esse processo é discutido mais detalhadamente por Ron Adner e Dan Levinthal no Capítulo 3. A analogia biológica por eles apresentada oferece uma metáfora poderosa por meio da qual se pode compreender as tecnologias de hoje em dia, analogia que se comporta bem quando testada em relação ao passado.

No Capítulo 4, Don Doering e Roch Parayre examinam estratégias para a seleção de tecnologias a serem desenvolvidas e para a avaliação dessas seleções. As empresas possuem recursos limitados para investir em tecnologias, e suas escolhas podem ter implicações significativas para a empresa. Essas escolhas apresentam um novo referencial para delimitar, buscar e avaliar o potencial de novas tecnologias. Os autores examinam as decisões de tecnologia da AquaPharm, empresa iniciante de biotecnologia no setor de aquacultura, para explorar as lições das boas e das más escolhas de tecnologia da empresa.

Por fim, nenhuma estratégia de participação pode ignorar o papel importante do governo no desenvolvimento das tecnologias emergentes. Como é examinado por Gerald Faulhaber no Capítulo 5, o setor público desempenha um papel que vai do financiamento da pesquisa básica à criação de leis e normas sobre os produtos e serviços comerciais. Esse capítulo explora o papel do governo de dar forma à Internet durante o seu desenvolvimento. Oferece lições vindas dessa experiência para os administradores de outras tecnologias emergentes que têm de trabalhar com essa força impositiva e se utilizar dela.

Esses capítulos oferecem estratégias e perspectivas sobre a avaliação e a gestão de tecnologias, mas estas não são geridas no vácuo. Elas precisam se tornar produtos e serviços que sejam vendidos a mercados que ainda não existem. O desafio da gestão de tecnologias está intimamente interligado à tarefa de avaliar e gerir os mercados emergentes. As tecnologias e os clientes emergem juntos e os administradores têm de manter seus olhos em ambos. A avaliação, a construção e a gestão desses mercados emergentes serão discutidas na Parte II.

CAPÍTULO 3

ESPECIAÇÃO DE TECNOLOGIA E O CAMINHO DE TECNOLOGIAS EMERGENTES

RON ADNER
Insead
DANIEL A. LEVINTHAL
The Wharton School

Algumas vezes, o repentino sucesso de tecnologias emergentes resulta de um processo em desenvolvimento há décadas. A revolução das tecnologias emergentes geralmente não é fruto de uma grande inovação científica, mas da mudança no domínio de aplicação da tecnologia. Por exemplo, o desenvolvimento radical da Internet não foi fundamentalmente o resultado de uma revolução tecnológica. Em vez disso, o desenvolvimento relativamente pequeno do navegador deslocou o domínio de aplicação da tecnologia das pesquisas governamentais e acadêmicas para o mercado do consumo em massa. Tecendo paralelos com a biologia evolucionária, os autores discutem esse processo de "especiação de tecnologia" e o seu impacto na comercialização de tecnologias emergentes.

De uma perspectiva tecnológica, os elementos-chave da tecnologia de comunicações sem-fio estavam em grande parte posicionados já nos anos 40. Foi mais de quatro décadas depois, contudo, que a "revolução celular" ocorreu. Essa revolução não foi primariamente o resultado de triunfos de laboratório, mas de mudanças na regulação e nas aplicações de mercado. A cada estágio do desenvolvimento da tecnologia nas comunicações sem-fio, o protótipo inicial da tecnologia prontamente derivou-se do estado de conhecimento existente. Embora a ciência do sinal de rádio tenha seguido um padrão razoavelmente contínuo de desenvolvimento, houve uma descontinuidade radical em se tratando de aplicação. E houve um valor comercial radicalmente diferente para o sinal de rádio que atravessa um laboratório, em comparação ao que atravessa cidades.

A tecnologia de comunicação sem-fio tem sido proclamada como revolucionária, em muitas ocasiões, incluindo o surgimento da telegrafia sem-fio, da transmissão de rádio e da telefonia sem-fio. Entretanto, por trás dessas mudanças aparentemente radicais, houve uma evolução tecnológica gradual. As mudanças drásticas foram resultado da aplicação da tecnologia existente a novas áreas:

- *Um aparelho de laboratório.* A tecnologia teve início como um aparelho de laboratório usado pelo físico alemão Heinrich Rudolph Hertz para testar as teorias de Maxwell sobre ondas eletromagnéticas. A funcionalidade crítica nesta área era a medição confiável das ondas eletromagnéticas.

- *A telegrafia sem fio*. O desenvolvimento da telegrafia sem fio foi impulsionado pela habilidade do engenheiro italiano Guglielmo Marconi de obter apoio financeiro para uma corporação buscar a aplicação comercial das ondas eletromagnéticas como alternativa à telegrafia por cabo[1]. Para a segunda área de aplicação da telegrafia sem fio, exigia-se uma nova funcionalidade de distância. Os pesquisadores concentraram-se em aumentar o poder dos transmissores e a sensibilidade dos receptores. O esforço de desenvolver receptores superiores para a telegrafia sem fio (e um repetidor eficaz para a telefonia a fio) levou em última instância ao desenvolvimento do tubo de vácuo[2].
- *A telefonia sem fio e a transmissão de rádio*. O tubo de vácuo proporcionou a base para um transmissor de onda contínua, tecnologia que foi prontamente aplicada às novas áreas de aplicação da radiotelefonia e das transmissões. A telefonia sem fio foi inicialmente usada para propósitos de segurança pública, como serviços policiais e de emergência. Apenas nos últimos anos, com a guinada para as comunicações móveis, a tecnologia sem fio penetrou nos mercados mais convencionais, de massa. A aplicação do tubo de vácuo à transmissão por rádio foi facilitada pelo comprometimento de recursos para o seu refinamento por entidades corporativas já estabelecidas, como a Westinghouse, a RCA e a General Electric.

Esses deslocamentos na área de aplicação são pontos de ruptura significativos no desenvolvimento da tecnologia. Os deslocamentos afetaram o desenvolvimento da tecnologia porque assinalaram uma mudança nos critérios de seleção ou nas funcionalidades críticas da tecnologia. No laboratório de Hertz, a capacidade de transmitir a grandes distâncias era relativamente sem importância, ao passo que se tornou um foco central para o desenvolvimento da tecnologia para Marconi. Ingressar em uma nova área de aplicação não só modificou os critérios de seleção, como alterou radicalmente os recursos disponíveis para sustentar o desenvolvimento da tecnologia.

Essas mudanças nas aplicações foram possibilitadas por desenvolvimentos maravilhosamente criativos de laboratório que exigiram quantidades enormes de tempo e uma grande quantia de recursos. No entanto, esses esforços apoiaram-se em áreas de aplicação já existentes. O milagre da transmissão de rádio foi inicialmente demonstrado por radioamadores, antes das grandes entidades corporativas tomarem a tecnologia sem fio e criarem a infra-estrutura necessária para a transmissão de rádio comercial. O transmissor de onda contínua que facilitou a transmissão de rádio e a telefonia sem fio foi originalmente desenvolvido para aumentar a distância e a clareza da telegrafia sem fio e para criar um repetidor eficaz para os serviços a cabo de telefone à longa distância.

O processo de especiação

A biologia evolucionária oferece *insigths* importantes a este processo de tomar um desenvolvimento relativamente pequeno em uma área de domínio para vê-lo deslanchar em uma nova direção quando movido para outro domínio de aplicação. Os biólogos evolucionários Stephen Gould e Niles Eldridge descrevem um processo de "equilíbrio pontuado", que se assemelha à mudança gradual na aplicação da ciência das tecnologias emergentes e das aparentes descontinuidades em suas aplicações comerciais[3]. Gould e Eldridge confrontaram um registro fóssil que parecia inconsistente com a interpretação gradualista das idéias de Darwin de um processo evolucionário de degradação com modificação. Eles identificaram períodos nos quais parecia haver explosões de atividade evolucionária.

A resolução deles quanto à evidência empírica e à Teoria de Darwin era observar a importância da "especiação dos eventos". Uma nova espécie se forma quando uma população separa-se da população maior por causa de algum acontecimento, como alterações climáticas, formação de uma barreira física (como as cadeias de montanhas) ou uma invasão do habitat. Essa mudança cria um novo meio no qual a espécie desenvolve características bem diferentes das da população antecedente.

Existem dois traços críticos da especiação. Um é o de ser "geneticamente conservadora", ou seja, a especiação não é engatilhada por uma transformação interna à população. Segundo, o evento da especiação permite que as duas populações de entidades homogêneas cresçam bem distintamente como resultado da diferente seleção de meio ambiente.

O que essa formulação pode nos dizer sobre a evolução de novas tecnologias? Como pode ajudar a resolver as visões discordantes das mudanças técnicas, tanto das graduais como das radicais? Em particular, como pode nos auxiliar a identificar aqueles pontos de transição críticos quando as tecnologias emergentes conquistam importância comercial?

O que é análogo à especiação no desenvolvimento tecnológico é a aplicação das tecnologias existentes a uma nova área de aplicação, como ocorre quando a tecnologia de rádio partiu do laboratório para a telegrafia sem fio. As descontinuidades tecnológicas geralmente não são o produto de eventos singulares no desenvolvimento da tecnologia em si. Como no contexto biológico, o fator crítico é, com freqüência, um evento de especiação, transplantando o *know-how* tecnológico existente a um novo domínio de aplicação no qual evolui em novas direções. O avanço tecnológico associado à mudança de domínio é em geral bem pequeno; com efeito, em alguns casos, não há mudança na tecnologia.

A evolução da Internet

Este processo de especiação pode ser observado no desenvolvimento da Internet. Como é ilustrado na Figura 3.1, a tecnologia da Internet evoluiu ao longo de um demorado processo de desenvolvimento iniciado com o Departamento de Defesa dos Estados Unidos patrocinando o desenvolvimento de protocolos para facilitar a computação distribuída. Foi inicialmente usada pelos cientistas da DARPA e continuou com os cientistas da IBM na Suíça, que desejavam facilitar o compartilhamento de bancos de dados sobre física entre uma população maior de cientistas. Só quando a Netscape engajou-se em desenvolvimentos técnicos relativamente menores para criar uma interface de HTML de fácil utilização pelos usuários foi que a tecnologia saiu de seu pequeno grupo de usuários técnicos para o mercado de massa. Mover a tecnologia do domínio restrito dos pesquisadores para o da ampla população de usuários comerciais e individuais teve um enorme impacto, que ainda reverbera na economia.

Neste novo ambiente, a tecnologia tomou um caráter completamente diferente. A nova tecnologia comercial era praticamente irreconhecível em compara-

O caso da Internet

```
Domínio de aplicação antece-
dente (Aplicações científicas ini-
ciais do governo (DARPA))
          │
          │
Desenvolvimento
de tecnologia    Mudança no domínio de aplicação
                 (Desenvolvimento de navegadores de
                 fácil utilização pelo usuário)
          │ ─ ─ ─ ─ ─ ─ ─ ─ ─ ─ ─ ┐
          │                       │
          │                       Desenvolvimento da aplicação
          │                       • Critérios distintos de seleção
          │                       • Fonte distinta de recursos
          │                       (Comércio eletrônico)
          │                       │
          │      ⇐                │
          │                       │
          Possível "invasão" do nicho
          original ou de outros nichos
```

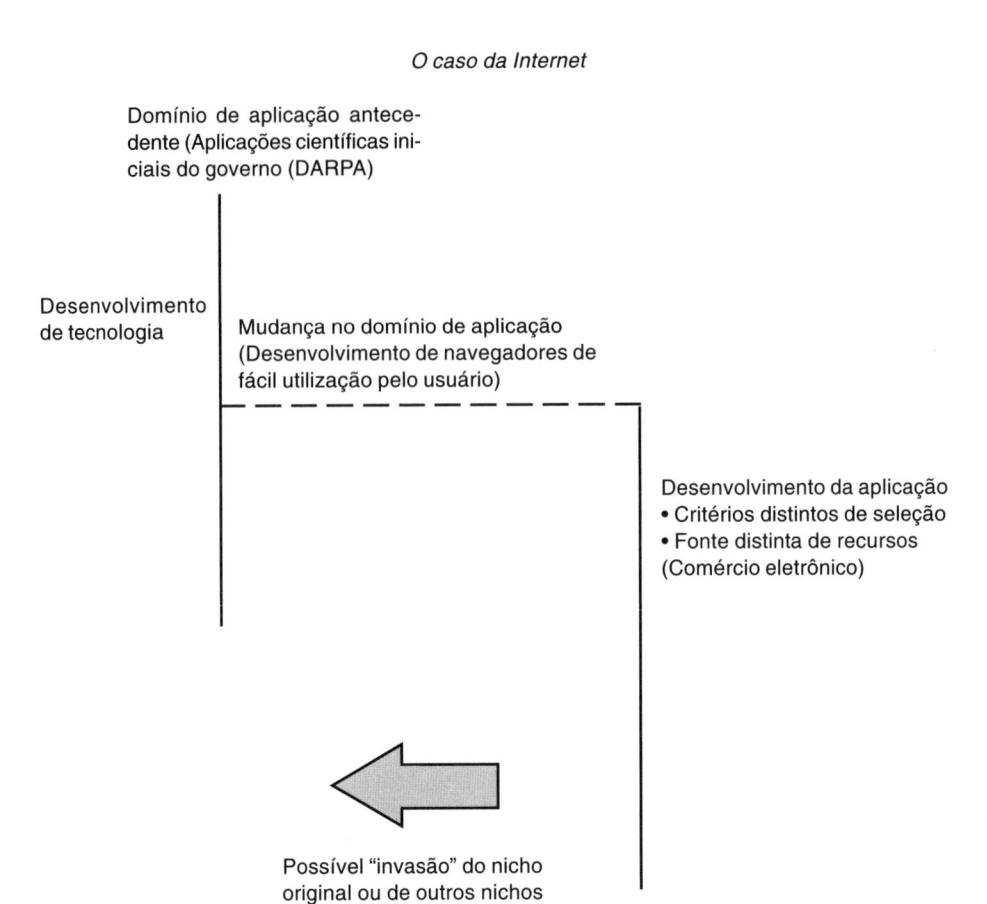

FIGURA 3.1 A especiação no desenvolvimento de tecnologia.

ção ao antigo tipo de tecnologia usada pelos pesquisadores especializados em tecnologia. Ainda assim, a tecnologia subjacente não era muito diferente, embora houvesse evoluído em novas maneiras. Uma vez que a tecnologia foi aplicada a esse novo domínio, quantidades enormes de recursos foram dedicadas ao seu desenvolvimento subseqüente. Além disso, esses desenvolvimentos, como o fluxo de dados em vídeo *(video streaming)*, concentravam-se em objetivos que eram extremamente irrelevantes ao domínio inicial de aplicação dos pesquisadores.

Em geral, uma tecnologia passa por um processo de desenvolvimento evolucionário dentro de um domínio de aplicação. Em algum ponto, essa tecnologia, ou possivelmente esse conjunto de tecnologias, se aplica a um novo domínio de aplicação. A mudança tecnológica necessária a este evento é modesta. Assim como a especiação biológica não constitui uma revolução genética – o DNA do organismo não sofre mutação súbita –, a especiação tecnológica usualmente não é o resultado de uma repentina revolução tecnológica. A revolução se dá na aplicação. Os critérios distintos de seleção e os novos recursos disponíveis no novo domínio de aplicação, contudo, podem resultar em uma tecnologia bem distinta da de sua linhagem tecnológica.

Formular a evolução tecnológica em termos de especiação nos leva a diferenciar entre *desenvolvimento técnico e aplicação de mercado* de uma tecnologia. Essa distinção é útil na compreensão de padrões abrangentes de mudança tecnológica e conduz a implicações específicas de estratégia para a gestão de tecnologia.

Os primeiros usos de uma tecnologia em geral são bem diferentes de suas aplicações primárias últimas. "Os motores a vapor mais antigos bombeavam água das minas, o primeiro uso comercial do rádio foi enviar mensagens sem-fio codificadas entre navios em alto mar e navios na costa, e o primeiro computador eletrônico digital foi projetado para calcular tabelas de tiro para as armas do Exército dos Estados Unidos"[4]. A revolução não se dá tanto na tecnologia, mas na mudança da aplicação.

Nem todas as tecnologias emergentes exibem esse padrão. Alguns esforços de desenvolvimento, como a engenharia genética, se dão em um contexto de laboratórios de pesquisa e não apresentam nenhum precursor comercial antes de suas drásticas aplicações comerciais iniciais. Mas este padrão de especiação pode ser bem mais comum do que é geralmente considerado. Muitas tecnologias emergentes que apareceram dramática e rapidamente na paisagem dos negócios, como a xerografia[5], na verdade possuem uma longa pré-história de desenvolvimento técnico ocorrendo em segmentos de mercado relativamente pequenos e periféricos.

Desenvolvimento de aplicação: critérios de seleção e abundância de recursos. Como mostrado nos casos do desenvolvimento das comunicações sem fio e da Internet, esse processo de especiação envolve mais do que simplesmente transferir a tecnologia de um domínio a outro. No processo, a própria tecnologia modifica-se. Primeiro, existe um processo de adaptação ao novo ambiente. Abarcar amplas distâncias tornou-se importante quando surgiu a telegrafia sem-fio e os pesquisadores passaram a concentrar-se nessa área. A tecnologia se adapta às necessidades particulares do novo nicho que explora. Segundo, o novo ambiente pode ter uma abundância de recursos que suporta o rápido desenvolvimento da tecnologia.

O desenvolvimento de tecnologia adapta-se ao nicho ao qual se aplica, concentrando-se em elementos particulares de funcionalidade que são valorizados naquele ambiente[6]. Alguns desses atributos podem ter sido amplamente irrelevantes à área de domínio anterior, como o fluxo de dados em vídeo não era importante para os usuários científicos iniciais da Internet. No setor de unidades de disco de computadores, por exemplo, somente quando a área de aplicação dos computadores portáteis tornou-se importante é que os atributos de tamanho, de peso e as exigências de potência vieram a ser um foco central do desenvolvimento[7]. Esses atributos tinham pouca relevância para os computadores *desktop*.

O rápido desenvolvimento tecnológico também é resultado de um meio rico em recursos. Assim como os recursos naturais, como alimentos e abrigos naturais, promovem o desenvolvimento biológico, a abundância de recursos encontrados nas novas áreas de aplicação também leva ao rápido desenvolvimento de novas formas tecnológicas. É a combinação de critérios distintos de seleção com a disponibilidade de recursos substanciais que apóiam os esforços de inovação associados à nova área de aplicação que resulta em um evento de especiação com conseqüências drásticas para o desenvolvimento tecnológico subseqüente[8].

Evolução gradual e destruição criativa. Essa perspectiva da especiação pode auxiliar a reconciliar perspectivas contrastantes da evolução de tecnologia. De um lado, temos os argumentos de que a mudança tecnológica é gradual e incremental[9]. Em contraste, outros já apresentaram a visão da mudança tecnológica como algo rápido, mesmo descontínuo[10], avançando através de "ondas de destruição criativa"[11]. Da perspectiva da especiação, os desenvolvimentos científicos podem ser incrementais, mas a mudança no domínio de aplicação é onde se dá a "destruição criativa" descontínua.

Com o crescimento e a rápida adaptação da tecnologia emergente em seu novo ambiente, ela com freqüência atingirá um ponto no qual começa a desalojar uma tecnologia existente. A tecnologia que emerge do evento da especiação é, em último caso, capaz de invadir com sucesso outros nichos, possivelmente incluindo a área original de aplicação. Por exemplo, as unidades de disco de 3,5 polegadas dos computadores, inicialmente desenvolvidos para o nicho dos computadores portáteis, no final tornaram-se viáveis para o mercado principal dos *desktops*[12]. Os pneus radiais inicialmente foram desenvolvidos no nicho distinto dos carros esportivos de alto desempenho[13]. Os recursos disponibilizados pelo sucesso dos pneus radiais nesse nicho levou a uma eficiência melhorada no processo de produção. Essa redução nos custos, em conjunto com um atributo diferente dos radiais – sua maior longevidade, em comparação aos pneus convencionais – permitiu que os pneus radiais penetrassem nos nichos dos mercados de reposição de pneus e, por fim, no mercado de equipamentos originais dos fabricantes de automóveis.

Essa "invasão" bem-sucedida do nicho principal é o evento drástico que os comentaristas tendem a enfocar. Mas essa invasão drástica é o resultado de um período substancial de desenvolvimento em um domínio relativamente isolado. Antes de qualquer desenvolvimento de aplicação, existe reduzida possibilidade de que a nova forma tecnológica possa vencer a concorrência da versão refinada da tecnologia estabelecida em sua área primária de aplicação. Até aquelas tecnologias que, em última instância, tornaram-se amplamente difundidas como tecnologias de aplicação geral, inicialmente visavam às necessidades de uma área particular de aplicação[14].

Tal "invasão" do domínio de aplicação original, ou predecessor, não precisa ocorrer. Ela depende dos recursos disponíveis para apoiar o desenvolvimento tecnológico e dos critérios distintos de seleção no novo domínio de aplicação. Por exemplo, o teletipo resistiu, mesmo com o completo desenvolvimento da tecnologia do telefone, porque tinha o recurso de proporcionar um registro escrito de valor nas transações de negócio, bem como de permitir uma comunicação assincrônica. Os telefones sem fio não foram vistos de início como um substituto das comunicações em rede, com fios, nos países desenvolvidos. O custo da mudança também tende a inibir a difusão da nova tecnologia[15].

Algumas vezes, a invasão de mercados existentes é só uma questão de tempo. O teletipo deparou-se com o seu fim com o desenvolvimento de uma forma alternativa de comunicação por escrito interligada – a aprimorada tecnologia de fac-símile e o desenvolvimento em larga escala das redes de computadores. A substituição pelos sistemas de comunicações sem fio está sendo considerada nas economias emergentes em que falta um sistema de rede de telefonia fixa desenvolvido. Do mesmo modo, com os preços caindo e o desempenho elevando-se nos telefones celulares, é concebível que as comunicações sem fio possam abrir novos caminhos entre as redes ligadas por fios. As empresas já promovem seus telefones celulares e seus planos de discagem de baixo preço como alternativa à instalação de uma segunda linha telefônica fixa nas residências.

A combinação das aplicações tecnológicas – convergência e fusão. A emergência de uma nova tecnologia é, na verdade, mais complexa que a migração de uma tecnologia de um domínio de aplicação a outro. A "árvore genealógica" pode, na realidade, surgir de várias linhas de tecnologia reunidas em uma nova aplicação. Novas aplicações podem surgir como resultado da combinação ou da hibridização de duas tecnologias previamente distintas em um domínio de aplicação comum[16]. Isso pode constituir um processo de *convergência*, no qual o domínio comum é um domínio de aplicação em que uma das duas tecnologias antecedentes já é aplicada. Por exemplo, o desenvolvimento do *scanner* CAT para as imagens médicas serviu para a tecnologia de raio X, que já era aplicada naquele domínio, e para a tecnologia de computação, que havia sido aplicada ao processamento de dados (Figura 3.2). A combinação dessas duas tecnologias criou uma nova tecnologia que foi aplicada ao antigo domínio. Neste caso, somente a tecnologia de computação pulou para uma nova área, mas o resultado foi uma mudança radical na aplicação da tecnologia[17].

Alternativamente, duas tecnologias podem sofrer *fusão*, caso em que a tecnologia resultante é aplicada a um novo domínio. Por exemplo, a tecnologia da gravação magnética e a tecnologia do processamento de sinais ópticos, que haviam sido extensivamente aplicadas à gravação de fitas de áudio e à transmissão de televisão, respectivamente, por algum tempo, foram reunidas no novo domínio da tecnologia de comunicações de fibra óptica (Figura 3.3). A fusão de tecnologias "combina melhorias técnicas incrementais de várias áreas de tecnologia previa-

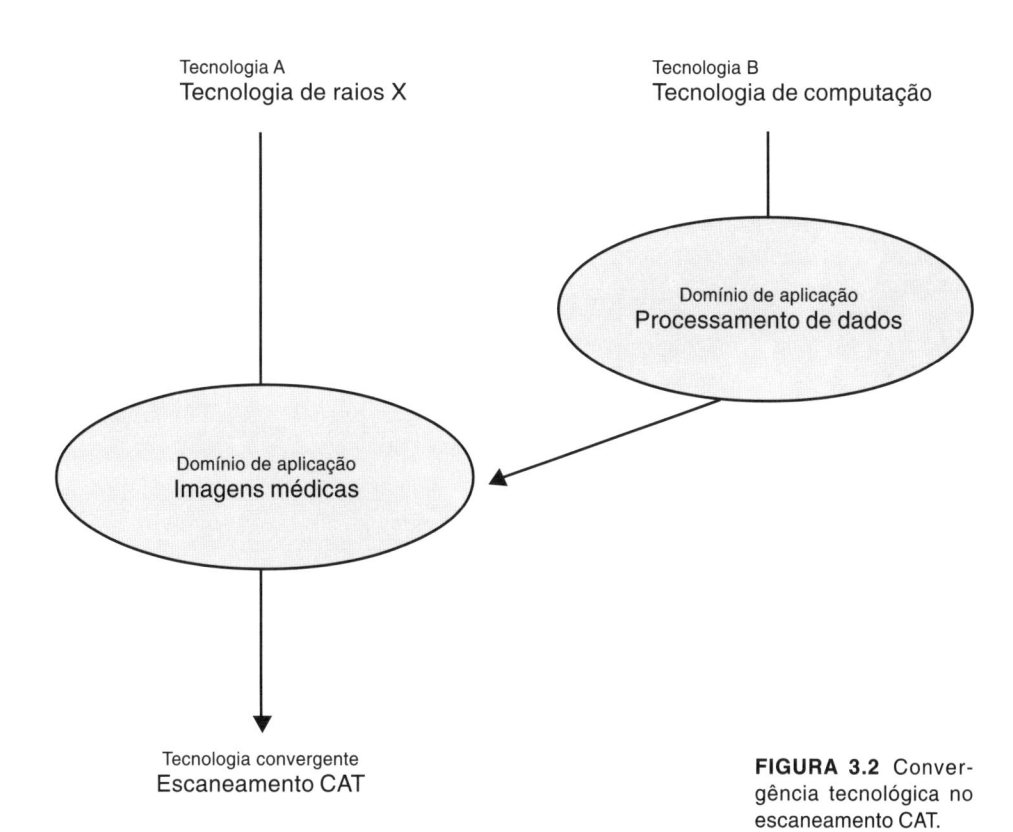

FIGURA 3.2 Convergência tecnológica no escaneamento CAT.

mente separadas para criar produtos que revolucionam mercados"[18]. Diferentemente dos processos biológicos, a evolução tecnológica não se restringe aos processos naturais de reprodução. Agentes de mudança tecnológica estão continuamente gerando as "recombinações criativas" das quais Schumpeter falou. Muitas dessas recombinações criativas produzem novas formas que não são viáveis no mercado. Testemunhe as muitas variantes da computação baseadas em canetas sensíveis e dos assistentes pessoais digitais (PDAs) que foram fracassos comerciais[19].

Padrões de evolução de tecnologia

Ao menos inicialmente, as descontinuidades comerciais nas comunicações sem-fio e na Internet tomaram a forma de um fornecimento de serviços onde nenhum existia, em vez de uma substituição dos serviços existentes. As tecnologias existentes foram refinadas em demasia em suas primeiras aplicações. Uma nova tec-

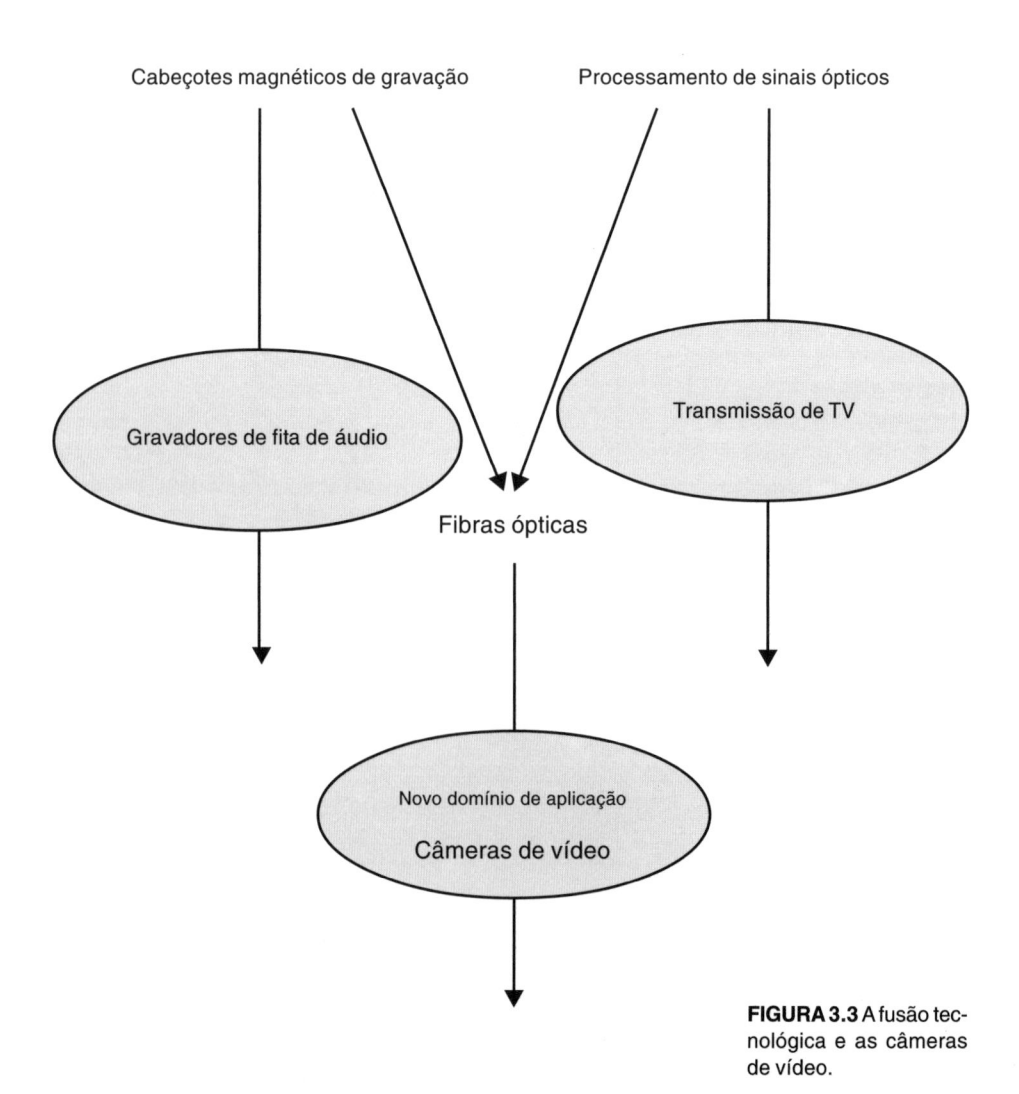

FIGURA 3.3 A fusão tecnológica e as câmeras de vídeo.

nologia será viável se vencer a concorrência das tecnologias existentes em certos critérios de desempenho e, por conseguinte, alcançar uma vantagem relativa para aquela aplicação específica[20].

Por exemplo, a tecnologia inicial de comunicações sem fio, a despeito dos altos custos e da qualidade de som mais pobre, venceu os mais refinados sistemas com fios em mobilidade e em flexibilidade. Isso lhe permitiu construir um nicho inicial nas comunicações militares e policiais, nas quais a mobilidade era valorizada o bastante para contrabalancear as outras fraquezas.

Na maioria dos casos, os domínios iniciais das aplicações são os que não só valorizam a funcionalidade distintiva, como também os que podem tolerar as formas relativamente grosseiras da nova tecnologia. Por exemplo, a cirurgia minimamente invasora pode ser utilizada nas cirurgias de vesícula biliar, mas não nas de coração. A computação baseada em canetas sensíveis podia inicialmente ser usada para formas estruturadas, mas não para tarefas que exigissem o reconhecimento da escrita.

A um certo ponto, a tecnologia ultrapassa a barreira crítica ao mover-se da satisfação das necessidades de seu nicho original para um mercado mais amplo. Com o desenvolvimento de funcionalidade ou com a redução dos custos, a tecnologia é capaz de penetrar nichos mais amplos e mais gerais. O desenvolvimento desses atributos em particular não só envolve concessões (entre preço e desempenho, por exemplo), mas precisa garantir um mínimo de funcionalidade para ser viável em um dado domínio de aplicação[21]. Uma carreta não puxada por cavalos que pode quebrar após um quilômetro é uma novidade, não um substituto para o cavalo. Mas, uma vez que o Modelo T foi um sucesso em termos de preço e desempenho, esse brinquedo pouco confiável dos ricos transformou-se no automóvel básico para todos.

O argumento citado sugere um possível padrão de desenvolvimento industrial que vai de um pequeno nicho a um ainda mais amplo conjunto de nichos através de uma série de eventos de especiação. Por exemplo, a história da câmera de vídeo mostra um movimento de um nicho periférico para o mercado de consumo em massa (Figura 3.4). A tecnologia foi inicialmente lançada para o nicho dos transmissores. Com o refinamento do processo de fabricação e a simplificação do modelo do produto, foi possível penetrar em um novo nicho de usuários industriais e comerciais[22]. Por fim, esse desenvolvimento continuou ao ponto de o produto ser capaz de penetrar no mercado eletrônico de consumo em massa. A cada ponto em seu desenvolvimento, a tecnologia da gravação de vídeo foi comercialmente viável e lucrativa dentro do nicho no qual estava operando.

Em termos ecológicos, poderíamos pensar nisso como o artefato mudando de especialista para generalista. A câmera de vídeo não precisa mais buscar recursos para a sua sobrevivência e o seu desenvolvimento a partir do nicho reduzido de empresas transmissoras de televisão. O conjunto inteiro de domicílios com acesso à televisão tornou-se hoje a base para os recursos.

Em alguns casos, a tecnologia nunca vai além do mercado inicial periférico, mas permanece como uma "ilha de aplicação" isolada. Chegou-se a anunciar, por exemplo, que o arsenieto de gálio seria o substituto do silicone no segmento de semicondutores no início dos anos 1980, com base na velocidade superior que ele fornecia. A tecnologia, no entanto, mostrou-se comercialmente viável somente para os aplicativos de supercomputadores e nos aparelhos de comunicações.[23] Recentemente, a demanda pelo arsenieto de gálio aumentou, mas ainda se restringe aos aparelhos de comunicações, e não aos aplicativos de computação da atualidade.[24]

```
Tecnologia de gravação de vídeo
        │
    ╭───┴───────────╮
   ( Domínio de aplicação )
   ( Empresas transmissoras )
    ╰───┬───────────╯
        │
        │
    ╭───┴───────────╮
   ( Domínio de aplicação )
   ( Industrial e comercial )
    ╰───────┬───────╯
            │
            │
        ╭───┴───────────╮
       ( Domínio de aplicação )
       ( Mercado de consumo em massa )
        ╰───────────────╯

  ──▶ Melhorias de produto/preço ──▶
```

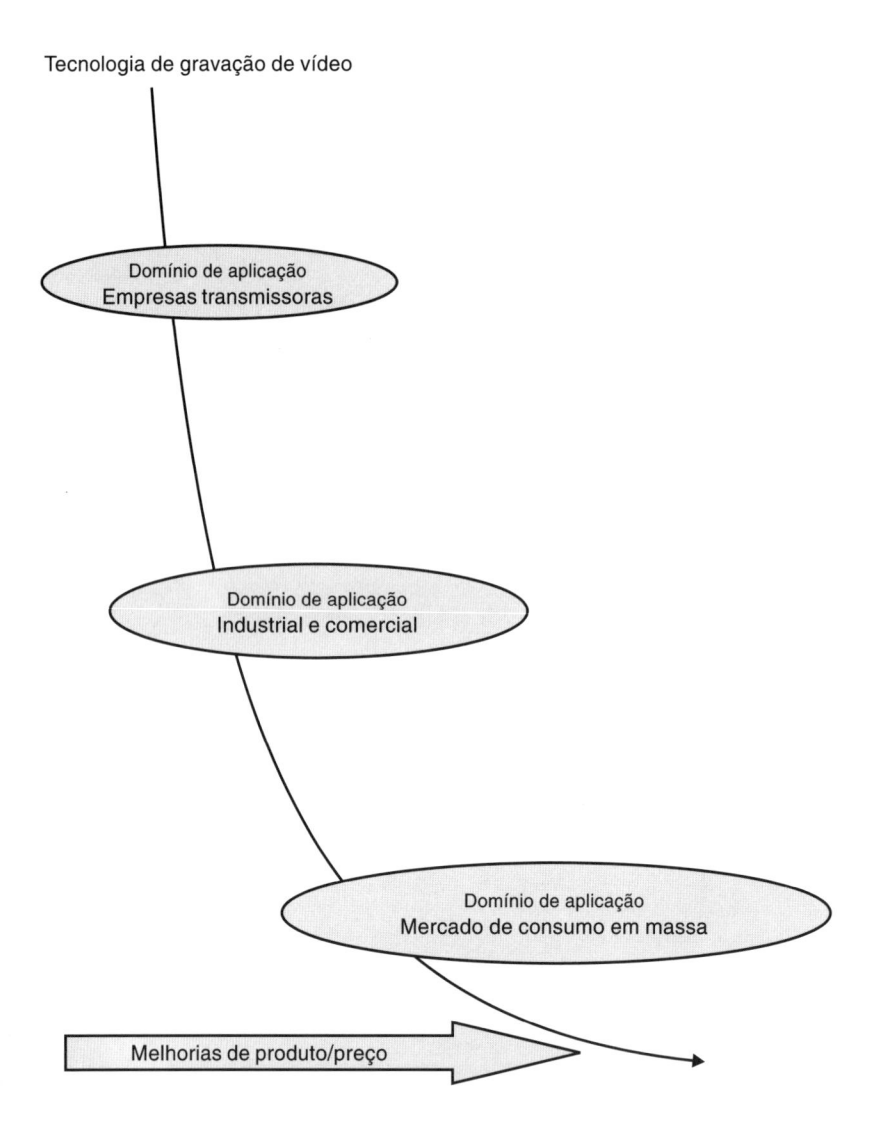

FIGURA 3.4 Evolução e penetração da tecnologia em domínios de aplicação dos gravadores de vídeo.

Implicações para estratégias de empresas

Como os administradores podem usar o processo de especiação tecnológica em seu benefício? A especiação biológica freqüentemente ocorre através de eventos externos que separam uma população da outra. Mas, uma vez que o processo é compreendido, pode ser, em um certo grau, gerenciado ativamente. De modo semelhante, uma vez que os administradores compreendem o processo da especiação tecnológica, não precisam mais esperar que aconteça, como ocorre com freqüência. Podem fazer com que aconteça procurando ativamente por maneiras de mover adiante o processo de especiação. Entre as implicações estratégicas específicas para os administradores, estão:

- *Enfocar a interseção dos mercados com as aplicações.* A especiação de tecnologia distingue entre o *desenvolvimento técnico* e a *aplicação de mercado* de uma tecnologia. Devido à crença de que as revoluções tecnológicas usualmente ocorrem no laboratório, os administradores por vezes subestimam a importância das aplicações. Alguns autores concentraram-se no impacto dos marcos tecnológicos sobre o ritmo de progresso do desenvolvimento[25]. Embora essas considerações "do lado da oferta" sejam importantes, é fundamental considerar as limitações e os princípios do lado da demanda também. O salto a novas áreas de aplicação afeta os atributos da tecnologia que são desenvolvidos, além dos recursos disponíveis para o desenvolvimento deles. A implicação é que provavelmente existem muitos desenvolvimentos tecnológicos que poderiam deslanchar, *no domínio de aplicação adequado.*

    Os administradores precisam concentrar a atenção na questão dos domínios de aplicação potencial. Deve existir uma variedade de tecnologias guardadas nos laboratórios que começariam a emergir se fossem aplicadas aos domínios corretos. Os debates em relação à gestão das tecnologias emergentes enfatizam uma visão de longo prazo e investimentos persistentes, como a chave para desenvolver novas tecnologias até o ponto em que possam exercer um verdadeiro impacto na ordem tecnológica existente. Esses debates prestam pouca atenção aos contextos de mercado, nos quais as inovações são exploradas, e ao impacto que essas interações de mercado podem exercer na atividade de exploração. A revolução das comunicações sem-fio e o surgimento do comércio eletrônico vieram como resultado do reconhecimento das aplicações em potencial da tecnologia. Quais tecnologias você possui nos laboratórios que podem ter um potencial semelhante, se aplicadas ao domínio correto?
- *Concentrar-se em selecionar contextos de mercado para um produto, em vez de selecionar produtos para um contexto de mercado fixo.* A pergunta deveria ser: onde posso aplicar essa tecnologia em desenvolvimento para que prospere? Existem vários exemplos de produtos elegantes baseados em tecnologias relativamente grotescas que serviram a mercados intermediários enquanto aguardavam o momento de ingressarem no mercado principal: as calculadoras à luz solar foram as áreas de teste para as células solares; os relógios e as calculadoras digitais foram as plataformas das telas de cristal líquido; as unidades de gerenciamento de estoque e os dispositivos simples de captura de assinatura foram os predecessores da computação com caneta sensível. Mesmo nessas tecnologias, que até hoje cumpriram as expectativas iniciais apenas parcialmente, empresas como Sanyo, Sharp e Casio foram capazes de lançar produtos lucrativos no mercado que lhes permitiram aprender com a tecnologia e refiná-la. Contraste a experiência dessas empresas com a daquelas que mantiveram o desenvolvimento internamente até um momento tal em que sentiram poder suprir as necessidades dos clientes principais, em vez de se concentrarem em um pequeno segmento-alvo para refinar a tecnologia. Por exemplo, os investimentos da ARCO em estações de energia solar e os investimentos da Apple no computador com caneta, o Newton, foram prematuramente lançados para o mercado principal, no qual não estavam preparados para florescer.
- *Compreender a heterogeneidade do mercado.* Embora tenha-se prestado atenção crescente na influência do *feedback* do mercado na gestão de tecnolo-

gia[26], as implicações da presença simultânea da *diversidade* de *feedback* no desenvolvimento de estratégias permanecem relativamente inexploradas. Explorar oportunidades de mercado em estágios iniciais do desenvolvimento da tecnologia exige uma consideração mais aproximada da heterogeneidade do mercado. Diferentes consumidores têm exigências distintas para a compra de produtos e usam critérios diferentes ao avaliarem suas opções. Facetas diferentes do mercado comercial apresentam problemas diferentes de viabilidade a serem transpostos. Essas diferenças podem se encontrar na magnitude, como o nível de reconhecimento de escrita exigido dos computadores que utilizam canetas para o gerenciamento de estoque, em comparação às aplicações de processamento de texto; ou podem ser diferenças no tipo, como a relativa importância das preferências de preço e de desempenho da aplicação dos computadores para os cientistas espaciais e para os usuários domésticos. Uma iniciativa que falha em um subconjunto de mercado ainda pode ser altamente bem-sucedida em outro. Por exemplo, os primeiros usuários do processo xerográfico foram as gráficas especializadas, que o utilizaram para criar originais de *off-set*.

As máquinas iniciais exigiam um processo de 14 etapas para fazer uma única cópia, o que as impediu de penetrar em muitos mercados. As exigências das gráficas especializadas eram suficientemente baixas, e as suas habilidades complementares suficientemente altas, de modo que foram capazes de gerar benefício a partir do produto, apesar da tecnologia rudimentar. Ademais, por causa da compreensão do processo de impressão, essas gráficas especializadas auxiliaram a Haloid (mais tarde rebatizada de Xerox) na expansão do mercado de xerografia a outras subáreas da impressão, que, em última instância, conduziram ao mercado corporativo[27].

- *Expandir seus critérios de seleção*. Ao mesmo tempo em que faz maiores experimentações, a empresa também precisa diversificar os critérios de seleção que utiliza para avaliar as iniciativas. Já que as empresas não apresentam a mesma diversidade interna que o mercado, não podem alcançar a riqueza de seleção do ambiente de mercado em seus próprios processos de seleção. Com efeito, é impossível que o meio interno de seleção de uma organização, que é governada por uma estrutura hierárquica, possa refletir a diversidade dos critérios de seleção dos consumidores independentes que compõem o mercado. É por isso que as empresas geralmente tendem a descuidar das oportunidades potenciais para as aplicações de tecnologia. Examinando o mercado como uma amálgama de ambientes independentes de seleção, o desafio não é determinar acuradamente as necessidades do mercado, mas reconhecer a variedade dos critérios de avaliação que estão sendo aplicados pelos componentes do mercado. Muitas empresas generalizam os critérios de seu segmento de mercado atual para o mercado global, o que as leva a rejeitar iniciativas propostas que não satisfazem os seus mercados de foco.
- *Estudar os usuários pioneiros.* Um *feedback* rico pode também ser proporcionado pelos usuários com exigências muito altas, como os estudos de efeitos especiais de Hollywood, que auxiliaram a Silicon Graphics a compreender e satisfazer as necessidades gráficas de usuários de ponta. Isso ajudou a empresa a expandir e estender o mercado para seus computadores *workstations*[28]. O extremo do *feedback* de mercado é ilustrado pelos usuários pionei-

ros que na verdade criam ou projetam os tipos de produtos que eles e outros consumidores semelhantes gostariam de comprar e depois educam e recrutam empresas para produzi-los[29]. Tais usuários tendem a estar inteiramente envolvidos em seus ambientes e vão além de fornecer *feedback* de mercado para, de fato, proporcionar informações que não só conduzem o desenvolvimento das atividades das empresas, mas ativamente as apóiam nesses esforços.

- *Tomar cuidado com os lugares em que você procura* insights *de mercado.* Devido à diversidade dos mercados, as lições que os administradores adquirem sobre as potenciais aplicações de nova tecnologia podem, em parte, depender do local em que as procuram. À medida que as empresas "sondam e aprendem" sobre os mercados, o que aprendem pode estar diretamente relacionado ao local em que sondam[30]. Por exemplo, quando os fabricantes de unidades de disco avaliaram o mérito de desenvolverem as unidades de disco rígido de 3,5 polegadas, aos fabricantes que buscaram *feedback* nos montadores de sistemas de computadores *desktop* foi dito que as novas unidades não apresentavam capacidade suficiente e não deveriam ser desenvolvidos. Outros fabricantes que procuraram os montadores dos *notebooks* portáteis receberam sinal positivo desse segmento, que valorizava o pequeno porte e o consumo de força reduzido dessas unidades. Assim, fabricantes diferentes desenvolveram um conjunto diferente de crenças em relação às oportunidades tecnológicas, dependendo do conjunto de empresas montadoras com as quais se sintonizaram. Quando as unidades de 3,5 polegadas transformaram-se na escolha padrão para o setor (com melhorias na capacidade), essas empresas, que haviam se concentrado nos segmento dos *desktops* e, portanto, não haviam se engajado no desenvolvimento das unidades de 3,5 polegadas, foram em geral excluídas do novo mercado[31]. Uma vez que a aprendizagem e a adaptação são processos decorrentes de *feedback* recebido[32], as decisões em relação às fontes de *feedback* têm implicações significativas para a aprendizagem e a orientação das mudanças.
- *Aprender fazendo.* Engaje-se na exploração explorando. A atividade de produção não apenas leva o fabricante a um produto vendável, mas também move a organização para a curva de aprendizagem que reduz custos e aumenta a qualidade[33]. Engajando o mercado, as empresas não só vendem produtos e criam receitas; elas também ganham informações quanto ao tamanho, às preferências e às exigências do mercado. Uma flexibilidade no foco de mercado permite um conjunto mais amplo de bases alternativas de apoio de mercado, de *feedback* do cliente, experiência de produção e, além disso, a maior capacidade de aprender e melhorar em tentativas subseqüentes de desenvolvimento. Aprender exige ação, e tipos diferentes de ação patrocinarão aspectos diferentes de aprendizagem. As atividades de P&D avançam o conhecimento técnico da própria empresa, mas também aumentam a sua habilidade de aprender com a pesquisa disseminada no ambiente mais amplo – ou a sua "capacidade de absorção"[34]. É passível de argumentação que, nos mercados maduros, as empresas podem aprender sobre as preferências de mercado observando as respostas dos consumidores a outros produtos da empresa. Para as tecnologias emergentes que oferecem novas funcionalidades, contudo, compreender as preferências dos consumidores estritamente com base nessa aprendizagem indi-

reta é altamente improvável, em especial devido às dificuldades experimentadas pelas empresas que estão diretamente engajadas no mercado[35].

- *Procurar oportunidades para a convergência ou para a fusão.* Algumas oportunidades significativas para a especiação de tecnologia se criam da combinação de várias tecnologias distintas, como vimos com a combinação das tecnologias de raios X e de computação na criação do escaneamento CAT. Explorar tecnologias de áreas distantes e combinar criativamente tecnologias diversas pode oferecer *insights* de novos domínios de aplicação.
- *Acelerar a evolução.* Os administradores podem procurar oportunidades para acelerar a evolução mostrada na Figura 3.4 identificando tecnologias em pequenos nichos e encontrando maneiras de movê-las para mercados mais amplos. Será que existem mudanças tecnológicas relativamente pequenas ou tecnologias complementares, como os navegadores, que promoverão a tecnologia a um nível novo de desenvolvimento? As empresas enfrentam a escolha sobre o momento em que devem mover uma iniciativa de tecnologia do laboratório para o mercado, efetuando a mudança do exame das possibilidades para a exploração delas. O desafio de identificar aplicações no estágio inicial é definido não só pela limitação no desempenho da tecnologia, mas também pelo fato de que a atenção focada nas pesquisas por aplicação de mercado representa uma atenção afastada do desenvolvimento imediato. As empresas, portanto, possuem incentivos para desenvolver tecnologias internamente, em vez de tentar explorar suas possibilidades em mercados indefinidos. Trata-se, em um sentido, do oposto da crítica mais comum que se faz do gerenciamento de tecnologias maduras, de que se atribui uma falta de foco de pesquisa à preocupação com o curto prazo, e não com o longo prazo[36]. Muito cedo, é provável que o processo de busca de mercado conduza a becos sem saída e, como o resultado negativo não é muito valorizado, as conseqüências de tais buscas não são tidos como de grande valor. Como tal, no caso das tecnologias emergentes, os resultados a curto prazo são mais facilmente demonstrados para a atividade de pesquisa e desenvolvimento do que para a atividade de mercado.

AS ORIGENS DAS NOVAS TECNOLOGIAS

As novas tecnologias, como as novas espécies genéticas, passam por períodos de evolução e de revolução. Envolvem desenvolvimento tecnológico e transferência da tecnologia a novos domínios de aplicação. Podem ser criadas por meio da convergência ou da fusão de tecnologias existentes. Por trás do surgimento revolucionário das novas tecnologias encontra-se com freqüência um processo de deslocamento de domínios de aplicação e de rápido crescimento subseqüente no novo domínio. Compreendendo esse processo, os administradores podem melhor usá-lo com vantagem.

Um processo de investimento baseado em *feedback* por parte dos clientes está implicitamente tecendo suposições quanto à velocidade de *feedback* com relação ao ritmo em que devem ser feitos os compromissos financeiros. Na medida em que os grandes investimentos fixos devem ser feitos anteriormente à realização de qualquer *feedback* de mercado, o processo sugerido pode não ser apropriado. (Ou talvez tenha de ser combinado com a abordagem de opções reais descrita por

William Hamilton no Capítulo 12.) Mas esse padrão tem sido usado com sucesso em várias inovações, inclusive na xerografia, nas gravações em vídeo, na comunicação sem-fio, nas ferramentas para máquinas e na energia elétrica[37].

Uma outra preocupação é a de proteger os segredos dos olhos dos concorrentes. Entrando cedo no mercado, a empresa pode estar dando informações aos concorrentes sobre a tecnologia, o mercado e as técnicas relevantes de produção. Embora as preocupações com a apropriação sejam relevantes em qualquer discussão sobre desenvolvimento de tecnologia, são menos urgentes do que a princípio podem parecer[38]. Os mercados iniciais de tecnologia tendem a ser pequenos e, como tal, não aparecem no radar de muitas empresas – pense na rejeição da IBM à xerografia já na avançada década de 60, ou na rejeição da Xerox à interface gráfica de usuário[40]. Pense também nos inúmeros casos de tecnólogos, frustrados com o que eles encaram como hesitação organizacional em relação a seus projetos, os quais abandonaram a organização, para abrir suas próprias empresas. A apropriação é uma preocupação válida, mas não uma razão para abandonar a busca por novas aplicações.

Como foi discutido neste capítulo, a transferência de tecnologia para um novo domínio de aplicação pode representar uma força poderosa no desenvolvimento de mercados para a tecnologia. Pode também levar a mudanças subseqüentes na tecnologia que a tornam mais valiosa para o mercado. Os administradores precisam se concentrar nessa combinação de desenvolvimento tecnológico com aplicações de mercado, para realmente compreenderem e gerirem o processo de desenvolvimento das tecnologias emergentes.

CAPÍTULO 4

IDENTIFICAÇÃO E AVALIAÇÃO DE TECNOLOGIAS EMERGENTES

DON S. DOERING
The Wharton School

ROCH PARAYRE
The Wharton School

Tecnologias emergentes importantes são identificadas facilmente depois de aprovadas, e então parabenizam-se ou censuram-se as empresas pela decisão de perseguir ou ignorar essas tecnologias. Raramente, porém, os vencedores são visíveis no início. Não obstante, é esse o desafio que os administradores enfrentam. De um mar revolto de possibilidades tecnológicas, eles precisam identificar o potencial comercial e escolher se vão investir e quanto e quando investir. Este capítulo focaliza o estágio inicial do desenvolvimento de tecnologia: a identificação e a avaliação de uma tecnologia emergente e as posturas de comprometimento. Utilizando como exemplo a empresa AquaPharm, os autores descrevem um processo iterativo que auxilia os administradores a navegar no caos das tecnologias em estágio inicial para identificarem as tecnologias mais promissoras.

A AquaPharm Technologies Corporation era um empresa de biotecnologia agrícola em estágio inicial que produzia produtos de saúde e de nutrição para o mercado global de US$ 30 bilhões em aquacultura (fazenda de criação de peixes)[1]. Esse setor de rápido crescimento, que responde por quase 25% dos peixes consumidos, estava maduro para a aplicação de novas tecnologias. A AquaPharm foi fundada para comercializar produtos de saúde e de nutrição, incluindo-se uma controlada e eficiente formulação de um peptídeo, que, com sucesso, induz os peixes em cativeiro a se reproduzirem.

A invenção, o ReproBoost™, estava adiantada no processo de patente internacional e as experimentações do protótipo demonstraram tanto o seu baixo custo de fabricação como o seu alto valor para os viveiros comerciais de peixes. Movimentando US$ 15 milhões, contudo, o mercado anual do ReproBoost era muito pequeno. Sentados na frente de um investidor de risco, os administradores da empresa ouviram a pergunta: "Então, qual é o problema aqui?"

A empresa precisava desesperadamente de um produto importante a curto prazo, bem como de um portfólio mais amplo de tecnologias de longo prazo, de modo a atrair investimento significativo de capital para o empreendimento. Como

---

Os autores agradecem a Roy Lubit por suas idéias e auxílio valiosos à redação deste texto.

eles poderiam encontrar outras tecnologias que pudessem utilizar para servir esse mercado? Quais tecnologias tinham as maiores chances de sucesso? Como a empresa poderia avaliar e desenvolver essas tecnologias com êxito? A sobrevivência da empresa a longo prazo dependia do fato de essas tecnologias serem eficientemente avaliadas. Por ser uma iniciante, apostar errado poderia comprometer toda a empresa. Este capítulo explora um processo de avaliação de tecnologia – projetando o valor comercial futuro das descobertas científicas e de engenharia – e mostra como a AquaPharm aplicou esse processo (ou deixou de aplicá-lo) às suas decisões de tecnologia.

O PROCESSO DE AVALIAÇÃO DE TECNOLOGIA

É crucial a identificação logo cedo das tecnologias emergentes. Estudos do setor de semicondutores nos Estados Unidos, no Japão e na Coréia sugerem que a vantagem competitiva "hoje freqüentemente vai para as empresas que forem mais hábeis em escolher entre o vasto número de opções tecnológicas, e não necessariamente para as empresas que as criam"[2]. É essa habilidade de escolher entre as tecnologias, baseada em uma compreensão integrada do potencial de mercado, que, acredita-se, tenha feito ressurgir o setor de semicondutores nos Estados Unidos nos anos 1980 e 1990.

Um estudo de 1992 feito pela R&D Decision Quality Association identificou as 45 melhores práticas para a tomada de decisão em P&D (as principais práticas estão resumidas na Tabela 4.1). Foram ainda testadas em 79 organizações de P&D comumente reconhecidas como excelentes[3]. A identificação e a avaliação de tecnologia, como o primeiro passo no processo de P&D, assenta a fundação para muitas das melhores práticas, e a vantagem competitiva de longo prazo pode se derivar da estrutura e da cultura desenvolvidas pelo processo de avaliação: ava-

TABELA 4.1 Práticas para uma tomada de decisão excelente em P&D

Dez práticas essenciais	*Dez práticas para a vantagem competitiva*
Definir objetivos claros e mensuráveis	Aprender com auditorias pós-projeto
Utilizar um processo de desenvolvimento formal	Avaliar o portfólio
Coordenar os planos de negócios e de P&D de longo prazo	Criar estruturas para a aprendizagem
Coordenar desenvolvimento com comercialização	Proteger-se contra a incerteza técnica
Compreender os impulsores das mudanças no setor	Insistir nas alternativas
Contratar os melhores e manter a excelência técnica	Medir a eficácia de P&D
Utilizar equipes interfuncionais	Administrar o processo de produção e entrega
Concentrar-se nas necessidades dos clientes finais	Planejar a progressão de sua tecnologia
Determinar e medir as necessidades dos clientes finais	Avaliar os projetos quantitativamente
Refinar os projetos com *feedback* regular dos clientes	Antecipar-se à concorrência

liar o portfólio, proteger-se (*hedge*)contra a incerteza técnica, criar estruturas para o aprendizado, insistir em alternativas e avaliar os projetos quantitativamente.

O desenvolvimento de tecnologias emergentes revolucionárias, os custos crescentes de P&D e os rápidos ciclos de vida do produto aumentaram o risco e o valor de escolher sabiamente tecnologias e de rapidamente desenvolvê-las. Com o estreitamento de vantagens competitivas e de "tolerâncias", uma avaliação precisa e dinâmica da tecnologia tornou-se essencial para o sucesso. A alta incerteza de tecnologias emergentes torna ineficazes as ferramentas tradicionais de análise estática na avaliação de tecnologia. Neste capítulo, propomos uma abordagem mais dinâmica e iterativa para a avaliação de tecnologia. Para tratar da maior incerteza dessas tecnologias, essa abordagem iterativa auxilia a reduzir a incerteza e preserva as opções. Para tratar do rápido ritmo de mudança das tecnologias emergentes, essa abordagem auxilia a antecipar o caráter factível e as perspectivas da nova tecnologia e a chegar ao mercado mais rápido.

Como foi ilustrado na Figura 4.1, há quatro etapas inter-relacionadas no processo de avaliação de tecnologia:

1. *Estabelecer o escopo*. Os administradores estabelecem o escopo e o domínio da busca de tecnologia baseados nas capacidades da empresa e na ameaça ou nas oportunidades potenciais vindas da tecnologia. Esse escopo estará continuamente modificando-se, quanto mais se aprende sobre a empresa e sobre a tecnologia.
2. *Pesquisar*. A empresa precisa determinar quais fontes de informação e de tecnologia monitorar, quais procedimentos seguir e quais arranjos organizacionais lhe permitirão examinar as tecnologias e buscar sinais tanto de uma tecnologia emergente quanto de sua viabilidade comercial.
3. *Avaliar*. As tecnologias candidatas precisam ser identificadas, priorizadas e avaliadas em relação às capacidades técnicas da empresa, aos alvos das necessidades do mercado e às oportunidades competitivas da empresa. Um plano de desenvolvimento de tecnologia e de entrada no mercado precisa ser esboçado, e os impactos financeiros, competitivos e organizacionais das novas tecnologias, analisados.
4. *Comprometer-se*. As três primeiras etapas listadas são utilizadas para determinar *se* deve-se ou não perseguir uma tecnologia em particular. A quarta etapa trata do *como* persegui-la, comprometendo-se estrategicamente com a nova tecnologia, na forma de uma postura estratégica em particular.

Como é indicado na Figura 4.1, o processo de avaliação de tecnologia é iterativo e combina a *previsão* de sondar as incertezas do mercado e da tecnologia com a *compreensão* das capacidades e recursos da própria empresa. Com cada levantamento de tecnologias, compreende-se em mais detalhes a aplicação delas às necessidades do mercado, e se são ou não adequadas às capacidades atuais e futuras da empresa. O processo de avaliação de tecnologia em si educa a empresa e essa aprendizagem informa o processo. A percepção do surgimento de novas tecnologias se realiza por meio de um intelecto individual ou coletivo que está preparado para *insights* a partir das experiências passadas e pelo estudo da empresa em si, do mercado e de tecnologias aplicáveis às necessidades do mercado. A estratégia de tecnologia em última instância demanda um comprometimento com um caminho específico e a exclusão de outras abordagens técnicas, mas um comprometi-

IDENTIFICAÇÃO E AVALIAÇÃO DE TECNOLOGIAS EMERGENTES 81

FIGURA 4.1 O processo de avaliação de tecnologia.

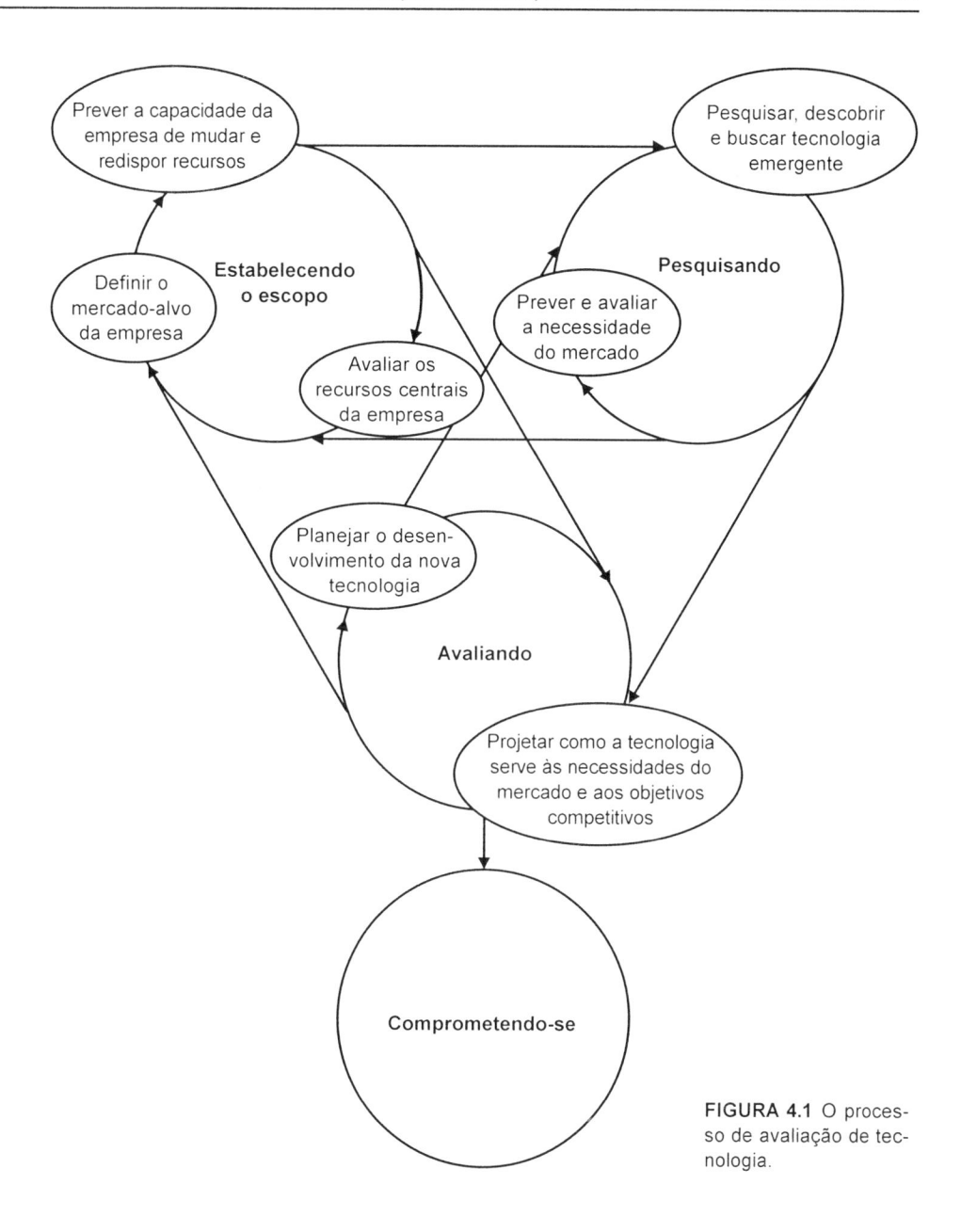

mento efetuado cedo demais no processo ou a eliminação de uma abordagem particular podem trazer conseqüências a longo prazo para a empresa e para sua capacidade de corrigir o curso.

Estabelecendo o escopo

Diz-se que, "se você não tem um alvo, nunca vai acertá-lo". O escopo da avaliação de tecnologia precisa ser claramente delimitado. O ambiente no qual a empresa vai buscar tecnologias dependerá do que ela está procurando. O escopo será formado por fatores estratégicos que incluem a intenção estratégica da empresa e suas capacidades.

Intenção estratégica. A avaliação de tecnologia só tem sentido quando desempenhada no contexto da intenção estratégica da empresa. A intenção estratégica é um "sonho animador" ou um "sentido de direção, de descoberta e de destino", como o objetivo da British Airways de se tornar a "companhia aérea favorita do mundo"[4]. Essa intenção pode ser atingir o objetivo deste ano de lançar uma nova unidade comercial de US$ 200 milhões, pode ser aumentar o tempo de prateleira de um produto ou baixar os custos de produção. A tecnologia não pode ser considerada no abstrato, mas deve ser usada para responder a perguntas ou para tratar de um desafio. A intenção estratégica da empresa é esse desafio. Se a empresa está indo atrás de um novo mercado ou buscando um novo nível de desempenho, qual tecnologia a levará até lá? Por exemplo, quais são os sistemas novos de informação que poderiam auxiliar a British Airways a se tornar a linha área favorita no mundo? Se a tecnologia não responde ao desafio da intenção estratégica, não há um propósito estratégico claro para persegui-la. Isso pode parecer evidente, mas a fascinação com as possibilidades técnicas, as fantasias de novos mercados e a "cegueira causada pela ciência" podem, por vezes, obscurecer as perguntas estratégicas de negócios. A intenção estratégica da empresa precisa estar, antes de mais nada, nas mentes da equipe de avaliação tecnológica.

Capacidades da empresa. Além de examinar sua intenção, a equipe de avaliação também precisa dar uma boa olhada na empresa. Segundo a visão baseada nos recursos da empresa, o sucesso depende dos recursos da companhia, particularmente da sua capacidade de desenvolver e impulsionar competências centrais, mais do que encontrar a melhor posição dentro do mercado[5]. Uma competência central poderia ser as capacidades técnicas especiais que levam ao desenvolvimento de produtos únicos, a capacidade de fornecer um serviço superior, as capacidades de desenvolvimento rápido de produto ou as capacidades de processos particulares (como o gerenciamento da cadeia de suprimento ou a eficiência de produção) que rendem vantagens duradouras de custo[6]. Uma avaliação de tecnologia de primeira pode em si ser uma competência central crucial na economia de hoje.

Codificar as capacidades técnicas da empresa é um ponto de partida para o processo de avaliação de tecnologia, tanto do ponto de vista da organização como do de processo. Uma das perguntas-chave que surgirão de qualquer tecnologia candidata é se a empresa deterá capacidades ou terá de adquirir, desenvolver ou criar parcerias para atingir as capacidades específicas necessárias para o desenvolvimento e a comercialização de tecnologia. Isto pode exigir que as empresas se livrem de algumas capacidades existentes. Qual a capacidade da empresa para uma mudança como essa? Gerir um processo de avaliação de tecnologia criativo e visionário exige que se equilibrem as capacidades e os impedimentos da empresa (seus recursos financeiros e técnicos e suas habilidades de se adaptar a tecnologias emergentes) com a abertura intelectual para novas tecnologias e ambições de crescimento.

O escopo da avaliação de tecnologia. O escopo da avaliação de tecnologia em geral será mais amplo do que as capacidades e os ativos técnicos da empresa, mas ainda precisará ser restrito, para estabelecer alguns limites aos novos mercados e às novas tecnologias em potencial. O escopo inclui o mercado-alvo e o cliente-alvo e a necessidade existente ou latente que será servida pela nova tecnologia. O escopo do campo técnico deve receber alguns limites para eliminar certas abordagens técnicas e certos produtos e para compreender o risco relativo das diferentes abordagens. Os limites podem incluir a definição de mercado e de cliente, seus padrões tecnológicos, condições de propriedade intelectual, a excelência técnica da empresa, o custo da P&D e da comercialização, as suposições quanto ao caráter factível do projeto, a estrutura organizacional e o lugar da empresa na cadeia de valor.

Esse processo de definição de escopo geralmente é mais bem realizado por uma equipe multifuncional, com conhecimento tanto de tecnologia como de mercado. Equipes eficazes devem incluir cientistas e engenheiros, além de membros com experiência de produção, de *marketing* e de atendimento ao cliente no mercado-alvo. Essas equipes podem representar um ativo importante na integração da avaliação tecnológica com as necessidades do mercado. Na determinação do escopo, as equipes poderiam tratar de questões como:

- Nossa equipe apresenta opiniões preconcebidas ou limitações que poderiam prejudicar o processo?
- Existe uma nova descoberta científica ou de engenharia que possa ser a base para uma oportunidade comercial viável?
- Qual é a melhor tecnologia para satisfazer as necessidades atuais e futuras do meu mercado-alvo?
- Quais são as tecnologias da próxima geração que transformarão os mercados da minha empresa?
- As correntes diferentes de tecnologias estão convergindo para criar novas oportunidades?
- Quais são as tecnologias transformadoras que estão em desenvolvimento fora da minha empresa ou do meu setor?
- A quais mercados existentes e futuros podemos aplicar a tecnologia da empresa?

Às vezes a intenção estratégica da empresa exige que ela expanda o seu escopo, como na decisão da Barnes & Noble de competir na Internet, que exigiu direções no desenvolvimento de tecnologia que foram inteiramente novas para o setor. Às vezes a nova tecnologia em si exige que a empresa expanda o seu escopo, como fizeram muitas companhias farmacêuticas na apropriação da biotecnologia ou como as empresas de fotografia química fizeram ao trocar para as tecnologias digitais. Às vezes a identificação das necessidades do mercado também exige um escopo expandido para incluir essas necessidades. Em outros casos, o escopo da empresa pode ser reduzido, porque as tecnologias tornam-se obsoletas ou não proporcionam mais vantagem competitiva. No Capítulo 8, por exemplo, Mary Tripsas descreve como a mudança da tipografia de metal quente para a fototipografia em última instância tornou cerca de 90% da capacidade tecnológica da empresa obsoleta e exigiu o desenvolvimento de novos recursos.

Como foi mostrado na Figura 4.1, esse é um processo dinâmico e iterativo. Com novas informações sendo conquistadas na busca e no processo de avaliação, o escopo pode ser redefinido. Se uma nova tecnologia promissora é descoberta neste processo, o escopo pode ser reduzido para se focar mais intensamente essa área. Alternativamente, se uma tecnologia promissora é identificada nas bordas do escopo original, esse pode ser expandido para examinar mais amplamente as tecnologias com ela relacionadas.

Pesquisando

Uma vez que a empresa saiba o que está procurando, precisa determinar como e onde buscar novas tecnologias. Os administradores precisam sistematicamente examinar uma variedade de fontes. Elas variam de área para área e de mercado para mercado, mas, em geral, incluem:

- *A fonte interna.* O primeiro lugar onde se busca novas tecnologias é dentro da empresa. Provavelmente, essas tecnologias são de propriedade da empresa e a excelência e a perícia internas tanto para a avaliação como para a comercialização são facilmente acessíveis. Dentro de corporações grandes e inovadoras, como 3M, DuPont e IBM, a descoberta interna gera um fluxo constante de novas tecnologias em busca de aplicações e de transferência para novos mercados. O processo de busca pode incluir uma pesquisa nos bancos de dados, nas solicitações de patente, nas notificações de invenções e nas bibliotecas de relatórios técnicos da empresa. A formação de equipes de avaliação de tecnologia entre as divisões da empresa pode promover a fertilização dos campos técnicos e o compartilhamento da memória corporativa. O processo de avaliação e de busca por tecnologia também pode ser assistido através de seções sistemáticas nas quais se debatem e se oferecem idéias por toda a comunidade técnica da corporação. A participação em redes de conhecimento e a colaboração com parceiros podem aprimorar muito esse esforço.
- *Licenciadores públicos de tecnologia.* Uma fonte fértil de novas descobertas inclui universidades, governo, organizações de transferência de tecnologia e institutos independentes de pesquisa. Essas organizações divulgam suas tecnologias e, com freqüência, disponibilizam bancos de dados acessíveis das tecnologias disponíveis. Porém, mesmo com os bancos de dados consolidados, ainda existe uma fragmentação significativa das fontes de tecnologia. O processo de avaliação não só deveria definir as fontes e como se chega a elas, mas também a maneira como as fontes descobertas durante a busca serão acrescidas ao seu escopo. Entre os exemplos de fontes de tecnologia nessa classe, podem ser incluídos o banco de dados da Association of University Technology Managers (AUTM), o Federal Laboratory Consortium for Technology Transfer, os escritórios de transferência de tecnologia das agências do governo dos Estados Unidos e os bancos de dados dos recebedores de prêmios federais de pesquisa e desenvolvimento.
- *Literatura técnica e profissional.* Há uma ampla coleção de literatura técnica e profissional que pode ser pesquisada através de relativamente poucos portais, como a MedLine, a Dialogue ou a Lexis Nexis. Pesquisas na literatura revelam somente as informações de domínio público, mas podem ser usadas para definir os limites e os objetos da avaliação de tecnologia e podem ser indicações poderosas sobre indivíduos e organizações especializadas em cada área técnica. De forma semelhante, os bancos de dados de patentes não só descrevem de modo direto e comercial as descobertas aplicáveis, mas indicam à equipe de avaliação os inovadores por intermédio dos inventores e designatários das patentes. Por fim, a literatura das organizações futuristas podem fornecer interpretações e visões interessantes das fontes de novas tecnologias potenciais.

Pressentindo a inovação tecnológica. Todos os dias, milhares de descobertas científicas tornam-se públicas em conferências, patentes e publicações. Talvez um número ainda maior seja retido dentro dos limites confidenciais das empresas privadas e dos laboratórios governamentais. Do vasto barulho vindo da "ciência de sempre", como o administrador de tecnologia pode detectar o sinal de uma descoberta potencialmente transformadora?

O desafio é reconhecer algum ímpeto começando a se formar em torno de uma dada tecnologia. Assim como os líderes humanos se definem por ter seguidores, as tecnologias líderes podem ser reconhecidas como *emergentes* por seus "seguidores" técnicos. O valor na ciência e na engenharia pode ser medido pelos sinais que um grupo de seguidores emite, como a quantidade de vezes que a descoberta é citada, duplicada, imitada e aplicada. Em última instância, os sinais da inovação tecnológica – se a comunidade dispersa de cientistas e engenheiros endossou uma determinada tecnologia – precisam ser detectados.

Isso leva a um processo de previsão de tecnologia que não olha para um ponto fixo e projeta o futuro, mas olha cuidadosamente o passado recente em busca de sinais de ímpetos criadores se formando por trás de uma tecnologia e uma convergência de tecnologias no sentido de satisfazer a necessidade do mercado. Os sinais da inovação tecnológica não respondem às perguntas do potencial de receita e de lucro de uma tecnologia, mas apontam para aquelas tecnologias às quais a empresa deveria dirigir as perguntas.

Fortes sinais. Os sinais evidentes de inovação tecnológica são os que nitidamente revelam investimento comercial na tecnologia candidata e assinalam o seu caráter técnico factível de atender às necessidades dos mercados-alvo. Como tal, a presença de tais sinais pode indicar o baixo risco dessa tecnologia, mas também indica o conhecimento público e talvez os obstáculos à sua apropriação. Dois exemplos de fortes sinais de inovação tecnológica e de seus seguidores são as patentes e as ações dos concorrentes:

1. *Citação de patente e de literatura.* O sistema de proteção global de propriedade intelectual pode ser uma rica fonte de tecnologias valiosas, assim como sinal de uma inovação técnica. O seguimento de uma tecnologia determinada pode ser detectado nas citações de um interesse de patente, o que permite uma busca tanto para frente como para trás feita por meio da patente. Uma busca como essa não só revela inventores e designatários que podem ser parceiros valiosos na avaliação e na aquisição da tecnologia, como também revela referências interdisciplinares e a ligação entre os campos do saber através das referências compartilhadas de uma patente. A fertilização cruzada de idéias de uma área técnica para outra é, freqüentemente, uma rica fonte de inovações na pesquisa básica e no setor comercial. A *citação comum de patentes básicas* e *as citações da arte anterior* identificadas por parte do examinador da patente podem ligar áreas díspares e apoiar a transferência de tecnologias comprovadas para novos mercados. As patentes indicam que outros já tiveram de dar o salto que parte de descoberta científica e de engenharia e chega à aplicação comercial e que esse conhecimento está disponível publicamente para as empresas concorrentes. A *análise das referências conjuntas* na literatura científica utiliza os bancos de dados dos referenciais para identificar as comunidades de pesquisadores pela referência comum deles de uma literatura anterior. Os membros dessas comunidades podem

não estar cientes uns das descobertas dos outros, já que partilham de uma base intelectual ou técnica, mas podem não citar a obra uns dos outros. A referência compartilhada de um corpo comum de literatura pode indicar uma convergência poderosa de áreas díspares na direção da resolução de um problema comum ou da exploração de uma tecnologia comum.

2. *As ações dos concorrentes.* As estratégias e os investimentos em tecnologia das empresas concorrentes são fortes sinais de uma inovação tecnológica. Os investimentos de um concorrente podem não só validar a análise de uma empresa, mas também mudar o contexto de mercado da análise. Nas áreas em que os padrões e as leis têm uma poderosa influência no mercado, o desenvolvimento conjunto de uma tecnologia particular pode baixar os custos do desenvolvimento e do *marketing* do produto por meio do estabelecimento de um padrão comum de mercado. As ações dos concorrentes podem ser resultado ou pré-requisito do investimento da empresa em uma tecnologia determinada. As atividades de imitação podem ser um sinal de que uma tecnologia desenvolvida internamente tem um potencial comercial e oferece uma confirmação externa de viabilidade técnica.

Sinais fracos. Os sinais fracos de inovação tecnológica constituem os indicadores mais sutis de que uma descoberta científica tem potencial comercial, que a análise independente reconheceu o seu potencial e um grupo de seguidores se formou. Os endossantes de uma determinada tecnologia podem não estar cientes da existência uns dos outros. Vários esforços independentes de pesquisa em relação à adequação das aplicações desejadas podem indicar que outros ainda não tiveram a compreensão do verdadeiro potencial comercial da tecnologia. Esses sinais sutis podem de igual modo vir da validação interna e externa ou da análise da referência e da referência compartilhada, mas também da confirmação dentro das redes de conhecimento, da inteligência corporativa e das descobertas paralelas:

- *A confirmação dentro das redes de conhecimento.* Informações técnicas muito importantes podem ser selecionadas de fontes formais, como jornais, relatórios de setor e bancos de dados *on-line*. São as redes informais, contudo, cultivadas nas reuniões de negócios, nos encontros científicos e através de uma educação contínua, que podem ter mais valor para buscar sinais dos últimos avanços tecnológicos. Em contrapartida, um registro dos fracassos passados de diferentes abordagens tecnológicas pode existir apenas na memória da rede de conhecimento. Como analisa Lori Rosenkopf no Capítulo 15, essas redes de conhecimento desempenham uma função significativa na criação e no desenvolvimento da nova tecnologia, embora a maioria das empresas não as gerencie e, em geral, não esteja ciente de seus papéis na difusão de informação. As redes informais também existem entre as unidades técnicas ou as equipes de produto dentro da empresa, cada uma agindo como "antenas" para certos tipos de desenvolvimento técnico. Ao passo que as fontes externas de informação custam muito, despendem tempo e atraem muita atenção gerencial, as redes dentro da empresa que aprendem e consolidam informações técnicas merecem igual cultivo e desenvolvimento. Perguntaram a Steve Jobs, fundador e atual CEO da Apple, em uma recente entrevista, se ele ainda gasta tempo "escarafunchando novas tecnologias que poderiam se transformar em novos tipos de produtos". Jobs respondeu: "Existe uma certa dose de dever de casa envolvido, é verdade; mas na maior parte consiste em escolher o que você vê na periferia. Às vezes, de noite, quando você está quase dormindo, você se dá conta de algo que, de outro modo, não teria percebido... eu sempre prestei bastante atenção aos sussurros à minha volta"[7].

- *Inteligência competitiva.* Essa é uma ferramenta inestimável para adicionar tecnologia digna de consideração ao processo de avaliação de tecnologia e para validar uma abordagem técnica. A informação sobre as iniciativas dos concorrentes pode ser vislumbrada a partir de uma análise cuidadosa da informação pública, tanto do que é revelado quanto do que não é. A mais valiosa informação, todavia, pode advir das muitas maneiras nas quais as empresas concorrentes deixam escapar o que seria informação confidencial. Antigos funcionários e consultores geralmente revelam informações técnicas com a intenção direta de ajudar outra empresa, ou como uma maneira não-intencional de assinalar seu próprio conhecimento e excelência. Os prestadores de serviços, como advogados, vendedores, contratados técnicos e colaboradores acadêmicos, podem revelar pequenas informações que sinalizam inovação tecnológica. Embora existam preceitos éticos que desestimulem a revelação aberta de tal informação, a equipe bem entrosada de avaliação deve ser altamente receptiva à detecção e à análise de tais informações.
- *A descoberta paralela ou convergência.* Um sinal sutil de inovação tecnológica é o reconhecimento de uma descoberta paralela ou a convergência de pesquisadores independentes sobre uma mesma tecnologia. Isso pode ser visto como padrões de reconhecimento de sinais fracos. As organizações de descobertas podem estar separadas umas das outras por fronteiras como as áreas técnicas, as barreiras geográficas e políticas e os tipos organizacionais, nos quais se incluem o meio industrial e o meio acadêmico. Um processo de avaliação de tecnologia pode ser capaz de cruzar essas fronteiras e acessar informações que não estejam facilmente disponíveis a qualquer organização individual envolvida no desenvolvimento de tecnologia.

Captação de conhecimento e de informações. À medida que a empresa desenvolve um quadro mais complexo do potencial das tecnologias emergentes, vai precisar de um sistema para manter registro de todas as informações e de todos os progressos feitos ao longo das várias correntes de pesquisa. As implicações das informações reunidas no início da avaliação de tecnologia podem só ser compreendidas mais adiante no processo. As tecnologias continuam a progredir e a desenvolver-se. Diferentes tecnologias podem acabar se complementando, criando oportunidades para novas combinações. A codificação dessas informações permite uma pronta análise e, em cada iteração do processo de avaliação, uma re-análise. À medida que as áreas técnicas mudam e torna-se necessária uma nova especialização, as informações compiladas podem rapidamente atualizar os novos membros das equipes. Não apenas as informações brutas devem ser capturadas, mas também o conhecimento da equipe e o seu fundamento lógico para selecionar certas tecnologias e rejeitar outras deveriam ser explicitamente descritos para monitorar o processo e angariar o apoio da liderança da empresa para novas iniciativas.

O objetivo desse gerenciamento de informações e dessa gestão de conhecimento é criar a memória de um intelecto organizacional, uma "mente de grupo" que esteja preparada para dar saltos de razão e de intuição à frente dos concorrentes. A forma desses sistemas de captação e de transferência de conhecimento pode ser a de bancos de dados relacionais, de compiladores de relatórios ou mesmo de relatórios orais e seminários. A Internet e as *intranets* corporativas criam oportunidades extraordinárias de distribuir a aprendizagem por toda uma organização, de receber contribuições críticas e fazer com que pontos de vistas variados pesem na hora de analisar uma questão. Um exemplo observado em uma das empresas mais inovadoras do mundo é o Fórum Técnico na 3M, que desde a década de 50 reúne os melhores cientistas corporativos para considerar e comunicar questões e oportunidades de pesquisa.

O estabelecimento do escopo e a busca da AquaPharm. Como a AquaPharm encarou o desafio de estabelecer o seu escopo e de buscar novas tecnologias? Como muitas empresas novas de tecnologia, ela dependeu mais do acaso do que de um processo sistemático de avaliação de tecnologia. A AquaPharm começou com o encontro de seu CEO com dois pesquisadores que desenvolviam o ReproBoost. Com o desenvolvimento da idéia de um novo empreendimento comercial, os fundadores buscaram criar uma empresa com alcance mais amplo do que apenas o do ReproBoost.

Sua busca inicial por tecnologia foi feita perto de casa. O interesse dos pesquisadores em ver suas próprias descobertas comercializadas e a acessibilidade dos direitos de propriedade intelectual fizeram do portfólio de tecnologia dos cientistas fundadores o local provável para a busca de tecnologias adicionais. O primeiro produto potencial identificado baseou-se em um requerimento de propriedade de uma tecnologia de ultra-som para a administração de compostos terapêuticos às espécies da aquacultura. A técnica só havia sido testada como modelo de laboratório, não tendo sido aplicada nem em peixes nem em seres humanos. A AquaPharm obteve uma opção exclusiva para a aplicação de ultra-som na aquacultura.

A busca "interna" de tecnologia também identificou o conceito de criação de vacinas de longa atuação para a aquacultura com a tecnologia de encapsulação (com liberação controlada). As vacinas com liberação controlada constituem um tópico polêmico na medicina veterinária e humana e, na época, o mercado de vacina da aquacultura vivia um crescimento explosivo, com as indústrias de salmão e de truta lançando a prática atual de vacinação individual de cada peixe criado. Por intermédio das redes de contato dos fundadores, a AquaPharm obteve uma opção para um portfólio de patentes biomédicas das vacinas com liberação controlada.

Armados com acordos de opção para o ultra-som e as vacinas com liberação controlada e com a licença para o ReproBoost, a empresa obteve o financiamento de capital para o empreendimento e começou as operações em 1991. A AquaPharm construiu laboratórios e uma instalação para testes, um recurso atípico entre os fornecedores de tecnologia da aquacultura que foi planejada para reduzir a dependência de áreas de teste contratadas. As tarefas imediatas eram testar o mercado para o ReproBoost, entrar com o processo regulatório do produto e começar a avaliação experimental da tecnologia das vacinas e do conceito de ultra-som. Ainda assim, depois de uma ano de operação e de um levantamento infrutífero de recursos, a administração precisava de algo mais para criar uma oportunidade de investimento convincente que fosse facilmente comunicada aos investidores, os quais não tinham familiaridade com o mercado da aquacultura, em grande parte não-estadunidense.

A empresa deu de cara com uma nova tecnologia bem no seu quintal. Uma empresa vizinha havia desenvolvido um teste revolucionário para garantir a segurança alimentícia da carne de gado, de porco e de aves. Baseados em amizades pessoais e na confiança mútua, eles ficaram felizes em conceder à AquaPharm uma opção exclusiva pelos direitos à tecnologia do teste para a carne de peixes. Embora o produto aumentasse as previsões a favor da empresa, o que ajudou na defesa do caso junto aos investidores, a iniciativa não foi feita com base em uma avaliação cuidadosa da tecnologia. A empresa deslocou-se perigosamente para além do seu escopo definido, indo do mercado da aquacultura para o mercado do processamento de peixes.

Com a aproximação do segundo aniversário da empresa, ela começou, por fim, a estabelecer um processo mais sistemático de avaliação de tecnologia. A pressão para agregar valor e atrair capital crescia. Ao avaliarem as possibilidades para as tecnologias que iriam criar grandes receitas a longo prazo para a aquacultura, os administradores determinaram que a única resposta era ingressar na área da nutrição animal. Os custos com a alimentação representam aproximadamente 50% do valor de US$ 30 bilhões obtidos com a aquacultura. Esse fato definiu o escopo da busca da empresa. Aqui, a jovem empresa estava em uma encruzilhada crítica. Ingressar na nutrição da aquacultura significava embarcar em uma quinta área de desenvolvimento de produto, isso para uma empresa iniciante precariamente sobrecarregada. A jogada também exigia deslocar-se para fora da área de especialização dos fundadores. Era crucial acertar.

A empresa contratou um cientista de nutrição e iniciou um processo sistemático de busca e de estabelecimento de escopo das oportunidades de nutrição na aquacultura, e começou a examinar oportunidades análogas em setores mais maduros da criação de animais. O cientista de nutrição investigou exaustivamente publicações, patentes, redes pessoais, jornais de negócios e as pistas deixadas pelas organizações de transferência de tecnologia; testou tudo que encontrou com base em uma matriz de necessidades do mercado, das capacidades da AquaPharm e de suas estratégias. Através de uma pesquisa nos bancos de dados, a AquaPharm descobriu uma solicitação de patente européia expirada que muito se aproximava do conceito de produto que norteava a busca tecnológica da empresa. O inventor da patente a levou, por sua vez, a um laboratório acadêmico que testou a tecnologia central, bem como a uma empresa com capacidade de fabricação autorizada para o produto. Essa empresa foi capaz de confirmar o caráter factível da fabricação do produto por meio da experiência com os seus produtos relacionados vendidos no setor de cosméticos.

Fazer contatos para avaliar a tecnologia também levou os cientistas da Aqua-Pharm a pesquisadores na Europa e em Israel, que chegaram, cada um de uma forma, a elementos diferentes do conceito de produto e a alguns de seus componentes, mas não a um modelo completo ou viável de produto. Essas descobertas independentes e paralelas – trazidas à tona através da testagem de um conceito bem-definido de mercado, das pesquisas em bancos de dados, da referência de palavras-chave e das redes de contato – concederam à empresa uma previsão singular, e com potencial de liderança de mercado, de uma inovação tecnológica. Reunindo-as todas, a AquaPharm foi capaz de pressentir com sucesso o surgimento de uma nova tecnologia promissora em rações para os viveiros de peixes.

Em resumo, as três primeiras tecnologias (o ReproBoost, o ultra-som e as vacinas) vieram dos fundadores e estavam dentro do escopo do mercado (produtos de saúde de alta qualidade vendidos aos viveiros de aquacultura). A quarta tecnologia, o teste de alimentos, cumpriu a função de criar receita e também adveio de redes de contato, mas caiu fora do escopo do mercado. A quinta tecnologia, das rações para os viveiros, embora destinada a gerar uma receita prevista, foi criada depois de os administradores ficarem *experts* sobre o estabelecimento de escopo e a busca.

Avaliando

Agora que um escopo foi estabelecido e um conjunto de tecnologias promissoras foi identificado (como foi mostrado na Figura 4.1), o próximo desafio é começar a peneirar esse conjunto de possibilidades. No processo de avaliação, os administradores precisam classificar as tecnologias candidatas de acordo com um conjunto de critérios comuns, financeiros e organizacionais. A posição em uma classificação pode ser estabelecida por avaliações do peso desses critérios diferentes, por uma análise financeira ou por avaliações do risco. Embora seja importante limitar a escolha de tecnologia, também é importante manter um registro das tecnologias que não alcançaram a marca desejada. As descobertas nascentes e as tecnologias inapropriadas da atualidade podem ser os produtos inovadores de amanhã.

Para avaliar as tecnologias candidatas no contexto da estratégia corporativa, os administradores precisam desenvolver planos de tecnologia que aproximam o caminho de comercialização da tecnologia, dos investimentos exigidos, das implicações organizacionais e das recompensas financeiras em potencial. Nesses planos existirão incertezas consideráveis. A disciplina de criar um esboço de plano de comercialização revelará as questões de destaque que precisam ser respondidas para a redução das incertezas. Nem todas as incertezas se resolverão, contudo, e posturas estratégicas diferentes podem ser adotadas em relação às incertezas que permanecem ("Comprometendo-se" mais adiante). Um plano eficaz descreve as incertezas técnicas e de mercado, o momento certo dos investimentos e as etapas, no sentido de resolver cada área de incerteza.

O desenvolvimento das máquinas de *fax* ilustra a importância de identificar e continuamente avaliar essas incertezas. A Xerox desenvolveu tecnologias subjacentes no final da década de 1960, mas não conseguiu criar um negócio lucrativo. Durante a década seguinte, os avanços nas tecnologias dos componentes permitiu uma transmissão em maior velocidade, aprimorou a qualidade da imagem, a automação, a redução de custo e a facilidade de uso. Durante o mesmo período, o aumento de custos e a pouca confiabilidade dos correios e as tarifas reduzidas do serviço telefônico modificaram o mercado de aceitação dos fac-símiles[8]. Embora a projeção fosse boa, se a empresa tivesse identificado e traçado melhor as dificuldades técnicas e comerciais da máquina de *fax*, haveria de ter reconhecido mais rapidamente as oportunidades de desenvolvimento e comercialização de produto.

Os ambientes das empresas na busca de tecnologia. A tecnologia precisa ser avaliada no ambiente estratégico particular da empresa. A equipe de avaliação de tecnologia deve avaliar cuidadosamente a maneira como cada tecnologia candidata serve à necessidade do mercado e como se situa dentro dos limites das capacidades técnicas da empresa e de seus potenciais parceiros. Embora tais considerações tenham ocorrido em etapas iniciais da avaliação, desempenhar-se-á uma análise mais profunda somente nas tecnologias candidatas que receberam os pontos mais altos.

A tecnologia emergente pode ser nova para a empresa ou pode fazer uso de capacidades existentes. Pode ser utilizada para servir ao mercado já existente da empresa ou para abrir novos mercados. A probabilidade de sucesso é muito maior para os produtos que utilizam tecnologias existentes para atender mercados existentes. Quanto mais novas forem as tecnologias e mais novos forem os mercados, mais arriscadas se tornarão essas rotas de crescimento. Estimativas das probabilidades de sucesso vão de 75% de chance de que penetrem um mercado existente com uma tecnologia existente, passando por 25% a 45% quando ou o mercado ou a tecnologia são novos à empresa, a 5% – 15% quando a empresa diversifica-se para um novo mercado com uma nova tecnologia[9]. Os riscos do desenvolvimento de um novo mercado, seja por meio de tecnologias novas ou existentes, podem ser reduzido pela aquisição ou pelo empreendimento conjunto (*joint venture*), o que auxilia a atenuar a falta de experiência da empresa no mercado (ver o Capítulo 16).

Criando um perfil dos riscos e dos impactos da tecnologia. Tipos diferentes de risco têm de ser considerados na avaliação da tecnologia. O processo de traçar um perfil dos riscos oferece aos administradores uma estrutura para a consideração de três tipos específicos de riscos associados à tecnologia, como mostra a Figura 4.2. A nova tecnologia pode apresentar risco de mercado, por exemplo, como resultado da incerteza quanto ao tamanho e ao escopo do mercado e à definição das necessidades dos clientes. A empresa também enfrenta o risco de tecnologia como resultado de fatores como incertezas sobre a viabilidade técnica, surgimento de padrões ou confiabilidade do produto. Pode igualmente haver riscos organizacionais, inclusive inadequação às capacidades e uma dependência em novas estruturas organizacionais ou em parceiros de fora. Esses riscos não constituem valores absolutos, e sim riscos relativos, determinados pelo mapeamento de diferentes oportunidades tecnológicas ao mesmo tempo.

Cada um desses três tipos de risco precisa ser avaliado. Os administradores às vezes terão dificuldade em avaliar o risco de uma tecnologia emergente junto a uma dada dimensão. Isso, em si, também fornece um retorno importante porque mostra onde mais conhecimento se faz necessário antes da determinação acurada dos potenciais e das armadilhas da tecnologia.

Além da avaliação dos riscos, os administradores precisam analisar o impacto competitivo, financeiro e organizacional do investimento em novas tecnologias e da comercialização delas. A análise financeira no estágio inicial inclui estimativas dos custos de desenvolvimento, do tamanho do mercado, da formação do preço e da venda dos produtos e da penetração de mercado. Incluídas nas iniciativas dos concorrentes podem estar procedimentos comerciais, como uma tomada hostil ou amigável do controle, um licenciamento cruzado de tecnologia, uma disputa jurídica acerca da propriedade intelectual e a concorrência de preço. De uma perspectiva técnica, os concorrentes podem investir em outras tecnologias proprietárias, podem tomar medidas semelhantes entre si ou aprimorar suas tecnologias existentes para se tornar mais competitivos.

Os impactos organizacionais das novas tecnologias não incluem só as organizações exigidas para a produção e para o acesso aos canais de mercado, mas as

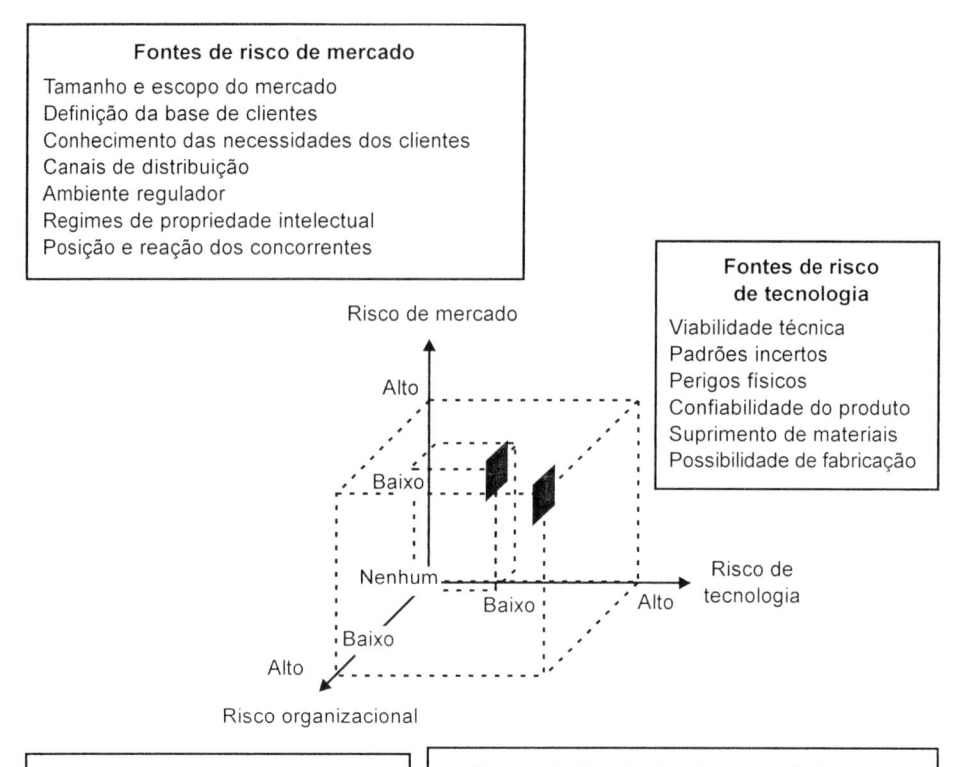

Fontes de risco de mercado

Tamanho e escopo do mercado
Definição da base de clientes
Conhecimento das necessidades dos clientes
Canais de distribuição
Ambiente regulador
Regimes de propriedade intelectual
Posição e reação dos concorrentes

Fontes de risco de tecnologia

Viabilidade técnica
Padrões incertos
Perigos físicos
Confiabilidade do produto
Suprimento de materiais
Possibilidade de fabricação

Fontes de risco organizacional

Adequação às capacidades
Custo
Velocidade da mudança organizacional
Dependência de nova organização
Dependência de parceiros externos
Qualidade e disponibilidade de pessoal
Ritmo de gasto em oposição ao caixa disponível e ao capital

Exercício de criação de um perfil de risco

- Mapear duas ou três oportunidades tecnológicas no diagrama tridimensional; uma mistura de oportunidades passadas e presentes ou das que serão mais úteis em estágios diferentes.
- Descrever como sua empresa alcançou a capacidade de previsão de mercados e de tecnologias e a compreensão das capacidades da empresa, de modo a planejar e implementar o desenvolvimento do produto.
- Descrever quaisquer estratégias específicas que sua empresa desenvolveu (implícitas ou explícitas) para a redução de riscos e a aprendizagem.

FIGURA 4.2 Criando um perfil de risco.

organizações necessárias para a inovação do produto. O desenvolvimento da biotecnologia farmacêutica e agrícola apresentou tantas implicações organizacionais para sua inovação, comercialização e *marketing* que a Monsanto escolheu dividir a empresa em duas e realizar todos os negócios tradicionais em produtos químicos em volta de uma nova empresa, a Solutia. Outros impactos organizacionais das novas tecnologias como a formação de novas estruturas e alianças organizacionais são discutidas na Parte IV deste livro.

A avaliação na AquaPharm. Com a AquaPharm crescendo, a maior parte dos esforços técnicos se concentrara na avaliação do portfólio de tecnologia e no desenvolvimento dos projetos de produto. Em retrospectiva, a empresa pagou um preço bastante alto no estágio da avaliação quando os estágios de busca e de estabelecimento de escopo não eram rigorosos. O programa de rações para viveiros Hatchery Feeds, resultado de um processo mais acurado de avaliação da tecnologia, foi o menos governado pelas inclinações dos fundadores e baseou-se firmemente em um conhecimento prévio da área, dimensionado com sucesso no estágio de avaliação. O programa foi lançado por um esforço de colaboração de P&D e por uma aliança corporativa que recebeu uma subvenção muito grande do governo dos Estados Unidos para empreendimentos internacionais conjuntos em novas tecnologias.

O programa de vacinação, em contrapartida, começou a trilhar um caminho que se mostrou um beco sem saída. Na época que a empresa obteve os direitos de propriedade intelectual, não havia linhas diretrizes fixadas para refletir as realidades econômicas do mercado de aquacultura. A empresa investiu muito de seu tempo limitado e de seus poucos recursos desenvolvendo e testando fórmulas de vacinas que nunca tiveram a chance de atingir as metas de preço para o mercado de aquacultura ou de obter uma rápida aprovação regulatória. As formulações licenciadas também pareceram acarretar um efeito negativo nos animais vacinados, revelando o fracasso da avaliação da tecnologia em identificar de forma realista o estado do conhecimento no campo emergente da vacinação de peixes. No fim, o programa obteve resultados bem promissores após modificar o projeto do produto de modo a ficar de acordo com as linhas regulatórias de segurança alimentícia, com as metas de preço e de volume para o mercado de aquacultura e com o grau de conhecimento sobre a imunologia dos peixes.

O estágio de avaliação do programa de ultra-som revelou o caráter inapropriado da tecnologia, mas somente após uma dedicação considerável de tempo gerencial e confusão significativa para potenciais investidores. Foram muitas as razões:

- A tecnologia de engenharia necessária situava-se fora da plataforma central da empresa na formulação e no encapsulamento;
- Não havia uma aplicação clara de mercado para a tecnologia;
- Não havia quaisquer estimativas claras do custo e de como o cliente financiaria a compra do equipamento;
- Os dados preliminares não foram examinados rigorosamente em relação à variação e à acuidade;
- A tecnologia não se encaixava na estratégia declarada de só comercializar tecnologias comprovadas.

Em seu último ano de operações, a empresa cessou todos os esforços de desenvolvimento em ultra-som.

A avaliação de produto para a segurança alimentícia conduziu-se de uma maneira virtual através de colaboração com um vizinho da AquaPharm. A parceria exigiu muitos esforços comerciais, principalmente uma solicitação de subvenções governamentais para financiar o trabalho experimental. Embora a tecnologia fosse extremamente promissora o teste de produto não provou estar dentro do escopo do mercado-alvo da empresa e, embora melhorasse de forma atraente a receita líquida projetada, diluiu ainda mais os recursos corporativos e a atenção dos investidores.

O programa do ReproBoost obteve grande sucesso, e as vendas do protótipo do produto geraram receitas consideráveis, além da exposição no mercado para a empresa. O lançamento bem-sucedido do produto reflete, em parte, o fato de o protótipo haver sido testado exaustivamente em ambientes de pesquisa e de mercado pelas instituições acadêmicas licenciadoras. A fabricação, as experimentações de campo e os testes do ReproBoost também acarretaram aprendizagem de gestão que contribuiu com o sucesso dos programas de vacina e de ração, os quais partilharam a mesma plataforma de tecnologia (a formulação controlada de versão). Os investimentos na avaliação das outras tecnologias, no entanto, consumiram tempo e recursos da comercialização do ReproBoost e deixaram a empresa (fatalmente) dependente de investimento adicional de capital.

Comprometendo-se

Raras vezes o sucesso de uma tecnologia emergente será tão certo que uma empresa possa comprometer por inteiro seus recursos sem fases delimitadas, nas quais resultados definidos geram o nível seguinte de comprometimento futuro ou a saída do campo técnico ou do mercado. Embora exista uma variedade infinita de planos e ações para comercializar tecnologias emergentes, podem-se descrever quatro formas gerais de comprometimento estratégico, que refletem quatro posturas ou intenções estratégicas cada vez mais agressivas. Estas dependem do relacionamento entre o risco e a recompensa da tecnologia, seu mercado, do imperativo competitivo de agir e dos sinais da inovação tecnológica. As abordagens descritas a seguir não constituem em si mesmas estratégias, mas descrevem intenções de agir:

1. *Observar e aguardar*. Essa abordagem se aplica quando a incerteza associada à nova tecnologia é por demais grande para começar sua busca e seu desenvolvimento. A tecnologia candidata, contudo, tem potencial suficiente para que as atividades de monitoramento da inovação tecnológica e do desenvolvimento de seu mercado mereçam um processo ativo. Isto pode mostrar que parte da equipe de avaliação de tecnologia permanece ativa e cria maneiras sistemáticas através das quais é possível detectar sinais de inovação técnica, como os sinais fracos anteriormente mencionados. A empresa permanece, contudo, em posição de espera e cria barreiras competitivas. Observar e aguardar também pode ser uma estratégia recomendável quando a empresa possui capacidades técnicas e financeiras e posições de mercado para ser uma rápida seguidora, deixando o líder do mercado arcar com os maiores custos do desenvolvimento técnico, dos padrões de desenvolvimento e do teste de mercado. Embora seja um mito comum que o setor químico-farmacêutico tenha "perdido" a revolução da biotecnologia, é impossível que tivesse perdido os desenvolvimentos mais importantes. Em vez disso, estavam perseguindo uma estratégia de observar e aguardar, embora talvez tenham esperado um tempo longo demais. Hoje, as empresas farmacêuticas estão comprando inovações e captando muito do valor da biotecnologia. Aprenderam com o seu começo tardio na clonagem e na fabricação de proteínas terapêuticas (p. ex., a insulina, da Genetech, e o EPO, contra a anemia, da Amgen), e assumiram uma abordagem mais agressiva de se mover com rapidez para a genômica e a terapia de genes.

2. *Posicionar-se e aprender.* Quando há menos incerteza associada à tecnologia, ou quando o risco da inércia é maior, a empresa pode escolher entre adotar uma atitude estratégica que lhe permita desenvolver a tecnologia ou deter uma ameaça competitiva, sendo possível até excluí-la. Essa atitude mais agressiva insere ativamente a empresa na nova tecnologia e, por conseguinte, cria um processo mais ativo de aprendizagem. Um exemplo dessa abordagem é a execução de um acordo de opção que concede à empresa os direitos de primeira rejeição a uma tecnologia durante um período de avaliação técnica ou de teste de mercado. A Smith-Kline Beecham utiliza seu fundo de capital de risco corporativo sempre disponível, o S.R. One, como abordagem de posicionamento e aprendizagem. O fundo de capital de risco identifica de forma independente as tecnologias de ponta e, através de investimentos em ações, põe a SmithKline em uma posição vantajosa para aprender com as tecnologias emergentes, para desestimular os relacionamentos competitivos e para desenvolver alianças de desenvolvimento de produto[10].
3. *Sentir e seguir.* Quando uma empresa completa o processo de identificação e de avaliação de uma tecnologia e escolhe investir em uma tecnologia emergente, a atitude estratégica pode ser descrita como "sentir e seguir". A empresa satisfaz-se com o fato de que existem sinais suficientes de uma inovação de tecnologia – forte o bastante para um sentimento de confiança, mas, ainda assim, sutil o bastante para liderar o mercado – para proceder com uma estratégia ativa de comercialização. Os sinais podem ser qualquer combinação dos sinais antes mencionados.
4. *Acreditar e liderar.* Quando a oportunidade da tecnologia é muito promissora, a empresa pode comprometer totalmente seus recursos com a comercialização de uma tecnologia emergente. Às vezes isso é resultado de uma avaliação convincente da tecnologia ou de informações internas que convencem a empresa da escolha de uma tecnologia na ausência de uma validação externa mais ampla. Com bastante freqüência, em particular nas empresas empreendedoras, ocorre o fato de, mesmo na ausência de sinais de uma inovação tecnológica ou apenas com o mais fraco sinal, uma empresa realmente acreditar na tecnologia e liderar a área técnica e a aplicação no mercado. Na ponta das tecnologias emergentes, a tomada de decisão se baseia com freqüência na intuição e na experiência dos líderes de tecnologia. Essas constituem decisões baseadas em crenças, indícios e imaginações treinadas que se registram nos instintos e nos *insights* dos cientistas e dos líderes empresariais – um "segundo sentido" de que ela representa uma tecnologia vencedora.

Posturas estratégicas e comprometimento da AquaPharm. A AquaPharm usou níveis diferentes de comprometimento com suas tecnologias emergentes, dependendo da tecnologia, do mercado e dos riscos operacionais. No campo de maior risco, a empresa adotou a postura de observar e aguardar. Por exemplo, a empresa foi várias vezes abordada por parceiros e cientistas que buscavam uma parceria para o desenvolvimento de peixes geneticamente adaptados. A administração monitorou ativamente o desenvolvimento do campo por meio dessas discussões, mas considerou a tecnologia muito imatura, desnecessária ao mercado e de alto risco. Através desse processo de aprendizagem ativa, a AquaPharm manteve-se bem relacionada e posicionada para se mover na área, se qualquer um dos fatores de risco fosse drasticamente reduzido.

Para tecnologias com uma promessa mais imediata, a AquaPharm utilizou uma estratégia do tipo posicionar-se e aprender. Utilizou essa estratégia no caso da segurança do produto alimentício dos peixes, no qual ela protegeu os seus direitos sobre o produto e aprendeu com os esforços de P&D de seu parceiro. Obtendo direitos exclusivos sobre a tecnologia de ultra-som e contratando P&D com patrocínio do governo, a empresa protegeu sua posição e avaliou a viabilidade técnica factível da invenção. De início, a AquaPharm adotou uma atitude do tipo posicionar-se e aprender com as vacinas liberadas de forma controlada. Após a primeira fase da experimentação da vacina e da confirmação adicional do conceito vinda de outros setores, o risco técnico reduziu-se e a AquaPharm adotou uma atitude do tipo sentir e seguir. As redes de contato no setor revelaram que os concorrentes da AquaPharm no campo da vacina estavam iniciando programas com vacinas encapsuladas. Junto com os dados internos de P&D, o programa de vacina moveu-se para o centro dos esforços e das estratégias da empresa. O melhor exemplo de uma atitude do tipo sentir e seguir foi a avaliação sensível da tecnologia anteriormente descrita que levou ao rápido lançamento do programa de desenvolvimento de rações para os viveiros.

A AquaPharm utilizou uma estratégia de acreditar e liderar com o seu ReproBoost. Conhecia a eficácia e o valor de mercado e suas tentativas de proprietária na área enviaram sinais claros de que a tecnologia merecia um total comprometimento com a comercialização. As tentativas também permitiram projeções acuradas do tamanho do mercado, da penetração do mercado e das melhores estratégias para ingressar nele.

CONCLUSÃO: LIÇÕES DIFÍCEIS

Existe uma tênue linha entre o sucesso e o fracasso na gestão das tecnologias emergentes, e as lições, em geral, vêm a um alto custo. Quando a AquaPharm já havia desenvolvido um processo mais rigoroso e eficaz de avaliação de tecnologia, estava embrenhada em becos sem saída muito dispendiosos. Uma vez que os administradores da AquaPharm aprenderam os riscos do mercado da aquacultura através da participação com o ReproBoost, a empresa tomou decisões técnicas e estratégicas corretas. Nessa época, a empresa já havia perdido a oportunidade de financiar o crescimento com receitas vindas do ReproBoost devido a investimentos equivocados em becos sem saída tecnológicos. Uma série de acontecimentos nacionais e internacionais situados fora do controle da administração contribuiu para o atraso e o cancelamento final de uma série de financiamentos institucionais de capital para a AquaPharm. Debaixo da nuvem de compromissos financeiros prometidos e não realizados e de uma disputa de patente (no fim solucionada a favor da AquaPharm), os administradores escolheram fechar a empresa para recuperar e preservar o valor do acionista. A sensibilidade da empresa a esses acontecimentos imprevistos, entretanto, foi criada por maus cálculos empresariais. Ironicamente, o fechamento forçado da empresa veio em uma época de sucessos técnicos sem precedentes nos programas de desenvolvimento de produto e de operações lucrativas com as receitas crescentes do ReproBoost.

Em retrospecto, as decisões gerenciais tomadas para criar uma percepção de valor imediato aos olhos dos investidores em potencial prejudicaram a criação de valor a longo prazo na empresa. A aquisição de propriedade intelectual e o lançamento de vários programas de P&D para aumentar as previsões de receita comprometeram a avaliação tecnológica. Um processo mais rigoroso de avaliação de tecnologia nos primeiros dias da empresa poderia ter impedido uma "aprendizagem pelo modo mais difícil" e também conservado os parcos recursos que acabaram – cedo demais. Como é mostrado pela experiência da AquaPharm, a eficiência e a elegância do processo de avaliação contam. Desenvolver tecnologias de sucesso será uma vitória pírrica se o custo para chegar lá for grande demais.

Um processo rigoroso e iterativo para avaliar tecnologias é crucial à gestão das tecnologias emergentes. Às vezes, a corrida se decide com base nos cavalos que a empresa escolhe ainda nos portões de largada. Os erros cometidos nos estágios iniciais podem ter conseqüências estratégicas e financeiras tremendamente caras nos estágios posteriores. Esses equívocos tendem a se acumular mais tarde, e, se não houver nenhum processo iterativo para uma autocorreção, eles não serão reconhecidos até que muito tempo e energia já tenham sido investidos neles.

Nas empresas e setores transformados pela mudança tecnológica, a avaliação de tecnologia não representa um evento discreto no início do desenvolvimento do produto, mas, sim, um processo contínuo e fundamental. A experiência da AquaPharm mostra que a avaliação de tecnologia precisa passar por ciclos de estabelecimento de escopo, busca e avaliação como exercício contínuo de aprendizagem por toda a vida da empresa e de sua tecnologia. A AquaPharm avaliou e se comprometeu bem, mas, em geral, em caminhos incorretos devido a erros no estabelecimento de escopo e busca. Buscar a tecnologia do ultra-som deslocou a empresa para longe do escopo tradicional de suas capacidades na formulação e na consolidação do produto. Quando ingressou no mercado com o ReproBoost, a tecnologia inicial da vacina deslocou-se para fora do escopo de preço e do escopo regulatório do mercado. Se a empresa tivesse aderido mais rigorosamente ao escopo de seu mercado e às suas capacidades, provavelmente teria evitado a custosa incursão na segurança alimentícia dos peixes. Quando a administração compreendeu que o processo de avaliação de tecnologia é mais bem-sucedido quando inviolado, como no caso das rações dos viveiros, ela conduziu uma avaliação mais minuciosa e os resultados agregaram valor significativo à empresa.

As complexidades, as rápidas mudanças e as combinações inesperadas no universo das tecnologias emergentes tornam qualquer processo de avaliação um tanto impreciso. Sempre existirá um alto nível de incerteza no escopo estabelecido, nas tecnologias descobertas, na acuidade da avaliação e nas decisões na hora de se comprometer. Um processo de avaliação de tecnologia claro e aplicado de forma consistente pode garantir uma análise mais minuciosa, o que, em última instância, conduz a melhores decisões.

CAPÍTULO 5

TECNOLOGIAS EMERGENTES E POLÍTICAS PÚBLICAS: LIÇÕES DA INTERNET

GERALD R. FAULHABER
The Wharton School

O governo é um poderoso participante no jogo das tecnologias emergentes. Pode auxiliar a desenvolver inovações realmente revolucionárias, como a Internet, antes do setor privado. Também pode inibir o desdobramento de tecnologias emergentes, como a resposta aos alimentos geneticamente modificados. De apoio à pesquisa básica, à construção de infra-estrutura e ao estabelecimento de regulamentação, os agentes políticos podem definir os setores e afetar os ganhos das empresas nesses setores. Usando o desenvolvimento da Internet como exemplo, este capítulo explora algumas das muitas maneiras pelas quais as políticas públicas podem influenciar as tecnologias emergentes e algumas das questões que levam ao aumento das regulamentações. Oferece ainda lições sobre o trabalho eficiente com esse parceiro imprevisível e inevitável.

No mundo em rápida mudança das tecnologias emergentes, dominado tanto por atividades empreendedoras como por poderosas empresas com capacidade substancial de P&D, existe um papel para o governo? Muitos percebem o governo como um problema, não como solução, ao aprimoramento das capacidades tecnológicas de uma nação, com seu poder de taxar, regular e, sob outros aspectos, onerar as inovações a cada passo. Por outro lado, muitas tecnologias novas que são rapidamente agarradas pelo setor privado para comercialização foram criadas em laboratórios de pesquisa fundados pelos governos. O que quer que pensem os administradores sobre o governo, a política desempenha um papel essencial na determinação do ritmo e da direção do crescimento da inovação em praticamente qualquer país do mundo. A maneira como os governos administram seu envolvimento com a ciência e com a tecnologia pode transformar seus países em líderes ou retardatários em tecnologia.

Desejo agradecer ao Public Policy Center, da Annenberg School, por seu apoio financeiro a este projeto. Também me beneficiei dos comentários de Christiaan Hogendorn, da Wharton School, em um rascunho anterior. Sou também grato aos meus colegas do Seminário de Administração Econômica na INSEAD, em Fontainebleau, França, por seus comentários. Parte do material deste capítulo foi anteriormente publicado no *Journal of Law and Public Policy*. Internet: faulhaber@wharton.upenn.edu; www.rider.wharton.upenn.edu/~faulhab

Todo país possui uma política de tecnologia, mesmo se apenas para constar, e seu impacto é substancial. Os agentes políticos ajudam a construir infra-estrutura, a patrocinar pesquisa básica e a desenvolver tecnologia militar (veja o quadro). O governo também dá forma à tecnologia emergente através de diretrizes e subsídios. A função do governo é complexa. O âmbito do envolvimento do governo é bem maior do que se poderia abarcar em um único capítulo de um livro, mas vamos explorar algumas das maneiras através das quais os formuladores de políticas públicas interferem no processo através da análise do desenvolvimento da Internet.

LIÇÕES DE POLÍTICA COM O SURGIMENTO DA INTERNET

O desenvolvimento da Internet oferece uma ilustração da dança complexa entre os agentes políticos e as empresas no processo de levar uma tecnologia ao mercado. O desenvolvimento da Internet nos Estados Unidos pode se dividir em três fases: (1) os anos iniciais, de 1969 a 1993; (2) os anos de alto crescimento, de 1994 até hoje; e (3) o futuro, no qual é provável que o desdobramento de redes de bandas largas nacionais, talvez globais, desempenhe um papel crucial. Durante cada uma dessas fases, o papel do governo é essencial, mas bastante diverso. Examinando o papel da política pública em cada fase, podemos obter uma avaliação do escopo das ações do governo.

Este relato da história da Internet centra-se nos Estados Unidos, porque até bem recentemente a Internet era quase que exclusivamente um fenômeno estadunidense. Essa situação vem mudando com rapidez. À medida que a Internet se tornou mais difundida em termos globais, os desafios regulamentadores entre as nações se transformam em uma das questões mais significativas e complicadas para as empresas. Por exemplo, os pontos de vista em relação à privacidade, refletidos nas normas emergentes, são bem diferentes na Europa, se comparados aos dos Estados Unidos (1). A experiência norte-americana ilustra algumas das maneiras como o governo pode dar forma ao desenvolvimento de novas tecnologias e oferece interpretações básicas para os administradores.

O papel difuso do governo no desenvolvimento de tecnologias emergentes

A lista a seguir (em ordem crescente de intervenção pública) dá uma idéia da penetração da política pública no preparo do cenário para a inovação:

- *Infra-estrutura institucional*. Os governos podem proporcionar instituições jurídicas e públicas que estimulam ou desestimulam a inovação. Um regime vigente de propriedade intelectual, que cuidadosamente equilibra a necessidade de recompensar os inovadores com a necessidade de estimular as invenções resultantes, constitui, com quase toda a certeza, a mais importante infra-estrutura para os inventores de produtos e processos patenteáveis. A inovação também é patrocinada na presença de um sistema de educação que produz trabalhadores qualificados capazes da rápida adoção de uma nova tecnologia e de um sistema financeiro que gera capital a uma ampla gama de empresas.
- *Infra-estrutura de pesquisa*. A pesquisa básica em física, eletrônica, microbiologia, *softwares* e outras disciplinas fundamentais tem a qualidade economicamente estranha de os seus benefícios *não serem passíveis de apropriação*. Uma vez que se descobre um teorema ou princípio físico, ele pode ser utilizado por qualquer um que o conheça. Embora a pesquisa básica seja essencial ao progresso do desenvolvimento de novas tecnologias para o mercado, poucas empresas se interessam em investir em pesquisa desprotegida, que pode ser apropriada pelos concorrentes. Em geral, a solução tem sido os governos investirem na pesquisa básica e incentivarem que os resultados sejam amplamente disseminados pelas publicações acadêmicas. * †

Os governos possuem vários métodos de apoiar a infra-estrutura de pesquisa. Uma estrutura para laboratórios montada pelo governo na qual se patrocina estudiosos e se incentiva publicações científicas é um exemplo; nos Estados Unidos, os laboratórios dos National Institutes of Health e o acelerador de partículas de Brookhaven são exemplos. No Japão, o chamado projeto de computadores de quinta geração do início dos anos 1980 enquadra-se nesta categoria; na Europa, há o acelerador CERN. O financiamento da pesquisa acadêmica nos Estados Unidos pela National Science Foundation e pelos National Institutes of Health é a avenida mais importante do apoio financeiro.

Utilizou-se um modelo similar para financiamento governamental dos "berços de testes", sistemas operacionais projetados para testar a viabilidade de uma tecnologia em particular. O financiamento inicial nos anos 1960 da ARPANet, que no fim transformar-se-ia na Internet, foi justificado como um berço de teste de pesquisas, em uma comunidade universitária e de pesquisa, para redes de dados transmitidos em pacotes.

- *Tecnologia militar*. Provavelmente a mais bem-sucedida e custosa política de tecnologia da era pós-guerra foi o financiamento governamental direto, tanto nos Estados Unidos como na antiga União Soviética, de tecnologias relacionadas com a defesa, em particular na aviação espacial e nas comunicações eletrônicas. Em ambos os países, as autoridades de defesa tiveram um papel enormemente ativo em incentivar o desenvolvimento de novas tecnologias para fortalecer os recursos militares de seus países.
- *Diretrizes de governo*. Este modelo é mais intervencionista, na medida em que os governos desempenham um papel direto ao incentivar ou proteger a exploração comercial de tecnologias bem compreendidas, mas não financiá-las diretamente. Neste caso, seriam exemplos a garantia de um capital de baixo custo a empresas coreanas no final da década de 80 para fortalecer sua capacidade de fabricação de *microchips*, o "Chip Agreement" entre os Estados Unidos e o Japão (1986), que tentou garantir um mercado para os fabricantes estadunidenses de memórias DRAM e políticas protecionistas similares em alguns países europeus contra os produtos de alta tecnologia dos Estados Unidos ou do Japão. ‡
- *Estabelecimento de padrões*. Os governos podem exercer um papel no estabelecimento de padrões, o que ocorreu mais recentemente nos Estados Unidos com o estabelecimento pela Federal Communication Comission de um padrão para televisão de alta definição. No entanto, ma maioria dos setores emergentes (como o de computadores pessoais nos anos 70 e 80), os padrões são geralmente estabelecidos pelo mercado (possivelmente por uma empresa dominante ou por um possuidor de patente), em vez de pela intervenção governamental.
- *Regulamentação governamental*. A inovação também pode ser afetada pela regulamentação governamental. A Food and Drug Administration é um exemplo; todas as novas medicações postas à venda nos Estados Unidos têm de ser aprovadas pela FDA. Em conseqüência, muitas pesquisas com drogas giram em torno da obtenção de aprovação dessas medicações pela FDA. Em outras tecnologias, a influência da criação de normas por parte do governo parece ser menos significante.
- *Subsídios governamentais*. Esse modelo talvez seja o mais intervencionista de todos, pois os governos explicitamente tentam "escolher os vencedores". Entre os exemplos, pode-se incluir a Minitel francesa no início dos anos 1980, o Airbus Consortium europeu e o apoio dos Estados Unidos à Sematech. Em cada caso, não houve nenhuma pretensão de que o governo estava apoiando a pesquisa; em lugar disso, o governo estava apoiando o desenvolvimento de uma tecnologia comercial através de algumas empresas específicas.

---

* Trata-se exatamente do contrário que se vem fazendo com as atividades de desenvolvimento passíveis de exploração comercial, que são mantidas como propriedade dos desenvolvedores, ao menos até a proteção de patente ser conquistada.

† Obter um financiamento governamental para a pesquisa básica não resolve de todo a questão da não-apropriação, já que as empresas estrangeiras bem como as domésticas podem usar a pesquisa básica financiada pelo governo.

‡ Muitos países adotaram políticas industriais projetadas com o fim de criar vantagens para indústrias domésticas às custas de empresas estrangeiras. Essas políticas industriais em geral possuem um componente tecnológico, mas não representam explicitamente uma política de tecnologia, e, portanto, não são discutidas aqui. Essas políticas foram desfavorecidas, como resultado de seus fracassos completos em países como Brasil e Índia; políticas industriais mais sofisticadas, com freqüência com o crédito do "Milagre do Leste Asiático", têm exercido um apelo por vezes menor com o surgimento das recentes crises financeiras em vários países do Leste Asiático.

A Internet: os primeiros anos

A pesquisa militar foi a força matriz que levou à criação da Internet nos anos 1960. A Advanced Research Projects Agency (ARPA), do Departamento de Defesa (DoD) dos EUA, financiou a primeira rede primitiva de transmissão de pacotes de dados, conectando um pequeno número de universidades e laboratórios envolvidos em pesquisas do DoD. À época, a arquitetura dominante, na verdade a única existente, para as redes de comunicações era a troca de circuitos, na qual se atribuía cada chamada de telefone a um conjunto específico de instalações de rede (*pontos de troca*, linhas de transmissão, etc.), completamente dedicado à chamada durante sua duração. Para os propósitos militares, os algoritmos fixos de localização de rede apresentavam a desvantagem de ser possível para uma ação inimiga romper um pequeno número de nós, e isso poderia desmantelar a rede e impedir a comunicação entre grandes seções da rede; tais redes não podiam "sobreviver".

Alguns engenheiros recomendaram o que foi, à época, uma solução radical de transmissão de pacotes, na qual a mensagem era quebrada em pacotes de informação digitalmente codificados, com cada pacote de mensagem tomando o seu próprio caminho pela rede. Todos os pacotes depois se reuniam no local de destino. O DoD financiou a ARPANet inicial, em 1969, ligando quatro universidades. Esses pesquisadores do governo e do meio acadêmico utilizaram essa rede bastante primitiva para pesquisas futuras sobre protocolos de rede e, no final, de *e-mail* e de transferência de arquivos.

Dentro da comunidade científica e de engenharia, a ARPANet foi um sucesso instantâneo, criando uma demanda surpreendentemente grande por esse serviço em outras universidades e institutos de pesquisa e, no final, espalhando-se a outros países. O governo desempenhou o papel de berço de teste ao estabelecer a ARPANet e permitir que ela se expandisse. Em 1975, a experiência da ARPANet era estável e a ARPA passou o controle operacional dessas redes à Defense Communications Agency do governo norte-americano. A National Science Foundation começou a organização da NSFNet, uma rede para a realização de pesquisas entre universidades ao redor do mundo, e em 1990 a ARPANet foi fechada, e todo o tráfego movido para a NSFNet[2]. Juntas, essas redes interconectadas tornaram-se conhecidas pelo nome de Internet.

Acrescentaram-se algumas inovações à tecnologia básica de transmissão de pacotes, criando serviços como o File Transfer Protocol (FTP), o Gopher e o WAIS (métodos para chegar a arquivos remotos), e o Archie e o Veronica (os primeiros mecanismos de busca da rede). A esse ponto, contudo, os maiores usuários eram o governo e as universidades, e a Internet possuía uma cultura que rejeitava a comercialização. Com efeito, uma cultura de rede desenvolveu-se em torno da Internet; partilhar era a regra, tudo era gratuito e cobrar por qualquer coisa não era apenas proibido pelos administradores dessa experiência acadêmica: era repudiado por todos os internautas. Por exemplo, o sistema X-Windows para os sistemas operacionais Unix, desenvolvido e mantido no MIT, foi distribuído de graça na Internet, como o foram suas atualizações periódicas. Embora a rede e a sua comunidade crescessem rapidamente no final dos anos 80 e 90, esse fenômeno ainda era em grande parte invisível ao público em geral e a importantes corporações. Para muitos internautas, protetores de sua "economia de doação", essa invisibilidade era desejada e incentivada. Não duraria, contudo:

Lição 1: O governo pode desempenhar um papel poderoso na formação do desenvolvimento de uma nova tecnologia em seus estágios mais iniciais de pesquisa.

Implicações para os administradores: monitorar a pesquisa em sua área nas universidades e nos laboratórios do governo pode servir como um bom indicador de alerta inicial de quais oportunidades residem adiante. A próxima tecnologia da Internet já está provavelmente em fase de desenvolvimento, ou até mesmo sendo testada, em silêncio, em algum laboratório. Um monitoramento cuidadoso e um envolvimento logo cedo pode lhe dar uma vantagem no desenvolvimento e na comercialização da nova tecnologia, antes de os concorrentes ficarem conscientes de sua importância. Não deixe que as aplicações iniciais limitadas da tecnologia o ceguem quanto ao seu futuro em potencial.

A Internet atinge a maioridade

Três principais desenvolvimentos no início dos anos 1990 mudaram para sempre o curso da Internet:

1. No início dos anos 1990, a NSF decidiu que a Internet deveria ser privatizada. Avisou as redes de nível médio de sua intenção de abandonar o negócio e sugeriu que os níveis médios migrassem para um modelo que visasse ao lucro. Também deu início a planos de retirar a NSFNet por etapas, em prol de uma solução privada para a espinha dorsal da rede. Esse comunicado provocou forte resistência na comunidade da Internet, que percebeu o desaparecimento da "economia de doação" financiada com recursos públicos,[3] uma percepção em grande parte correta. Esta privatização se completou quando a NSFNet deixou de existir em 1995.
2. Em 1989, um cientista de computação que trabalhava no CERN Laboratory, na Suíça, inventou os padrões e os protocolos que formam a *World Wide Web* (www), um método de acesso a dados de todas as formas, de âmbito mundial, com uma única estrutura de endereço. Os métodos anteriores que se desenvolveram para obter essa funcionalidade, como o Gopher e o WAIS, eram muito menos elegantes e menos fáceis de usar. Entretanto, foi apenas quando uma equipe de programadores do National Center for Supercomputing Applications (NCSA) projetou um "navegador" gráfico que trabalhava com PCs que se criou uma mídia rica e de fácil acesso ao uso da rede para os usuários não-cientistas dos PCs. O CERN e o NCSA são centros de pesquisa financiados com recursos públicos.
3. Em 1993, mais de 30% dos lares americanos possuíam um computador, geralmente com uma interface Windows ou Macintosh.[4]

Embora não possamos dizer que esses desenvolvimentos tenham "causado" a popularidade e o crescimento recentes da Internet, fica razoavelmente claro que foram condições *necessárias* ao seu crescimento. Desses três desenvolvimentos, dois foram iniciativas de agências públicas.

A Internet não era mais o experimento de engenharia de berço de teste que fora nos anos 1970. Era agora uma entidade operacional com uma ampla base usuária. A NSF estivera bastante correta em deslocar a propriedade e a administração da Internet de setor público para o setor privado. Ao fazê-lo, porém, despertou a ira de muitos elementos do seu público interessado, os pesquisadores científicos. Podemos, portanto, retirar a nossa segunda lição com a experiência da Internet:

> Lição 2: A retirada do apoio governamental para um esforço de pesquisa quando esse se aproxima da comercialização recebe forte resistência dos beneficiários desse apoio (sejam universidades, cientistas, empresas sem fins lucrativos ou empresas do setor privado).
> *Implicações para os administradores:* se você for beneficiário de apoio governamental, exerça um forte *lobby* para que os subsídios sejam mantidos ou novos sejam criados. Se você for uma empresa que tira vantagem das oportunidades de comercialização dessa tecnologia, estabeleça-se como um porto seguro para os participantes de potencial valor, os que estão prestes a perder o apoio do governo. Você poderá conquistar aliados influentes entre os clientes líderes se antecipar e administrar cuidadosamente a transição da comunidade de usuários pioneiros para o mercado mais maduro.

A despeito das previsões de muitos usuários de nível acadêmico, a mudança para uma rede privatizada procedeu suavemente e sem sobressaltos (não sem enormes esforços da parte de muitos prestadores de serviço). O crescimento fenomenal tanto do volume como dos *sites* de hospedagem continuou rápido; as Figuras 5.1 e 5.2 ilustram o crescimento histórico até 1995 e sua projeção no futuro[5].

Pode-se pensar que esse crescimento espantoso teria chamado a atenção do setor empresarial da América, em particular à luz da recente privatização desse extraordinário recurso. Mas o olhar do setor empresarial da América estava em outra parte. Durante o ano de 1993, a palavra-chave era multimídia, um termo que incluía vídeos e outra opções de entretenimento. Propuseram-se várias fusões

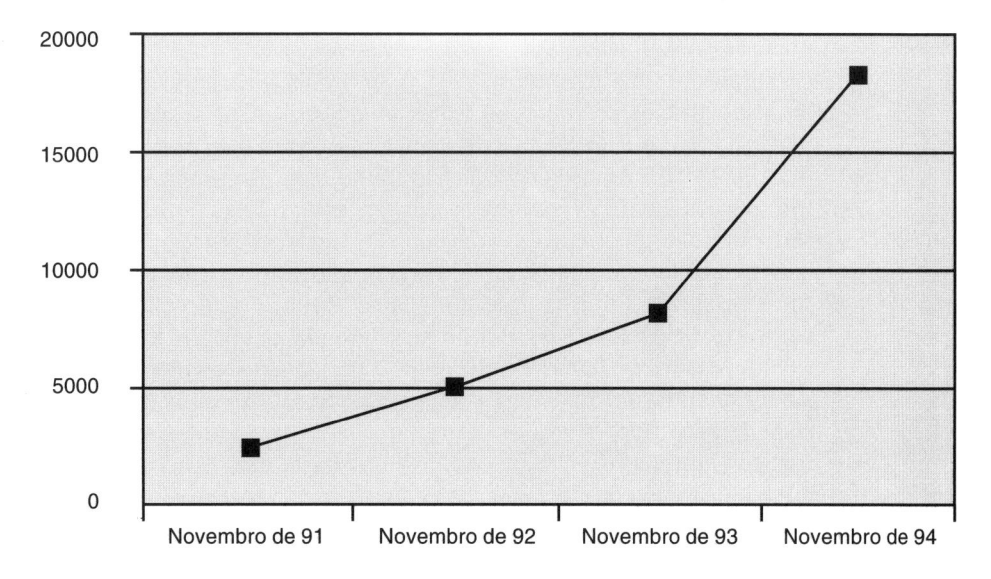

FIGURA 5.1 Tráfego na espinha dorsal da NSF (em bilhões de *bytes*).

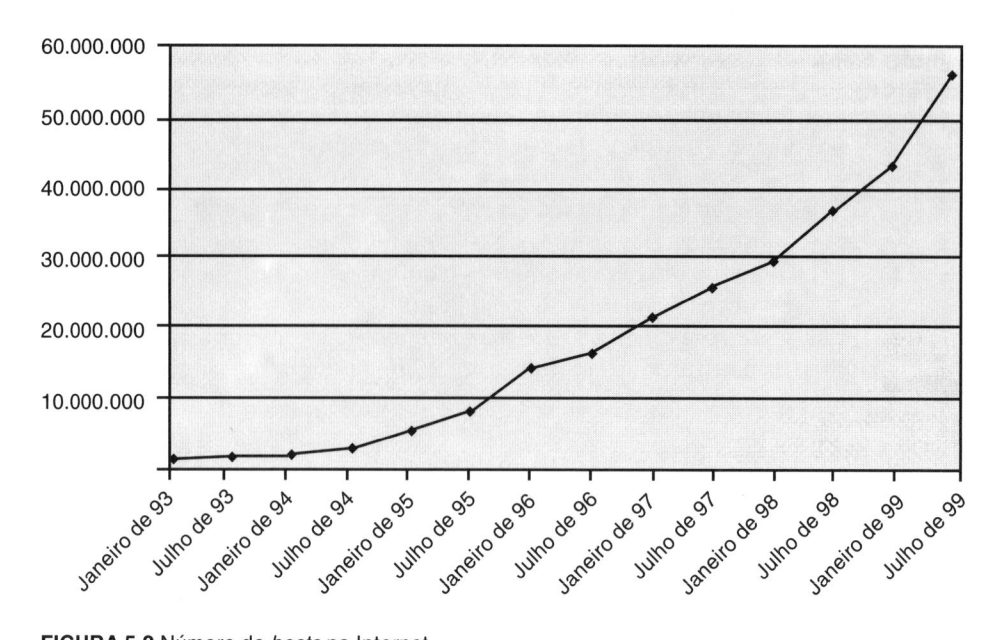

FIGURA 5.2 Número de *hosts* na Internet.

de grande porte, sendo a mais divulgada o acordo entre Bell Atlantic–TCI, mas apenas algumas se consumaram[6]. Essas fusões afirmavam-se, em parte, no potencial futuro de mercado de sistemas de entretenimento de rede de banda larga[7]. Na época, a Internet e a Web ainda eram vistas pela maioria das empresas de comunicações, de entretenimento e de *softwares,* no melhor dos casos, como predecessoras, e no pior, como distração, para a super auto-estrada de informação.

Tampouco era o ceticismo dessas empresas injustificado; havendo presenciado várias auroras falsas, o desregulado paraíso dos *hackers* da Internet dificilmente parecia ser o motor do comércio e do entretenimento que as grandes corporações visualizavam como a super auto-estrada da informação. Esse ceticismo, no entanto, também pode ser visto como uma oportunidade perdida; por exemplo, se a Barnes & Noble houvesse se alertado para o desafio da Internet cedo, poderia ter sido capaz de se antecipar à Amazon.com.

Os usuários e as corporações rapidamente despertaram para o potencial da Internet. Já em 1994, o número de *sites* comerciais (.com) excedia o número de *sites* educacionais (.edu) pela primeira vez na história da Internet[8]. Tanto o total do tráfego como o número total de *sites* de hospedagem na Internet explodiram. Ainda assim, a Internet continuou a ser considerada pela maioria das grandes corporações, ao longo de 1994 e de 1995, um modismo dos anos 1990.

A Microsoft, por exemplo, julgou poder pôr de lado essa Internet "caubói" simplesmente colocando um ícone para o seu serviço da Microsoft Network (MSN) na tela do Windows 95. Em dezembro de 1994, depois de a estratégia demonstrar-se claramente um fracasso, a empresa anunciou uma importante guinada estratégica que concentraria seus consideráveis recursos na Internet[9]. Esse reconhecimento pela mais influente empresa de *software* do mundo marcou um ponto de virada na percepção tanto pública como corporativa do futuro da Internet. Ninguém naquele momento podia ignorá-la.

Como foi discutido no Capítulo 3, este evento de especiação de deslocar-se para mercados comerciais maiores modificou a natureza da Internet e deu forma a seu desenvolvimento futuro. Desde então tem-se assistido a uma explosão de novos empreendimentos, empresas virtuais na Internet, novas maneiras de se fazer negócios, comércio eletrônico e muitas outras atividades ligadas à Internet, inimagináveis antes de 1995.

Com essa transformação, vieram vários desafios ao papel do governo nesta tecnologia, incluindo capacidade de controle, preocupações com conteúdos ofensivos, direitos de propriedade intelectual e outras questões jurídicas.

A governança da Internet e a mudança para o setor privado. Em seus anos iniciais, a Internet foi "dirigida" por uma confederação livre de profissionais de Internet da Internet Society e da Internet Engineering Task Force. No modelo de pesquisa acadêmico/científico, esse voluntariado de profissionais dedicados funcionava bastante bem; no modelo de infra-estrutura altamente comercializada e internacional, essa estrutura de controle não era mais apropriada. O governo dos Estados Unidos, agindo em consulta com outros governos nacionais e com a comunidade da Internet, tentou auxiliar na transição para uma estrutura de controle internacional que fosse mais do setor privado. Essa nova organização não-lucrativa, a Internet Corporation for Assigned Names and Numbers (ICANN), vai supervisionar, entre outros assuntos, a reformulação do sistema de nomes de domínio. Esse sistema foi dirigido durante anos pelo legendário (e recentemente falecido) Jon Postel, um acadêmico do sul da Califórnia, que era a própria alma da antiga cultura da Internet. A Network Solutions, Inc., encarregada dos nomes de domínio nos últimos anos, tem estado em conflito contínuo com a ICANN ao tentar estabelecer regras e procedimentos para um novo sistema des nome de domínio. Os interesses envolvidos são bastante grandes e muitos interessados, além da Network Solutions, Inc. estavam fazendo *lobby* na ICANN por suas soluções preferidas. O governo dos Estados Unidos, entretanto, retirou-se do jogo. Essa saga fornece algumas lições:

> Lição 3: O governo enquanto coordenador pode auxiliar no gerenciamento da transição do público (pesquisa e educação) ao privado (comercial). Todos irão reclamar.
>
> *Implicações para os administradores:* os períodos de transição constituem oportunidades maravilhosas de ganhar uma vantagem competitiva duradoura; exerça um *lobby* forte e um *lobby* inteligente para que adotem o seu padrão (ou, ao menos, para evitar a adoção dos padrões de outros).

Novos desafios sociais. A ubiqüidade global da Internet e a facilidade com que qualquer um, inclusive seus filhos, pode ganhar acesso ao poder e alcance de conteúdo dela, têm levantado questões que vão dar forma ao futuro desenvolvimento da Internet. Por exemplo, a disponibilidade de conteúdo sexualmente explícito às crianças na Internet é uma preocupação para os pais, e muitos deles são menos competentes que os filhos ao navegar na rede. O Communications Decency Act (Decreto de Decência nas Comunicações), que se tornou uma emenda ao Telecommunications Act (Decreto de Telecomunicações) de 1996 (subseqüentemente derrubada pelas cortes) foi uma resposta política à preocupação generalizada. Embora os defensores da Primeira Emenda nos Estados Unidos ataquem a emenda, muitos consideram o assunto uma preocupação legítima que precisa ser tratada de alguma forma e que isso ainda não aconteceu. De forma semelhante, a presença de informações dos "grupos de ódio" como neonazistas, brancos direitistas e milícias extremistas, levanta preocupações. Embora sempre tenha sido possível para tais grupos nos Estados Unidos exercer os seus direitos de Primeira Emenda, a facilidade com que a Internet torna essa expressão disponível a todos é inquietante para muitos. Existe uma pressão política para que "algo seja feito" em relação a esse problema.

Enquanto essas questões causam alguma preocupação nos Estados Unidos, o impacto em outras culturas é bastante maior[10]. Nos países islâmicos, o nível de conteúdos sexualmente explícitos disponíveis na rede de longe excede os níveis socialmente aceitáveis, e no entanto eles não têm como controlar os *sites* gerados em outros países. Existem leis rígidas na Alemanha relacionadas à distribuição de material neonazista, no entanto tais materiais são prontamente disponíveis em *sites* nos Estados Unidos. Em alguns casos, as autoridades alemãs agiram contra os provedores locais de serviços de Internet por intermédio dos quais se obtinha acesso a esse material. A maioria das pessoas concordaria não ser essa a melhor solução para o problema, mas, ainda assim, é forte a insistência política por uma solução:

> Lição 4: A preocupação pública com a maneira como novas tecnologias afetam os costumes sociais pode levar a exigências por soluções políticas que limitem esses impactos. Essas soluções em geral possuem conseqüências não-intencionadas.
>
> *Implicações para os administradores:* esteja preparado ofensiva e defensivamente; as exigências políticas podem representar uma oportunidade de lucro se você estiver preparado para capitalizar cedo. Por exemplo, os provedores de serviços de Internet (Internet Service Providers – ISP) que fornecem *softwares* que impedem as crianças de realizar certas atividades na rede estavam bem posicionados para vendas lucrativas quando o acesso das crianças a conteúdos impróprios *on-line* tornou-se uma questão pública. As empresas que ignoram essas questões podem, em última instância, enfrentar normas mais severas quando a ira pública esquentar.

Propriedade intelectual, criptografia e outras questões jurídicas.

A legislação com freqüência tem dificuldade em acompanhar as questões levantadas pelas tecnologias emergentes. Por exemplo, a capacidade da rede de disponibilizar informações em qualquer parte, instantaneamente, constitui o pesadelo dos detentores de direitos autorais. Aqueles que colocam conteúdo original na *Web*, ou de quem o conteúdo é copiado eletronicamente e posto na *Web*, vêem a Internet como uma imensa máquina copiadora. Esse fenômeno não é novo; o advento dos duplicadores baratos nos anos 60 causou uma preocupação similar. Não há dúvida de que a Internet certamente vai modificar o modo como se distribui e se protege a propriedade intelectual, em especial o material de direitos autorais. A distribuição digital de música, em particular o desenvolvimento da tecnologia de MP3, está enviando ondas de choque por todo o setor de música.[11] As instituições atuais terão de se modificar, e haverá vencedores e perdedores.

A Internet também pode proporcionar meios muito seguros de transmissão de informações sensíveis através da criptografia. Ao mesmo tempo em que essa técnica é muito útil para efetuar transações bancárias *on-line*, torna o trabalho policial, o combate aos terroristas e outros esforços de defesa e de cumprimento da lei muito mais difíceis. As tentativas feitas pelo governo dos Estados Unidos de limitar a exportação de tecnologias de criptografia foram recebidas com zombaria tanto pela comunidade da Internet quanto pelos interesses comerciais para os quais a segurança é essencial.

Com efeito, o comércio eletrônico na Internet procriou uma legião de outros problemas jurídicos em relação à aplicação da lei comercial às transações eletrônicas. Como se aplicam as leis da fraude? As assinaturas digitais têm valor? Quais são os direitos de privacidade dos consumidores quando se engajam voluntariamente no comércio eletrônico? Tem o proprietário de um *site* na *Web* a capacidade de restringir *links* inoportunos ou desagradáveis de outros *sites* na *Web*? Essa tecnologia emergente tem forçado os acadêmicos e os profissionais a confrontar novas questões de lei comercial:[13]

> Lição 5: Os interesses comerciais e governamentais buscarão uma resposta jurídica/política às rupturas criadas pela tecnologia ao seu modo de fazer negócio. Tais respostas podem evocar rupturas em outras partes, propagando, assim, exigências adicionais por respostas jurídicas/políticas.
>
> *Implicações para os administradores*: prever todas as implicações das tecnologias que se modificam constitui uma parte difícil mas necessária de se fazer negócio no século atual. Antecipe as rupturas corporativas e de mercado e planeje como tirar vantagem das oportunidades lucrativas resultantes. As respostas jurídicas/políticas às rupturas oferecerão oportunidades enormes àqueles que possam influenciar as exigências e as respostas e proporcionar apoio lucrativo para aquelas empresas que sofrerem rupturas.

A Internet do futuro

O futuro da Internet, como de muitas outras tecnologias, pode depender da disponibilidade de uma infra-estrutura de apoio. O crescimento da telefonia celular (e dos PCS, os chamados sistemas de comunicação pessoal) dependeu de uma rede de torres de rádio, da alocação do espectro eletromagnético e da rede terrestre de telefones. O desenvolvimento das drogas pela engenharia genética depende da infra-estrutura de distribuição e de conhecimento dos médicos existentes e da capacidade de fabricação das tradicionais companhias farmacêuticas. Os desenvolvimentos iniciais na geração e na distribuição de eletricidade, nos automóveis e nas ferrovias, também dependeram da construção de uma infra-estrutura para apoiar a nova tecnologia. Em alguns casos (como o da telefonia celular), o governo desempenha um papel muito ativo ao desenvolver diretamente a infra-estrutura ou ao regulamentar a sua operação. A infra-estrutura de apoio da tecnologia emergente, se necessária, pode, por conseguinte, ser uma questão de políticas públicas.

No caso da Internet, a infra-estrutura de apoio do futuro é a difusão nacional, e finalmente global, de redes ubíquas de banda larga[14]. A demanda pelo aumento na "largura de banda", que se refere à quantidade de informações por unidade de tempo que pode ser processada ou transmitida por um meio eletrônico, promete ser uma força significativa na condução do futuro desenvolvimento da Internet. A largura convencional de banda tem sido um dos fatores que limitam o uso das tecnologias mais sofisticadas de Internet (como os vídeos e os gráficos de recursos intensos). O acesso a tais redes forneceria aos lares e às empresas uma experiência interativa bem mais rica, incluindo-se o vídeo de duas vias, as demonstrações *on-line* e as visualizações em três dimensões. Se isso vai ocorrer e como se desdobrará são grandes incertezas.

Os engenheiros e os especialistas de comunicações vêm prevendo a chegada dos sistemas de banda larga com certeza e regularidade nos últimos 30 anos. Para os familiarizados com essa tecnologia, a surpresa é que tenha levado tanto tempo. Houve inúmeras "falsas auroras", como o teletexto e o videotexto, e, com mais sucesso, a Minitel na França. Apesar do entusiasmo dos engenheiros e das companhias telefônicas, contudo, os consumidores ainda não tiveram uma necessidade para a qual os dados das redes de banda larga representariam uma solução. O crescimento das aplicações da Internet e das frustrações com sua lentidão trouxe um novo ímpeto para o favorecimento da banda larga.

Embora agora pareça que o antecipado desencadeamento maciço de redes de dados de banda larga para apoiar a Internet esteja por acontecer, muitas perguntas ainda permanecem. Com que rapidez isso vai acontecer? Quantas casas, empresas, escolas e governos vão acabar se tornando usuários ativos? Que tecnologias serão utilizadas? Para o que serão utilizadas? Existe uma gama enorme de possibilidades, que vão desde "um pequeno impacto em uns poucos entusiastas" até "uma mudança fundamental na maneira como todos nós vivemos e trabalhamos". A rota tomada e a rapidez com que isso se desenvolverá quase com certeza serão afetadas profundamente por decisões de políticas públicas e por incentivo direto, por investimentos ou normas adotadas.

Que papel o governo desempenhará na criação dessa infra-estrutura? Podemos obter algumas interpretações sobre o papel do governo no desenvolvimento de outros tipos de rede no passado. Redes "sólidas", como os sistemas de estradas e ferrovias, redes elétricas, redes de distribuição de água e de gás já estão conosco há um século. As redes "intangíveis", como as de *hardware* e de *software* dos computadores, os sistemas de serviços e de peças automotivas, dependem de padrões partilhados de protocolo para vincular produtos e usos e formam uma parte de nossas vidas que mal se percebe. As redes de telecomunicações também já estão conosco há um século, das redes telefônicas iniciais, locais em seu escopo, ao surgimento do atual sistema de telefonia conectado globalmente. As redes de rádio surgiram na década de 1920, seguidas pelas redes de televisão nas décadas de 1940 e 1950. Um pouco mais tarde, as redes de televisão a cabo cresceram, lentamente a princípio, mas hoje estão disponíveis em 90% dos lares estadunidenses. Em outros países, as redes de TV distribuída por satélite desempenham uma função bem parecida. Mais recentemente, as redes de telefones celulares também cresceram, ilustrando o argumento de que as redes de telecomunicações, embora "sólidas" no sentido usado acima, podem ser *links* sem fio, sem uma conexão física contínua.

Com base nessas experiências passadas e no debate atual sobre a Internet, há várias preocupações cruciais de políticas públicas que prometem dar forma ao papel do governo no desenvolvimento das redes de banda larga, incluindo-se:

- *Serviço universal*. O serviço está disponível e ao alcance financeiro de todos os cidadãos?
- *Qualidade do serviço*. O serviço é fornecido de forma eficiente e com uma qualidade razoável?

- *Poder de monopólio*. O provedor está obtendo lucros excessivos com o abuso de uma posição de mercado de monopólio?
- *Acesso à distribuição*. O sistema de distribuição está disponível a todos os provedores de conteúdo?

Proporcionando serviço universal. Implícita no conceito de infra-estrutura está a idéia de que essa deve servir à maioria da população. Por exemplo, mais de 94% dos lares americanos possuem telefone, mais de 98% possuem televisão, mais de 90% têm acesso a cabo, e cerca de dois terços deles assinam esse serviço,[15] e bem mais de 50% possuem computadores[16]. Na maioria das mesas de trabalho da indústria dos Estados Unidos encontra-se um computador, e quase todo o crescimento vem hoje das vendas aos domicílios privados, nos quais as taxas de crescimento ainda são altas. Outros setores relacionados também conquistaram uma relativa ubiqüidade, como o dos videocassetes.[17]

As rotas que cada setor percorreu para alcançar um "serviço universal" são bem diferentes. Na TV a cabo e no telefone, o serviço universal foi um objetivo explícito de políticas públicas adotada, mas foram usados instrumentos de política para atingi-lo nos dois casos. Nos telefones, escolheu-se uma regulamentação ativa como instrumento; nos cabos, os termos de contrato de uma franquia geográfica foram o instrumento escolhido. No caso das televisões, dos videocassetes e dos computadores pessoais, os agentes políticos distanciaram-se um pouco. Os mercados competitivos baixaram os preços e elevaram a penetração do mercado.

O mandato de serviço universal dos legisladores em geral vai além de assegurar que o serviço esteja disponível a todos; visa, na verdade, que o serviço esteja ao *alcance financeiro* de todos. Para alcançar esse objetivo, os legisladores vêm insistindo em práticas de preço que envolvem subsídios cruzados entre os serviços mais caros e os serviços básicos. Essa prática de preço garante um acesso relativamente barato aos serviços básicos a todos os usuários. Tais práticas de preço não são exclusivas aos Estados Unidos, mas ocorrem em redes regulamentadas pelo setor público ou de propriedade pública por todo o mundo.

Tanto no cabo como no telefone, contudo, o preço a pagar por um serviço universal público era o monopólio. Para tornar possível (assim afirmava-se) a uma empresa servir a todos, de forma rentável ou não, o governo tinha de proibir a entrada de concorrentes na área de mercado da empresa. Por que havia de ser assim? Os subsídios cruzados e os investimentos necessários para sustentar um serviço básico de baixo custo não podem se sustentar com a concorrência. As novas empresas podiam ingressar apenas naqueles mercados em que os preços são mantidos acima do custo, de modo a subsidiarem outros clientes, forçando os detentotes dessa tecnologia a responder de forma competitiva com decréscimos de preço ou a perder de todo o negócio. Em qualquer um dos casos, a fonte de subsídio interno no fim desapareceria, e a empresa não conseguiria mais garantir aos clientes que não dão lucro (embora, alega-se, sejam merecedores do serviço). Assim, para manter os subsídios que a maioria dos reguladores usa para atingir um serviço universal, os legisladores restringiram o ingresso de novas concorrências, ou através de uma ordem regulatória ou concedendo franquia de monopólio.

Os custos do monopólio regulado já foram bem documentados na literatura,[18] inclusive os custos dos incentivos reduzidos para operações eficientes, dos incentivos reduzidos para inovações, dos recursos excessivos ao favorecimento político por meio do processo regulatório, e assim por diante. Para uma tecnologia emergente, a ameaça de que o setor possa ser regulamentado, pode ser o suficiente para sufocar todo o empreendimento. Todavia, alguns comentaristas bastante a favor da concorrência na indústria de computadores sugeriram que os computadores deviam ser disponibilizados a todos, talvez sem se dar conta das conseqüências econômicas e normativos deste conselho. Não há dúvida de que sai caro pagar o preço do monopólio; será de fato necessário, a fim de se atingir um serviço universal?

Uma política pública de serviço universal não precisa levar necessariamente a uma franquia de monopólio. Por exemplo, o governo poderia proporcionar subsídios diretos aos consumidores de baixa renda (ou de alto custo), talvez na forma de cupons a serem trocados por computadores ou cupons para o uso da Internet. Como alternativa, poderiam ser concedidas franquias não-exclusivas, exigindo-se que cada beneficiado fornecesse um serviço universal e deixando que as múltiplas franquias competissem pela preferência do consumidor. Dois ou três provedores de rede de banda larga poderiam competir, por exemplo, em uma área metropolitana, sob a exigência de fornecer um serviço universal. No caso da TV a cabo, os operadores de cabo potenciais afirmaram que somente se encarregariam dos investimentos com o cabo se recebessem franquias exclusivas. Pouquíssimas municipalidades escolheram testar essa alegação. Vários pesquisadores têm sugerido, por conseguinte, que as municipalidades poderiam de fato sustentar mais de um sistema de cabos[19].

A questão do serviço universal para as redes de duas vias de banda larga está, no momento, um pouco inerte. Há poucas evidências de que um acesso de banda larga dos lares (comparado ao acesso de banda larga das escolas ou o acesso de banda convencional dos domicílios) constitui uma ferramenta essencial para que todos os norte-americanos desfrutem de oportunidades iguais, seja no mercado político, seja no econômico. Poderia tornar-se um canal valorizado de distribuição de entretenimento, mas isso dificilmente representa uma razão de políticas públicas para o subsídio do serviço universal. Há propostas para prover um serviço de banda larga "básico" para as escolas e, talvez, para as bibliotecas,[20] mas em geral poucos clamam por uma ligação de banda larga em todas as casas nos Estados Unidos, um empreendimento que exige muito capital.

Isso pode mudar se houver um aumento substancial na demanda por banda larga nas áreas rurais ou por parte dos grupos em desvantagem. Essa demanda se traduziria em uma ação política que poderia redefinir o serviço universal que inclui a banda larga, como o aumento de fibras ópticas nos domicílios e nas calçadas nos EUA. Caso isso ocorra antes de o setor ter tido a chance de se formar, bem poderia haver uma intervenção pública para garantir que se exigisse que todos os fornecedores utilizassem fibras ópticas nos serviços prestados aos domicílios e às empresas americanas.

De fato, se fosse permitido que as municipalidades limitassem os provedores de banda larga por fibra óptica por meio de franquias de monopólio, como foi feito com a TV a cabo, é provável que esse resultado aconteça. Ainda mais provável é que as empresas que acreditam ter uma boa chance de vencer tais franquias de monopólio possam pressionar os legisladores a prover um serviço universal como meio de justificar o monopólio. Argumentar-se-ia que apenas um monopólio pode garantir que todos sejam atendidos:

Lição 6: Uma nova tecnologia que seja altamente valorizada por todos pode conduzir a exigências políticas por um "serviço universal" da parte do eleitorado de baixa renda e/ou dos de alto custo, o que provavelmente resultará em algum tipo de intervenção governamental.

Implicações para os administradores: as exigências por um "serviço universal" podem se traduzir em uma proteção contra a concorrência do mercado por ordem do governo. As empresas de TV a cabo argumentaram nos anos 1970 que só iriam investir na colocação de cabos em cidades inteiras se lhes fossem dadas franquias exclusivas, para o enorme lucro delas. É provável que oportunidades semelhantes acompanhem o desdobramento da tecnologia emergente de banda larga.

Garantindo a qualidade do serviço. Em um mercado com alguma forma de concorrência, a expectativa é que a qualidade do serviço cuidará de si própria. As empresas fornecerão o nível de qualidade que os clientes exigirem e pela qual estiverem dispostos a pagar, e a concorrência garantirá uma resposta da parte das empresas aos clientes. No caso de monopólio, entretanto, os incentivos para que a empresa forneça níveis apropriados de qualidade podem diminuir, de modo que a qualidade do serviço pode vir a sofrer.

O declínio da qualidade de serviço observado por muitos clientes do setor da TV a cabo durante a década de 1980 levou a uma nova regulamentação. Os clientes reclamavam do mau atendimento e da prestação de serviços pouco confiáveis nos períodos de interrupção de energia elétrica. Apelaram ao Congresso por uma solução, que veio na forma do Cable Re-regulation Act (Decreto de Nova Regulamentação dos Serviços a Cabo) de 1992. Como resultado de terem deixado sua qualidade inicial decair, as companhias de cabo agora tinham de trabalhar sob regulamentações mais severas. Em contraste, o setor de telefones celulares tem tido mais sucesso em evitar a regulamentação de preço, mesmo quando cada mercado local constituía um duopólio (antes do lançamento do PCS).

Embora a regulamentação da Internet não esteja adiantada o bastante em seu desenvolvimento a ponto de permitir uma ação como essa, já existe uma preocupação com as transferências de dados e arquivos *(downloads)* e com os tempos de resposta lentos e com as falhas de serviços populares sobrecarregados como a America Online. Se o governo desempenha um papel mais ativo na formulação da infra-estrutura, é possível esperar apelos por uma intervenção do governo para garantir a qualidade do serviço.

Esse tipo de regulamentação é problemática. Em princípio, os legisladores geralmente têm o poder legal de coagir as empresas a proporcionar o nível "correto" de serviço. Na prática, isto é mais difícil, como corrobora a bem conhecida análise de Williamson dos lances por franquias na TV a cabo[21]. Além disso, não está claro se os legisladores são bons em avaliar o nível de qualidade que os clientes exigiriam em um mercado mais competitivo. Por exemplo, no mercado pré-competitivo das linhas áreas, a maioria dos estudiosos concorda que as linhas áreas ofereceram muita qualidade nos horários, ao custo de passagens mais altas, como resultado das práticas regulatórias da Junta de Aeronáutica Civil. Após a desregulamentação, a qualidade dos horários disponíveis "deteriorou" em relação ao que os clientes estavam dispostos a pagar. Um outro exemplo ocorreu com os telefones; antes da desregulamentação dos equipamentos, a Bell System (com a aprovação regulatória) fornecia telefones simples praticamente indestrutíveis. Após a desregulamentação, ficou claro que a maioria dos clientes preferia telefones com muito mais recursos e uma vida mais curta; assim o telefone logo tornou-se um outro produto de consumo eletrônico. Em ambos os casos, a regulamentação conduziu a um nível inapropriado de qualidade (medido em relação a um padrão competitivo).

Acabou o tempo em que o governo dos Estados Unidos oferecia diretamente uma capacidade de rede ou mesmo administrava essa capacidade. No melhor dos casos, o governo pode auxiliar na transição para novas instituições, que então podem tratar do problema da capacidade. As novas estruturas privatizadas de controle discutidas na seção anterior constituem precisamente a intervenção pública correta. À medida que a Internet continua a se transformar de um brinquedo de entusiastas em uma infra-estrutura de missão crítica, o preço, a divisão de receita e os incentivos de investimento serão postos no lugar para garantir uma resposta rápida e suave da capacidade dos provedores de serviços às mudanças de demanda:

> Lição 7: As empresas dominantes podem freqüentemente cometer o erro de tratar mal os clientes, o que pode levar a uma exigência política por uma intervenção dos legisladores.
> *Implicações para os administradores*: Monitore cuidadosamente a satisfação e as preocupações emergentes dos clientes. Um nível de serviço aceitável com um tecnologia relativamente primitiva pode tornar-se de súbito inaceitável com o desenvolvimento da tecnologia e o aumento das expectativas. Qualquer que seja o seu poder de mercado, no ambiente de hoje as empresas só ignoram os clientes a seu próprio risco.

Preocupações com o monopólio. O poder das empresas individuais, seja por franquias do governo, seja por "monopólios naturais", é outra preocupação dos legisladores do governo. O foco primário recai nos casos em que existe um enfraquecimento da concorrência com um impacto negativo nos consumidores, mas as autoridades antitruste podem perseguir empresas com posições dominantes, mesmo sem uma fonte de opinião popular negativa, como no caso da Microsoft. Esse caso também ilustra a influência altamente eficaz nas ações antitruste do governo por empresas como a Netscape e a Sun Microsystems.

Em algumas tecnologias emergentes, desenvolvem-se estrangulamentos de mercado em que uma única empresa controla a infra-estrutura da rede através da qual os consumidores têm acesso à tecnologia. Em tais casos, bem pode acontecer que ações antitruste para quebrar o monopólio sejam ineficazes, no final das contas, já que as forças de mercado iriam no fim levar a uma remonopolização do setor. Alguma forma de regulamentação pode se justificar como meio de controlar o abuso do poder de monopólio em tais setores, e esse é o argumento dado por muitos para a criação de monopólios regulamentados nos setores de rede. Outros argumentam que esses monopólios podem não ser tão naturais assim, e que são produtos da regulamentação que busca controlá-los. Essa última visão é um tanto mais convincente, na medida em que praticamente todos os legisladores protegerem os monopólios regulados com a proibição do ingresso. Como indaga Alfred Kahn: "Se o monopólio é tão natural, por que precisa ser protegido?"[22].

A proteção é necessária para manter as estruturas de subsídio de preço, que são na verdade um produto da regulamentação. Os legisladores constatam que o controle do poder de monopólio se soma às suas listas de responsabilidades, seja esse monopólio natural ou criado. Em geral, dedica-se muita atenção regulatória para garantir que os ganhos da empresa não sejam "excessivos", isto é, excedam o custo do capital. Nos monopólios regulamentados que operam em alguns mercados sujeitos à concorrência, essa preocupação garante que o poder nos mercados de monopólio não esteja sendo usado para subsidiar operações nos mercados competitivos. Ambas as tarefas são extremamente difíceis; a preocupação com o subsídio cruzado é praticamente impossível. Por exemplo, com a concorrência nas telecomunicações lentamente crescendo na década de 1970 e no início da de 1980, a Federal Communication Commission dedicou esforços substanciais, sem sucesso, para desenvolver um padrão através do qual julgar se as taxas da Bell System envolviam ou não o subsídio cruzado:

> Lição 8: Se uma nova tecnologia ameaça levar uma única empresa a ganhar a posição dominante de mercado, o governo pode intervir para controlar esse "monopólio natural", pela regulamentação ou pelo antitruste.
> *Implicações para os administradores:* Evite uma situação em que os clientes e os competidores possam confiantemente afirmar que você usou o poder de mercado para sufocar a concorrência e/ou a inovação. Um comportamento aceitável em um mercado altamente competitivo não é aceitável se você for uma empresa dominante. Goste ou não, você pode ser avaliado por critérios mais altos; se falhar nesses critérios, podem sobrevir regulamentações e litígios onerosos.

O problema da integração vertical (conteúdo versus conduto). A "rede" do setor de redes é um sistema de distribuição, um conduto através do qual algo mais, *um conteúdo*, é enviado. Nas telecomunicações, esse algo são as chamadas telefônicas; no cabo, a programação de vídeo; no setor elétrico, a energia. Nos computadores, é possível pensar no *hardware* como sendo um conduto e no *software* (que na verdade entrega o que os clientes querem) como conteúdo. Em ambos os mercados, os regulamentados e os competitivos, uma questão econômica importante é a integração vertical do conteúdo com o conduto.

Em alguns mercados como o de telefones, o conteúdo e o conduto estão separados por questões legais, em geral com base na Primeira Emenda dos EUA. Em outros mercados relacionados, como os de TV a cabo e o de transmissões de TV, o conteúdo e o conduto podem ser, e em geral o são, integrados dentro de cada empresa.[23] Por exemplo, os assinantes de uma companhia de TV a cabo em particular podem comprar apenas material que a empresa escolhe disponibilizar. Em contraste, qualquer um pode usar a rede telefônica para distribuir qualquer informação (como os serviços iniciados pelos números 800 ou 900); a companhia telefônica nada tem a dizer quanto a isso.

A indústria dos computadores fornece um exemplo típico de como os mercados competitivos evoluem. Antes do início dos anos 1980, praticamente todas as empresas de computação ofereciam pacotes de *hardware* e *software*. Um cliente da IBM tinha de comprar *softwares* de propriedade da IBM, porque nenhum outro *software* comercialmente disponível era lido pelas máquinas IBM. Essa foi a era da arquitetura "fechada" da computação. Em contraste, o PC abriu caminho para a era da arquitetura "aberta", na qual os vendedores de *hardware* incentivavam a provisão cada vez maior de *softwares*. O resultado foi a proliferação tanto de *hardwares* como de *softwares*, com milhares de empresas, muitas constituindo-se de não mais do que uma pessoa, criando dezenas de milhares de títulos de *softwares*. Muitos creditam a essa arquitetura aberta o extraordinário crescimento e riqueza do setor de computadores das décadas de 1980 e 1990, comparados ao ritmo relativamente lento da inovação na era da arquitetura fechada[24]. No início da década de 1990, contudo, muitas empresas de *software* queixaram-se do fato de que a Microsoft, empresa que controla o sistema operacional dominante de PC (o conduto), utiliza o seu controle do sistema operacional para uma vantagem competitiva injusta no mercado de aplicativos (conteúdo), como processadores de texto, planilhas eletrônicas e gráficos de apresentação[25]. Depois de considerar tais queixas, o Departamento de Justiça não promoveu ação penal entrando em um acordo moderado com a Microsoft, em 1995, segundo o qual ela cessaria certas práticas[26]. Ninguém sugere com seriedade que não se devesse permitir que a Microsoft competisse no mercado dos aplicativos de *software*. O exemplo, no entanto, ressalta o fato de que a integração vertical de conteúdo e conduto com certeza dá margem a discussões sobre abusos de mercado, se não de abusos de fato, e constitui um problema de políticas públicas, ou problema de regulamentação ou de questões antitruste.

> Lição 9: Se uma tecnologia leva ao domínio de uma empresa em um mercado estrangulado, haverá uma exigência política para que o governo limite a capacidade da empresa dominante de integrar-se verticalmente.
> *Implicações para os administradores*: Se a sua empresa precisa usar um mercado estrangulado, você deve exercer um forte *lobby* para manter a empresa que causa o estrangulamento fora do seu mercado através de restrições impostas pelo governo quanto à integração vertical. Se você constituir a empresa que causa o estrangulamento, um comportamento agressivo competitivo demais de sua parte em relação aos concorrentes com certeza convidará ao escrutínio público, resultando em possíveis restrições indesejadas. Perceba também que a veemência de governo ao perseguir alegações de um comportamento anticompetitivo modifica-se com as administrações políticas.

O futuro da política de banda larga. Os controles de regulamentação e de franquias são, por tradição, os instrumentos escolhidos em praticamente todos os setores de infra-estrutura de rede eletrônica. A mesma abordagem será usada no desenvolvimento das redes de banda larga? Como discutimos, os mercados competitivos podem tratar as questões dos serviços universais, da qualidade do serviço, do controle de preço do monopólio e das arquiteturas abertas.

Embora uma regulamentação mais limitada na banda larga pareça provável, preocupações com questões como serviço universal ou monopólio podem levar a apelos por intervenção governamental. Qual seria o impacto da regulamentação? As simulações competitivas de mercado pelo serviço de banda larga – nos casos em que a regulação exige um acesso universal ou condições de uma concorrência mais aberta – produzem resultados interessantes[27]. Para a concorrência sem as exigências de um acesso universal, projeta-se o mercado para se desenvolver da seguinte forma:

- Para estimativas "razoáveis" de custo e de demanda por distribuição de banda larga, parece provável que as principais áreas metropolitanas possam su-

portar mais de um distribuidor de banda larga, mas não antes dos níveis de demanda serem aproximadamente o dobro dos níveis atuais.
- A aplicação competitiva da fibra óptica, contudo, pode ocorrer em círculos, nos quais as áreas de população mais densas são servidas por n distribuidores de fibra, as áreas menos densas são servidas por $n - 1$ distribuidores, até o círculo final, que é servido por apenas um provedor. Os preços dentro de cada círculo refletiriam as condições competitivas. Nas cidades de alta densidade, é provável que a fibra óptica sirva a áreas metropolitanas inteiras. Nas cidades de baixa densidade, a fibra óptica não se estenderá às áreas mais distantes.
- Se os concorrentes anteciparem os ganhos de serem o maior provedor nesse modelo de "círculo", existem ganhos nos investimentos antecipados nos primeiros anos para assegurar que o primeiro participante garanta sua vantagem no futuro. Isto levaria a investimentos mais extensivos e, por conseguinte, a uma cobertura geográfica maior do que sugeriria um mercado oligopólio. Paradoxalmente, a dinâmica corrida competitiva por lucros de longo prazo pode levar o mercado a alcançar o serviço universal que supostamente deveria ser previamente mandado pelos legisladores.
- Por outro lado, se os legisladores ordenam o serviço universal, isso imporia um custo fixo às empresas iniciantes que iria limitar o número de provedores de fibra ópticas dispostos a entrar no mercado com uma imposição de serviço universal. A análise de simulação sugere que a imposição de uma restrição de serviço universal, para se disponibilizar o serviço a (digamos) 95% dos domicílios na área metropolitana, aumentará o custo de se prover fibra, de modo que o ingresso inicial, bem como o ingresso competitivo, somente seriam viáveis com níveis de demanda mais altos. A razão é que o custo de fornecer infra-estrutura de fibra óptica aos clientes sem fins lucrativos pode ser maior até do que os lucros de duopólio dos mercados lucrativos.

Assim, encontramos o resultado surpreendente de que impor a obrigação de um serviço universal pode levar, em certos níveis de demanda, ao monopólio, mesmo se uma concorrência sem restrições pudesse sustentar vários vendedores de fibra. O preço cobrado em um cenário como esse seria um preço de monopólio, substancialmente mais alto do que a maioria dos clientes pagaria em uma concorrência sem restrições.

Proporcionalmente, então, pareceria que a oferta competitiva de um acesso de banda larga é superior a qualquer forma de regulamentação ou de franquia. Além disso, a não ser que haja pressão suficiente de grupos rurais ou de grupos em desvantagem por uma oferta de baixo custo do acesso às banda largas aos lares, deveria ser relativamente fácil para legisladores, reguladores e municipalidades resistirem às exigências dos vendedores por franquias de monopólio. Não importa que tipo de redes de bandas largas se desenvolvam, existe uma infra-estrutura competitiva para o fornecimento de serviços do tipo Internet a todos. A maioria das escolas e bibliotecas possui algum tipo de acesso, e a maioria dos domicílios nos EUA possui telefones, o que permite um acesso mais lento à Internet, que é satisfatório, senão perfeito, ao menos no presente. A política estabelecida pelo Telecommunications Act (Decreto de Telecomunicações) de 1996 deveria proporcionar um argumento para os agentes políticos escolherem a opção competitiva.

É improvável que dois ou mais provedores de fibra óptica ingressem no mercado simultaneamente. É mais provável que uma única empresa ingresse, possivelmente expandindo sua área de atuação com o tempo, mais provavelmente concorrendo com os provedores por satélite. A segunda empresa de fibra óptica pode não ingressar por vários anos, até os níveis de demanda estarem suficientemente altos para suportar dois provedores. Durante este meio tempo, a tentação de regulamentar o monopólio pode ser bem forte. É fundamental que se resista a essa tentação, já que é improvável que surjam competidores eficientes e inovadores em um ambiente regulamentado.[28]

Não só pode haver mais de um provedor de fibra óptica na concorrência de banda larga, como provavelmente também haverá uma oferta sem-fio. Ademais, os provedores de infra-estrutura existente estão atualmente desenvolvendo tecnologias que aumentam a eficiência das bandas de sua infra-estrutura. As companhias telefônicas estão testando linhas digitais de assinantes (*digital subscriber line* – DSL), tecnologia que vai permitir mais de 1 Mbps ou até mais em relação às linhas telefônicas existentes. Todas essas tecnologias certamente competiriam umas com as outras, *desde que* sejam, de fato, postas em prática.

E nisso reside a preocupação. É possível (alguns diriam provável) que, depois de todos os grandes anúncios, alianças, IPOs e outras fanfarras, apenas as companhias de telefone ou de cabo de fato assentem os cabos de fibra ótica nas calçadas e, dessa forma, controlem o único canal de distribuição de duas vias de banda larga para os lares. Neste caso, há dois problemas que os agentes políticos públicos precisam encarar. O primeiro é o clássico problema do monopólio: uma empresa tira vantagem de sua posição de mercado para cobrar preços mais altos que os custos. O segundo é o problema do controle de acesso. A empresa de monopólio escolhe o conteúdo ao qual os seus usuários podem ter acesso, o que limita tanto os seus clientes como os potenciais fornecedores. Os monopólios tendem a ser sistemas de arquitetura fechada, com uma escolha limitada controlada por um fornecedor que estrangula o mercado.

No fim das contas, é provável que o segundo problema seja mais sério do que o primeiro. Se o mercado só puder suportar um único fornecedor, é provável que os preços de monopólio não sejam muito mais caros do que os custos totais. Poderia acontecer de o monopólio ser temporário, até outras empresas poderem obter os recursos para competir. Neste caso, é particularmente importante que as autoridades antitruste dos EUA estejam alertas às tentativas das entidades competentes de elevar os custos do ingresso ao mercado dos rivais em potencial ou a outros comportamentos anticompetitivos. Isto pareceria ser um problema para as autoridades antitruste.

O segundo problema é um tanto mais difícil. Caso uma única empresa seja fornecedora da distribuição de banda larga em situação de monopólio, seria provável que ela controlasse o conteúdo, aumentando seus lucros por meio de uma discriminação de preço entre os provedores de conteúdo. Por analogia com o mercado de computadores dominado pela IBM na década de 1970, esperaríamos um fornecimento de conteúdo de propriedade em uma arquitetura fechada, sem a profusão de conteúdo e de acesso que um mercado mais competitivo proporcionaria. Se surgisse um monopólio como esse, mesmo temporariamente, como os agentes políticos deveriam reagir?[29]

Felizmente, a FCC já adotou a técnica do Open Video Systems, em que se exige que as companhias telefônicas (na verdade, qualquer fornecedor de OVS) que fornecem distribuição de vídeo aos domicílios disponibilizem suas instalações a outros provedores de conteúdo sob os mesmos termos e condições que oferece a seu próprio provedor de conteúdo.[30] Embora essa técnica não esteja livre de problemas, de fato representa uma abordagem regulatória para converter uma instalação que criaria estrangulamento em um sistema aberto de arquitetura.

Este é um bom exemplo de uma intervenção regulatória que abre os mercados a uma estrutura de fornecimento bem mais rica do que seria de outro modo, e certamente mais rica de que prevaleceria sob a tradicional regulamentação de monopólio baseada em taxas básicas e taxas de retorno. Caso o monopólio temporário de serviços de duas vias de banda larga tornem-se um problema, esse toque relativamente leve de regulamentação que visa a gerar acesso a qualquer provedor de conteúdo é uma solução eficaz para esse problema:

> Lição 10: as regulamentações que parecem promover a concorrência ou os objetivos políticos para as tecnologias emergentes podem acarretar efeitos colaterais não-intencionais ou mesmo efeitos opostos.
> *Implicações para os administradores*: é com freqüência vantajoso para a empresa fazer *lobby* por uma regulamentação "minimalista", que faz o máximo de uso das forças de mercado e concede um escopo mínimo para "jogos" políticos/legais. Se alguma forma de regulamentação é, de fato, necessária, proponha soluções aos reguladores/legisladores que favoreçam o mercado. De outro modo, uma quantidade inicial mínima de regulamentação pode se tornar intrusa e destrutiva em resposta à pressão política.

CONCLUSÕES

Como mostrado no desenvolvimento da tecnologia da Internet, o governo desempenha um papel em cada estágio do desenvolvimento de uma tecnologia emergente – da formação de sua infra-estrutura inicial à resolução de suas repercussões sociais complexas. Em cada estágio, as empresas podem tirar vantagem das oportunidades de apoio do governo e de antecipar ou influenciar sua intervenção. A regulamentação de uma nova tecnologia, uma vez que comece a emergir e ser comercializada, é uma das áreas mais desafiadoras para os administradores, porque em geral é difícil prever a reação pública e política a uma tecnologia em evolução.

Os Estados Unidos estabeleceram um contexto a favor da concorrência no desenvolvimento da Internet. O controle das telecomunicações, entretanto, é fragmentado entre as jurisdições estatais e em nível federal, sugerindo que o progresso dentro dessa estrutura e as políticas adotadas podem ser bem variadas, até contraditórias. É provável que o processo através do qual os estados isolados e a nação como um todo chegam à compreensão do que precisa ser feito seja formulado em uma década, depois do que, sem dúvida, continuará a existir alguma variação entre as jurisdições. O papel do governo na evolução da Internet e de outras tecnologias não é monolítico, mas pode-se esperar que envolva muitas jurisdições, e algumas delas podem estar agindo umas contra as outras em algum momento.

O problema das jurisdições sobrepostas torna-se ainda maior quando nos movemos para uma perspectiva global. As questões da autoria das regras a serem aplicadas e do local em que são aplicadas criam incertezas e complexidades enormes para as empresas. Enquanto a Internet, com a sua natureza sem fronteiras, torna esse problema particularmente desafiador, qualquer tecnologia emergente precisa tratar da textura complexa da regulamentação global. Isso pode funcionar em benefício da empresa se ela puder usar ambientes mais favoráveis para desenvolver e comercializar a tecnologia e evitar ambientes menos favoráveis. Pode também funcionar em detrimento das empresas que se deparam com bloqueios regulatórios ao buscarem construir rapidamente suas posições globais. Com que grau de precisão podemos lidar com questões políticas e legais entre uma ampla gama de países, muitos com interesses e culturas divergentes? Como no passado, as capacidades dos governos e das empresas de se adaptarem às tecnologias emergentes dinâmicas determinarão se o potencial que têm será realizado ou não.

Embora os sinais exatos para uma intervenção do governo possam ser difíceis de prever, empresas perspicazes podem aprender com as lições do passado e prestar atenção de perto ao potencial de regulamentação. Embora o governo possa estar desempenhando um papel menos direto, em uma era de desregulamentação e de privatização, as tecnologias emergentes continuam a ser uma área de escrutínio público intenso e de exigências por controles governamentais. Este capítulo identificou algumas das questões cruciais de política para a Internet, mas os desafios diferirão de uma tecnologia para outra. As empresas devem avaliar com cuidado as potenciais áreas de ação governamental e desenvolver estratégias para responder e dar forma às políticas que formarão os setores emergentes em que atuam.

PARTE II

GERENCIANDO MERCADOS

À medida que as chamadas telefônicas são substituídas pelos *e-mails*, pela Internet e outros tráfegos digitais, a Sprint teve de antecipar-se e reconfigurar rapidamente seus serviços para suprir as novas demandas de um mercado incerto que se modifica com rapidez. "Essas mudanças são profundas e exigem novas abordagens", disse Ken Henriksen, encarregado da arquitetura de integração de tecnologia na Sprint. "O setor de telecomunicações vem se transformando em um mosaico complexo de tecnologias, padrões e desenvolvimentos de mercado emergentes." O que desejam os novos clientes? Que tipo de tecnologia melhor suprirá essas necessidades emergentes? Qual será o tamanho desses mercados? Que preços devem ser cobrados por esses serviços?

"Temos de nos adaptar rapidamente às inconstantes necessidades do mercado", afirmou Henriksen em uma conferência na Wharton School.[1] "Há uma enorme quantidade de escolhas de tecnologia e existe um debate contínuo no setor, com todos tentando determinar o que melhor suprirá as necessidades do mercado".

A telefonia de Internet é um típico desafio que a empresa enfrenta. Nos anos 1990, apenas poucas almas corajosas utilizavam as transmissões de qualidade precária da Internet para manter contato com países distantes. O que acontecerá, contudo, quando o aumento na largura das bandas levar a uma qualidade muito melhor?

Quando os clientes são apresentados a novas tecnologias, os resultados são imprevisíveis, o que foi amplamente demonstrado pela Internet – que engatinhou para fora das águas represadas das aplicações militares e de tecnologia para desfilar pelas avenidas principais do mundo dos negócios. Tecnologias favorecidas com freqüência recebem a desaprovação dos consumidores e fracassam no mercado. E algumas possibilidades improváveis acabam sendo um sucesso. Compreender e gerenciar esses mercados potenciais e emergentes exige uma abordagem bem diferente da técnica de gerenciar mercados de tecnologias existentes. A Parte II explora estratégias para a avaliação de futuros mercados e para afastamento das barreiras à tecnologia de maneira a causarem um impacto maior no mercado. A seção também explora os fatores que afetam a comercialização de novas tecnologias, em particular a importância de ativos complementares.

MERCADOS QUE NÃO EXISTEM

O desafio que as empresas de tecnologia emergente enfrentam é desenvolver mercados que não existem para produtos que ainda não estão completamente desenvolvidos. No Capítulo 6, George Day explora várias abordagens que podem ser usadas para se aprender sobre os mercados nascentes de tecnologias emergentes. Entre essas estratégias, incluem-se: observar os usuários pioneiros, conquistar uma compreensão das necessidades latentes e antecipar os pontos estratégicos de inflexão. Ele também enfatiza a importância da utilização de vários métodos (triangulação) e da adoção de uma visão abrangente de sistema.

A qualquer momento os administradores precisam decidir onde vão investir seus dólares de pesquisa para obter o maior impacto no mercado. Por exemplo, ao fabricar *laptops*, a empresa deve investir em pesquisa para reduzir o peso dos aparelhos ou para aumentar a sua durabilidade? Como é discutido por Ian MacMillan e Rita Gunther McGrath no Capítulo 7, os mercados são difusos – distribuídos de forma desigual. Isso significa que um pequeno deslocamento em uma barreira de tecnologia pode levar a um salto significativo no tamanho do mercado aberto pela inovação. Os autores oferecem várias estratégias para fazer uso da irregularidade dos mercados, com o fim de dimensionar ou de fundir nichos atraentes.

Uma tecnologia superior por si só não garante o sucesso na comercialização. O fabricante de linotipos Merganthaler Linotype permaneceu líder no setor por mais de um século, apesar de três ondas de inovações tecnológicas descontínuas. Os caracteres tipográficos de propriedade da empresa eram "ativos complementares", ajudando a garantir a liderança, embora chegassem concorrentes com nova tecnologia superior. No Capítulo 8, Mary Tripsas discute o sucesso da Merganthaler. Ela aponta ser importante reconhecer que a tecnologia primária por si só não é o único fator em uma comercialização bem-sucedida. E oferece uma estrutura para o exame da interação entre tecnologia, ativos complementares, clientes e concorrentes que formam o sucesso de comercialização.

CAPÍTULO 6

AVALIANDO MERCADOS FUTUROS PARA NOVAS TECNOLOGIAS

GEORGE S. DAY
The Wharton School

O desafio da avaliação de mercados futuros para novas tecnologias é determinar a demanda, da parte dos clientes, por produtos que não existem e que os clientes ainda não conhecem. Ao mesmo tempo, a trajetória do desenvolvimento de tecnologia e a velocidade da aceitação do mercado também são incertas. Neste vácuo de mercado, não há oxigênio bastante para sustentar métodos tradicionais de avaliação de marketing. Mas existe uma variedade de abordagens que podem ser utilizadas para uma melhor compreensão do potencial de mercado nesse ambiente. Este capítulo examina os padrões de adoção das novas tecnologias, as estratégias para aprendizagem e exploração contínuas, e a "triangulação" de insights sobre os usuários pioneiros, as necessidades latentes e os pontos de inflexão. Essas estratégias podem conceder caráter e dimensão aos mercados embrionários e evolucionários das tecnologias emergentes, proporcionando evidências quanto a seus potenciais definitivos.

Qual será os mercado para *sistemas automatizados de auto-estrada* e quando irão surgir? Essas "auto-estradas inteligentes" possibilitarão o controle dos veículos (alertando sobre colisões e como evitá-las por outra rota, e auxiliando a navegação), sistemas automatizados de pedágio e até as pistas para direção e orientação automatizada. Estas vão exigir a integração da tecnologia de controle automatizado de veículo, dos sistemas de posicionamento global baseados em satélite e dos sistemas de sensores rodoviários. Se e quando essas tecnologias se integrarem, os potenciais clientes estarão interessados? As reações dos potenciais usuários aos carros de aluguel que possuem auxílio de navegação ou aos sistemas automatizados de pedágio podem proporcionar evidências sobre os potenciais benefícios, as barreiras ao uso, a sensibilidade ao preço e à eventual aceitação. À medida que a tecnologia de sistemas continua a avançar, contudo, as maiores perguntas em relação ao mercado permanecem: Com que rapidez as experimentações devem ser lançadas? Quem deve assumir a função de líder? Os governos regionais vão decretar esses sistemas para solucionar problemas de congestionamento? Os motoristas estarão dispostos a pagar pela tecnologia, uma vez demonstrados os benefícios?

Dentro de uma década, os *biochips* (conhecidos como cadeias de DNA),[1] que têm a capacidade de analisar milhares de genes de uma só vez, devem possibilitar a análise do risco genético de uma pessoa em relação a um grande número de doenças. No futuro, os pacientes com um mal-estar, como uma dor de garganta, poderão se submeter a um teste de cultura feito por um *biochip* descartável com a capacidade de conferir uma miríade de genes microbiais e determinar exatamente os medicamentos corretos a serem prescritos. Qual é o tamanho do mercado para esses *chips* descartáveis e quando irá surgir? Os tecnólogos devem ser capazes de produzir economicamente *biochips* que possam detectar de forma acurada os deslizes nos genes que causam as doenças. Os pacientes e os médicos precisam estar convencidos de que os testes serão úteis, guiando uma terapia preventiva por exemplo, e as companhias de seguro de saúde devem estar dispostas a pagar pelos testes. No meio tempo, inúmeras empresas recém-criadas de tecnologia exploram o alcance das aplicações, e as grandes companhias farmacêuticas fazem suas apostas investindo nessas empresas.

A próxima geração de *tecnologias de rápida criação de protótipos* utiliza o corte a laser ou as sedimentações de materiais a jato de tinta para transformar rapidamente imagens tridimensionais complexas de CAD em objetos sólidos de cerâmica ou de metal. Atualmente, essas formas são modelos usados para guiar o processo de projeto de produto, mas no futuro poderão ser produtos finais vendáveis. A tecnologia poderia ser usada para fabricação de grandes objetos, como torres de tanques ou peças de aviões, ou para fazer sob encomenda uma raquete de tênis com um cabo configurado para se encaixar com perfeição na mão de um jogador em particular. Quais são as aplicações que provarão ser uma base viável de um mercado?

Cada uma dessas tecnologias possui possibilidades excitantes. Mas a história das tecnologias emergentes é que os vencedores iniciais detinham visões convincentes acerca de uma possibilidade de mercado futuro. Se os mercados imaginados se materializaram ou não, depende da resolução de uma série de incertezas.

O DESAFIO DOS MERCADOS EMERGENTES

A turbulência e as incertezas dos mercados futuros com relação a novas tecnologias confundem as abordagens de pesquisa talhadas para avaliar os mercados estabelecidos. Raras vezes há precedentes ou histórias de venda para estudo. Uma vez que as aplicações evoluem, não fica claro quem serão os clientes mais atraentes, quando e como vão utilizar o produto, ou quanto estarão dispostos a pagar. Já que a estrutura do setor é embrionária, existem várias visões conflitantes e muita especulação sobre potenciais concorrentes ou tecnologias competidoras.

As avaliações dos mercados por novas tecnologias complicam-se ainda mais devido à interação entre o desenvolvimento tecnológico e a taxa de aceitação do mercado. Melhorias de preço e de desempenho vêm mais rápido quando a aceitação está acelerando. Mas isso só pode acontecer quando os padrões de qualidade e de desempenho estão assentados e o produto pode ser feito, distribuído e receber manutenção.[2] A ausência de qualquer um desses elementos retardará a aceitação da tecnologia.

Antes de a tecnologia ser provada e eficiente em custo, e o mercado ainda estiver em um estágio nascente, fica a pergunta sobre se o mercado é grande o suficiente para fazer jus a um projeto de desenvolvimento.[3] Daí surgem muitas perguntas relacionadas: O produto satisfaz uma necessidade ou resolve um problema persistente de um grupo significativo de clientes melhor do que as alternativas? Quais são os segmentos e as aplicações mais atraentes? Em que ordem surgirão?

Com o progresso do desenvolvimento, surge um novo conjunto de questões exigindo maior precisão. Qual é o tamanho do mercado possível, e com que rapidez esse potencial se realizará? Aqui, precisam ser feitas inúmeras suposições sobre a trajetória de aprimoramento da tecnologia, a disponibilidade de padrões e de infra-estrutura de apoio, os benefícios e os custos para os clientes-alvo em comparação ao das alternativas concorrentes e o investimento coletivo dos concorrentes no desenvolvimento do mercado.

Este capítulo focaliza a maneira como as empresas aprenderam a responder a essas perguntas. Mas as empresas que já vivenciaram o surgimento de um mercado para uma tecnologia emergente sabem ser esquivas a respostas definitivas; existem qualificações e contingências demais, e a resposta depende em parte das ações da empresa e de suas concorrentes, que também estão tentando responder às mesmas perguntas. Um objetivo mais realista é reduzir a incerteza a um nível administrável e de conquistar *insights* passíveis de serem transformados em ação antes desses concorrentes. Uma vez que esse objetivo esteja ao alcance, apresenta-se um novo conjunto de perguntas sobre como conquistar e manter uma posição competitiva viável no espaço de oportunidade que surge. As estruturas, os métodos e as melhores práticas tratadas neste capítulo podem auxiliar a lançar luz sobre essas questões.[4]

Três abordagens

As avaliações úteis dos mercados futuros para tecnologias emergentes, quando as incertezas são intoleravelmente altas, se guiam pelas seguintes premissas:

1. *Difusão e adoção*. Cada tecnologia emergente se difundirá a uma razão e a um ritmo diferentes em seus mercados potenciais. Alguns mercados pulam à frente, enquanto outros arrastam-se por anos antes de gradualmente decolarem. Outros nunca chegam perto de realizar seu potencial antes de serem empurrados para o lado por tecnologias concorrentes. Cada caminho é o resultado de uma troca de forças em luta, que inibem ou facilitam o ritmo de difusão.
2. *Exploração e aprendizagem*. A vantagem advém de uma antecipação informada. A ênfase deveria recair sobre a rápida aprendizagem resultante de uma série de sondagens de mercado com versões sucessivamente refinadas do produto, utilizando-se as lições de cada sondagem para guiar as etapas subseqüentes no processo de desenvolvimento e antecipar os pontos de inflexão críticos do mercado antes dos concorrentes. Os vencedores são capazes de trazer à tona as oportunidades com maior rapidez, investir em opções mais atraentes e dar forma ao mercado para seu benefício próprio.
3. *Triangulação de* insights. A capacidade de absorver incerteza e antecipar oportunidades mais rapidamente é aumentada por processos divergentes de pensamento que vêm à tona e exploram uma ampla gama de possibilidades, em vez de processos de pensamento convergente que busca uma conclusão em uma resposta satisfatória. Essa necessidade é mais bem servida começando-

se com métodos diversos de pesquisa de mercado, com suposições, níveis de análise e fontes de dados diferentes. Os *insights* provêem de um processo de triangulação que procura a convergência de conclusões entre métodos diferentes. Um corolário a essa premissa é que os métodos (convencionais) de pesquisa de mercado possuem utilidade limitada, porque foram projetados para outros propósitos. São necessárias abordagens diferentes de pesquisa quando as exigências dos clientes não são conhecidas, as situações de uso não podem ser descritas e os possíveis clientes não conseguem imaginar o conceito do produto.

A DIFUSÃO E A ADOÇÃO DE PRODUTOS REALMENTE NOVOS

As inovações nos produtos levam tempo para se espalhar ou se difundir nos mercados. Algumas inovações apresentam um longo período de gestação e depois crescem de forma explosiva, enquanto outras penetram no seu mercado potencial muito lentamente e exibem um modesto crescimento de vendas por muitos anos. A diversidade nos padrões de crescimento pode ser amplamente explicada pelas seguintes características do produto (5):

- *As vantagens percebidas* do novo produto comparadas à melhor alternativa disponível. O valor, definido pelos benefícios relativos percebidos menos os custos relativos percebidos, precisa ser suficientemente convincente para motivar a troca.
- O *risco* percebido pelos possíveis compradores por causa de sua incerteza em relação ao desempenho, do temor de perdas econômicas ou de preocupações com que os padrões se modifiquem.
- *As barreiras à adoção* (como comprometimento com instalações existentes, investimentos na geração anterior de tecnologia ou restrições regulatórias) diminuem o ritmo da aceitação.
- *As oportunidades de aprender e experimentar.* Não só é necessário que o novo produto esteja prontamente disponível (para teste, compra e serviços), como o comprador também precisa estar informado dos benefícios e ser persuadido a experimentá-los.

O principal impulsionador do ritmo de difusão é a vantagem relativa percebida, mas os outros três fatores podem amortecer ou impedir esse ritmo.

A história errática das videoconferências mostra a importância da percepção da vantagem relativa. De início, os desenvolvedores desses sistemas pensavam que as videoconferências substituiriam as viagens. Reuniões entre pessoas de cidades diferentes seriam conduzidas por transmissões de áudio e vídeo entre esses locais, com grandes economias de tempo e de custos, em comparação aos gastos necessários para reunir pessoas em um dado local. Cada vez mais, os possíveis usuários da videoconferência aceitam que é possível obter economias significativas com viagens, embora os custos imediatos de instalação do sistema destaquem-se com freqüência mais do que as economias subseqüentes. O problema é que esses possíveis usuários fazem pouco caso dos benefícios porque não crêem que as reuniões eletrônicas possam passar a sutileza e a riqueza dos encontros diretos. Assim, a videoconferência vem sendo considerada hoje um complemento, em vez de um substituto para as viagens. Os encontros diretos são necessários para nutrir relações e formar equipes, ao passo que as videoconferências são utilizadas durante a coordenação necessária para sustentar essas relações nos intervalos das reuniões. Essa mudança nos benefícios percebidos fez com que as videoconferências crescessem paralelamente às viagens de negócio.

A vantagem relativa depende do desempenho inerente à tecnologia e da intensidade dos estímulos oferecidos pelos competidores que comercializam a nova tecnologia. Nem mesmo a mais promissora tecnologia encontrará um mercado, a não ser que os esforços e os investimentos coletivos dos competidores para inovar, divulgar e reduzir os custos da tecnologia possam disparar o potencial de demanda. Esses fatores funcionam em conjunto para determinar o momento em que a trajetória do desempenho da tecnologia emergente atingirá, e depois excederá, a trajetória da demanda de mercado. As perspectivas para o carro elétrico dependem do momento em que ele será capaz de (1) rodar 190 quilômetros antes de precisar trocar a bateria, (2) alcançar a velocidade máxima de 130 quilômetros por hora, (3) acelerar de 0 a 100 quilômetros por hora em menos de 10 segundos, ao mesmo tempo em que (4) poderá ser comprado por um preço competitivo. A não ser que e até que essas metas de desempenho sejam ultrapassadas, o carro elétrico atrairá somente um segmento especializado.[6]

Estimulando a difusão

Embora modelos radicais de evolução tecnológica, como a Lei de Moore, possam ajudar na avaliação do ritmo da melhoria de desempenho, os efeitos estimuladores dos investimentos e os cortes de preço pelos concorrentes são de mais difícil avaliação. É um processo inerentemente dinâmico no qual as decisões de investimento dependem de um crescimento inesperado da demanda, que, por sua vez, é causa e conseqüência da atividade competitiva. Essa seqüência iterativa é mostrada na Figura 6.1.

O processo é desencadeado por pioneiros que agem sob a crença de que geralmente é melhor ser um pioneiro do que um seguidor.[7] Conseqüentemente, a promessa de um mercado não-experimentado ou emergente invariavelmente atrai inúmeros aspirantes. É provável que cada ingressante invista em desenvolvimento de tecnologia, em instalações e em programas iniciais que podem não explicar por completo a presença de outros ingressantes com planos similares. A concorrência cada vez mais intensa também exerce pressão para baixo no preço, pois a experiência acumulada auxilia a reduzir os custos. É o impacto combinado desses investimentos e declínios reais de preço que estimula o crescimento do mercado, ao aumentar seu potencial e/ou acelerar o índice de crescimento na direção desse potencial. Entre os estímulos de uma difusão mais rápida estão:

- *Inovação*. O progresso em tecnologia é em boa parte originado pela necessidade competitiva de se igualar ao que os concorrentes já conquistaram e encontrar novas características que os concorrentes não possam imitar com facilidade.[8] Quanto mais intensa for a concorrência, mais será gasto com P&D, e maior será a urgência de levar os resultados ao mercado. O crescimento do mercado de transmissão por fac-símile exemplifica como a inovação conduz o crescimento do mercado. A tecnologia básica de *fax* já existe

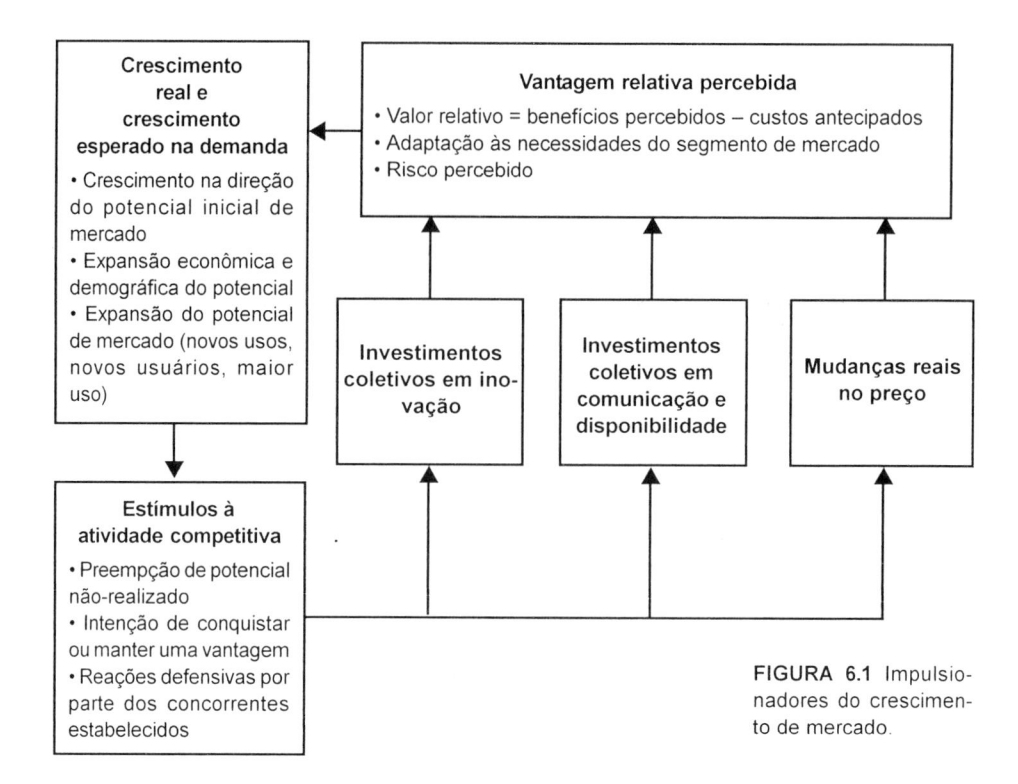

Crescimento real e crescimento esperado na demanda
- Crescimento na direção do potencial inicial de mercado
- Expansão econômica e demográfica do potencial
- Expansão do potencial de mercado (novos usos, novos usuários, maior uso)

Vantagem relativa percebida
- Valor relativo = benefícios percebidos – custos antecipados
- Adaptação às necessidades do segmento de mercado
- Risco percebido

- Investimentos coletivos em inovação
- Investimentos coletivos em comunicação e disponibilidade
- Mudanças reais no preço

Estímulos à atividade competitiva
- Preempção de potencial não-realizado
- Intenção de conquistar ou manter uma vantagem
- Reações defensivas por parte dos concorrentes estabelecidos

FIGURA 6.1 Impulsionadores do crescimento de mercado.

desde o início dos anos 1960, embora a ausência de velocidade e a fraca qualidade de imagem excluíssem o uso inicial. As primeiras máquinas foram dispositivos analógicos que exigiam de quatro a seis minutos para transmitir uma única página. Foi o advento, no início dos anos 1980, de máquinas digitais capazes de atingir resolução mais alta e velocidade maior de transmissão, de 15 a 30 segundos por página, que concedeu ao *fax* uma vantagem relativa comparada ao *telex*. Esses avanços foram acelerados por uma intensa competição entre 13 fabricantes isolados no Japão. À medida que a competição se deslocava para a fabricação de recursos digitais disponíveis a preços mais baixos e em formatos mais convenientes, a máquina de *fax* ficou ao alcance dos recursos financeiros das pequenas empresas, dos que trabalham em casa e dos departamentos dentro das grandes organizações. Com mais máquinas com as quais se comunicar, a utilidade das máquinas já utilizadas aumentou rapidamente (o que se chama de externalidades de rede). Como resultado, as vendas e o uso dos *faxes* dispararam em 1987, com o número de máquinas de *fax* instaladas nos Estados Unidos alcançando 2,5 milhões em 1989, acima do 1 milhão do início de 1988. O número de páginas transmitidas por *fax* cresceu a uma taxa acumulada anual de 37% no começo dos anos 90. Este crescimento se deu à custa do tráfego de *telex*, que decresceu em 50% entre 1984 e 1987, e continua a cair.
- *Preço*. Talvez o estímulo mais importante ao crescimento sejam os preços reais em queda, comparados aos dos produtos substitutos. As principais razões para a queda dos preços reais dos produtos baseados em tecnologias são: (1) os efeitos da experiência, como resultado conjunto de uma aprendi-

zagem cumulativa, das economias de escala e das inovações tecnológicas que resultam em aumentos de produtividade e em declínios de custo, e (2) uma pressão persistente no tamanho das margens entre os preços predominantes e os custos médios totais devido às forças competitivas. A taxa de queda no preço relativo também tem um impacto direto na expansão do potencial de mercado ao aumentar o número de novos usuários que entram no mercado e ao estimular um uso mais intensivo entre os usuários atuais. Em uma certa medida, a taxa de declínio também constitui uma profecia que se auto-realiza. Com os preços mais baixos expandindo o mercado e estimulando as vendas, o aumento mais rápido de experiência acumulada permite baixar os custos e depois baixar os preços, e o ciclo continua.

- *Investimentos coletivos com educação e acesso.* A aceitação de uma inovação será prejudicada se os clientes visados não estiverem cientes dela, se não compreenderem por completo os benefícios, não estiverem convencidos de seus méritos ou não a puderem encontrar. Os investimentos para a superação dessas barreiras são fundamentais na conquista da taxa potencial de crescimento do mercado. Quanto maiores forem os níveis de gastos coletivos com divulgação, vendas pessoais, suporte promocional e cobertura de distribuição, maior será o impacto do valor percebido do produto, o que, por sua vez, acelera o crescimento do mercado.

   Esse gasto é percebido como investimento com benefícios por múltiplos anos. O propósito é conduzir os possíveis clientes ao longo das etapas do processo de adoção: **conscientização → conhecimento → interesse → avaliação → experimentação → adoção.** Trata-se de um processo de educação, que é mais eficaz com a venda pessoal, que permite uma interação de duas vias para a identificação das necessidades e dos problemas e mostra como eles podem ser superados com soluções sob medida. No estágio emergente do mercado, as empresas fazem esses investimentos tanto para crescer no mercado como para se antecipar aos outros concorrentes. Com o crescimento acelerando e a concorrência se intensificando, o propósito desloca-se para a conquista ou para a manutenção de uma vantagem competitiva e para a defesa de uma participação de mercado. É o efeito combinado de todas as mensagens de divulgação, as chamadas de venda e os programas de apresentação, contudo, que move os clientes lenta ou rapidamente através da hierarquia de respostas. Se as expectativas para a tecnologia emergente forem boas, os investimentos serão pesados; inversamente, se as expectativas forem modestas ou se faltar confiança, os investimentos coletivos serão modestos. Nesse contexto, o comportamento coletivo torna-se uma profecia que se auto-realiza.

A taxa de adoção

A velocidade da difusão de uma inovação no mercado depende do número de compradores que progridem no processo de adoção, do momento em que eles começam e da rapidez com que tomam a decisão de experimentar. Essa foi uma questão-chave para os estrategistas no mercado de tecnologias de imagens digitais, que permitem a gravação de imagens em um computador e o envio delas pela Internet para ser empresas por uma caixa de correio digital que usa a tecnologia de jato de tinta. As expectativas de uma vantagem relativa dependem do corte dos custos (em 1998, uma impressão de prata halóide de 4 x 6 polegadas custava 8 centavos de dólar, em comparação aos 50 centavos de uma imagem digital) e de uma melhoria na qualidade (o que significava aumentar o número de píxeis em um fator de 5 ou 10, a fim de que as imagens não parecessem granuladas). Entrementes, havia hábitos enraizados a serem superados. Em vez de deixar um rolo de filme em uma loja de revelação, será que os consumidores prefeririam inserir suas fotos em um PC? Estariam dispostos a investir tempo na manipulação de fotos em um computador? Qual é o valor do benefício de usar um PC para arquivar fotos? Estariam dispostos a pagar mais por um *scanner* e uma impressora e lidar com as dores de cabeça que se tem para conectar o sistema? A resposta foi que alguns consumidores logo veriam que os benefícios compensem os custos e os inconvenientes. Quem são essas pessoas prontas a uma adoção inicial e como podem ser identificadas?

Os possíveis clientes para uma inovação descontínua se auto-classificarão em segmentos baseados no grau de aversão ao risco e na intensidade da necessidade, o que acarreta diferenças no momento da adoção, que podem ser representadas por uma curva em forma de sino quando plotadas no tempo. Após um lento começo, um número cada vez maior de pessoas adota a inovação, esse número alcança o pico e depois declina à medida que reduz o número de não-adotantes, como ilustra a Figura 6.2. A curva de adoção pode ser dividida em segmentos, de modo que a maioria inicial e a maioria final estão a um desvio-padrão da média, enquanto os adotantes e os retardatários estão ao menos a dois desvios-padrão de distância.

Esses cinco segmentos possuem identidades, comportamentos e exigências distintas,[9] exigindo estratégias diferentes:

1. *Inovadores = entusiastas por tecnologia*. Essas pessoas estão comprometidos com a possibilidade prometida por qualquer nova tecnologia em sua área de interesse e estão dispostas a investir o tempo em dominá-las. São com freqüência "usuários pioneiros", que possuem necessidades antecipadamente ao restante do mercado. Não só auxiliam a testar o novo produto, como o seu endosso é crucial à aceitação por parte dos outros segmentos. No final do capítulo, descreveremos como estudar esse segmento influente.
2. *Adotantes iniciais = visionários*. Esses adotantes vêem a oportunidade apresentada pela inovação para modificar as regras da concorrência em seu mercado. Auxiliam a divulgar a nova tecnologia, mas são caros para satisfazer, porque exigem uma adaptação especial às suas exigências. Com freqüência,

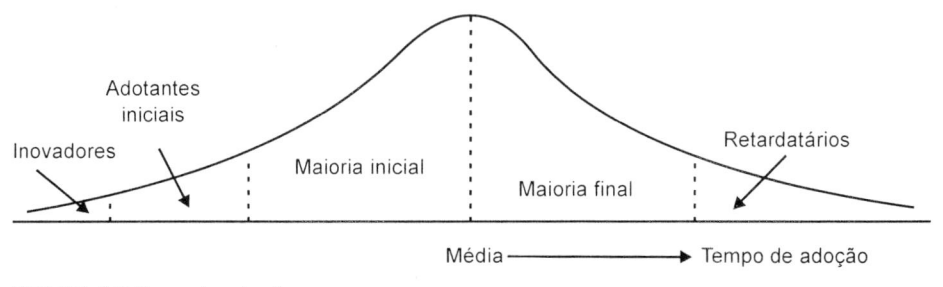

FIGURA 6.2 Curva de adoção.

esses visionários situam-se em nichos especializados, como os negócios atraídos por produtos híbridos como câmera digital/telefone celular, que pode tirar retratos e instantaneamente enviá-los a uma impressora remota de imagens.
3. *Maioria inicial = pragmáticos*. Esse é um grupo grande que decide pela adoção somente quando os benefícios da tecnologia estão bem comprovados e os riscos são toleráveis. Em geral, compram da empresa líder porque, em um mercado de tecnologia, esses vendedores geralmente têm o perfil mais confiável e atraem o maior número de empresas terceirizadas ao mercado de pós-venda.
4. *Maioria final = conservadores*. Esse segmento adota uma inovação somente depois de uma maioria de pessoas tê-la experimentado. Tendem a ser sensíveis ao preço e céticos quanto a suas capacidades de retirar qualquer valor da inovação e são muito exigentes. Apresentam grande necessidade de serviço de apoio e garantia, mas em geral não estão dispostos a pagar muito para terem suas exigências supridas, o que reforça suas dúvidas.
5. *Retardatários = amarrados ao tradicional*. Essas pessoas suspeitam de mudanças e provavelmente adotam a inovação somente quando não têm outra escolha ou quando ela adquire uma medida de tradição em si.

A implicação imediata desse modelo é que os mercados por inovações descontínuas deveriam ser desenvolvidos indo de um perfil de segmento para o seguinte. Uma vez que os visionários estejam interessados, certifique-se de que estão satisfeitos, a fim de que sirvam de boas referências para o grupo bem maior dos pragmáticos. Nesse ponto, a estratégia se desloca para a tentativa de se tornar o líder de mercado e estabelecer, de fato, o padrão.

A lógica convincente dessa estratégia seqüencial de desenvolvimento de mercado pode, entretanto, ser seriamente falha, porque os adotantes iniciais freqüentemente não possuem quase nada em comum com a maioria inicial pragmática. Enquanto os visionários são pessoas que arriscam, são intuitivos em suas abordagens e são motivados pelas oportunidades futuras, os pragmáticos são apenas analíticos, mais evolucionários do que revolucionários e motivados pela solução dos problemas presentes.[10] Enquanto os visionários aceitam um produto bruto para receber um desempenho superior ou novas funções, os pragmáticos não o adotarão até que tenham um produto completo que supra todas as suas exigências. Assim, para fazer a transição, as empresas de alta tecnologia constataram que precisavam visar a segmentos específicos dentro do mercado *mainstream* e desenvolver uma oferta totalmente ampliada, em vez de tentar diluir seus recursos entre vários segmentos de usuários finais.

EXPLORAÇÃO CONTÍNUA DE MERCADOS

A maioria das inovações descontínuas bem-sucedidas segue um caminho de desenvolvimento com interrupções, marcado por metamorfoses de pare e siga, antes de "emergir" de uma série de experimentações de mercado com uma aplicação exeqüível. A aprendizagem de ensaio e erro que levou ao raios X digital da General Electric e à substituição do filme pela imagem computadorizada é algo típico. A pesquisa básica teve início em 1975, no segmento aeroespacial. Algumas vezes, a tecnologia visava a aplicações industriais e, outras vezes, a imagens para diagnóstico médico. Depois de enfraquecer em 1989, foi reavivada em 1993, quando a Internet abriu a possibilidade das consultas médicas *on-line* usando imagens digitais. Dessa vez, a tecnologia estava pronta e existia um forte defensor para conduzir à frente o projeto. A primeira máquina foi vendida com sucesso em 1996.

Essa seqüência iterativa tem sido chamada de "sondar para aprender", para denotar um processo de aproximações sucessivas e de aprendizagem acumulada.[11] O caminho do mercado para as fibras ópticas, os celulares e os *scanners* CT provou ser guiado por sondagens e tentativas repetidas em segmentos diferentes de mercado. Esse processo tem muito em comum com o processo genérico de sondagem de mostrado na Figura 6.3.

O processo de aprendizagem de mercado em geral se acende pelo surgimento de um problema ou uma oportunidade, um avanço tecnológico ou uma crença de que mais inovações exigem uma compreensão mais profunda das necessidades latentes. Isso dá início à coleta ativa e à distribuição de informação sobre os clientes possíveis, sobre seus problemas e exigências, seus critérios de decisão e limitações, sua reação inicial a experiências com protótipos em versões beta, assim como um monitoramento contínuo de fontes secundárias e de atividades dos concorrentes.

Delimitando a investigação

Esta etapa crítica indaga: Sobre o que estamos tentando aprender? Que decisões têm de ser feitas e que alternativas devem ser consideradas? A investigação de mercado deveria ser considerada uma apólice de seguro contra a tomada de más decisões. Não deveria ser realizada para satisfazer a curiosidade ou justificar uma decisão já tomada.

A investigação precisa estar especialmente alerta para a variedade de possíveis conceitos de mercado que vêm antes do estabelecimento de um modelo dominante. Já em 1994, havia considerável incerteza sobre que conceito para os assistentes digitais pessoais (PDAs) iria no fim predominar.[12] Entre as possibilidades, incluíam-se (1) *palmtops* configurados como PCs em miniatura que podiam ler *softwares* de PC, (2) organizadores eletrônicos com uma agenda, caderno de endereços e calculadora, (3) fones móveis com capacidades de computador ou (4) computadores sem teclas que usam canetas, que podiam desempenhar algumas das funções citadas. Cada possibilidade desejava se tor-

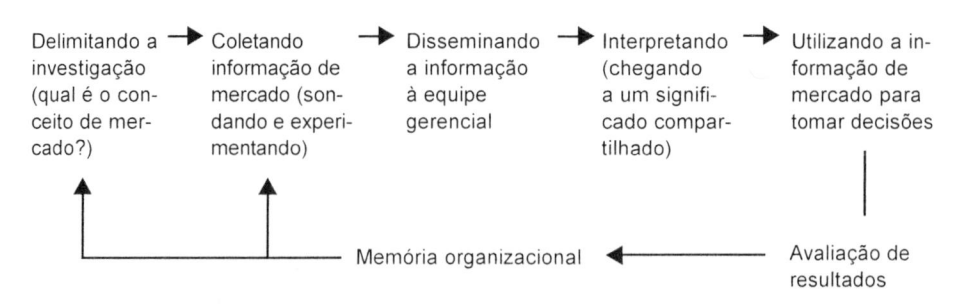

Delimitando a investigação (qual é o conceito de mercado?) → Coletando informação de mercado (sondando e experimentando) → Disseminando a informação à equipe gerencial → Interpretando (chegando a um significado compartilhado) → Utilizando a informação de mercado para tomar decisões

Memória organizacional ← Avaliação de resultados

FIGURA 6.3 Aprendendo sobre mercados para tecnologias emergentes.

nar o padrão do setor. Foi apenas em 1996 que o hoje ubíquo Palm Pilot surgiu como vencedor inicial.

Em contraste, uma vez que o modelo dominante tenha surgido e o mercado já esteja estabelecido, o conceito de mercado e os requisitos de produto podem ser especificados de forma bem precisas logo no início do processo de desenvolvimento. Com efeito, essa é uma das chaves para uma inovação bem-sucedida de produto nos mercados estabelecidos de alta tecnologia.[13] A definição precisa de produto que seja bem fundamentada na avaliação das necessidades dos clientes e usuários é um mecanismo essencial de orientação para todo o processo de *stage-gate*, permitindo à equipe de desenvolvimento fazer escolhas de contrapartidas e de projeto rapidamente.

Interpretando e agindo

Antes que se utilize o conjunto de informações conflitantes, parciais e incompletas, estas têm de ser interpretadas para que os padrões possam se revelar e serem compreendidos. Essas interpretações baseiam-se em modelos mentais que afetam a informação buscada, selecionada e simplificada. As interpretações dos sinais de mercados nascentes ou emergentes são especialmente difíceis porque os modelos mentais dos administradores são incompletos e debilmente estruturados, e os possíveis clientes geralmente têm dificuldade em visualizar a versão final por causa de suas experiências com a tosca versão anterior. Em vez de confiar em um *feedback* direto dos clientes, a interpretação precisa se apoiar em informações contextuais sobre as necessidades latentes, dos problemas persistentes ou das tendências nos requisitos demandados. É por isso que é necessária uma ampla variedade de abordagens de pesquisa.

As lições cumulativas são, no final, alojadas na memória compartilhada da organização – talvez para ser recuperada quando necessário. Com muita freqüência, contudo, há uma amnésia coletiva sobre essas lições por causa das mudanças nas equipes, repositórios inadequados para as descobertas ou por uma indisposição para se tratar os fracassos iniciais como experiências de aprendizagem.

Esse processo de aprendizagem de mercado pode ser subvertido de várias maneiras, o que explica a ampla variedade entre empresas, em suas habilidades de aprender sobre os mercados para tecnologias emergentes, e antecipar quando o momento chegou. Estudos dos impedimentos organizacionais à capacidade de uma empresa de aprender sobre os mercados constatam três barreiras persistentes.[14] Ao *adquirir informações,* há uma tendência de evitar a ambigüidade e presumir uma maior familiaridade com o mercado do que se justificaria. Isso significa que as exigências dos usuários não importam tanto quanto as necessidades "óbvias" de melhorar o desempenho. O inimigo da *disseminação de informação* é o pensamento compartimentado, no qual cada departamento ou função enfoca seus próprios objetivos, de modo que a informação não atravessa fronteiras ou é interpretada de forma muito diferente por cada grupo. O *uso da informação de mercado* é susceptível à inércia, o que significa que a informação será usada apenas quando se conforma às expectativas prévias, e os métodos de pesquisa de mercado e ferramentas serão usados só se forem considerados tecnicamente adequados. Uma barreira relacionada à aprendizagem é o ceticismo quanto às informações que não se confirmam, sujeitas a muito mais crítica e escrutínio.

TRIANGULAÇÃO DE *INSIGHTS:* O VALOR DE MÉTODOS MÚLTIPLOS

Tornou-se sabedoria convencional que métodos como testes de conceitos, grupos de foco, enquetes, análise conjunta e simulação de mercado são inapropriados e mesmo enganosos, quando aplicados a mercados embrionários para inovações perturbadoras/descontínuas.[15] Isso dificilmente surpreende, já que esses métodos foram projetados para compreender oportunidades e estratégias para inovações incrementais em mercados estabelecidos. Prestam-se bem para apoiar os processos de desenvolvimento formais de *stage-gate*, nos quais as exigências são bem-definidas, mas desmoronam sob o peso da incerteza e da proliferação de alternativas durante o método de desenvolvimento de ensaio e erro de uma tecnologia emergente.

Isso não significa que não se possa sistematicamente aprender sobre os mercados nascentes com exigências, aplicações e atributos pouco conhecidos. É necessário adaptar os métodos disponíveis e criar novas abordagens para acomodar a incerteza endêmica. Na decisão de quais métodos usar e da maneira de usá-los, devem-se ponderar duas considerações.

Primeiro, nenhum método único bastará, porque todos os métodos são falhos ou limitados em algum aspecto importante. Assim, as analogias com mercados de tecnologias que apresentam características similares são suspeitas, pois as situações podem não ser comparáveis em aspectos críticos, mas desconhecidos. De modo semelhante, as enquetes de peritos que usam os métodos Delphi para montar previsões compostas da demanda podem não passar de uma combinação de ignorâncias coletivas. Embora um único método seja limitado, uma combinação de métodos – cada um fazendo a mesma pergunta de maneira diferente e sujeito a vieses diferentes, com os vários métodos gerando conclusões que sejam direcionalmente semelhantes – merece maior confiança. O processo de triangulação de resultados procura temas e padrões comuns depois de explicar os prováveis vieses.

Segundo, é um truísmo o fato de os possíveis clientes não conseguirem visualizar produtos radicalmente novos baseados em inovações descontínuas e julgarem as versões iniciais da tecnologia emergente do ponto de vista das versões refinadas da tecnologia estabelecida. No entanto, eles podem ser eloqüentes sobre suas necessidades, seus problemas, suas situações de uso ou de aplicação e sobre as exigências modificadas que ditarão sua aceitação eventual – mas somente se forem feitas as perguntas certas.

Esse ponto parece haver escapado a muitos comentaristas, a se julgar pelas seguintes citações:

> Aos clientes notoriamente falta uma capacidade de previsão. Dez ou 15 anos atrás, quantos de nós pediam telefones celulares, máquinas de *fax* e copiadoras em casa, MTV, corretoras 24 horas, carros equipados com sistemas de navegação...[16]

> O conhecido conselho para nos orientarmos aos clientes tem pouco valor quando não está de modo algum claro quem é o cliente – quando o mercado nunca experimentou as características criadas pela nova tecnologia.[17]

Pondo de lado os métodos convencionais que obtêm *feedback* direto de possíveis clientes, eles não enxergam as ricas possibilidades de *insights* do mercado através dos métodos indiretos de indagação.

A história da exploração inicial da Corning sobre os mais promissores mercados para fibras ópticas tem sido citada como exemplo das deficiências da pesquisa de mercado convencional. Uma equipe de consultores passou a relacionar os principais atributos e benefícios de fibras ópticas com aplicações potenciais de mercado. Julgou-se que o candidato mais promissor seriam as redes de área locais (LANs), porque precisavam de alta capacidade, e o custo não representava um empecilho importante. Essa análise apontou que a Corning estava *distante* da mais importante oportunidade: as linhas telefônicas de longa distância.[18] Eles podiam, todavia, ter adotado uma abordagem indireta similar à usada pela Xerox para obter uma estimativa inicial do mercado para as máquinas de *fax* (para obter detalhes, ver o Capítulo 2). Em vez de receberem respostas a afirmações de conceito, eles examinaram as necessidades latentes para os recursos do *fax*, baseados em uma análise da freqüência da necessidade dos clientes de enviarem mensagens. A Corning poderia ter aprendido mais realizando análises detalhadas das exigências futuras de recursos dos provedores de longa distância para estimar a demanda futura.

Embora a peça central em uma avaliação do mercado futuro para uma tecnologia emergente devesse ser o resultado de experiências de sondar para aprender, existem quatro métodos específicos que auxiliam a interpretar e a extrapolar esses resultados. As análises dos usuários pioneiros e das necessidades latentes são especialmente úteis enquanto o mercado ainda está em formação e o conceito de produto ainda é fluido. À medida que o mercado se move na direção da decolagem, modelos mais formais de difusão e de aceleração de informações são apropriados.

Aprendendo com usuários pioneiros

A premissa central da análise do usuário pioneiro é que alguns clientes potenciais possuem necessidades prementes que podem, no fim, se espalhar no mercado e os colocar na frente do resto do mercado.[19] Como esperam grandes benefícios por encontrar uma solução para essas necessidades, eles inovam por conta própria. Esses inovadores e adotantes iniciais são, com freqüência, pioneiros em seus próprios mercados ou atividades – como o desenvolvimento de *biochips* – mas descobrem que o seu progresso está sendo retardado porque não conseguem encontrar processos, materiais ou instrumentação que supram suas novas exigências. Frustrados, podem tentar solucionar seus problemas fabricando o próprio equipamento.

A virtude da análise dos usuários pioneiros pode ser vista ao contrastá-la com as maneiras estabelecidas de identificação das tendências de mercados e das necessidades latentes. As empresas habitualmente vão aos usuários posicionados ao centro do mercado, utilizando métodos como grupos de foco, para obter reações a conceitos propostos, visitas a locais específicos, para observar os usuários trabalhando, questionários para representantes de vendas em contato com clientes ou avaliações feitas pelos clientes dos produtos atuais. A equipe interna de desenvolvimento utiliza essas contribuições para gerar novas idéias. Em contraste, a análise do usuário pioneiro pressupõe que usuários perspicazes já estejam trabalhando em inovações em resposta a suas necessidades prementes. A função da equipe de desenvolvimento é encontrar usuários especialmente promissores e adaptar as idéias deles às necessidades do negócio.

Existem três tipos de usuários a serem encontrados. De interesse imediato, são aqueles que na aplicação-alvo já experimentaram de fato os protótipos em desenvolvimento. Assim, um fabricante de automóveis que procura projetos para sistemas inovadores de freio conversaria com fabricantes de carros de corrida. Depois existem aqueles em mercados análogos, com aplicações similares. Uma empresa da área de saúde interessada em produtos de controle antibacteriano para seres humanos poderia encontrar um usuário pioneiro nas ciências veterinárias. Em terceiro lugar, os usuários pioneiros envolvidos com atributos importantes do problema geral. Os fabricantes de refrigeradores poderiam examinar o segmento dos supercomputadores, no qual as tecnologias de resfriamento são fundamentais à operação dos computadores.

Os usuários pioneiros podem ser ilusórios. Isso se aplica principalmente quando a tecnologia emergente tem várias aplicações possíveis. Foi esse o problema enfrentado pelos desenvolvedores de diodos orgânicos que emitem luz, que são leves, claros, ultrafinos e flexíveis, e mais fáceis de produzir do que a maioria dos outros tipos de telas planas para computadores e televisores. Em vez de fazer uma enquete de todas as possíveis aplicações para descobrir uns poucos usuários pioneiros, é melhor começar com uma dimensão subjacente desejada por esses usuários. Isso identificaria os usuários que têm necessidade de telas luminosas que sejam leves, como os mercados dos jatos aéreos, que buscam reduzir o peso das atuais luminárias de teto, geralmente enormes. Os usuários pioneiros também estão altamente insatisfeitos com os produtos existentes e buscam ativamente alternativas, participando em redes e grupos de usuários informais.

Quando esses usuários pioneiros têm uma experiência inicial com os problemas que a tecnologia emergente tenta resolver, eles podem oferecer um *feedback* rico e acurado sobre as necessidades, as exigências de aplicação e as reações aos conceitos do modelo. Também são altamente motivados a participar em testes beta, em sondagens iniciais de mercado e em atividades de desenvolvimento conjuntas, porque as vantagens são tão grandes. Também é menos provável que sejam detidos pelos altos preços iniciais das primeiras versões desenvolvidas. Em resumo, são indicadores pioneiros bem mais valiosos do que uma coleção ao acaso de clientes pontenciais reunidos para um grupo de foco.

A maioria dos projetos com usuários pioneiros começa com uma tendência principal que esteja modificando a arena que está sendo explorada. Assim, uma equipe que se concentrava nas melhorias das imagens médicas estava bem ciente de uma tendência na direção da detecção de traços cada vez menores, como os tumores em estágio inicial. Começaram contactando peritos em radiologia para identificar as pessoas que trabalhavam para solucionar os problemas mais desafiadores das imagens. O passo seguinte foi perguntar a esses usuários pioneiros se havia alguém que estivesse na dianteira em qualquer aspecto do problema. Essas indagações trouxeram à tona um comunidade separada de especialistas no exército, que estavam aprimorando a resolução de imagens com o auxílio de um *software* de reconhecimento de padrão. No fim, os especialistas dessas diferentes áreas se reuniram para um *workshop* de três dias para compartilhar suas tecnologias e experiências a fim de projetar conceitos de produto que pudessem suprir as necessidades da empresa de imagens médicas. Durante esse processo, o foco do projeto deslocou-se da pergunta sobre a melhoria incremental, de como criar imagens de resolução mais alta, para o aprimoramento da habilidade dos radiologistas de reconhecer padrões significativos de imagens em termos médicos, o que teve profundas implicações estratégicas e levou a empresa a dominar algumas tecnologias novas de *software* que seus concorrentes não compreendiam.

Aprendendo sobre as necessidades latentes

Algumas vezes, a tecnologia se encontra em um ponto de seu desenvolvimento no qual mesmo os usuários pioneiros ainda não surgiram ou no qual os mercados mais atraentes podem diferir dos mercados que primeiro adotam a tecnologia. Às vezes, a tecnologia pode se dirigir a necessidades que os clientes nem mesmo sabem possuir. Como escutar a voz silenciosa do mercado e identificar essas necessidades latentes? Um modo de aprimorar a identificação das oportunidades de mercado é procurar evidências indiretas de suas necessidades através de uma imersão no mundo dos clientes. É preciso uma mente "preparada" para criar o método correto de trazer à tona e compreender necessidades latentes que serão satisfeitas pela tecnologia emergente. Definindo necessidades latentes como evidentes, mas ainda assim não óbvias, somos lembrados de que precisaremos de energia, intuição e julgamentos informados para extrair lições úteis dos métodos que se seguem.

__Identificação do problema.__ Não há lugar melhor para começar do que os problemas e frustrações dos clientes em relação às soluções atuais para suas necessidades. O conceito de vantagem relativa se baseia na habilidade da nova abordagem de proporcionar mais benefícios a um custo menor. O que atrai nos *biochips* é sua capacidade de lidar com as dificuldades dos médicos de chegar a um diagnóstico e depois prescrever o medicamento certo. O custo das abordagens atuais de ensaio e erro é altamente visível; as oportunidades diagnósticas mais atraentes são aquelas cujos custos são maiores.

As abordagens de detecção de problemas podem ser utilizadas ao longo de todo o processo de desenvolvimento para descobrir barreiras à aceitação da tecnologia emergente em si. Por exemplo, a despeito de um alto interesse inicial por sistemas de aquecimento solar, poucos foram instalados. Com possíveis clientes obtendo mais informações sobre os custos totais do sistema, inclusive manutenção durante a vida do sistema e os riscos de incêndio devido a falhas do sistema, o interesses deles minguou.

__Contando histórias.__ Um outro tipo de diálogo pergunta aos clientes como se comportam e como realmente se sentem. A Kimberly-Clark ouviu várias vezes histórias contadas por pais antes de se dar conta de que os estes consideravam as fraldas peças do vestuário que indicavam estágios particulares de desenvolvimento, não um forro para resíduos. Munidos desta compreensão, desenvolveram calças para treinar crianças, as quais se pareciam e se encaixavam como roupas íntimas, mas, ainda assim, seguravam qualquer acidente. Essas histórias ricamente detalhadas e os casos de experiência ajudam a trazer à tona critérios inesperados de compra. Embora essas técnicas aparentemente não tenham sido aplicadas em uma sondagem das crenças subjacentes a tecnologias emergentes, não existem motivos para não serem adaptadas.

__Observação.__ As vantagens da observação, comparada ao questionamento direto, são que a observação ocorre em um cenário natural e não interrompe o fluxo usual da atividade; segundo, as pessoas oferecem pistas não-verbais de seus sentimentos e comentários espontâneos e não-solicitados, estimuladas por um produto real ou protótipo; e terceiro, os observadores treinados, com conhecimento das possibilidades técnicas, podem enxergar soluções para as necessidades ou problemas inarticulados que os usuários não conseguiriam conceber.[20] É por isso que empresas como Sony e a Sharp estabeleceram "lojas-antenas" a fim de observar os possíveis clientes segurarem e tentarem usar seus novos produtos. Os vendedores são treinados para investigar as razões das reações observadas.

Antecipando inflexões

A inflexão é uma mudança observável no caráter da demanda que apresenta oportunidades para obter ou perder vantagem. Encontra-se um ponto de inflexão quando a inclinação de uma curva (em termos matemáticos, a segunda derivativa) modifica-se, como ocorre quando vai de côncava a convexa. No mercado ambíguo e incerto para tecnologia emergente, as recompensas surgem ao antecipar essas inflexões antes dos demais.

Os dois pontos de inflexão que importam são (1) a decolagem na demanda de mercado com o produto começando a se difundir além dos usuários pioneiros e dos entusiastas por tecnologia e (2) o início de uma concorrência que visa agressivamente a capturar as oportunidades mais atraentes. Uma vez que os pontos de inflexão são produtos da interação de forças em luta que facilitam ou inibem o crescimento, existirão sinais confusos e pontos de vista conflitantes. A antecipação de um ponto de inflexão é antes de tudo uma questão de ser capaz de ler o padrão nos sinais. Isso exige que se saiba em quais indicadores prestar atenção e uma capacidade e vontade de separar os sinais de transição dos ruídos de fundo. Exige uma combinação de estimativa metódica, de rastreamento dos principais indicadores e de criação de um modelo de difusão.

Estimativa metódica. Foi o que de fato a pesquisa Forrester fez em 1999, para prever uma decolagem nas receitas de propaganda na Internet de US$ 550 milhões em 1997 para US$ 33 bilhões, em todo o mundo, até 2004.[21] Primeiro, mensuraram o gasto com propaganda por pessoa na mídia convencional, e depois compararam cada mídia à Internet. As principais perguntas e suposições foram: O gasto com propaganda na Internet vai alcançar o nível dos jornais? (Não, por causa da presença local dos jornais.) Como a propaganda *on-line* se compara à propaganda na TV? (É inferior, devido à falta de largura de banda.) Mas esperava-se que o gasto com propaganda por pessoa ultrapasse o das revistas e rádios. Uma suposição-chave foi que mais dólares seriam atraídos à Web devido às novas tecnologias que aprimorariam a mensuração do retorno da propaganda nessa mídia. A cifra total de gasto com a propaganda *on-line* foi multiplicada pela previsão do crescimento da população da Internet, para atingir os números finais. A eficácia desse procedimento de previsão depende de haver diversas fontes de informação e de um diálogo e um debate intensos acerca de suposições importantes. O que se perde na cifra aparentemente precisa que emerge é qualquer sentido da incerteza que cerca as suposições. Seria bem mais apropriado fornecer uma gama de estimativas.

Rastreando os principais indicadores. A estimativa metódica precisa ser complementada com um rastreamento cuidadoso dos sinais iniciais de decolagem da demanda de mercado à medida que o produto se difunde além dos usuários pioneiros e dos entusiastas por tecnologia, e do começo de uma concorrência agressiva que visa a antecipar as oportunidades atraentes. Entre as variáveis para observação, estão:

- A trajetória do desempenho da tecnologia em parâmetros-chave, comparada às expectativas dos clientes-alvo;

- A experiência dos usuários pioneiros e outros adotantes iniciais durante as sondagens de mercado;
- As percepções dos clientes em relação às barreiras à adoção e ao nível de risco;
- O índice de entrada de concorrentes e de investimentos coletivos na disponibilidade de produto e acesso de mercado;
- O progresso na formação de infra-estrutura e na resolução de questões sobre os padrões e produtos complementares.

Criando modelos de difusão. Depois de um determinado mercado para uma tecnologia emergente haver decolado – e a tecnologia agora ser emergente –, a incerteza que fica refere-se a quanto tempo o crescimento continuará. As vendas vão diminuir abruptamente ou continuar a se expandir? São perguntas bem adequadas a um modelo de difusão conhecido como modelo Bass. A essência desse modelo é uma previsão do índice de adoção (ou de compras iniciais) e uma previsão do ponto de inflexão no qual o crescimento começa a ficar lento. Essas duas previsões se baseiam em estimativas do potencial eventual de mercado e em dois parâmetros que correspondem à propensão dos compradores de inovar ou de imitar.[22]

A estrutura subjacente do modelo de difusão é mostrada na Figura 6.4. O número de novos adotantes por período é a mesma distribuição em forma de sino que discutimos anteriormente no capítulo. Essa distribuição alcança o pico em T^*, que corresponde ao ponto de inflexão da curva em S, que reflete a adoção cumulativa. A adoção cumulativa atinge o ponto máximo, que é a demanda potencial estimada.

Na prática, raras vezes utiliza-se esse modelo nos estágios mais iniciais do surgimento de um mercado, mas é bastante útil para os estágios mais adiantados. As principais restrições são: (1) o modelo não pode ser estimado sem alguns períodos de dados reais de venda, (2) as previsões são instáveis quando há alta incerteza sobre o número potencial de adotantes, pois as vantagens relativas comparadas às tecnologias existentes (que também se aprimoram) ainda não foram estabelecidas, (3) o modelo supõe não haver restrições de suprimento. Se a infra-estrutura não estiver no lugar ou se o produto não estiver prontamente disponível, a demanda em excesso não suprida vai presumivelmente gerar uma fila de espera por parte dos adotantes potenciais. É nesse ponto que se faz necessária uma adaptação hábil. Com algumas adivinhações informadas sobre o índice de vendas iniciais e o potencial eventual de mercado, junto com estimativas de parâmetros de modelo com base nas histórias das vendas de produtos análogos, pode-se derivar uma previsão que é útil para testar a exeqüibilidade de outras previsões que utilizam abordagens diferentes.

Aceleração de informação. Este método literalmente "acelera" os potenciais clientes para um ambiente futuro abrangente. Esses clientes podem experimentar uma variedade de produtos e serviços simulados em uma *workstation* interativa de multimídia. Eles assistem a propagandas, descrições de produto, testemunhos simulados, apresentações de venda e outras comunicações. Uma vez condicionados ao futuro, devem escolher entre várias ofertas com preços e características diferentes de desempenho.

Esse método foi aplicado em 1995 para avaliar o caráter atrativo de vários produtos de multimídia possibilitados pelas redes de banda larga que podiam

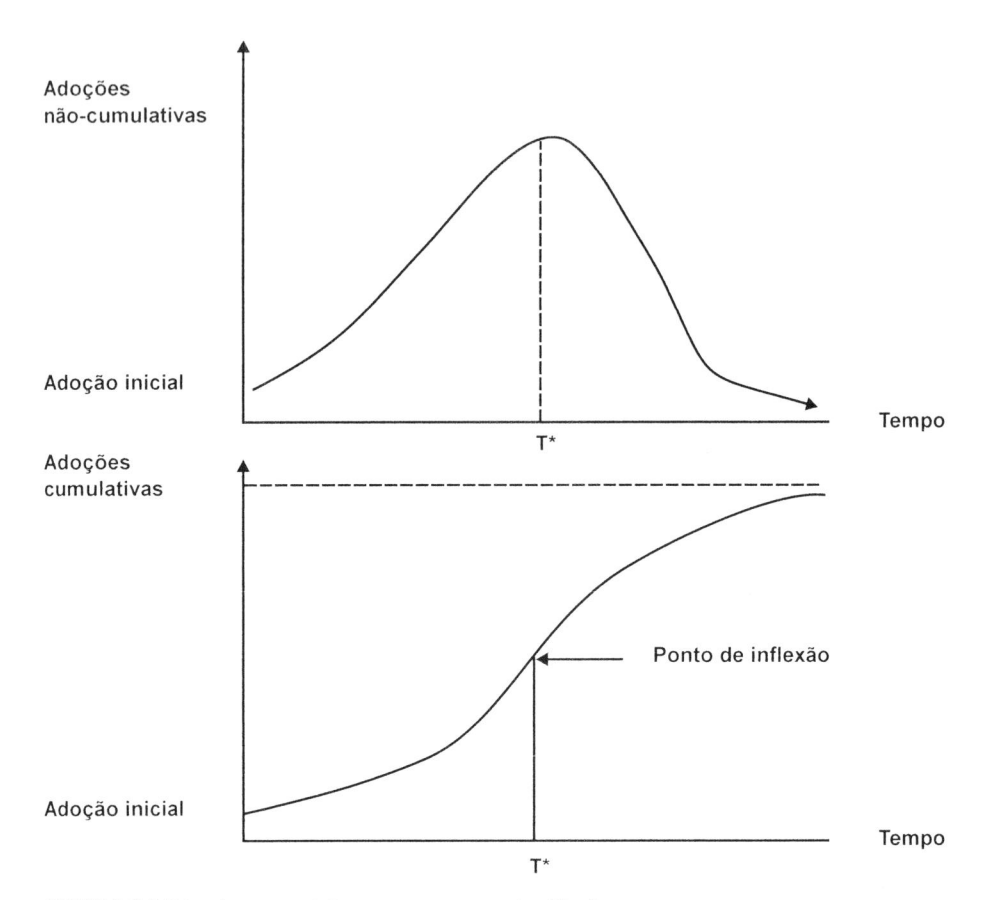

FIGURA 6.4 Criando um modelo para o processo de difusão.

enviar enormes quantidades de informações digitalizadas pelos cabos de fibra óptica. Embora a Internet só houvesse penetrado em 2% dos domicílios americanos e a construção das bandas largas estivesse apenas começando, já houve um consenso de que (1) serviços que atendem a pedidos de vídeo prosperariam, (2) em um prazo próximo, a Internet não alcançaria uma penetração fora dos usuários finais sofisticados e (3) telefones com vídeo ainda não se tornariam uma oportunidade a curto ou médio prazo.

Para testar essas suposições e identificar as áreas de oportunidade dentro do mercado de banda larga, a Mercer Consulting realizou um estudo de aceleração de informação com 850 clientes escolhidos ao acaso.[23] A esses clientes se perguntou como iam usar a nova tecnologia – como se vivessem no ambiente mais rico e mais "futurista" de 2000 a 2005. Foram apresentados a serviços que iam de operações bancárias feitas em casa, atendimento de pedidos por meio do vídeo, até televisão com escolha de horário de programação. E perguntou-se a eles se comprariam esses produtos a preços diferentes ou ficariam com os serviços que já possuíam.

Os resultados previram que a sabedoria convencional estaria equivocada, e os investimentos baseados nessas suposições, errados. Embora o estudo constatasse haver uma demanda pelos serviços de pedido por meio do vídeo e que um consumidor pagaria até US$ 45 por mês por eles, isto não bastava para justificar um investimento de US$ 1.600 por domicílio para aprimorar as redes de telefone e de cabo a uma capacidade completa *two-ways* de banda larga. A pesquisa também previu que os serviços de consumo *on-line* representariam um mercado de US$ 5 bilhões até 1999, com uma penetração nas casas de 30 a 40%. Ambas as previsões verificaram-se pelos acontecimentos, o que aumenta nossa confiança de que os consumidores podem avaliar as tecnologias emergentes quando são colocados em uma situação de escolha realista.

CONCLUSÃO: ANTECIPAÇÃO INFORMADA SOBRE OS MERCADOS

O caráter revolucionário das tecnologias emergentes transforma previsões e extrapolações de suas possibilidades eventuais de mercado em um exercício fútil. Poderiam ser até contraprodutivas se uma precisão equivocada levasse a uma confiança demasiada e uma insensibilidade em relação a surpresas. Nenhuma previsão única consegue absorver todas as incertezas em relações a respostas dos clientes, atividade competitiva e progresso tecnológico, ou consegue considerar todas as interações, descontinuidades, efeitos limitadores e outras não-linearidades. O melhor que pode ser feito nos estágios iniciais do desenvolvimento da tecnologia é demonstrar que é provável que o mercado seja suficientemente grande para merecer um projeto de desenvolvimento.

A ênfase apropriada de atividades de avaliação de mercado deveria ser em aprender com as sondagens de mercado e com a antecipação dos pontos de inflexão críticos antes da concorrência. Rastrear e sondar, contudo, são apenas os primeiros passos em uma antecipação informada. A aprendizagem real acontece quando a organização pode interpretar os dados e resolver incertezas importantes. O problema é que a maioria dos administradores julga os altos níveis de incerteza tão difíceis de tolerar que impõem padrões nos locais em que não existe nenhum. Pedem emprestado ou criam regras de medição aparentemente lógicas para decidir questões, na ausência de padrões discerníveis. O resultado é que decisões são tomadas na base escorregadia de suposições sem mérito e sem teste sobre a oportunidade do mercado ou do caminho apropriado do desenvolvimento tecnológico. Dois métodos úteis para combater uma conclusão prematura são o planejamento guiado pela descoberta e a análise de cenário,[24] como discutido no Capítulo 10. Projetam-se os dois para trazer à tona e desafiar suposições-chave, e enfocar as fontes de incerteza. A necessidade por validação das suposições completa o círculo do processo de aprendizagem, dirigindo os questionamentos específicos de mercado às áreas mais importantes de incerteza.

CAPÍTULO 7

ESTRATÉGIA DE TECNOLOGIA EM CENÁRIOS DE MERCADOS DIFUSOS

IAN C. MacMILLAN
The Wharton School

RITA GUNTHER McGRATH
Columbia University Graduate School of Business

Que tecnologias a empresa deve desenvolver? Em um dado momento a empresa pode ter a oportunidade de impulsionar uma determinada tecnologia em várias direções. O departamento de P&D deve se concentrar nos avanços que reduzirão o preço ou nos que impulsionarão o desempenho? A resposta depende do valor percebido por segmentos particulares de clientes. Já que esses mercados são "difusos", um empurrão relativamente pequeno em uma barreira de tecnologia pode acarretar um impacto muito maior do que um movimento maior em outra barreira. Este capítulo apresenta uma estrutura para exame dos mercados difusos e para a identificação das oportunidades de lançar tecnologias emergentes em cenários de mercado difuso. Utilizando essa estrutura, os autores apresentam três estratégias para uso da nova tecnologia, a fim de modificar a posição da empresa no mercado. Também discutem abordagens para identificação de aplicações fora do mercado para novas tecnologias.

O líder de uma empresa que produz computadores *laptops* enfrenta o desafio de estabelecer a estratégia tecnológica da empresa. Alguns clientes comprarão um *laptop* que seja mais resistente, em vez de um modelo mais portátil, enquanto outros escolherão um *laptop* por sua maior facilidade de transporte do que por sua "robustez". A empresa deve favorecer a tecnologia que aumentará a facilidade de transporte dessas máquinas ou deve investir seus recursos em melhorar ainda mais essa robustez? Presumindo-se que a empresa tenha recursos limitados para dedicar ao avanço de sua tecnologia, que direção obterá os melhores resultados?

A um dado momento, uma tecnologia particular opera dentro de um conjunto de limitações de desempenho ou de barreiras tecnológicas.[1] Essas barreiras definem um envelope de tecnologia cujas bordas se determinam pelos limites atuais de capacidade da empresa (e às vezes do setor).

Portanto, o conjunto de atributos oferecidos aos clientes é restringido por um envelope de barreiras tecnológicas. Esse conjunto de barreiras é descrito em duas dimensões na Figura 7.1, uma ilustração bastante simplificada de dois atributos e limites associados que são importantes para os computadores *laptop*. (Na realidade, o administrador teria de considerar muitas outras dimensões, mas limitamos nossa discussão a duas – a a facilidade de transporte e a robustez – para simplificar a apresentação.)

Para os *laptops*, as principais barreiras de tecnologia que limitam a portabilidade e a robustez podem ser o tamanho dos componentes, os limites do armazenamento de energia e os limites dos próprios materiais:

- *Tamanho dos componentes*. Mesmo que o tamanho dos componentes necessários para a fabricação de um *laptop* que funcione continue decrescendo, não é possível criar sistemas mais aprimorados utilizando componentes menores sem comprometer o preço ou a robustez a ponto de tornar o sistema demasiado caro ou frágil. As empresas trabalham para desenvolver novas tecnologias de componentes, incluindo-se *chips*, unidades de disco e *modems* menores, para transpor essa barreira.
- *Armazenamento de energia*. Como os clientes consideram o tempo de vida útil da bateria uma característica importante de um *laptop*, o tamanho e o peso da bateria limita o tamanho do *laptop*. As empresas trabalham para desenvolver nova tecnologia de armazenamento de energia para transpor essa barreira.
- *Tecnologia de materiais*. Mesmo os plásticos mais avançados da atualidade possuem limites de resistência. As empresas trabalham para desenvolver plásticos mais resistentes ou aplicar novos materiais, para transpor essa barreira.

A realidade que os administradores enfrentam é que todo produto ou serviço encontram-se presos dentro de um complexo envelope multidimensional de bar-

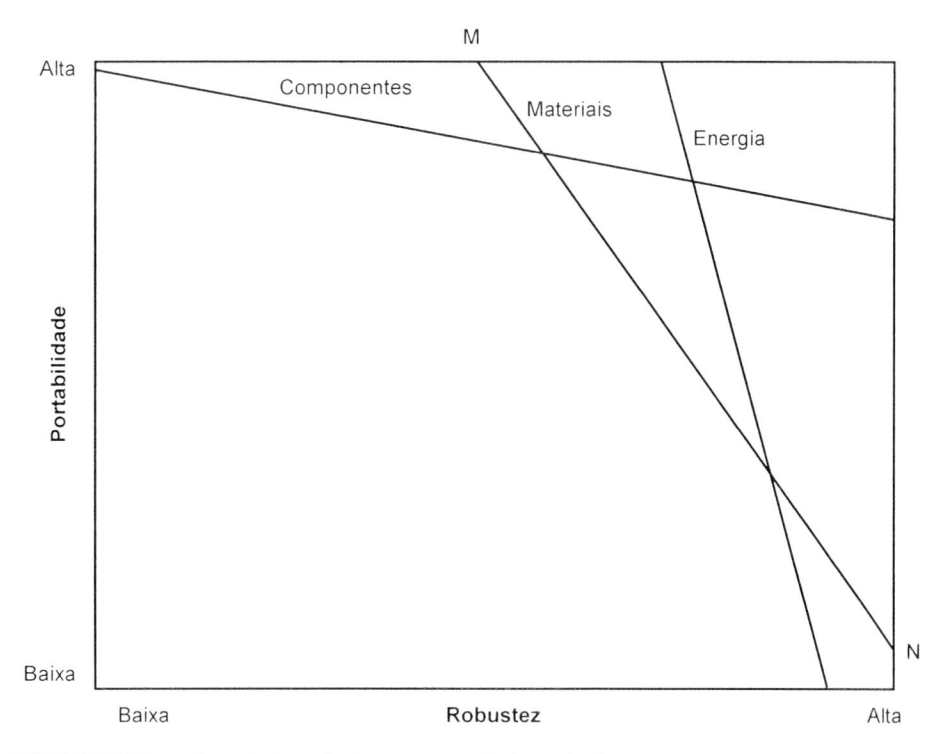

FIGURA 7.1 O envelope de tecnologia para computadores *laptop*.

reiras. Possíveis configurações dos conjuntos de atributos e seus processos associados de produção ou de entrega colidem com um conjunto de barreiras tecnológicas e barreiras de outras ordens enfrentadas pelo setor. Essas barreiras impõem limites ao grau em que a empresa pode fornecer aos clientes atributos como robustez ou portabilidade. Algumas empresas podem avançar um pouco mais do que outras em algumas barreiras, de modo que as empresas encontram os seus conjuntos de atributos confinados dentro de um envelope tecnológico não só específico ao setor em que atua, mas também específico à empresa.

Dados os recursos limitados e a tecnologia em constante desenvolvimento, fica impossível para qualquer empresa maximizar todos os atributos desejados de qualquer produto oferecido. A estratégia de tecnologia acaba em escolhas sobre a alocação de recursos, visando a remover barreiras selecionadas no envelope de tecnologia. Por exemplo, no caso ilustrado na Figura 7.1, a empresa pode preferir concentrar-se na redução do tamanho do componente, melhorando o peso e/ou a força da bateria, desenvolvendo materiais de construção mais fortes e leves, ou alguma combinação disso.

A pergunta-chave ao estrategista é: Quais são as barreiras mais importantes no envelope a serem vencidas? Será que a empresa criaria maior valor estratégico desenvolvendo e lançando uma tecnologia emergente ou vencendo as barreiras de uma tecnologia conhecida e já existente? Isso exige não só que se leve em conta a tecnologia, mas também que se analise o mercado em que a tecnologia será lançada. Examinamos essa questão a seguir, considerando as estruturas de preferência de mercados de população limitada.

O CARÁTER DIFUSO DE MERCADOS SEGMENTADOS[2]

Não é pela tecnologia em si que os clientes pagam. Não importa o grau de euforia ou de inovação que uma tecnologia emergente pode ter; da perspectiva do cliente, seu valor deriva apenas da criação de um conjunto de atributos dos quais o cliente obtém satisfação. Os clientes respondem a esses atributos valorizados, ou *dimensões de mérito*,[3] proporcionados pela tecnologia. Os produtos e serviços oferecidos por uma empresa podem ser caracterizados como dispositivos de tradução. São *transponders* que traduzem as capacidades tecnológicas de uma empresa em um *conjunto de atributos* que satisfazem as necessidades do cliente.

Esses atributos valorizados modificam-se com o tempo. Por exemplo, à medida que os clientes familiarizam-se com um conjunto de características, desenvolvimentos tecnológicos aprimoram essas características, e os concorrentes oferecem maneiras alternativas para a satisfação das mesmas necessidades. No caso de uma tecnologia emergente, o desafio do modelo está em determinar se e quando a tecnologia pode ser lançada para oferecer mais atributos desejados ou menos atributos indesejados, enquanto reconhece que o caráter desejável dos atributos se modificará à medida que mudam as necessidades do mercado.

Antecipar as preferências do mercado por tecnologias emergentes é altamente problemático, em especial para empresas que enfrentam mudanças tecnológicas em alta velocidade. Os estudos mostram que a pesquisa de mercado tradicional é menos útil neste tipo de ambiente.[4]

Um conceito básico na literatura sobre *marketing* é que clientes, cada um fazendo suas próprias concessões entre conjuntos concorrentes de atributos, tendem a aglomerar-se em segmentos em torno de preferências diferentes de atributos. Na avaliação de compra dos computadores *laptop* para uso comercial, por exemplo, os clientes fazem concessões de compra entre atributos como resistência, velocidade do processador, peso, tamanho do teclado, vida útil da bateria e preço.

Tais preferências criam concentrações desiguais de clientes, cada grupo buscando um conjunto diferente de atributos. Esses submercados de atributos tendem a ser "difusos", em vez de se distribuírem igualmente, com distinções por vezes marcantes entre preferências, no que poderia de início parecer ser um espaço de mercado distribuído de maneira igual.[5]

Para ilustrar o caráter difuso do mercado, pense nos usuários de *laptop* em um setor hipotético no qual empresas instalam e fornecem manutenção aos caros equipamentos de escritório e de fábrica no local de atuação dos clientes. Em um setor como esse, pode haver três tipos principais de usuários de *laptop*, cada um com necessidades bem diversas: os executivos corporativos, a equipe de vendas e os técnicos em serviço. Parta do princípio de que os modelos concorrentes de *laptops* estejam dentro de parâmetros aceitáveis na maioria dos atributos para todos os três conjuntos de usuários, menos em robustez e portabilidade.

Os executivos corporativos gastam seu tempo de viagem em salas de espera nos aeroportos e nos aviões, indo da sede de um cliente à de outro. A principal necessidade deles é um computador mais convencional, pequeno e leve, que suporte processador de textos, planilhas, agendas, comunicações e outros aplicativos executivos básicos. O restante sendo igual, o tamanho e o peso são os critérios mais importantes para esse grupo.

A equipe de vendas, por outro lado, viaja principalmente de carro e dá menos valor à portabilidade. A robustez é muito mais importante para eles do que para os executivos corporativos, porque estão sempre na estrada, e o equipamento sofre mais desgaste físico nos vários deslocamentos do carro à sede, à fábrica, e de volta.

Para os técnicos de serviço, a robustez é a prioridade principal, porque os *laptops* que eles possuem são usados no local para desempenhar diagnósticos de sistemas, rever projetos, obter informações de preço e projetar modelos em locais que tendem a ser ambientes hostis para os computadores. Riscos como poeira e umidade são comuns. A portabilidade, em contraste, é relativamente sem importância, porque o técnico de serviço conecta o computador no local e lá o deixa durante o tempo de duração do projeto.

Por um determinado preço, cada segmento estaria preparado para fazer um conjunto bem diferente de trocas entre a robustez e a portabilidade (Figura 7.2). Por um preço específico, os membros do grupo de executivos corporativos estariam preparados para comprar um modelo bem leve e pequeno, mas um tanto frágil, no ponto A', ou um modelo levemente mais pesado, mas mais robusto, no ponto A", ou qualquer combinação ao longo da curva AB. Pelo mesmo preço, a equipe de vendas apenas aceitaria as combinações na curva CD, ou acima dela, refletindo a necessidade de uma maior robustez e uma menor preocupação com a portabilidade. Por fim, o pessoal de serviço só aceitaria as combinações de atributos na curva EF, ou acima dela, refletindo uma alta necessidade de robustez e uma ausência relativa de preocupação com a portabilidade.

Observe que, por um preço específico, os executivos nem mesmo pensariam em muitos dos modelos que são exigidos pela equipe de vendas e de serviço. Para mantermos a simplicidade, também pressupomos que a portabilidade e a robustez são as únicas dimensões que importam. Como mostra a Figura 7.2, por um preço específico, cada grupo de usuários comprará combinações diferentes de características.

Um objetivo-chave para o estrategista de tecnologia é desenvolver uma tecnologia que permita a contínua melhoria do conjunto de atributos de formas que sejam lucrativas para a empresa. O sucesso estratégico em geral ocorre quando um dado conjunto de atributos se torna "o conjunto mais favorecido" por um mercado ou por um segmento de mercado, captando lucrativamente uma proporção do controle das transações desse segmento para essa empresa. (O conjunto mais favorecido é semelhante em conceito ao conjunto de modelo dominante, mas enfatiza o fato de ser o conjunto de atributos, positivos e negativos, que um dado mercado seleciona, e não as tecnologias componentes subjacentes à oferta.)

O desafio para o estrategista, portanto, é decidir *ex ante* se a tecnologia emergente poderá ser desenvolvida para criar um "conjunto de atributos mais favorecidos" que dominem as ofertas dos concorrentes. Em um dado segmento, para isso ser feito é necessária uma compreensão de como os limites da tecnologia corrente impõem restrições no conjunto atual de atributos. Não se pode fazer essa avaliação sem uma rica compreensão tanto das barreiras de tecnologia como dos fatores principais neste cenário de mercado difuso. As respostas se encontram na interação destes dois aspectos.

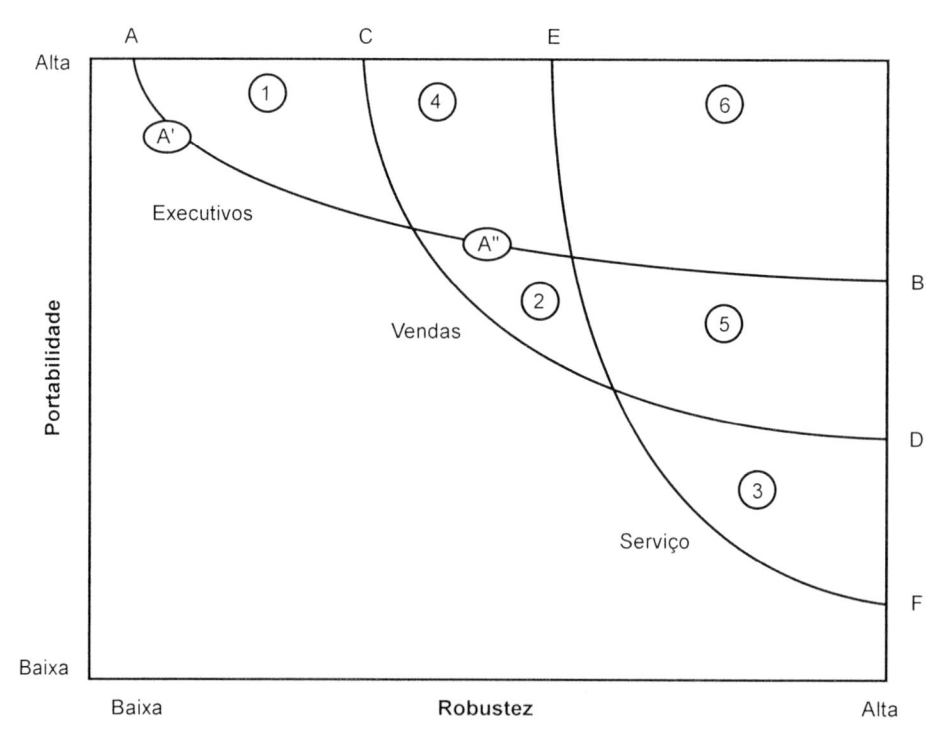

FIGURA 7.2 Segmentos irregulares de mercado para os computadores *laptop*.

VENCENDO BARREIRAS TECNOLÓGICAS EM MERCADOS DIFUSOS

O administrador responsável por estabelecer a estratégia de tecnologia em nossa empresa de *laptops* poderia reagir ao caráter difuso do mercado de diversas formas. Uma das maneiras seria decidir atender a um único segmento de mercado. Com essa estratégia de nicho, a empresa tentaria compreender profundamente o conjunto de atributos mais desejados para um grupo-alvo de clientes e depois projetar produtos que se encaixassem com precisão a esse conjunto. Por exemplo, os computadores *laptop,* com preço de referência e posicionados nos pontos 1, 2 e 3 na Figura 7.2, oferecem uma combinação dos atributos de peso e de robustez que se encaixam no que cada segmento-alvo, e apenas esse segmento-alvo, deseja. A empresa poderia escolher projetar computadores pequenos, leves, com baixos níveis de robustez para os executivos corporativos, projetar máquinas mais robustas e duráveis para a equipe de vendas, ou oferecer *laptops* ainda mais robustos e altamente duráveis para o grupo de serviço.

Concentrar-se num único segmento pode criar uma vulnerabilidade substancial para a empresa, se o concorrente puder determinar como desenvolver lucrativamente um modelo que supra as exigências de mais de um nicho. Por exemplo, o computador com atributos que permitissem um posicionamento nos pontos 4, 5 ou 6 poderia capturar dois dos três segmentos relevantes, ou todos eles. Já que nesse tipo de mercado existem vantagens em captar o número máximo de clientes, as empresas, em teoria, gostam de posicionar seus produtos para obter esse resultado.

Para conferir se isso é viável, o administrador precisa considerar simultaneamente a interseção entre os segmentos de mercado e as barreiras de tecnologia criadas pelos limites à tecnologia atual. A Figura 7.3 oferece uma ilustração simplificada de como isso poderia ser feito no caso do *laptop*. Mantivemos o mapa de cenário de mercado difuso, mas sobrepusemos o envelope atual de tecnologia da empresa da Figura 7.1, com suas três barreiras tecnológicas: componentes, energia e materiais.

Esse diagrama evidencia que, dadas as barreiras atuais, algumas das oportunidades mais atraentes de mercado podem ficar fora de alcance, por causa da impossibilidade de tratamento das barreiras atuais na atual tecnologia. Utilizar uma tecnologia emergente para mover uma barreira intratável pode abrir oportunidades de reconfiguração. Às vezes, pequenos deslocamentos em uma barreira podem gerar benefícios colossais se permitirem que uma empresa cruze a barreira apropriada e acesse um novo segmento de mercado antes bloqueado.

Suponha que você seja capaz de produzir um modelo X na Figura 7.3. Esse modelo oferece um *laptop* leve, altamente portátil, com uma robustez de nível médio. Ele agrada aos executivos (por sua portabilidade) e à equipe de vendas (por ser tanto portátil como durável). O grupo de serviço, contudo, ainda o consideraria insuficientemente robusto. Para alcançar todos os três mercados, você precisaria aprimorar a robustez (em outras palavras, precisaria mover o modelo X para a direita no espaço de atributo). O problema é que isso não pode ser feito, dadas as restrições impostas pelo estado atual da tecnologia de materiais. É viável uma robustez adicional concentrando-se agora no modelo Y, por exemplo. Mas isto só poderia ser realizado reduzindo-se a portabilidade da máquina, que iria então perder o seu caráter atrativo para a porção executiva do mercado.

Impondo-se restrições tecnológicas ao nosso mercado difuso, as escolhas de investimento tornam-se mais claras. Para começar, existe uma grande área de

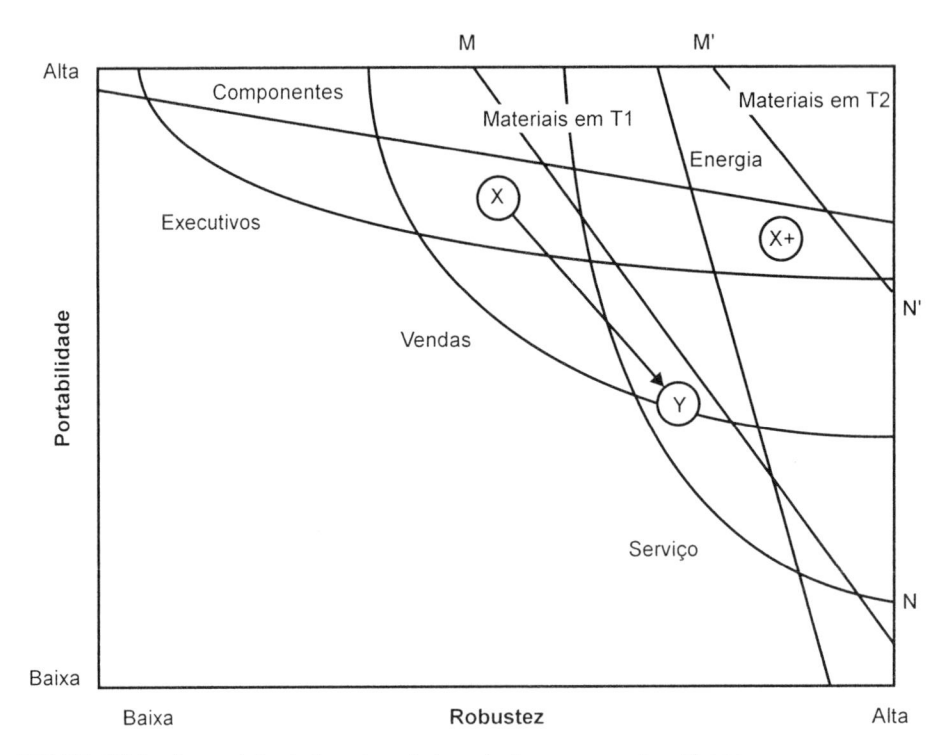

FIGURA 7.3 A sobreposição de barreiras de tecnologia nos mercados difusos.

desenvolvimento tecnológico que, embora tecnicamente viável, não resultará em combinações de atributos que atrairão os clientes porque estão abaixo de qualquer linha aceitável de preço. Ademais, uma vez que o cenário de mercado é difuso, deslocamentos relativamente pequenos no conjunto de atributos oferecidos podem resultar em grandes mudanças no acesso ao mercado. Por fim, a combinação mais tentadora de segmentos de mercado pode estar inteiramente fora do alcance da tecnologia atual.

Além do mais, existem algumas barreiras que, se rompidas, gerarão um acesso muito melhor aos mercados difusos expandidos do que outras. Obviamente, a empresa capaz de fabricar atualmente o modelo X na Figura 7.3 se beneficiaria mais movendo a barreira dos materiais MN para a direita. Isso enfatiza a necessidade de os envolvidos com o desenvolvimento de tecnologia compreenderem o caráter difuso dos mercados nos quais as tecnologias no fim se desenvolverão.

Esta forma de delimitar o problema de tecnologia/mercado também oferece orientação sobre onde a empresa *não* deve investir em tecnologias emergentes. A empresa capaz de oferecer um *laptop* com o modelo X estaria mal avisada ao investir em tecnologias emergentes que pudessem melhorar a barreira de energia, por exemplo, já que isso pouco faria para fornecer à empresa acesso a segmentos de demanda mais atraentes.

Se a empresa que oferece o modelo X pudesse de algum modo lançar uma tecnologia emergente para mover a barreira dos materiais para a direita (digamos, a M'N'), poderia criar um modelo (X+) que satisfaz as necessidades de todos os três nichos relevantes, levando-os a se agrupar em um único grupo novo. Esse processo representa o mecanismo tangível do processo de Schumpeter de "ondas de destruição criativa".[6] No momento em que uma tecnologia emergente leva em conta novos modelos que podem criar conjuntos novos de atributos, torna-se possível às empresas invadir e dominar um espaço inteiro de atributos ou aos novos ingressantes reconfigurar os padrões existentes de demanda do mercado.

Este padrão de ruptura e invasão tem sido observado em muitos setores.[7] Muitas tecnologias revolucionárias inicialmente não conseguem suprir as necessidades dos segmentos centrais de mercado. São introduzidas em nichos aquém do que concorrentes existentes e segmentos principais do mercado consideram atraente. Índices subseqüentes de melhoria de desempenho permitem ao conjunto de atributos associados à tecnologia emergente subir rapidamente de nível, possibilitando a invasão e a conquista de segmentos antes inacessíveis.

Por exemplo, um *laptop* inicialmente pesado lançado no mercado de serviços fica sucessivamente mais leve e, por conseguinte, consegue se mover para o mercado executivo.

IDENTIFICANDO TECNOLOGIAS VALIOSAS PARA OS MERCADOS DIFUSOS

Como aplicar essa estrutura a tomadas de decisão sobre investimentos em tecnologia emergente? A seção seguinte apresenta uma abordagem para desenvolver uma compreensão do caráter difuso do mercado e das barreiras de tecnologia. Depois, oferece maneiras para utilizar esses *insights* no desenvolvimento da estratégia de tecnologia.

Identificar oportunidades exige, primeiro, uma compreensão completa do cenário de mercado. Para compreenderem o caráter difuso do mercado, os estrategistas precisam ter compreensão de três conjuntos de condições:

1. Aqueles atributos que significativamente diferenciam uma oferta da outra;
2. Como os conjuntos de atributos agradam a segmentos diferentes de mercado (incluindo-se tamanho, inclinação para a compra e lucratividade desses segmentos);
3. Como as barreiras de tecnologia influenciam a interação entre atributos e segmentos.

Identificando o caráter difuso do mercado

Começamos com uma ferramenta simples, mas poderosa – a matriz de atributos – para entender o caráter difuso do mercado antes de aplicarmos uma análise mais sofisticada. Os atributos se organizam na matriz baseados na natureza da reação dos clientes e na intensidade dessa reação aos conjuntos de atributos. A natureza da resposta do cliente a um atributo de produto pode ser positiva, negativa ou neutra. Categorizamos o espectro de resposta em três componentes:

1. *Básico*. Quando o mercado classifica um atributo como básico, ele se torna uma característica ou componente que se espera que todos os provedores ofereçam. O não-oferecimento exclui a empresa do mercado, mas a oferta não garante o pedido para a empresa.

2. *Discriminadores*. Esses atributos distinguem os provedores. Podem ser tanto positivos como negativos. A baixa velocidade das conexões de Internet é exemplo de um atributo negativo de discriminação.
3. *Características energizantes*. Trata-se de atributos discriminadores que traçam uma distinção clara entre as ofertas. Em geral são características e funcionalidades novas, como o foco automático das câmeras de 35 milímetros. Os atributos energizantes constituem características do produto que têm uma influência drástica na inclinação do cliente para comprar o produto.

As companhias podem começar examinando os atributos atuais da empresa para identificar os atributos que poderiam ser susceptíveis de reconfiguração através do uso de tecnologia emergente. Isso se faz realizando uma avaliação interna, utilizando uma equipe de dentro da empresa, teoricamente com uma boa representação das funções que têm contato direto com os clientes. A equipe se encarrega de desenvolver uma lista abrangente de atributos e de categorizá-los. Funcionários de áreas diferentes discutem como classificar cada atributo por tipo de cliente. Por meio desse processo, a empresa desenvolve um conjunto separado de atributos para cada segmento de clientes.

Após essa discussão interna, em geral testamos os resultados com uma pesquisa junto aos clientes. No caso mais simples, interrogamos clientes nos segmentos que ofereçam sua própria avaliação da importância dos atributos. Trata-se, em geral, de um passo extremamente esclarecedor, à medida que as empresas descobrem que os clientes possuem visões bem diferentes do valor dos atributos das que os funcionários esperavam. Atributos aparentemente positivos, na verdade, acabam mostrando-se negativos, como ocorre quando as linhas aéreas anunciam vôos no horário marcado e depois sobrevoam o aeroporto de destino por quase uma hora. Algumas empresas levam essa pesquisa um passo adiante, entrevistando os clientes dos concorrentes. Essa pesquisa freqüentemente pode gerar uma compreensão considerável dos atributos que são importantes aos clientes, mas não são atualmente oferecidos pela empresa.

Uma vez identificados os segmentos, é possível utilizar técnicas como a análise conjunta[9] para esclarecer os atributos a partir dos quais os clientes em cada segmento tomam decisões em relação às ofertas concorrentes. Esses atributos devem refletir a satisfação das necessidades dos clientes em cada segmento. Por exemplo, um taco de beisebol feito de fibra de vidro reforçada com carbono não é comprado por sua *resistência a impacto*; é comprado por sua durabilidade – os tacos duram mais tempo sem rachar ou lascar e, por conseguinte, precisam de uma substituição menos freqüente.

Uma vez desenvolvidas essas matrizes, é possível começar a esboçar (ao menos em diagramas ilustrativos) o caráter difuso do mercado. O resultado seria uma série de diagramas similares aos examinados para os computadores *laptop*. Como esses diagramas só podem lidar com duas dimensões por vez, os administradores podem partir para uma elaboração gráfica mais sofisticada ou quebrar a análise em pares de atributos e usar uma série desses diagramas.

Quando os administradores compreendem os atributos valorizados no presente, o desafio seguinte é compreender os atributos que serão mais valorizados pelos segmentos no futuro. Será que os executivos que usam *laptops* estão ficando preocupados com a conectividade à Internet e aos correios de voz? Utilizando técnicas de previsão de mercado, os administradores precisam identificar os diferenciadores e causadores de insatisfação emergentes, as necessidades que surgem ou desaparecem e as modificações na população que afetam a composição dos segmentos. Essas análises fornecem a base para se tecer conjecturas em relação às dimensões de mérito que podem estar surgindo para cada segmento. Os administradores saem do atual conjunto de atributos mais favorecido e vão para necessidades que ele satisfaz, depois para as tendências nessas necessidades, e depois voltam para a estimativa das mudanças nas dimensões de mérito que podem ser exigidas no futuro. Através desse processo, eles começam a estabelecer o escopo das potenciais direções para aprimorar ou aumentar os seus conjuntos de atributos.

Identificando limitações da tecnologia

Depois que os administradores têm uma melhor compreensão dos atributos atuais e futuros valorizados por segmentos de clientes, o próximo passo é identificar os limites da tecnologia que impedem a empresa de proporcionar esses atributos. Essas barreiras representam o alvo do desenvolvimento futuro de tecnologia. A empresa trabalha com especialistas para abrir os horizontes e saber que barreiras atuais de tecnologia podem vir a ser obstruções no futuro. Embora existam incertezas significativas envolvidas tanto na tecnologia como nos mercados, o pano de fundo agora está pronto para a criação de um "registro de barreiras" para a determinação das barreiras específicas de tecnologia que podem restringir a capacidade da empresa de aprimorar ou aumentar o conjunto de atributos ao longo das dimensões de mérito hipotéticas do futuro. Com o auxílio da previsão de tecnologia pelos especialistas da empresa (ou por consultores externo), os administradores conseguem identificar pontos nos quais a tecnologia emergente permitiria à empresa reconfigurar os atributos. À medida que se identifica cada oportunidade de desdobramento de tecnologia emergente em um segmento, acrescenta-se à lista ou ao registro de oportunidades.

Este dever de casa abrangente proporciona a base para a decisão sobre a exploração de uma tecnologia emergente e como isso será feito. Quanto mais aplicações forem identificadas para a tecnologia, e quanto maiores forem os mercados afetados, mais atraente será a busca por uma tecnologia emergente.

Há tecnologias que podem surgir em um setor a partir do nada. Embora esses tipos de aplicações inesperadas pareçam desafiar a análise cuidadosa, podem ser exploradas sistematicamente usando-se a estrutura já apresentada. Uma vez que se identifique a barreira de tecnologia que precisa ser vencida, os administradores podem começar a vasculhar o planeta em busca de potenciais tecnologias que possam alcançar esse resultado. Procurando fora da empresa, podem ser capazes de realizar os saltos criativos para uma nova tecnologia antes não aplicados ao problema. Embora muitas dessas aplicações criativas sejam resultado do acaso e da inspiração, não existe razão para não poderem ser o resultado dos "99% de trabalho duro", como o utilizado por Thomas Edison para identificar materiais para a lâmpada elétrica. (Por outro lado, os administradores às vezes possuem uma nova tecnologia à procura de aplicações. Este desafio e um processo para a pesquisa dimensional são discutidos depois neste capítulo.)

Investindo em opções

A análise estática do caráter difuso do mercado e das barreiras de tecnologia oferece uma formulação útil, mas por demais simplista. Praticamente todo elemento do processo descrito é incerto. As necessidades dos clientes podem modificar-se de formas que não foram antecipadas. As barreiras de tecnologia podem se mostrar inesperadamente resistentes (ou inesperadamente fracas). Novas barreiras podem surgir com o desenvolvimento. Os concorrentes não estão parados – em especial em ambientes altamente dinâmicos, todo o cenário de mercado pode se deslocar rapidamente em conseqüência do comportamento dos concorrentes. Tecnologias radicalmente novas ao mercado podem aparecer e sacudir toda a indústria.

Dado esse nível de incerteza, mesmo se forem fortes as evidências de que a tecnologia emergente suprirá dimensões futuras de mérito, a busca por maneiras de aplicar a tecnologia emergente precisa ser determinada por uma lógica de opções.[10] Como será discutido por William Hamilton no Capítulo 12, os investimentos em tecnologia emergente podem ser considerados opções reais. Investimentos inicialmente pequenos concedem às empresas opções para fazer investimentos mais consistentes em desenvolvimento ou em comercialização adicionais no futuro. O valor dinâmico futuro determinado pela formulação de opções reais contrasta com a visão mais estática do valor presente líquido e dos fluxos de caixa descontados que são usados na análise financeira tradicional. Uma coisa fica igual: com as opções reais, como ocorre em qualquer investimento, a empresa deseja maximizar o valor de seus investimentos.

Como uma compreensão dos cenários de mercados difusos e das barreiras de tecnologia pode contribuir para essas decisões sobre investimentos em tecnologia? O valor de uma opção em uma determinada tecnologia é afetado pelo potencial tamanho do mercado que a tecnologia pode abrir. Quanto mais a tecnologia puder contribuir para um atributo que diferencia o produto ou o serviço da empresa do oferecido pelo concorrente, permitindo-lhe dominar um segmento em particular, maior será o valor da opção nessa tecnologia. Combinando uma análise do potencial da tecnologia de modificar um dado atributo com a avaliação da importância desse atributo na conquista de um segmento particular de cliente, a empresa conquista uma visão bem mais nítida do valor potencial dessa opção.

Os administradores podem abordar essa avaliação examinando o potencial de *posicionamento* da empresa no mercado ou *explorando* uma tecnologia potencialmente valiosa:

- *Opções de posicionamento*. Em alguns casos, a empresa examinará o seu cenário de mercado para identificar maneiras de vencer as barreiras de tecnologia (como se mostrou no exemplo dos *laptops*), e depois sairá em busca de tecnologias que ajudarão a atingir esse posicionamento. Investirá em opções de tecnologia que, espera-se, ajudarão a melhorar seu posicionamento. Examinamos várias estratégias usadas para criar essas opções de posicionamento, baseados na análise do caráter difuso do mercado e nas barreiras de tecnologias já descritas.
- *Opções de exploração*. Em outros casos, a empresa possui uma tecnologia em busca de mercado. A empresa, então, procura maneiras de aplicar essa tecnologia para criar atributos que sejam de valor a determinados segmentos

de clientes. Examinamos um processo de pesquisa dimensional que pode ser utilizado nesse processo de exploração.

IDENTIFICANDO OPÇÕES DE POSICIONAMENTO PARA EXPLORAR MERCADOS DIFUSOS

Dado este quadro de sobreposição de mercados difusos e barreiras de tecnologia, existem inúmeras maneiras que as empresas podem usar para o desenvolvimento de tecnologia para entrar em novos mercados. Essas estratégias vão desde captar ou consolidar um único nicho, até criar ruptura para a estrutura inteira do setor. A escolha de estratégias depende de como o mercado e as barreiras se configuram e do nível de ambição e de apetite por mudança dentro da empresa. Há três alternativas estratégicas principais:

1. A dominação em um único nicho;
2. A fusão de nichos;
3. A criação de um novo envelope de tecnologia.

A dominação em um único nicho.

A primeira estratégia é a "dominação em um único nicho", em que a empresa vence uma barreira tecnológica de modo que possa oferecer um produto superior em um nicho específico. Como é mostrado na Figura 7.4, as empresas X e Y estão competindo por um único nicho com os modelos X e Y, que se situam na mesma curva de preço, de modo que os clientes no momento são indiferentes aos dois modelos. O envelope de modelo dentro do qual ambas as empresas competem é delimitado pela barreira MN, que restringe a gama de atributos possíveis que qualquer uma das duas empresas pode introduzir. A empresa X investe em opções de tecnologia com o potencial de deslocar a barreira MN. Se a empresa X for capaz de deslocar essa barreira de uma forma que a empresa Y não possa copiar, cria a oportunidade de mover-se a um desenho tal como X', que domina o produto da empresa Y. A empresa X captura o nicho da Y porque o seu modelo é agora superior.

Um exemplo desse tipo de estratégia é visto na busca do Citibank por novas fontes de diferenciação para seu cartão de crédito ao consumidor. O banco experimentou muitas tecnologias novas, desde o reconhecimento dos *smart cards*, passando por sistemas inteligentes, até ligações inteligentes com serviços automotivos e de compra, antes de encontrar a tecnologia para personalizar os cartões de crédito com uma fotografia do possuidor do cartão. Isto possibilitou ao Citibank oferecer um conjunto poderoso de atributos aprimorados para seu mercado-alvo, adicionando o benefício de prevenção de fraude. Em última instância, o cartão de crédito com foto também modificou a natureza do cenário de outras maneiras. É comum a carteira de motorista servir como identificação oficial para muitos propósitos, como admissão a clubes noturnos, compra de álcool e comprovação de identidade no uso de cheques. As pessoas que não dirigem veículos estão, assim, em desvantagem. O cartão de crédito com foto do dono passou a ser aceito como identificação adequada em muitos casos, criando uma categoria toda nova de necessidades que o cartão podia suprir.

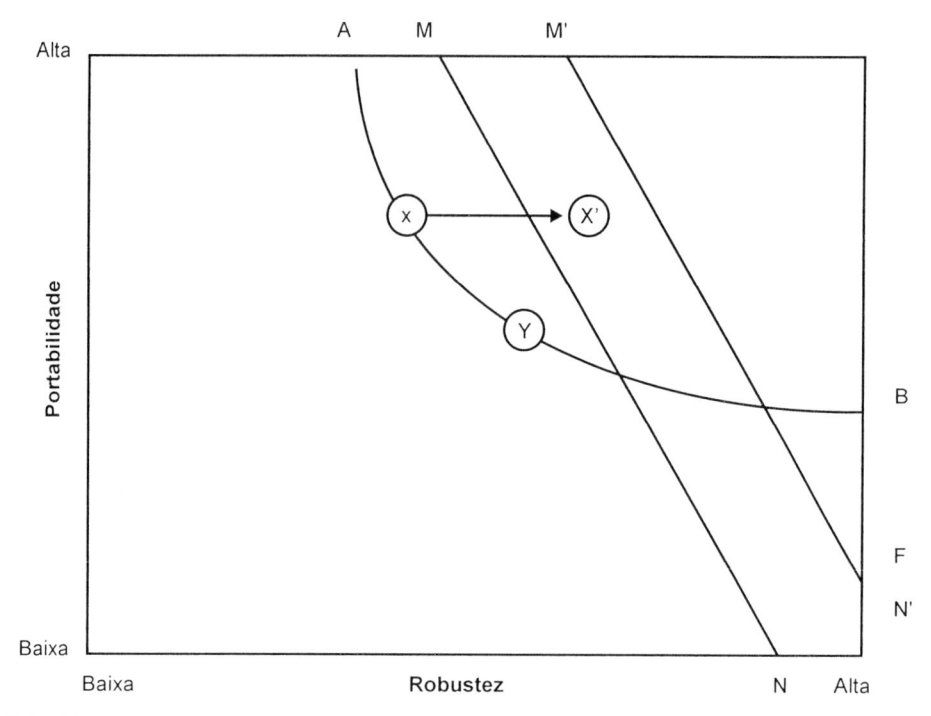

FIGURA 7.4 Estratégia de dominação em um único nicho.

Uma estratégia de nicho único é apropriada quando os concorrentes de um segmento razoavelmente uniforme e atraente não conseguem oferecer atributos melhorados a um preço razoável devido a barreiras tecnológicas. A empresa que tomar a iniciativa de remover essas barreiras pode dominar o nicho, e em geral também é capaz de extrair prêmios significativos de preço. Os tipos apropriados de opções aqui são investimentos de escopo limitado em tecnoogias que têm uma conexão direta para aumentar o caráter atrativo do conjunto de atributos ou para reduzir o custo e/ou as estruturas dos ativos da oferta.

A fusão de nichos

Uma segunda maneira de organizar uma tecnologia emergente é buscar tecnologias que precipitarão a fusão e a dominação de um ou mais segmentos através da recuperação de uma ou mais barreiras tecnológicas. Como é mostrado na Figura 7.5, a empresa X com o modelo X não pode competir com a empresa Y porque está presa à barreira MN, enquanto a empresa Y, por quaisquer que sejam os motivos, não o está. Se, ao lançar uma tecnologia emergente, a empresa X descobre uma maneira de mover a barreira MN para M'N', permitindo-lhe oferecer o modelo X+, ela será capaz de dominar a empresa Y em ambos os segmentos. Essa estratégia essencialmente funde dois ou mais nichos e permite à empresa dominar esse "nicho" maior. Uma estratégia como essa geralmente é apropriada para tecnologias com um índice de melhoria de desempenho acentuado em comparação às alternativas.

Essa estratégia pode ser vista na invasão pelas minifábricas dos mercados das empresas titulares de fabricação de aço[11]. Inicialmente, a tecnologia avançada existente impediu as minifábricas de ingressar nos mercados que exigiam produtos de acabamento de alta qualidade e as confinou a nichos nos quais esses atributos não importavam. Mas as minifábricas continuaram a vencer barreiras tecnológicas, o que lhes permitiu oferecer produtos aceitáveis a clientes em mercados cada vez mais exigentes. Isso lhes possibilitou, por fim, igualar-se a fábricas integradas de aço quase que totalmente, inclusive competindo no lucrativo segmento principal de aço fabricado em rolos.

Para buscar oportunidades de fundir vários segmentos, o primeiro passo é identificar as dimensões de mérito que diferenciam o conjunto atual de atributos da empresa dos antecipados em cada um dos segmentos-alvo considerados para o ataque. O passo seguinte é identificar os projetos em potencial de desenvolvimento de tecnologia que, se bem-sucedidos, permitirão que a empresa entregue o conjunto de atributos mais favorecidos que dominam todos os segmentos sob consideração. Existirão menos oportunidades do que no caso das estratégias de invasão de segmento, e os custos e os riscos serão maiores.

A criação de um novo envelope de tecnologia

A estratégia mais desafiadora para organizar as tecnologias emergentes ocorre quando uma empresa descobre a oportunidade de modificar radicalmente a configuração dos conjuntos de atributos para praticamente todas as configurações

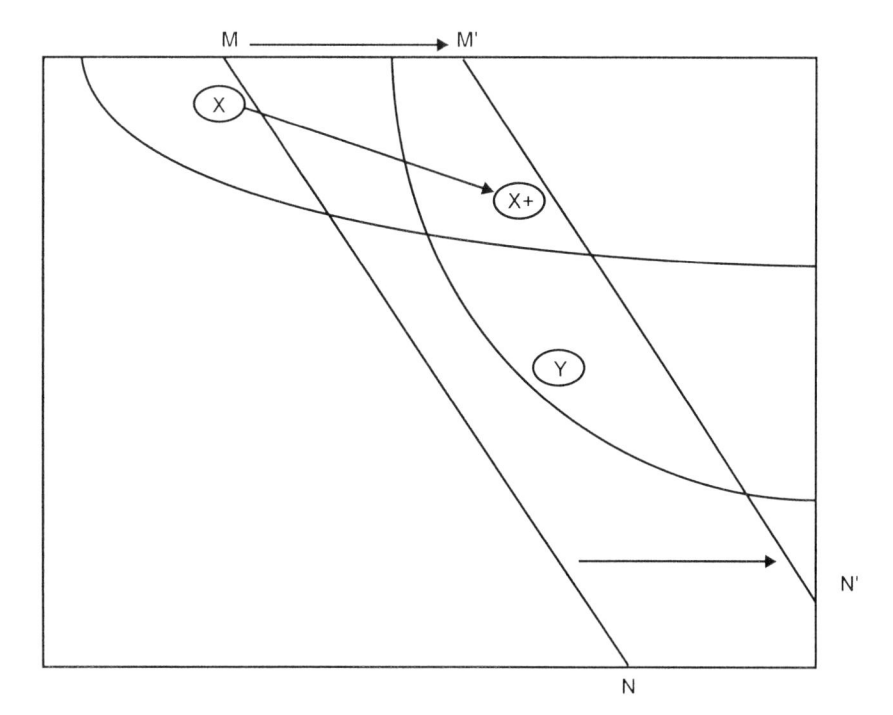

FIGURA 7.5 Estratégia de fusão de nichos.

existentes, em geral introduzindo uma tecnologia inteiramente nova, como é ilustrado na Figura 7.6. Essa descontinuidade radical, que muda por completo as regras do jogo e desloca a configuração dos atributos desejados pelos clientes, com freqüência resulta na extinção das empresas estabelecidas.

Tais deslocamentos radicais em tecnologias subjacentes e nos atributos factíveis vêm se tornando um fato cotidiano em um número crescente de setores. Por exemplo, a fotografia feita com filme está sendo desafiada pelo rápido avanço tecnológico da imagem digital, os meios tradicionais de gerar força nos automóveis estão sendo desafiados por fontes de energia que usam eletricidade, e as telecomunicações, por intermédio da Internet, estão impondo um novo desafio aos operadores de redes convencionais de telefone.

Como foi discutido por Day e Schoemaker no Capítulo 2, as empresas estabelecidas que dominam as tecnologias – em especial aquelas com investimentos consideráveis em instalações e capacidades fixas (ou com investimento considerável em métodos estabelecidos, como empresas de longa data que prestam serviços) – têm dificuldade em se adaptar. Encontram-se presas em um determinado envelope de tecnologia. Quando as demarcações desse envelope são completamente rompidas, as demandas do segmento podem se deslocar de forma radical, deixando poucos clientes ou nenhum cliente no espaço prévio de tecnologia e criando uma restrição mais baixa de desempenho para todos os (ou a maioria dos) segmentos. As tecnologias estabelecidas são simplesmente incapazes de oferecer a nova funcionalidade, apesar da tendência das empresas estabelecidas em investir para aprimorá-las.

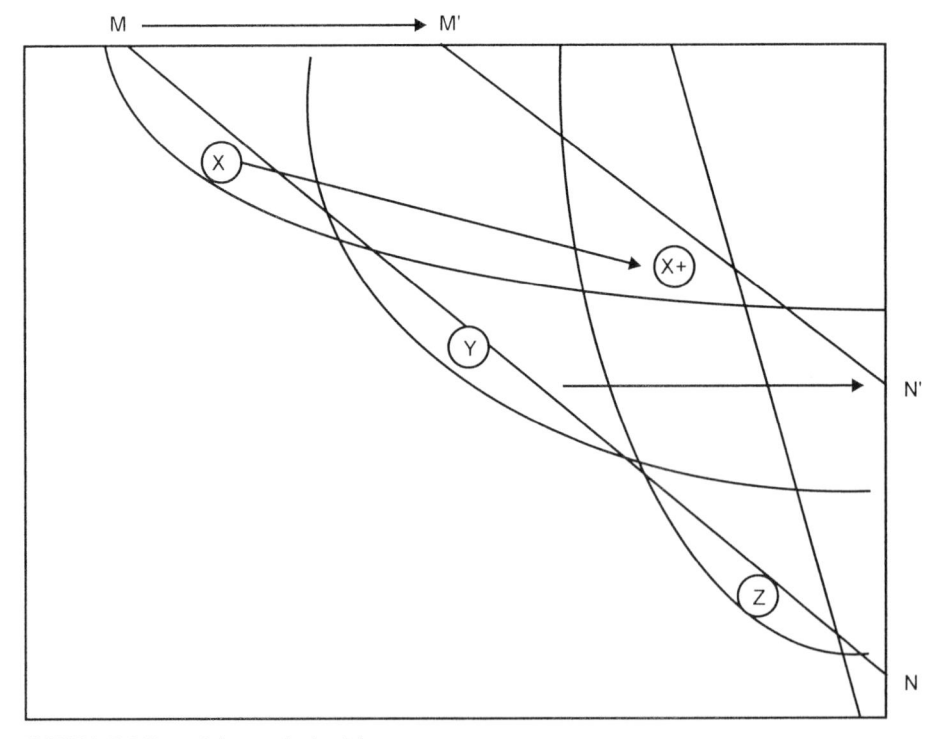

FIGURA 7.6 Estratégia revolucionária.

Na exploração das oportunidades para uma reconfiguração do setor (ou ao menos para uma antecipação do perigo de ser reconfigurado), o passo inicial é identificar de se a tecnologia emergente pode ser capaz de entregar os atributos da tecnologia atual (ou atributos similares) que se espera dominem no futuro. Identifique os pontos nos quais a tecnologia emergente poderia aprimorar ou aumentar os atributos, o que poderia levar a deslocamentos importantes a favor da tecnologia emergente.

Os custos e os riscos da reconfiguração podem ser enormes, o que implica que nenhuma empresa quer arcar sozinha com todo o risco. Joint-ventures, consórcios de pesquisa ou investimentos em empresas iniciantes podem ser usados como alternativas para não se arriscar sozinho. Se a tecnologia emergente demonstra promessa de futuras dimensões de mérito, identificar o menor número de projetos para buscar essas dimensões de mérito permitirá que as empresas comecem a explorar a tecnologia emergente como um veículo para a competitividade futura.

IDENTIFICANDO OPÇÕES DE EXPLORAÇÃO PARA A APLICAÇÃO DE NOVAS TECNOLOGIAS

Uma análise semelhante, porém ao contrário, precisa ser feita por empresas que possuem ou estão buscando uma nova tecnologia, pela tecnologia em si, e desejam encontrar aplicações valiosas de mercado. Alguns projetos de desenvolvimento de tecnologia encontram aplicações inesperadas em outras áreas. A invenção do Kevlar, feita pela DuPont, por exemplo, basicamente transformou a tecnologia de materiais, permitindo a substituição de um material à base de polímero para aplicações que antes só podiam usar materiais como o aço. A DuPont, contudo, teve de explorar uma série enorme de aplicações em muitos mercados diferentes, antes de aplicações finais serem determinadas. Ou pense na fibra de vidro reforçada com carbono, cuja leveza, força, resistência a impacto e a radiação cósmica foram consideradas atraentes na fabricação da carcaça dos satélites. As aplicações finais foram nos equipamentos de esporte – como tacos de beisebol, tacos de hóquei, bolas de boliche – em que toda característica, exceto resistência a radiação cósmica, tornava o material atrativo. Assim, um dos principais desafios para tecnologias emergentes é a identificação das melhores aplicações o mais cedo possível. O desafio é enxergar as melhores aplicações quando tanto a tecnologia como as aplicações de mercado ainda não estão bem definidas.

A chave, nesse caso, é procurar recursos que possam ser criados pela tecnologia emergente e depois identificar necessidades de mercado que sejam atendidas por esses recursos. A ferramenta que recomendamos para isso é o que chamamos de "pesquisa dimensional". Funciona assim: o resultado final de uma tecnologia emergente é um tipo de capacidade para manipular uma propriedade. Por exemplo, o desenvolvimento da fibra de vidro reforçada com carbono gerou um material que tinha algumas propriedades, como baixa gravidade específica, alta força de tensão, alta resistência a impacto, baixa corrosão e alta resistência a radiação. O desenvolvimento da Internet teve como conseqüência uma rede de comunicações com propriedades de longo alcance e alta conexão interpessoal, entre outras. Cada uma dessas propriedades pode ser medida (p. ex., a força tênsil no caso da fibra de vidro) ou, ao menos, descrita (p. ex., a conectividade no caso da Internet) junto com uma ou mais dimensões.

Se a empresa determina que a tecnologia emergente tem o potencial de mudar as dimensões de uma propriedade específica, o desafio passa a ser encontrar segmentos de mercado para os quais essa mudança seja valiosa. Que segmento valorizaria um aumento na força tênsil da fibra de vidro? Que segmento valorizaria uma maior conectividade da Internet? Se pudermos encontrar ofertas ou aplicações nas quais uma certa dimensão tem importância, e a tecnologia emergente demonstrar que pode mudar essa dimensão, existe a possibilidade de a nova tecnologia ser lançada para modificar a oferta, tornando-a mais atraente.

Como a empresa encontra esses produtos que poderiam se beneficiar de sua tecnologia? Esses atributos, que são verdadeiramente importantes, em geral acabam nas especificações de desempenho dos produtos, nos padrões ou nas descrições da oferta, e, para serem especificados, precisam ser dimensionados (medidos ou ao menos descritos). Eis a base para a pesquisa dimensional. Primeiro, use um painel multifacetado para gerar idéias e sistematicamente identificar e listar todas as dimensões que a tecnologia emergente tem potencial de modificar. Insista no uso desse painel para que ele identifique medidas de mudança, em vez de mudanças descritivas, mas use mudanças descritivas se necessário.

Depois, crie uma pesquisa para todas as especificações, padrões, patentes ou quaisquer outras descrições formais de ofertas de produto ou de serviço. (Pode-se estabelecer um robô de busca para vasculhar os diretórios da Internet e outros depósitos de registros que listam dimensões ou descrições, ou então procure no banco de dados de patentes dos Estados Unidos.) Procure menções de todas as dimensões que se espera que a tecnologia emergente afetará. Liste em separado todas as ofertas nas quais uma, duas, três ou mais dimensões são mencionadas na descrição. As ofertas nessas listas constituem os conjuntos de oportunidade para a aplicação da tecnologia. Para encontrar uma oferta específica, quanto mais dimensões forem assinaladas, mais promissora será a tecnologia emergente para essa oferta.

Particularmente, assinale todos os casos em que a dimensão faz parte de um padrão ou de uma especificação. No conjunto de atributos, os negativos são em geral considerados em termos de algum critério máximo ou mínimo (deve ser melhor que X, ou não pode ser pior que Y). Se for possível organizar a tecnologia emergente a fim de remover ou reduzir atributos negativos a fim de criar um novo conjunto de atributos mais favorecido, será um ganho duplo, porque também colocará a oferta velha em desvantagem em relação à nova. Além disso, os atributos positivos são em geral especificados em algum nível acima da melhor alternativa – assim, se puder utilizar tecnologia emergente para exceder esse nível, você poderá ter a chance de usar a tecnologia emergente para construir um conjunto novo mais favorecido.

Se você tem uma lista longa de potenciais aplicações, mas recursos limitados, pode pedir grupos multifuncionais de técnicos e empresários para ajudar a selecionar as aplicações mais promissoras. Identifique clientes em cada uma das potenciais aplicações e faça com que completem o conjunto de atributos da maneira que eles julgam o produto atual que estão comprando, sem revelar as dimensões que está buscando modificar. Desses conjuntos, identifique aqueles atributos que se modificariam se a tecnologia emergente fosse bem-sucedida. Entreviste os clientes potenciais para identificar o grau em que o atributo em questão teria de ser aprimorado para eles trocarem de marca, pagarem mais, recomendarem mais, ou então justificarem o fato de que você deve desenvolver a tecnologia emergente para entregar um conjunto aprimorado. Isso deve fornecer uma boa idéia do tamanho do desafio que seria vencer as barreiras com a tecnologia emergente e provocar uma adoção suficiente para justificar o investimento.

Em seguida, identifique o que a empresa terá de fazer para suprir os outros atributos no conjunto atual de atributos desejados, e determine se eles podem ser oferecidos, em especial os não-negociáveis. Para todas as aplicações para as quais os clientes indicarem uma disposição de apoiar o produto, e a empresa estiver confiante de poder suprir todos os atributos, acrescente-as a um registro de aplicações "semivalidadas". Cada produto nessa lista de aplicações semivalidadas torna-se uma opção potencial de exploração que, se for desenvolvida, pode ser usada para validar mais completamente a aplicação. Quanto mais opções de exploração forem identificadas, mais atrativo será buscar a tecnologia emergente por seu valor extrínseco de oportunidade.

CONCLUSÕES

De forma alguma sugerimos que as aplicações futuras para novas tecnologias jamais serão um assunto previsível ou ordenado. Quebrar uma barreira tecnológica pode ser bem custoso e altamente incerto. Mesmo se as barreiras forem quebradas, não existe nenhuma garantia de que o mercado abraçará o resultado. Pode haver outros atributos mais importantes aos segmentos de clientes. Por exemplo, apesar do salto dobrado em velocidade de computação, os *chips* com um conjunto reduzido de instruções (*reduced instruction set chips* – RISC) não conseguiram progredir em relação aos *chips* com um conjunto complexo de instruções (*complex instruction set chips* – CISC), da Intel. A barreira mais significativa à adoção do modelo RISC é o fato de o *software* projetado para o *chip* da Intel não funcionar nos *chips* RISC. Um número insuficiente de compradores de computador (além dos usuários de Macintosh) estava disposto a abandonar seus investimentos existentes em *softwares* (e investimentos associados em treinamento, padronização e aprendizagem) para adotar a nova tecnologia. Neste caso, o atributo da compatibilidade foi mais importante para a maioria dos segmentos de clientes do que o desempenho em si do *chip*.

Encontrar aplicações para novas tecnologias é um processo confuso, mas uma parte significativa dessa "confusão" é resultado do caráter difuso dos mercados. Melhor compreendendo esse caráter e o impacto no mercado de vencer as barreiras de tecnologia, os administradores podem desenvolver estratégias de tecnologia que utilizam os seus recursos para obter um maior impacto.

Essa abordagem auxilia a forjar ligações mais próximas entre o potencial da tecnologia emergente e as oportunidades estratégicas de mercado, por perceber os produtos e serviços como conjuntos de atributos que transformam recursos tecnológicos em satisfação de necessidades. Podemos, por exemplo, começar a identificar dimensões de mérito que diferenciam os segmentos de mercado com base nas respostas a conjuntos específicos de necessidades e seus atributos associados, criando uma maneira mais refinada de pensar sobre os mercados do que através da segmentação convencional (por exemplo, por idade, tamanho ou local).

Um segundo conjunto de idéias aqui apresentado é a noção de que as oportunidades podem ser descobertas através de uma abordagem experimental guiada por opções. Isso enfatiza primeiro a compreensão de como os cenários de mercado se configuram, depois a identificação dos pontos nos quais se pode conduzir uma experimentação de baixo custo para usar a tecnologia emergente, a fim de derrubar as barreiras e abrir espaços atraentes de oportunidade. As empresas podem se encarregar de projetos de tecnologia emergente que a coloquem numa posição que permita tirar vantagem de incertezas resolvidas ou explorar e descobrir oportunidades de mercado.

O conceito de criar um registro de tecnologias dá ao estrategista uma estrutura adicional para identificar quais barreiras tecnológicas inibem o acesso a segmentos específicos ao longo de dimensões identificáveis de mérito. A empresa pode usar o registro para identificar e empreender desenvolvimento de tecnologia que a coloquem numa posição que permita usar uma tecnologia emergente para ocupar esse segmento. Se esse desenvolvimento de tecnologia for bem-sucedido, ela pode usar a nova tecnologia para buscar novos espaços de mercado, usando uma das três estratégias que descrevemos: o domínio um único nicho, a fusão de nichos e a criação de um novo envelope tecnológico.

Acreditamos que o destino de uma empresa esteja intimamente ligado à evolução do conjunto de atributos disponíveis a vários segmentos de clientes. Sugerimos que as decisões relativas ao desenvolvimento de uma tecnologia emergente não podem ser tomadas sem uma compreensão íntima da relação entre as trajetórias e as barreiras que essa tecnologia possui, e os espaços de oportunidade criados pelo caráter difuso do mercado da empresa.

CAPÍTULO 8

COMERCIALIZANDO TECNOLOGIAS EMERGENTES POR MEIO DE ATIVOS COMPLEMENTARES

MARY TRIPSAS
Harvard Business School

Ao comercializar novas tecnologias, as empresas freqüentemente concentram-se somente nos desafios tecnológicos. Mas a comercialização bem-sucedida exige mais do que o domínio da tecnologia. Os administradores também precisam compreender e construir ativos complementares, suprir necessidades dos novos mercados e enfrentar os desafios de novos concorrentes. Este capítulo apresenta um referencial conceitual para análise desses desafios de comercialização. A autora discute como essas três dimensões permitiram à líder em composição gráfica, a Mergenthaler Linotype, manter sua liderança de mercado por mais de um século, apesar de três períodos de mudanças tecnológicas radicais. Depois a autora utiliza essa estrutura para analisar como essas questões dão forma ao desafio para as empresas estabelecidas na comercialização da fotografia digital.

Em 1886, uma empresa chamada Mergenthaler Linotype lançou uma máquina de composição gráfica automatizada denominada linotipo. Essa máquina revolucionou o mundo da composição gráfica – representando o primeiro grande avanço tecnológico desde que Gutenberg inventara o tipo móvel na década de 1400. A palavra linotipo tornou-se sinônimo de composição gráfica, e a máquina dominou o mercado por mais de 60 anos. E mais extraordinário ainda, em 1990, apesar de três ondas de mudanças tecnológicas radicais e do ingresso de mais de 40 novos concorrentes, a Linotype-Hell, sucessora da empresa original, dominou o mercado do que agora chama-se compositores de imagens (*imagesetters*) – sofisticados processadores de imagens digitais coloridas. Como essa empresa foi capaz de ficar no topo durante essas ondas turbulentas de mudança tecnológica?[1]

Como George Day e Paul Schoemaker analisam no Capítulo 2, as empresas detentoras de tecnologia freqüentemente ficam em desvantagem quando surgem novas tecnologias. Nas transições dos tubos a vácuo aos semicondutores, das calculadoras eletromecânicas às eletrônicas, dos motores a turbo aos motores a jato, dos relógios mecânicos aos de quartzo e em inúmeras outras transições, empresas pioneiras foram devastadas pela introdução de tecnologias radicalmente novas.[2] O que fez a Mergenthaler Linotype de diferente? O que os administradores nas empresas estabelecidas que enfrentam uma tecnologia radicalmente nova podem aprender com a Mergenthaler sobre como lançar uma nova tecnologia com sucesso?

Empresas detentoras de tecnologia, como a Mergenthaler, freqüentemente possuem vantagens que lhes permitem persistir e liderar através de períodos de mudança tecnológica. Por causa dessas vantagens, mesmo quando não vencem a batalha de criar a primeira e melhor tecnologia, ainda conseguem continuar para vencer a guerra competitiva de comercializá-la com sucesso. Por exemplo, se os canais de distribuição existentes permanecerem importantes sob o novo regime tecnológico, as relações de distribuição de empresa titular podem ajudá-la a sobreviver.

O sucesso da Mergenthaler não se deve ao fato de ela deter a primeira ou a melhor tecnologia. Como ocorre em muitos setores, algumas das primeiras ou melhores tecnologias foram criadas por novos ingressantes. Para a Mergenthaler, não foi a tecnologia em si, e sim os ativos complementares constituídos pelos carácteres gráficos de sua propriedade e pelas relações existentes com os clientes, que contribuíram para grande parte de seu sucesso. As companhias que podem identificar e administrar esses ativos e essas relações possuem uma chance muito maior de conduzir suas empresas por entre abismos tecnológicos que as ameaçam de morte.

A HISTÓRIA DA MERGENTHALER: DA COMPOSIÇÃO GRÁFICA COM METAL QUENTE AOS COMPOSITORES DE IMAGENS A LASER

Desde sua fundação, a arquitetura da Mergenthaler Linotype transformou-se no padrão dominante para o setor de composição gráfica, e em 1903 a empresa controlava mais da metade das vendas do segmento. Quando algumas patentes cruciais expiraram em 1911, quatro novas empresas ingressaram no setor, mas só uma delas sobreviveu; depois disso, ninguém ousou desafiar o domínio da Mergenthaler na composição gráfica com metal quente até cessarem as vendas das máquinas em torno de 1970.

Desde a criação dos tipos móveis por Gutenberg, os tipógrafos compunham os tipos à mão. A máquina da Mergenthaler permitia que o tipo em metal fosse composto em palavras e documentos com um teclado semelhante ao da máquina de escrever. O operador utilizava o teclado para enviar e assentar os moldes de letras em fileiras. A máquina, então, imprimia toda a "linha de tipo" injetando chumbo derretido nos moldes. Essas primeiras "linhas compostas" eram organizadas em caixotins para a impressão tipográfica.

O segmento tipográfico, baseado nessa tecnologia de metal quente, foi, por conseguinte, desafiado pelo advento da fotocomposição analógica em 1949, pela fotocomposição digital CRT em 1965 e pela composição de imagens a laser em 1976. Todas as três gerações representaram uma destruição de competência, tornando obsoletas as habilidades tecnológicas e as rotinas das empresas detentoras de tecnologia.

A mudança para a fotocomposição analógica modificou o conhecimento e a tecnologia cruciais do setor e também abriu novos mercados para a publicação interna nas empresas. Cerca de 90% das competências técnicas fundamentais das equipes de desenvolvimento de composição gráfica se perderam na transição. As empresas tiveram de trazer novas competências técnicas de fora, de desenhistas de lentes, passando por engenheiros ópticos, até engenheiros elétricos a fim de dominar a nova tecnologia de fotocomposição.

A transição para a fotocomposição analógica atraiu 17 novos ingressantes ao mercado da Mergenthaler. Ainda assim, as três empresas detentoras da tecnologia de metal quente dominantes (a Mergenthaler, a Intertype e a Monotype) estiveram à frente da curva na adoção da nova tecnologia. Elas saíram com suas primeiras máquinas analógicas de fotocomposição uma média de 12 anos antes dos novos ingressantes (em 1955, comparando-se a 1967). Com essa dianteira ficou difícil para os ingressantes roubarem a cena. Mas as primeiras fotocompositoras desenvolvidas pelas detentoras da tecnologia de metal quente apresentavam um desempenho significativamente inferior. Elas haviam tentado adaptar suas rotinas e arquiteturas prévias à nova tecnologia. Por exemplo, quando a empresa de metal quente Intertype lançou a primeira máquina de fotocomposição do mundo, em 1949, não operava mais rápido do que as máquinas baseadas na antiga tecnologia. Na verdade, a arquitetura básica não era muito diferente da das compositoras tradicionais da empresa.

Embora as empresas detentoras estivessem cientes da nova tecnologia e reconhecessem seu potencial, tiveram dificuldades em romper a mentalidade da antiga tecnologia. Um administrador abandonou, frustrado, uma empresa de tecnologia em metal quente devido à falta de interesse da empresa pela eletrônica. Mais tarde ele explicou que se sentia como "um homem de um olho só num reino de cegos". E uma das máquinas de fotocomposição criada por uma empresa detentora da tecnologia de metal quente foi descrita como "um estranho amálgama de mecânica, fluxos e eletrônica... com conceitos técnicos anacrônicos, contrários às tendências predominantes do desenvolvimento".[3]

Em 1961, a participação no mercado de fotocomposição da Intertype despencara de 100% para apenas 12%. Novos ingressantes criaram máquinas com arquiteturas significativamente diferentes e bem superiores em desempenho. Examinando uma dimensão importante do desempenho – a velocidade média das máquinas em compor os tipos –, mesmo os produtos mais refinados das empresas tradicionais apresentavam um desempenho bem mais lento do que o das primeiras máquinas das novas empresas. Na mudança para as fotocompositoras analógicas, as primeiras máquinas das empresas titulares processavam uma média de 14 linhas de jornal por minuto, enquanto as novas máquinas completavam nesse mesmo tempo 41 linhas. Mesmo as terceiras máquinas das empresas titulares alcançaram uma velocidade média de apenas 26 linhas, enquanto a segunda geração de máquinas dos novos ingressantes eram duas vezes mais rápidas. Apesar das experimentações iniciais com a tecnologia por décadas antes da chegada dos novos ingressantes, as empresas detentoras de tecnologia ficaram atrás em desempenho e nunca se igualaram aos ingressantes.

Os mesmos padrões são vistos nas gerações seguintes de tecnologia. A primeira fotocompositora digital CRT das empresas titulares podia compor 399 linhas por minuto, em comparação às 974 linhas das primeiras máquinas dos ingressantes. Na mudança para composição de imagens a laser, as primeiras máquinas das empresas titulares compunham apenas 381 palavras por minuto, em relação às 648 dos ingressantes. Mas as empresas titulares impuseram-se ainda melhor durante essas mudanças. Em cada caso, com base somente na tecnologia, as titulares não pareciam ter chance de sucesso. Como sobreviveram e prosperaram? A resposta reside além da tecnologia.

TRÊS DESAFIOS DA COMERCIALIZAÇÃO

Tecnologias emergentes fazem mais do que mudar as competências tecnológicas necessárias ao sucesso. Freqüentemente modificam os ativos complementares relevantes, os concorrentes relevantes e os clientes relevantes. Infelizmente, as empresas estabelecidas geralmente focalizam-se em dominar a nova tecnologia em si e não conseguem compreender as implicações da tecnologia para essas outras áreas. Uma administração proativa dessas outras áreas, além do desenvolvimento de novas capacidades técnicas, é crucial à sobrevivência. Se esses fatores não forem radicalmente modificados, as empresas titulares terão uma chance muito melhor de obter sucesso em uma mudança tecnológica fazendo investimentos contínuos nos ativos não-técnicos. Se esses outros fatores modificarem-se significativamente, o desafio é muito maior. É bem provável que a titular falhe, a não ser que desenvolva novos ativos complementares, compreenda os novos clientes e responda aos novos concorrentes. A mudança tecnológica, portanto, deve ser somente um dos fatores que formam a estratégia geral de comercialização, como é ilustrado na Figura 8.1.

A mudança nos ativos complementares

Para se beneficiar comercialmente de uma inovação, a empresa precisa ter ativos adicionais que lhe permitam levar a inovação ao mercado de forma original. Entre esses ativos complementares[4], incluem-se recursos como o acesso à distribuição, a capacidade de serviço, o relacionamento com os clientes, o relacionamento com os fornecedores e os produtos complementares. Quando os ativos complementares são de difícil aquisição ou imitação pelas outras empresas, é bem mais provável que a empresa inovadora se beneficie comercialmente de sua inovação.

Às vezes, mesmo quando muda a tecnologia, esses ativos complementares continuam a conceder às empresas estabelecidas uma vantagem sobre as concorrentes. Por exemplo, a mudança para os *scans* CAT e MRI na imagem de diagnóstico médico foi muito menos devastadora para os concorrentes tradicionais de raio X do que poderia se esperar, porque seus elos com os clientes e seu mercado mantiveram o valor.[5] As relações de venda e de serviço dos participantes eram de difícil reprodução por parte dos ingressantes e amorteceram o choque para as empresas estabelecidas.

Entre os mais poderosos segredos da longevidade da Mergenthaler estiveram os caracteres gráficos de sua propriedade. Os tipos gráficos afetam o valor da máquina tipográfica da empresa da mesma forma que a variedade de *softwares* disponíveis para um computador afeta o seu valor para um comprador. Quanto mais tipos gráficos estiverem disponíveis, melhor. Entrevistas com clientes revelaram que uma empresa precisava de no mínimo 500 caracteres gráficos para ser considerada viável e, ainda assim, ficava em desvantagem em relação às empresas com coleções maiores. Em 1923, a Mergenthaler havia desenvolvido uma coleção de tipos gráficos com 2.000 caracteres. Apesar de grandes investimentos, levou cerca de um ano para a Mergenthaler desenvolver 100 novos tipos gráficos. Neste passo, levaria mais de 20 anos para um ingressante duplicar a coleção de 1923 da Mergenthaler e cinco anos para alcançar o nível mínimo de 500 tipos gráficos.

Mudança em tecnologia/competências
• Quais são os novos conjuntos de competências necessários para desenvolver e gerir a tecnologia?
• No que eles são diferentes das competências atuais da empresa?
• Que percentual do conjunto de competências atuais da empresa continuará a ter valor quando a nova tecnologia for comercializada?

Mudança nos ativos complementares
• Quais são os ativos complementares que no momento possuem valor para a empresa?
• Que ativos vão reter seu valor no novo regime tecnológico?
• Quais são os novos ativos complementares exigidos?
• Que padrões de arquitetura de propriedade da empresa, esta pode controlar?
• Com qual produto complementar o produto da empresa agora se depara? Em que áreas de produto complementar a empresa deve ingressar?

Mudança na estratégia

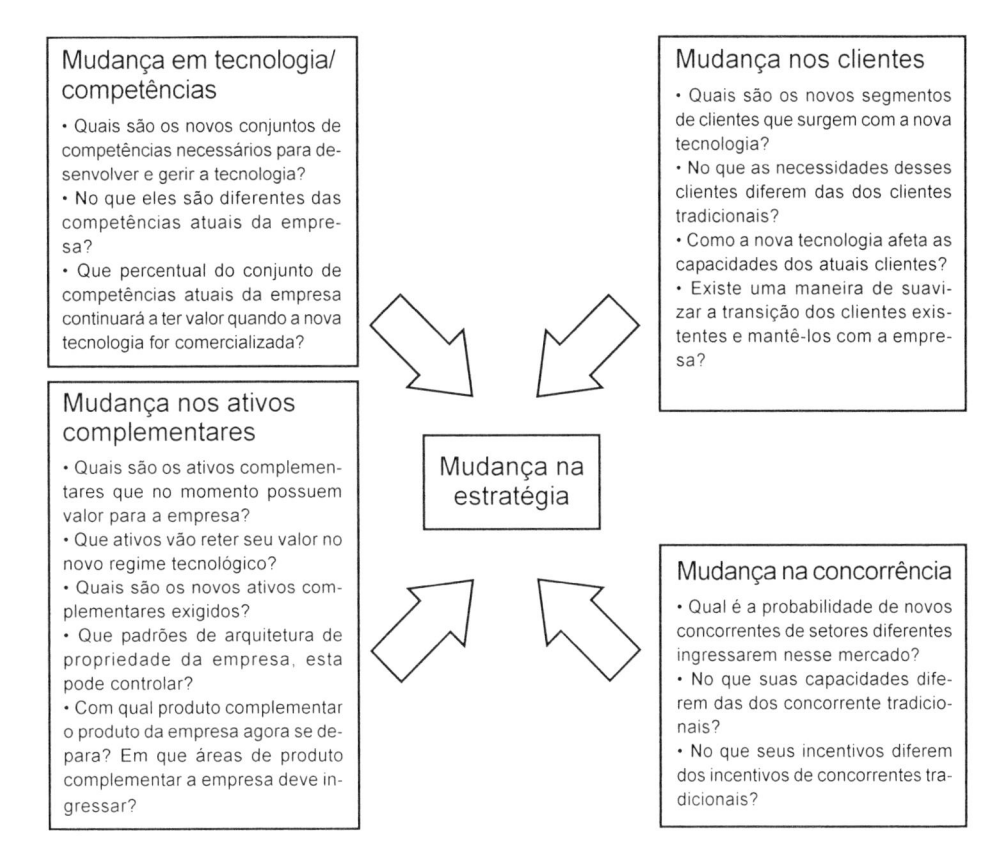

Mudança nos clientes
• Quais são os novos segmentos de clientes que surgem com a nova tecnologia?
• No que as necessidades desses clientes diferem das dos clientes tradicionais?
• Como a nova tecnologia afeta as capacidades dos atuais clientes?
• Existe uma maneira de suavizar a transição dos clientes existentes e mantê-los com a empresa?

Mudança na concorrência
• Qual é a probabilidade de novos concorrentes de setores diferentes ingressarem nesse mercado?
• No que suas capacidades diferem das dos concorrente tradicionais?
• No que seus incentivos diferem dos incentivos de concorrentes tradicionais?

FIGURA 8.1 As forças que formam a estratégia de comercialização.

Os ingressantes tinham de licenciar, projetar ou copiar novos caracteres gráficos. As empresas estabelecidas não estavam dispostas a licenciar seus tipos gráficos. Projetar novos caracteres gráficos levava muito tempo. Até a cópia dos caracteres envolvia mais do que se imaginava. O ingressante mais bem-sucedido de segunda geração, a Compugraphic, levou 10 anos e gastou aproximadamente US$ 23,8 bilhões para adquirir 1.000 tipos gráficos. A maioria dos tipos gráficos similares eram considerados inferiores aos originais, e a Mergenthaler havia registrado a marca de muitos dos seus nomes. Preferia-se o "Helvetica" verdadeiro a alguma "imitação barata". Como escreveu um tipógrafo comercial a uma nova empresa de fotocomposição:

> Eu compreendo, é claro, que você tenha muitos tipos gráficos disponíveis... Meu problema, contudo, é ajustá-lo com perfeição ao nosso estilo atual de tipos gráficos – e todos são tipos da Mergenthaler. Estamos mudando dos tipos quentes para os frios, e temos muitos clientes cautelosos que desejam a mesma qualidade produzida pelo tipo de metal quente. Estou certo de que você pode entender nossos requisitos.[6]

A Mergenthaler fez investimentos explícitos na manutenção de seus valiosos ativos complementares, em particular na coleção proprietária de tipos gráficos. As empresas estabelecidas também podem, de modo proativo, influenciar quais ativos complementares serão de importância, em particular na arena dos padrões de arquitetura. Quando as tecnologias estão surgindo, existe em geral um número de modelos ou padrões concorrentes para a implementação da tecnologia ou dos padrões. As empresas estabelecidas podem influenciar estrategicamente a evolução do setor forçando sua implementação ou padrão em particular, como a Microsoft e a Intel fizeram na computação pessoal.[7] Esse padrão constitui um ativo que continua a dar à empresa uma vantagem no mercado, mesmo com a tecnologia continuando a se desenvolver.

Por exemplo, o hábil gerenciamento da Adobe Systems das relações com os desenvolvedores de aplicações, com os fabricantes de impressoras e computadores e com os criadores de tipos gráficos ajudou a empresa a obter sucesso no estabelecimento de seu produto de linguagem de descrição de página, o Postscript, como padrão. A propriedade do padrão Postscript serviu como forte ativo complementar para a Adobe com a continuação da evolução da tecnologia subjacente.

O *software* Postscript oferece uma interface entre um programa de computador e uma impressora. Quando a Adobe lançou a tecnologia de Postscript em 1985, a empresa tomou uma série de medidas que a ajudaram a se tornar padrão.[8] Primeiro, a Adobe "abriu" partes importantes da tecnologia. Os desenvolvedores de aplicações tiveram acesso livre à linguagem de Postscript, e na verdade a Adobe lhes ajudou a escrever aplicações que fossem compatíveis com as impressoras Postscript. Em contraste à Xerox e a sua linguagem de descrição de página concorrente, a Interpress, a Adobe permitiu que vários fabricantes de impressoras oferecessem produtos que incorporassem um intérprete de Postscript. Na verdade, a Adobe ofereceu o projeto de um controlador de placa aos fabricantes de impressoras para acelerar o desenvolvimento das impressoras Postscript. Depois, a Adobe coletou uma taxa de direitos autorais por cada impressora Postscript vendida.

A Adobe também investiu no desenvolvimento dos seus próprios produtos compatíveis com a linguagem Postscript, em particular um extensa coleção de tipos gráficos Postscript e *softwares* sofisticados para editoração eletrônica computadorizada como o Adobe Illustrator e o Adobe Photoshop. Esses produtos serviram como ativos complementares ao ajudarem a aumentar a demanda pelas impressoras Postscript. Por fim, a Adobe formou uma aliança estratégica para oferecer um sistema completo de editoração em computador quando a linguagem Postscript foi lançada. A Apple forneceu o computador Macintosh e a impressora a laser, a Aldus forneceu o *software* Pagemaker, e a Linotype-Hell o acesso a tipos gráficos de qualidade. Combinados, os produtos dessas empresas proporcionaram aos clientes uma completa solução para computadores.

Curiosamente, o uso inteligente pela Adobe dos ativos complementares acabou destruindo a posição competitiva da Linotype-Hell e de outros fabricantes de caracteres gráficos. Com o crescimento da editoração eletrônica e a disponibilidade de tipos em formato Postscript, as empresas de caracteres gráficos perderam o controle proprietário sobre um ativo complementar importante, as coleções de tipos gráficos. Tornou-se, então, muito mais fácil para as outras empresas lançarem novas tecnologias, na forma da editoração eletrônica. Depois de 100 anos de liderança, o desempenho da Linotype-Hell sofreu abalos em meados de 1990, e a empresa foi comprada pela Heidelberg Press, editora alemã, em 1996.

Assim, enquanto algumas tecnologias novas podem tornar os ativos complementares de uma empresa mais valiosos, outras podem torná-los obsoletos. Um outro exemplo é encontrado no segmento de calculadoras. Quando as calculadoras eram eletromecânicas, um ativo complementar importante foi uma organização bem-treinada de vendas e serviços. Os concorrentes de destaque nesse setor tinham mais de 1.500 indivíduos dedicados a essa atividade[9]. Com a mudança para as calculadoras eletrônicas, muito mais confiáveis, contudo, essas grandes organizações de serviço não eram mais necessárias. Com efeito, os distribuidores de equipamentos para escritório tornaram-se um substituto viável para as organizações de venda/serviço. O valor do ativo complementar da empresa estabelecida quase desapareceu e tornou-se difícil competir com a nova geração de tecnologia.

A tarefa para empresas estabelecidas na avaliação de uma transição tecnológica é identificar quais ativos complementares são no momento importantes, e quais serão importantes no novo regime tecnológico. Se certos ativos – por exemplo, um forte nome de marca – retiverem seu valor, então, além de investir em tecnologia, a empresa precisa investir nesses ativos. Por exemplo, pode precisar investir em propaganda para manter a força da marca. Em contrapartida, se novos ativos complementares forem necessários, além de desenvolver uma nova capacidade tecnológica, a empresa precisa desenvolver ou adquirir esses novos ativos complementares.

A mudança nos clientes

As tecnologias emergentes representam uma revolução não só para empresas estabelecidas que buscam comercializá-las, mas também para seus clientes. A próxima questão-chave para o desenvolvimento de uma estratégia de comercialização é examinar cuidadosamente o impacto da tecnologia nos clientes. Novas tecnologias, com freqüência, criam novos segmentos de cliente com novos conjuntos de necessidades. Quando avaliam uma nova tecnologia, muitas empresas estabelecidas deixam de investir em um novo domínio tecnológico por ele só ser de valor para esse novo segmento de mercado, e não para os clientes da empresa.[10]

Embora a tecnologia tipográfica tenha se modificado radicalmente com a fotocomposição analógica, os clientes que compram máquinas impressoras – os jornais, os tipógrafos e os impressores comerciais – permaneceram em grande parte os mesmos. Só surgiu um novo segmento, o da publicação "de escritório" ou interna, mas as necessidades desse segmento e as dos segmentos existentes não diferiam significativamente, a despeito da guinada radical em tecnologia. Neste sentido, a Mergenthaler teve sorte. Mas o surgimento do mercado de escritório incentivou um número de concorrentes com relações nesse mercado que fizeram a Mergenthaler lutar pelo seu faturamento.

Servir com eficiência as necessidades de um segmento emergente de mercado é extremamente difícil. As necessidades dos clientes evoluem junto com a tecnologia, e os métodos tradicionais de pesquisa de mercado não são eficazes. Quando os clientes não possuem experiência com um produto ou uma tecnologia, é difícil para eles articular suas preferências. George Day discute estratégias para a avaliação dessas novas necessidades e mercados no Capítulo 6.

As empresas estabelecidas também podem facilitar para os seus clientes a transição para uma tecnologia nova. Compreendendo como uma nova tecnologia afeta as capacidades de seus clientes, as empresas podem desenvolver estratégias para auxiliá-los na preservação de suas capacidades existentes e na construção de novas. Por exemplo, os processadores de textos exigiram dos datilógrafos que desenvolvessem uma compreensão dos computadores, compreensão de que não necessitavam quando usavam máquinas de escrever. A empresa que comercializa processadores de textos pode facilitar a transição para seus clientes através de treinamento. Construir pontes que ligam a antiga tecnologia à nova também pode auxiliar as empresas a preservar sua posição de mercado. Por exemplo, na venda para o mercado de escritórios que usam computadores, as empresas de *chip* CISC que lançaram os *chips* RISC mais compatíveis venceram em desempenho as que não o fizeram (11).

As mudanças na concorrência

O terceiro fator que afeta a estratégia de comercialização são as mudanças na concorrência. Tecnologias emergentes dão nova forma ao panorama competitivo. É provável que as empresas de tecnologia iniciantes ingressem no mercado, e as empresas diversificadas também considerem atraentes as oportunidades da tecnologia emergente. Cada onda de mudança em tecnologia no setor tipográfico atraiu novos concorrentes.

Para empresas acostumadas a competir com um conjunto estável e previsível de concorrentes, esse novo ambiente é particularmente desconfortável. Essas empresas precisam resistir à tentação de se concentrar apenas nos concorrentes antes relevantes da antiga tecnologia e, em vez disso, identificar e seguir as atividades de uma gama bem mais ampla de potenciais concorrentes. Além de simplesmente reconhecer os novos concorrentes, os administradores precisam compreender o que os move. No que diferem as capacidades e os incentivos desses novos concorrentes das capacidades e dos incentivos das concorrentes tradicionais? Quais estratégias a empresa precisa modificar para competir com esses novos rivais?

Um modo de se conquistar uma compreensão mais profunda desses novos concorrentes é entranhar-se nas redes sociais emergentes do novo campo tecnológico. Como é analisado por Lori Rosenkopf no Capítulo 15, uma interação informal com as empresas concorrentes através de reuniões, conferências técnicas, feiras e até *e-mails* pode conceder à empresa uma melhor compreensão das atividades de seus concorrentes e um conhecimento estratégico do setor.

Embora cada uma das mudanças na composição gráfica tenha representado uma mudança tecnológica significativa, elas surtiram efeitos variados ao mudar os ativos complementares, clientes e concorrentes, como é resumido na Tabela 8.1. Olhando essa tecnologia à luz de um exame desses outros fatores, compreendemos melhor o desempenho de empresas titulares durante essas gerações de tecnologia. Enquanto a Mergenthaler e outras titulares da tecnologia de metal quente demoraram para apresentar desempenho tecnológico satisfatório em todas as três gerações de tecnologia de composição gráfica, elas só sofreram perdas significativas na participação de mercado na primeira mudança da tecnologia de metal quente para a da fotocomposição analógica. Isso resultou em mudanças significativas para os ativos complementares e para os concorrentes, além de uma mudança moderada para os clientes. Em contraste, as duas mudanças subseqüentes resultaram em uma mudança substancialmente menor para fatores não-tecnológicos, e as empresas detentoras de tecnologia da composição gráfica se saíram bastante bem no mercado sem mudanças estratégicas importantes.

TABELA 8.1 O impacto das mudanças tecnológicas no negócio da Mergenthaler

Transição / dimensão	Da tecnologia de metal quente para as fotocompositoras analógicas	Das fotocompositoras analógicas para as CRT digitais	Das fotocompositoras digitais CRT para as compositoras de imagens a laser
Mudança nos ativos complementares	**Significativa** • Capacidade especializada de fabricação perde valor • Extensão da rede de vendas/serviço necessária para o novo segmento de escritório • Coleção de tipos gráficos de propriedade da empresa ainda de valor	**Não significativa** • Rede de vendas/serviço ainda de valor • Coleção de tipos gráficos de propriedade da empresa ainda de valor	**Não-significativa** • Rede de vendas/serviço ainda de valor • Coleção de tipos gráficos de propriedade da empresa ainda de valor
Mudança nos clientes	**Moderada** • Novo segmento de clientes: os escritórios. As necessidades do segmento de escritório, contudo, foram as mesmas dos segmentos existentes de clientes	**Não significativa** • Mesmos segmentos de clientes com as mesmas necessidades básicas	**Moderada** • Mesmos segmentos de clientes • Necessidade adicional: integração de texto e gráficos
Mudança nos concorrentes	**Significativa** • Grande número de novos ingressantes fortes e capazes	**Moderada** • Grande número de ingressantes novos, porém poucos concorrentes novos fortes	**Moderada** • Grande número de novos ingressantes, porém poucos concorrentes novos fortes

APLICANDO OS CONCEITOS: CRIAÇÃO DIGITAL DE IMAGENS

A Mergenthaler teve a sorte de as principais mudanças tecnológicas não conduzirem a mudanças significativas em ativos complementares, clientes e concorrentes. Empresas já estabelecidas de fotografia, contudo, podem não ter tanta sorte. Como uma empresa detentora de tecnologia de fotografia poderia utilizar esse referencial conceitual para analisar os desafios de uma mudança da antiga tecnologia baseada em produtos químicos para a tecnologia emergente da criação digital de imagens?

Os desafios tecnológicos são claros. A criação digital de imagens exige um conhecimento técnico fundamentalmente novo da parte das empresas tradicionais de fotografia. Embora a compreensão técnica de lentes e de óptica ainda tenha valor, elas precisam desenvolver novo conhecimento em semicondutores, em eletrônica e em *softwares* e depois traduzir esse conhecimento em produtos competitivos.

Contudo, o desafio tecnológico é modesto em comparação ao desafio comercial que empresas de fotografia enfrentam, como foi resumido na Tabela 8.2. Para obter sucesso, essas empresas precisam repensar suas estratégias, seus modelos de negócio e suas identidades básicas. Uma mudança marginal não bastará neste novo mundo.

Analisar cada um desses fatores, e não apenas examinar-se a tecnologia, proporciona um maior entendimento dos desafios competitivos que empresas titulares enfrentam:

- *Ativos complementares*. Os ativos complementares exigidos para captar o valor das câmeras digitais são bem diferentes dos da fotografia tradicional. Enquanto a distribuição por intermédio de lojas de produtos e serviços fotográficos especializadas tinha importância na fotografia tradicional, as câmeras digitais geralmente são vendidas em lojas de computadores como periféricos. As empresas de fotografia em geral não têm nenhum relacionamento e nenhuma força com esse novo canal. Os filmes baseados em produtos químicos que acompanham uma câmera tradicional fornecem uma fonte poderosa de receita no mercado de fotografia tradicional. Com as câmeras digitais, a apresentação da imagem ocorre por meio da impressão em filme, além de pela impressão com tecnologias alternativas (p. ex., o jato de tinta) ou sem a necessidade de impressão, com uma apresentação apenas eletrônica das imagens. Por fim, o *software* de criação de imagens é um ativo importante para a câmera digital, mas as empresas de fotografia química não possuem uma excelência especial nessa área.
- *Clientes*. Os segmentos relevantes de clientes e as suas necessidades também se modificam. Quando os usuários de computador compram uma câmera digital para transmitir e apresentar imagens pela Internet, seus critérios de compra diferem significativamente dos critérios dos usuários da câmera tradicional. As limitações de um CRT de computador deixam as fotos de menor qualidade e menor resolução mais aceitáveis. Fatores como a velocidade de transmissão da câmera e e a segurança com que essas imagens são arquivadas constituem critérios novos que não importavam antes. Além disso, com o

TABELA 8.2 Desafios para empresas de fotografia

Transição / dimensão	Transição da fotografia com filme halóide de prata para a imagem digital
Mudança nos ativos complementares	**Significativa** • Novos canais de distribuição: lojas de computadores em oposição a lojas de câmeras fotográficas • A capacidade de fabricação de filme tem menor valor • São necessários novos *softwares* e novos produtos complementares
Mudança nos clientes	**Significativa** • Novos clientes: usuários da Internet • Novos usuários/novas necessidades: p. ex., a transmissão eletrônica de imagens; a colocação de imagens em páginas da *web*, a edição de imagens, a compatibilidade com computadores/impressoras
Mudança nos concorrentes	**Significativa** • Novos concorrentes fortes em aparelhos eletrônicos, computadores/*softwares*, artes gráficas, além de várias empresas iniciantes de tecnologia • O caráter do "tempo da Internet" oferece uma dinâmica competitiva diferente

uso das câmeras digitais, os clientes estão descobrindo novos usos e novas necessidades. Assim sendo, os produtos precisam estar continuamente evoluindo a um ritmo muito mais rápido do que as câmeras tradicionais de 35 mm se desenvolveram no passado.
- *Concorrentes*. Por fim, a concorrência é fundamentalmente diferente. Em vez de competir com um conjunto claramente definido de fabricantes de câmeras e filmes, as empresas tradicionais de fotografia estão agora competindo com empresas vindas de meios diferentes. As empresas vindas do mercado de aparelhos eletrônicos, das artes gráficas, de *hardwares* e de *softwares* de computador possuem algum tipo de reivindicação do espaço da criação digital de imagens. É extremamente difícil para as empresas estabelecidas compreenderem e avaliarem uma gama tão ampla de concorrentes.

Esses concorrentes estão lutando pelo controle dos padrões de arquitetura que vão definir o panorama da criação digital de imagens. A Intel, por exemplo, propôs uma arquitetura de câmera digital que ela está disposta a licenciar a qualquer um. A Flashpoint, empresa iniciante de tecnologia, propôs um sistema de operação de câmera digital que espera que servirá como plataforma para inovações futuras. O valor de qualquer tecnologia de uma empresa será substancialmente mais baixo se o padrão de alguma outra vencer. Essa concorrência de sistema e de arquitetura, comparada a uma concorrência baseada no produto, é também nova para as empresas estabelecidas de fotografia.

A partir da análise acima, pode-se compreender com facilidade, apesar de investimentos merecedores de crédito na tecnologia digital de imagens e de um desenvolvimento de produtos premiados, o motivo pelo qual empresas como Polaroid e Kodak não estejam liderando o mercado de imagens digitais. Na verdade, a Sony, empresa de aparelhos eletrônicos, tomou a dianteira. Já que o mercado de imagens digitais ainda está evoluindo, essa corrida está longe de ter terminado. Essa análise nos levaria a crer, contudo, que, a não ser que as empresas tradicionais de fotografia desenvolvam estratégias para tratar dos desafios de ativos complementares, clientes e concorrentes, elas continuarão em desvantagem significativa na transformação de suas novas capacidades tecnológicas em produtos e serviços que sejam comercializados com sucesso.

OS TRÊS OBSTÁCULOS DAS TECNOLOGIAS EMERGENTES

Pode-se considerar o desenvolvimento de tecnologias emergentes uma corrida na qual existem três obstáculos. O primeiro obstáculo é a decisão de investir ou não no desenvolvimento da nova tecnologia. O segundo obstáculo é o desafio organizacional de usar esse investimento para desenvolver ou adquirir com eficácia uma nova capacidade tecnológica. Presumindo-se que a empresa ultrapasse essa etapa e de fato tenha uma capacidade tecnológica para competir, ela agora vai enfrentar o terceiro e mais alto obstáculo: o desafio de comercializar essa tecnologia.

Muitas empresas estabelecidas param no primeiro obstáculo. Relutam em investir em novas tecnologias por medo de canibalizar suas vendas atuais.[12] Mesmo se não houver uma ameaça de canibalização, as empresas podem achar que o mercado para a nova tecnologia é demasiado pequeno e não atrai os clientes existentes, e acabam não investindo.[13]

Supondo que consigam dar esse primeiro salto, elas então confrontam-se com o desafio de desenvolver a nova tecnologia. Nesse salto, as empresas estabelecidas em geral são puxadas para baixo pelo peso das rotinas e dos procedimentos organizacionais que as tornam excessivamente eficientes no desenvolvimento de produtos baseados na tecnologia existente.[14] Essa força, no contexto da tecnologia atual, transforma-se em fraqueza no desenvolvimento de produtos que usam tecnologias radicalmente novas. Sendo assim, apesar dos recursos e das experiências superiores na antiga tecnologia, os produtos iniciais desenvolvidos pelas empresas estabelecidas são geralmente inferiores aos desenvolvidos pelos recém-chegados. Por exemplo, durante períodos de inovação significativa na fotolitografia, os produtos das empresas estabelecidas não se saíram tão bem em termos técnicos quanto os dos novos ingressantes.[15] Essa inferioridade técnica em geral se traduz em posições de mercado inferiores quando as empresas se aproximam do obstáculo final, a comercialização da tecnologia.

Contudo, a corrida está longe de ter acabado depois do segundo obstáculo; por isso, as empresas com posição técnica inferior ainda têm a oportunidade de se sair bastante bem. De forma semelhante, empresas que detêm liderança tecnológica ainda podem fracassar quando tiverem de levar o produto ao mercado. A implicação óbvia é que, mesmo se uma empresa estabelecida realmente conseguir desenvolver produtos fortes e tecnologicamente competitivos, ela ainda pode perder a corrida. Por outro lado, se tropeçar nos dois primeiros obstáculos, conquanto ainda esteja na corrida, pode ter chance de vencer na comercialização, como fez a Mergenthaler.

Um estudo cuidadoso da Mergenthaler Linotype mostra que o desenvolvimento de novas capacidades técnicas através de investimentos oportunos e de estruturas organizacionais apropriadas representa um primeiro passo importante na gestão das tecnologias emergentes. Mas essa não é toda a história da sobrevivência e do sucesso da Mergenthaler. Freqüentemente, o que determina se uma empresa obtém sucesso ou fracassa é a maneira como ela comercializa a tecnologia. Muitas vezes as empresas estão tão envolvidas nos difíceis desafios do desenvolvimento de uma capacidade técnica radicalmente nova que não enxergam o quadro mais amplo. Por exemplo, presumem que, uma vez desenvolvidos produtos tecnologicamente avançados, podem confiar nas estratégias existentes para levá-los ao mercado, quando, na verdade, modelos de negócio fundamentalmente diferentes, com exigências diferentes de recurso, fazem-se necessários. Empresas estabelecidas precisam desenvolver novos recursos complementares, suprir novas necessidades de mercado e competir eficientemente com um novo conjunto de empresas.

O resultado da comercialização não se decide só no laboratório. As companhias que são bem-sucedidas na batalha do desenvolvimento de tecnologia, portanto, por vezes acabam perdendo a guerra pela comercialização. O referencial conceitual anteriormente apresentado pode auxiliar os administradores das empresas detentoras de tecnologia a adotar uma perspectiva mais ampla para os desafios da comercialização de novas tecnologias. Examinar sistematicamente ativos complementares, clientes e concorrentes relevantes, sob regimes novos e antigos, permite que as empresas desenvolvam estratégias consistentes e integradas para concorrer no novo ambiente tecnológico.

PARTE III

Criando Estratégias

A 3M possui mais de 100 tecnologias que utiliza para criar mais de 50.000 produtos, e "nossa equipe de laboratório está constantemente explorando – e criando – outras". Essas invenções vão desde máquinas que simulam as funções do coração/pulmão até as pequenas folhas amarelas Post-It de anotação. Entre essas tecnologias há 30 plataformas que podem ser aplicadas a vários produtos ou mercados. Mas o vice-presidente sênior da empresa, William E. Coyne, observa: "a tecnologia do ano passado pode rapidamente se transformar na plataforma tecnológica deste ano, e a plataforma do ano passado pode ser superada pelas pesquisas que fazemos em laboratórios (...) nossa tecnologia segue um movimento de fluxo e refluxo"[1]. Com 30 % de suas receitas advindo de produtos lançados nos últimos quatro anos, a empresa precisa remodelar constantemente sua estratégia para desenvolver um universo tecnológico de rápida mudança e decidir as tecnologias que deve vir a comercializar.

Embora a maioria das empresas talvez não chegue a enfrentar desafios do tamanho dos da 3M, qualquer empresa desenvolvendo tecnologias emergentes depara-se com um desafio semelhante de desenvolver estratégia em um ambiente que é complexo, arriscado e incerto. A maior parte das empresas é competente ao concorrer nas tecnologias estabelecidas, nas quais as trajetórias e estratégias são bem conhecidas e compreendidas. Nas tecnologias emergentes, os fatores tecnológicos, estratégicos e organizacionais são em grande parte desconhecidos.

PLANEJANDO EM CENÁRIO DE INCERTEZA

O planejamento estratégico formal precisa ser repensado num ambiente de rápida mudança e alta incerteza, característico das tecnologias emergentes. Os longos ciclos e a rigidez do planejamento formal podem representar um estorvo. As companhias que fazem retiros "espirituais" de anos e anos para gerar "grandes idéias" em geral descobrem que descem da montanha com idéias já obsoletas. Os administradores movimentam-se geralmente entre os extremos da disciplina e da imaginação. No Capítulo 9, Gabriel Szulanski e Kruti Amin oferecem algumas visões sobre os pontos fortes e fracos da disciplina e da imaginação, e fornecem métodos para combinar os benefícios de ambas no desenvolvimento de estratégia.

O planejamento de cenários constitui uma ferramenta poderosa no desenvolvimento de estratégias que dão conta das novas tecnologias perturbadoras. No Capítulo 10, Paul Schoemaker e Michael Mavaddat examinam o dilema que enfrentam empresas jornalísticas tradicionais com o advento da Internet. Os autores descrevem o trabalho que realizaram em vários jornais e apresentam quatro cenários diferentes para o futuro. O capítulo também oferece dicas sobre como desenvolver e conduzir um exercício de cenário produtivo em sua organização.

Mesmo se as empresas desenvolvem com sucesso tecnologias e encontram mercados para os produtos e serviços novos – em outras palavras, criam valor com o processo –, ainda não é garantido que elas possam se apropriar desse valor. Com freqüência, os concorrentes entram no mercado com imitações ou produtos similares. Outras vezes, os compradores ou fornecedores apropriam-se dos ganhos com a inovação. A proteção e a apropriação desses ganhos é uma questão estratégica fundamental discutida por Sid Winter no Capítulo 11. Ele aponta que, embora tenha sido dada muita atenção às patentes e às proteções legais, essas constituem apenas uma abordagem – e, com freqüência, não a maneira mais eficiente para a apropriação dos benefícios oriundos da inovação. Ele também explora o uso da confidencialidade, o controle dos ativos complementares e os períodos de dianteira para se apropriar do valor criado.

A criação de estratégia em ambientes perturbadores é sempre um processo dinâmico. Como ocorre ao se subir numa montanha, cada novo avanço oferece um conjunto novo de panoramas e desafios. Mas, à medida que os administradores atingem esses novos picos e saltam para áreas inteiramente novas, tais referenciais e perspectivas podem fornecer as cordas e os ganchos que conduzem esse progresso rumo ao desconhecido.

CAPÍTULO 9

IMAGINAÇÃO DISCIPLINADA: CRIANDO ESTRATÉGIAS EM AMBIENTES INCERTOS

GABRIEL SZULANSKI
KRUTI AMIN
The Wharton School

O ritmo acelerado das tecnologias emergentes está reduzindo o intervalo no qual uma determinada estratégia, não importa seu grau de elaboração, permanece viável. Por essa razão, uma tentativa elaborada, mas mecânica, de planejamento, ou um retiro de três dias no campo, podem não ser mais vistos como criação de estratégia. As empresas, grandes ou pequenas, novas ou já estabelecidas, estão dando cada vez mais atenção à rapidez e à perfeição com que são capazes de criar novas estratégias e para elas migrar. Essa é uma capacidade que se desenvolve com o tempo. Os conselhos que se dá para a criação de estratégia oscilam entre uma ênfase única na disciplina e uma ênfase igualmente única na imaginação. Nenhuma delas sozinha, contudo, é tão eficaz quanto as duas juntas. Os autores reexaminam os pontos fortes e as limitações tanto da disciplina quanto da imaginação. Eles concluem discutindo algumas maneiras pelas quais as empresas podem desenvolver a capacidade de criar estratégias que combinem os dois ingredientes.

A General Instruments (GI), empresa fabricante de caixas decodificadoras para as transmissões a cabo *(set-top cable box)*, despertou para uma amarga realidade. Protegidos pelas regulamentações do setor, os engenheiros da empresa se acostumaram a estabelecer os padrões técnicos do segmento. Os concorrentes da GI – um apanhado de outros fabricantes de *hardware* – simplesmente a acompanharam. Quando o setor de TV a cabo começou a ser desregulamentado, no entanto, a concorrência passou a se ampliar. Subitamente, os satélites, os fios de fibra óptica ou os *softwares* existentes podiam tornar as caixas decodificadoras obsoletas.

O processo de planejamento estratégico da GI, um mal disfarçado ritual orçamentário feito anualmente, oferecia pouca ajuda para os administradores lidarem com essas mudanças. Com a aceleração do ritmo de mudança do setor, os enormes relatórios de 100 páginas, que levavam meses para ser preparados, já eram irrelevantes e obsoletos antes mesmo de serem lidos. Esses relatórios eram, portanto, ignorados todos os meses. Surgiram até mesmo rumores de que alguém havia colocado uma nota de US$ 100 dentro de um relatório da Fase Um no começo do ano, para encontrar a nota exatamente no mesmo lugar um ano depois. As engrenagens do processo de planejamento continuaram a girar na GI, sem um propósito.

A GI e outras empresas estão constatando que, com a aceleração do ambiente competitivo, o espaço de oportunidades no qual a estratégia, não importa seu grau de elaboração, pode permanecer eficaz está se reduzindo de forma constante e regular.[1] O mercado hoje exige constantemente novas soluções para novos problemas.[2] Um plano elaborado, porém mecânico, não funciona mais. De forma gradual – e para alguns dolorosa –, fica cada vez mais visível que os esforços de criação de estratégia que dependem basicamente do reforço de um planejamento rigoroso não têm muito impacto, se tiverem algum, sobre a capacidade da organização de produzir novas riquezas[3], e tampouco os retiros proverbiais de três dias no campo, com que a mais ou menos cada cinco anos, se intima a administração sênior a gerar "grandes idéias".

As tecnologias emergentes, com sua alta incerteza e rápida mudança existente, criam a necessidade particular de um ajuste rápido das estratégias existentes e de uma criação contínua de novas. Downes e Mui caracterizam essa mudança como o que chamam de "estratégia digital", um meio de criação de estratégia mais democrático, intuitivo e não-linear, no qual as estratégias são reformuladas a cada 12 ou 18 meses, em vez dos habituais três ou cinco anos, para responder de forma rápida às ameaças tecnológicas[4]. Semelhantemente, em um estudo da veloz indústria dos computadores, Brown e Eisenhardt argumentam que as organizações precisam competir "no limite", ponto no qual uma criação eficaz de estratégia gera um "fluxo contínuo de vantagens competitivas".[5]

A complexidade e a incerteza do ambiente sobrecarregam as fórmulas-padrão para a criação de estratégia. Uma busca frenética por idéias ou respostas geralmente dá passagem ao caos, ao *laissez-faire* e à resignação. Esses, contudo, não constituem opções. É muito perigoso abrir mão por completo da disciplina. A criação de estratégia não só precisa ser imaginativa, mas também disciplinada. É necessário um novo tipo de disciplina: uma "imaginação disciplinada".

A ARTE DA CRIAÇÃO DE ESTRATÉGIA

A criação de estratégia é uma arte, não uma ciência. Mintzberg compara o ato de criar estratégia ao de fazer cerâmica.[6] Na visão dele, a estratégia e a cerâmica são feitas de forma artesanal.

A incerteza é endêmica na formulação estratégica. Uma empresa não pode conhecer com certeza, de antemão, seu ambiente relevante, o alcance e a extensão de suas capacidades, as lições que o passado tem para lhe dar ou o que o futuro lhe reserva. Assim, a qualidade de uma estratégia não pode ser totalmente avaliada, até ser de fato testada.

Pode-se considerar a estratégia uma teoria de sucesso que ainda não foi testada. Peter Drucker afirma que, para ser bem-sucedida, toda organização precisa elaborar uma teoria empresarial, que ele define como um conjunto de suposições sobre mercados, tecnologias e suas dinâmicas, sobre pontos fortes e fracos de uma empresa, e sobre o que a empresa é paga para fazer.[7] O estrategista não pode saber se uma estratégia assim seria bem-sucedida, mas ele pode supor.

Nesse respeito, o problema do estrategista é semelhante ao problema do teórico na medida em que nem uma teoria nem uma estratégia podem supostamente funcionar até serem de fato experimentadas e testadas. Como os teóricos, os estrategistas precisam escolher uma entre muitas estratégias concorrentes para o teste real. Os estrategistas não podem validar todas as estratégias possíveis implementando cada uma delas; por conseguinte, eles precisam recorrer a outros critérios de seleção de estratégias que sugerirão, de antemão, se é provável que aquela escolhida obtenha sucesso.

Embora nenhuma quantidade de planejamento possa garantir totalmente o sucesso de uma estratégia, as chances de sucesso podem com certeza ser melhoradas. Sendo assim, pode-se encarar a criação de estratégia como uma capacidade organizacional, em que abordagens diferentes são geradas e consideradas, e aquelas de sucesso no passado são apenas uma opção para o futuro, entre muitas. As lições da arte de teorizar são particularmente valiosas para a criação de estratégia.

Visto sob este prisma, pode-se considerar o processo de criação de estratégia um conjunto de experiências mentais do estrategista, através do qual se criam muitas estratégias e se escolhe uma para implementar. Em sua obra pioneira, Karl Weick argumenta que, embora não se possa nunca garantir o sucesso dessas experiências mentais, é possível aumentar suas chances de sucesso através do uso de uma *imaginação disciplinada*.[8] Em poucas palavras, com imaginação disciplinada quer-se dizer uma "diversidade deliberada" na formulação do problema, na geração de alternativas e na variedade das regras usadas para avaliar essas alternativas. A disciplina reflete-se no grau de consistência por meio do qual se aplicam essas regras com a finalidade de avaliar cada uma das alternativas.

Essa linha de raciocínio sugere que a capacidade da organização de criar estratégias, em última instância, causará impacto na qualidade da estratégia e nos resultados. Assim, a qualidade do processo de estratégia baseia-se no grau em que exibe uma imaginação disciplinada.

PILARES GÊMEOS DE ESTRATÉGIA

Tanto a disciplina quanto a imaginação são temas constantes, que ocupam várias décadas de pesquisa e de prática de estratégia. Os conselhos que se dá para os criadores de estratégia parecem balançar de um lado a outro, entre a disciplina e a imaginação, causando alguma confusão entre os administradores quanto ao modo "certo" de criar estratégia.

No início da década de 1960, a formulação estratégica reverenciava a imaginação e o *insight* criativo do CEO. O líder era um visionário brilhante, capaz de formular intuitivamente uma estratégia coerente para o futuro da empresa, equiparando os pontos fortes e fracos da empresa às ameaças e oportunidades impostas pelo ambiente. A falha dessa abordagem era refletir somente uma perspectiva, não incorporando, assim, os *insights* estratégicos diversos existentes por toda a organização. O "processo" de estratégia ocorria em sua maior parte dentro da mente do CEO.

Logo, entretanto, a disciplina venceu, e o processo de decisão do futuro do empreendimento foi confiado ao planejador profissional, seguindo o exemplo de empresas como a General Electric – pioneira em planejamento centralizado e formal. Esse processo manteve-se no auge em termos de popularidade durante toda a década de 1970, quando muitas empresas desenvolveram departamentos especializados de planejamento com sistemas elaborados para a criação de estratégia.

Na década de 80, surgiu um novo tipo de disciplina. Muitos departamentos de planejamento de estratégia foram desfeitos. As corporações começaram a se concentrar nas melhorias operacionais como se fossem a chave para o sucesso, utilizando conceitos como Gestão de Qualidade Total (*Total Quality Management*), reengenharia e *benchmarking*. Algumas foram tão longe que chegaram a afirmar que não precisavam de estratégia.[9]

Em 1994, C. K. Prahalad e Gary Hamel levaram adiante a bandeira da imaginação em seu famoso livro, *Competing for the Future*.[10] Eles apontaram haver um limite no ponto em que as melhorias nas operações podem sustentar o crescimento. Defenderam um processo de criação de estratégia mais democrático, que aumenta a imaginação corporativa ao envolver mais pessoas e focar-se na criação do futuro.

Assim, com o benefício de uma percepção já tardia, as tendências na estratégia parecem se alternar entre uma ênfase na disciplina ou na imaginação. Os proponentes das duas abordagens defendem as suas prescrições de forma apaixonada. Ambas as abordagens possuem valor, não obstante. As limitações, tanto da disciplina como da imaginação, parecem sugerir que tanto a disciplina como a imaginação são componentes essenciais de um esforço de criação de estratégia de alta qualidade. Em um dado momento, uma pode estar à frente, enquanto a outra serve de pano de fundo; entretanto, nem uma das duas pode suplantar a outra por completo.[11]

Nas seções seguintes, discutimos o significado da disciplina e da imaginação para a criação de estratégia e o motivo pelo qual a qualidade do processo de criação da estratégia pode estar presa a uma imaginação disciplinada. Num momento posterior, definimos a imaginação disciplinada em termos do que significa para a tarefa de definição de problemas, de criação de alternativas e de avaliação, e concluímos esboçando algumas considerações práticas para o sustento, o estabelecimento ou o restabelecimento de uma imaginação disciplinada.

Disciplina

A disciplina é a aplicação consistente de regras na avaliação de um conjunto de alternativas. A disciplina vem sendo inspirada pelo "modelo do ator racional"[12], que presume que o problema a ser resolvido, e todas as alternativas disponíveis para a sua solução, são conhecidos de antemão. O ator ou estrategista faz uma escolha coletando informações, desenvolvendo alternativas e selecionando a que "maximiza o valor".[13]

A disciplina se exemplifica pela consistência, que não exige necessariamente um processo de planejamento formal e é exeqüível tanto em ambientes estáveis como nos caóticos. Embora o planejamento estratégico seja uma abordagem disciplinada, a disciplina certamente pode ser alcançada por outros meios. Por exemplo, é possível se identificar padrões na evolução do mercado e comparar essas tendências a mercados similares (se eles existem e houve informações disponíveis sobre eles). Uma vez que se dá conta desses fatores, o administrador que se encontra num ambiente incerto pode dar um passo à frente com um referencial claro, sem se perder no aparente caos da mudança constante.[14] Pode haver disciplina sem um processo formal de planejamento estratégico.

O movimento de planejamento estratégico foi, no entanto, o primeiro esforço abrangente para instilar disciplina na criação de estratégia. Seu vívido chamado por uma união de forças almejava levar métodos aos esforços de criação de estratégia dos tomadores seniores de decisão, com um processo formal que lhes permitiria considerar questões de modo consistente e sistemático. Também se utilizaram ferramentas formais, como o ciclo de planejamento e o procedimento de orçamento de capital, para ajudar as organizações a cruzar referências e integrar a tomada de decisão em níveis diferentes da empresa.[15]

Os defensores da disciplina apontavam para os seus muitos benefícios. A disciplina ligava-se a um maior consenso entre os principais administradores (associados com níveis mais altos de sucesso)[16]. Era vista como uma maneira de os administradores serem mais judiciosos em sua tomada de decisão, identificarem e corrigirem "erros evitáveis"[17]. A disciplina também contribuiu para um processo mais completo ou inclusivo de criação e integração de decisões estratégicas, associado a um desempenho melhorado nos ambientes estáveis.[18]

À medida que esse tipo de disciplina perdia o favoritismo nos cada vez mais turbulentos ambientes competitivos, uma nova forma de disciplina começava a se firmar. Em meados dos anos 90, a McKinsey iniciou um programa de pesquisa com a intenção expressa de "levar disciplina à estratégia"[19]. Foi sugerido que, mesmo nos níveis mais altos de incerteza, como os enfrentados com as tecnologias emergentes, existem maneiras sistemáticas de avaliação do ambiente competitivo que podem levar a uma melhor criação de estratégia. Argumentou-se que "o segredo da criação de estratégias de sucesso reside em verificar o grau de incerteza existente de fato em um ambiente, e formular [atividades de criação de] estratégias sob medida para esse grau de incerteza ".[20]

Em um artigo relacionado, três outros executivos da McKinsey ilustraram explicitamente um método para lidar com a incerteza na criação de estratégia. Eles propuseram quatro níveis básicos de incerteza e ofereceram ferramentas específicas para cada um. Censuraram as empresas que se permitem ser carregadas pela maré do caos, renunciando a qualquer tipo de disciplina em sua criação de estratégia. A mensagem central do programa da McKinsey foi a ênfase na importância de manter o foco e o controle ao longo de todo o processo de formulação estratégica.[21]

Imaginação

Tem havido um crescente reconhecimento da importância da imaginação e dos conceitos associados de síntese, visão, previsão, criatividade e intuição dentro do domínio da criação estratégica. Por exemplo, estudos constataram que um esforço deliberado para gerar e avaliar mais opções na criação de estratégia parece estar relacionado a uma chance mais alta de sucesso.[22]

Afirma-se que um processo de criação de estratégia exibe imaginação quando há "diversidade deliberada" na maneira como se definem os problemas e como se geram e selecionam as soluções alternativas. Isso significa que se produz uma grande variedade de opções distintas em resposta a cada formulação do problema.[23]. Essa noção de diversidade deliberada se aplica não só ao número de alternativas geradas, mas também ao grau de diferença que cada uma tem em relação à outra. Basicamente, alternativas precisam ser variadas e distintas, em vez de serem meras variações do mesmo tema. Também deveria haver diversidade na declaração do problema imediato, utilizando-se vários enquadramentos cognitivos para examinar e definir o problema.[24] Por fim, precisa haver diversidade deliberada no número de regras usadas para selecionar entre as alternativas. A plausibilidade de que uma opção acabe se mostrando superior aumenta com o número de regras diferentes de seleção ou de filtros que apontam essa alternativa como a mais plausível e desejável.

Tem havido muitos chamados a favor da imaginação na literatura. Russell Ackoff incita os administradores a se "orientar para o futuro", para imaginar a direção da empresa e trabalhar desse futuro para trás.[25] Como leva tempo para gerar alternativas, Peter Williamson recomenda que as empresas mantenham um portfólio de opções, que ele descreve como "plataformas de lançamento" diversificadas, para se adaptar rapidamente a uma rápida mudança de mercado e se mudar a direção de forma adequada.[26] Do mesmo modo, percebe-se a necessidade hoje de um pensamento adaptador e de uma ênfase, um tanto vaga, mas persistente, num modo criativo de "pensar fora do usual".[27] Gary Hamel e C. K. Prahalad insistem explicitamente em que se utilize a imaginação em todo aspecto do negócio.[28] Eles clamam pela criação de novas regras, e não só pela quebra das regras existentes.

Hamel argumenta que perseguir a imaginação exige que abandonemos a "hierarquia da experiência" a favor de uma "hierarquia da imaginação".[29] O processo de criação de estratégia deveria ser conduzido não por aqueles que possuem mais experiência, mas pelos que têm uma maior capacidade de visualizar o futuro. Entre essas novas vozes no processo podem-se incluir os jovens no baixo escalão, os recém-chegados e os escritórios-satélites que ainda não foram doutrinados de acordo com a cultura da empresa, que têm maior probabilidade de enxergar as coisas com uma visão nova. Uma pessoa no topo da hierarquia da experiência se qualifica como futurista apenas se o futuro refletir o passado.

A PECO Energy, empresa de energia de US$ 12 bilhões da Fortune 500, na Filadélfia, EUA, colocou em prática as idéias de Hamel para estimular a imaginação na organização. Operando em um ambiente regulamentado, a empresa dependia de um processo em essência reativo para lidar com os caprichos dos reguladores do setor, proporcionar serviço adequado e fazer a empresa crescer.

Entretanto, quando o setor começou a ser desregulamentado, a concorrência ficou menos previsível e, portanto, dominar novas tecnologias e novos mercados de distribuição de energia tornou-se fundamental para um sucesso de longo prazo. A PECO lançou o Projeto Pula-Carniça (*Project Leapfrog*), usando um processo denominado "Viagem" para envolver os funcionários de todos os níveis da empresa. Juntos, exploraram uma variedade de abordagens para impulsionar as capacidades da PECO, e algumas delas representavam abandonos radicais na maneira como a PECO fazia negócios. Em vez de olhar estritamente para o passado em busca de uma visão do futuro, começaram a alimentar uma imaginação ativa através da inclusão no processo de criação de estratégia. A maioria das idéias que advieram do projeto rompia o molde de uma empresa regulamentada de energia. Entre as alternativas consideradas pelas equipes, incluía-se desenvolver um carro elétrico, formar uma empresa consultora de energia ou criar um parque temático tendo a energia como foco. Com efeito, um funcionário na equipe do parque temático passou uma parte significativa de seu tempo pesquisando a economia das montanhas-russas.

Para a PECO e outras empresas, o processo de estimular a criatividade constitui uma parte fundamental do processo de criação de estrátégica. Essa abordagem às vezes conduz a idéias loucas e impraticáveis, mas também pode criar estratégias novas e poderosas que rompem com o passado e criam enorme valor.

AS LIMITAÇÕES DAS PRESCRIÇÕES

As prescrições tanto para a disciplina quanto para a imaginação apresentam limites que diminuem sua utilidade. A disciplina, ao se fixar em trilhas experimentadas e comprovadas, raramente gera *insights* originais e alternativas criativas. Enfatiza em demasia a análise, em vez da síntese e da seleção, às custas da geração de idéias. Também presume que o passado será semelhante ao presente, em geral uma suposição perigosa no que se refere a tecnologias emergentes. Por outro lado, a imaginação pode conduzir ao caos, à perda de contato com a realidade e à subestimação do passado. Também pode diluir a criatividade e retardar o processo. Sozinhas, nem a disciplina nem a imaginação bastam.

Limitações da disciplina

O planejamento estratégico ilustra as forças da disciplina, bem como suas limitações. Um problema comum para as empresas que confiam nos processos de planejamento estratégico é que a natureza de rotina do processo tende a atrofiar o pensamento estratégico. Isso acontece porque o planejamento estratégico estimula:

- *Análise, em vez de síntese*. Com a regularidade e a previsibilidade de cada ciclo de planejamento, a empresa pode cair na rotina do pensamento automático. Mintzberg dá um passo além, dizendo que jamais se pode esperar que o planejamento estratégico alimente o pensamento estratégico: "O chamado planejamento estratégico precisa ser reconhecido pelo que é: um meio não de criar estratégia, mas de programar uma estratégia já criada".[30] Ele chama essa idéia de "a grande falácia" do planejamento estratégico: "Uma vez que a análise não é a síntese, o planejamento estratégico nunca foi uma criação de estratégia... a análise não pode substituir a síntese".[31]
- *Seleção à custa de geração*. Como aponta o recebedor do Nobel Herbert Simon, a teoria clássica da decisão – que inspira o planejamento estratégico – é útil para avaliar estratégias já criadas, mas tem prestado pouca atenção ao enquadramento dos problemas que essas estratégias se destinam a resolver ou à geração das alternativas diferentes disponíveis.[32] Raras vezes, não obstante, são dadas alternativas.[33] De onde vêm essas opções?
- *Extrapolação que vem do passado*. Como argumenta o especialista em planejamento de cenário Paul Schoemaker, uma ênfase extrema na disciplina é inerentemente limitada porque pressupõe que a história possa ser extrapolada a novas situações, que, na medida em que sejam verdadeiramente novas, não possuem história, por definição. Particularmente nas tecnologias emergentes, a extrapolação oriunda do passado poderia desorientar de forma preocupante os criadores de estratégias.
- *Confiança demasiada no poder da análise*. A análise baseia-se na disponibilidade de informações, mas, na realidade, as informações são, com freqüência, muito limitadas para uma análise significativa. (Por exemplo, o uso das "fontes de lucro"[34] para a análise de oportunidades, embora atraente em teoria, é geralmente bem difícil de ser posto em prática devido ao limite de informações.) Em acréscimo, o plano que se deriva de uma análise detalhada pode não oferecer uma motivação convincente para inspirar os funcionários

a implementá-lo. Isso se aplica em especial para tecnologias emergentes, nas quais a qualidade das informações é geralmente insuficiente para se fazer previsões convincentes que mobilizarão a organização.

Dados os altos níveis de incerteza endêmica na criação de estratégia, as decisões estratégicas freqüentemente resistem a um tratamento analítico. Nos sistemas complexos, é inútil orquestrar formulação e implementação estratégica além de um certo nível de detalhe. Os sistemas complexos são inerentemente indeterministas, e, portanto, é provável que planos formais detalhados, não importando a preparação que tiveram, deixem espaço para a surpresa e a possibilidade do desapontamento. Isso não se deve à falta de compreensão do mercado, mas, antes, ao fato de existir um fraco elo entre causa e efeito nos sistemas complexos. Como afirmam os teóricos da complexidade, pode-se incomodar um sistema complexo, mas não se pode determiná-lo. É impossível controlar ou prever o futuro perfeitamente, e qualquer método que dependa unicamente da capacidade de fazê-lo provavelmente será ineficaz.

O professor Spiros Makridakis, autoridade em previsões empresariais, afirma que quando a análise falha "...a intuição, os pressentimentos e a criatividade tornam-se elementos importantes para o sucesso no planejamento, enquanto o papel dos modelos de planejamento se restringe a proporcionar uma estrutura analítica para formalizar o processo de planejamento".[35] A criação de um rico conjunto de opções que sirva de base para os processos analíticos se vincula à imaginação, algo que nenhum esforço de disciplina pode proporcionar.

Limitações da imaginação

Embora a imaginação seja um poço de estratégias criativas, não é uma panacéia universal. Levada ao extremo, a imaginação pode levar a:

- *Caos.* A imaginação em geral exige a ampla inclusão de diversos participantes no processo estratégico. Como já foi observado, Hamel defende que se inclua mais pessoas de fora (novos recrutados, funcionários periféricos) nas discussões, que se encontre novas maneiras de pensar (conquistando uma nova perspectiva) e se acenda mais paixões (envolvendo mais pessoas, a fim de que tenham um interesse próprio no sucesso da estratégia).[36] Esse tipo de processo participativo que estimula a imaginação, no entanto, cria novos problemas. Se todos participam do processo, então quem toma a decisão final? Uma imaginação sem controle poderia criar uma sensação de caos na organização.
- *Perda de contato com a realidade.* A força de atração das novas oportunidades que podem dominar as futuras atividades da empresa pode acabar distraindo-a, fazendo com que deixe de tratar das atividades atuais.[37] E é nas atividades atuais que se cria ou se destrói valor.
- *Subvalorização do passado.* As organizações que estão sempre concentradas em reinventar-se para o futuro podem perder contato com seu próprio passado. Isso pode querer dizer que não há nenhuma base para a aprendizagem e o aprimoramento ou para se construir tendo em vista as forças existentes. É bastante provável que as empresas que se esquecem do passado (tanto as

suas próprias experiências, como as dos outros) repitam erros cometidos. Ademais, às vezes os maiores ganhos estratégicos se alcançam pelo exame consciente e a refutação de histórias de sucesso do passado.
- *Diluição da criatividade individual.* Nem sempre muitas cabeças pensam melhor do que uma. Envolver mais pessoas não gera necessariamente mais sugestões criativas. A presença de muitas cabeças no processo geralmente reduz a criatividade, produzindo pensamentos de grupo. Da mesma forma, pessoas novas não são necessariamente as melhores para a tarefa; se trazem uma visão restrita ao diálogo estratégico, provavelmente elas retardarão o processo, em vez de aprimorá-lo. Em contraste, algumas empresas de bom desempenho construíram seu sucesso com base em funcionários que incorporam uma cultura específica da empresa, como os "Andróides da Andersen". Eles propositadamente suprimiram a diversidade genética, e não há provas de que fariam melhor enfatizando-a.[38]
- *Diminuição do ritmo do processo.* Em geral, envolver mais pessoas no processo estratégico significa levar mais tempo em reuniões, em memorandos e às vezes na formação de consenso em torno de uma estratégia em particular. Esse envolvimento pode tornar lento o processo.[39] Como foi discutido, os processos disciplinados tradicionais também podem ser bem lentos, por diferentes razões. Nas tecnologias emergentes, o tempo também é um recurso escasso. Em geral, perdem-se oportunidades quando não se alcança nenhum acordo sobre o melhor a ser feito.[40]

Algumas empresas baseiam-se demais na imaginação em seu processo de criação de estratégia. Muitas dessas empresas competem em setores de ritmo acelerado e julgam que a criatividade dos visionários é a única forma de desbancar os concorrentes em inovação. Longe do pensamento ordenado das organizações disciplinadas, essas empresas partem do princípio de que, uma vez que não há como se definir precisamente o ambiente ou o futuro, não há razão para se estabelecer nenhum limite. Entretanto, uma imaginação sem controle pode ter os mesmos efeitos paralisantes da disciplina exagerada.

A IMAGINAÇÃO DISCIPLINADA

Como vimos, os temas da disciplina e da imaginação são proeminentes na criação de estratégias. As limitações de ambas sugerem que a combinação de uma imaginação disciplinada, em vez de uma ênfase extrema em uma das duas, poderia ser uma maneira sensível de capitalizar os pontos fortes ao se evitar os pontos fracos.

A criação de estratégia é um processo artístico. Assim, uma maneira de entender os modos como a disciplina e a imaginação podem ser combinadas no processo estratégico é pelo exame da interação da disciplina com a imaginação nas artes. Uma imaginação disciplinada é a marca de muitas formas de artes visuais e dramáticas. Por exemplo, uma vez o produtor George Lucas declarou a um repórter da televisão: "Os filmes são um negócio de faz-de-conta que se alimenta da imaginação. Quando os estamos criando, vivemos em um mundo de fantasia. Sem um tipo de disciplina, contudo, é por demais fácil distrair-se". Do mesmo modo, os compositores precisam satisfazer suas necessidades criativas interiores ao mesmo tempo em que respeitam a métrica e o ritmo de suas músicas.

Mesmo naquelas áreas da música em que a disciplina não é visível de imediato, como numa improvisação de *jazz*, em geral se faz uma distinção entre a improvisação controlada e a sem controle. Uma improvisação eficaz precisa ser controlada. Zinn observa: "Ao evoluir para a improvisação controlada, o músico adquire conhecimento e habilidades técnicas e, além disso, a capacidade de transformá-los em 'conclusões musicais lógicas'".[41]

Além dos paralelos com as artes dramáticas e visuais, os processos artísticos usados na ciência e na matemática para construir novas teorias oferecem uma certa compreensão da funcionalidade da imaginação disciplinada. As descobertas científicas com certeza dependem da criatividade, mas ainda assim precisam seguir alguma sorte de regras. O físico Murray Gell-Man, descobridor dos *quarks*, disse uma vez:

> Qualquer arte que mereça esse nome tem algum tipo de disciplina a ela associada. Algum tipo de regra – talvez não seja a regra de um soneto ou de uma sinfonia, ou ainda a de uma pintura clássica, mas mesmo a mais liberal das artes contemporâneas... apresenta algum tipo de regra. E o objetivo é passar o que se quer passar, ao mesmo tempo que se obedece às regras.[42]

Imaginação disciplinada na criação de estratégia

Também é possível encontrar exemplos de imaginação disciplinada nos processos de criação de estratégia. O especialista em planejamento de cenário, Paul Schoemaker (ver Capítulo 10) explica por que prefere um equilíbrio como esse no planejamento de cenário, distinguindo entre as abordagens *intuitiva*, *estatística* e *heurística* na geração de cenários. Ele afirma o seguinte:

> Não gosto nem da abordagem intuitiva nem da estatística. A primeira pode ter bastante imaginação, mas lhe falta disciplina. É, porém, muito penetrante, e eu a uso para obter idéias, mas raramente é precisa o suficiente. Isto pode ser visto, por exemplo, examinando-se como poucas vezes os escritores de ficção científica de fato acertaram em suas previsões. Em contraste, o método estatístico é mecânico em demasia. Depende de técnicas de agrupamento que exigem pouco uso da imaginação. Eu gosto, portanto, de uma técnica equilibrada que chamo de heurística. Apresenta uma certa estrutura, e dá partida ao trabalho.[43]

Em geral, a imaginação gera opções diversas e estimula o pensamento criativo. A disciplina direciona o processo para a realidade e assegura que essas opções sejam rigorosamente avaliadas e sistematicamente desenvolvidas e implementadas.

Uma importante empresa de telecomunicações viu a disciplina do seu bem-lubrificado processo de planejamento sair dos trilhos por causa da desregulamentação. Os funcionários reagiram à súbita necessidade de responder às várias atrações das oportunidades e às ameaças de um ambiente desregulamentado gerando e buscando um grande número de idéias. Eles se viram incapazes de avaliar essas idéias, contudo, devido à carga imposta pelos intricados anteparos financeiros obrigados pelo processo formal de planejamento da empresa, que se haviam provado tão valiosos em tempos de estabilidade.

Ironicamente, os próprios anteparos desenvolvidos para trazer ordem ao processo de planejamento promoveram *menos* disciplina; os administradores abandonaram a avaliação ordenada porque não conseguiam seguir o processo intricado e responder rápido o bastante ao ritmo de mudança. Quando o ritmo de mudança superou a capacidade desse processo oneroso de acompanhá-lo, o sistema se desmantelou. O dique do processo de planejamento estratégico foi coberto pela inundação de novas iniciativas estratégicas, e muitas das que ficaram no meio do caminho estavam sendo implementadas.

Um pequeno grupo denominado Departamento de Descoberta de Oportunidades (*Opportunities Discovery Department* – ODD) espontaneamente surgiu das raízes da organização e começou a levar um novo tipo de disciplina a esse processo, aplicando técnicas de planejamento de cenário numa divisão após outra. As técnicas de planejamento de cenário lhes proporcionaram regras práticas para avaliar as alternativas, consistentemente. Um membro do ODD descreveu assim a situação:

> Tradicionalmente, [nossa empresa] era incapaz de abandonar uma opção estratégica existente. Tínhamos de criar uma papelada enorme, mostrando (...) muitas razões pelas quais não funcionaria. As pessoas analisavam demais cada opção, e isso conduziu a uma lenta tomada de decisão. Esse método de criação de estratégia era muito bom quando [nosso setor] era regulamentado, mas não em um ambiente de rápida mudança.

Para cada alternativa estratégica disponível, o ODD primeiro efetuava alguns cálculos rápidos. Em muitos casos, essas estimativas aproximadas forneciam bases suficientes para abandonar uma opção, evitando, assim, a necessidade de implementar por completo as habituais e confusas medições financeiras. Foi uma experiência reveladora para os departamentos que eles auxiliaram. Logo, os administradores dos altos escalões no comando da Estratégia Corporativa começaram a se dar conta do impacto do ODD na formação de estratégias e notaram um novo tipo de disciplina. Era uma disciplina menos rígida que a do antigo processo, uma disciplina que incentivava a inovação, em vez de sufocá-la.

Em geral, a imaginação disciplinada combina um processo, que gera opções diversas, com outro processo, que as avalia constantemente:

- *Gerar opções imaginativas*. A diversidade na declaração do problema implica o exame da realidade de uma variedade de perspectivas, aplicando-se vários enquadramentos. A declaração do problema deve ser bastante ampla para acomodar muitas alternativas, mas, ainda assim, manter seu número administrável. Para serem significativas, essas alternativas precisam ser distintas, em vez de serem variações de um único tema. Como exemplo de um processo como esse, pode-se pensar na PECO Energy, em que os funcionários tentaram encontrar novas maneiras para a PECO responder à desregulamentação ao mesmo tempo em que mantinha em mente as capacidades de geração de energia da organização.
- *Avaliar as opções consistentemente*. A disciplina é posta em prática por uma aplicação consistente de regras na seleção de alternativas. É provável que uma estratégia seja plausível se sobreviver à filtragem de um grande número de regras diversas. A parte de disciplina do processo se manifesta no grau de

coerência com que essas regras são aplicadas a cada alternativa. Por exemplo, um varejista de roupas femininas confiou num conjunto de regras para "filtrar" os lançamentos de novas linhas de produto, como é mostrado na Figura 9.1. A empresa foi além das considerações sobre moda, examinando também como cada opção se encaixava nas capacidades organizacionais, na reputação da marca, na sua cultura e nos seus indicadores financeiros. Cada opção passou pelo mesmo filtro para garantir a consistência, com uma revisão final do processo feita pelo CEO.

PRATICANDO A IMAGINAÇÃO DISCIPLINADA

A sofisticação na criação de estratégia desenvolve-se com a prática. A marca de uma sofisticação como essa é a capacidade de adequar a criação de estratégia às características das situações específicas. Um estudo feito com 285 administradores de alto escalão constatou que as empresas que foram capazes de criar estratégias em vários modos (centralizado e participativo, por exemplo), em resposta a diferentes situações, venceram em desempenho as que usaram um único modelo ou apresentaram um processo menos capaz.[44] Essa constatação vem a favor da observação de Mintzberg, de que não há "uma maneira melhor" de se criar estratégia.[45] A General Instruments, apresentada na abertura do capítulo, era bem-servida pelo seu processo formal de planejamento quando o negócio das transmissões a cabo era regulamentado, mas não mais quando o setor foi desregulamentado. A disciplina pode bastar em alguns casos; em outros, o poder imaginativo pode ser suficiente. Em alguns casos, entretanto, tanto a disciplina como a imaginação podem ser necessárias. Quando o ambiente acelera, a capacidade organizacional de criar estratégias é posta à prova. A capacidade de prover disciplina e a capacidade de prover imaginação devem existir concomitantemente e estar prontas para ser desencadeadas.

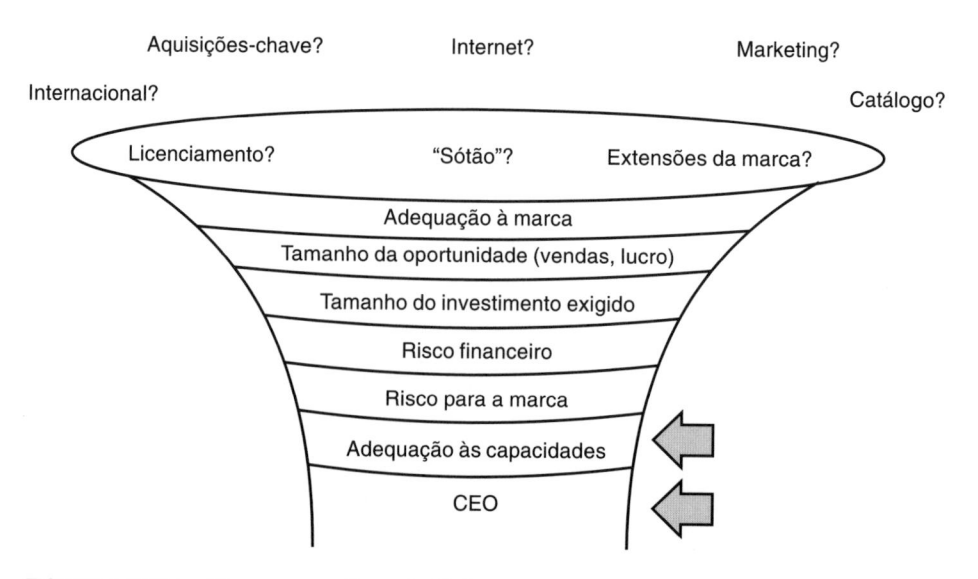

FIGURA 9.1 Vários filtros para opções estratégicas.

Há várias maneiras de combinar e organizar as capacidades para a disciplina e a imaginação. Algumas empresas desenvolvem e mantêm essas capacidades ao alternar períodos de geração de idéias que usam a imaginação com alguns períodos de avaliação disciplinada de idéias, assim como a PECO fez durante o Projeto Pula-Carniça. Durante a fase inicial, eles exploraram temas divergentes, que lentamente convergiram a três temas centrais. Mais tarde, baseados nesses temas, geraram idéias específicas para o negócio – como o parque temático de energia – e depois as filtraram aplicando um conjunto coerentes de regras, decidindo-se pelas idéias que poderiam ser realmente implementadas na empresa.

Outras empresas preservam a disciplina e a imaginação em partes diferentes da organização e as combinam quando necessário. Por exemplo, a Walt Disney Company cultiva a imaginação com os Walt Disney Imagineers (WDI), uma comissão que controla a geração de idéias, e não um centro lucrativo, responsável por manter a vitalidade da corporação. Seu "único trabalho é gerar idéias nas quais se basear – e depois utilizar essas idéias para gerar algo".[46] Entre outras coisas, os Walt Disney Imagineers desenvolvem muitas das atrações do parque temático da Walt Disney, incluindo-se desde os brinquedos até os restaurantes. Os Imagineers representam uma equipe de cerca de 1.000 pessoas de diversas formações, incluindo artistas, engenheiros, arquitetos, compositores e contadores; cada um contribui com sua perícia e seu conhecimento, para imaginar e tornar real o mundo imaginário da Disney. O escritório corporativo da Disney, e em muitos casos o próprio Michael Eisner, garante a disciplina financeira explorando e questionando o caráter exeqüível e o sentido comercial de um projeto Imagineer. Dessa forma, a empresa explora os conjuntos de capacidades especiais dos diferentes tipos de funcionários ao mantê-los mais eficientes, implementando, ao mesmo tempo, disciplina e imaginação no processo.

A complexa rota para a imaginação disciplinada

A disciplina e a imaginação, contudo, constituem processos interdependentes. Nem sempre é possível ou desejável dividir esses processos em tempo, ou mesmo dentro da organização. O melhor caminho rumo à imaginação disciplinada nem sempre é uma linha reta. Quando as organizações com processos formais altamente disciplinados tentam infundir-lhes imaginação, elas geralmente acabam constatando que seus esforços têm o mesmo efeito que se obtém ao jogar areia nas engrenagens de uma máquina elaborada. Ou o processo existente expulsa o elemento irritante, ou o elemento pára a máquina. As organizações em geral constatam que precisam tomar uma rota mais complexa para a imaginação disciplinada. Primeiro, precisam desmontar seu sistema formal atualmente usado, usar a imaginação para criar uma nova maneira de criar estratégia e, só então, trazer de volta a disciplina ao novo processo.

Por exemplo, quando a PECO começou a reestruturar seu processo disciplinado de criação de estratégia com vistas à desregulamentação, a empresa contratou vários consultores para infundir criatividade no seu processo existente. Essas tentativas tiveram pouco impacto. A sugestão de Hamel, contudo, foi a construção de um novo processo a partir do zero, buscando criar novo espaço ou novas regras e incentivando a empresa a buscar novas lentes, desafiar as ortodoxias do setor e avaliar novas tendências. O propósito do processo era energizar a organização para que ela descobrisse seu futuro e estimulasse a imaginação coletiva. Os novos empreendimentos gerados por meio da iniciativa Pula Carniça foram, então, cuidadosamente avaliados e seletivamente financiados. A PECO conseguiu inspirar os funcionários criando estratégia através de um processo descentralizado que exibiu imaginação disciplinada.

CONCLUSÃO

Talvez poucas pessoas questionem o fato de que tanto a disciplina quanto a imaginação são ingredientes importantes para a criação de estratégia. A criação de estratégia pode ser uma arte, mas, em situações de incerteza, a criação de estratégia *precisa* ser uma arte. Não deveria surpreender a idéia de que a disciplina e a imaginação tenham emergido como temas-chave nos conselhos dados para a criação de estratégia. A imaginação disciplinada parece ser uma característica comum do processo através do qual artistas, cientistas, teóricos e estrategistas se aventuram pelo desconhecido.

A realidade em rápida mudança das tecnologias emergentes desgasta as abordagens estabelecidas de estratégia. Expõe os excessos paralizantes da disciplina, além dos esforços criativos caóticos. A criação de estratégia nos ambientes em rápida mudança exige o desenvolvimento de uma capacidade organizacional cada vez mais sofisticada, de um tipo diferente de disciplina que permite um maior envolvimento da imaginação. Embora seja verdade que as organizações nos ambientes de ritmo rápido precisam desenvolver capacidades tanto para a disciplina quanto para a imaginação, nem sempre essas organizações vão precisar lançar mão das duas simultaneamente, em um dado momento. Mas essas capacidades levam tempo para ser desenvolvidas e a empresa deve estar pronta para utilizá-las quando um desafio em particular assim o exigir.

À primeira vista, como o *jazz* ou a arte abstrata, as novas abordagens criativas à formulação de estratégia podem parecer menos disciplinadas e mais caóticas do que as abordagens clássicas. Com o tempo, no entanto, as novas abordagens promissoras geram seu próprio tipo de disciplina. Como o oleiro, o compositor, o cientista, o músico de *jazz*, o matemático e o produtor de filmes, os estrategistas de sucesso nas tecnologias emergentes descobrem sua própria maneira de desenvolver e manter uma imaginação disciplinada.

CAPÍTULO 10

PLANEJAMENTO DE CENÁRIOS PARA TECNOLOGIAS REVOLUCIONÁRIAS

PAUL J. H. SCHOEMAKER
The Wharton School

V. MICHAEL MAVADDAT
Decision Strategies International, Inc.

Planejar tecnologias emergentes pode parecer uma contradição. A incerteza e a complexidade minam as abordagens tradicionais de planejamento. Como se desenvolverá uma determinada tecnologia? Os clientes a aceitarão? E se reguladores ou concorrentes modificarem o ambiente? Se você não investir nessa tecnologia, será deixado para trás? O planejamento de cenários oferece um referencial conceitual projetado para tratar ambientes complexos e altamente voláteis, revelando e organizando as incertezas subjacentes. Este capítulo descreve os 10 passos envolvidos na construção de cenários e mostra como essa abordagem foi usada por jornais importantes para lidar com o desafio emergente da Internet. Os autores se baseiam em sua extensa experiência de pesquisa e consultoria no planejamento estratégico para explorar maneiras específicas nas quais técnicas de planejamento de cenários podem ser aplicadas ao ambiente deveras turbulento das tecnologias emergentes.

Nos anos 80, alardeou-se que o videotexto era o futuro dos jornais. A Knight-Ridder, junto com a Times Mirror, a Dow Jones e outras empresas jornalísticas importantes, correu para abraçar essa nova tecnologia, que divulgaria notícias via cabo aos monitores de TV, em vez de recorrer à impressão tradicional em papel. Mas a tecnologia provou-se decepcionante, e o mercado, praticamente inexistente. Depois de investir US$ 50 milhões e cerca de três anos em seu sistema Viewtron, a Knight-Ridder disse "basta!" em 1986. Na época, os investidores perguntaram a James Batten, então presidente da Knight-Ridder Newspapers, o que a empresa havia aprendido com a experiência fracassada. "O que aprendemos?", retrucou. "Aprendemos que algumas vezes os pioneiros são recompensados com flechadas nas costas".[1]

Aproximadamente uma década depois, a tecnologia de informação havia se afastado do centro das questões que o novo CEO da Knight-Ridder, P. Anthony Ridder, enfrentava quando tomou as rédeas do império jornalístico de US$ 2,8 bilhões fundado por seu tataravô. Em 1995, o número de leitores de jornal declinava em todos os Estados Unidos, as receitas com propaganda caíam e deslocavam-se para encartes pré-impressos menos lucrativos, e havia uma intensa concorrência pela receita de notícias e propaganda vinda do rádio, da televisão e das outras mídias. Anthony Ridder concentrava-se no corte de gastos, por isso abandonou um laboratório de pesquisa que desenvolvia uma tela plana que permitiria que os jornais fossem entregues eletronicamente. Também abandonou o negócio de informação financeira da empresa, cedendo o território à Dow Jones, à Bloomberg e outras.

O corte nos custos era necessário para impulsionar as margens, mas de onde viria o crescimento da empresa? Nesse ponto, a Internet era apenas um pequeno ponto na tela do radar. A empresa trabalhava em planos para enviar seus jornais eletronicamente pela America Online e pela Internet, mas ainda gerava 85% de sua receita com o negócio tradicional da impressão de 31 periódicos importantes.[2]

Cerca de dois anos depois, quando visitamos o Philadelphia Newspaper, Inc., da Knight-Ridder, o comércio eletrônico movera-se à frente e ao centro da questão. As questões estratégicas mais destacadas nas mentes da equipe de administração desse jornal, em 1997, eram:

- Até que ponto o comércio eletrônico conquistará uma participação do mercado?
- Até que ponto os principais anunciantes experimentarão mudanças profundas em seus setores e mercados por causa do comércio eletrônico?
- Até que ponto o governo controlará a Internet?
- A publicidade e o noticiário continuarão a ser reunidos e entregues aos consumidores em forma de jornal?

Existiam profundas dúvidas. Seria a Internet o futuro das editoras ou o buraco sem fundo do "videotexto"? Como poderia o surgimento da Internet e de outras tecnologias relacionadas de comércio eletrônico transformar o tradicional modelo empresarial da indústria jornalística? Como a empresa poderia avançar agressivamente sem receber outra flechada nas costas?

Em um período de poucos anos, o panorama mental de um típico executivo de jornal subitamente se tornou mais complicado. Um setor que fora abençoado com inovações tecnológicas relativamente marginais desde a época de Gutenberg (impressoras maiores e mais rápidas para colocar a tinta no papel) agora deparava-se com um desafio fundamental ao seu modelo empresarial. Os administradores sabiam que tinham de fazer algo. Mas o quê? Tinham que fazer imensas apostas em um futuro incerto e em rápida mudança. Sabiam, de experiência de primeira mão, o grau de dificuldade de prever-se o futuro. Estava claro que apostas erradas poderiam ser desastrosas.

Por outro lado, não podiam ficar parados. Empresas estabelecidas, com freqüência, ficam paralisadas em face a mudanças descontínuas ou radicais.[3] Ficar inerte podia significar assistir seu negócio ser lentamente erodido por concorrentes novos e velozes, enquanto a Internet avançava de forma rápida no novo negócio. Esse perigo demonstrava-se amplamente pelas mudanças tecnológicas em outros setores. Os circuitos integrados deslancharam de 20% para 80% no mercado dos componentes eletrônicos em seis anos; os pneus radiais conquistaram 50 pontos de participação de mercado em 18 meses; as caixas registradoras eletromecânicas caíram de 90% do mercado para 10%, de 1972 a 1976; e a Enciclopédia Britânica perdeu 50% de sua receita entre 1990 e 1995 devido aos novos caminhos abertos pela tecnologia de CD-ROM. Nenhum administrador deseja experimentar um declínio drástico.

Os jornais sobreviveram aos rumores de seu fim eminente com o surgimento do rádio, da TV e das revistas. Mas com a Internet, como expressou sucintamente Andy Grove, da Intel, "os jornais estão sendo atacados de ambos os lados". Os *sites* de leilão e de transação na Internet estão atacando as frentes de propaganda, enquanto os serviços de notícias *on-line* atacam o lado editorial. Como os administradores dos jornais deveriam responder a essas questões de tecnologia emergente? Eles se constataram presos entre os dois flancos de um profundo dilema. Por um lado, não queriam repetir o fracasso do videotexto. Por outro, não queriam tornar-se a próxima Enciclopédia Britânica. Como os administradores poderiam pensar em meio aos desafios da Internet, e que decisões tomar sobre os próximos passos? Para qual futuro deveriam se preparar?

Um futuro incerto

A pergunta "Para qual futuro deveriam se preparar?" não pode ser respondida. Ademais, trata-se provavelmente da pergunta errada. Deixa subentendido que os administradores podem saber o que o futuro reserva e preparar-se para ele. Essa é uma suposição fundamental implícita no planejamento e na previsão lineares de estratégia. Decifre para onde o mundo se encaminha, ou aonde você pode levá-lo, e depois, aja. Só que existe um pequeno problema: o futuro é altamente incerto. Como Winston Churchill disse certa vez, falando da Rússia, o futuro é, na maior parte, "uma charada enrolada em um mistério dentro de um enigma". E, quando se trata de tecnologias emergentes, essa incerteza ultrapassa o normal. Então a pergunta não deveria ser "para qual futuro", mas sim "qual conjunto de futuros múltiplos" poderia ser provável, e como a empresa pode se preparar melhor para todos eles?

Algumas vezes, os administradores acham que, se encontrarem peritos na tecnologia, poderão determinar acuradamente para onde o setor se encaminha. Eles atribuem os erros a uma confiança em conselhos técnicos equivocados. Mas, na maioria das vezes, ninguém sabe exatamente para onde a tecnologia ou o mercado se encaminham. Mesmo os peritos mais experimentados em tecnologia estiveram totalmente enganados sobre o que o futuro reservava. Pense em uns poucos exemplos clássicos:

O fonógrafo (...) não tem nenhum valor comercial.
Thomas Alva Edison
Inventor do fonógrafo, c. 1880

As máquinas voadoras mais pesadas que o ar são impossíveis.
Lorde Kelvin
Matemático, físico, inglês e presidente da British Royal Society, c. 1895

Julgo existir um mercado mundial para uns cinco computadores.
Thomas J. Watson
Presidente da IBM, 1943

Não há nenhuma razão para uma pessoa ter um computador em casa.
Ken Olson
Presidente da Digital Equipment Corporation, 1977

Em retrospectiva, essas enormes trapalhadas mentais parecem temerárias, mas não representam casos isolados. Em vez de emitirem declarações definitivas acerca de um futuro inerentemente incerto, esses peritos poderiam se ver mais bem servidos preparando e considerando múltiplos cenários para o futuro dessas tecnologias emergentes. O desafio não é traçar um quadro detalhado de um único futuro, mas esboçar uma visão de muitos futuros. Então, esclarecendo o caminho, a empresa pode desenvolver a melhor estratégia para se preparar para esse portfólio de futuros e ajustar essa estratégia.

Um outro motivo pelo qual não basta compreender a trajetória da tecnologia é que em geral tecnologias conhecidas se recombinam para criar inovações radicais (veja os Capítulos 1 e 2). Uma mudança descontínua ou radical se dá pela confluência de mudanças aparentemente díspares e imperceptíveis em disciplinas diferentes como economia, tecnologia, política, ciências sociais, e assim por diante. Protótipos iniciais desajeitados tornam-se baratos e práticos. Como Alfred Marshall escreveu em *Principles of Economics* (1890): "Uma nova descoberta poucas vezes é totalmente eficaz para propósitos práticos até haverem se reunido em torno dela muitas melhorias menores e descobertas subsidiárias".

Em geral, os motivos de a maioria das empresas ficar paralisada em face da mudança tecnológica são uma falha na imaginação e a incapacidade de tirar sentido dos fracos sinais que não se encaixam nos enquadramentos mentais tradicionais. Pode também haver uma falha de liderança, já que os executivos seniores deveriam trabalhar acima de tudo como os principais criadores de sentido na organização. A mente, contudo, só pode ver o que está preparada para ver. O planejamento de cenário auxilia a preparar a mente corporativa de modo que reconheça as oportunidades antes dos concorrentes e possa mover-se de forma rápida e resoluta. Os bons cenários ajudam a superar a miopia estratégica e a enquadrar a cegueira, forçando as organizações a vasculhar além das fronteiras de seus negócios centrais no presente de um modo sistemático e cheio de propósito.

PARAR AS ROTATIVAS?

O jornal diário oferece um bom caso para a demonstração do valor do planejamento de cenários. Seu negócio central (o da divulgação de notícias e outras informações a tempo) não deve estar amarrado a nenhuma tecnologia em si; portanto, os jornais precisam considerar consciente e cuidadosamente o impacto das novas tecnologias que estão sendo formuladas em grande parte fora da empresa ou mesmo fora do setor. Sendo uma empresa titular de tecnologia, a Knight-Ridder enfrentava um desafio fundamentalmente diferente na luta contra novas tecnologias em relação aos desafios que a Internet ou uma empresa iniciante em biotecnologia enfrentava. Essas empresas, em muitos casos, não possuem escolha além de apostar em um comprometimento com uma tecnologia específica; terão um grande negócio, se a tecnologia funcionar, e podem não ter negócio nenhum, se fracassar. Uma empresa estabelecida como a Knight-Ridder, por outro lado, já possui um negócio existente bem-sucedido. Preferiria não apostar todo o negócio em uma única tecnologia não comprovada (embora isso tenha ocasionalmente sido feito por empresas detentoras de tecnologia). A empresa não pode parar as rotativas, mas precisa reinstrumentar-se depressa. Precisa reconstruir uma cultura e uma mentalidade corporativa para transitar de um mundo ao outro enquanto ainda lida com o seu negócio atual.

Todos os dias, decisões difíceis precisam ser tomadas, decisões em grande parte formuladas pelas mentalidades e pelas principais suposições dos administradores sobre o negócio e o setor deles. Em torno de 1993, a Philadelphia Newspapers, Inc., da Knight-Ridder (que publica *The Philadelphia Inquirer* e *The Daily News*), instalou em sua sede próxima de Filadélfia nove prelos avançados ao custo de cerca de US$ 300 milhões. Esse investimento foi necessário para a empresa permanecer competitiva em um mercado em estagnação assediado pelos jornais suburbanos, pelos encartes de propaganda e pelos jornais locais gratuitos, distribuídos nos supermercados. Essa decisão de investimento a longo prazo foi tomada antes de a explosão da World Wide Web ser evidente (ou seja, antes de 1993), sob a pressuposição de que, nas décadas vindouras, os jornais continuariam a divulgar notícias, propagandas e informações relevantes às famílias, diariamente, em forma impressa. Ao panorama mental desses administradores faltava uma imagem vívida da World Wide Web e de seu impacto no mundo jornalístico. Em retrospectiva, porém, a Web transformou-se na mais significativa ameaça aos jornais como os conhecemos. Teremos ainda jornais daqui a 10 ou 20 anos? E se você publicasse um grande jornal urbano, você continuaria a investir em prelos, cada um podendo custar uns US$ 30 milhões?

O poder do planejamento de cenário

O planejamento de cenários foi projetado para tratar do tipo de desafios complexos e incertos que a Knight-Ridder enfrentou quando desenvolveu um estratégia para a Internet. Tem sido usado para lidar com mudanças tecnológicas, políticas, demográficas e outras mudanças em diversos mercados. A Royal Dutch/Shell utiliza o planejamento de cenários desde o início da década de 1970, como parte de um processo para gerar e avaliar suas opções estratégicas.[4] Além dos cenários de energia, já usamos planejamento de cenário para examinar como as novas tecnologias podem modificar as regras do jogo em diversos setores, como saúde, mercado editorial, produtos eletrônicos de consumo, seguros, agricultura e alimentos, serviços financeiros, engenharia e educação superior. O planejamento de cenários mostrou-se ser uma ferramenta poderosa para modificar o pensamento das pessoas, assim como o de organizações inteiras.

Os cenários tratam de três desafios que são inerentes às tecnologias emergentes e em geral confundem outras técnicas de planejamento ou de estratégia:

1. *Incerteza*. Diferentemente da maioria das outras ferramentas, o planejamento de cenários abraça a incerteza como o elemento central do processo. Não pode passar sem incertezas, que nós distinguimos dos riscos, os quais podem ser quantificados usando-se probabilidades objetivas.
2. *Complexidade*. Os cenários concentram-se na confluência de um conjunto diverso de forças – sociais, tecnológicas, econômicas – e exploram como elas se combinam, se misturam e influenciam dinamicamente umas às outras ao longo do tempo como um sistema complexo.
3. *Mudança de paradigma*. Os cenários visam a desafiar a mentalidade dominante, trazer à tona suposições centrais e criar uma confusão intelectual para se enxergar as coisas como novas, amplificando os sinais fracos que, de outro modo, permaneceriam despercebidos entre as questões prementes do dia-a-dia da empresa.[5]

Como difere o planejamento de cenários do planejamento tradicional? Imagine que você vai subir uma montanha. O planejamento corporativo do passado lhe proporcionaria um mapa detalhado que descreve os elementos predeterminados e constantes do terreno. Essa ferramenta do planejamento tradicional é muito valiosa e, com efeito, indispensável neste caso. Assim como o mapeamento geográfico é uma arte e uma ciência honradas, também o mapeamento corporativo pode ser muito útil. É, contudo, incompleto. Primeiro, o mapa não é o território, e sim uma representação incompleta e destorcida (p. ex., qualquer mapa bidimensional destorce a superfície da terra). Segundo, ignora os elementos variáveis, como tempo, deslizamentos de terra, inundações, animais e outros montanhistas. A mais importante dessas incertezas é provavelmente o tempo, e uma opção é reunir dados meteorológicos detalhados das estações dos anos anteriores, talvez utilizando simulações de computador.

O planejamento de cenários dá um passo adiante. Simplifica a avalanche de dados em um número limitado de estados ou cenários possíveis. Cada cenário conta uma história de como os vários elementos podem interagir sob uma variedade de suposições diferentes. Em última instância, cada cenário torna-se uma descrição narrativa plausível de rica textura e internamente consistente de um possível futuro. É importante construir cenários que sejam internamente consistentes e plausíveis. Por exemplo, uma alta visibilidade e pesadas nevascas são uma combinação implausível. Embora as fronteiras dos cenários possam por vezes ficar embaçadas, uma narrativa detalhada e realista pode dirigir sua atenção a aspectos que de outro modo você ignoraria. Assim, um cenário vívido de nevasca (com baixa visibilidade) pode salientar a necessidade de um protetor de pele, óculos especiais, suprimentos de comida, rádio, abrigo, e assim por diante. Quando é possível formalizar relações entre os elementos, podem-se desenvolver modelos quantitativos para explorar ainda mais as implicações de cada cenário para as estratégias escolhidas.

O planejamento de cenários é diferente de métodos como o planejamento de contingências, as análises de sensibilidade e as simulações de computador. O *planejamento de contingências* examina apenas uma incerteza-chave, como: "E se não conseguirmos a patente?" Apresenta um caso básico e uma exceção ou contingência. Os cenários exploram o impacto conjunto de várias incertezas-chave, que se situam lado a lado, como iguais. A *análise de sensibilidade* examina o efeito de uma mudança em uma variável, mantendo todas as outras variáveis constantes. Mover uma variável por vez faz sentido a nível local, para pequenas mudanças. Por exemplo, poderíamos perguntar o que acontecerá à demanda por televisores de alta definição se os preços caírem em apenas uma fração de um percentual, mantendo-se todo o resto constante. No entanto, se a queda de preço for muito maior, outras variáveis (como a programação, os dispositivos auxiliares, o comportamento do consumidor, etc.) não permanecerão constantes. Os cenários modificam múltiplas variáveis ao mesmo tempo, em modos quânticos, sem manter outras constantes. Tentam captar os novos estados que se desenvolverão depois da ocorrência de choques ou desvios importantes em variáveis-chave.

Por fim, os cenários representam mais do que apenas o resultado de um complexo *modelo de simulação*, no qual o foco está na complexidade computacional. Em vez disso, planejadores de cenário tentam descobrir padrões e agrupamentos entre os milhões de possíveis resultados que uma simulação de computador poderia gerar. Com freqüência, incluem elementos que não foram ou não podem ser estipulados em um modelo formal, como as novas normas do setor, os deslocamentos de valor ou as inovações radicais. Por conseguinte, os cenários vão além das análises objetivas, acarretando interpretações subjetivas. Em resumo, o planejamento de cenário tenta captar a riqueza e a gama de possibilidades, estimulando os tomadores de decisão a pensar em mudanças que, de outro modo, ignorariam. Ao mesmo tempo, organiza essas possibilidades em narrativas mais fáceis de compreender e de utilizar do que grandes volumes de dados.

Um desafio especial do planejamento de cenário é que os cenários precisam desafiar as crenças da administração. Um cenário que meramente confirma a sabedoria convencional é de pouco uso. Por outro lado, os cenários precisam ser críveis. O cenário que desafia crenças profundamente enraizadas, e que, portanto, parece ter pouca chance de uma ocorrência de fato, pode ser simplesmente rejeitado por ser "extravagante". O dilema é que o futuro é com freqüência "extravagante". Assim, é necessário atingir um equilíbrio entre o que o futuro pode realmente trazer e o que a organização está pronta a contemplar ou precisa considerar para a sua sobrevivência. É melhor começar com um conjunto intelectualmente honesto e abrangente de visões e depois incorporar os cenários – relutante e cautelosamente – para acomodar preocupações políticas ou emocionais legítimas de uma organização. Como você sabe se está rompendo com o antigo paradigma? Observe a reação das pessoas. Elas exibem negação, confusão, desconforto ou raiva declarada? Os cenários estimulam um debate vigoroso e um diálogo profundo? Se a resposta for sim, você provavelmente está desafiando as crenças fundamentais das pessoas de uma maneira saudável.

Em suma, o planejamento de cenários difere de muitas outras técnicas de planejamento em seu objetivo de uma alteração de paradigma. Isso se faz pintando narrativas concretas e vívidas do futuro que dependem de incertezas cruciais cujos resultados darão forma ao ambiente futuro. O ato de desenvolver conjuntamente histórias sobre o futuro de uma maneira disciplinada, porém imaginativa, enfatiza tanto o aprendizado sobre esses futuros quanto sua aceitação – em contraste à formulação de um conjunto de enumerações essenciais.[6] Para vermos como os cenários se desenvolvem, primeiro revisaremos de forma breve as etapas envolvidas na construção dos cenários em geral, e depois aplicaremos a idéia aos jornais e à Internet.

CONSTRUINDO CENÁRIOS

As etapas básicas no processo de planejamento de cenários podem ser caracterizadas da seguinte forma:[7]

1. Defina as questões que você deseja entender melhor, em termos de um enquadramento de tempo, escopo e variáveis de decisão (p. ex., os preços do gás natural nos últimos cinco anos no Extremo Oriente ou a extensão dos caminhos abertos pelo comércio eletrônico). Assegure-se de que o escopo de seus cenários seja mais amplo do que o setor, os segmentos de produto, os grupos de clientes e as tecnologias que atualmente definem o seu negócio. Você também pode querer revisar o passado para conseguir um sentido melhor dos graus de incerteza e de volatilidade que o seu setor de atuação já

presenciou, e utilizar essa informação como uma maneira de calibrar seu limite de tempo e escopo. Se ocorreram muitas mudanças na década ou décadas passadas, não desenvolva cenários de visões limitadas e míopes, mas injete essa magnitude de mudança em suas projeções futuras.
2. Identifique os principais envolvidos ou os atores que teriam um interesse nessas questões, tanto os que podem ser afetados por elas como aqueles que poderiam influenciar os assuntos de modo apreciável. Identifique seus atuais papéis, seus interesses e posições de poder. Esses envolvidos podem ser tanto internos como externos. Por exemplo, no caso dos cenários ambientais, os juízes, os jornalistas e os grupos de interesse especiais tornaram-se muito mais poderosos do que há algumas décadas. Conseqüentemente, seus interesses e seus pontos de influência devem ser compreendidos.
3. Identifique e estude as principais forças que dão forma ao futuro dentro do escopo das questões estabelecidas no primeiro passo. Suas forças devem cobrir os domínios social, tecnológico, econômico, ambiental e político, e talvez subdomínios, como o jurídico, o médico ou o científico. O objetivo geral neste passo é reunir informações relevantes sobre aquelas forças que podem mudar ou talvez dar forma ao seu futuro. O processo de identificação e de estudo é necessariamente iterativo. À medida que se aprende mais sobre as várias forças através de leituras, seminários ou séries de palestras internas, surgirão novas questões. Nesse estágio, a empresa deve tentar se consultar com um grupo diverso de fontes internas e externas para identificar as forças que formam o futuro, mesmo aquelas destinadas a ser muito remotas ou fracas.
4. Identifique tendências ou predetermine os elementos que afetarão as questões de interesse da listagem das principais forças. Como antes descrito, pode-se registrar um exame das forças (quando um grande número de pessoas participa) ou pode-se organizar um *workshop* para identificar aquelas forças que são pré-ordenadas a acontecer. Um exemplo simples de uma força como essa é o envelhecimento da população dos Estados Unidos, que é um fato inegável e estatístico, excluindo-se uma mudança extrema na imigração ou uma doença incomum que desproporcionalmente elimine os idosos. Faça um estudo breve de cada tendência para compreender em um nível mais profundo como e por que ela continuará a exercer uma influência no futuro. Construir um diagrama pode ser útil para mostrar interligações e relações causais cruciais, evitando, assim, o engano de só se extrapolar uma tendência existente que, na verdade, terminará ou se reverterá. Lembre que evidentemente nenhuma tendência dura para sempre. Examinando as relações mais profundas entre as tendências, você pode trazer à tona aqueles impulsionadores fundamentais que afetam múltiplas tendências.
5. Identifique incertezas-chave (forças consideradas importantes cujos resultados não são muito previsíveis) da lista de forças principais. Entre os exemplos de incertezas básicas poder-se-ia incluir o resultado de eleições políticas, a concessão de uma patente ou o impacto final da Internet na nossa sociedade. É possível identificar incertezas cruciais através de enquetes ou simplesmente pedindo aos administradores seniores que selecionem as três perguntas externas principais cuja resposta gostariam de saber. Uma vez trazidas à tona as incertezas fundamentais, é útil projetar uma gama de possíveis resultados para cada incerteza. Por exemplo, se uma incerteza-chave

fosse o crescimento futuro do PIB, o nível futuro poderia ser especificado como se estivesse em qualquer ponto entre, digamos, 1% e 6 % de crescimento. Esse limite, que pode ser considerado subjetivo de confiança, se ampliaria quanto mais à frente no futuro olhássemos. Uma vez definidas as incertezas-chave, é importante explicar por que esses acontecimentos incertos importam acima de tudo, e em que medida estão inter-relacionados. Por exemplo, poderia construir-se uma matriz de correlação que mostra até que ponto cada incerteza se correlaciona com outra incerteza-chave. Uma matriz também permite um teste da solidez das crenças das pessoas, já que certos padrões de correlação são estatisticamente prováveis.[8]

6. Selecione as duas incertezas-chave mais importantes. Um modo de fazer isso é administradores seniores votarem pelas duas incertezas principais da lista completa de incertezas. Uma vez que as duas incertezas forem selecionadas, você pode simplesmente cruzar os seus resultados em uma matriz dois a dois (como mostrado na Tabela 10.2). Cada célula dessa matriz representará o núcleo de um possível cenário. Para desenvolver uma célula em particular em um cenário amadurecido, você precisa acrescentar resultados apropriados de outras incertezas cruciais a essa célula, resultando em uma planta-mestra para esse cenário, como é mostrado na Tabela 10.3. Além disso, para completar o esquema do cenário, as tendências e os elementos predeterminados precisam ser acrescentados a todos os cenários. A técnica dois a dois é obviamente uma abordagem heurística ao desenvolvimento de cenários. Alguns podem favorecer uma abordagem menos estruturada e confiar mais na intuição,[9] ao passo que outros podem preferir uma abordagem mais estatística, utilizando alguma técnica multivariada como a análise de conglomerados. Esse último método é apropriado se várias incertezas-chave forem de algum modo igualmente importantes, de forma que nenhuma matriz dois a dois surja naturalmente. Neste caso, nem a intuição nem uma abordagem multivariada são pertinentes.[10]

7. Avalie a consistência e a plausibilidade internas dos cenários iniciais de aprendizagem. É importante que a lógica de cada cenário seja internamente sólida. Por exemplo, a maioria dos economistas não consideraria consistente um cenário econômico que postulasse o pleno emprego e um crescimento zero ou negativo. Você pode testar a solidez interna de, no mínimo, três maneiras. Para cada cenário, pergunte:

- As principais tendências futuras são consistentes umas com as outras?
- Os resultados postulados para as várias incertezas-chave podem coexistir?
- As ações presumidas dos envolvidos são compatíveis com os interesses deles?

Elimine as combinações que não sejam críveis ou sejam impossíveis e crie novos cenários (dois ou mais) até que você tenha conquistado uma solidez interna. Certifique-se de que os novos cenários abarcam uma ampla gama de possíveis resultados futuros.

8. Avalie os cenários revistos em termos de como os principais envolvidos podem se comportar neles. Quando for apropriado, conduza exercícios de simulação ou consulte pessoas de fora da empresa. Você pode querer compar-

tilhar esses cenários de aprendizagem com clientes, fornecedores, parceiros estratégicos, legisladores, consultores, acadêmicos ou outras pessoas cuja opinião você respeita. O propósito do planejamento de cenário é criar uma estrutura na qual pode ocorrer um diálogo profundo[11], o que, por sua vez, pode acarretar uma compreensão estratégica mais sólida. A natureza dos cenários deve evoluir com as conversas estratégicas dentro da organização.[12] Baseado nas discussões com vários grupos de interessados, identifique outros tópicos para estudos que proporcionariam um suporte maior a seus cenários ou que poderiam levar a revisões desses cenários de aprendizagem.

9. Após completar pesquisas adicionais, reexamine a consistência interna dos cenários de aprendizagem e avalie se algumas das interações mais complexas deveriam ser formalizadas através de um modelo quantitativo. A princípio, pode ser sensato retratar a lógica básica de cada cenário via um diagrama de influência, que salienta, com círculos e setas, as relações básicas de causa e efeito que caracterizam a natureza dinâmica de um cenário. É importante que os elos de *feedback* sejam reconhecidos, já que a maioria dos cenários não são apenas progressões lineares de causa e efeito, mas representam sistemas mais complexos de forças interagindo. Para captar essas interações quantitativamente, podem-se usar técnicas de modelagem dinâmica de sistemas.[13] O verdadeiro propósito de tais esforços de modelagem não é produzir modelos de previsão (como os econométricos), mas ajudar a trazer à tona os mapas mentais subjacentes às percepções dos administradores. Durante o ato de trazer à tona esses mapas, duas coisas acontecem. Primeiro, os administradores vão entender por que seus mapas não são a melhor representação do ambiente. Segundo, novos mapas podem surgir à medida que os cenários traçam novas conexões entre construtos-chave ao mesmo tempo em que enfraquecem ou talvez separem os antigos.

10. Por fim, quando todo o trabalho inicial de cenário estiver feito, é importante reavaliar os limites de incerteza das principais variáveis de interesse, e expressar mais quantitativamente como cada variável aparece sob cenários diferentes. Os administradores também podem desejar percorrer novamente os passos de 1 a 9 para ver se algo deveria ser modificado. Caso não, chegaram a cenários de decisão que podem ser utilizados para ajudar a fazer escolhas estratégicas. Os cenários finais podem ser apresentados na forma de relatórios ou por um conjunto de eslaides, e divulgados a outras pessoas para que elas aprimorem sua tomada de decisão em meio a incerteza. Em princípio, é possível utilizar os cenários de várias maneiras, desde para ajudar a desafiar os modelos mentais dos administradores e suas suposições-chave sobre o setor, até para melhorar a análise de risco em projetos específicos. Acima de tudo, deveriam ser utilizados para testar a robustez das estratégias existentes e criar estratégias melhores para a gama completa de cenários. Cada estratégia implica um certo nível de comprometimento (ou seja, a altura à que se deve esticar o pescoço) e de flexibilidade (ou seja, ser capaz de mudar no meio do caminho em face da nova informação). O planejamento de cenário pode ser usado para calibrar tanto a natureza como a extensão do comprometimento que uma empresa deve ter ao perseguir um conjunto particular de tecnologias, produtos e mercados.[14]

UM ESTUDO DE CASO: OS JORNAIS ENCONTRAM-SE COM A INTERNET

Para vermos como se aplica o planejamento de cenários, retornamos ao desafio dos administradores de empresas jornalísticas ao examinarem o impacto da Internet. A discussão a seguir examina os cenários a serem enfrentados pelas grandes empresas jornalísticas localizadas nos Estados Unidos, como o *Miami Herald*, o *LA Times*, o *Philadelphia Inquirer* ou o *Chicago Tribune*. Esses jornais, que tradicionalmente geravam cerca de 70% a 80% de suas receitas da propaganda, deparam-se com uma mudança talvez radical em seus modelos empresariais. Os administradores querem proteger seus negócios, ao mesmo tempo em que investem em tecnologias emergentes, como a Internet e o comércio eletrônico. Para compreendermos todas as forças atuantes, precisamos examinar mais amplamente, além do âmbito dos jornais, e construir cenários sobre o futuro dos setores de entretenimento e de mídia, além do futuro da coleta de informações e da facilitação de transações. Elas formam quatro áreas-chave nas quais os jornais desempenham hoje uma função.

Várias tecnologias ao longo dos últimos 100 anos vêm gradualmente desmontando o quase monopólio imposto e aproveitado pelos jornais na divulgação de notícias, informações e propaganda. O advento do rádio e depois o da televisão criou novos condutos para a divulgação de informações nas casas das pessoas. A redução nos custos de impressão e nas taxas postais criou inúmeros substitutos, desde os encartes de propaganda e a mala direta, até os panfletos dos supermercados. E com o potencial da Internet e do comércio eletrônico, a natureza da divulgação das informações nas residências e nas empresas pode sofrer ainda outras mudanças radicais. Essas mudanças puseram em risco as receitas de mais de US$ 15 bilhões em propaganda de classificados da indústria jornalística nos Estados Unidos, sua franquia como fonte confiável de notícias e informações, e seu desempenho financeiro geral. Presumindo-se que definimos um jornal como um produto impresso de massa, entregue diariamente aos lares, gerando a maior parcela de suas receitas por meio da propaganda, teremos ainda jornais daqui a 10 anos?

A principal ameaça ao modelo empresarial dos jornais é o surgimento de produtos e serviços na Internet na forma de anúncios classificados, oferecidos por *sites* tipo CarPoint, HomeAdvisor ou Career 2000, além de provedores de informações eletrônicas alternativas, como o Sidewalk e o Digital Cities. Atualmente as pessoas que têm conexão com a Internet podem conseguir todas as informações de que necessitam para tomar decisões sobre a compra de carros, hipotecas, vestuário e produtos eletrônicos, etc., quando e onde desejarem. Em alguns casos, podem até conduzir a transação na Internet (por exemplo, comprar um PC configurado sob encomenda na Dell Computer Corporation). Tudo isso é possível sem que seja preciso ler um jornal diário ou outro material impresso. A disponibilidade constante de alta largura de banda de acesso à Internet que os *modems* a cabo e outras tecnologias vão proporcionar ao longo dos próximos cinco anos gerarão uma demanda ainda maior de consumo por esse meio de negociar e de colher informações.

Radical como parecem algumas das tecnologias emergentes no negócio eletrônico, contudo, permanecem questões não resolvidas sobre a aceitação pelas pessoas dessas tecnologias, o que, por sua vez, afetará imensamente a velocidade na qual poderão proliferar. Em conseqüência, a indústria jornalística se confronta com um dilema: por um lado, os jornais precisam abraçar essas novas tecnologias para permanecer viáveis no futuro e, por outro, precisam proteger suas franquias existentes no caso dessas tecnologias emergentes não cumprirem sua promessa em um futuro próximo.

O planejamento de cenários oferece um método eficaz para lidar com tais incertezas de uma maneira sistemática e holística. Apresentaremos aqui uma descrição estilizada baseada em vários trabalhos de consultoria, de grandes e pequenas empresas jornalísticas. (Para respeitarmos a confidencialidade em cada caso, apresentamos uma colagem de várias questões que essas empresas jornalísticas enfrentaram e descrevemos um perfil genérico das questões organizacionais encontradas.) Acreditamos que esse exemplo sintético demonstre os desafios principais que a maioria das empresas jornalísticas dos Estados Unidos enfrentou em 1997, e que, com efeito, enfrentaram muitas outras organizações que possuíam um modelo empresarial bem-estabelecido, altos custos fixos e um leal séquito de clientes. Em certo sentido, o caso dos jornais apresenta um dos exemplos extremos do impacto das tecnologias emergentes em uma empresa estabelecida.

Questões organizacionais

Antes de começarmos o processo de desenvolvimento de cenário com qualquer organização, precisamos compreender o contexto organizacional no qual se devem desenvolver os cenários. Em nossas discussões com vários jornais, descobrimos que os administradores em geral eram incapazes de tomar decisões importantes sobre os produtos futuros da empresa, os investimentos em novas tecnologias, o tipo dos funcionários importantes do futuro e o rumo estratégico geral da empresa. As incertezas sobre a Internet complicavam ainda mais os debates internos que haviam paralisado várias empresas jornalísticas durante os últimos anos. Em vista desses desafios culturais, os cenários tinham não só de tratar das tecnologias emergentes, mas também precisavam ajudar a organização a superar a paralisia em face das potenciais ameaças à sua existência. Em geral, as empresas que enfrentavam tecnologias de ruptura perseguem a "política do avestruz", de enfiar suas cabeças na areia para evitar as ameaças. Em tais casos, é preciso desenvolver cenários poderosos para desafiar o modelo de negócio existente, que sejam críveis o bastante para não ser desprezados como visões extravagantes ou administráveis do negócio usual.

Nosso primeiro passo não teve nada a ver com tecnologia ou mesmo com cenários. A intenção era conquistar o apoio político e o envolvimento da administração sênior, porque sem eles seria quase impossível romper os vários becos sem saída que paralizam a organização. Os debates ideológicos relacionavam-se com a própria missão de um jornal: o lucro em comparação com o serviço comunitário. Especialmente nas salas de reportagens, a ética tradicional era representar o cão de guarda da sociedade a qualquer custo. O jornalismo investigativo alcança pontos altos na escala de valores dos editores e repórteres, ao passo que o lucro com freqüência é visto como um mal necessário. Embora esses conflitos ideológicos possam parecer um tanto exclusivos aos jornais, que é o único setor mencionado na Constituição dos Estados Unidos (liberdade de imprensa), nós os encontramos em muitos outros setores, da saúde às organizações de crédito, chegando às instituições educacionais. Com efeito, muitas empresas possuem uma ideologia que transcende a produção de lucro e que define sua cultura ou às vezes sua "religião". Em tais casos, os cenários precisam desafiar o modelo mental da administração sênior. De outro modo, não pode haver uma mudança significativa na estratégia ao final do processo. Sendo assim, os principais tomadores de decisão precisam se tornar os primeiros interessados no processo de desenvolvimento de cenário.

Também nos certificamos de que os cenários tratariam das necessidades da organização como um todo, e não só das de uns poucos escolhidos, como as das pessoas que nos convidaram. Nós sempre tentamos reenfocar a atenção das pessoas para o mundo externo, pedindo ao grupo que ignorasse as diferenças de opinião sobre a empresa, e, em vez disso, se concentrasse em compreender como o mundo está mudando à sua volta. Muitos exercícios de estratégia começam com a pergunta: "Então, o que você quer ser quando crescer?". Julgamos que essa seja uma pergunta perigosa em um começo de conversa, embora precise ser respondida mais cedo ou mais tarde. Favorecemos uma abordagem de fora da empresa, na qual começamos com as mudanças externas e depois tratamos das questões internas de uma maneira estruturada e disciplinada, de modo que a honestidade intelectual prevaleça, em vez das questões políticas e dos interesses escondidos. Ao fazer isso, permite-se que haja um sentido de desafio compartilhado em torno das questões externas, o que, com freqüência, auxilia a administração sênior a ir além dos debates internos improdutivos. Se tivéssemos falhado na identificação das questões organizacionais, teríamos produzido cenários tecnicamente corretos e interessantes, mas que talvez não tratassem das necessidades reais da organização.

Identificando forças

Uma vez tratadas as questões organizacionais, estamos prontos para construir um conjunto de cenários arquétipos de rica textura sobre o futuro da mídia, do entretenimento, das indústrias de processamento de informações e transações. Começamos identificando quais forças relevantes dariam, ou poderiam dar, forma ao futuro desses setores nos próximos 10 anos. Concentramo-nos na identificação dos fatores fundamentais, em vez das questões secundárias, cobrindo uma ampla gama de forças sociais, políticas, econômicas e tecnológicas. Na identificação desses fatores, entrevistamos pessoas do setor jornalístico, anunciantes, leitores e peritos da nova mídia. Coletamos e desenvolvemos uma lista básica de 74 forças fundamentais que provavelmente dariam forma ao futuro da indústria.

Uma vez que essa lista de forças seja completada, os administradores avaliaram cada força em termos de sua importância e previsibilidade, considerando as duas perguntas seguintes:

- Qual é a importância que uma determinada força (comparada a todas as outras forças) tem em dar forma ao futuro da indústria ou dos fatores de interesse?
- Qual o grau de previsibilidade que essa força tem em termos de direção e impacto gerais dentro do limite de tempo considerado (os próximos 10 anos, neste caso)?

As forças importantes consideradas altamente previsíveis foram chamadas de *Tendências,* e as consideradas imprevisíveis foram chamadas de *Incertezas-chave*. Quando era apropriado, combinamos duas ou mais forças baseados na similaridade de seu conteúdo e significado. O objetivo era reduzir o conjunto de forças a não mais que aproximadamente 10 incertezas-chave e talvez umas 15 tendências. Os resultados da enquete foram descritos num gráfico e em tabela, como é mostrado na Figura 10.1 e na Tabela 10.1.

Construindo cenários

Desta lista de incertezas, selecionamos duas incertezas centrais: uma sobre as mudanças no modelo empresarial e outra sobre como os clientes utilizarão a informação (U_1 e U_7) para construir quatro cenários para o setor jornalístico, como se mostra na Tabela 10.2. O modelo empresarial (U_1) poderia continuar a se basear principalmente na receita de propaganda ou poderia avançar para um modelo mais radical no qual a venda de informações está desassociada da venda de propaganda. E os consumidores (U_7) poderiam fazer pequenas mudanças na maneira e no lugar que usam as informações, ou efetuar mudanças

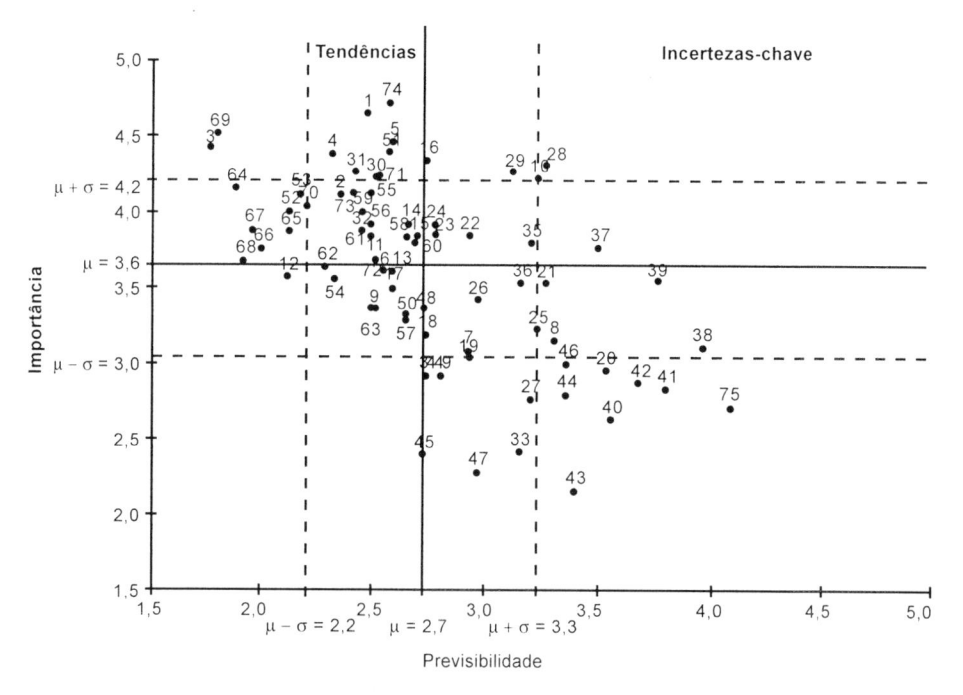

Escala de pontos para as forças:
• Previsibilidade:
   1 = Muito previsível
   5 = Muito imprevisível
• Importância:
   1 = Sem importância
   5 = Muito importante

FIGURA 10.1 Classificando as forças em tendências e incertezas.

TABELA 10.1 Incertezas-chave e tendências

Incertezas-chave
U_1 (F10 + F20). Como as futuras empresas de mídia vão ganhar dinheiro: vendendo conteúdo e propaganda para fabricantes e revendedores?
U_2 (F23 + F24). Como o surgimento de uma mídia altamente focada, interativa e mensurável irá afetar as estratégias de propaganda?
U_3 (F28). Até que ponto os fornecedores vão eliminar os intermediários, como os corretores de imóveis, as revendedoras de automóveis, etc.?
U_4 (F29). Quais são os novos intermediários que surgirão?
U_5 (F35). Até que ponto a privacidade dos indivíduos se manterá protegida?
U_6 (37). Até que ponto as regras de propriedade na mídia serão relaxadas?
U_7 Como pessoas obterão acesso às informações e as utilizarão?
U_8 Quem vão ser os futuros provedores de informação?
U_9 (F14, 15, 16, 17, 18). Como a propaganda dos classificados e do varejo vão ser afetadas pelas mudanças tecnológicas?
U_{10} Até que ponto vão surgir novas fontes de receita?
U_{11} (F36). Até que ponto a regulamentação das notícias impressas vai se modificar?
U_{12} (F38). Até que ponto as regulamentações antitruste vão se modificar?
U_{13} (F39). Até que ponto a desregulamentação dos serviços postais vai ocorrer?

Tendências
T_1 (F1). A mudança tecnológica está aquecendo a concorrência nas indústrias de notícias e informações.
T_3 (F3). A informação está se tornando uma *commodity*.
T_6 (F30). O *marketing* um-a-um vai continuar a proliferar, auxiliado por um uso crescente de dados.
T_7 (F31). As empresas estão colocando produtos nas mãos dos consumidores por intermédio de canais novos e diferentes.
T_{10} (F52). Consumo em locomoção: consumidores com várias tarefas, buscando atalhos, consumindo em locomoção.
T_{12} (F54). Crescimento das telecomunicações, o que pode modificar os hábitos de leitura e de compra.
T_{15} (F59). A privacidade está se tornando uma importante questão para as pessoas, pois os avanços tecnológicos conduziram a incursões crescentes no domínio da informação privada.
T_{20} (F70). A tecnologia capacitou uma economia "global" na qual a informação cruza as fronteiras dos países bem como as fronteiras regionais, e está acessível instantaneamente, em qualquer lugar, a qualquer hora.

TABELA 10.2 Referencial conceitual para cenários

		U_1: Modelo de negócios	
		Tradicional (1)	Novo (2)
U_7: Uso da informação pelos consumidores	Mudança menor (1)	Cenário A O negócio de sempre... com uma virada	Cenário B A separação entre informação e propaganda
	Mudança radical (2)	Cenário C Consumidores no controle	Cenário D Mídia cibernética

mais radicais. As outras incertezas não são postas de lado, mas incorporadas na análise de cada cenário.

Cada célula da matriz torna-se o núcleo para a construção de cenário utilizando uma abordagem heurística.[15] Também desenvolvemos um título fácil de memorizar para cada um dos quatro cenários e os colocamos na célula apropriada da matriz. As tendências e incertezas restantes foram então combinadas para serem coerentes com os resultados das duas incertezas escolhidas. O resultado foi um esquema para cada cenário que os escritores de cenários usaram para criar uma narrativa diferente para cada visão de mundo, como apresenta a Tabela 10.3.

Os escritores de cenário eram pessoas das equipes da empresa e conselheiros de fora. É no processo da escrita que ocorre muito da aprendizagem e do debate, da mesma forma como um diretor de cinema precisa fazer um roteiro ganhar vida com uma equipe de especialistas. O ato de criar várias histórias do futuro serve tanto para um objetivo de aprendizagem como de comunicação, como a 3M constatou quando se distanciou de um planejamento orientado por números para uma abordagem de narração de histórias[16].

Desenvolvendo a história. Cada um dos cenários foi escrito em um formato lógico e consistente da perspectiva de um historiador no ano 2007, olhando-se para trás no tempo, examinando-se os dez últimos anos e formulando-se uma crônica dos acontecimentos que deram forma ao mundo no ano de 2007. Uma vez completado, cada cenário tratou das seguintes questões (com base em suposições diferentes, como postulado pelo esquema de cenário):

1. Um retrato do que o mundo seria em 2007 sob esse cenário.
2. Uma descrição dos acontecimentos principais e dos elos entre eles que levaram à evolução desse mundo em particular no período entre 1997–2007.
3. Uma discussão sobre as implicações estratégicas dos cenários para o modelo de negócios da indústria de jornais de 1997.
4. Uma pequena história ilustrativa sobre um típico "dia na vida" de um importante anunciante que precisa tomar decisões sobre a estratégia de propaganda ou de um típico consumidor que precisa de informação.

TABELA 10.3 Esquema para criação de cenários

	A. O negócio de sempre... com uma virada	B. A separação entre informação e propaganda	C. Os consumidores no controle	D. A mídia cibernética
U_1	Tradicional	Novo	Tradicional	Nova
U_7	Mudança menor	Mudança menor	Radical	Radical
U_2	Menor	Maior	Menor	Maior
U_3	Baixo	Alto	Baixo	Alta
U_4	Pouco	Algum	Muito	Muita
U_5	Nenhuma mudança	Menos	Mais	Menos
U_6	Nenhuma mudança	Nenhuma mudança	Nenhuma mudança	Mais flexível
U_9	Pouco	Drástico	Dramático	Dramática
U_{10}	Algum	Algum	Muito	Muita
U_{11}	Pouca mudança	Pouca mudança	Pouca mudança	Altamente restrita

Para fornecer uma ilustração de cada cenário, apresentar-se-á um breve resumo narrativo de cada cenário a seguir. A Tabela 10.4 também resume alguns dos temas principais em cada cenário. Os cenários em si são em geral mais detalhados do que as descrições. Eles incluiriam as pequenas histórias ilustrativas e as implicações estratégicas para o modelo de negócios atual. Nosso objetivo aqui é passar apenas a essência de cada cenário, não seus ricos detalhes.

Cenário A em 2007: o negócio de sempre... com uma virada. O mundo evoluiu como muitos observadores do setor previram no ano de 1997. Novas tecnologias de telecomunicações e de rede, inclusive a Internet, continuaram o seu progresso evolucionário até agora, mas não tão rapidamente como esperavam os entusiastas do Vale do Silício. Como resultado, os jornais mantiveram o terreno como mídia de massa eficaz, mas estão enfrentando uma concorrência cada vez maior – da mídia nova e da tradicional. As receitas com a propaganda dos classificados continuou o seu declínio gradual ao longo dos últimos dez anos, colocando pressão no modelo de negócios da indústria jornalística. Em resposta, alguns jornais lançaram publicações especializadas para segmentos e nichos de mercado únicos; outros tornaram-se agressivos na forma de atrair os anunciantes de "imagem". Outros, ainda, vêm fracassando porque foram incapazes de adaptar suas organizações para se equiparar às realidades de mercado trazidas pelas mudanças evolucionárias dos últimos 10 anos.

Cenário B em 2007: separação entre a informação e a propaganda. As tecnologias de Internet e de comunicações vêm lentamente amadurecendo, permitindo amplas oportunidades para os jornais modificarem o seu modelo de negócios e experimentarem novas fontes de receita. Como resultado, mais de 80% das fontes de receita dos jornais estão vindo de produtos inteiramente novos que mal existiam uns poucos anos atrás. O sucesso da Internet como meio de formar comunidades virtuais é visível, mas alguns dos maiores benefícios para as empresas de mídia, em especial os jornais, vieram de se aplicar as lições do *marketing* direto da Internet ao ambiente da imprensa. Com efeito, os jornais desenvolveram uma sofisticada capacidade de *marketing* de banco de dados que lhes permite atingir níveis sem precedentes de intimidade com o cliente. Pela primeira vez, os clientes dispostos a pagar o preço podem assinar jornais personalizados, entregues na porta de casa. Outros clientes que preferem não pagar tanto recebem informações menos valiosas e menos detalhadas, enviadas a eles em cortesia por ávidos vendedores que desejam alcançar segmentos de mercado selecionados ou indivíduos por meios de mensagens e ofertas promocionais dirigidas. A maioria das empresas de mídia e os jornais tiveram de escolher entre tornar-se provedores de conteúdo de qualidade, mas caro, ou ajudar os vendedores na divulgação de mensagens dirigidas através de ofertas impressas inovadoras moldadas às especificações individuais dos clientes.

Cenário C em 2007: os consumidores no controle. O rápido progresso tecnológico modificou a maneira como os consumidores usam e obtêm acesso à informação. As empresas de mídia mantiveram – na maior parte – a fonte de receita baseada na propaganda, mas também tiveram sucesso em incorporar novos modelos de negócios, como gerar receita facilitando as transações entre os consumidores e os vendedores. Os consumidores exigem suas notícias em tempo real e por vários meios. Em resposta, as empresas de mídia modificaram suas operações para serem capazes de divulgar conteúdo por meio de mídias diferentes a pedido de seus "assinantes". Felizmente para a maioria das empresas de

TABELA 10.4 Temas de cenário

	Cenário A	Cenário B	Cenário C	Cenário D
Mercados de consumo	Os consumidores têm várias opções entre as mídias para obter acesso à informação Os consumidores não pagarão pelo conteúdo	Os consumidores estão dispostos a pagar por produtos que supram as suas necessidades singulares O *marketing* altamente focado prolifera	Os consumidores são altamente dependentes de grupos de afinidade, clubes de compra, etc. As fontes de informação modificam-se radicalmente; surgem novas entidades comerciais	Os consumidores possuem inúmeras escolhas entre várias mídias Forte demanda por uma informação local e personalizada
Tecnologia	Modifica a natureza da propaganda – mesmo na mídia tradicional Os desafios de largura de banda continuam	Os desafios de largura de banda resolvidos Abundam agentes inteligentes O comércio eletrônico prolifera	A Internet decola rapidamente Domina um atendimento personalizado – tanto a domicílio como eletrônico O comércio eletrônico decola	Novas impressoras permitem a impressão doméstica de jornais Crescem em ritmo acelerado as aplicações baratas e portáteis de Internet
Concorrência	Os provedores de conteúdo criam uma concorrência feroz Consolidação do setor	O *marketing* de nicho é uma grande oportunidade	Empresas de produtos competem com os provedores de notícias para criar a informação e o entretenimento que os clientes exigem A publicação personalizada é um negócio atraente	A hipercompetição é a norma
Modelos de negócios	Pressão econômica maior devido à concorrência Novas mídias substituem as antigas nos casos em que são mais eficientes em custo	Um jornalismo de alta qualidade é importante Novos modelos de negócios emergem com menos foco na propaganda	As empresas de mídia possuem várias fontes de receita A desintermediação arrasa com muito do negócio dos anúncios classificados	A mídia impressa têm dificuldades A receita com os anúncios classificados está gravemente ameaçada
Questões jurídicas	As preocupações com a privacidade continuam; nenhuma mudança importante Questões de antitruste e de propriedade cruzada ainda importantes; nenhuma mudança importante	O movimento ambiental progride Leis sobre privacidade impõem desafios de distribuição Aumentam as acusações de calúnia e difamação contra as empresas de mídia	As questões de privacidade permanecem importantes, mas sem solução	

mídia, os anunciantes estão dispostos a pagar mais para alcançar esses consumidores "exigentes", pois alcançam maior eficiência ao atingir seus clientes por meio de campanhas de propaganda altamente dirigidas. Como resultado, as empresas de mídia passaram a depender da Internet e do comércio eletrônico. As empresas mais bem-sucedidas de mídia não são necessariamente as melhores referências em termos de jornalismo. São, em vez disso, as que mais prontamente antecipam as necessidades de seus clientes e adaptam a sua oferta de produto regularmente para se adequar a essas necessidades mutáveis, usando as melhores tecnologias disponíveis.

Cenário D em 2007: a mídia cibernética. A tecnologia progrediu de forma rápida, como foi previsto pelos entendidos do Vale do Silício; e as maneiras como os clientes usam e obtêm acesso à informação modificaram-se fundamentalmente. A maioria dos consumidores ou recebe jornais impressos e personalizados a domicílio ou obtem acesso a suas notícias através de programas de alta tecnologia da Internet. Os limites entre os jornais e as estações de TV, bem como entre os outros canais de mídia, estão indistinguíveis, com as apresentações em multimídia, de informação textual e visual, e as notícias proliferando. Os modelos de negócios modificaram-se também: os jornais geram receita de anunciantes nacionais (que possuem poucos canais de distribuição focados localmente), de assinaturas, de serviços de transação e de novos negócios, como servir de intermediário para compras de alto valor, classificados de alta tecnologia e segmentação de cliente. Com o crescimento na distribuição eletrônica, os jornais lutam para vender seus prelos antiquados – em geral a preços bem baixos.

Analisando os cenários

Cada cenário impõe sérios desafios para os jornais. O cenário A é o mais favorável para o modelo jornalístico de negócio existente. Embora a Internet como tecnologia emergente tenha penetrado nesse cenário, a aceitação da nova tecnologia por parte dos consumidores ainda não se materializou no ano de 2007. Como resultado, a maioria dos jornais não precisou alterar radicalmente sua maneira de fazer negócio, além de competir com várias publicações de nicho. Em contraste, o cenário D tem um efeito devastador para as empresas jornalísticas como hoje as conhecemos. A base de ativos dessas empresas (os prelos), além de suas capacidades logísticas de entrega de jornais, desvalorizou e tornou-se obsoleta. Para permanecerem no mercado, essas empresas precisam desenvolver capacidades sofisticadas de tecnologia similares às da AOL. Precisam alavancar essa capacidade levando a sua marca de jornalismo vigoroso aos segmentos certos do mercado. Se essas empresas obtiverem sucesso em manter uma base de clientes relativamente leal, poderão aumentar suas receitas através de taxas de transação e outros serviços de *marketing* proporcionados aos fabricantes de produtos. Tudo isso significaria que os jornais desenvolveram capacidades organizacionais verdadeiramente diferentes das que possuem hoje. E, provavelmente, não seriam mais conhecidos como jornais.

Em um processo de cenário desenvolvido, os administradores iriam usar essas quatro histórias como pontos de partida para a discussão de estratégias. Examinariam as estratégias para cada cenário e as melhores em geral, dada a incerteza sobre qual dos quatro cenários será o mais próximo da realidade em 2007. À medida que essa discussão avança, eles serão capazes de identificar competências-chave que precisam ser desenvolvidas e estratégias eficazes para qualquer um dos cenários. Essas últimas são em geral muito menos arriscadas. Também identificarão os caminhos que só fazem sentido em um ou dois cenários. Dada a incerteza envolvida, esses em geral são mais arriscados; portanto, os administradores precisam avaliar a probabilidade de ocorrência de cada cenário e os recursos exigidos para se preparar para ele. No mínimo, desenvolverão opções para perseguir esses caminhos ou estratégias. Compreender a dinâmica das visões alternativas de mundo permite que os administradores liderem a mudança investindo naquelas capacidades que conferem maior flexibilidade e poder de permanência à sua organização.

Exemplo de análise de um cenário. Para ilustrar esse processo, examinemos o cenário C em maior profundidade. Esta visão de mundo se caracterizaria da seguinte forma:

- *A Internet modifica o modo de se fazer o negócio.* As indústrias americanas aperfeiçoaram um modelo de negócios em torno de canais de distribuição e de redes de revendedores. Isso funcionou bem até agora. O surgimento da Internet e do comércio eletrônico teceu um novo modelo empresarial, no qual a extensão do canal de distribuição foi drasticamente reduzida. O resultado é uma desintermediação (o processo de eliminar os intermediários). As novas empresas em rede são bem mais virtuais com seus clientes e fornecedores do que as empresas tradicionais e por isso não precisam das redes de vendas e distribuição tradicionais. Por conseguinte, precisam de menor capital para conduzir as suas operações.
- *A riqueza da Internet atrai talento.* A capacidade de contratar e de reter talentos é essencial para o sucesso de qualquer empreendimento, e empresas em rede não têm problema em atrair os melhores e os mais brilhantes. Os executivos das empresas tradicionais vêem o ritmo em que as empresas em rede proliferaram e conseguiram tirar participações de mercado das empresas estabelecidas; eles não possuem outra escolha a não ser imaginar se a sua própria sobrevivência futura não está em risco. Eles temem virarem dinossauros. A capacidade de criação de riquezas das empresas em rede soma-se ao sentimento de ansiedade das empresas tradicionais ao assistirem ao ritmo com que os funcionários das empresas em rede estão acumulando riqueza. Considerando a Internet e o comércio eletrônico como o principal setor de crescimento no futuro previsível, a maioria dos executivos não pode deixar de se envolver com essas novas empresas. Não fazer parte lhes parece uma grande oportunidade perdida.
- *Existe a criação de riqueza lá fora, mas como conseguir capital?* As empresas em rede são recompensadas por seus acionistas por aplicarem todo centavo ganho no desenvolvimento de produto e de mercado, mesmo se isto significar risco de perdas. Das empresas tradicionais, por outro lado, espera-se que demonstrem crescimento de ganhos, trimestre após trimestre. Assim, enquanto suas irmãs em rede são recompensadas com acesso a capital aparentemente ilimitado, a baixo custo, as empresas tradicionais se vêem lutando para obter capital caro. Nessas circunstâncias, poucos executivos de empresas tradicionais possuem força para tirar dinheiro de negócios rentáveis e aplicar em novos empreendimentos de Internet, com suas perdas contínuas e futuros incertos. O que confunde o problema é o fato de que ninguém, na verdade, sabe o que seria um retorno sobre investimentos na Internet e no Comércio Eletrônico, e quando se materializará. Devido a seus sucessos do passado, as empresas tra-

dicionais encontram limitações significativas no quanto podem tentar imitar as empresas em rede.
- *Você tem tempo para se decidir, mas não mais do que minutos na Internet.* Piorando a questão para os executivos das empresas tradicionais, os mercados não concedem muito tempo para a decisão sobre o que a organização precisa fazer. A Internet não tolera a cautela. Para uma empresa tradicional, isso significa canibalizar as vendas em canais estabelecidos a favor dos negócios na Internet. Essa não constitui só uma decisão penosa para a maioria dos executivos, é também uma decisão difícil de ser implementada devido ao tempo rápido da Internet. A demora, contudo, como foi enfatizado no Capítulo 2, traz terríveis conseqüências.

Soluções. Dadas essas características do cenário C, voltemo-nos à identificação de algumas soluções e estratégias possíveis. Para vencer neste mundo, as empresas de mídia precisam desenvolver um conjunto de capacidades organizacionais, incluindo o seguinte:

- Formar e gerir alianças;
- Desenvolver um profundo e intricado conhecimento das necessidades dos clientes (tanto de anunciantes como de consumidores) por informação, entretenimento e transação.
- Desenvolver conteúdo convincente e distribuí-lo por quantas mídias (p. ex., TV, rádio, imprensa, Web) for possível.

Tendo desenvolvido essas capacidades, uma empresa de mídia pode esperar conquistar o seguinte:

- Gerar múltiplas fontes de receita a partir do mesmo conteúdo;
- Consolidar e dominar as vendas de propaganda em múltiplas mídias;
- Atingir uma participação maior dos gastos com propaganda.
- Ter acesso à população mais abrangente possível.
- Proporcionar a variedade mais ampla possível de veículos de propaganda.

No cenário C, as empresas estabelecidas que enfrentam as incertezas de tecnologias emergentes precisam avaliar seus investimentos em projetos e iniciativas estratégicas usando uma abordagem de opções, em vez dos métodos mais tradicionais de valor presente líquido. Quanto maior for a incerteza associada à tecnologia emergente, maior será o valor de ter uma opção para esse futuro (como explica em maiores detalhes o Capítulo 12, escrito por Bill Hamilton).

Para ilustrar, considere algumas das jogadas competitivas feitas por algumas empresas jornalísticas na área de formação e gestão de alianças estratégicas.

A Classified Ventures formou-se em dezembro 1997 pela The Times Mirror Company, Tribune Company e The Washington Post Company. O objetivo da parceria é auxiliar os jornais a expandir sua posição, usando tecnologias de Internet, como fornecedores líderes de propaganda classificada. Durante 1998, a Knight-Ridder, a Gannett, a Central Newspapers, The McClatchey Company e a The New York Times Company uniram-se ao consórcio. Participando, os jornais estão comprando opções para o futuro.

A estratégia do consórcio é basear-se nos estoques de listas classificadas dos jornais e do respeitado conteúdo editorial local, bem como da sua relação de longa duração com os revendedores de automóveis, construtores, profissionais de imóveis, administradores de propriedade e provedores de informação e serviços relacionados. A Classified Ventures atualmente mantém o *site* Apartments.com e está desenvolvendo um *site* automotivo, o cars.com. Bob Ingle, presidente da unidade New Media da Knight-Ridder, deu a seguinte justificativa para a participação da Knight-Ridder na Classified Ventures: "A Classified Ventures reconhece que a melhor maneira de vencer nacionalmente é vencer localmente. A unificação de tantas empresas editoriais com fortes marcas locais por trás de uma marca nacional comum nos concede uma tremenda vantagem em relação aos concorrentes de fora da indústria jornalística".

A CareerPath, o *site on-line* de empregos, é outro exemplo de um esforço de colaboração. Unindo-se, os jornais criaram uma opção para si mesmos na competição com as empresas em rede, esperando interromper o seu avanço.

Como ocorre com opções financeiras, opções reais nem sempre se pagam. Até agora, em ambos os casos, os jornais constataram ser difícil o trajeto. Nos segmentos de imóveis e empregos, os *sites* mantidos pelo consórcio de jornais estavam em terceiro lugar em 1999, atrás de recém-chegados como a Monsterboard e o Work-Place Channel, da AOL, no recrutamento, e da Realtor.com, nos imóveis. No mercado de automóveis, os *sites* operados pelos jornais alcançaram um distante quinto lugar, atrás de empresas recém-chegadas como a CarPoint.com, da Microsoft.

Como os jornais deveriam competir? No cenário C, nada menos do que modificações drásticas na maneira de os jornais coletarem e disseminarem informação se fazem necessárias. Os jornais, por sua própria natureza de produto de massa, proporcionam informações demasiadas; um leitor médio consome menos de 5% do que é impresso em um jornal comum. No cenário C, não se valoriza uma profundidade intermediária nas notícias, digamos, porque é muito ubíqua. Os consumidores desejam mais profundidade em áreas como empregos, entretenimento, artes, alimentação. E a Internet oferece a melhor solução tecnológica para permitir aos provedores de conteúdo modular a profundidade e a quantidade de cobertura de cada tópico, conforme o gosto do consumidor. Um produto impresso entregue a domicílio todos os dias dificilmente supre as exigências e necessidades desse novo mercado. Tem um quilômetro de largura e um centímetro de profundidade, e as pessoas querem cada vez mais o oposto.

A única área na qual os jornais atualmente desfrutam de alguma vantagem competitiva é a cobertura local. Os jornais desenvolveram operações de escala para cobrir e analisar de forma eficaz os acontecimentos locais (têm os pés no chão). As novas empresas em rede terão dificuldade em reproduzir essa infra-estrutura com rapidez no cenário C. A Internet, como mídia global, não é a mais adequada à cobertura local. Ela obteve sucesso em reunir pessoas com base nas afinidades e nos interesses delas, e não na geografia. Enquanto as pessoas em uma comunidade tiverem vontade de saber mais sobre a localidade em que vivem, os jornais podem cavar um nicho defensivo para si mesmos (como um produto que proporciona uma profunda cobertura local).

Os jornais certamente possuem a capacidade de cobrir as notícias locais, mas a pergunta é: estão dispostos a isso, e seria lucrativo? No fim das contas, uma empresa jornalística pode não ter outra escolha além de dominar esse nicho, a não ser que resolva reinvestir em si mesma. Algumas empresas jornalísticas seguiram uma estratégia de nicho assim. Por exemplo, o Thompson Newspaper Group, de Stamford, Connecticut, começou rapidamente a contratar residentes locais como repórteres. Ao fazer isso, o Thompson Group tenta deixar seus jornais diários (56 deles em 13 estados) mais úteis e relevantes aos leitores. No cenário C, aquelas empresas que seguirem a estratégia de nicho terão de proporcionar à sua marca um conteúdo local distintivo em vários formatos. Cada vez mais terão de produzir e entregar edições dirigidas de seus jornais, em papel e na Web.

Outras empresas jornalísticas e de publicação perseguiram uma estratégia de reinvenção. Por exemplo, a Bertlesmann seguiu uma estratégia de integração horizontal na qual a Internet se transforma em um canal distribuidor para as suas publicações e fez aquisições nas áreas em que lhe faltavam presença. Essa estratégia também é perseguida por outras empresas de mídia, como a Time Warner e a News Corp.[17] Os que seguirem essa estratégia estarão bem posicionados para se tornar um dos poucos participantes a dominar o mercado da notícia de massa através de vários canais de distribuição (tevê, imprensa e Internet). No cenário C, a demanda por notícias e análises bem escritas não vai desaparecer, mas você não precisará ser um "jornal" para divulgá-la.

Em um exercício de cenário, os administradores criariam visões similares para cada um dos futuros em potencial, e a análise poderia ser levada a níveis ainda mais refinados de detalhe. Como ilustrado por este exemplo, embora os cenários possam descrever mundos futuros em um grau de abstração razoavelmente alto, a verdadeira compreensão vem na ligação dos cenários aos prováveis modelos empresariais que surgirão e aos tipos de produtos e serviços que os consumidores exigirão. Isso exige um conhecimento a fundo das características da oferta de produto e projeções informadas sobre o que uma nova tecnologia pode permitir. A Tabela 10.5 oferece uma análise preliminar das características que os jornais impressos e eletrônicos compartilham e das características que podem dis-

TABELA 10.5 Jornais tradicionais e jornais *on-line*

	Atributos compartilhados	Atributos discriminadores
Jornal tradicional	• Informação a tempo • Anúncios classificados • Distribuição conveniente • Baixo custo para o consumidor • Base variável de assinantes	• Portátil e móvel • Conexão local • Cobertura aprofundada / tempo livre • Fórum estabelecido para classificados • Integridade da mídia de massa • Testado pelo tempo / confiável
Jornal *on-line*		• Passível de ser customizado / *download* apenas • O que o cliente quer • Atualizações contínuas/*links* • Distribuição grátis (mantido por anúncios) • Nenhum limite geográfico • Exposição de propaganda mensurável • Nenhuma sujeira ou bagunça • Apelo de novidade (a princípio)

criminá-los.[18] Se as características adicionais da nova tecnologia compensarão a perda das características antigas vai depender muito dos consumidores. Segmentando o mercado com base nas concessões que os consumidores se dispõem a fazer entre essas várias características, as empresas podem focalizar os prováveis adotantes e os segmentos de crescimento, enquanto continuam a servir aqueles segmentos que valorizam o antigo mais que o novo. O gosto e a preferência em qualquer segmento de mercado podem se alterar com o estabelecimento de padrões e com as modificações nas aspirações ao longo do tempo, sublinhando a importância de uma pesquisa de mercado a tempo e de modelos sensatos de rastreamento da migração de valor. Um forte foco de mercado também pode criar usuários líderes, que podem ajudar a dar forma ao produto para uma aceitação mais ampla do mercado.[19]

Armadilhas do planejamento de cenário a serem evitadas. Como o planejamento de cenário é um território desconhecido para muitos administradores, existem muitas armadilhas que podem não ser visíveis àqueles treinados nos processos tradicionais de planejamento. Algumas dessas armadilhas são importantes porque podem prejudicar todo o projeto e com freqüência são difíceis de prever. Listamos abaixo potenciais equívocos especialmente traiçoeiros para aqueles que estudam tecnologias emergentes.[20]

- *Não obter apoio da gestão superior logo cedo.* O primeiro passo em qualquer processo de cenário deve ser garantir o apoio político e o envolvimento dos executivos seniores, porque sem eles não pode haver nenhuma mudança significativa na estratégia ao final do processo. Em 1969, a primeira geração de cenários da Shell foi brilhante, mas seus *insights* não foram incorporados ao pensamento dos tomadores de decisão. Já que os cenários eram o produto dos gerentes de equipes, os executivos seniores da Shell não sentiam nenhum orgulho por eles. Esse cenário da Shell em 1969 de fato antecipou o embargo do petróleo de 1973 pela OPEC, mas os administradores não acreditaram nesse alerta nem agiram para evitá-lo. A solução: deixar os tomadores de decisão interessados no processo de cenários.
- *Falta de contribuições diversas.* As contribuições externas devem ser buscadas ativamente. Algumas vezes vale a pena colocar especialistas de fora na equipe porque mesmo administradores reconhecidos como *experts* tecnológicos ou estudantes astutos de mercados específicos podem sentir-se desconfortáveis tratando de questões além das fronteiras conhecidas de seus setores. No começo, a iniciativa de aprendizagem de cenário se dirige apenas ao ambiente externo, e não às estratégias da empresa ou à informação de mercado. Como resultado, não deve haver nenhum problema em convidar clientes, fornecedores, reguladores, analistas, acadêmicos ou outros líderes de opinião neste estágio. Com o advento da Internet, esses peritos de fora da empresa podem ser convidados fácil e economicamente para uma conferência eletrônica sobre cenários.
- *Não estimular novas opções estratégicas.* A vantagem final do planejamento de cenário ocorre quando a organização embarca em novas iniciativas estratégicas bem-sucedidas. Mas, com muita freqüência, o processo de cenários não consegue criar opções legítimas de solução que a empresa pode aceitar. Um problema é que as alternativas que constituem de fato soluções podem não parecer atraentes quando avaliadas através das lentes do valor presente

líquido por pessoas que não participaram na avaliação do ambiente de longo prazo da organização. Como foi observado, os administradores podem utilizar os cenários para convencer os líderes a julgar as conclusões sobre o futuro como opções reais, com valor além do que pode ser visto pela análise de valor presente líquido. De uma forma ideal, a empresa deve desenvolver um mercado interno no qual as idéias, o talento e o financiamento podem imiscuir-se da maneira como fazem no Vale do Silício, com pouca direção de cima para baixo ou interferência burocrática.[21]

- *Não rastrear os cenários através de marcos de sinalização.* Mesmo quando bons cenários e estratégias se desenvolveram, a tarefa ainda não se completou. Os cenários fornecem coordenadas que ajudam os administradores a compreenderem melhor o mundo no qual estão e os futuros para os quais podem estar se dirigindo. No entanto, os cenários olham o mundo da perspectiva de um satélite em órbita. As questões do dia-a-dia precisam ser geridas em terra. Assim, os cenários devem ser específicos e rastreados pelo desenvolvimento de marcos concretos de sinalização ou demarcadores (ver Capítulo 6, escrito por George Day). Para acrescentar mais detalhes à história do cenário, os administradores podem escrever manchetes de jornais imaginárias para caracterizar os acontecimentos e as forças diretrizes de cada cenário. Por exemplo, essas manchetes poderiam postular fusões corporativas, novas patentes ou produtos, ações competitivas audaciosas, processos jurídicos, deserção de clientes e mudanças regulatórias. Para interligar os cenários com o mundo do dia-a-dia, você terá de restabelecer a resolução de seus binóculos mentais algumas vezes. Afaste e aproxime, até que todo o panorama seja revelado e compreendido: da órbita terrestre ao ponto mais próximo da terra.

UMA BOA FERRAMENTA PARA TECNOLOGIAS EMERGENTES

Um dos benefícios do planejamento de cenários é que permite à organização examinar a interação entre tecnologia e mercado, que dá forma ao surgimento de tecnologias emergentes. Também permite que os participantes visualizem o impacto das descontinuidades tecnológicas nos modelos de negócios existentes. Sem o benefício dos cenários, isso seria difícil porque os defensores das "antigas tecnologias" tendem a depreciar e rejeitar novas tecnologias competitivas. Novas tecnologias, como a Internet, são em geral toscas quando surgem e raras vezes são superiores à antiga tecnologia, como no caso da impressão em sua época áurea. Um dos problemas com o videotexto foi que a tecnologia ainda não está totalmente desenvolvida, o que faz com que o serviço fique lento. Uma vez que a nova tecnologia se beneficie de uma inovação importante que desloca seus parâmetros de desempenho e enfatiza as suas vantagens (como uma alta largura de banda e uma conexão estável à Internet), os defensores da antiga tecnologia se deparam com um período de intensa substituição. Nesse ponto, é em geral muito tarde para as empresas estabelecidas, já que estão sobrecarregadas pelo ritmo veloz da perda de mercados.

Os cenários também podem ajudar a melhorar o processo orçamentário e de alocação de recursos. Na maioria das empresas esse processo se baseia em alguma medida de retorno de investimento, que por sua natureza favorece as situações nas quais poucos recursos são usados para conquistar retornos substanciais. Nesse parâmetro, quanto mais substanciais forem os retornos exigidos, maiores precisarão ser os mercados que sustentam os investimentos. No caso de tecnologias emergentes, os investimentos de recursos freqüentemente são maiores comparados aos retornos porque os mercados estão em um estágio embrionário. Como resultado, as empresas estabelecidas podem rejeitar as novas tecnologias por as considerarem "meros brinquedos" não merecedores de investimento. Essa percepção é ainda reforçada pelo fato de que os adotantes iniciais das novas tecnologias tendem a se encaixar no estereótipo de pessoas com "passatempos". Contra os retornos concretos oferecidos pelas tecnologias existentes, os retornos prometidos pelas tecnologias emergentes parecem ser bem pequenos.

Pintando um quadro vívido e realista do futuro, os cenários ajudam os administradores a compreender melhor o potencial comercial das tecnologias emergentes e usar essa compreensão para melhorar o processo de alocação de recursos. Essa ênfase pode ser reforçada pelo uso da análise de opções, como se discutirá em detalhes no Capítulo 12. Uma análise de opções apropriada requer uma compreensão total das incertezas que rodeiam um novo investimento (semelhante à estimativa da variação de um ativo-lastro na teoria das opções financeiras). Os cenários podem ajudar a estimar a gama de incertezas de dimensões diferentes que concedem à opção o seu valor.

Um outro benefício do planejamento de cenários é que ele permite à organização compreender em quais tecnologias deve investir para conquistar uma vantagem competitiva. Faz pouco sentido para as empresas investirem no aperfeiçoamento de tecnologias básicas que não passem de bilhetes de entrada (como os prelos de impressão para os jornais ou os *sites* da Web para o comércio eletrônico). As empresas devem manter os investimentos em tecnologias-chave que atualmente oferecem uma base para diferenciação e uma vantagem competitiva sustentável. Por fim, as empresas precisam aumentar os investimentos no desenvolvimento de tecnologias que tenham o potencial de derrubar a estrutura competitiva existente. Os cenários podem auxiliar os administradores a identificar que tecnologias serão básicas ou cruciais, e auxiliá-los a tomar decisões de investimento mais sábias.[22]

Amplificando e analisando sinais fracos

Os cenários podem amplificar sinais fracos. As tecnologias emergentes diferem de outras oportunidades por sua natureza de rica textura. Como foi discutido por Adner e Levinthal no Capítulo 3, eventos de especiação aparentemente menores podem mais tarde produzir mudanças profundas no desenvolvimento de um setor. O planejamento de cenário tenta farejar esses eventos de especiação enquanto fracos sinais, e tenta levar essas idéias preliminares à sua conclusão lógica se acontecessem vários outros desenvolvimentos (relacionados ou ao mercado ou à tecnologia). A confluência de forças e o alto grau de dependência de fatores relacionados, em geral típicos das tecnologias emergentes, são bem adequados à metodologia de planejamento de cenário, que busca tecer várias histórias coerentes a partir das várias trilhas disponíveis (tendências e incertezas) que provavelmente criarão o tecido do futuro. Assim, os cenários podem ajudar a rastrear e dar sentido aos novos eventos à medida que surjam. Após o planejamento de cenário, muitos administradores processam os eventos e as informações de modo bem diferente do que processavam antes, já que agora possuem lentes múltiplas através das quais é possível examiná-los.

Para ilustrar a função do planejamento de cenário, considere o sinal fraco anunciado em 1999 e contemple a sua potencial relevância para as empresas jornalísticas:

> A Xerox agora oferece um novo serviço, denominado Pressline, que entrega jornais eletronicamente a hotéis e outros locais. Esse serviço permite uma impressão personalizada, na quantidade necessária, ao local designado de entrega. A Xerox recomenda esse novo serviço especialmente para as viagens ao estrangeiro, para que os leitores possam receber a tempo os jornais locais que estão acostumados a ler ou simplesmente possam ler um jornal nacional de sua escolha em sua língua.

> A relevância desse anúncio pode ser interpretada de várias maneiras, dependendo da lente de cenário adotada. No cenário A, representa um mercado de nicho (o mercado dos viajantes) e um canal alternativo de distribuição, além da entrega física dos jornais. Na verdade, nesse cenário, a Pressline oferece uma oportunidade de expansão aos jornais, além de seu domínio urbano, bem como uma maneira de aumentar a fidelidade do cliente. No cenário D, este poderia ser o começo de uma tendência de impressão personalizada, de entrega a domicílio dos jornais, um desenvolvimento que iria minar a própria base de ativos da qual os jornais hoje dependem (prelos e redes de distribuição física). Ademais, à medida que os mercados se segmentam em agrupamentos mais refinados, o modelo de publicação em massa dos jornais – imposta a eles pelas restrições dos prelos de impressão – pode dar lugar a um novo mundo de jornais verdadeiramente personalizados, no qual os termos "alcance" e "penetração" perderam o seu sentido tradicional. As implicações dessas mudanças na maneira de os jornais venderem e estabelecerem o preço da propaganda, administrarem as reportagens, produzirem e empacotarem o seu produto e o distribuírem são de fato profundas e incertas. Neste mundo, não são mais necessários nem valorizados os prelos dos jornais, os caminhões de entrega ou as mensagens de banda larga da propaganda de massa.

Criando "crises substitutas"

> A maioria das empresas estabelecidas não tem escolha, a não ser responder aos desafios de tecnologias emergentes, como a Internet. A única escolha que possuem talvez seja se enfrentam essa crise agora ou depois. Podemos pensar no planejamento de cenário como a criação de "crises substitutas", já que uma crise real é em geral muito cara e por vezes acontece muito tarde para a sobrevivência. Tais crises imaginadas geralmente geram respostas similares às de uma crise real: podem a princípio gerar negação ou raiva, mas podem levar, mais cedo ou mais tarde, a uma ação audaciosa. As tecnologias emergentes têm o potencial de criar caos em certos setores ou mercados, bem como novas oportunidades. Os bons cenários retratarão essas ameaças e oportunidades em detalhes vívidos. O objeti-

vo deles deve ser empurrar as pessoas para além da zona de conforto, e inspirar os administradores a parar de seguir o grupo. É por isso que o planejamento de cenário exige um equilíbrio entre a arte do conhecido e a do desconhecido. O planejamento de cenário pode ajudar as empresas a não serem avestruzes, que mantêm cabeças na areia, ou galinhas, que correm de um lado para outro sem a cabeça.

Essa resistência a novas idéias pode ser reduzida se os cenários forem considerados oportunidades de *aprendizagem*.[23] Os cenários de aprendizagem são primeiramente apresentados como hipóteses-tentativas para teste e validação por intermédio de outras discussões e pesquisas. É no ato de aprender que ocorre a aceitação emocional e intelectual dos temas dos cenários, e os modelos mentais alternativos podem ganhar espaço. Mas esse processo leva tempo e exige o envolvimento dos principais tomadores de decisão. Esses cenários de aprendizagem contrastam com os cenários que têm sido aceitos e ratificados pelos administradores seniores e que serão usados para determinar as estratégias no futuro.

Uma vez que os cenários de aprendizagem são revistos e aceitos, podem servir como cenários de decisão. É possível testar as estratégias em relação a esses cenários de decisão para determinar quais serão as vencedoras em um futuro possível e quais servirão bem à organização em um número variado de futuros. A maneira como projetos atuais responderiam a vários cenários pode ser quantificada utilizando-se a simulação Monte Carlo, a análise de opções ou outras ferramentas para a análise estratégica de risco. O uso mais importante do planejamento de cenário, contudo, é gerar novos *insights* sobre o ambiente futuro. De tais previsões as organizações podem talhar estratégias e planos mais eficazes.

O planejamentos de cenários pode proporcionar uma estrutura poderosa para a análise dos desafios complexos e incertos que uma empresa como a Knight-Ridder enfrenta. Pode auxiliar a fornecer uma maneira de os administradores examinarem o impacto tecnológico, organizacional e estratégico de tecnologias importantes cuja evolução e significância exatas permanecem incertas. Prepara a organização não para um futuro, mas para vários. Pode sacudir os administradores e precipitar uma crise virtual sem esperar que os clientes ou os concorrentes criem uma de verdade. Acima de tudo, oferece aos administradores uma maneira de pensar sobre o futuro e colocá-lo em debate, de modo que possam se preparar melhor para ele.

CAPÍTULO 11

APROPRIANDO-SE DOS GANHOS COM A INOVAÇÃO

SIDNEY G. WINTER
The Wharton School

Seja qual for a importância de uma tecnologia ou o tamanho do mercado existente para ela, não há nenhuma garantia de que o valor de uma nova tecnologia vá para o inovador. A estratégia de apropriação dos ganhos com inovação é fundamental para que se capitalize uma inovação tecnológica bem-sucedida. As patentes resolverão a questão? Este capítulo mostra que os administradores geralmente dão muita importância à lei de propriedade intelectual na proteção dos ganhos com inovações. O autor identifica algumas das limitações inerentes à proteção de patentes e examina outros mecanismos de apropriação de ganhos, nos quais se incluem o sigilo, o controle dos ativos complementares e o tempo de liderança (lead time).

O caminho que leva à extraordinária lucratividade passa pela inovação, mas, para alcançar esse objetivo, os esforços inovadores precisam vencer três obstáculos: em primeiro lugar, a tecnologia precisa ser bem-sucedida – isto é, a "engenhoca maravilhosa" precisa funcionar. Em segundo lugar, precisa criar valor. Não pode ser algo que apenas um amante de engenhocas aproveitaria, mas algo pelo qual os compradores estejam dispostos a estabelecer um preço que exceda os custos de produção. Se houver um número suficiente de compradores que atendam a esse requisito, cobre-se o custo do esforço inovador e surge a perspectiva de que alguém se beneficiará substancialmente com essa inovação.

Isso nos leva ao terceiro obstáculo: a apropriação desses ganhos. O "alguém" que se beneficia pode não ser o inovador. A maior parte dos ganhos pode ir para concorrentes, que imitaram a inovação ou alcançaram os seus próprios resultados similares. O valor também poderia ser captado pelos compradores ou pelos fornecedores envolvidos no processo de produção e de utilização. O inovador espera encontrar uma maneira de se apropriar suficientemente dos ganhos totais para fazer a coisa toda valer a pena – ou, de preferência, valer *muito* a pena.

Este capítulo trata dos desafios de gestão do terceiro obstáculo: a apropriação de valor. As muitas discussões sobre esse assunto enfatizam em demasia a

O autor gostaria de agradecer os comentários muito úteis dos editores Wes Cohen e Robert Merges sobre a versão anterior deste capítulo, ainda em rascunho. Os erros e as limitações que permanecem são do autor.

importância da lei de propriedade intelectual, e da lei de patentes em particular, para que se garantam os retornos decorrentes de uma inovação. Inúmeras considerações contribuem para essa ênfase exagerada, sendo a mais importante delas a existência de todo um "setor" de propriedade intelectual. Como a maioria dos setores e segmentos existentes, este promove as mercadorias de que dispõe. Além disso, existe uma dimensão de política pública na lei de propriedade intelectual, e a presença de uma dimensão como essa em geral cria um nível mais alto de visibilidade. Essa ênfase exagerada na propriedade intelectual obscurece os outros mecanismos de apropriação de ganhos com inovações e concentra-se na *duração* do período durante o qual os ganhos estão garantidos. Isso ocorre provavelmente porque a lei de patentes promete mais em termos da duração da proteção do que os mecanismos alternativos podem suprir (prometem mais do que as patentes em geral suprem).

Neste momento são analisadas quatro classes principais de mecanismos de apropriação: (1) patentes e proteções legais relacionadas, (2) sigilo, (3) controle dos ativos complementares e (4) o tempo de liderança *(lead time)*. Esses quatro mecanismos não são mutuamente excludentes (nem por completo exaustivos). Trata-se, em geral, de abordagens complementares. Há interações significativas entre elas e oportunidades de usar uma abordagem para impulsionar a outra. O capítulo também oferece uma estrutura para a análise das questões de apropriação em tecnologias emergentes e explora o papel de capacidades dinâmicas que produzem várias inovações – criando uma "galinha de ovos de ouro", em vez de um único ovo de ouro.

PONDO A PROPRIEDADE INTELECTUAL EM PERSPECTIVA[1]

A ênfase exagerada dada à propriedade intelectual distorce a discussão e a análise em três aspectos significativos. Primeiramente, contribui para o sentimento de que patentes e outras proteções legais são os recursos dominantes empregados pelos inovadores para captar retornos. Isso está longe de ser verdade. Embora haja setores nos quais as patentes realmente desempenham um papel importante e haja exemplos dispersos de patentes importantes por todas as partes, a eficácia geral das patentes varia substancialmente de um segmento para o outro. Em geral, outros mecanismos desempenham um papel mais importante. A evidência sistemática mais recente sobre essa questão vem do levantamento feito em 1994 com administradores de P&D, conduzido pelos pesquisadores da Carnegie Mellon University.[2] Para inovações de produto, o estudo da CMU conclui que "as patentes são, sem sombra de dúvida, o menos central entre os principais mecanismos de apropriação como um todo, refletindo seu papel subordinado na maioria dos setores".[3] Na maior parte, outros mecanismos oferecem períodos mais curtos de proteção efetiva do que os *prometidos* pelas patentes – e, portanto, parecem inferiores às patentes *prima facie*. Em muitos casos, contudo, o período de proteção oferecido não é inferior ao que as patentes realmente fornecem.

Em segundo lugar, essa ênfase exagerada parece contribuir para uma alocação equivocada de atenção e recursos. Os recursos e a atenção concentram-se em tirar o máximo da proteção legal disponível, ao mesmo tempo em que se negligencia o uso enérgico e sofisticado de alternativas. O litígio de patentes pode ser dispendioso em termos de recursos técnicos e financeiros, e o esforço em obter compensação legal pelos danos do último *round* competitivo pode representar um dano auto-imposto no próximo *round*. Os dados coletados nos levantamentos mostram que o tempo de liderança parece ser bem mais eficaz nos segmentos de mercado do que as patentes. Isso sugere que pode ser mais eficaz tirar os pesquisadores dos bancos das testemunhas e levá-los de volta aos laboratórios.

Em terceiro lugar, essa distorção perceptiva leva a alguns equívocos na seleção dos projetos que devem ser postos em prática. Concede uma credibilidade superficial à idéia de que, "se não podemos contar com a proteção da propriedade intelectual para os resultados deste projeto, o projeto não merece ser executado". Essa suposição é bastante errônea. Se os retornos são protegidos pela lei de propriedade intelectual ou por algum outro mecanismo, não importa. E realmente não importa se os retornos com a inovação estejam bem ou mal protegidos. Quer dizer, não importa se alguns imitadores sem mérito entram no jogo e abocanham 90% dos retornos disponíveis, se, na verdade, os custos constituem apenas 5% dos retornos: 10 para cinco, isso ainda é o dobro do que você tinha investido. Pode ser frustrante pensar que, se fosse possível barrar esses imitadores, para que ficassem com "apenas" 85% dos retornos, você estaria triplicando seus lucros, em vez de duplicá-los. Mas atenção: o fato de ser impossível multiplicar tudo por três não constitui uma base racional para desistir da possibilidade de se multiplicar por dois.

Essa última questão com certeza é a preferida dos administradores que inovam de formas além da que o sistema de propriedade intelectual possa proteger. Ou, de preferência, uma vez que possuem baixas expectativas sobre o que o sistema legal fará por eles em primeiro lugar, não estão sujeitos à dor de contemplar o que um sistema perfeito poderia fazer por eles. Eles têm razão de se considerarem inovadores se conseguirem ganhar dinheiro inovando; não há espaço para se concentrarem no fato de que poderiam estar ganhando mais dinheiro se tivessem mais apoio das leis. Pense, por exemplo, no comentário feito por Howard Schultz, lendário CEO da cadeia de cafés Starbucks:

> Não tínhamos nenhuma proteção sobre o suprimento mundial de café de primeira qualidade, nenhuma patente sobre o grão torrado, nenhuma reivindicação de direitos sobre as palavras *caffé latté*, além do fato de termos popularizado a bebida nos Estados Unidos. Você pode abrir um barzinho de café expresso no seu bairro e competir conosco amanhã, se é que já não o fez...
>
> O que nos propusemos a fazer... foi reinventar uma mercadoria. Íamos redescobrir a mística e o charme que gira em torno do café há séculos. Encantaríamos os clientes com uma atmosfera de sofisticação, estilo e conhecimento...
>
> As melhores idéias são aquelas que criam uma nova mentalidade ou pressentem uma necessidade antes dos outros, e é preciso um investidor astuto para reconhecer uma idéia que não só está à frente de seu tempo como também possui perspectivas a longo prazo.[4]

A Starbucks não confiou nas patentes, mas sim no tempo de liderança alavancado por ativos complementares, para se apropriar dos ganhos gerados com sua inovação.

Parte do problema que se origina dessas perspectivas ultrapassadas é que as patentes sólidas, nos casos relativamente raros em que podem ser obtidas, definem um alto padrão de proteção buscado (erroneamente) em outros contextos. A ausência de uma proteção como essa leva à idéia de que, se fosse alcançado o mais alto padrão de proteção, as perspectivas para uma inovação lucrativa seriam bem melhores. Esse argumento é falacioso.[5] O fato de que uma empresa lucraria mais com a inovação X se tivesse (sozinha) uma proteção mais sólida não afirma que ela lucraria mais com X se a proteção fosse *em geral* mais forte no segmento em que atua. Ao contrário, pode ser um sinal de que uma empresa concorrente (respondendo aos incentivos) talvez apareça com uma inovação Y que deixasse X obsoleta. Melhorar a apropriação numa atividade ou num segmento em particular tende a elevar o padrão da concorrência inovadora – o que pode ou não ser desejável socialmente, mas não se pode presumir que seja mais favorável aos lucros para uma empresa em particular do que qualquer outro acréscimo na intensidade da concorrência.

QUATRO MECANISMOS DE APROPRIAÇÃO

Para criarem uma estratégia mais ampla que visa à apropriação de ganhos, os administradores precisam ver a proteção da propriedade intelectual apenas como um dos mecanismos existentes, descritos aqui por quatro títulos:[6]

- Patentes e proteções legais relacionadas;
- Sigilo;
- Controle dos ativos complementares;
- Tempo de liderança *(lead time)*;

A discussão aqui diz respeito à captação dos ganhos com uma inovação em potencial que já está "em mãos". Pode ser uma invenção ou um conjunto de invenções relacionadas; pode ser uma maneira nova de organizar as funções ou as relações internas com os clientes e os fornecedores. O que quer que venha a ser, ainda não se trata de uma "inovação", porque o "colocar em prática" que geralmente diferencia uma inovação de uma invenção ainda não aconteceu, e, na verdade, os detalhes da colocação em prática se determinarão em parte pela estratégia de captação. Para simplificar, utilizamos o termo "invenção" para a inovação genérica em potencial, e nos referimos explicitamente às possibilidade alternativas quando necessário. Deve-se enfatizar, todavia, que a inovação, com muita freqüência, toma a forma de mudanças processuais e organizacionais que não constituem "invenções", como são comumente compreendidas, e é certo que não representam invenções patenteáveis.

Patentes e proteções legais relacionadas

A história demonstra o poder da proteção de patente, em particular para as invenções relacionadas ao desenvolvimento inicial de setores baseados em tecnologias novas. Por exemplo, as patentes básicas de Alexander Graham Bell na telefonia permitiram que a Bell Telephone Company obtivesse o domínio lucrativo no segmento recém-criado dos telefones nos Estados Unidos, até expirarem em 1894 – e foi a partir dessa data que o número de empresas concorrentes cresceu mais de 100 vezes em menos de 10 anos.[7] Mais recentemente, estima-se que a patente da Cohen-Boyer, que protegia técnicas de recombinação de genes, elemento básico da biotecnologia, tenha gerado mais de US$ 220 milhões para sua proprietária, a Stanford University. Isso sem falar nos vários exemplos de patentes sólidas e bem valiosas que protegem invenções em segmentos de mercados já consagrados.

A proteção de patente, na forma simbólica de patentes de "utilidade", está disponível para quatro categorias de classificação – (1) as máquinas, (2) os produtos de fabricação, (3) as composições de matéria e (4) os processos –, além de seus aperfeiçoamentos. Para ser patenteável, uma invenção precisa atingir padrões de benefício (utilidade), de novidade e de não-obviedade. Na prática, dispensa-se pouco esforço burocrático à avaliação crítica da afirmação que o inventor faz de sua invenção, de que ela é útil,[8] mas se dedica uma quantidade considerável de esforço sistemático ao teste da "novidade" e, em especial, à questão limitada que analisa se a invenção do requerente é conhecida ou já foi patenteada.

Desde 1995, a duração de uma patente de utilidade é de 20 anos a partir da data da solicitação.[9] Durante esse período, o inventor possui o direito legal de impedir qualquer pessoa de utilizar a invenção – independentemente de como ela foi obtida. Isto é, não se permite que outras pessoas usem a invenção mesmo se elas próprias a criaram sem referência alguma à versão patenteada, e mesmo se não estavam de todo cientes da patente até serem notificadas de que deviam parar de infringi-la. É importante também enfatizar o caráter negativo do direito. Se duas ou mais partes legalmente distintas possuem patentes de invenções complementares exigidas numa única inovação, nenhuma delas tem o direito de levar a cabo a inovação unilateralmente. Em geral é necessário fazer um acordo de licenciamento caso se pretenda levar a cabo a inovação.

Limitações da proteção de patente. A eficácia das patentes é uma questão consideravelmente mais obscura e mais ambígua do que as histórias de grande sucesso, como sugerem a da Bell Telephone ou a da Cohen-Boyer. Entre as limitações, estão os altos custos legais da defesa de patentes e as oportunidades para as empresas concorrentes "inventarem em torno" da patente. As patentes variam muito em força e em valor; algumas têm valor somente quando são dispostas em uma formação massificada com outras patentes relacionadas, outras são relevantes por um período de tempo muito mais curto do que o da concessão da patente, e outras não passam de espantalhos para afugentar os mais tímidos imitadores de araque. Entre as limitações significativas das patentes incluem-se

- *Custos legais*. Com efeito, as próprias patentes da Bell ilustram uma dimensão dessa complexidade. A concessão da patente em si não deu o domínio do mercado à Bell Telephone; esse resultado foi conquistado através da defesa desse direito por muitos litígios demorados que envolviam mais de 600 ações judiciais de patente.[10] Quando o segundo componente dessa estratégia de "patentes e litígio" acaba sendo dispendioso, uma parte significativa das receitas pode se desviar para custos com advogados e outros gastos jurídicos. Outro exemplo é Eli Whitney, inventor da máquina para limpar algodão, que gastou muito tempo e dinheiro defendendo a patente, enquanto sua invenção fazia com que o valor das terras plantadas com algodão fosse ao espaço; muitas pessoas fizeram grandes fortunas com essa valorização.[11]

- *Eficácia limitada em alguns setores.* Os economistas há muito estão cientes de que a eficácia das patentes tende a variar sistematicamente de um setor para outro, como é mostrado na Tabela 11.1. A tabela expõe os resultados de dois estudos que comprovam esse quadro de variação entre os setores: o "levantamento Yale", feito no início dos anos 80, e o "levantamento CMU", já mencionado, realizado em 1994.[12] A Tabela 11.1 ilustra a constatação consistente (e surpreendente) de que as patentes são bem eficazes no segmento de produtos farmacêuticos – e também de que são de eficácia apenas mediana em alguns setores considerados altamente inovadores, como o de computadores e de semicondutores.
- *Invenção em torno.* Quando se perguntou aos administradores de P&D nesses levantamentos por que eles achavam que as patentes tinham uma eficácia limitada, eles citaram, nas duas pesquisas, o fato de que os concorrentes tinham o respaldo legal para "inventar em torno" de uma patente como uma das suas maiores preocupações.[13] Ou seja, os concorrentes podem criar invenções que não infringem de fato a patente, mas conseguem se apropriar de alguns dos possíveis retornos da invenção em questão.[14]

A noção de "inventar em torno" dá uma idéia da permeabilidade da proteção de patente e dos desafios mais amplos do estabelecimento de direitos de propriedade eficazes na área do conhecimento. Para ser invulnerável a essa noção, a patente precisa proteger a idéia principal da invenção. O problema é que as idéias são consideradas muito vagas para serem patenteáveis em si mesmas. Uma determinada idéia que não se relaciona a algum recurso específico que possa diferenciá-la não pode ser patenteada. Por outro lado, pode-se obter a patente imediatamente se esses recursos forem detalhados com bastante precisão, presumindo-se que se alcancem os outros critérios do caráter patenteável. Mas essa precisão geralmente deixa muito espaço para que um imitador atinja um resultado semelhante por meios um tanto diferentes, inventando, assim, em torno da patente. Com efeito, uma patente muito limitada como essa alcança um resultado análogo ao alcançado pelos direitos autorais, que não protegem o conteúdo substantivo de uma obra, mas somente a sua "forma de expressão". Tomar idéias emprestadas de uma obra que possui direitos autorais, sem de fato violá-los, é geralmente (e intencionalmente, de um ponto de vista político) fácil, porque existem muitas maneiras de se expressar a mesma idéia.

TABELA 11.1 Pontuação da eficácia de patentes por inovações de produto, em setores selecionados

Setor	Yale[a]	CMU[b]
Medicamentos	6,53	50,2
Produtos plásticos	4,93	32,7
Instrumentos médicos	4,73	54,7
Semicondutores	4,50	26,7
Refinamento de petróleo	4,33	33,3
Aeronaves e peças	3,79	32,9
Computadores	3,43	41,7

[a] Eficácia das patentes para impedir a duplicação, resposta média em uma escala de 1 a 7
[b] Percentual de inovações de produto para os quais as patentes foram consideradas eficazes em proteger a vantagem competitiva; média das respostas.

As patentes podem chegar mais perto do que os direitos autorais em proteger as idéias, porque as mudanças "aparentes" de um imitador nos detalhes específicos de uma invenção não são suficientes para evitar a fraude. É esta a importância da "doutrina dos equivalentes" na lei de patentes. Como declarou a Suprema Corte[15] em 1950:

> Se dois dispositivos realizam o mesmo trabalho, substancialmente da mesma maneira, e geram o mesmo resultado, eles são iguais, embora difiram em nome, forma ou formato.

A capacidade de reconhecer que dois dispositivos "realizam o mesmo trabalho, substancialmente da mesma maneira" aproxima-se muito da capacidade de reconhecer "a mesma idéia".

Na prática, é bem mais provável que os juízes reconheçam um "equivalente" quando houver uma maior semelhança na expressão física da idéia. Por essa razão, as patentes tendem a ser relativamente invulneráveis à "invenção em torno" nas áreas de tecnologia, nas quais a expressão física das idéias é relativamente inflexível.

As descobertas nos medicamentos oferecem exemplos importantes dessa lógica. Até a década de 70, as empresas farmacêuticas buscavam novos medicamentos usando uma abordagem de "seleção ao acaso". Exploravam a eficácia médica de moléculas aos milhares, procurando as que teriam um efeito terapêutico em relação a uma doença ou outra, e tendo como fio condutor uma pequena idéia, quando realmente tinham uma. A eficácia de um medicamento descoberto por um processo assim é praticamente um fato isolado; o imitador pode tentar fazer mudanças aparentes na molécula mantendo a eficácia, mas tais tentativas tendem a ser bem-sucedidas apenas quando são tão comuns que não chegam a oferecer nenhuma defesa à acusação de infração de patente. Em contraste, o processo de descoberta "guiada" de medicamentos, que se tornou predominante na década de 70, orienta-se com base em idéias científicas que tratam dos mecanismos de ação, como a procura por uma molécula que bloqueia a ação de uma enzima em particular.[16] Se a validade da idéia de tratar uma doença através do bloqueio de um receptor em particular for comprovada por uma molécula identificada pelo inventor A, o inventor B pode tomar a idéia emprestada e desenvolver outra molécula que faça "o mesmo trabalho", mas de uma maneira bem diferente – inventando, assim, em torno da patente de A. Portanto, é provável que a busca "guiada" por medicamentos, ou o "projeto racional de medicamentos", produza um regime no qual as patentes farmacêuticas são mais suscetíveis à "invenção em torno" do que o eram sob o regime da "seleção ao acaso".[17]

O contexto do conhecimento e as restrições físicas do assunto – junto com a evolução da lei – determinam a facilidade de "inventar em torno", com resultados diferentes em áreas diferentes e grande variabilidade em termos da invenção individual. Conquanto os competentes advogados de patentes possam dar forma ao escopo das reivindicações na solicitação de uma patente, eles não podem reformular as condições do conhecimento subjacente e as restrições físicas. Tampouco podem estancar o vazamento de outras informações-chave sobre a inovação, que afetam muito o nível e a qualidade dos esforços dos concorrentes para também obter lucros, como a demonstração da existência de uma necessidade não-atendida no passado e a identificação do lugar onde se pode encontrá-la. Algumas dessas informações podem vazar na própria solicitação de patente.

Algumas patentes conseguem resistir a esse processo de "inventar em torno", continuando a ser altamente valiosas por sua completa duração legal. O fim da proteção legal traz, então, um declínio precipitado no fluxo de receitas. Por exemplo, o medicamento que previne o surgimento de úlceras, feito pela Glaxo Wellcome, o Zantac, tornou-se o medicamento com venda sob prescrição médica mais vendido no mundo, com vendas atingindo o pico de US$ 3,8 bilhões em 1994.[18] Quando as patentes do medicamento expiraram nos Estados Unidos, no final de julho de 1997, os medicamentos genéricos fabricados pelas empresas concorrentes abocanharam mais da metade das receitas médicas em apenas três meses. De 1996 a 1998, as vendas do medicamento da Glaxo Wellcome despencaram de US$ 3,01 bilhões para US$ 1,26 bilhão.

Em muitos casos, entretanto, a ciência e a tecnologia alcançaram a patente num período substancialmente mais curto do que a vida dessa patente. O próprio Zantac foi o vilão de uma história que ocorreu envolvendo o Tagamet, medicamento anti-úlcera que o Zantac superou como o medicamento de prescrição médica de destaque em 1986, 80 anos antes da patente do Tagamet expirar. Fora do setor farmacêutico, os exemplos de fluxos de receita mais curtos que a vida da patente parecem representar um caso comum. Os dois levantamentos feitos pela Yale e pela CMU investigaram o tempo de "demora de imitação" tanto para as inovações patenteadas como para as não-patenteadas, e os dois comprovaram que esses períodos de tempo são marcadamente curtos – com tempos de "demora de imitação" de menos de cinco anos e, em geral, menores.[19] (Deve-se observar que o termo "demora de imitação" é usado um tanto livremente aqui: o levantamento não investigou diretamente a imitação, mas perguntou quanto tempo levava antes de outra empresa lançar uma "alternativa competitiva" para uma inovação recente e importante da empresa do respondente.) O que as patentes conseguem, em sua maioria, é um aperfeiçoamento periférico no tempo de liderança.

As frustrações com as imperfeições do sistema de patentes, estimuladas talvez pelas visões persistentes dos investimentos que se dissiparam, têm gerado algumas reivindicações por aperfeiçoamentos no sistema. Um certo caráter utópico geralmente aparece nesses comentários. Essas reformas radicais parecem improváveis, dado que as leis de patente são implementadas por secretarias altamente burocratizadas dos governos, como o Patent and Trademark Office (PTO), dos Estados Unidos, e esta é uma época de rigor orçamentário, de respeito decrescente e salários não-competitivos para os funcionários do governo, uma época de rápida mudança tecnológica e de um crescimento notável das solicitações de patente. Em vez de se queixarem das deficiências do sistema de patentes, os administradores poderiam dedicar suas energias a outros mecanismos para se apropriar dos ganhos provenientes das inovações, o que certamente seria mais proveitoso.

Sigilo

Pode-se comparar o sigilo, no campo do conhecimento, a uma cerca ao redor de uma propriedade – um tipo de proteção direta, mas limitada, que o dono pode obter sem a ajuda do governo.[20] Como tal, ela desempenha o papel de preencher lacunas no repertório estratégico de uma entidade privada: trata-se dos recursos de que dispõem as entidades privadas para fornecer a proteção que as instituições públicas não conseguem fornecer. Sua importância tende a ser maior quando o desempenho das instituições públicas é mais fraco (p. ex., nos países menos desenvolvidos).

Na estratégia de conhecimento de uma empresa inovadora, praticamente sempre há lugar para o sigilo. Na verdade, trata-se de uma decisão bastante árdua, determinar se ele *pode* ou ele *deve* desempenhar um papel central na estratégia de apropriação para uma determinada inovação. Algumas vezes, ele não pode e, em outras, ele não deve, porque o sacrifício que se tem de fazer com os outros objetivos é bastante grande. A potencial proteção oferecida pelo sigilo varia bastante, dependendo dos atributos da descoberta e das circunstâncias de seu uso.

É difícil proteger os produtos inovadores por meio do sigilo. Os imitadores aspirantes geralmente podem adquirir o produto – ou se passando por clientes legítimos ou induzindo clientes legítimos a passar adiante o produto ou as informações disponíveis sobre ele – e depois recriando-o através da engenharia reversa. Essa vulnerabilidade geralmente surge apenas depois de o produto estar disponível no mercado, o que concede ao inovador a vantagem do tempo de liderança, em especial se o sigilo for mantido durante o desenvolvimento do produto. Os fabricantes também podem impedir que seus produtos possam ser recriados através da engenharia reversa. Os fabricantes de semicondutores, por exemplo, tentaram proteger seus dispositivos e impedir que o projeto dos circuitos sofresse engenharia reversa, encerrando-os em resinas epóxi de forma que a simples remoção da resina destruiria o circuito.[21] Outras empresas retêm o controle físico do produto inovador e vendem os serviços que o produto oferece, como ocorre no caso de equipamentos em instalações de manutenção operados pelo fabricante ou no de equipamentos que dão suporte aos serviços das empresas, como o processamento de dados.

Em geral, é mais fácil manter sigilo sobre os processos do que sobre os produtos. Os processos de produção usualmente podem ser conduzidos dentro das quatro paredes da empresa, longe da vista de possíveis imitadores. As empresas também podem dissuadir conversas abertas ou deserção do pessoal envolvido no projeto. Alguns processos comerciais são inerentemente difíceis de proteger, contudo. Alguns são "observáveis no uso", por exemplo, a maneira como o pessoal de serviço se relaciona com os clientes. Outros dependem de determinados segredos que podem ser transmitidos de forma muito simples, por mais bem-guardados que possam ter sido no início. Por exemplo, afirma-se que um dos "segredos" da famosa batata frita do McDonald's é fritá-las "só até que a temperatura do óleo tenha ficado três graus acima da temperatura que o óleo se encontrava quando se jogaram as batatas nele".[22] Uma regra tão simples é obviamente um segredo difícil de manter. A situação é ligeiramente diferente quando as informações secretas não podem ser expressas facilmente em linguagem usual, mas podem ser passadas com precisão através de um "código" apropriado que vários especialistas entendem – por exemplo, o caminho da reação de um processo químico.

No outro extremo, os riscos de vazamento de informação podem ser mínimos quando o segredo é grande, complexo e resistente demais à articulação que se faz para transferi-lo com facilidade. As técnicas detalhadas de operação que respondem pelos altos rendimentos na fabricação de semicondutores são um exemplo; a sabedoria e a experiência combinadas de uma equipe de consultores especialistas representam outro.

Os esforços que visam a facilitar a transferência de conhecimento interno através da codificação das informações-chave podem fazer com que, de forma não-intencional, os segredos industriais acabem vazando até os ouvidos de imitadores.[23] A severidade desse efeito depende de até que ponto o conhecimento e as capacidades exigidas para interpretar e explorar as informações codificadas estejam amplamente disponíveis entre os potenciais imitadores.[24] É muito raro, no entanto, que realmente se possa explorar uma descoberta enquanto seus principais segredos permanecerem trancados em um cofre-forte ou em um laboratório seguro de P&D. É bastante provável que a exploração em larga escala exija que muitas pessoas saibam alguma coisa sobre esses segredos e/ou que um grande número de documentos os registre ao menos em parte. Seriam autodestruidores os grandes sacrifícios que se faz no tamanho do fluxo da receita na tentativa de estender seu comprimento através do sigilo. Administrar essas escolhas estratégicas, não obstante, pode ser algo bastante doloroso, em especial para uma pequena empresa ciente de que os grandes concorrentes poderiam trazer muitos pontos positivos a serem explorados uma vez de posse da descoberta em si.

Não apenas a inovação atual, mas também a produtividade futura da atividade de P&D da empresa, podem ser prejudicadas por um sigilo excessivo. Dentro da empresa, as tentativas de aumentar o sigilo através da divisão da informação entre os vários departamentos podem reduzir a eficiência da P&D de várias maneiras. Uma sanção pesada das regras de sigilo em um projeto pode produzir desafetos entre os funcionários-chave envolvidos no projeto.[25] Tanto o sucesso como o fracasso em um projeto podem contribuir de forma útil a outro, mas o rígido isolamento dos projetos adiará a divisão do sucesso e talvez sacrifique a aprendizagem com o fracasso. Várias "pólvoras" podem ter sido reinventadas inúmeras vezes, como se fosse a primeira. Os produtos secundários que não serviram ao projeto de origem podem constituir a chave para o sucesso de um outro projeto – como ocorreu no famoso caso da fita adesiva malsucedida, ponto de partida que a 3M usou nos seus bloquinhos de anotação Post-It.[26] Tais benefícios jamais serão explorados se a empresa mantiver sigilo sobre um produto e confinar as informações sobre ele num saco hermeticamente fechado, pronto para ser incinerado.

Questões similares levantam-se com respeito à comunicação entre as fronteiras da empresa. O sigilo visa a impedir que informações valiosas fluam *para fora*, mas os lacres utilizados também podem servir para impedir que informações valiosas fluam *para dentro*. Existe uma boa razão para acreditar que as redes informais de profissionais contribuem de modo importante para a produtividade dos cientistas e engenheiros (veja, por exemplo, a discussão de Lori Rosenkopf sobre redes de conhecimento, no Capítulo 15). Normas informais de confiança e reciprocidade determinam as interações nessas redes – a disposição de A de compartilhar informações com B depende da percepção de A de que B não dará motivos para A se arrepender da troca a curto prazo, e de que B pode muito bem vir a pagar a gentileza com outras informações a longo prazo.[27] Quanto mais importantes forem as informações, mais provável será que essas normas sejam conspícuas. Por conseguinte, as políticas da empresa que impedem a troca intelectual podem ser benéficas a curto prazo – uma vez que se impede o vazamento de informações enquanto os influxos continuam temporariamente –, mas contraprodutivas a longo prazo, já que a organização deixa de receber as novas idéias.

Parece haver uma percepção crescente entre os administradores da importância do sigilo na apropriação dos ganhos com inovação, como se viu no contraste marcante entre os resultados do levantamento da Yale e os do levantamento feito pela CMU, 11 anos mais tarde. No estudo da Yale, o sigilo ficou atrás de todos os principais meios de obter retorno com inovações no produto, mas, na pesquisa da CMU, o sigilo ficou em primeiríssimo lugar, num empate técnico com o tempo de liderança. Ajustando-se as diferenças nas definições dos setores, a pesquisa da CMU mostra que o sigilo alcançou o primeiro ou o segundo lugar em 24 dos 33 setores analisados e em nenhum setor na pesquisa feita pela Yale.[28] Essa mudança poderia refletir uma intensificação geral do ritmo e da pressão competitiva, incluindo uma percepção salientada dos males da espionagem industrial. (Também é possível que esse resultado aparentemente contundente e vigoroso seja, em parte, um mero artefato das diferenças existentes nos detalhes das duas pesquisas – por exemplo, diferenças nas perguntas específicas que foram feitas –, mas os resultados do levantamento de fato indicam a importância do sigilo na proteção das inovações, em particular nos estágios iniciais.)

Os esforços de uma empresa para proteger seus segredos industriais são "alavancados" pela lei de segredos profissionais. As duas principais condições para que uma informação seja digna de proteção como segredo profissional são as seguintes: que ela conceda alguma vantagem competitiva (se não, quem se importaria?) e que seja tratada como segredo por seu proprietário. A última condição faz da aquisição imprópria de segredos profissionais uma ofensa semelhante ao crime de arrombamento e invasão: por definição, não se constitui uma ofensa como tal se se deixou a porta destrancada. Assim, através de medidas como manter a segurança física e limitar o acesso a locais importantes, evitar a divulgação inadvertida de informações, insistir na confidencialidade, firmar acordos de não-revelação e não-concorrência com os funcionários e com pessoas que têm acesso às informações, a empresa não só ergue uma barreira direta contra a apropriação de seus segredos, como também satisfaz uma precondição crucial para adotar uma ação jurídica contra qualquer um que possa tentar escalar essa barreira.

As leis de segredo profissional não concedem nenhuma proteção, entretanto, se uma empresa concorrente concebe, de forma independente, as mesmas informações ou as descobre por pesquisa paralela – atividades legítimas que não necessitam da transgressão de qualquer barreira estabelecida por algum outro "dono". Trata-se de uma distinção importante entre o sigilo e a proteção de patente, já que, em princípio, a proteção de patente proíbe a utilização da invenção por um inventor independente.

Ativos complementares

Controlar os ativos complementares pode auxiliar a obter ganhos com uma inovação. Como foi mostrado por Mary Tripsas no Capítulo 8, entre os ativos complementares podem-se incluir recursos como acesso à distribuição, capacidade de serviço, relações com os clientes, relações com os fornecedores e produtos complementares. É bem provável que a empresa que controla esses ativos se beneficie comercialmente da inovação.

Talvez o exemplo mais simples do efeito dos ativos complementares surja quando um novo produto sem características patenteáveis exige instalações e técnicas especializadas para sua fabricação. Se o inovador for o único dono desses ativos complementares, a falta de uma proteção de patente pode importar muito pouco. (Como sugere esse exemplo, o termo "ativos" deve ser compreendido de forma ampla nesta discussão, e inclui ativos de serviço e de técnicas organizacionais, assim como ativos no sentido mais restrito.) Diferentemente da proteção de patente, que a lei oferece apenas para o "inventor original e verdadeiro" ou o seu procurador, a oportunidade de obter retornos através de ativos complementares está aberta a qualquer um em posse de tais ativos – seja o inovador ou outra pessoa.

A pessoa inovadora que não possui algum dos ativos complementares essenciais pode ter grande dificuldade em capitalizar os ganhos.[29] Suponha, por exemplo, que a inovação seja "co-especializada" a ativos que se encontram em posse de outra empresa, ou de um pequeno grupo de empresas – ela não tem utilidade nenhuma, exceto se se unir a esses ativos. Neste caso, mesmo que se consiga proteção legal para a inovação, esses outros agentes estão em posição de lutar por uma fatia do mercado e é provável que não a deixem passar. Por outro lado, quando se obter uma forte proteção de propriedade intelectual, quando os ativos complementares forem de caráter genérico ou quando os serviços estiverem disponíveis em um mercado razoavelmente competitivo, os inovadores que não possuem ativos complementares talvez não precisem pagar um preço alto demais para obtê-los.

Seria difícil imaginar uma demonstração mais enfática da relevância dos ativos complementares do que aquela proporcionada pelo setor de biotecnologia, e o seu braço farmacêutico em particular.[30] Nos primeiros dias de existência do segmento, as novas tecnologias emergiam dos laboratórios das universidades através de um sem-número de empreendimentos de empresas recém-fundadas, que, em geral, estabeleciam parcerias com as universidades. Uma das primeiras e mais bem-sucedidas dessas empresas foi a Genentech, co-fundada por Herbert Boyer, cientista da Stanford University, que também foi o co-inventor da tecnologia de recombinação básica de DNA para os segmentos de biotecnologia. Essas pequenas empresas dispunham apenas de alguns recursos, alguns programas de P&D, alguns sonhos, e pouco mais do que isso. Algumas desenvolveram novas drogas e obtiveram proteção de patente para elas, mas os ativos complementares exigidos para, de fato, levar os novos medicamentos ao mercado estavam nas mãos das empresas farmacêuticas já estabelecidas. Essas empresas conseguiam realizar testes clínicos, obter aprovações do FDA, estabelecer instalações de fabricação, conseguir aprovação regulatória para os processos e, em última instância, fazer o *marketing* e a distribuição dos medicamentos.

A capacidade das empresas farmacêuticas já estabelecidas de entrar no jogo da biotecnologia relativamente tarde e lucrar com ele é uma comprovação clara do papel de seus ativos complementares na apropriação dos ganhos com inovações em biotecnologia. Ao mesmo tempo, contudo, a proteção de patente das empresas recém-fundadas (e o controle delas sobre as capacidades e técnicas disponíveis para a pesquisa que poderiam ser valiosas no futuro) auxiliou-as a manter a lucratividade e o retorno financeiro, que, de outro modo, poderiam ter sido facilmente abocanhados por parceiras gigantes.

O poder dos ativos complementares também pode ser visto na força da IBM pós-guerra.[31] A IBM desenvolveu uma sólida organização de força de vendas e de serviço/suporte, e capacidades de inovação e fabricação. Impulsionando essas capacidades preexistentes e construindo novas capacidades, a IBM chegou, em meados dos anos 50, a uma participação do mercado doméstico de cerca de 85% – participação que manteve por três décadas, apesar das ondas de mudanças tecnológicas. À medida que as inovações de produto e de processo fluíam pelo mercado em que a empresa atuava, a posição da IBM lhe concedeu a oportunidade de fazer cerca de cinco vezes mais uso de qualquer inovação determinada do que todo o resto da indústria doméstica. O fato de a inovação em geral ser tão rápida significava que um sucesso ocasional de inovação fora da empresa não poderia ameaçar (por um longo tempo) a posição da IBM. Outras empresas e inventores independentes deram-se conta de que precisavam da IBM para a produção e o acesso ao mercado. Como resultado, a IBM estava em posição de procurar e escolher os fluxos de inovação e abocanhou uma porção substancial dos ganhos com essas inovações. O sucesso técnico e financeiro naturalmente alimentou-se de si mesmo, conduzindo ao acúmulo de ativos ainda mais complementares.

Nesta saga que se estende por várias décadas de liderança do setor, as patentes aparentemente não desempenharam nenhum papel subsidiário significativo. A maior parte dos relatos sobre o domínio da IBM não menciona as patentes ou outras considerações de propriedade intelectual, ou as menciona somente com o propósito de diminuir sua importância.[32]

Como ilustra o exemplo da IBM, o papel mais poderoso dos ativos complementares não está na apropriação dos ganhos com uma única inovação, e sim com uma ampla gama de inovações. A IBM criou uma *capacidade dinâmica* forte – a capacidade de fazer melhorias contínuas em um conjunto relacionado de produtos e processos através da redistribuição de ativos e capacidades relacionadas de P&D, de fabricação, de *marketing* e de outras áreas funcionais.[33] No contexto de uma força dessa magnitude, a apropriação bem-sucedida dos ganhos com inovações únicas é em grande parte preordenada – e, quando não é, não importa muito, pois provavelmente as capacidades dinâmicas sólidas prevalecerão de novo no próximo *round*. Nas grandes empresas, a capacidade dinâmica representa a galinha no provérbio, que põe os ovos de ouro da inovação. Enquanto a galinha estiver segura, não importa muito se alguém escapa com alguns ovos de vez em quando. É claro, isso não quer dizer que *gostemos* de ter alguém roubando os nossos ovos.

Tempo de liderança

O levantamento feito pela CMU apontou o tempo de liderança *(lead time)* como o mecanismo mais eficaz de apropriação para as inovações de produto, um pouco acima do sigilo (baseado na porcentagem de inovações para as quais se considera o mecanismo eficaz).[34] Como ocorre no caso de outros mecanismos, há uma variação substancial entre os diversos segmentos de mercado quanto à eficácia do tempo de liderança. Por exemplo, os respondentes o consideraram eficaz para quase dois terços das inovações de produto nos equipamentos das comunicações, nas peças automotivas e nos carros e caminhões, mas para apenas um terço das inovações em equipamento elétrico.[35]

A escala de tempo das vantagens do tempo de liderança também varia de um contexto para outro. As lideranças que podem vir a ser conquistadas tendem a ser bem curtas quando a oportunidade para um tipo em particular de inovação está, por assim dizer, em uma agenda pública visível a inúmeros agentes competentes. Quando os novos recursos oferecem oportunidades inovadoras a todos os ingressantes em termos razoavelmente semelhantes – como um microprocessador de última geração para os PCs –, a empresa que se move mais rápido no desenvolvimento da aplicação inovadora será capaz de colher rendimentos até os seguidores aparecerem para acabar com a vantagem. A duração do tempo de liderança se determina pela boa sorte, pela flexibilidade e pelas habilidades do líder, e também pela má sorte, pela inércia e pela incompetência dos outros.

O líder inovador pode obter tempos mais duradouros de liderança se o inovador não for meramente o inventor do ingresso vitorioso em um concurso amplamente reconhecido, mas o próprio criador do concurso. Poucos esforços empreendidos pelos concorrentes, se realmente houver, são levados a cabo antes que a experiência do inovador proporcione uma demonstração convincente da oportunidade.[36] Os tempos de liderança, então, tendem a ser mais longos, a aparecer em combinação com outras vantagens inovadoras de líder e a proporcionar oportunidades para fortalecer ainda mais a apropriação através dos ativos complementares ou outros meios. A extensão e a durabilidade de tais vantagens competitivas têm sido tópico de discussão ampla sobre a força das "vantagens do primeiro entrante *(first mover)*" e do impacto da "hiperconcorrência".[37] De modo semelhante, a pergunta sobre o que representa em si ser o primeiro tem sido difícil de responder.

Fica claro, contudo, que os sucessos indubitáveis alcançados por muitos "primeiros entrantes" não constituem um exemplo convincente de que todos os aspirantes a inovadores devessem tentar ser o primeiro. Por um lado, os líderes geralmente possuem outras vantagens que contribuem para o seu sucesso. Por outro, esforços extremos para empurrar um produto para o mercado podem levar a um sacrifício excessivo da qualidade, da confiabilidade e da prontidão, em proporcionar o serviço de suporte.

O tempo de liderança pode se unir às capacidades de aprendizagem para se apropriar, por períodos mais longos, dos ganhos com as inovações. Por exemplo, quando a Nucor lançou o processo de produção de tiras compactas (CSP – *compact strip production*) na fabricação do aço, a fornecedora alemã de equipamentos da empresa, a SMS Schloemann-Siemag (SMS), passou a controlar a propriedade intelectual da tecnologia.[38] Isso criou o risco significativo de que a aprendizagem da Nucor com a iniciativa pudesse ser capturada pela SMS e depois transferida junto com novas instalações de equipamentos para as empresas concorrentes da Nucor no setor do aço. Embora a nova tecnologia permitisse que a Nucor começasse a produzir aço plano de alta qualidade e partisse para mercados superiores, ela também tinha o potencial de incitar a ira de grandes empresas integradas da concorrência, como a USX, que dominavam esses mercados. A Nucor foi em frente, não obstante. A aprendizagem provou-se difícil e cara, mas, alguns poucos anos depois, a Nucor já dominava a tecnologia, enquanto o resto do setor punha-se de lado e observava. O CSP e outras inovações ajudaram a Nucor a gerar um retorno anual total aos investidores de mais de 27% de 1984 a 1994, um desempenho muito superior ao obtido pelas principais concorrentes da empresa.[39]

Embora no início parecesse que os concorrentes poderiam seguir com facilidade a liderança altamente visível da Nucor, esse exemplo mostra que as proteções do tempo de liderança são mais sólidas do que sugeriria uma visão abstrata. A capacidade da Nucor de lucrar com o CSP concentrou-se nas capacidades dinâmicas substanciais como inovadora no processo da produção de aço, o que lhe conferiu uma potencial vantagem de tempo de liderança mais fundamental do que uma mera decisão de ser a primeira. E, ao enfrentar o perigo de uma retaliação por parte de grandes empresas integradas, ou de ver os frutos de sua aprendizagem dispendiosa entregues de graça a outras concorrentes pela SMS, a Nucor firmou-se em uma confiança bem fundamentada em suas capacidades de aprendizagem e sua cultura de resolução de problema.

O impacto do tempo de liderança também é afetado pelas características do produto, em particular sua durabilidade. Quanto mais durável for o produto, mais valiosa tende a ser uma determinada liderança. Isso ocorre porque o aparecimento de uma versão inovadora de um produto estimula um estouro nas compras, e depois a demanda é em grande parte dirigida pela substituição. As linhas aéreas, por exemplo, geralmente só compram novas aeronaves para substituir os aviões em suas frotas ou para apoiar a expansão dos horários dos vôos. Quando a inovação melhora o preço e o desempenho de forma significativa, o que se vê é uma onda de obsolescência do estoque existente e um aumento nas compras. Uma vez que essa primeira onda de demanda passa, os fabricantes enfrentam de novo uma demanda apenas devido à sua substituição. Assim, a empresa que consegue ser a primeira a levar ao mercado uma melhoria importante no produto pode ser capaz, se o tempo de liderança e a capacidade de fabricação permitirem, de ser o fornecedor para uma fração importante da atualização de estoque dos clientes. Dada uma certa disposição da parte dos compradores em aceitar as demoras de entrega por parte do inovador, o tempo de liderança exigido para obter boa parte dos ganhos pode ser somente da ordem de um ano ou dois, até menos. Uma série de vitórias relativamente menores desse tipo pode levar, ao longo do tempo, à dominância de um setor determinado, como demonstra a história do setor de aviação comercial.[40]

As vantagens do tempo de liderança também aumentam quando o inovador pode estabelecer uma reputação sólida ou quando os custos de uma troca são altos para o cliente. Em especial nos mercados de consumo, há bastante inércia na demanda para conferir benefícios surpreendentemente grandes ao produtor que primeiro suprir a demanda. A concorrência agressiva dos seguidores de outro modo qualificados é em grande parte impedida de antemão simplesmente porque o preço ou as concessões equivalentes que precisam fazer para atrair os clientes são muito grandes e acabam não valendo a pena.[41] O segmento de fundos mútuos oferece um exemplo notável dessa questão. Nenhum produto inovador corre mais risco de sofrer o processo de "engenharia reversa" do que um novo tipo de fundo mútuo. Ainda assim, parece que a vantagem de "primeiro entrante" em um segmento de mercado é bem significativa,[42] embora pareça se apoiar em nada mais substancial do que inércia e fricção, que retardam o fluxo de clientes para a melhor oferta.

Por fim, o tempo de liderança pode oferecer não só a oportunidade de fazer um negócio lucrativo antes dos concorrentes aparecerem em cena, mas também de firmar os ativos complementares – com o resultado que os concorrentes julgam que a vida seja bastante frustrante, mesmo quando aparecem em cena. Como já se mencionou antes, a capacidade da Starbucks de fazer bebidas com café de alta qualidade é imitada com facilidade, mas a empresa desenvolveu a capacidade de abrir novas lojas a um ritmo espantoso hoje, na ordem de uma loja por dia, ao mesmo tempo em que mantém altos padrões de qualidade em todos os aspectos de suas operações. Essa característica, e não a capacidade de fazer boas bebidas com café, foi o aspecto "inimitável" de seu sucesso inovador. Identificando os melhores locais para instalar as lojas, adquirindo esses locais e montando neles lojas atrativas e de bom funcionamento, a Starbucks alterou os padrões de vários ambientes locais de comércio, o que não foi nada favorável a concorrentes que ingressaram depois.[43]

AS QUESTÕES DE APROPRIAÇÃO NAS TECNOLOGIAS EMERGENTES

Como as empresas podem usar esses quatro mecanismos para se apropriar dos ganhos com tecnologias emergentes? Não existe uma fórmula mágica, nenhuma resposta igual para todos sobre a maneira de se apropriar dos ganhos, seja no contexto geral ou – até mais enfaticamente – no contexto específico dos novos segmentos de mercado que surgem das tecnologias emergentes. Boa parte da arte da estratégia bem-sucedida, nessa e em outras áreas, reside na equiparação acurada dos detalhes específicos das soluções aos detalhes específicos dos problemas. Uma vez que a diversidade dos problemas decorrentes da variedade de situações e contextos empresariais é enorme, dificilmente pode-se elaborar um guia rápido e fácil em poucas páginas. Os conselhos e as observações feitas nesta seção são passados adiante na esperança de proporcionarem uma orientação útil para esse processo de equiparação – e no espírito do alerta geral deste capítulo, de não localizar a estratégia de captação no terreno restrito das regras da propriedade intelectual.

Identificar as incertezas

A incerteza tende a ser difusa nos setores baseados em tecnologias emergentes, e as condições de apropriação compartilham essa tendência. Como exemplo, a lei de propriedade intelectual evolui com decisões em cortes e ações legislativas, que podem aumentar ou desgastar a proteção concedida ao desenvolvimento de tecnologia já em progresso. Por exemplo, a decisão da Suprema Corte estadunidense no caso *Diamond versus Chakrabarty* foi um marco legal importante para o setor de biotecnologia, porque abriu caminho para patentear coisas que, embora não ocorressem naturalmente, derivaram-se de coisas vivas. Essa decisão veio em 1980, oito anos depois de ter sido feita a solicitação de patente. Pode ter auxiliado a produzir o *boom* das empresas recém-fundadas em biotecnologia que ocorreu naquele ano, mas um número substancial dessas empresas já estava buscando programas de pesquisa cujo valor provavelmente seria afetado pela sentença.[44]

Existe também uma incerteza considerável sobre a eficácia do sigilo na proteção das vantagens competitivas, em particular nos estágios iniciais dos segmentos de tecnologia emergente, nos quais os mercados para pessoal que detém um *know-how* fundamental (e, pode-se argumentar, de proprietário) são fluídos de maneira incomum. Por exemplo, o líder de uma empresa iniciante muito bem-sucedida de serviços de informação lamentou a perda de um jovem programador muito talentoso. O programador foi seduzido por uma oferta de trabalho cujo salário anual, que antes era de US$ 75 mil, passou para US$ 350 mil de uma só vez – um salto que pode ser conseqüência da qualificação profissional e do conhecimento-chave adquirido das práticas exercidas pelo antigo empregador. A lei de segredo profissional pode fornecer alguma proteção contra as perdas através desse mecanismo, mas, no contexto tumultuoso de um setor recém-surgido, a proteção é geralmente pobre.

De modo semelhante, uma incerteza substancial circunda os direitos que os possuidores de ativos complementares podem ter contra os fluxos de receita com inovações. Em geral fica razoavelmente claro quais são os tipos de ativos que são relevantes a uma determinada linha de atividade inovadora – mas não fica de modo algum claro como a oferta e a demanda desses ativos se desenvolverão em um contexto altamente dinâmico. É isso que determina as receitas que esses ativos podem gerar. Por exemplo, está claro que grandes empresas inovadoras de varejo *on-line,* como a Amazon.com, precisam do apoio dos ativos e das capacidades mais convencionais para a manutenção das mercadorias em depósitos físicos e para sua distribuição. Se a concorrência por esses ativos intensificar-se, é bastante concebível que muitos dos ganhos do varejo *on-line* se transfiram para empresas de distribuição como Ingram's e UPS, que estão bem posicionadas nos ativos complementares – ou o valor poderia, em última instância, ir para os consumidores.

As empresas que buscam vantagens de tempo de liderança em um determinado setor que se baseia em tecnologia emergente possuem menos certeza ainda. Uma densa névoa de incerteza obscurece as posições dos concorrentes nas várias pistas da corrida tecnológica; na verdade, algumas dessas pistas podem ser em si invisíveis. A empresa que tenta estabelecer sua posição em ativos que complementam sua própria abordagem tecnológica, na esperança de assegurar um domínio de mercado de longo prazo, pode ver a abordagem utilizada se tornar obsoleta e os investimentos empregados se desvalorizarem por uma abordagem inteiramente diferente. Mesmo a breve vantagem do tempo de liderança que a abordagem pode ter desfrutado pode ser sacrificada na busca por vantagens de longo prazo. Esses cenários parecem perder a eficácia com freqüência no setor de telecomunicações, no qual abunda a busca contínua por larguras de banda cada vez mais baratas que suportem as necessidades da era da Informação e as incertezas técnicas e legais. Pior ainda, a empresa que escolhe o que acaba sendo o objetivo tecnológico correto e obtém sucesso ao chegar lá primeiro pode se dar conta de que chegou cedo demais para a festa – quando a tecnologia ainda não está no ponto de ser absorvida, Wall Street ainda não se impressiona, e os clientes ainda não pegaram a febre. Os seguidores dessa tecnologia com certeza aprenderão com os erros cometidos.

Embora a incerteza seja em grande parte inevitável no que concerne a tecnologias emergentes, o esforço para a identificação de incertezas-chave que afetam os ganhos com uma inovação específica ainda vale a pena. Em geral é possível desenvolver estratégias ou fazer investimentos de proteção quando não forem demasiado caros, criando sondagens que buscam respostas às perguntas mais críticas ou refinando os mecanismos de monitoramento para se rastrear os desenvolvimentos externos de modo mais eficaz. Além disso, fique alerta e espere a poeira baixar.

Avaliar e reavaliar o ambiente de conhecimento

A eficácia dos vários mecanismos de apropriação depende do caráter do ambiente de conhecimento. Os administradores podem fazer as seguintes perguntas para compreender melhor os ambientes em que atuam e o impacto que exercem na apropriação dos ganhos com inovações:

- *Quem são seus concorrentes?* As companhias podem ser o corredor solitário em um novo campo em particular ou enfrentar uma corrida apertada entre muitos concorrentes que buscam alcançar o mercado com uma nova geração de um produto estabelecido. A posição da empresa nesse *continuum* afeta sua estratégia de apropriação. As pistas lotadas tendem a gerar corridas apertadas, com óbvias implicações para decisões de tempo de liderança e de patentes. Se não houver nenhum produto no mercado, como esses concorrentes podem ser identificados? Embora esses competidores sejam geralmente invisíveis nos estágios iniciais, pode-se imaginar quem sejam através de uma cuidadosa análise das características de formação que levaram a empresa a buscar a inovação. Especificamente, os administradores podem responder a pergunta: "Como foi que nos envolvemos nessa busca em particular?" Se for possível reunir humildade suficiente para que a resposta "uma compreensão criativa brilhante" possa ser posta de lado, poderão surgir algumas explicações mais específicas. Quantas pessoas, além de você, podem ter lido aqueles dois artigos que nós, de modo instintivo, comparamos? Quantas pessoas, além de você, podem ter sofrido uma frustração ou enfrentado um problema na pesquisa ou na vida cotidiana? Quantas viram a máquina da outra empresa na exposição da feira e assombraram-se com as escolhas que fizeram no projeto? Quem também treinou com o vencedor do Prêmio Nobel que domina o ramo relevante da ciência? Por esse caminho, pode ser possível obter uma idéia do número provável de concorrentes invisíveis na corrida inovadora – concorrentes que estão lá fora, talvez cuidando para não se tornarem visíveis.

Para adotar uma abordagem menos defensiva, os administradores poderiam perguntar: "Onde devemos procurar idéias inovadoras que apresentam *menos* probabilidade de estarem sendo exploradas de forma ativa por alguém e, portanto, que oferecem mais probabilidade de nos trazer as vantagens do tempo de liderança ou uma solicitação bem-sucedida de patente? Uma resposta possível é identificar as idéias inovadoras já conhecidas por nós, mas não conhecidas pelo mundo. Isso aponta a importância de galgar rapidamente os degraus das nossas próprias realizações, buscando cuidadosamente as novas possibilidades que essas conquistas abrem – antes de o resto do mundo se dar conta delas.

- *Onde está a nascente do novo conhecimento que flui neste campo?* Essa pergunta é uma extensão do tipo de análise recém-mencionada. A biotecnologia é o exemplo contemporâneo de destaque de uma tecnologia emergente com raízes recentes e profundas na pesquisa acadêmica financiada pelo governo. As empresas contratam PhDs recém-treinados, que então buscam comercialmente invenções e inovações de valor em áreas relacionadas – ou mesmo idênticas – à sua pesquisa de dissertação. O aspirante a inovador nesse campo, no qual as origens estão bem-definidas e o conhecimento na nascente é altamente relevante à inovação, deve ficar em contato com o que está acontecendo nas nascentes. De outra forma, existe o risco de que a aparente oportunidade que se viu passar boiando num local rio abaixo já tenha sido vista, num ponto mais acima do rio, por outros participantes mais qualificados, que ou estão ativamente trabalhando nela, e com isso se encontram à frente na corrida, ou se convenceram de que não funcionará. O acesso aos fluxos de conhecimento das nascentes geralmente fornece uma orientação geral para os esforços inovadores de uma empresa que vai além das informações específicas adquiridas. Se uma avaliação feita com bom conhecimento do que existe em pontos mais acima no rio sugerir que o conceito que está sendo analisado seja altamente original (uma ruptura importante no padrão de pensamento), é improvável que o campo fique muito lotado.

Em contraste, é mais difícil identificar as nascentes da tecnologia de informação devido à maior probabilidade de existirem mais pessoas que abandonam os estudos do que PhDs ativos na inovação. As nascentes estão em todas as partes e em parte nenhuma (embora o Vale do Silício possa ser um bom lugar para começar a procurar). Há pouca coisa que pode ser feita para gerar uma confiança razoável de que um conceito aparentemente inovador não tenha ocorrido a alguma outra pessoa – e uma confiança como essa raramente se justifica. O resultado é que a velocidade e a qualidade da execução valem por praticamente tudo, e raras vezes existem mais do que algumas pistas disponíveis para o vencedor explorar.

- *Qual é a rapidez da correnteza?* Quando o conhecimento está avançando rapidamente, os fluxos de receitas que podem ser captados com as inovações tendem a ser de curta duração, independentemente dos meios adotados para tentar protegê-los. Mesmo uma posição bem fortalecida por patentes vigorosas pode simplesmente ser ultrapassada pela onda tecnológica de ponta. Por exemplo, a Kodak e a Polaroid apostavam todas as suas fichas na fotografia química, quando se passou a investir energia na fotografia digital. Sob tais condições, deve-se dar ênfase à exploração e à alavancagem eficazes de qualquer tempo de liderança que possa vir a ser conquistado, e também aos ativos complementares e às vantagens de capacidade dinâmica que são mais duráveis – como mostra muito bem o exemplo da IBM.

- *Quais são as perspectivas para as patentes sólidas?* Como já se discutiu antes, as patentes não são o *sine qua non* de uma obtenção bem-sucedida de receitas, mas patentes sólidas com certeza são úteis quando se consegue alcançá-las. Patentes sólidas são essencialmente importantes para uma empresa pequena e altamente inovadora, que surge com um produto tão avançado que pode até mesmo estar à frente de seu tempo. A empresa precisa de uma proteção de longa duração se pretende conquistar uma participação considerável do mercado, se as vantagens do tempo de liderança provavelmente forem tênues, porque o produto surge muito cedo em relação à demanda, e, de qualquer forma, se o potencial fluxo de receita for longo. O sigilo é de pouca valia; os imitadores terão tempo de recriar pela engenharia reversa o produto e ainda servir à primeira leva de demanda. É provável que a empresa, sendo pequena, tenha de fazer acordos para obter acesso aos ativos e às capacidades complementares à sua própria inovação. Também é improvável que tenha recursos para se arriscar em um longo litígio de patente ou tenha tempo e recursos para acumular um grande portfólio de patentes de apoio. Nesta situação, uma proteção sólida de patente é talvez o único recurso que pode ser poderoso o bastante para manter os maiores e mais fortes concorrentes à distância. A "necessidade" clara que a empresa desenvolve por essas patentes sólidas, no entanto, de modo algum garante que se possa alcançá-las. Quando as possibilidades são desanimadoras, a prescrição realista é preparar-se para se contentar com menos do que uma grande vitória.

Existem duas considerações que podem indicar a possibilidade de obter patentes sólidas. As duas fundamentam-se, de maneiras diferentes, em saber se a patente é relativamente invulnerável à idéia de "inventar em torno". Primeiro, é bem provável que, se as cortes de Justiça considerarem a patente relacionada com uma "invenção pioneira" – definida pela Suprema Corte como "uma patente que abarca uma função anteriormente nunca desempenhada, um dispositivo totalmente novo, ou um dispositivo de uma novidade e importância tal que estabelece um passo distinto no progresso da arte",[45] elas aplicarão a doutrina dos equivalentes de uma maneira generosa ao possuidor da patente e "se esforçarão para encontrar infrações mesmo em um produto cujas características encontrarem-se consideravelmente longe das fronteiras das reivindicações literais".[46] A segunda consideração é saber se a invenção, além do seu possível caráter pioneiro, incorpora idéias que sejam relativamente inflexíveis em sua expressão tecnológica. Quanto menos flexíveis forem, mais difícil será para o imitador ou o para inventor independente realizar o resultado de uma maneira que não apresente forte semelhança à maneira protegida por lei. É exatamente aí que pode se achar a consideração subjacente que responde pelo fato de as patentes possuírem a tendência de ser fortes nos setores químicos; se pensarmos bem, as moléculas representam maneiras relativamente inflexíveis de expressar as "idéias" associadas à sua funcionalidade.

Guardar a galinha dos ovos de ouro

Não existe proteção melhor contra os fracassos de geração de receitas para uma inovação em particular do que a capacidade de surgir com outra inovação a um custo marginal modesto. Quando o capital das oportunidades tecnológicas é rico, e o ritmo, acelerado, é tolice concentrar-se demais nas batalhas propriamente ditas e esquecer as próximas manobras da guerra. É mais sábio voltar a atenção para a construção e para o sustento de capacidades dinâmicas que permitem à empresa rastrear e por vezes liderar regiões da fronteira tecnológica que sejam mais relevantes para o negócio. A sobrevivência a longo prazo depende de saber com precisão o que fazer para pedir "bis" dessas vantagens, e depois para pedir um bis desse bis e, por fim, em saber como construir a capacidade dinâmica para sustentar uma realização inovadora sustentável. As empresas que obtêm sucesso em fazer isso criam um alvo móvel para a concorrência, que é muito mais difícil de acertar do que os alvos estacionários representados pelas realizações inovadoras individuais. Ademais, as dinâmicas internas sutis de uma organização bem-sucedida de P&D são muito mais difíceis de recriar e imitar do que os produtos específicos gerados pelos laboratórios.

Uma pergunta estratégica fundamental que se deve fazer aqui é o escopo da capacidade dinâmica, a região da fronteira tecnológica na qual a empresa tenta manter uma presença significativa. Se o escopo for muito estreito, existe o risco de que um deslocamento relativamente menor nas condições da oportunidade tecnológica torne as capacidades da empresa obsoletas. Além disso, as oportunidades para uma fertilização e uma recombinação frutíferas entre as diferentes capacidades de uma empresa são limitadas. Se o escopo for muito amplo, existe o perigo de se perder foco e flexibilidade; os administradores que tomam as decisões de alocação de investimentos tornam-se muito distantes da ação para fazer juízos informados – ou estão próximos de apenas uma parte da ação e, por conseguinte, acham difícil fazer julgamentos imparciais. As grandes empresas tendem a cair nessa armadilha, enquanto as menores tendem a fechar em demasia o foco num único sucesso inovador, que não pode ser para sempre sustentado.

As tecnologias emergentes defrontam-se com uma pergunta ainda mais básica: qual a galinha que produzirá os ovos de ouro? Mesmo uma capacidade dinâmica bem ampla e forte pode não merecer um investimento adicional se as próprias bases da vantagem competitiva estão sendo cortadas pela mudança "que mina a competência"[47]. E já que, provavelmente, é impossível dominar uma nova área de atuação de forma abrangente e simultânea, as origens de uma capacidade dinâmica em uma tecnologia nova são quase necessariamente de escopo restrito.

Gerenciar as capacidades dinâmicas necessárias para o sucesso nas tecnologias emergentes levanta cada vez mais desafios complexos de recursos humanos, como será mostrado por John Kimberly e Hamid Bouchikhi, no Capítulo 18. A mobilidade dos trabalhadores e a necessidade crescente por uma flexibilidade organizacional não só estão redefinindo as relações de trabalho, como também significam que há uma tendência geral que desloca as receitas para o talento técnico, já que todo o perfil de compensação oscila além dos salários das estrelas. Uma resposta bem-sucedida a essas ameaças contemporâneas às bases da realização inovadora sustentada pode fazer mais para se obter lucratividade a longo prazo do que o esforço de cercar a vivacidade da propriedade intelectual com cercas legais originalmente projetadas para bens imóveis.

PARTE IV

INVESTINDO PARA O FUTURO

Em 1999, a gigante do setor farmacêutico, Merck & Co., já investia mais de US$ 2 bilhões ao ano em seus laboratórios de pesquisa na tentativa de buscar inovações que pudesse levar ao mercado. A empresa continuava a ampliar o escopo de sua pesquisa em áreas como a química combinatória, as vacinas polinucleotídicas e a pesquisa genética. Também continuava a expandir suas aplicações, de 11 categorias terapêuticas em 1992, para 24 categorias até 2002. Esses investimentos não produziram resultados durante anos – se algum dia chegarem a produzir.[1]

"Teremos sucesso em desenvolver um novo medicamento? Ele será bem-sucedido no mercado?", indagou Tom Woodward, diretor executivo de avaliação e análise financeira da Merck, durante uma conferência na Wharton School. "Todo o processo é inerentemente cheio de riscos. Você não sabe quando começa, se de fato valerá a pena no final."

A análise financeira tradicional geralmente rejeitaria esses investimentos arriscados sem hesitar, mas os líderes das empresas sabem que essa pesquisa é fundamental para o sucesso a longo prazo da empresa. Woodward descreveu como a Merck usou uma combinação de ferramentas de finanças e de análise, incluindo a análise de opções reais, o planejamento de cenário, as simulações Monte Carlo e a análise de sensibilidade para fornecer várias estimativas do valor dessas iniciativas de tecnologia altamente incertas. "Os métodos tradicionais de avaliação podem levar à decisão de não se perseguir um projeto quando a alta administração sabe que o projeto possui valor estratégico", afirma ele.[2]

DESAFIANDO A LÓGICA

Tecnologias emergentes, assim como ofertas públicas iniciais (*initial public offering* – IPO) na bolsa da Internet, em geral parecem desafiar a lógica-padrão de avaliação. Dados os enormes investimentos necessários para o sucesso e dada a incerteza do valor futuro que pode ser produzido, em geral fica difícil estabelecer uma cifra realista do valor de um investimento em tecnologia emergente. A tecnologia não foi comprovada. Os mercados são embrionários. Os fluxos de caixa são especulativos. Não existe um valor presente líquido que se possa prever. Ainda assim, aparentemente na base da esperança, espera-se que os administradores comprometam milhões ou bilhões de dólares bem sólidos nesses projetos "delicados", que oferecem potencial tanto para o lucro como para o risco.

O que realmente vale um determinado investimento em tecnologia emergente? Como os administradores podem analisar e alocar, de forma eficaz, os recursos disponíveis para os projetos de tecnologia alternativas? Como estruturar melhor esses projetos nas várias formas de financiamento, a fim de garantir ao capital uma firmeza de rota e flexibilidade para modificá-la? Esta seção oferece contribuições ao uso de uma estrutura de opções e de desenvolvimento de estratégias para o financiamento das tecnologias emergentes.

Há um reconhecimento crescente da fraqueza do valor presente líquido (NPV– *net present value*) e outras abordagens financeiras, ao se lidar com a incerteza envolvida em tecnologias emergentes, e um interesse crescente pelo uso de opções reais. Enquanto o NPV desconta a incerteza, as opções reais oferecem uma maneira de reconhecer a flexibilidade cada vez maior criada pelas opções. Mas, como aponta William Hamilton no Capítulo 12, a avaliação de opções baseada em um modelo estritamente financeiro em geral deixa de fora peças importantes do todo. Para desenvolver por completo a perspectiva de opções reais, os administradores têm de reconhecer em primeiro lugar as opções existentes e encontrar maneiras de criar novas opções estruturando adequadamente as decisões, e precisam ser hábeis na implementação das opções resultantes. É no gerenciamento desse processo dinâmico de identificação, de construção e de exercício de opções que o verdadeiro valor estratégico pode se criar.

Encontrar dinheiro para financiar negócios de tecnologia emergente é um desafio contínuo. Dentro das grandes empresas, os modelos tradicionais de alocação de recursos que estabelecem taxas de corte para negócios existentes e novos geralmente estão comparando maçãs com laranjas. As empresas precisam desenvolver novos modelos de alocação de recursos, como observam Franklin Allen e John Percival no Capítulo 13. Eles enfatizam que a aparente vantagem de ter volume de caixa pode, na verdade, levar as empresas estabelecidas a ser generosas com os seus recursos, em vez de reservadas e disciplinadas. Allen e Percival também discutem os mercados externos de capital de risco, as IPOs nas bolsas de valores e outras estratégias financeiras vitais ao crescimento das empresas recém-fundadas.

Em nenhuma parte, a estratégia financeira está sendo forçada além dos seus limites como na biotecnologia, com seu apetite voraz por caixa, longos períodos de *payback* e alta incerteza. O setor semeou inovações financeiras como estratégias financeiras não expressas no balanço patrimonial, que permitem aos investidores concentrar os investimentos em uma iniciativa específica de pesquisa, em vez de investir em toda a empresa. No Capítulo 14, Paul Schoemaker e Alan Shapiro exploram os pontos fortes e os pontos fracos dessas abordagens inovadoras com vistas ao financiamento de tecnologia. Eles examinam como a Centocor usou esse veículo de investimento para financiar sua pesquisa. Schoemaker e Shapiro exploram em especial o impacto da assimetria de informações (em geral os administradores sabem mais sobre a tecnologia e a empresa do que os investidores) e os conflitos entre os principais agentes (sem que os incentivos dos administradores e dos investidores estejam bem alinhados) sobre as várias opções financeiras disponíveis a novos empreendimentos.

É bem provável que o ato de avaliar as tecnologias emergentes e atribuir-lhes valor jamais chegue a constituir uma ciência precisa. Sempre existirá uma boa dose de arte e de intuição envolvidas. Diante de tamanha complexidade, é provavelmente uma tolice perseguir respostas numéricas muito ordenadas. Existem ferramentas e estruturas, no entanto, que podem ajudar os administradores a desenvolver avaliações que, embora não precisas, são ao menos mais rigorosas. A chave é encontrar o caminho que reside entre partir para a fé cega ou para o pressentimento mais intrínseco, e a precisão equivocada que floresce dos modelos financeiros míopes ou estáticos. Trata-se de uma questão que lida com a idéia se estar aproximadamente certo em vez de com a idéia de se estar precisamente errado. Também refere-se a ser inovador na criação de opções estratégicas e ser esperto em relação ao projeto de uma estrutura financeira adequada para as oportunidades disponíveis.

CAPÍTULO 12

GERENCIANDO OPÇÕES REAIS

WILLIAM F. HAMILTON
The Wharton School

O principal valor dos investimentos em tecnologias emergentes está nas opções criadas pelas oportunidades de desenvolvimento e comercialização que podem gerar lucros no futuro. A despeito de um crescente interesse tanto do meio acadêmico como da indústria pelo potencial oferecido pelas "opções reais", a natureza dinâmica e o poder considerável dessa abordagem têm sido obscurecidos pela complexidade analítica e por uma ênfase primordial na criação de valor. Neste capítulo, William Hamilton discute o processo por meio do qual se desenvolvem e se exercem opções reais: reconhecendo oportunidades através de uma "perspectiva de opções", estruturando decisões formalmente para a criação de uma flexibilidade futura de administração, atribuindo valor às opções e, depois, realizando de fato esse valor por uma implementação sistemática. Para gerenciar tecnologias emergentes e captar com sucesso o valor completo que elas possuem, os administradores precisam ir além dos métodos tradicionais, até chegar a esse processo dinâmico de criação e exercício de opções reais.

O novo CEO de uma empresa de alta tecnologia confrontava-se com uma difícil decisão. Sua empresa tinha a oportunidade de ingressar em uma parceria de desenvolvimento conjunto de tecnologia com uma pequena empresa de alta tecnologia que detinha uma excelência e um conhecimento consideráveis em uma tecnologia emergente potencialmente importante. A tecnologia demonstrava claras aplicações nos mercados atuais da grande empresa e oferecia o potencial de partir para mercados novos e atraentes. No entanto, o projeto exigiria de imediato um investimento de US$ 2 milhões para P&D, e um investimento significativamente maior, mais para frente, de aprimoramento e comercialização. O empreendimento comercial subseqüente exigiria o pagamento de taxas de licenciamento ou uma divisão da receita, dependendo das respectivas funções dos parceiros.

O executivo-chefe de finanças (CFO – *chief financial officer*) recomendou que o projeto não fosse financiado. Sua análise financeira detalhada, que levava em conta todas as exigências antecipadas de financiamento e resultados, indicou que os fluxos de caixa descontados não justificavam o investimento – por uma margem considerável. A avaliação financeira deveria ter facilitado a decisão, mas o CEO tinha dúvidas. Ele não se sentia confortável com a análise financeira, mas relutava em passar por cima das conclusões obtidas. No encontro seguinte do conselho, o CEO colocou em debate a oportunidade de investimento, chamando atenção para os elementos "intangíveis" do projeto e os possíveis benefícios que pareciam de alguma forma situar-se além da análise feita pelo CFO, dos fluxos de caixa descontados. Após uma discussão extensa e ampla, o conselho votou por unanimidade a favor do investimento – contrariando as conclusões da análise financeira formal.

Como chegaram a essa decisão? O CEO e o conselho sabiam intuitivamente que a oportunidade oferecia um valor maior do que o refletido na avaliação tradicional. A análise financeira do CFO não levava em consideração que o valor mais importante do investimento estava nas opções que criava para o futuro. Uma parte desse valor residia no imenso *potencial positivo* para uma expansão a novos mercados e na *flexibilidade*, se assim fosse apropriado, de cortar custos que pareciam mais do que compensar a desvantagem das projeções estritamente quantitativas. Com efeito, nas mentes de alguns membros do conselho, a nova tecnologia oferecia uma perspectiva significativa, mas nublada, de transformar radicalmente o setor na década seguinte. Saber exatamente como e quando (e se) isso poderia acontecer dependeria significativamente do resultado dos esforços de P&D ao longo dos dois ou três anos seguintes, e ninguém podia esperar que se fizessem estimativas críveis de possíveis resultados até lá.

Além disso, vários membros do conselho observaram que eles colocavam um valor considerável no novo conhecimento que seria criado por essa pesquisa, bem como o potencial ainda não reconhecido de outros produtos novos, mesmo se as aplicações identificadas não chegassem a se materializar. Esse investimento inicial poderia também conduzir a uma colaboração mais ampla com a pequena empresa ou mesmo à oportunidade de comprá-la. Um membro caracterizou esse conjunto de possibilidades como "o sangue vital da nossa vantagem competitiva a longo prazo". No balanço, após uma extensa discussão, o conselho concluiu que o potencial futuro da colaboração em pesquisa com o parceiro de alta tecnologia contrabalançava os custos e riscos aparentes que tinham conduzido a análise financeira formal.

Sem compreendê-lo por completo, o CEO e o conselho reconheceram corretamente que o investimento proposto oferecia opções reais valiosas para flexibilidade e crescimento futuros. As oportunidades para expandir os negócios atuais e se diversificar com base nos desenvolvimentos futuros em tecnologia emergente foram apenas parte da história. O investimento também trazia com ele a perspectiva de colaborações adicionais com a empresa de alta tecnologia e, possivelmente, com a opção de comprar a empresa no futuro. Essas e outras opções reais subjacentes à decisão de investimento representavam um valor substancial para a empresa que não se refletia na análise financeira.

Mas até que ponto essas avaliações foram realistas? Neste caso, o investimento de fato resultou, por fim, em benefícios estratégicos e financeiros substanciais para a empresa. Mas, em muitos casos, em que os executivos e seus conselhos abandonam a trilha bem-conhecida da análise financeira, os resultados não são tão positivos. Os benefícios estratégicos esperados das opções feitas nunca se realizam ou acabam valendo bem menos do que se previa. Ademais, muitos administradores nem mesmo chegam a esse ponto da discussão. As opções por trás de suas decisões não são de todo reconhecidas. Muitos investimentos ou aquisições que oferecem um potencial superior considerável graças às opções que criam não são nem mesmo considerados. Por fim, como os benefícios que realmente se derivam do exercício das opções dependem das decisões futuras, a compreensão do seu valor depende muito de como e quando se avaliam e se implementam essas decisões.

Como os administradores podem executar um trabalho melhor de desenvolvimento, avaliação e gestão de opções reais? Embora não existam soluções simples, este estudo oferece uma estrutura para fornecer aos administradores uma compreensão mais profunda da abordagem de opções reais e do que se exige para empregá-la na hora que se toma a decisão sobre investimento em tecnologia. O estudo trata de perguntas feitas com freqüência por administradores que estão tentando compreender o valor real de opções reais: Como saber quando estou lidando com uma opção? Por que eu devo pensar em usar uma abordagem de opções para o investimento em tecnologia? O que se exige na prática para a implementação de uma abordagem de opções reais?

OPÇÕES REAIS E TECNOLOGIAS EMERGENTES

Os potenciais retornos de investimentos em tecnologias emergentes são inerentemente incertos devido à natureza evolutiva tanto das tecnologias como dos mercados a que se dirigem. E, é claro, quanto maiores forem as incertezas, mais desafiadoras serão as decisões de investir. Boa parte do valor oferecido pelos investimentos em tecnologias emergentes, senão a maior parte dele, reside nas opções reais criadas. No centro desse valor de opção situa-se o discernimento da gestão em tirar vantagem completa dos desenvolvimentos favoráveis (como os resultados inesperadamente positivos de pesquisa), ao mesmo tempo em que limita os efeitos negativos dos desenvolvimentos desfavoráveis (como uma lenta aceitação de mercado). Quanto maior for a incerteza, maior será o valor da flexibilidade de gestão e, por conseguinte, das opções reais associadas.

Compreendendo as opções reais

A teoria e a prática na evolução das opções financeiras e das opções reais têm atraído uma atenção cada vez maior nos últimos anos.[1] No campo financeiro, uma típica opção de compra cria a oportunidade, mas não o comprometimento, de fazer um investimento financeiro futuro. A compra de uma opção de 100 cotas de uma ação comum, por exemplo, concede ao comprador o direito de comprar a ação subjacente a um preço de exercício definido dentro de um período especificado de tempo. Caso o preço de mercado da ação suba acima do preço de exercício, um investimento adicional na ação (exercício da opção) resultaria em lucro; por outro lado, caso o preço de mercado permaneça abaixo do preço de exercício, o comprador não pode perder mais que o investimento original ao escolher não exercer a opção. Uma característica essencial de todas as opções é a assimetria na distribuição dos retornos – maior potencial positivo do que exposição negativa. Isso é resultado das oportunidades de acabar com o investimento ou, por outro modo, limitar os resultados negativos, enquanto se tomam medidas futuras para explorar por completo os resultados positivos.

A expressão *opção real* foi utilizada pela primeira vez em referência a opções cujos ativos-lastros não são de natureza financeira.[2] Teoricamente, as opções reais são bem semelhantes às opções financeiras porque ambas criam a flexibilidade, mas não a exigência, de uma medida adicional com o passar do tempo. Por exemplo, ao investir em tecnologia, a empresa poderia fazer uma aposta relativamente pequena ao desenvolver uma nova tecnologia, o que, então, cria a oportunidade para se fazer maiores investimentos e retornos na comercialização, se o esforço de desenvolvimento for bem-sucedido. O *preço* da opção é, em geral, o custo de desenvolver ou adquirir a tecnologia. Exercer a opção geralmente representa a decisão de se comprometer com a comercialização, e o *preço de exercício* representa o custo da comercialização.

Na prática, as opções reais são consideravelmente mais complexas e desafiadoras de se implementar. As opções reais tomam muitas formas e surgem na maioria dos investimentos em tecnologia, mas reconhecê-las exige um entendimento claro e uma identificação cuidadosa. Algumas opções reais podem não surgir naturalmente, mas podem ser criadas por uma reestruturação sistemática das decisões. Atribuir valor a opções reais também pode apresentar dificuldades, devido às incertezas e às características únicas dos ativos-lastro reais. Por fim, compreender por completo o valor das opções reais exige, em geral, uma gestão cuidadosa dos fluxos de informação e das decisões subseqüentes.

Nos investimentos em tecnologia emergente, as opções reais incluem a flexibilidade de adiar, expandir ou contrair, terminar ou, de outro modo, modificar os projetos. Os benefícios dessas opções são de natureza operacional, dependendo de um gerenciamento ativo e contínuo do projeto. Uma outra classe importante de opções reais é mais estratégica, refletindo oportunidades de crescimento futuro de produtos, mercados e negócios, tanto os existentes como os novos. Tais opções de crescimento criam-se, por exemplo, através de investimentos no estágio inicial em P&D, que podem levar a conhecimento exclusivo, novos produtos e novas oportunidades de negócio.[3] De modo semelhante, aquisições de novas tecnologias podem oferecer opções de comercialização no futuro, tanto em mercados existentes como em novos. Os investimentos nas plataformas de tecnologia de informação geralmente abrem uma ampla gama de oportunidades para aplicações futuras. Em cada caso, o valor dos investimentos depende substancialmente da criação e da implementação de opções reais.

Por que usar uma abordagem de opções reais?

As limitações da análise financeira na avaliação dos investimentos em tecnologias emergentes têm sido amplamente reconhecidas.[4] A abordagem do NPV e outras abordagens de fluxo de caixa descontado não conseguem, em grande parte, reconhecer essas características criadoras de valor de investimentos em tecnologias emergentes. E, em alguns casos, os métodos de fluxo de caixa descontado na verdade os tratam como pontos negativos, não positivos. Nos mercados relativamente estáveis, com tecnologias bem estabelecidas e aplicações bem compreendidas, é possível realizar projeções confiantes, e as abordagens de fluxo de caixa descontado oferecem uma avaliação em conceito sensata e analiticamente elegante do potencial no futuro. Não surpreendentemente, o fluxo de caixa descontado tem conquistado um apoio amplo como ferramenta simples e poderosa de avaliação de investimento em tais cenários. Mas as limitações tornam-se mais problemáticas em ambientes altamente incertos e de rápida mudança associados a tecnologias emergentes.

Em essência, as abordagens de fluxo de caixa descontado presumem um cenário de investimento estático, com um caminho de decisão e resultados associados nitidamente definidos. Não são presumidas a natureza inerentemente dinâmica da maioria das decisões e o valor das oportunidades oferecidas à gestão para ajustar as decisões futuras e alterar os resultados. A flexibilidade é ignorada ou substancialmente menosprezada.[5]

A abordagem de opções reconhece não só que a flexibilidade tem valor, mas que o seu valor aumenta com a incerteza crescente. De fato, na ausência da incerteza, as opções não oferecem valor porque não há oportunidade, com o tempo, para uma discriminação da gestão. A maioria das aplicações do fluxo de caixa descontado, por outro lado, trata a incerteza crescente como fator negativo, que leva a uma criação menor de valor. Na prática, os administradores geralmente acabam usando deliberadamente taxas de desconto muito mais altas ao avaliar os investimentos altamente incertos em tecnologia do que as taxas da avaliação dos investimentos mais certos a um prazo mais curto, como as expansões de instalações. Em tais casos, a aplicação do fluxo de caixa descontado não se mostra apenas míope, mas é de fato preconceituosa contra investimentos de mais longo prazo em tecnologias emergentes e as incertezas a eles associadas.

A abordagem de opções reais é particularmente apropriada a investimentos em tecnologia emergente, pois exibe características geralmente associadas ao valor das opções:

- Os resultados são altamente assimétricos – quanto maior for a disparidade entre os resultados positivos e os negativos, maior será o valor da opção;
- Receitas e custos futuros são altamente incertos – em geral, quanto maiores forem as incertezas, maior será o valor discricionário da gestão;
- Os investimentos iniciais (desenvolvimento de tecnologia ou aquisição) são relativamente pequenos, em comparação aos investimentos futuros (uma melhoria ou uma comercialização completa), aumentando os benefícios da flexibilidade;
- A maioria das decisões de investimento em tecnologia procede naturalmente por vários estágios, ou por uma seqüência de decisões, criando várias opções e um valor acrescido;
- Os horizontes de tempo freqüentemente são longos, permitindo oportunidades maiores para a atualização das informações sobre incertezas críticas e decisões subseqüentes, aumentando o valor das opções; mas as ações preemptivas por parte dos competidores na tecnologia e/ou nos mercados podem ter um efeito oposto.

DESENVOLVENDO E GERENCIANDO OPÇÕES REAIS

Embora o potencial das opções reais tenha sido reconhecido há mais de duas décadas, apenas recentemente as empresas e os consultores começaram a resolver os desafios da aplicação do conceito de opções reais a problemas do mundo real.[6] Esse recurso vem sendo conduzido pelos ambientes de rápida mudança e por uma percepção crescente das limitações das abordagens tradicionais de avaliação. Também se deveu em parte a uma compreensão crescente de que opções envolvem bem mais do que um novo modelo analítico que pode ser substituído pela análise de fluxo de caixa descontado.

A maioria das discussões sobre opções reais concentra-se em *atribuir valor* a opções. Atribuir valor significa fixar um valor específico a uma opção em particular, amarrando-a. Mas os administradores que procuram uma fórmula de opções reais para substituir a atribuição de valor feita pelo fluxo de caixa descontado não perceberam a questão. As opções não representam apenas uma nova estrutura para as decisões de atribuição de valor. Representam um *processo* diferente para estruturação e gerenciamento dessas decisões. Uma abordagem diferente para atribuição de valor tem importância, mas é só uma parte do todo.

Antes, pode-se considerar a abordagem de opções um ciclo, como mostra a Figura 12.1. Esse processo inclui:

- *Adotar uma perspectiva de opções*. Um primeiro passo necessário no desenvolvimento e no gerenciamento de opções é saber enxergá-las. A maioria das decisões comerciais apresenta opções, mas em geral elas são ignoradas ou depreciadas quando ficam enquadradas sob a perspectiva da análise financeira tradicional. Sem uma mudança básica na mentalidade da gestão, as oportunidades no futuro podem nem mesmo ser reconhecidas como opções reais. E as opções invisíveis não podem ser geridas nem receber valor.
- *Criar e estruturar opções*. As opções não são dadas. Algumas são inerentes ao investimento, mas é possível criar outras opções através da inclusão de uma certa flexibilidade adicional ao processo de decisão. Estruturando as decisões para aumentar a gestão discricionária futura, os administradores podem gerar novas opções e aumentar o valor.
- *Atribuir valor às opções*. Uma vez que as opções sejam reconhecidas ou criadas, podem receber valor. Mesmo aqui, a atribuição de valor não é um negó-

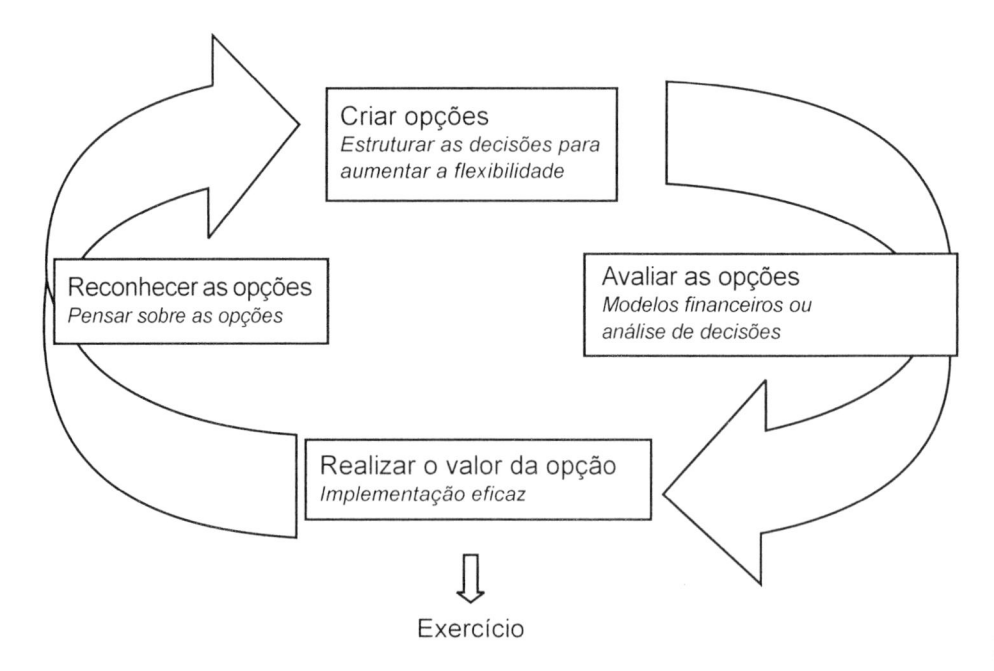

FIGURA 12.1 Estrutura de opções reais dinâmicas.

cio fechado. A cada decisão e conhecimento intermediário dos resultados, o valor das opções que permanecem se modificará; a valorização é um processo permanente.
- *Implementar a abordagem de opções reais.* Uma idéia que parece boa no papel pode às vezes se mostrar bem decepcionante ao ser posta em prática. As opções reais concentram-se no valor futuro que, por definição, não existe no momento da avaliação de opções. Ele somente se realiza pelo gerenciamento e pelo exercício cuidadosos das opções reais ao longo do tempo. Diferentemente das opções financeiras, nas quais as exigências de informação são mínimas e o exercício é em geral bem direto, exercer opções reais exige um processo constante de monitoramento e de uma atualização de informações e decisões a tempo. O diabo está nos detalhes.

ADOTANDO UMA PERSPECTIVA DE OPÇÕES

Praticamente todas as decisões de investimento que envolvem tecnologias emergentes – e a maioria das decisões que envolvem ativos reais – apresentam oportunidades para uma futura flexibilidade da gestão. Com efeito, a estrutura de opções reais reflete o caso geral de que *todas* as decisões são decisões de opções; é altamente incomum que um investimento não-financeiro não ofereça possibilidades de que a gestão discricionária afete os desenvolvimentos no futuro. O reconhecimento desse fato constitui a essência da perspectiva de opções reais.

A análise tradicional que se fundamenta no fluxo de caixa descontado tem sido a base do pensamento e da prática de gestão há décadas. Mas uma mudança se faz nitidamente necessária, em particular para investimentos em tecnologia emergente, como é resumido na Tabela 12.1.[7]

Os administradores que vêem suas decisões através da lente tradicional do fluxo de caixa descontado ficarão cegos às opções reais. Inúmeras outras opções – e valor acrescido – seriam visíveis se apenas os administradores soubessem onde e como procurar. Os administradores precisam trabalhar de forma ativa para contra-atacar esses pontos cegos e identificar as opções inerentes a praticamente qualquer decisão. A maioria das decisões, por exemplo, oferece oportunidades de adiar, acelerar ou abandonar os investimentos propostos, dependendo de circunstâncias futuras. Essas oportunidades precisam ser compreendidas e tratadas como opções reais.

TABELA 12.1 Perspectiva financeira tradicional *versus* perspectiva de opções

Perspectiva tradicional de fluxos de caixa descontados	*Perspectiva de opções reais*
Vê a incerteza como um risco que reduz o valor do investimento	Vê a incerteza como uma oportunidade que aumenta o valor
Designa um valor limitado à informação futura	Valoriza muito a informação futura
Reconhece apenas receitas e custos tangíveis	Reconhece o valor da flexibilidade e outros ativos intangíveis
Presume um caminho de decisão nitidamente definido	Reconhece o caminho determinado pela informação e pela gestão discricionária futura

CRIANDO E ESTRUTURANDO OPÇÕES REAIS

Uma vez que os administradores reconheçam que as opções reais formam uma parte integral da tomada de decisão sobre investimento, eles podem concentrar a atenção na criação de novas opções. Além das opções que surgem naturalmente, os administradores devem pensar em como estruturar deliberadamente os investimentos para fornecer oportunidades adicionais para uma futura gestão discricionária e um valor agregado.

Podem-se projetar algumas opções para criar futuras flexibilidades operacionais. Por exemplo, desenvolver uma opção para uma expansão flexível de capacidade pode exigir modificações no projeto de uma instalação planejada de fabricação. É possível criar outras opções, geralmente caracterizadas como "opções de crescimento", para permitir uma expansão em novos produtos ou mercados no futuro.[8] No caso citado anteriormente, o investimento no projeto de desenvolvimento conjunto, se adequadamente estruturado, poderia oferecer a opção para uma futura diversificação em novos mercados importantes, com base nos avanços de tecnologia. Uma expansão a mercados novos e ao mesmo tempo incertos poderia também exigir que se pensasse em possíveis canais de distribuição adicionais ou parcerias de *marketing*, dependendo dos desenvolvimentos pretendidos no futuro. Semelhantemente, decisões sobre investimentos internos em P&D, na busca de novas tecnologias ou produtos, podem se estruturar para incluir possíveis empreendimentos conjuntos de desenvolvimento ou um acesso a tecnologias complementares, no caso de resultados altamente bem-sucedidos. Ao mesmo tempo, também é possível levar em consideração opções de comprar ou licenciar tecnologias competitivas, no caso de um progresso decepcionante da área de P&D.

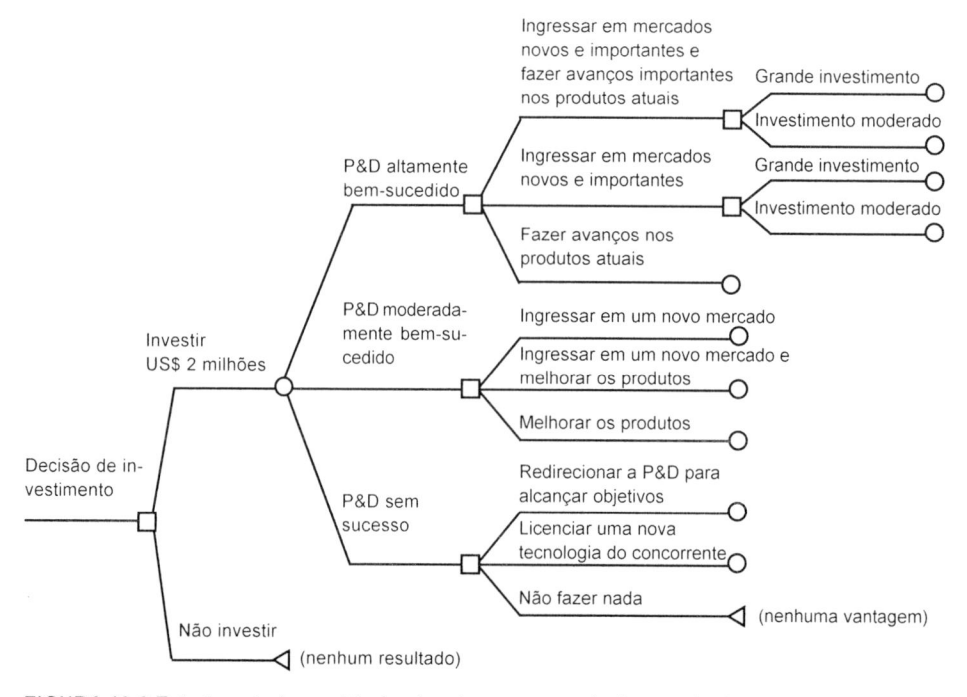

FIGURA 12.2 Estrutura de árvore hierárquica de uma parceria de tecnologia.

Duas abordagens gerais podem ajudar os administradores a identificar maneiras de criar e estruturar opções adicionais:

1. *Procurar oportunidades para desvincular as decisões.* A maioria dos projetos de investimento envolve decisões múltiplas ou seqüências de decisões, durante o período que vai do comprometimento inicial até seu término. Desvincular essas decisões permite estruturar investimentos sob a forma de decisões de múltiplos estágios, com marcos apropriados. Isso, por sua vez, formaliza a opção da administração em alterar a escala, o escopo e a direção dos projetos em momentos diferentes do tempo, captando a natureza dinâmica do processo de decisão e seu valor de opção associado.
2. *Expandir a análise de possibilidades adicionais de ações no futuro.* Oportunidades de gestão discricionária futura abundam na maioria dos investimentos. Uma análise cuidadosa das possibilidades, tanto complementares como competitivas geralmente revela o potencial de opções abrangentes adicionais. Aquisições, alienações, parcerias estratégicas, licenças de tecnologia e uma ampla variedade de alternativas de expansão e diversificação estão entre os candidatos mais comuns para criação de opções.

Para começar, os administradores poderiam fazer a si mesmos uma série de perguntas como: Em que momentos no tempo (ou na evolução do projeto) poderíamos ser capazes de alterar o *timing* das receitas, dos custos e de outros resultados? Podemos adiar ou acelerar partes do projeto? Quais medidas poderíamos tomar para capitalizar resultados melhores do que os esperados? Como poderíamos mitigar os efeitos dos resultados que se mostraram piores do que o esperado?

Voltando ao exemplo do empreendimento de parceria tecnológica, tais perguntas poderiam levar à estruturação do investimento em múltiplos estágios: pesquisa exploratória, comprometimento total da área de P&D, melhoria da instalação-piloto, desenvolvimento/teste de mercado do produto inicial, comercialização de ampla escala, e assim por diante. Em cada estágio, as oportunidades para uma ação da gestão com base em informações atualizadas poderiam adicionar valor, além do que estaria incluído na análise estática do fluxo de caixa descontado. Logo no início do projeto, por exemplo, poder-se-ia tornar desejável acelerar a aquisição de conhecimento por esforços expandidos de pesquisa devido a rumores de uma atividade competitiva que poderia reduzir o espaço de oportunidades para uma comercialização de sucesso. Em seguida, pode ser apropriado retardar a decisão de comprometer fundos importantes de investimentos com uma comercialização de larga escala até a solução de incertezas significativas de mercado. Além disso, a aquisição da parceira de alta tecnologia para capitalizar por completo um desenvolvimento de tecnologia bem-sucedido é uma clara possibilidade para o futuro, se uma opção formal de aquisição está negociada ou não no acordo de parceria.

Na medida em que os resultados iniciais de P&D são altamente promissores, o P&D interno ou os esforços de aquisição dirigidos a tecnologias complementares podem merecer consideração. Também é merecedor de consideração uma ação preemptiva para adquirir os direitos exclusivos a uma tecnologia potencialmente competitiva que poderia oferecer paridade estratégica. Se o desenvolvimento da plataforma tecnológica inicial não obtiver sucesso, essas alternativas poderiam dar à empresa outra plataforma técnica para um crescimento futuro.

Essas e outras opções para a gestão discricionária podem ser criadas e estruturadas por um desenlaçamento sistemático e uma expansão das decisões de investimento. Mas algumas opções reais podem vir por um preço, que precisa ser levado em conta na avaliação de seu valor. Uma instalação de fabricação projetada para uma produção flexível ou uma expansão futura pode custar mais – em capital ou em custos operacionais ou em ambos – do que uma sem essa flexibilidade. De modo similar, acelerar os esforços iniciais de pesquisa exige recursos adicionais. E garantir uma opção formal de aquisição de direitos de tecnologia ou outros ativos tem um preço.

Da mesma que forma que a criação de opções adicionais pode aumentar o valor, também pode aumentar a complexidade. A troca das suposições estáticas da análise financeira tradicional pelo reconhecimento dinâmico das opções reais abrangentes traz com ela complicações significativas de estruturação, de atribuição de valor e de implementação nas decisões de investimento. A análise de decisão oferece alguma ajuda para fazer frente a esses desafios.

Uma ampla gama de aplicações de análise de decisão sobre os investimentos em tecnologia emergente, incluindo investimentos de P&D e aquisições de nova tecnologia, foi discutida e ilustrada em outra parte.[9] Como é exemplificado na Figura 12.2, o investimento de parceria de tecnologia discutido anteriormente pode ser formalizado em uma estrutura de árvore hierárquica que permite uma representação explícita das oportunidades para a gestão discricionária. Os galhos da árvore de decisão apresentam as alternativas de decisão e seus resultados associados que podem surgir com o tempo. A primeira decisão é bastante direta: investir ou não. Mas as decisões futuras dependem do sucesso da área de P&D, de saber se a tecnologia é aplicada a um produto novo ou a produtos existentes, do desenvolvimento de mercados e de investimentos futuros. Só é possível identificar e valorizar essas decisões subseqüentes se forem reconhecidas no início. Criar e estruturar opções reais é um passo essencial no sentido de realizar o valor pleno da futura flexibilidade de gestão nas decisões de investimento.

ATRIBUINDO VALOR ÀS OPÇÕES REAIS

Quanto valem as opções reais? A atribuição de valor é de longe o aspecto mais explorado e discutido de opções reais, com uma extensa literatura dedicada a modelos e métodos alternativos de atribuição de valor.[10]

A maioria dos comprometimentos com uma nova tecnologia oferece vários benefícios em potencial. O primeiro e mais óbvio é um *retorno financeiro* gerado por fluxos de caixa futuros de uma comercialização bem-sucedida da tecnologia. Uma segunda fonte de valor deriva-se de um *posicionamento estratégico* vantajoso, oferecendo oportunidades para iniciativas estratégicas futuras ou para a construção de novas competências distintivas. E o novo *conhecimento* gerado pelos investimentos em tecnologia emergente pode ser um valor significativo na orientação de investimentos futuros em tecnologias e negócios relacionados.

Cada um desses potenciais benefícios representa uma classe importante de opções reais, e pode, em conceito, ser estruturado como uma opção real para os propósitos de atribuição de valor. Mas é importante reconhecer na prática que uma avaliação quantitativa é extremamente difícil, se não impossível, para a maioria das opções de posicionamento estratégico e de conhecimento. Por essa razão, a maior parte dos esforços de atribuição de valor a opções concentra-se nos retornos financeiros que podem ser diretamente associados ao investimento.

Modelos financeiros

A literatura mais abrangente sobre opções reais lida com modelos financeiros de atribuição de valor.[11] Na maior parte, eles refletem extensões e variantes do modelo Black-Scholes, de grande sucesso na atribuição de valor de opções financeiras. A analogia entre opções financeiras de compra e opções reais é atraente e poderosa. Em sua forma mais simples, um investimento (o custo de P&D) em um ativo real (uma tecnologia emergente) oferece um direito futuro, mas não a obrigação, de exercer a opção (comprometer-se comercialmente) ao preço de exercício (o custo de comercialização). Não surpreendentemente, o sucesso do modelo Black-Scholes na atribuição de valor a opções financeiras vem levando muitos administradores à falsa esperança de que uma fórmula matemática semelhante possa vir a substituir os modelos financeiros tradicionais de atribuição de valor nas opções reais. Mas investimentos em ativos reais, particularmente em tecnologias emergentes, são, com freqüência, consideravelmente mais complexos do que opções financeiras em sua estrutura (no número, na variedade e no *timing* das decisões interdependentes) e na disponibilidade de dados. Isso torna a aplicação dos modelos financeiros de atribuição de valor, no melhor dos casos, difícil e, em geral, até enganosa.

Geralmente, os modelos financeiros tratam da fixação do preço da opção da perspectiva do mercado financeiro, ou de acionistas ou investidores. Considera-se que o valor de um investimento seja a contribuição que ele tem a oferecer à capitalização de mercado da empresa. Isso é estimado em relação ao valor de um ativo idêntico (ou gêmeo), ou portfólios de ativos, que, de forma idêntica, reflete as vantagens e os riscos da opção. Seguindo essa abordagem, por exemplo, um projeto de P&D que desenvolve uma tecnologia iria receber valor com base em uma tecnologia equivalente ou gêmea que já foi desenvolvida e cujas vantagens e riscos já são compreendidos. Esse exemplo simples salienta a aparente fraqueza de uma abordagem como essa para tecnologias verdadeiramente novas ou emergentes e suas implicações comerciais. Quanto mais nova for a tecnologia, menos provável será que seja possível identificar inteiramente os resultados relevantes e, muito menos, que se possa compreendê-los com base em outros projetos de tecnologia. A busca por ativos equivalentes nos quais algumas estimativas significativas possam se basear é excessivamente difícil, se não de todo inadequada.

Embora esses modelos financeiros tenham sido usados com sucesso para atribuir valor a investimentos de opções reais selecionados e em geral altamente simplificados, o uso prático deles é severamente limitado nas situações que envolvem tecnologias emergentes. Como alternativa a fazer estimativas heróicas e suposições simplificadoras para se adequar às exigências dos modelos analíticos financeiros, alguns sugeriram o uso de técnicas de aproximação ou da heurística de decisão para gerar estimativas razoáveis de valor de opção.[13]

Análise de decisão

A análise de decisão, discutida anteriormente na criação de opções, também pode ser usada na atribuição de valor. Às vezes, os administradores preferem essa opção devido ao poder que ela oferece tanto na estruturação como na avaliação de decisões complexas de investimento.

Em contraste com a perspectiva de mercado que se reflete nos modelos financeiros de atribuição de valor, a análise de decisão geralmente reflete os riscos e os valores antecipados pelas pessoas que tomam as decisões. A análise de decisão em geral e a análise da árvore de decisão em particular dirigem-se mais pela compreensão que o tomador de decisão tem da estrutura da oportunidade de investimento do que pela maneira que se pode esperar que essa oportunidade afete o valor de mercado da empresa.[14]

Essa idéia apresenta duas vantagens aparentes, em comparação a modelos financeiros, para administradores que lidam com investimentos em tecnologias emergentes. Primeiro, como já se salientou antes, é improvável que o valor subjacente de uma tecnologia ou de um produto inteiramente novo possa ser estimado pelos mercados financeiros quando nenhuma tecnologia ou produto similar foi desenvolvido antes. Segundo, as pessoas de dentro em geral têm acesso a informações sobre tecnologias, produtos e mercados associados a um investimento que não estão refletidos nos mercados financeiros.

Uma vez que todos os possíveis caminhos de decisão, junto com as suas estimativas de probabilidade associadas, são apresentados na estrutura hierárquica de "árvore", como se mostrou na Figura 12.2, o valor de um investimento – inclusive todas as opções identificadas – pode ser computado "dobrando-se" os galhos da árvore a fim de determinar o seu valor presente esperado.[15] As simulações Monte Carlo e extensas análises de sensibilidade são comumente conduzidas na prática para ajudar a avaliar as implicações de suposições e cenários diferentes apresentados na árvore de decisão.[16]

A análise da árvore de decisão não está isenta de dificuldades e limitações. Primeiro, a maioria dos investimentos complexos, com múltiplas opções reais, pode levar a estruturas de árvores bastante cerradas e de manejo um tanto difícil que apresentam desafios tanto de estruturação como de computação. Mas esse é o preço inevitável a pagar por uma representação completa das várias oportunidades de gestão discricionária futura e seu valor de opção associado. Segundo, podem ser necessárias taxas de desconto para fases diferentes do projeto ou para galhos da árvore de decisão, para responder a riscos diferenciais. E, como as atribuições de valor de investimento computadas podem ser altamente sensíveis a estimativas da administração das probabilidades e dos resultados, é necessário tomar uma cautela enorme na hora de desenvolver e testar dados realistas de modelo.

Tem havido algum debate sobre a questão de saber se as abordagens dos modelos financeiros são superiores à avaliação da árvore de decisão. Em muitos casos, essas abordagens podem render resultados um tanto diferentes devido a suas diferenças fundamentais de perspectiva e de dados. A escolha depende em grande parte de se os ativos "gêmeos" realmente equivalentes podem ser identificados e podem receber valor no mercado, e do grau de confiança com que os administradores podem estimar as vantagens do projeto. Mas, quando ambas refletem uma perspectiva de mercado semelhante e são corretamente aplicadas, a fixação financeira de preço e a análise de decisão produzem resultados coerentes.[17]

Avaliação do limiar

A despeito das esperanças mais otimistas tanto dos acadêmicos como dos especialistas, nenhuma das técnicas quantitativas disponíveis é completamente adequada para lidar com as complexidades que caracterizam muitas decisões de investimento que apresentam múltiplas opções reais. É excessivamente difícil, na prática, computar um valor preciso para a maioria das opções reais. Mas as técnicas quantitativas realmente oferecem um apoio importante e valioso para o julgamento da administração, no qual todas as decisões significativas precisam em última instância se basear. Há sempre julgamento envolvido em decisões de investimento, se são usados ou não modelos financeiros ou árvores de decisão. Da escolha de um modelo quantitativo em particular à seleção ou à estimativa de um dado e à interpretação dos resultados, com certeza algum grau de julgamento é nitidamente exigido.

Um sem-número de empresas tem dedicado uma confiança básica, se não completa, no julgamento da administração em situações selecionadas de investimento designadas como estratégicas. Utiliza-se essa designação para garantir que os principais projetos com potencial positivo significativo, devido a opções reais embutidas, não sejam subestimados de forma inadequada ou rejeitados, devido, talvez, ao caráter inadequado dos métodos de avaliação financeira. Uma abordagem como essa realmente chama atenção para o valor oferecido pela flexibilidade futura, ao dispensar as decisões dos critérios financeiros normais. Mas o tratamento "especial" e geralmente mais favorável dedicado aos projetos estratégicos tem levado algumas empresas ao que um administrador caracterizou de uma "maneira formalizada de conseguir aprovação para propostas fracas".

A Avaliação do Limiar (*Threshold Assessment*) é uma abordagem relacionada, mas mais formalizada, à tomada de decisão de investimento, combinando explicitamente o julgamento da administração e a análise quantitativa. Em vez de tentarem atribuir valor à flexibilidade futura de forma direta, os administradores primeiro computam o valor do investimento utilizando técnicas convencionais de fluxo de caixa descontado, reconhecendo que o valor das opções embutidas pode ser ignorado ou substancialmente atenuado. Na medida em que os resultados ficam aquém de um nível de limiar aceitável, o valor tanto das opções de posicionamento estratégico como do novo conhecimento é considerado em resposta à pergunta: "O valor da flexibilidade futura e do conhecimento futuro é suficiente para compensar o resultado?"

Em essência, foi o que aconteceu informalmente na discussão sobre a oportunidade de empreendimento conjunto na abertura do capítulo. Quando o projeto proposto não passou na avaliação financeira padrão, o CEO e o conselho administrativo consideraram cuidadosamente se o valor adicional representado pelas oportunidades futuras de negócio e de conhecimento era maior do que o resultado financeiro apresentado pelo CFO. Nesse caso, julgou-se que o valor das oportunidades discricionárias futuras oferecido pelo investimento, ou opções de crescimento, junto com o conhecimento a ser conquistado com o empreendimento do programa conjunto de pesquisa, era mais do que suficiente para justificar o apoio ao projeto.

Enquadrando dessa forma a pergunta, o foco desloca-se da tentativa de computar um valor absoluto para as opções reais subjacentes à decisão, algo em geral muito difícil de fazer. Num primeiro momento, a Análise de Limiar desloca a atenção para a verdadeira pergunta: Será que esse valor é suficiente para justificar o investimento? Isso exige um exame cuidadoso e rigoroso das opções subjacentes e uma decisão de julgamento sobre o valor delas em comparação à decisão de limiar, ou o nível mínimo aceitável de retorno exigido para se iniciar um projeto de investimento.

IMPLEMENTANDO A ABORDAGEM DE OPÇÕES REAIS

Assim como administradores podem aumentar o valor criando e estruturando opções reais, eles também podem permitir que esse valor seja corroído pela atenção e a implementação inadequadas. Não importa o quanto se pense em opções reais, o grau de cuidado que se tenha ao estruturar decisões de investimento para que reflitam as opções subjacentes e o grau de adequação à atribuição de valor, na verdade o valor das opções reais só pode ser realizado por uma implementação eficaz ao longo do tempo.

As opções reais e os valores correspondentes não são estáticos. Mercados em mutação, procedimentos dos concorrentes, resultados inesperados de pesquisa, prioridades estratégicas que se deslocam e uma ampla gama de outros desenvolvimentos internos e externos podem afetar decisões subseqüentes e o valor de opções subjacentes ao longo do tempo. A maioria das discussões concentra-se na natureza e no valor de opções reais *em um dado momento do tempo*. Mas o desenvolvimento e a avaliação de opções reais precisa ser permanente. Como as opções só podem entregar valor se forem exercidas a tempo e de forma apropriada, a organização precisa ter estruturas e processos estabelecidos para avaliar e reavaliar continuamente as opções. Para gerenciar o processo de opções, os administradores podem precisar prestar uma atenção cuidadosa à natureza e ao *timing* de três atividades-chave:

1. *Monitorar o progresso.* Uma informação atualizada com regularidade sobre o progresso do projeto é essencial para apoiar as decisões que se têm de tomar sobre exercer ou adiar opções. É particularmente importante, na estruturação das decisões, identificar as principais incertezas que devem ser monitoradas ao longo do tempo.
2. *Testar e atualizar suposições.* As suposições-chave e os pontos de decisão precisam ser identificados no início e testados contra as condições correntes, seja em intervalos regulares ou quando marcos cruciais do projeto ou "gatilhos" sinalizarem a necessidade de reavaliação. O gatilho pode ser uma iniciativa do concorrente ou um resultado inesperado do projeto que sinalizariam a necessidade de revisar as suposições. Cada iteração de reavaliação pode exigir uma árvore nova ou revisada de estrutura de decisão para refletir as mudanças. Quanto mais longo for o período de desenvolvimento e quanto maior for a incerteza, mais curtos serão os períodos entre as revisões do projeto.
3. *Excercer as opções.* A atualização e a revisão contínuas proporcionam a base para as decisões que a administração tem de tomar sobre exercer, adiar ou abandonar opções reais identificadas. À medida que as condições dos projetos e do mercado evoluem, suposições e expectativas anteriores podem precisar ser revistas em resposta a informações atualizadas, e essas decisões se

modificarão. Além do mais, como opções geralmente apresentam espaços limitados de oportunidade devido a ações competitivas ou outras mudanças no ambiente, o *timing* é fundamental. Uma opção exercida tarde demais pode ter pouco ou nenhum valor.

Essas atividades apresentam perguntas difíceis e alguns desafios administrativos. Por exemplo: Qual informação é necessária para julgar com propriedade a disposição de opções reais e com que freqüência deve ser atualizada? Que opções devem ser exercidas e quando? Quem deveria ser responsável pelo ato de atualizar, revisar e exercer opções?

A inércia organizacional e outras fontes de resistência a mudanças em planos podem dificultar a implementação de opções reais na prática. Uma vez que os projetos geralmente desenvolvem o seu próprio ritmo quando postos em movimento, o exercício de algumas opções – em especial aquelas que exigem mudanças no pessoal e a prática de *downsizing* – pode exigir uma atenção constante por parte da administração, até que essas opções sejam implementadas por completo. Em muitos casos, procedimentos de relatórios especiais, programas de incentivo e outras práticas organizacionais são apropriados para apoiar a plena realização dos valores das opções.

Uma vez que a abordagem de opções reais é tão diferente de abordagens tradicionais, ela representa um desafio a quase todo aspecto da cultura e dos processos típicos corporativos. "Não arriscar" tornou-se a norma em muitas organizações nas quais os sistemas de controle penalizam pessoas cujas decisões acabam se mostrando não-lucrativas, mas não aquelas que deixam de perseguir oportunidades que poderiam ter se transformado em grandes sucessos. Como as organizações mantêm a contabilização dos resultados ou estabelecem bônus baseados em desempenho quando se permite que projetos com fluxos descontados inadequados prossigam? São necessárias novas estruturas de contabilidade e de renumeração, mas a inércia das práticas existentes geralmente torna essas mudanças bastante difíceis.

É difícil subestimar a complexidade gerencial e organizacional da implementação da perspectiva de opções reais. Por outro lado, esta complexidade é precisamente o que gera a vantagem para as organizações que desenvolveram a capacidade de criar, avaliar e implementar opções reais.

CONCLUSÕES

Embora o conceito de opções reais esteja conquistando uma atualidade cada vez maior, as abordagens de opções reais estão longe de ser largamente utilizadas. Os pontos fracos do NPV e de outras abordagens de fluxo de caixa descontado estão bem documentados, mas uma aplicação bem-sucedida da estrutura de opções tem se limitado, na prática, a um foco predominante em técnicas de atribuição de valor e suas complexidades. Os administradores podem confiar em seu julgamento e na sua intuição para se mostrar contra as avaliações convencionais que se baseiam no fluxo de caixa descontado e incorporar elementos intangíveis ou valor estratégico a suas avaliações. Com cada vez mais freqüência, os administradores são forçados a escolher entre a análise amarrada à lógica do CFO e o sentido sutil do valor que não pode ser captado pela análise financeira tradicional.

A maneira de lidar com a incerteza está no âmago dessa questão. A abordagem de opções reais não elimina nem mesmo reduz as incertezas e riscos inerentes ao desenvolvimento de tecnologia, à evolução de mercado e à atividade competidora; esses permanecem reais como sempre. Mas a formulação realmente concede uma atenção explícita a tais incertezas e à maneira como as suas implicações podem ser mais bem exploradas ou limitadas. Com efeito, o maior benefício geralmente é que os administradores são forçados a enfrentar a incerteza e a formalizar a gama completa de decisões que podem ser consideradas ao longo do tempo. Isso exige atenção a bem mais do que as opções de valor. Como se mostrou neste capítulo, a conquista efetiva do valor total exige também a criação e a estruturação sistemáticas de opções reais, junto com atenção cuidadosa aos processos organizacionais que sustentam uma implementação oportuna.

Empregar a abordagem de opções reais requer uma reavaliação contínua de alternativas e expectativas. E isso só pode ser realizado com mudanças apropriadas nos processos de tomada de decisão e nas práticas organizacionais relacionadas. Mas as empresas capazes de fazer essas mudanças podem ter certeza de que obterão retornos reais com opções reais.

CAPÍTULO 13

ESTRATÉGIAS DE FINANCIAMENTO E CAPITAL DE RISCO

FRANKLIN ALLEN
The Wharton School

JOHN PERCIVAL
The Wharton School

Com acesso a maiores recursos financeiros, as companhias já estabelecidas deveriam estar em vantagem, se comparadas a empresas recém-fundadas no financiamento de tecnologias emergentes. Mas os sistemas internos de alocação de recursos de grandes empresas geralmente as põem em desvantagem em relação a empresas que contam com fontes externas de financiamento. A alocação corporativa baseia-se em geral nos retornos maiores do que o custo de capital da empresa. A adoção de tecnologias emergentes e os riscos mais altos e potenciais retornos freqüentemente associados a elas exigem uma abordagem mais sofisticada. Neste capítulo, o autor examina alguns obstáculos para empresas estabelecidas, modelos alternativos de alocação de recursos e estratégias de financiamento externo.

Uma empresa de telecomunicações está pensando em adotar uma mudança de estratégia. A administração da companhia não acredita que as telecomunicações tradicionais sejam um negócio de crescimento no futuro. Ela acha que o futuro do setor reside nas tecnologias de informação. Serão as novas idéias, e não as antigas redes de fios, que servirão de fonte de valor no futuro. Os administradores julgam importante ir nessa direção agora, antes de ser tarde demais, a fim de que a empresa crie uma nova divisão de tecnologia de informação e desenvolva uma nova estratégia para o negócio.

Para dar suporte à nova iniciativa de tecnologia de informação, os administradores poderiam fornecer capital de risco a uma empresa em separado ou criar seu próprio investimento "externo" através de uma separação parcial financiada por capital da corporação. Como alternativa, a empresa poderia utilizar o financiamento interno. O negócio das telecomunicações é, no momento, bastante lucrativo e gera um grande fluxo de caixa operacional, que, historicamente, é reinvestido no negócio e utilizado para financiar aquisições que diversifiquem o ramo de atuação da empresa ou para pagar dividendos aos acionistas. A administração decide que o negócio de telecomunicações poderia agora ser usado como fonte de recursos para financiar a mudança de longo prazo na estratégia para tecnologia de informação.

Ao longo do tempo, a empresa vem alocando recursos com base em seu custo de capital, que, em anos recentes, tem sido de aproximadamente 10%. Usa-se esse número como taxa mínima aceitável de retorno *(hurdle rate)*. Espera-se que as empresas que atuam no antigo ramo de telecomunicações ganhem uma taxa de retorno de pelo menos 10%. Espera-se que, no futuro, a divisão de tecnologia de informação apresente muitos investimentos que ofereçam taxas de retorno superiores a 10% e que os recursos reorganizem-se gradualmente na divisão de tecnologias de informação e se afastem da divisão de telecomunicações.

Os administradores no negócio de tecnologia de informação poderiam argumentar que a nova empresa não deve se fixar na taxa de retorno de 10%, especialmente no curto prazo. A estratégia deve conduzir a alocação de recursos, e não o contrário. Se a visão é partir para as tecnologias emergentes a fim de garantir um futuro à empresa, a alocação de recursos deve simplesmente dar suporte a essa visão.

Mas a direção da antiga divisão de telecomunicações argumenta que existe uma falha fundamental nesse sistema de alocação de recursos. A divisão de telecomunicações tem excedido com sucesso o custo de capital da empresa, apesar das históricas restrições reguladoras. A divisão acredita que, com a desregulamentação, a empresa apresenta vantagens competitivas potenciais para o futuro. Os administradores do negócio argumentam ainda que, à medida que a empresa se desloca para essa tecnologia emergente, o risco geral nas operações da empresa crescerá. Isso levará a um custo ainda mais alto de capital e tornará necessária uma taxa de retorno mais alta.

Continuar alocando capital com base no atual sistema de alocação de recursos fará com que a divisão de telecomunicações venha realmente a ser a "vaca leiteira" que alimenta o crescimento da divisão de tecnologia de informação. Isso pode parecer apropriado, dada a visão estratégica da empresa de telecomunicações, mas pode ser inapropriado se a empresa não tiver nenhuma vantagem competitiva em tecnologia de informação que lhe permita ganhar mais do que o custo provável de capital associado a essa nova e provavelmente mais arriscada atividade. O risco da tecnologia emergente pode não só ser mais alto, como também fundamentalmente diferente do risco do setor tradicional de telecomunicações.

Tanto os administradores da antiga empresa de comunicações como os administradores do negócio de tecnologia de informação apresentam pontos válidos. Como a gestão sênior pode se preparar melhor para o futuro sem minar as forças do passado? Como ela pode proporcionar uma boa administração dos fundos dos acionistas ao mesmo tempo em que lança novas iniciativas estratégicas baseadas em tecnologias incertas? São estes alguns dos desafios e *trade-offs* centrais que as empresas enfrentam ao começarem a desenvolver tecnologias emergentes. Uma função legítima da disciplina da alocação de recursos é tentar garantir que o capital seja alocado a negócios que apresentem uma história convincente de que se ganhará o custo de capital ajustado ao risco e se criará valor econômico. Este capítulo examina esses desafios para a alocação interna de recursos e também explora estratégias para financiamento externo de novas tecnologias, como o capital de risco e as ofertas públicas iniciais (IPOs).

FINANCIANDO TECNOLOGIAS EMERGENTES EM CORPORAÇÕES

O objetivo financeiro de uma corporação como nossa empresa de telecomunicações deve ser a tentativa de criar um valor econômico sustentável. Ao pensar em qualquer investimento, a empresa precisa ser capaz de garantir que os recursos dos investidores estejam sendo usados com responsabilidade. Em outras palavras, os retornos esperados do investimento devem ser maiores do que algum retorno mínimo, em geral designado como custo do capital. Esse custo precisa refletir o risco inerente ao investimento e, portanto, vai diferir nas diferentes divisões. Em nosso exemplo, a divisão de telecomunicações deve usar um custo de capital que reflita o risco no setor de telecomunicações, e a divisão de tecnologia de informação deve utilizar um custo de capital que reflita o risco neste segmento.

Calcula-se o custo do capital em um determinado setor considerando-se as empresas *pure play*, inteiramente focadas no seu segmento de atuação. Encontra-se o custo do capital tirando-se uma média ponderada do atual custo pós-impostos dos empréstimos solicitados e do custo do capital próprio dessas empresas. Desse modo, a gestão iguala o custo do capital aos custos de oportunidade para os investidores. Em outras palavras, para que a retenção de recursos se justifique, deve-se esperar que os ganhos reinvestidos forneçam, pelo menos, o retorno que os acionistas poderiam ter obtido caso os ganhos tivessem sido distribuídos como dividendos e investidos em outra empresa com aproximadamente o mesmo risco.

A chave para uma criação sustentada de valor é lucrar mais do que o custo do capital em todas as divisões, tanto nos períodos de vacas magras quanto nos de vacas gordas. Cobrir o custo do capital em um negócio competitivo exige a existência de uma vantagem competitiva que a empresa possa utilizar para obter essa taxa de retorno. Um processo inevitável de mudança tem lugar ao longo dos anos na maioria das empresas, à medida que os clientes, a concorrência, a economia e a tecnologia se modificam.

De ativos físicos a ativos intangíveis

Um dos maiores desafios da alocação de recursos em tecnologias emergentes – e uma das razões pelas quais os administradores nas telecomunicações têm tido dificuldade em concordar com os administradores no novo ramo de tecnologia de informação – é que as fontes de valor para tecnologias emergentes tendem a ser bem diferentes das fontes de valor para negócios tradicionais. Cem anos atrás, companhias bem-sucedidas, como a U.S. Steel, tinham a maior parte de seu pessoal envolvido na administração de ativos físicos. Havia poucas pessoas procurando maneiras diferentes de abastecer o alto-forno ou testando tipos diferentes de matérias-primas para ver o que acontecia, e boa parte do valor se derivava não do conhecimento, e sim dos ativos físicos.

As empresas bem-sucedidas de hoje são empresas como a Microsoft, que podem estar sempre criando idéias novas. Quase todos na Microsoft engajam-se na atividade de tentar encontrar novas fórmulas e maneiras melhores de fazer as coisas. Existem algumas pessoas envolvidas na administração de ativos físicos, como a colocação dos discos nas caixas, mas elas constituem uma parte bem pequena do processo de criação de valor. De longe, o maior valor vem de novas idéias.

O economista Paul Romer observa que a quantidade subjacente de matérias-primas utilizadas na economia norte-americana não se modificou tanto assim com o tempo, não obstante o fato de os Estados Unidos serem muito mais ricos do que eram 100 anos atrás.[1] De onde veio o valor agregado? Apesar da quantidade limitada, os preços reais dessas matérias-primas caíram nos últimos 100 anos. Pegamos essas matérias-primas disponíveis para nós e as reorganizamos de maneiras que as tornaram mais valiosas. Não foram as matérias-primas, e sim a reorganização que criou essa riqueza. Na base desse processo de reorganização estão conjuntos de instruções, fórmulas, receitas e métodos que se utilizam para fazer as coisas, e esses conjuntos geralmente são classificados como ativos intangíveis. Precisamos pensar além da distinção entre capital humano e capital físico para que essas idéias realmente se tornem importantes.

Devido a essas diferenças, o retrato financeiro dos segmentos que se baseiam em conhecimento, como a biotecnologia e o mercado de *softwares,* é bem diverso do retrato das empresas com muitos ativos. As empresas baseadas em conhecimento tendem a apresentar altos índices de P/L, baixos índices de pagamento de dividendos, baixos índices de dívida/capital e níveis variados de lucratividade, como ilustra a Tabela 13.1. Os setores mais tradicionais, que se baseiam em ativos tangíveis, como o setor químico e o das telecomunicações, apresentam baixos índices P/L, altos índices de pagamento de dividendos, altos índices de dívida/capital e níveis mais consistentes de lucratividade.

Muitas empresas que se baseiam no valor tradicional dos ativos (isto é, na manutenção e utilização de ativos físicos tangíveis, como instalações e equipamentos) estão se movendo para um valor baseado mais no conhecimento e precisam ajustar seus métodos de avaliação. Empresas de produtos químicos e empresas farmacêuticas baseadas em produtos químicos estão se deslocando para a biotecnologia. Empresas de telecomunicações, para tecnologias de informação. Instituições financeiras parecem querer fazer a transição para empresas de serviços financeiros baseados em conhecimento e tecnologia. A Federal Express dedica-se intensamente a se transformar de uma empresa de entrega de pacotes baseada em ativos em uma empresa de logística baseada em conhecimento.

Os *trade-offs* entre risco/retorno e as estruturas financeiras dessas empresas precisarão evoluir apropriadamente se um valor econômico deve advir das transições. Elas precisarão alcançar índices mais altos de retorno apenas para manter o valor, já que suas estruturas de capital em evolução e risco ampliado do negócio necessitarão de resultados maiores para obter ou reter capital a fim de fomentar o crescimento.

Algumas vezes, à medida que as empresas se distanciam do valor baseado em ativos, elas podem justificar os investimentos instáveis por serem estratégicos ou por representarem mercados futuros de alto crescimento. O valor estratégico e o potencial de crescimento são considerações importantes, mas, para uma empresa lucrar mais do que o custo do capital e criar valor econômico sustentado em um negócio competitivo, é necessário mais do que possibilidades de crescimento. A empresa precisa ter uma vantagem competitiva para ganhar mais do que o custo do capital. Se à empresa faltam a visão, a compreensão, as habilidades ou as competências-chave necessárias, pode não ser sábio investir nem mesmo no mercado de maior crescimento.

Neste contexto, a grande empresa titular, apesar do maior capital à sua disposição do que o disponível a uma nova ingressante, pode estar em desvantagem por duas razões. Um dos problemas é não estar claro se uma empresa tradicional, como a U.S. Steel, terá as habilidades, o pessoal e o conhecimento necessários para apresentar qualquer vantagem competitiva, além da existência de capital,

TABELA 13.1 Características financeiras dos setores

	P/L	Pagamento de dividendo	Dívida / Capital	Retorno sobre capital	Beta
Biotecnologia					
Amgen	23	0	5,3	30	1,02
Chiron	51	0	32,7	8	1,02
Genentech	67	0	7,0	6	0,27
Medicamentos					
American Home	29	55	43,3	25	0,55
Merck	33	47	9,8	37	1,17
Warner Lambert	50	60	40,2	31	0,88
Softwares					
Computer Associates	26	4	31,9	24	1,55
Microsoft	31	0	0	32	1,17
Oracle	37	0	10,9	35	1,34
Sistemas de computador					
AOL	–	0	21	–	2,07
Cognizant	27	6	0	39	N/D
Oracle	37	0	10,9	35	0,22
Periféricos					
EMC	35	0	19,9	23	1,44
Lexmark	19	0	2,3	30	0,82
Seagate	–	0	15,8	–	1,69
Computadores					
Compaq	21	5	0,9	26	1,06
Hewlett-Packard	20	18	16	17	1,33
IBM	16	13	39,2	31	1,19
Equipamento elétrico					
AMP	20	52	5,5	16	0,53
Emerson Electric	25	46	9,2	21	0,85
Thomas & Betts	20	40	43,0	16	1,14
Redes					
Bay Networks	–	0	7,5	–	N/D
Cisco	50	0	0	24	1,19
3 Com	35	0	6,0	25	1,52
Semicondutores					
Applied Materials	18	0	7,8	17	2,41
Intel	17	3	1,8	36	1,24
Texas Instrument	12	7	19,6	31	1,86
Equipamento científico					
Eastman Kodak	–	–	12,6	0	0,26
Honeywell	21	30	33	20	1,15
Minnesota Mining	17	42	9,5	36	0,75
Produtos químicos					
Dow	11	44	32	23	0,93
DuPont	29	59	24,1	21	0,83
Rohm & Haas	15	30	21	23	1,13
Telecomunicações					
Bell South	19	44	29	22	0,56
GTE	19	65	53	36	0,67
U.S. West	22	88	49	28	0,37

Fonte: Fortune, April 1998; *Forbes*, April 1998; Bloomberg.

frente a companhias recém-fundadas que se concentram nos negócios "baseados em fórmulas" (que são facilmente copiadas). O segundo problema é que, provavelmente, os riscos envolvidos nesses negócios de tecnologia emergente são consideravelmente maiores do que os riscos nos negócios mais tradicionais.

Esses riscos mais altos podem ser vistos nos coeficientes beta mais altos mostrados na Tabela 13.1. O coeficiente beta é uma medida do risco do ponto de vista de um investidor em ações. Ele mede o risco não-diversificado ou sistemático de um investimento em uma empresa que é acrescentado a um portfólio bem-diversificado de outros investimentos. Assim, ele não mede o risco total de investir na empresa, mas apenas o risco que não pode ser compensado pela diversificação dos ativos. Assim, à medida que a empresa distancia o capital do ramo de telecomunicações e o destina à tecnologia emergente, há razões para acreditar que o coeficiente beta da empresa, e portanto o risco percebido, aumentará. Já que essas tecnologias emergentes também apresentam níveis mais baixos de empréstimos, o risco do negócio parece ser nítida e significativamente mais alto do que o das empresas mais tradicionais.

O risco maior leva a um custo mais alto do capital e à exigência de um retorno mais alto para se atingir esse novo limite. Se não houver nenhuma vantagem competitiva que permita que a empresa alcance a taxa de retorno exigida, o investimento provavelmente poderá destruir o valor. É importante medir o retorno de forma apropriada. Com certeza existe um elemento de tempo que precisa ser levado em consideração. O retorno não precisa ser alcançado amanhã, mas, caso seja retardado demais, ele deve ser suficiente para compensar o custo da oportunidade, e o custo da oportunidade é alto devido ao risco.

Os engodos da sinergia e da diversificação

As empresas que fazem a transição de negócios estáveis de baixo risco, mas de baixo crescimento, geralmente argumentam que qualquer incapacidade de curto prazo de alcançar o custo do capital será compensada pela sinergia ou pela diversificação. Essas suposições devem ser examinadas de forma crítica, pois os retornos tanto das sinergias quanto da diversificação podem ser de difícil realização na prática.

As companhias de telecomunicações, como a AT&T, que presumiram que havia grandes sinergias em potencial entre telecomunicações e outras tecnologias de informação parecem ter se desapontado bastante posteriormente. Com freqüência, conquistar sinergias exige competir com empresas que antes eram clientes da própria empresa, e a sinergia acaba sendo negativa. Houve um grande número de desinvestimentos e separações de empresas não-sinérgicas resultantes. Os administradores precisam analisar com cuidado as sinergias esperadas e determinar se elas de fato podem se realizar. É preciso que haja uma história convincente de que a competência da empresa na tecnologia emergente será suficiente para alcançar o custo do capital.

A diversificação também pode representar um pensamento que se baseia apenas na esperança. Quarenta anos de pesquisa acadêmica em finanças se concentraram na falácia da redução do risco através da diversificação corporativa. Nos mercados de capital desenvolvidos, como os dos Estados Unidos e do Reino Unido, uma diversificação como essa geralmente pode ser conquistada com mais facilidade e de modo mais barato, pelos investidores de ações em seus próprios portfólios. Não parece existir nenhum motivo real para acreditar que as empresas sejam recompensadas com um custo de capital mais baixo por essa diversificação, uma vez que é supérflua aos acionistas.

Se é preciso uma justificativa para se diversificar em tecnologias emergentes, ela deve vir de outra parte. Por exemplo, tal diversificação pode fornecer um modo de participar em oportunidades de rápido crescimento, pode permitir a preempção de novos concorrentes que usarão a tecnologia emergente como uma vantagem, ou pode substituir os ganhos oriundos do produto substituído para a tecnologia emergente. Esses tipos de benefício podem se traduzir em altas taxas de retorno sobre investimento.

A Tabela 13.1 indica que as empresas no ramo de tecnologia emergente tendem também a baixos índices de pagamento de dividendos, enquanto empresas nos setores mais tradicionais apresentam pagamentos mais altos. Qualquer mudança na estratégia que a empresa de telecomunicações fizer no sentido de adotar tecnologias de informação emergentes provavelmente necessitará de uma mudança na política de dividendos. As empresas de telecomunicações já representam fontes de recursos para os acionistas, pois se paga atualmente uma grande quantia de caixa em dividendos. Se esse caixa deve ser usado agora para fomentar o crescimento de uma divisão de tecnologia emergente, os acionistas precisarão ser convencidos de que lhes serão mais vantajosos pagamentos de dividendos mais baixos. Presumivelmente, a justificativa proporcionada pela administração será que a tecnologia emergente possui mais potencial de crescimento no longo prazo. Os acionistas atuais, no entanto, podem não estar interessados em trocar dividendos presentes por crescimento futuro, e pode ser difícil convencer novos investidores em ações de que a administração atual possui capacidade para obter sucesso no negócio de tecnologia emergente. Ademais, os acionistas atuais podem preferir receber dividendos e depois investi-los diretamente em empresas de tecnologia emergente com vantagem competitiva.

Se não houver nenhuma sinergia entre a tecnologia emergente e os negócios existentes na empresa madura e se não houver nenhuma redução no custo do capital devido à diversificação, provavelmente haverá pressão da parte dos acionistas para desinvestir ou na nova divisão ou no negócio central. Os acionistas podem até preferir que a empresa seja dividida em várias entidades independentes. Isso aconteceu em empresas como Hewlett-Packard, IBM e AT&T. Na ausência de sinergia e sem uma redução no custo do capital devido à diversificação, a unidade corporativa fica agora reduzida à alocação de recursos como meio de criar valor. Se os recursos não estiverem sendo alocados de forma ótima, de um ponto de vista puramente econômico, o resultado será uma situação em que o todo vale menos do que a soma das partes.

Estratégias para equilibrar empresas antigas e novas

As chaves para o sucesso nas tecnologias emergentes podem ser bem diferentes das estratégias adotadas nas empresas mais tradicionais. Podem ser necessárias métricas diferentes para a medição do desempenho devido aos demonstrativos de resultados e aos balanços patrimoniais de aparência bem diferente das tecnologias emergentes. Analistas de Wall Street constatam que as métricas tradicionais, como lucro líquido e índices P/L, precisam ser abandonadas ou interpretadas de forma bem diferente. Assim, com freqüência, faz sentido que a unidade de tecnologia emergente seja separada do negócio mais tradicional. Entre as abordagens que as empresas podem utilizar para evitar ou modificar seus processos de alocação de recursos, estão:

- *Opções reais*. O uso de opções reais, focalizado por William Hamilton no Capítulo 12, pode auxiliar a quantificar alguns dos riscos mais altos da tecnologia emergente. Ele acrescenta algum rigor aos argumentos gerais do valor "estratégico" dos novos negócios. Também auxilia a traduzir o valor potencial do negócio emergente, que pode ser compreendido intuitivamente pelos administradores na empresa, em termos que os administradores da antiga linha e os investidores possam compreender.
- *Nova empresa subsidiária (equity carve-out)*. Outra maneira de separar a nova empresa das exigências da antiga é através de uma nova empresa, em essência uma subsidiária de IPO. A Thermoelectron e outras empresas já criaram subsidiárias com oferta de títulos na bolsa nas quais a empresa matriz geralmente detém a posse majoritária. As subsidiárias com IPOs de fato tendem a resultar em aumentos significativos na autonomia de gestão, já que são em geral governadas por equipes de gestão e conselhos de diretores em separado. As novas subsidiárias podem melhorar a visibilidade da unidade de tecnologia emergente da empresa madura, ajudando na capacidade de usar o financiamento de capital. A nova subsidiária em si atrai novo capital. Se estruturada adequadamente, a subsidiária pode preservar os benefícios desfrutados pelas pequenas organizações empreendedoras sem sacrificar as vantagens desfrutadas pelas empresas maiores.

    Para a empresa madura maximizar o benefício de uma posse parcial da tecnologia emergente, o sistema de gestão deve incluir alguns elementos-chave. O primeiro é uma estrutura de incentivo que esteja amarrada diretamente ao desempenho acionário tanto da unidade com oferta na bolsa como da empresa matriz. O segundo é a autonomia nas decisões estratégicas e na aquisição de capital. O terceiro é gasto de capital enfocado em proporcionar à subsidiária negociada em bolsa a flexibilidade para responder a condições de mercado em mutação.
- *Alianças*. De acordo com a análise de Jeff Dyer e Harbir Singh no Capítulo 16, as alianças podem ser uma maneira poderosa de alavancar os recursos da empresa, combinando-os com os dos parceiros. Se estruturadas de forma que as sinergias entre as empresas possam ser realizadas e partilhadas, oferecem uma maneira de reduzir o custo e o risco dos grandes investimentos em tecnologias incertas.
- *Estruturas internas de gestão*. As estruturas internas precisam ser flexíveis o bastante para não impor políticas, estruturas ou formas de compensação salarial inapropriadas da matriz, ainda assim firmes o bastante para conquistar potenciais sinergias. Algumas poucas empresas, como a Johnson & Johnson e a Merck, parecem haver alcançado esse equilíbrio.

A análise tradicional, na qual se avaliam com considerável freqüência tipos semelhantes de investimento, precisa ser substituída por novas formulações analíticas. A Merck, por exemplo, desenvolveu com sucesso novos sistemas que tinham como princípio desenvolver continuamente novos produtos e abandonar os antigos. A empresa age dessa forma por compreender melhor o risco através da análise de opções reais, mas isso exige índices mais altos de retorno quando necessários pelo aumento no risco.

O FINANCIAMENTO EXTERNO DE TECNOLOGIAS EMERGENTES

Muitas empresas bem-sucedidas na área de tecnologia emergente não usufruem do benefício dos recursos internos. Elas começam suas atividades como pequenas empresas que não têm escolha a não ser recorrer aos mercados externos. Empresas como a Microsoft, Apple Computer e Amgen demonstraram como esse financiamento pode ajudar empresas empreendedoras a se transformar em companhias gigantescas usando uma combinação de capital de risco e de IPOs na bolsa de valores. Mesmo grandes empresas podem tirar vantagem de fontes externas de capital por meio de mecanismos como as empresas subsidiárias antes discutidas. Os administradores das empresas estabelecidas também precisam entender os processos e a lógica desses mercados externos dando forma ao pensamento da maioria das pequenas empresas, com as quais podem lidar no desenvolvimento ou na aquisição de tecnologias emergentes.

Informação assimétrica

O financiamento externo padece do problema de informação assimétrica. Os que emprestam estão menos informados do que os que pedem emprestado sobre o que está acontecendo e, como resultado, são incapazes de garantir que as medidas tomadas sejam de seu interesse. Os que pedem emprestado possuem poucos incentivos quando se investe o capital dos acionistas porque recebem somente uma parte dos benefícios que surgem para suprir o esforço, ao passo que arcam com os custos inteiros. Eles também podem se arriscar de modo indesejável, do ponto de vista do concessor do empréstimo, porque recebem o potencial positivo, mas não arcam com o risco negativo.[2]

O investimento de capital será usado quando os investidores considerarem fracas as perspectivas futuras, pois as perdas são compartilhadas entre os novos e os antigos acionistas. Em antecipação a isso, os concessores de empréstimo descontam o capital quando são feitas novas emissões, de modo que esse tipo de financiamento é particularmente caro.[3] Elevar as taxas de juros dos empréstimos pode levar a uma redução na qualidade dos que tomam empréstimos, porque os que não se preocupam com as taxas altas são aqueles que antecipam uma alta probabilidade de inadimplência.[4] Esses problemas de informação assimétrica fornecem a motivação necessária para muitas das características contratuais observadas no financiamento de pequenas empresas.

O desafio das tecnologias emergentes

Esses argumentos sugerem que as empresas que obtêm mais facilmente financiamento externo sejam aquelas com fluxos de caixa seguro e previsíveis, que tenham informação simétrica ou ativos com múltiplos usos para fornecer uma boa garantia. As empresas de tecnologia emergente não possuem fluxos de caixa previsíveis nem boas garantias. Geralmente existe uma incerteza considerável sobre os custos associados às novas tecnologias. Há, com freqüência, ainda mais incerteza sobre as receitas, já que os usos precisos de que a nova tecnologia pode lançar mão não estão claros. As pessoas que pedem empréstimo em geral estão mais bem informadas sobre esses custos e essas receitas do que os concessores, como os bancos. Em acréscimo, novas tecnologias às vezes têm ativos tangíveis mínimos que podem ser usados como garantia. Uma parte substancial do valor das tecnologias emergentes, sobretudo no início, vem do valor da opção de continuar, caso os estágios de desenvolvimento iniciais forem bem-sucedidos.

O financiamento externo pode tomar a forma de dívida ou de participação acionária. Qual das duas é preferível, na verdade, vai depender de quem as examina. Pense num cientista ou num engenheiro que acaba de descobrir uma nova tecnologia e deseja criar uma empresa para desenvolver o potencial comercial de sua invenção. Qual será a melhor estrutura financeira para seus objetivos? Ele vai querer colher o máximo possível de benefícios com a descoberta e, portanto, vai preferir a quantia máxima possível de dívida. Se obtiver sucesso, receberá o superávit total; se não obtiver sucesso, poderá não honrar seus compromissos e acabar se afastando. A outra grande vantagem do financiamento por meio da dívida é o fato de que isso lhe permite manter vinculados a participação acionária e os direitos de voto. Esse cientista ou engenheiro poderão manter o controle e desenvolver as idéias da maneira que achar melhor.

Será que o financiamento de uma tecnologia emergente por meio de empréstimo é atraente do ponto de vista do concessor do empréstimo? Se for possível oferecer garantias, essa pode ser uma alternativa atraente, já que os credores ficarão certos de que o pagamento será feito, mesmo se houver informações assimétricas significativas. A garantia raramente está disponível tratando-se de tecnologias emergentes em estado inicial, assim a dívida não representa um instrumento de financiamento atraente para o emprestador. Para compensar o risco adicional, é necessário cobrar uma alta taxa de juros, o que apresenta a desvantagem de gerar inadimplência em muitos casos, e a empresa incorrerá nos custos associados a falência em uma ampla gama de circunstâncias.

Do ponto de vista do financiador, a participação acionária é um instrumento de financiamento mais atraente. Permite que o potencial positivo seja captado quando a empresa é muito bem-sucedida, sem engatilhar uma falência custosa. Também concede ao fornecedor do capital algum grau de controle, devido aos direitos de voto vinculados a esse tipo de instrumento.

As ações preferenciais conversíveis

Há, portanto, um conflito entre os fundadores da empresa, que desejam usar dívida, e os fornecedores de capital, que desejam ações. Na prática, não se utiliza nem a dívida pura nem a ação pura, e, em seu lugar, a *ação preferencial conversível* constitui o instrumento financeiro padrão nos investimentos de capital de risco. A ação preferencial comporta-se como uma dívida na medida em que envolve um pagamento fixo. Se não for feito o pagamento, a empresa não terá outra alternativa a não ser a falência. Caso se decrete falência, os detentores de ações preferenciais têm uma prioridade sobre os detentores das ações comuns, mas uma prioridade menor do que os detentores de dívida. A característica da conversibilidade permite que o investidor de risco transforme o título em patrimônio líquido a um índice predeterminado, e usufrua do potencial positivo caso a empresa seja bem-sucedida.

As ações preferenciais conversíveis também fazem com que o fundador da empresa possa manter formalmente o controle. Os credores mantêm algum controle ao dividir o financiamento em etapas e ao torná-lo contingente na base de um progresso continuado que seja coerente com seus objetivos. Também pode haver acordos complexos vinculados a ações preferenciais conversíveis, concedendo direitos significativos de controle aos concessores de empréstimo.

Os investidores de risco geralmente oferecem financiamentos por um período limitado de tempo. Se a empresa for bem-sucedida, suas necessidades por capital rápido superam os limites das parcerias usuais de capital de risco. Um mecanismo importante de saída para os investidores de risco é uma IPO. A IPO oferece a liquidez que permite ao capital de risco obter um retorno com o investimento e, como o retorno vem em forma de um ganho de capital, a taxa de imposto é baixa. Embora as IPOs sejam caras, geralmente representam a melhor maneira para os investidores iniciantes obterem um retorno. Outro mecanismo de saída comum é a venda direta da empresa recém-criada a uma grande empresa.

Capital de risco

As empresas de tecnologia emergente são patrocinadas pelo capital de risco, que responde por cerca de dois terços do financiamento externo de capital próprio do setor privado das empresas de alta tecnologia.[5] O capital de risco difere das formas-padrão de financiamento na medida em que há muito mais envolvimento por parte dos investidores em uma tentativa de evitar os problemas que surgem da informação assimétrica. Os concessores de empréstimo também se preocupam em resolver a incerteza dos fluxos de caixa. A ausência de garantia significa que eles não podem simplesmente deixar os empreendedores à sua própria sorte. Eles oferecem o financiamento em etapas para garantir que o valor da opção seja maximizado. Essas características do capital de risco deixam claro que os arranjos contratuais de capital de risco são muito mais complexos do que normalmente acontece. Em geral, eles apresentam características semelhantes às do investimentos de patrimônio, com ambos os lados recebendo parte do potencial retorno do projeto.

Muitas empresas de alta tecnologia nos Estados Unidos foram inicialmente financiadas pelo capital de risco.[6] Embora o capital de risco tenha sido usado por mais de 50 anos, foi só nos últimos 20 anos aproximadamente que se transformou numa fonte significante de fundos para novas empresas. Os fundos iniciais de capital de risco tiveram sucesso limitado, e foi apenas com as mudanças na legislação, no final dos anos 1970, que a indústria de capital de risco passou a crescer de forma considerável. Em 1979, o Labor Department reinterpretou a cláusula do "homem prudente" da ERISA para permitir maiores investimentos em novas empresas ou fundos de capital de risco. Os legisladores também reduziram as alíquotas de imposto sobre ganhos máximos com capital de 49,5% para 28% em 1978, e para 20% em 1981. Por fim, o uso difundido de parcerias limitadas, que oferecem vantagens tributárias aos investidores, incentivou o crescimento de empresas de capital de risco.

As etapas normais do investimento de capital de risco são mostradas na Tabela 13.2. Os investidores de risco podem oferecer recursos financeiros em todas essas etapas, ou em parte delas. Em geral, a quantia investida cresce com o tempo. A cada etapa, espera-se que essa quantia leve a empresa até a etapa seguinte. Fazendo financiamentos em etapas, os investidores de risco podem maximizar o valor da opção de investimento, garantindo que a decisão de continuar seja corretamente tomada. A forma de garantia geralmente usada nos investimentos de capital de risco é a ação preferencial conversível, como já se mencionou.

Embora o capital de risco seja uma estratégia comumente usada para o financiamento de empresas recém-criadas, ele não representa, de modo algum, a única rota que pode ser tomada. Na verdade, o capital de risco tende a

TABELA 13.2 Características financeiras da indústria

As etapas do investimento de capital de risco
1. *Os investimentos-sementes*. Pequena quantia de capital proporcionado a um inventor ou empreendedor para determinar se uma idéia merece atenção e investimentos no futuro. Esta etapa pode envolver a construção de um pequeno protótipo, mas não envolve a produção para a venda.
2. *Os investimentos em start-ups*. Os investimentos que dão a partida ao negócio em geral destinam-se às empresas com menos de um ano de existência. A empresa utiliza o dinheiro para o desenvolvimento do produto, o teste do protótipo e o teste de *marketing* (em quantidades experimentais para clientes selecionados). Essa etapa envolve mais estudos do potencial de penetração no mercado, a formação de uma equipe de gestão e o refinamento do plano empresarial.
3. *Primeira etapa – desenvolvimento inicial*. O investimento prossegue para a primeira etapa somente se os resultados parecem bons o bastante a ponto de se considerar mínimo um risco adicional. Do mesmo modo, os estudos do mercado precisam parecer suficientemente bons a fim de que a gestão sinta-se confortável estabelecendo uma produção e uma instalação modesta para entrega. É bem provável que as empresas da primeira etapa não sejam lucrativas.
4. *Segunda etapa – expansão*. A empresa que se encontra na segunda etapa já entregou produtos para um número suficiente de clientes, que já lhe deram um *feedback* real do mercado. Talvez ela não saiba quantitativamente a velocidade de penetração de mercado que ocorrerá mais tarde, ou qual será a penetração final, mas pode conhecer os fatores de qualidade que determinarão a velocidade e os limites da penetração. A empresa provavelmente ainda não é lucrativa, ou só o é marginalmente. Talvez precise de mais capital para compras de equipamento, estoque e para os financiamentos a ser recebidos.
5. *Terceira etapa: lucrativa mas sem caixa*. Para as empresas da terceira etapa, o crescimento das vendas provavelmente é rápido, e as margens positivas de lucro afastaram a maior parte do risco negativo de investimento. Mas a rápida expansão exige mais capital de giro do que o que pode ser gerado pelo fluxo de caixa interno. Podem-se utilizar novos fundos de investidores de risco para uma expansão adicional. Nesta etapa, os bancos podem estar dispostos a fornecer crédito, se esse puder ser garantido por ativos fixos ou contas a receber.
6. *Quarta etapa – crescimento rápido na direção do ponto de liquidez*. As empresas na quarta etapa de desenvolvimento talvez ainda precisem de capital externo para sustentar o crescimento, mas são bem-sucedidas e estáveis o bastante para o risco para os investidores externos ser bastante reduzido. A empresa poderia preferir o uso de um financiamento da dívida para limitar a diluição do patrimônio líquido. O crédito dos bancos comerciais pode desempenhar um papel mais importante.
7. *A etapa de ponte ou de investimento de mezanino*. Nas situações de investimento de ponte ou de mezanino, a empresa pode ter alguma idéia do momento certo da saída e ainda precisar de mais capital para sustentar o rápido crescimento no meio tempo.
8. *A etapa de liquidez – retorno ou saída*. Esse é o ponto no qual os investidores de risco podem ganhar liquidez para uma parte substancial de suas posses na empresa. A liquidez pode vir na forma de uma IPO, de uma compra ou de uma aquisição alavancada *(leveraged buyout)*.

Fonte: adaptada da Tabela 2, Sahlman (1990), p. 479.

se concentrar por localização geográfica e por setor. Em 1996, 49% do financiamento de risco nos EUA foi para empresas na Califórnia ou Massachusetts, enquanto 82% destinou-se a empresas especializadas em tecnologia de informação ou ciências biológicas.[7]

Os investidores *angels* constituem uma das alternativas mais importantes de investimentos através de fundos de capital de risco.[8] Trata-se de indivíduos ricos que investem diretamente nas empresas, e não através das parcerias limitadas que foram utilizadas pelo capital de risco. Alguns deles são empreendedores bastante sofisticados, com experiência considerável no segmento, que dão conselhos valiosos. Outros possuem pouca experiência e podem ser um tanto ingênuos quanto ao que está envolvido no conceito de empresa recém-fundada. O critério primordial utilizado pelos *angels* é se o empreendedor é conhecido deles ou de um sócio no qual confiam. Estima-se que o mercado dos *angels* nos Estados Unidos varie de US$ 10 bilhões a US$ 20 bilhões anualmente.[9] Trata-se de um mercado substancial, se comparado ao de US$ 6,6 bilhões do capital de risco formal em 1995 e o de US$ 20 bilhões das IPOs em 1995.

O mercado de uma IPO. Como mostra a Tabela 13.2, todo investimento de capital de risco se faz com a expectativa de uma saída. Com freqüência, essa saída é facilitada por uma IPO. Também pode ser realizada por uma venda privada ou por uma aquisição feita pela administração da empresa *(management buyout).*

O mercado de uma IPO desempenha um papel fundamental para incentivar os investimentos de capital de risco.[10] A razão primordial por que o capital de risco é relativamente bem-sucedido nos Estados Unidos é o mercado ativo de IPO que lá existe.[11] Uma comparação entre 21 países constatou que a existência de um mercado ativo de IPO é o principal determinante da importância do capital de risco em um país.[12] Os Estados Unidos e o Reino Unido possuem sistemas bem diferentes para o capital de risco, em comparação ao dos outros países, o que pode responder pela dominância dessas duas nações no ramo de propriedade intelectual e em muitas tecnologias emergentes, como o setor de computadores (tanto de *hardwares* como de *softwares*), o de biotecnologia e o de Internet. Muitos países tentaram estimular a criação de novas empresas incentivando o estabelecimento de mercados de valores nos quais IPOs relativamente pequenas são possíveis.

As IPOs envolvem custos substanciais, diretos e indiretos. As taxas jurídicas, de auditoria e de subscrição pública representam custos diretos. Para as emissões pequenas, elas podem significar um preço bastante alto. A taxa bruta de subscrição pública e os gastos imediatos em forma de percentual do preço de oferta para as ofertas públicas durante o período de 1975-1995 ficaram em torno de 16% para as emissões abaixo de US$ 10 milhões, e, para as emissões maiores, não ficaram abaixo de 5%.[13] Isso não inclui os custos indiretos, como tempo e esforço de administração necessários para empreender a oferta.

As IPOs a princípio tendem a ser subvalorizadas, no sentido de que o preço oferecido em geral fica abaixo do preço de mercado logo depois da oferta. Essa subvalorização pode ser substancial. Nos Estados Unidos, no Reino Unido, na Alemanha e na França, é de 15,3%, 12,0%, 11,1% e 4,2%, respectivamente. No Japão é significativamente mais alta, 32,5%. Já houve um grande número de teorias para explicar a subvalorização, desde a existência de uma "praga de vencedor" até a existência de "cascatas" de informação. O fenômeno da subvalorização é complexo, e provavelmente muitos fatores influenciam o seu funcionamento.

Embora se saiam bem a curto prazo, as IPOs tendem a apresentar um baixo desempenho a longo prazo. Nos Estados Unidos, durante os primeiros três anos, as novas emissões tiveram um desempenho abaixo dos títulos similares, em aproximadamente 15%, quando medidas em relação ao preço de oferta.[14] Esse fenômeno é menos compreendido até do que o da subvalorização, e a maioria das teorias avançadas que tentam explicá-lo apóiam-se basicamente em alguma forma de irracionalidade.

Além de partirem para os mercados públicos de valores, os investidores podem sair do investimento através de uma venda direta a uma grande empresa, de uma fusão ou de uma aquisição feita pela administração da empresa. Um estudo realizado sobre a saída das empresas de capital de risco dos Estados Unidos constatou que 30% delas saíram através das IPOs, 23% através de venda privada, 6% através de aquisições, 9% através de vendas secundárias, 6% através de liquidações completas e 26% ocorreram através de registros de perdas (write-offs).[15] Em contraste, um estudo europeu constatou que somente 10% das saídas se deram através de IPOs, enquanto 41% ocorreram através da venda da empresa.[16]

Uma relação simbiótica

Embora as empresas recém-fundadas de tecnologia de informação (start-ups) possam exigir alguns milhões de dólares e alguns meses para produzir produtos viáveis e encontrar investidores para uma IPO, a biotecnologia geralmente leva muito mais tempo. Essas companhias podem exigir centenas de milhões de dólares de "queima" de dinheiro e muitos anos até que um produto seja desenvolvido e aprovado para venda. Seria necessário muitas idas ao mercado de valores. Pode ser difícil abrir o capital de uma empresa como essa, e talvez uma grande empresa do setor farmacêutico prefira comprar a iniciante no segmento de biotecnologia.

Mesmo nas tecnologias de informação, as grandes empresas que se preocupam com a concorrência das tecnologias emergentes geralmente compram esses potenciais competidores. Assim, o ambiente ideal para as tecnologias emergentes encontrarem financiamento poderia ser aquele que oferecesse um período de apoio de capital de risco e de IPOs, seguido por uma combinação de investimentos ou aquisições por grandes empresas.

Dados os desafios da alocação de recursos nos negócios que envolvem tecnologias emergentes nas grandes corporações, como se discutiu na abertura do capítulo, estas geralmente escolhem investir ou comprar empresas iniciantes, em vez de desenvolver um negócio de tecnologia emergente internamente. Às vezes, podem tomar uma posição minoritária na empresa recém-fundada para ganhar acesso à nova tecnologia que ela cria. É uma estratégia popular nas grandes empresas farmacêuticas, às quais falta capacidade de desenvolvimento de biotecnologia, mas possuem os recursos necessários de marketing, fabricação e financiamento.

Outra possibilidade é aguardar e adquirir uma empresa iniciante bem-sucedida. À medida que os investidores de risco buscam resgatar seus investimentos, a grande empresa pode comprar sua participação na tecnologia emergente. Nesse ponto alguns dos maiores riscos podem ter ficado para trás para as empresas iniciantes, e ao menos parte do seu potencial pode ser reconhecido.

Existe, portanto, uma relação simbiótica entre mercados de capital de risco e grandes corporações. As grandes empresas dão aos investidores de risco os fundos para eles saírem, enquanto os investidores de risco oferecem acesso à tecnologia emergente.

Ainda há desafios significativos envolvidos. Do ponto de vista da empresa madura, um problema é atribuir apropriadamente valor à tecnologia emergente e não pagar em excesso. Isso exigiria avaliações objetivas e imparciais da receita a ser gerada pelas tecnologias emergentes e do mais alto nível de risco envolvido, permitindo que se paguem preços razoáveis. É muito cedo para se dizer com certeza, mas uma análise preliminar indicaria que a aquisição da Netscape pela AOL e o investimento da Johnson & Johnson na Centocor resultaram em preços razoáveis para a receita potencialmente projetada. Caso se pague um prêmio, e não haja sinergia, a aquisição acaba gerando menor valor do que o custo do capital. Outro risco que retarda esses investimentos é o de que a pequena empresa recém-fundada possa não ter nenhum interesse em vender. Em vez disso, ela pode partir para uma IPO e depois se transformar numa concorrente de peso para a grande empresa. Ou outro concorrente estabelecido pode estar interessado na mesma empresa, e a adquire antes ou eleva seu preço. Esse risco estratégico deve ser um dos fatores determinantes dos cálculos estritamente financeiros de se construir ou não a capacidade tecnológica internamente, de fazer ou não pequenos investimentos externos ou de aguardar, ver e comprar ou não uma empresa de tecnologia mais madura.

Os administradores precisam compreender tanto as abordagens de alocação interna como a maneira através da qual as tecnologias emergentes são inicialmente financiadas fora das grandes empresas. Modificando o método de alocação interna de recursos e compreendendo como capitalizar a existência de mercados de capital de risco, os administradores podem criar abordagens para financiar tecnologias emergentes que equilibrem as necessidades, a fim de fornecer retornos suficientes aos acionistas, enquanto investem no futuro.

CAPÍTULO 14

ESTRATÉGIAS FINANCEIRAS INOVADORAS PARA EMPREENDIMENTOS DE BIOTECNOLOGIA

PAUL J. H. SCHOEMAKER
The Wharton School

ALAN C. SHAPIRO
University of Southern California

Os custos e os benefícios do uso de ações, bônus e empréstimos como fontes de financiamento são bem compreendidos e amplamente relatados na imprensa e na literatura especializadas. Formas mais inovadoras de financiamento, como o financiamento não-expresso no balanço patrimonial, têm recebido muito menos atenção porque são em menor número, geralmente mais complexas e só podem obter êxito em circunstâncias especiais. Este capítulo explora os desafios da assimetria de informação e os conflitos entre agentes investidores que atrapalham as relações de investimento. Os autores discutem o financiamento da dívida e do capital próprio, além das lições aprendidas com abordagens inovadoras não-expressas no balanço patrimonial usadas pelas empresas de biotecnologia para financiar iniciativas específicas de pesquisa.

Em janeiro de 1992, a Centocor – empresa de biotecnologia especializada na tecnologia de anticorpos monoclonais – ofereceu 2,25 milhões de unidades de ações de uma corporação recém-formada chamada Tocor II a US$ 40 por unidade. Os recursos líquidos de cerca de US$ 84 milhões deviam ser gastos em uma pesquisa sobre um pequeno peptídeo molecular, visando desenvolver compostos terapêuticos para a artrite e a inflamação reumática, além de outras doenças infecciosas e auto-imunes. Os executivos seniores da Centocor controlavam a Tocor II, que não tinha funcionários nem escritórios. A Tocor II subcontratou a pesquisa, dentro do escopo judicialmente permitido, da Centocor, que, por sua vez, possuía uma opção de compra dos direitos sobre patentes e produtos da Tocor II. A opção de compra da Centocor para a Tocor II era o seguinte: US$ 58 por ação, com o exercício em qualquer época de 1993; US$ 76 em qualquer época durante 1994; e US$ 107 em 1995.

Cada ação da Tocor II também tinha um *warrant* associado, que dava ao investidor uma opção de três anos de comprar uma ação ordinária da Centocor a US$ 64,50 a partir de 1º de janeiro de 1994 (até 31 de dezembro de 1996). Na

---

Agradecemos a George Day e William Hamilton, da Wharton, a Stelios Papadopoulos, da Paine Webber, e a Hubert Schoemaker, da Centocor, por suas informações e comentários úteis.

época da oferta, uma ação ordinária da Centocor era negociada a aproximadamente US$ 52. Como proteção, caso a Centocor não excercesse sua opção de compra da Tocor II, também se emitiu um *warrant* com direito de compra, dando a cada possuidor de unidades da Tocor II uma opção de dois anos de compra de uma ação ordinária adicional da Centocor a partir de 1º de janeiro de 1996, a um preço de exercício igual a 124% do preço da ação ordinária da Centocor ao final de 1995. Esse segundo *warrant* com direito de compra expiraria automaticamente se a Centocor exercesse sua opção de compra em relação à Tocor II. Provisões especiais cobriam os casos de *takeover* ou de venda de praticamente todos os ativos.

O controle da Tocor II, no fim, passou para a Centocor, que enfrentava tempos difíceis, através de uma aquisição amigável ao preço de US$ 38 por ação. Alguns investidores processaram os conselhos das respectivas empresas por não conseguirem maximizar o valor. O *takeover* foi impulsionado pelas circunstâncias incomuns que rondavam a Centocor. Em 1992, as ações da empresa caíram aproximadamente 80% porque o seu principal medicamento contra o choque séptico (chamado Centoxin) não foi aprovado pelo FDA. Em 1999, o controle da Centocor passou para a Johnson & Johnson por cerca de US$ 5 bilhões. Esse valor reflete o sucesso admirável do segundo principal produto da Centocor (o Reopro), um medicamento anticoagulante para doenças cardíacas.

FINANCIANDO A BIOTECNOLOGIA

A biotecnologia – com seu apetite voraz por caixa durante um longo e incerto período de desenvolvimento – exige estratégias de financiamento distintas, como a emissão de títulos de *warrants* de ações, não-expressos no balanço, para P&D (SWORDS – *stock warrant off-balance sheet research and development securities*) usados pela Centocor para apoiar sua pesquisa.[1] As emissões de SWORDS oferecem aos investidores uma opção de apostar, dentro da empresa, no valor comercial de um único empreendimento de P&D, como a Tocor II. Este capítulo explora os desafios de financiar a biotecnologia e examina os mecanismos tradicionais de financiamento, assim como mecanismos mais inovadores. A biotecnologia – com seus altos custos de capital e longos períodos de desenvolvimento e de aprovação – pode representar um caso extremo para o financiamento de tecnologia emergente. Mas às vezes é possível encontrar novas interpretações erstudando-se os casos extremos, e as inovações em biotecnologia podem sugerir estratégias criativas para o financiamento de outras tecnologias emergentes.

As características inconfundíveis da biotecnologia criaram uma demanda por novas abordagens de financiamento. Empresas de alto risco no estágio de desenvolvimento precisam gastar enormes quantias de dinheiro com P&D para desenvolver novas tecnologias e depois incorporá-las em produtos que possam ser vendidos. Desenvolver um medicamento novo e importante custava tradicionalmente entre US$ 100 e US$ 400 milhões, e as vantagens dos poucos medicamentos bem-sucedidos espalhavam-se em um período de aproximadamente 25 anos.[2] A Figura 14.1 resume os vários estágios e obstáculos que precisam ser vencidos para desenvolver um novo medicamento patenteado no mundo tradicional dos produtos farmacêuticos.

Em média, a iniciativa de um novo medicamento exigiria um investimento de US$ 129 milhões para a descoberta e para o desenvolvimento, outros US$ 97 milhões para os testes clínicos e mais US$ 9 milhões para a revisão de regulamentação, apenas para conseguir a aprovação de um composto. Essa cifra nem chega a incluir o trabalho inicial de descoberta. Algumas das principais empresas independentes de biotecnologia tiveram de levantar e gastar mais de um bilhão de dólares de capital próprio antes de conseguirem obter lucro. Essas imensas necessidades de financiamento significam que, em acréscimo às exigências básicas – como o desenvolvimento de uma organização forte, concentrar-se em grupos de doenças apropriados e buscar estratégias adequadas de pesquisa–, levantar capital suficiente constitui um desafio importante para as empresas independentes de biotecnologia.

A segunda característica de uma empresa de biotecnologia é que muito do seu valor inicial reside em suas *opções de crescimento*. Como mostra William Hamilton no Capítulo 12, esses investimentos caracterizam-se por decisões em múltiplos estágios com opções incorporadas a posteriori. Por exemplo, se a pesquisa de um novo medicamento para artrite não obtiver sucesso ou se surgir uma forte concorrência, os administradores podem decidir não investir em uma unidade de manufatura ou em uma organização de *marketing*. Essa capacidade de alterar as decisões em resposta a novas informações reduz o risco inicial enquanto mantém as opções quanto ao potencial futuro.

As empresas com opções de crescimento geralmente possuem poucos ativos tangíveis estabelecidos; eles consistem primordialmente em conhecimento especializado e na competência da administração. O valor dos ativos reside, na maior parte, na promessa de riquezas futuras. Por exemplo, a Amgen, empresa de recombinação de genes, tinha um valor de mercado de mais de US$ 10 bilhões ao final de 1991, embora seus lucros para aquele ano tivessem sido de apenas US$ 98 milhões, concedendo-lhe um índice de P/L de mais de 102. Nitidamente, o mercado estava atribuindo valor à capacidade futura da Amgen de capitalizar sobre sua pesquisa em terapias do sistema imunológico, a fim de tratar a anemia associada à disfunção crônica dos rins, as vítimas de hepatite C crônica e as infec-

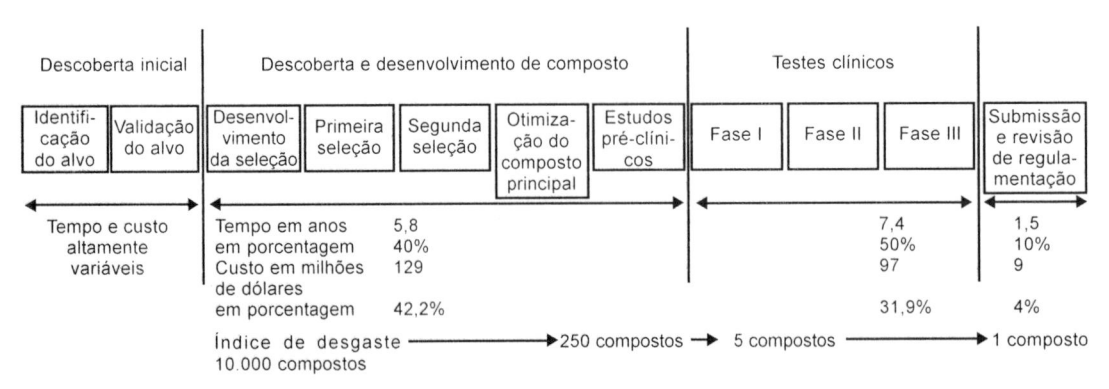

Nota: fabricação de Fase IV, etc., consumiram 21,6% ou US$ 66 milhões, em gastos com desenvolvimento. Os custos totais de desenvolvimento são de US$ 305 milhões.
Fonte: PARAXEL's Pharmaceutical R&D Statistical Sourcebook, 1997, Malhieu, MO, ed., PAREXEL, Walham, MA, 1997: PYRMA Industry Profile 1995.

FIGURA 14.1 Resumo do processo de descoberta e desenvolvimento de um medicamento.

ções em pacientes de câncer que se submetiam à quimioterapia. E, de fato, o valor de mercado da Amgen subiu para mais de US$ 44 bilhões em 1999, quando começou a pôr em prática muito do seu potencial. Ao mesmo tempo, seu índice P/L havia decrescido com regularidade para cerca de 40, após o aumento em seis vezes dos seus rendimentos.

Embora o reconhecimento das opções de crescimento tenha beneficiado a Amgen, o mercado geralmente tem dificuldades em atribuir valor às empresas de biotecnologia porque parte do valor que adquirem depende dessas opções de crescimento, para as quais não existem comparações óbvias. Em vez disso, a atribuição de valor deve se basear nas expectativas sobre o montante de lucros que se pode obter com os produtos que ainda podem ser desenvolvidos ou sobre as novas aplicações de mercado para os produtos já desenvolvidos.[3] Entre as questões-chave que precisam ser tratadas na atribuição de valor às opções de crescimento em biotecnologia incluem-se o valor terapêutico dos novos medicamentos, os registros de patente, o potencial de mercado e o tempo provável das aprovações do FDA.

Além dos desafios inerentes à previsão do valor futuro dessas empresas de biotecnologia, existem outros dois desafios importantes que dificultam a avaliação da biotecnologia (e de todos os investimentos, de um certo modo):

- *A assimetria de informação*. Os administradores geralmente sabem muito mais sobre o negócio em questão do que os investidores, pois estes não possuem uma compreensão tão detalhada da tecnologia, dos mercados ou das competências e motivações reais dos administradores. Essa assimetria de informação – o fato de que uma das partes da transação em geral sabe algo relevante que as outras partes desconhecem – aumenta o potencial de conflitos ou exploração entre os administradores, investidores e outros envolvidos no processo.
- *O problema agente-investidor*. Dada essa informação imperfeita e assimétrica, os investidores se preocupam com o grau de sintonia existente entre os ganhos dos administradores e os seus próprios. Na economia e no mundo das finanças, esta preocupação é conhecida como *problema agente-investidor*. Em especial, os investidores (os proprietários) querem garantir que seus agentes (os administradores) vão dedicar o esforço necessário e gastar os recursos da empresa para o benefício dos proprietários, e não só para o deles, administradores. Pode-se obter sintonia através de uma cuidadosa inspeção da parte dos proprietários, mas não é algo prático ou desejável em geral. A não ser que os proprietários possam pagar pelos resultados com bônus, mas esses poderiam recompensar os administradores por ganhos a curto prazo o que enfraquece os resultados a longo prazo. Em vez disso, muitos proprietários transformam os administradores também em investidores através de opções de ações. Trata-se, no entanto, de uma abordagem que pode ser cara, já que seriam necessários volumes significativos para fazer alguma diferença nos esforços dos agentes. É difícil criar esquemas de incentivo que coloquem os interesses dos investidores e dos agentes em sintonia, e é quase impossível sintonizar seus interesses de forma perfeita.

FORMAS DIFERENTES DE FINANCIAMENTO

Entre as opções de financiamento para os novos empreendimentos, incluem-se financiamento proveniente de uma grande empresa estabelecida, títulos lançados ao público, dívida, financiamento de projeto, além de aportes privados, capital de risco (uma forma especial de investimento privado) e das novas emissões não-expressas no balanço patrimonial, como as emissões de SWORDS. As formas tradicionais de financiamento são examinadas mais detalhadamente por Franklin Allen e John Percival no Capítulo 13. A seguir, examinamos rapidamente as implicações das várias formas de financiamento a partir da perspectiva da assimetria de informação e dos conflitos investidor-agente, antes de olharmos com mais detalhes as abordagens não-expressas no balanço.

Uma empresa patrocinadora

Algumas companhias de biotecnologia buscam apoio para os altos custos de pesquisa e desenvolvimento nas empresas farmacêuticas estabelecidas. Uma das estratégias disponíveis, adotada por empresas como a Genetics Institute e a Centocor, é construir alianças estratégicas com empresas farmacêuticas estabelecidas. Em troca de financiamento para P&D, essas grandes empresas recebem direitos comerciais sobre quaisquer produtos que a pesquisa venha a produzir. No caso extremo, essa alternativa equivale a se tornar uma divisão de P&D de uma importante empresa farmacêutica, ou se transformar em uma empresa contratada de pesquisa que fornece P&D à companhia estabelecida. Uma estratégia que se parece muito com essa é quando a grande empresa farmacêutica se torna a sócia majoritária, enquanto a empresa pequena retém a sua cultura independente, seu programa de pesquisa e sua identidade de mercado. A Genentech e a Chiron adotaram essa estratégia. O benefício de uma aliança é reduzir a necessidade de se levantar grandes quantias de recursos nos mercados de capitais. Entretanto, pode limitar a cultura de inovação da empresa e, por conseguinte, restringir suas oportunidades de crescimento no futuro.

Outras empresas de biotecnologia, como a Amgen e a Biogen, escolheram o caminho oposto e tentaram se tornar verticalmente integradas, o que as fez tomar várias atitudes, desde assumir o controle da área de P&D até fabricar seus medicamentos e ter sua própria força de *marketing* e de vendas. Isso cria inúmeras necessidades de capital próprio e a demanda por instrumentos como as emissões de SWORDS, para que a empresa consiga satisfazê-las. O desejo por uma integração vertical pode se relacionar à redução dos custos de operação ou de transação.[4] Também poderia acontecer de a integração vertical – por permitir que a empresa retenha algumas capacidades-chave[5] ou ganhe acesso a mercados e experiência direta de fabricação – gerar um *feedback* valioso para a P&D, que não é alcançável nas *joint ventures* ou nas relações de menor vínculo. Ademais, a capacidade de atrair ou de reter talento científico através de opções de ações pode ser aumentada com uma integração vertical (pois essa oferece maior escopo e maiores oportunidades de crescimentos). Além disso, a integração vertical pode permitir que a empresa proteja processos não-patenteáveis e outros segredos do negócio (ver o Capítulo 11, escrito por Sid Winter).

Patrimônio líquido

Suponha que uma empresa de biotecnologia precise de financiamento para desenvolver um novo tratamento para a artrite. Se a empresa parte para o mercado de ações a fim de obter financiamento para desenvolver o novo tratamento, a assimetria de informação pode criar um sério problema. Como os inventores saberão exatamente o grau de eficácia que se poderá obter com o medicamento? Quais são as patentes que eles podem estar infringindo? Será que a administração da empresa será capaz de obter a aprovação do FDA? Será capaz de produzi-lo a tempo e a um custo econômico? E de fazer um *marketing* eficiente, melhorá-lo e depois dar suporte ao produto? Dadas todas essas incertezas, os investidores esperarão um bom prêmio de risco refletido no preço da ação. A empresa de biotecnologia gostaria de retardar o financiamento até sua situação estar mais certa, mas sabe que alguns concorrentes mais agressivos podem usurpar a oportunidade. Uma vez que precisam agir em meio a grande incerteza, as empresas de biotecnologia geralmente precisam emitir ações com um grande desconto.

O capital de risco, que é a forma mais comum de financiamento para as empresas recém-fundadas de tecnologia, geralmente comanda um terço ou mais das ações da jovem empresa. Essa grande participação acionária traduz-se em alto custo do capital para os empreendedores, indo de 30% a 70% ao ano, dependendo do estágio de desenvolvimento da empresa e de seu histórico. Esses índices elevados de desconto podem ter o efeito não-programado de levar os empreendedores mais competentes a buscar fontes alternativas de capital de risco – os chamados *angels*, que foram eles próprios empreendedores de sucesso, sócios de negócios ou investidores institucionais como fundos de pensão –, deixando que os capitalistas de risco financiem principalmente os empreendimentos de segunda qualidade.

Esse problema, causado pela assimetria de informação, é o mesmo da *seleção adversa* ou dos "abacaxis", que leva o comprador de um carro usado a se perguntar: se esse carro é um veículo tão bom, por que o dono o está vendendo? O temor natural é de que o dono atual queira se livrar do carro porque sabe que ele não está em boas condições. Por isso, o comprador potencial oferecerá menos do que ofereceria pelo carro usado em outras circunstâncias. Esse desconto de preço, por sua vez, pode levar os donos de carros bons a nem mesmo pensar em colocá-los à venda, exacerbando, assim, o problema e criando um ciclo de seleção adversa através do qual veículos cada vez piores são postos à venda, o que, num caso extremo, faz com que nenhum veículo chegue a ser vendido.[6]

Uma das maneiras que os investidores de risco se utilizam para lidar com o problema da seleção adversa é acrescentar valor suficiente a seus acordos, de forma que o empreendedor ache que sairá na frente, mesmo com o alto custo do capital. Dessa maneira, os investidores de risco podem atrair empreendedores capazes. Eles também conferem com cuidado as qualificações dos empreendedores e suas idéias antes de investir algum dinheiro, e depois exercem influência sobre as decisões à medida que o empreendimento avança.

Allen e Percival discutem algumas das características-chave do capital de risco no Capítulo 13. Para nossos propósitos, o ponto principal do capital de risco é que o valor criado pelo novo negócio geralmente depende muito da maneira como se dá o financiamento desse empreendimento. Por exemplo, a fim de garantir que os fundadores da empresa permaneçam comprometidos com o negócio, as empresas de capital de risco tentam estruturar o acordo de maneira que a administração só se beneficie se a nova empresa for bem-sucedida. Normalmente, isso significa salários baixos para os administradores, com a maior parte da remuneração vinculada aos lucros e à valorização das ações que possuem. Além disso, os capitalistas de risco geralmente investem em ações preferenciais que podem ser convertidas em ações ordinárias quando e se a empresa abrir o capital. O investidor de risco possui, portanto, um direito prioritário sobre os ativos da nova empresa.

Uma razão óbvia para o uso da ação preferencial, em vez da ação ordinária, é melhorar o índice de recompensa/risco do capitalista de risco. Porém, provavelmente essa não seja a razão primordial, pois é bastante improvável que os fundadores das empresas concedam algo de graça; se precisam arcar com um risco maior, eles elevarão o preço da aquisição de uma determinada cota da empresa para o capitalista de risco. A razão mais provável para o uso da estrutura financeira que desloca uma importante parte do risco para os fundadores da empresa é a realização de dois objetivos:[7]

1. O investidor de risco está tentando forçar os fundadores da empresa a demonstrar se, de fato, acreditam nas promessas que fizeram no seu plano de negócios. Se acreditam que a empresa será apenas marginalmente lucrativa, eles terão poucos incentivos para seguir adiante com o acordo proposto pelo investidor de risco.
2. O investidor de risco deseja aumentar o incentivo aos fundadores para fazer a empresa ser bem-sucedida. Com essa estrutura de financiamento, os fundadores terão grandes benefícios apenas se atingirem suas projeções iniciais.

Pela sua disposição de aceitar esse acordo, os fundadores da empresa aumentam a confiança dos capitalistas de risco nas projeções contidas nos planos de negócio. O investidor de risco, portanto, dispõe-se a pagar um preço mais alto por sua participação. Essa estrutura financeira também motiva os administradores a trabalhar mais duro e, por conseguinte, aumenta a probabilidade de que o resultado será favorável. Esse exemplo ilustra os problemas da assimetria de informação e de agentes, já mencionados, e como o financiamento pode reduzir esses problemas forçando os fundadores da empresa a revelar informações internas e dando-lhes incentivos para dedicar esforços extraordinários ao sucesso do novo empreendimento. Ainda assim, esses problemas – embora um tanto minimizados – permanecem. Se e quando a empresa abrir o capital, ela vai enfrentar de novo esses mesmos problemas, sobretudo levantar investimentos de capital.

Um dos custos-chave associados à emissão de novos títulos decorre do fato de a administração possuir informações internas *(inside information)* sobre as perspectivas da empresa.[8] Reconhecendo a capacidade e os incentivos da administração para emitir títulos supervalorizados, os investidores sensatos revisarão para baixo suas estimativas do valor de uma empresa logo que a administração anunciar a intenção de emitir novos títulos. Quanto mais arriscado for o título que está sendo emitido, mais importante se tornará essa lacuna de credibilidade, e maior será o desconto aplicado pelos investidores, temerosos de estarem comprando "abacaxis". É bem provável que a assimetria de informação seja articulada no caso de uma empresa de alta tecnologia, pois a gestão geralmente disporá de informações únicas sobre a tecnologia e sobre a lucratividade futura de produtos não-desenvolvidos e nichos de mercado não-explorados. Isso aumenta a oportunidade de lucro com a venda de ações quando a administração achar que as opções de crescimento da empresa estão supervalorizadas no mercado e, portanto, aumenta a quantia que os investidores descontarão no preço de novos títulos para compensar sua desvantagem nas informações. Em geral, não se acredita muito na resposta lógica – a de fornecer informações adicionais aos investidores – pois é tida como se servisse a quem detém a informação; ou pode não ser prática, porque fornecer às pessoas de fora informações oportunas para que possam analisar adequadamente seus investimentos colocaria em risco a posição competitiva da empresa.

Dívida

O desconto sobre a dívida será em geral bem menor porque os fluxos de caixa recebidos pelos credores são menos sensíveis ao desempenho da empresa, excetuando-se o caso especial da falência. Existe um custo estratégico, contudo, à emissão de títulos de dívida que, provavelmente, será muito alto para empresas de biotecnologia. Os credores geralmente tentam resolver os conflitos entre agente-investidor exigindo acordos detalhados para se proteger contra oportunismos e uma possível incompetência por parte da gestão. Mas essas provisões restringem as opções da gestão em políticas de operação, de finanças e de investimento, e reduz sua capacidade de responder a mudanças no ambiente de negócio. Por exemplo, os credores podem vetar certos projetos de risco com valor presente líquido positivo devido ao risco adicionado que teriam de arcar sem um aumento no que esperam obter como retorno. O custo da oportunidade associado à perda da flexibilidade operacional e de investimento será especialmente alto para empresas que precisam responder de forma rápida a produtos e fatores de mercado em contínua mutação. Mesmo se os investidores estiverem dispostos a conceder empréstimos sob essas circunstâncias, os acionistas arcarão com os custos esperados, provavelmente muito altos. Os altos custos associados à resolução dos conflitos de interesse entre os acionistas e os credores reduzem a quantia desejável de empréstimos na estrutura de capital de uma empresa de biotecnologia.

Além disso, é muito provável que a emissão de títulos de dívida em quantias altas o bastante para financiar o grande apetite da empresa de tecnologia por dinheiro intensifique os conflitos já existentes entre os credores e os acionistas. Uma vez que o valor da ação ordinária se iguala ao valor de mercado da empresa menos o valor de seu passivo, os administradores podem aumentar a riqueza do acionista reduzindo o valor das dívidas. Essa possibilidade está na raiz dos conflitos entre os acionistas e os credores, e limita o uso do patrimônio da administração para resolver o problema da assimetria de informação.

A capacidade de se comportar de modo oportunista origina-se do fato de os credores possuírem direitos pré-fixados sobre os ativos da empresa, enquanto os acionistas possuem obrigações limitadas sobre a dívida da empresa e direitos ilimitados sobre seus ativos restantes. De fato, os acionistas possuem a opção de passar a empresa aos credores se as coisas derem errado, mas de manterem os lucros se a empresa for bem-sucedida. Conseqüentemente, o valor do patrimônio sobe, e o valor da dívida cai, à medida que aumenta a volatilidade dos fluxos de caixa corporativos. Os acionistas (que controlam a empresa) possuem o incentivo de se engajar em atividades que aumentam os riscos – como buscar empreendimentos altamente incertos – que têm o potencial para grandes retornos. De modo semelhante, a administração também pode reduzir o valor das dívidas preexistentes e transferir a riqueza dos atuais credores para os acionistas, emitindo uma quantia substancial de novos títulos de dívida e, dessa forma, aumentando o risco financeiro da empresa.

O temor dos credores de serem explorados cresce no caso das empresas de alta tecnologia. Como as opções de crescimento envolvem projetos duvidosos, uma grande parte das escolhas de investimento feitas pelas empresas de alta tecnologia não pode ser conhecida de antemão. Ademais, mantendo-se os outros fatores iguais, quanto mais arriscado for um investimento, mais valiosa será a opção para ele. Tomados em conjunto, esses fatores aumentam o risco para os credores de um comportamento oportunista por parte dos acionistas das empresas de alta tecnologia com opções substanciais de crescimento. Outro problema para os credores é que as opções de crescimento representam uma garantia insuficiente; o valor delas em uma liquidação é em geral nulo.[9] No caso das empresas recém-fundadas, cujos ativos consistem primordialmente, se não exclusivamente, de opções de crescimento, é difícil obter empréstimos (a não ser que sejam garantidos pessoalmente). Uma dívida enorme também aumenta a probabilidade de haver dificuldade financeira e, portanto, afeta a disposição de outros parceiros, como clientes, funcionários e fornecedores, para assumir compromissos específicos com a empresa. Uma maneira de tranqüilizar esses público interessado é manter uma quantia substancial de capital no balanço patrimonial.

Apesar dos problemas associados à dívida, muitas empresas consideram o financiamento da dívida menos caro do que o financiamento do capital próprio porque os pagamentos de juros são dedutíveis do imposto, ao passo que os dividendos são pagos da receita líquida. Essa comparação é, no entanto, enganosa por duas razões.[10] Em primeiro lugar, ela ignora os impostos pessoais. Em segundo, ignora também a resposta das corporações a uma possível arbitragem de impostos. Normalmente, a oferta de dívida corporativa crescerá contanto que seja menos cara do que o capital próprio. À medida que sobe a oferta de dívida, o rendimento sobre essa dívida precisa aumentar de modo a atrair os investidores que estão em patamares de imposto progressivamente mais altos. Em situação de equilíbrio, portanto, a alíquota de imposto para a dívida marginal deve ser igual a alíquota de imposto marginal corporativo, eliminando o incentivo tributário para a emissão de mais dívida. Mesmo se permanecer alguma vantagem tributária para a dívida, o argumento da arbitragem sugere apenas que é bem provável que somente empresas com alíquotas efetivas mais altas de imposto se beneficiem com a emissão de mais dívida. É improvável que as empresas de biotecnologia e outras empresas de tecnologia emergente se enquadrem nessa categoria.

A maioria das empresas de tecnologia emergente não está certa de seu patamar de imposto, já que não está claro que terão uma renda líquida tributável em qualquer ano determinado. Por exemplo, pouquíssimas empresas de biotecnologia declararam que tiveram algum lucro nos primeiros 10 anos de sua existência. Para 1997, estima-se que as empresas de biotecnologia de capital aberto como um todo perderam US$ 2,7 bilhões.[11] Em média, portanto, a taxa tributária efetiva para essas empresas está significativamente abaixo da taxa máxima corporativa. Ademais, já que a variabilidade do lucro tende a ser alta para uma empresa de tecnologia emergente, é pouco provável que elas sejam capazes de fazer uso da proteção da taxa de juros, principalmente a níveis altos de dívida. Por conseguinte, as vantagens tributárias da dívida parecem de menos valor para empresas de alta tecnologia do que para empresas maduras, que possuem receitas razoavelmente estáveis e poucas proteções adicionais decorrentes da tributação.

Embora seja bastante improvável que as empresas em crescimento possam tirar vantagem tributária da dívida, os impostos ainda podem desempenhar um papel em sua estratégia de financiamento. Em especial, empresas em crescimento que se encontram em um patamar baixo de tributação podem usar mecanismos de financiamento como o *leasing* para transferir alguns benefícios tributários a outras empresas que podem utilizá-los de forma mais efetiva, em troca de um custo mais baixo de financiamento. Uma possibilidade alternativa é realizar parcerias de P&D que passam os benefícios tributários aos indivíduos em faixas mais altas de imposto, como era feito freqüentemente nos primeiros anos da biotecnologia.

Títulos conversíveis

Diante da contrapartida insatisfatória entre o desconto excessivo no capital de risco e as restrições associadas à emissão de títulos de dívida, as empresas de biotecnologia estão sujeitas a procurar financiamento em outros lugares. Uma alternativa mais flexível é emitir títulos *(bonds)* ou ações preferenciais que possam ser convertidas em ações ordinárias à opção do investidor. Esses títulos oferecem aos investidores uma participação nos altos retornos alcançados quando a empresa se sai melhor que o esperado, ao mesmo tempo em que lhes oferece a proteção de um título de renda fixa quando o valor da empresa cai. Se a empresa realmente leva a cabo projetos mais arriscados, os detentores de títulos conversíveis ou de *warrants* verão o valor de suas opções crescer (porque a volatilidade do preço das ações aumenta o valor de uma opção), compensando, até certo ponto, o declínio do valor da porção fixa da renda. Essa compensação significa que o valor de um título conversível deve ser relativamente insensível ao risco da empresa emissora.[12] Essa característica dos títulos conversíveis implica que o efeito de qualquer divergência na avaliação do risco é muito menor para a ação conversível do que para a dívida: se o mercado supervaloriza o risco de uma empresa de biotecnologia (e portanto subvaloriza sua dívida), ele vai supervalorizar a opção de compra do título conversível. Neste sentido, os títulos conversíveis são bem adequados para lidar com as diferentes avaliações do risco do negócio.

Uma emissão de títulos conversíveis também pode fornecer termos de financiamento mais vantajosos se a administração acredita que o mercado está depreciando as ações da empresa. Os títulos conversíveis fornecem um meio indireto de a empresa vender ação ordinária a um preço mais alto, embora em base definida, evitando, assim, os temores do mercado de que a administração tenha escolhido vender ações porque estão com um preço muito alto. Mesmo se a opção de compra incorporada no título conversível estiver depreciada devido à lacuna de credibilidade, uma vez que forem reveladas as informações reais e a emissão for convertida em ação ordinária, a empresa receberá um preço mais alto do que teria recebido caso tivesse vendido ações diretamente.

Se a administração realmente acredita que o mercado de capitais está depreciando as ações da empresa, a alternativa menos cara de financiamento seria emitir títulos de dívida. Assim, os títulos conversíveis constituem a melhor escolha somente se o endividamento for inadequado como, por exemplo, devido às condições restritivas inerentes ou ao alto risco de inadimplência.

O problema com os títulos conversíveis para empresas de biotecnologia, contudo, é que a própria flexibilidade que concedem aos investidores pode, na verdade, reduzir a flexibilidade financeira da administração. Uma vez emitido, o título conversível é um título híbrido, que se torna um direito sobre o patrimônio quando tudo vai bem (e o valor da empresa sobe), mas representa um crédito de dívida quando o valor da empresa cai. É precisamente quando tudo vai mal que a dívida pode causar problemas para as empresas de biotecnologia com poucos ativos tangíveis. Por outro lado, o pagamento mais baixo de cupom ou dividendo preferencial, quando um título "adocicado" for anexado, reduzirá o custo do serviço da dívida e, portanto, a probabilidade de dificuldade financeira. Além disso, as condições menos restritivas associadas aos títulos conversíveis dão à administração mais flexibilidade para agir de acordo com os acontecimentos imprevisíveis do que o permitido pelo endividamento.

A alta incerteza dos empreendimentos de biotecnologia aumenta o desafio da assimetria de informação. Medidas como a emissão de SWORDS, que a empresa pode utilizar para reduzir essa incerteza, podem simultaneamente elevar o preço que os investidores estão dispostos a pagar por seus títulos e reduzir os potenciais conflitos entre as várias partes interessadas (*stakeholders*).

FINANCIAMENTO ALTERNATIVO PARA BIOTECNOLOGIA

Um caminho alternativo para os que querem se tornar empresas independentes de biotecnologia é solicitar investimentos de capital para projetos de pesquisa específicos. Em vez de abrir toda a empresa aos investidores, essas estratégias de "financiamento não-expresso no balanço", como o uso que a Centocor fez da emissão de SWORDS, geram fundos para financiar uma pesquisa.

Nos primeiros anos da biotecnologia (durante a década de 80), utilizaram-se duas formas principais de financiamento não-expresso no balanço: (1) as parcerias limitadas de pesquisa e desenvolvimento e (2) a emissão de títulos de *warrants* sobre as ações, não-expressos no balanço, para pesquisa e desenvolvimento (SWORDS). Esses dois instrumentos de investimento são em grande parte iguais, exceto pelo fato de que as parcerias são vendidas em ofertas privadas, ao passo que as emissões de SWORDS são vendidas em ofertas e negociações públicas, em uma bolsa de valores nacional.

No início do desenvolvimento da biotecnologia, inúmeras parcerias de P&D se formaram visando a prósperos investidores privados (p. ex., médicos, advogados). Desde 1988, foram feitas várias emissões de SWORDS. As quantias de capital levantado por SWORDS variam de US$ 27 milhões a US$ 84 milhões. A Tabela 14.1 apresenta um exemplo de algumas das primeiras emissões de SWORDS usadas na biotecnologia. A Figura 14.2 oferece uma análise das principais fontes de capital para as empresas de biotecnologia em geral, ao longo do tempo, enquanto as Tabelas 14.2 e 14.3 apresentam um resumo do perfil de financiamento especí-

TABELA 14.1 Resumo do perfil de nove emissões de SWORDS na biotecnologia

Empresa emissora	Nome da emissão de SWORD	Data de oferta	Quantia levantada (em milhões de dólares)	Warrants Período	Warrants Prêmio	Prêmio de recompra Ano 2	Prêmio de recompra Ano 3	Prêmio de recompra Ano 4
Alza	Bio-Electro Systems	12/12/88	45.417	13/12/90–12/12/95	34,10%	109%	109%	182%
Centocor	Tocor	11/07/89	24.500	01/01/92–31/12/94	21,60	N/D	100	167
Immunex	Receptech	17/11/89	27.000	16/02/90–31/01/95	10,00	N/D	117	208
Elan	Drug Research Corporation	14/11/90	43.189	14/11/92–14/11/95	25,30	N/D	91	155
Genzyme	Neozyme	26/10/90	47.352	30/01/91–31/12/94	0,00	65	117	196
Genetics Institute	Scigenics	23/05/91	40.000	01/12/92–31/05/96	11,40	52	89	146
Gensia	Aramed	27/11/91	57.500	01/01/93–31/12/96	21,60	61	105	177
Centocor	Tocor II	28/01/92	80.000	01/01/94–31/12/96	24,00	45	90	168
Cytogen	Cytorad	31/01/92	38.500	01/02/94–31/01/97	N/D	N/D	95	164

fico da Centocor. Embora as emissões de SWORDS (que se enquadram na categoria de continuações de financiamento) não sejam a principal fonte de financiamento, constituem uma forma nova. Nós as discutimos a seguir em detalhes, pois ilustram bem as várias contrapartidas envolvidas nos diferentes veículos de financiamento.

As emissões de SWORDS, enquanto tipo de financiamento não-expresso no balanço, visam a uma área de pesquisa promissora e razoavelmente bem-definida. Em geral, a empresa emissora administra o investimento, com uma opção de aquisição dos investidores públicos de acordo com uma programação de preços preestabelecidos. Em troca dessa vantagem limitada, os investidores em geral recebem *warrants* ou opções de compra de ação ordinária da empresa emissora a um prêmio de preço e em um período de tempo preestabelecidos. Esses *warrants* podem ser negociados em separado da unidade de investimento original, depois de um certo tempo. Além disso, algumas emissões de SWORDS foram estabelecidas como empresas *off-shore* protegidas de impostos, de modo que, em caso de recompra, um crédito tributário seria gerado pela compra do ativo estrangeiro. Além da biotecnologia, o financiamento não-expresso no balanço tem sido amplamente utilizado na indústria do cinema e no ramo de exploração de petróleo e gás. Cada um desses setores compartilha com a biotecnologia o foco em projetos de baixa probabilidade – altos retornos, em domínios nitidamente definidos (p. ex., um tipo de doença, um filme ou um campo geológico).

Por que emissões de SWORDS? No setor, já se desenvolveram vários argumentos para o uso de SWORDS no financiamento de projetos de P&D. A lógica econômica subjacente a alguns desses argumentos, contudo, é suspeita, caso se acredite em mercados de capital racionais e eficientes. Entre as razões elaboradas para o uso das emissões de SWORDS estão:

- *Aumentar os ganhos por ação.* Uma das explicações mais correntes para a popularidade inicial das emissões de SWORDS é que, deslocando-se as despesas com pesquisa e desenvolvimento para o instrumento de financiamen-

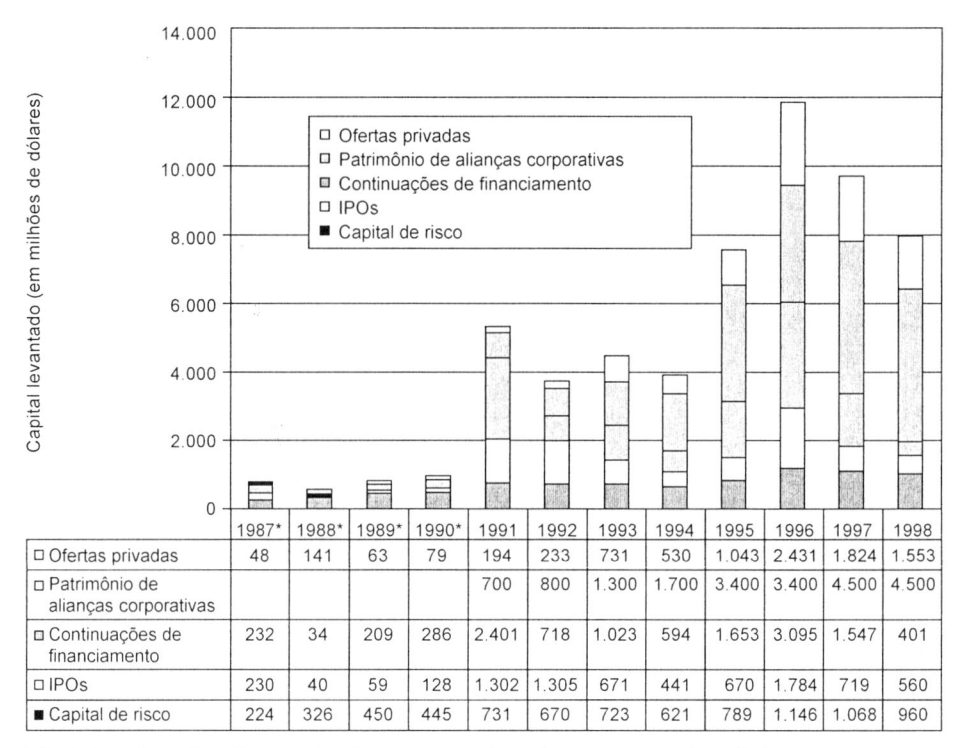

	1987*	1988*	1989*	1990*	1991	1992	1993	1994	1995	1996	1997	1998
☐ Ofertas privadas	48	141	63	79	194	233	731	530	1.043	2.431	1.824	1.553
☐ Patrimônio de alianças corporativas					700	800	1.300	1.700	3.400	3.400	4.500	4.500
☐ Continuações de financiamento	232	34	209	286	2.401	718	1.023	594	1.653	3.095	1.547	401
☐ IPOs	230	40	59	128	1.302	1.305	671	441	670	1.784	719	560
■ Capital de risco	224	326	450	445	731	670	723	621	789	1.146	1.068	960

* Os dados sobre o financiamento das alianças corporativas não se encontram disponíveis para estes anos.

Fonte de dados: "Year-End Financing Numbers", *Signals*, revista *on-line*, http:www.signalsmag.com, January 16, 1999.

FIGURA 14.2 Fontes de capital no setor de biotecnologia.

to, esse financiamento não-expresso no balanço permite que as matrizes mostrem mais altos ganhos por ação (ao menos durante o estágio de P&D) e, desse modo, impulsionem o valor de suas ações. Há motivos para se questionar essa visão, contudo, já que as empresas que emitem SWORDS também estão vendendo os direitos a algumas de suas valorizadas opções de crescimento. Uma contrapartida como essa só faz sentido se o mercado financeiro sistematicamente depreciar os ganhos futuros. A evidência empírica disponível, contudo, dá sustento à noção de que os mercados financeiros têm uma visão de longo prazo dos gastos e dos investimentos de capital em P&D.[13] Com efeito, a atribuição de valor em si a empresas de biotecnologia talvez seja a melhor demonstração da perspectiva de longo prazo do mercado e da boa vontade para olhar além dos ganhos de curto prazo. Ao final de 1991, quando completava em torno de 10 anos de existência, o setor de biotecnologia tinha um valor agregado de mercado de mais de US$ 42,5 bilhões, embora tivesse produzido um prejuízo líquido combinado de mais de US$ 575 milhões para o ano e descoberto pouquíssimos medicamentos.[14]

- *Aumentar a valorização de fluxos de caixa futuros*. Outra justificativa lógica comum para o uso de SWORDS é que, ao permitir que os investidores participem em áreas direcionadas de pesquisa e desenvolvimento, que prometem combinações únicas de risco e retorno, empresas de biotecnologia podem ser

TABELA 14.2 Histórico do financiamento da Centocor

Tipo	Data	Veículo	Ações ou unidades	Preço médio por ação ou unidade	Recebimentos (em milhões de dólares)
a	1979–1981	Capital de risco			US$ 7.415
f	1981–1986	Immunorex Associates			16.444
b	14/12/82	Oferta pública inicial	1.650.000	14	23.100
c	10/8/84	CORP, L.P.	125	40.000	5.000
c	12/7/85	CCIP, L.P.	231	100.000	23.100
b	13/12/85	Segunda oferta pública	1.100.000	22,50	24.750
b	24/4/86	Terceira oferta pública	1.050.000	36	37.800
c	13/12/86	CPII, L.P.	551	100.000	55.100
c	24/3/88	CPIII, L.P.	542	100.000	54.225
d	12/7/89	Tocor	2.875.000	12	34.500
e	5/89	Debêntures conversíveis de série A	10.000	1.000	10.000
e	12/89	Debêntures conversíveis de série B	9.250	10.000	9.250
b	1/6/90	Quarta oferta pública	1.495.000	13,25	64.659
e	18/1/91	7 1/4 Notas subordinadas	106.650	1.000	106.650
e	16/10/91	6 3/4 Debêntures subordinadas	125.000	1.000	125.000
d	21/1/92	Tocor II	2.250.000	40	90.000
f	8/92	Eli Lilly and Company	2.000.000	25	50.000
f	12/93	Wellcome Plc	2.000.000	10	20.000
g	1987–1993	Exercícios de *warrant*	3.873	578 21,49	83.236
g	1994	Exercícios de *warrant*	6.151.000	11,65	71.633
f	10/94	Wellcome Plc	140.000	25	3.500
g	1995	Exercícios de *warrant*	728.076	16,59	12.079
g	1996	Exercícios de *warrant*	425.731	13,33	5.675
b	3/96	Quinta oferta pública	4.025.000	33	132.825
e	3/98	4 3/4 Debêntures subordinadas conversíveis	460.000	100	460.000
		FINANCIAMENTO TOTAL			US$ 1.525.941

capazes de cobrar um preço mais alto pelos direitos a seus fluxos de caixa futuros do que se vendessem esses direitos a investidores de capital. Em geral, a alta elasticidade da oferta nos mercados financeiros é um indicativo de que é improvável que o ato de reformular os fluxos de caixa de uma empresa para realocar o risco de uma classe de investidores para outra constitua uma maneira sustentável de se criar valor. Ademais, como será mostrado a seguir, as empresas de biotecnologia estão provavelmente em uma *desvantagem* comparativa ao oferecerem títulos inovadores como as emissões de SWORDS. Os investidores, que não estão em posição de avaliar apropriadamente os méritos técnicos dos empreendimentos, podem temer que os projetos de P&D referentes às emissões de SWORDS sejam verdadeiros abacaxis. Em resposta, é provável que os investidores descontem esses títulos de modo exagerado, anulando os benefícios de qualquer inovação.

- *Reduzir o custo do capital.* Por outro lado, as emissões de SWORDS estabelecem um compromisso que pode reduzir a incerteza e, por conseguinte, levar a um custo mais baixo do capital. Passam informações sobre as intenções da administração (reduzindo a assimetria de informação) e limitam seus procedimentos (reduzindo o potencial de conflitos entre investidor-agente). Reduzindo a incerteza sobre o investimento, elas ajudam a obter a um custo mais baixo de capital próprio do que os investi-

TABELA 14.3 Principais tipos de financiamento listados na Tabela 14.2

Tipo	Tipo de financiamento	Porcentagem	Quantia
a	Capital de risco	0,49	US$ 7.415
b	Oferta pública de ações	18,55	28.134
c	Parcerias de P&D	9,01	137.425
d	Emissão de SWORDS para P&D	8,16	124.500
e	Dívida conversível	46,59	710.900
f	Oferta privada de ações	5,89	89.944
g	Exercício de *warrants* emitidas em parcerias de P&D e em SWORDS	11,31	172.623
		100.00	US$ 1.525.941

mentos menos específicos. É menos provável que os investidores descontem o valor da ação tendo como base a assimetria de informação ou os conflitos entre investidor e agente. Uma virtude das emissões de SWORDS é que elas são irrevogáveis em seu compromisso com a pesquisa; mesmo uma decisão do conselho não pode reverter esse compromisso, a não ser que haja um *takeover*. As emissões de SWORDS também oferecem opções para futuros investimentos com base no resultado da pesquisa, de modo que os investidores podem estar dispostos a aceitar uma participação menor em um investimento determinado. A administração se beneficia dessa estrutura de financiamento, porque ela significa ceder uma participação menor das ações para o financiamento necessário.[15]

- *Reduzir o problema da assimetria de informação*. Se os investidores superestimam o caráter arriscado de um projeto específico de P&D devido às preocupações quanto à assimetria de informação, eles vão superestimar o valor da opção desse projeto. Esses efeitos mediadores tornarão o valor das emissões de SWORDS relativamente menos sensíveis aos desacordos inevitáveis quando se tenta criar e atribuir valor a novos produtos e projetos. Embora o valor de face das emissões de SWORDS seja protegido pelos acordos de recompra, os preços de recompra tendem a ser suficientemente altos para dar aos investidores retornos extraordinariamente altos caso seus projetos sejam bem-sucedidos. O quadro discute os aspectos analíticos das emissões de SWORDS mais detalhadamente.
- *Reduzir o risco para o investidor*. Em contraste aos títulos conversíveis, se o projeto de P&D acaba não sendo econômico, a matriz e seus acionistas não têm obrigações adicionais quanto às emissões de SWORDS. Da mesma forma, a matriz exercerá sua opção e comprará de volta as emissões de SWORDS precisamente quando for mais fácil levantar capital adicional: ou seja, quando as emissões de SWORDS tiverem gerado um projeto que vale mais do que o custo de exercer a opção de recompra.
- *Sinalizar a estratégia para se antecipar aos concorrentes e obter apoio*. As emissões de SWORDS também podem ajudar a sinalizar o comprometimento que uma empresa tem com pesquisa em uma determinada área, o que poderia servir a propósitos estratégicos importantes. Dados os recursos limitados e o tamanho dos mercados para biotecnologia, a capacidade de assustar os concorrentes pode se tornar importante. Isso vai exigir um sucesso alcançado, uma forte reputação na área de P&D, persistência, bolsos grandes e a vonta-

de de lutar com vigor (nos tribunais e no mercado). A emissão de SWORDS pode reforçar esses outros fatores servindo como um comprometimento irreversível. Se uma empresa consegue sinalizar de forma convincente que pretende perseguir e dominar um determinado grupo de doenças, ela consegue manter os concorrentes afastados e desfrutar de rendimentos quase de monopólio. O lado negativo da sinalização da estratégia logo cedo, contudo, é que ela elimina a surpresa e diminui as vantagens de ser o primeiro. Em vez de assustar os concorrentes, uma revelação de intenção e de abordagem através da emissão de SWORDS pode, na realidade, acelerar e intensificar a concorrência. O financiamento através de títulos *(bonds)* ou ações ordinárias não acarreta esses custos e benefícios. Um modelo segundo a teoria dos jogos seria necessário para julgar se, com base apenas na sinalização, as emissões de SWORDS são estrategicamente mais desejáveis do que outras formas de financiamento. Empresas de biotecnologia sempre poderiam sinalizar suas intenções através da divulgação na imprensa e em outros meios de comunicação, mas esses pronunciamentos são menos confiáveis porque representam um comprometimento revogável de realização de pesquisas.[16] Do mesmo modo, as emissões de SWORDS podem ajudar a desenvolver elos essenciais com universidades e outras empresas de pesquisa intensiva, devido a seu comprometimento irrevogável.[17] Por exemplo, pessoas de fora podem revelar interesse ou fornecer acesso ao conhecimento de formas que a empresa não poderia ter descoberto antes.

- *Motivar funcionários*. A irreversibilidade associada às emissões de SWORDS também pode pesar em certas questões intra-organizacionais. Um projeto com emissão de SWORDS possui medidas claras de identidade e desempenho. A administração poderia oferecer aos cientistas-chave alguns bônus, dependendo do fato de a empresa exercer sua opção de recompra dos direitos comerciais. Isso poderia incentivar os pesquisadores-chave a tentar com mais empenho, pois o bônus deles é menos discricionário ou arbitrário do que em outros projetos de P&D, que são julgados com base em patentes registradas, opiniões gerais e outros critérios pouco objetivos. É provável que a administração da empresa, por sua vez, exerça sua opção de recompra apenas para economizar nos bônus prometidos. Já que o plano de recompra das emissões de SWORDS implica de dois a cinco anos, eles oferecem mecanismos alternativos de comprometimento (além das opções de ações) para os cientistas-chave.
- *Evitar as despesas de ofertas públicas*. As empresas também apontam o fato de que o exercício desses *warrants* geram capital sem ter de passar por uma longa e cara oferta de ações ordinárias (o que, em geral, implica em comissões de 5% a 7%). A conversão, no entanto, ocorrerá somente se os preços subirem além do preço de exercício do *warrant*. Se o valor da ação *não* subir acima do preço de exercício, a empresa pode ser forçada a levantar capital próprio adicional de qualquer forma, na pior hora possível – a saber, quando as perspectivas do projeto, que se refletem no valor da ação, já diminuíram e causaram preocupações em relação aos problemas adicionais, que normalmente ficam escondidos. O desconto resultante sobre a venda de novos títulos provavelmente mais do que eliminará qualquer economia esperada do uso dos *warrants*. Além disso, a maior complexidade das emissões de SWORDS provavelmente conduzirá a despesas mais altas com *marketing* e, portanto, a custos mais altos de emissão.

Atribuindo valor às SWORDS

Como a Tocor II, da Centocor, analisada na abertura do capítulo (e emissões de SWORDS semelhantes) deve ser avaliada em um mercado eficiente? Definimos o conceito de mercado eficiente com base em (1) atores racionais com um interesse próprio, (2) soluções eficientes para os problemas de agentes e (3) avaliações baseadas em fluxos de caixa descontados. A seguir, examinamos a estrutura de valor das emissões de SWORDS de modo a vislumbrarmos melhor as complexidades, os pontos de decisão, as assimetrias de informação e potenciais conflitos de interesse.

Avaliação

Uma unidade da Tocor II (que é representativa das emissões de SWORDS em geral) consiste essencialmente em um *warrant* resgatável de uma ação ordinária da Centocor, mais uma opção de recompra por parte da Centocor para obter todos os direitos comerciais da Tocor II. Em essência:

$$V \text{ (Tocor II)} = \text{Warrant}_1 + p[\text{recompra}] + (1-p) \text{Warrant}_2$$

onde V (Tocor II) = valor da Tocor II
p = probabilidade de uma recompra
Recompra = $q_1 \, PV_1$ (US$ 58) + $q_2 \, PV_2$ (US$ 76) + $(1 - q_1 - q_2) \, PV_3$ (US$ 107)
q_1 = probabilidade de recompra no ano 1, presumindo-se que haverá recompra
q_2 = probabilidade de recompra no ano 2, presumindo-se que haverá recompra
PV_i = valor presente do preço de recompra no ano i
Warrant_1 = valor presente do *warrant*
Warrant_2 = valor presente do *warrant* resgatável

A Figura 14.3 apresenta um diagrama dos principais pontos de decisão para a Centocor e o investidor. Racionalmente, já que a Tocor II é um ativo que não paga dividendos, a Centocor deve esperar até o último momento de 1993 para decidir se recompra todas as cotas de ações da Tocor II ao preço de US$ 58 por ação. Cabe observar que essa decisão (designada como I no diagrama) deve, em teoria, ser independente do preço da ação ordinária da Centocor. Depende apenas do valor decorrente da obtenção de maiores informações sobre a pesquisa da Tocor II em

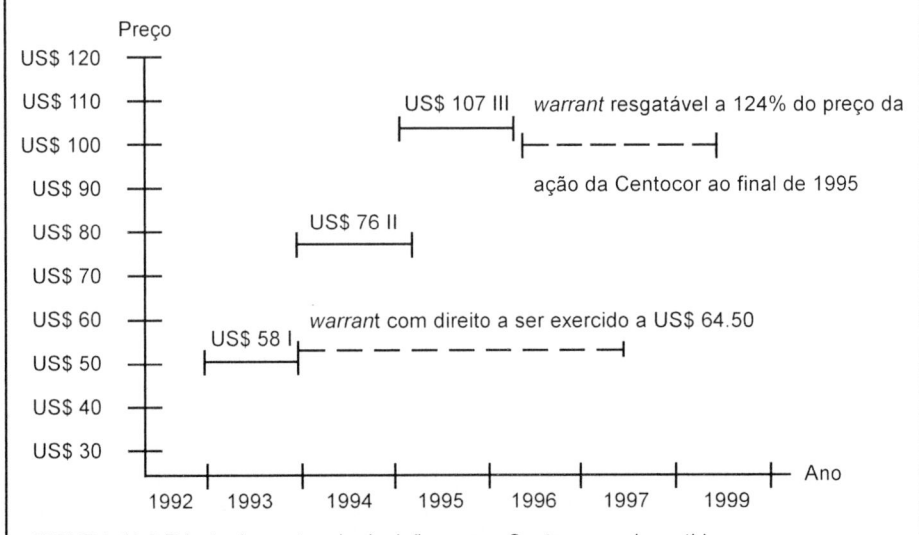

FIGURA 14.3 Principais pontos de decisão para a Centocor e o investidor.

comparação ao preço da espera. Já que as probabilidades de recompra (q_i) devem ser independentes do preço da ação da Centocor, V (Tocor II) consiste em dois componentes independentes: duas opções de compra (uma condicional) e uma provável recompra. Presumindo-se que o valor de P&D da Tocor seja um risco diversificável, os investidores só devem se importar com o valor esperado em relação aos preços de recompra da Centocor. Os *warrants* podem ser precificados usando o modelo de preços de opções de Black-Scholes (modificado para levar em conta os efeitos da diluição). Existia, no entanto, uma considerável incerteza à época no que diz respeito ao perfil de preço da Centocor ao longo dos sete anos seguintes (o que, por sua vez, dependia em parte do sucesso da Tocor II).*

O desafio mais difícil é avaliar a probabilidade de recompra. Isso se desdobra em questões de economia e de reputação. As empresas de biotecnologia que desejam obter financiamento novo através das SWORDS podem exercer suas opções mesmo se os resultados da pesquisa não valerem o preço da recompra. Para se avaliar a probabilidade de recompra sem as questões de reputação, pode ser útil começar com o índice geral de sucesso na pesquisa farmacêutica e depois ajustar para (1) a classe ou abordagem particular de pesquisa e (2) uma possível seleção adversa. Quanto mais estreitamente for definida a classe, melhor será a estimativa do índice geral, mas mais alto ficará o custo de um erro-padrão (devido à amostra menor). No modelo de precificação de ativos de capital (CAPM – *capital asset pricing model*), só a probabilidade esperada importa; os investidores, contudo, podem ser avessos à ambiguidade. Evidências empíricas sugerem que a maioria das pessoas prefere as prioridades claras às difusas, mesmo que as probabilidades esperadas sejam iguais.† Quanto à seleção adversa, pode ser necessário realizar um ajuste para baixo no índice geral para indicar a percepção de que as empresas de biotecnologia poderiam oferecer os projetos de P&D desproporcionalmente menos desejáveis ou mais arriscados para o financiamento das emissões de SWORDS. As estimativas desse efeito podem ser obtidas na literatura de capital de risco, já que os empreendimentos menos promissores geralmente buscam financiamento externo.‡ Esse é o problema clássico dos "abacaxis". §

Eficiência de precificação

Outro problema na análise das SWORDS é avaliar se elas são adequadamente precificadas, ou seja, se são supervalorizadas ou subvalorizadas. Normalmente, essa questão seria tratada através da análise do padrão dos retornos para ver se são correlacionados em série. Embora os retornos autocorrelacionados em geral indiquem uma ineficiência na atribuição de preço, esse não constitui necessariamente o caso aqui, devido ao que se conhece como "problema do peso". O problema do peso advém de um acontecimento externo cujo resultado é desconhecido (como uma decisão governamental de desvalorizar a moeda), mas a passagem do tempo em si revela informações importantes sobre a probabilidade de esse fato ocorrer. Num caso como esse, uma vez que a probabilidade de desvalorização depende da quantidade de tempo que já passou, os retornos poderiam ser correlacionados em série sem haver uma oportunidade de arbitragem *ex ante*. O problema do peso aqui poderia se originar de incertezas como a aprovação do FDA de um novo medicamento importante, sendo que cada dia que passa sem a aprovação reduziria a probabilidade de uma aprovação num futuro próximo. Além disso, retornos altos (baixos) *ex post* poderiam significar apenas que o medicamento foi aprovado antes (mais tarde) do que esperado, e não que a emissão de SWORDS foi precificada equivocadamente no início. Para as emissões de SWORDS em geral, retornos altos (baixos) *ex post* poderiam apenas significar que o FDA modificou o processo de aprovação de uma maneira que não foi antecipada *ex ante*. Assim, a complexidade da emissão de SWORDS torna até a análise *ex post* de seus retornos um indicador insuficiente da eficiência da precificação.

---

* A fórmula Black-Scholes original presume que o número de ações permanece constante. Se um *warrant* é exercido, contudo, o número de cota de ações aumentará, e os ganhos e ativos da empresa precisam ser divididos entre mais unidades de ações.
† H. Einhorn e R. Hogarth, "Decision Making Under Ambiguity", *Journal of Business*, 59 (4), Pt. 2 (1986), pp. S225-255.
‡ Ver R. Amit, L. Glosten e E. Muller, "Venture Formation", *Management Science*, October 1990, pp. 1232-1245.
§ G. Akerlof, "The Market of 'Lemons': Qualitative Uncertainties and the Market Mechanism", *Quaterly Journal of Economics*, 84, 1970, 488-500.

CORTANDO DOS DOIS LADOS

Embora as SWORDS pareçam resolver certos problemas dos agentes e problemas estratégicos, elas podem criar outros problemas. O comprometimento dessas emissões de SWORDS pode cortar dos dois lados porque o comprometimento reduz a flexibilidade. Se uma empresa de biotecnologia depara-se com tempos difíceis, devido a atrasos na pesquisa ou a demoras de regulamentação, por exemplo, não pode desviar fundos das emissões de SWORDS para dar sustento a suas operações gerais. Um episódio dramático na evolução da Centocor ilustra esse dilema. A aprovação de seu produto principal, o Centoxin, foi inesperadamente adiada pelo FDA em 15 de abril de 1992, resultando em uma perda do dia para a noite de 44% no valor geral de mercado. A empresa havia construído uma força de vendas de mais de 200 pessoas como antecipação ao lançamento do seu primeiro medicamento importante nos Estados Unidos. Com um saldo de caixa de cerca de US$ 200 milhões e uma saída de caixa líquido trimestral (ritmo de gasto) de US$ 40 milhões, a Centocor tinha menos de um ano e meio para evitar que ações drásticas fossem tomadas. Se os US$ 84 milhões obtidos com as emissões de SWORDS da Tocor II tivessem sido levantados através do lançamento de ações ordinárias, a Centocor teria ganho meio ano extra.

Um atraso adicional na aprovação do FDA apresentaria à Centocor três opções estratégias não-atraentes: (1) levantar mais capital sob as piores circunstâncias possíveis, (2) desfazer-se de direitos futuros sobre o produto ou (3) desistir da independência. A Centocor, ao final, abandonou a pesquisa do Centoxin e foi em busca da opção (2), através de um negócio de US$ 100 milhões com a Eli Lilly, e finalmente elegeu a opção (3) em sua fusão de US$ 5 bilhões com a Johnson & Johnson. É difícil julgar, em retrospectiva, se a rota de financiamento das emissões de SWORDS foi inteligente. Realmente ela forneceu um volume extra de financiamento para a Centocor, que teria sido bem mais custoso se obtido através de capital de risco ou endividamento, mas sacrificou a flexibilidade na utilização desses fundos. Observadores do setor acreditam que foi a estratégia financeira inovadora da Centocor – e a folga financeira resultante – que lhe permitiu sobreviver à derrocada do Centoxin. A reviravolta após o título ter despencado de US$ 60 por ação para menos de US$ 6 foi uma rota árdua, levando os céticos a se referir ironicamente à empresa como "Cento-cádaver". O custo do financiamento pela emissão de SWORDS é nitidamente alto em tempos difíceis, quando oferece à empresa menos flexibilidade de operação do que os fundos proporcionados pela venda de ações. O conhecimento de que a empresa ficará sem dinheiro em um futuro relativamente próximo também tem um efeito motivador sobre a administração. Suas energias concentram-se em tirar o máximo dos recursos limitados. Tratando o dinheiro como um recurso escasso, a administração se comportará de um modo que beneficia a si própria e aos acionistas.

Outro problema com as emissões de SWORDS são os possíveis conflitos de interesse. Já que o veículo de investimento típico de P&D subjacente às emissões de SWORDS é uma empresa no papel, totalmente dependente das decisões tomadas pela matriz, apresentam-se conflitos óbvios de interesse. Por exemplo, o documento de apresentação da Tocor II continha uma página de letras miúdas que descrevia os vários conflitos de interesse que poderiam surgir devido a seu acordo com a Centocor – dos preços de transferência à alocação de recursos escassos, passando pela aquisição por parte da Centocor de um valioso conhecimento sem pagar por ele. O resultado líquido é que os benefícios do projeto podem fluir inapropriadamente para a Centocor. Essa possibilidade é em parte minimizada pela concessão de *warrants* sobre as ações da Centocor: qualquer transferência de valor abaixo do mercado da Tocor II para a Centocor simultaneamente depreciará o valor da Tocor II e aumentará o valor da opção de adquirir ações da Centocor. Esses efeitos compensatórios reduzirão a sensibilidade das unidades da Tocor II aos conflitos de interesse. Em acréscimo, o comitê de SWORDS e as comissões de auditoria podem, em teoria, minimizar boa parte do risco dos preços de transferência. Qualquer maltrato aos atuais investidores da SWORDS da Centocor também será desestimulado pelo desejo de emitir mais SWORDS no futuro.

A administração também poderia ser ambígua em relação ao seu exercício da opção de recompra. Em um modelo de um período, o investidor corre o risco de que a administração não exerça a opção de recompra, embora os direitos comerciais valham o preço. Ou a empresa percebe que ela pode obter os benefícios científicos por outros meios, já que realizou toda a pesquisa relevante, ou presume que ao comitê de SWORDS faltem os meios de conhecimento e os recursos financeiros (uma vez que todos os fundos forem gastos) para contestar uma apropriação inadequada da pesquisa e dos direitos comerciais. Vários fatores contrapõem-se a oportunismos de curto prazo como esses. Primeiro, a empresa pode estruturar o negócio em várias etapas, com outras emissões de SWORDS a serem consideradas (presentes e futuras). Segundo, existem recursos judiciais para os investidores maltratados. Terceiro, é bastante improvável que os administradores seniores beneficiem-se da empresa às suas próprias custas, em termos éticos, jurídicos e de reputação.

CONCLUSÕES

Para tranqüilizarem as partes interessadas *(stakeholders)*, reduziram os custos das restrições financeiras e tirarem vantagem das opções de crescimento em momentos oportunos, as empresas de biotecnologia devem manter recursos financeiros substanciais na forma de capacidade não-utilizada de endividamento, grandes quantidades de ativos líquidos, linhas de crédito em excedentes e acesso a uma ampla gama de fontes de recursos. O desejo de flexibilidade financeira exige que as empresas desempenhem um ato de equilíbrio, que pode ser visto no contexto da hierarquia financeira: fundos internos, emissão de dívida e emissão de ações.[18] Presumindo-se que a assimetria de informação e os custos de transação tornem mais caro usar as fontes de financiamento do final da hierarquia (a emissão de ações), a empresa que precisa de financiamento deverá lidar com contrapartidas circunstanciais. Caso se utilize das fontes de alto nível na hierarquia (capital próprio e dívida) neste período, os custos de financiamento parecerão baixos, mas a empresa enfrentará o custo de oportunidade de ter de se utilizar dos níveis mais baixos na hierarquia (por ser forçada a emitir ações mais caras no futuro). Por outro lado, se são emitidas novas ações neste período e tais recursos são mantidos em caixa, os custos atuais são altos, mas a opção de subir na hierarquia no futuro (capital próprio e dívida) pode, na verdade, fornecer à empresa financiamento mais barato no geral.

Os investimentos em tecnologia emergente geralmente acarretam opções de crescimento que podem exigir abordagens diferentes de financiamento e de avaliação do que os investimentos mais tradicionais no ramo atual dos negócios. As preocupações significativas com a assimetria de informação e as questões de agentes, que geralmente cercam as iniciativas em tecnologia emergente, podem complicar os investimentos em opções de crescimento. A emissão de dívida, em vez de ações, é geralmente menos atraente em tais investimentos. As emissões de SWORDS constituem um mecanismo (em parte bem-sucedido) para superar os desafios de financiar a biotecnologia; nós o examinamos aqui para elucidar as questões de assimetria de informação e de investidor-agente.

As novas formas de financiamento não-expresso no balanço representam um meio inovador de levantar grande volume de capital para P&D sem perder independência ou flexibilidade operacional. O uso da emissão de SWORDS parece especialmente apropriado para empresas biofarmacêuticas que desejam manter-se independentes e verticalmente integradas. Há, no entanto, muitos aspectos negativos na emissão de SWORD. Primeiro, elas aumentam substancialmente o risco da matriz na medida em que pode ser necessário financiamento adicional quando a empresa está menos capaz de levantá-lo. Segundo, a emissão de SWORDS implica sérios conflitos para os agentes (devido à assimetria de informação), que podem reduzir excessivamente o valor das ações para os investidores. Terceiro, a emissão de SWORDS se compõe de títulos complexos, que podem envolver despesas mais altas de subscrição. Isso explicaria por que a popularidade dessas emissões decaiu.

Embora o nosso foco tenha se concentrado nas opções externas de financiamento disponíveis às empresas de tecnologia emergente, as empresas estabelecidas enfrentam situações similares em relação a seus novos empreendimentos. Os problemas de assimetria de informação e o conflito investidor-agente podem ser menos críticos, não obstante, nas empresas estabelecidas. Primeiro, a informação flui com mais liberdade dentro das fronteiras de uma grande empresa, de modo que, em teoria, deveria haver menos preocupação com violações de confidencialidade ou de não-revelação estratégica de informações. Segundo, uma grande empresa pode já ter resolvido os principais problemas de incentivos entre os principais interessados, por meio de planos de compensação salarial e desenvolvimento de uma cultura de colaboração e apoio mútuo. Ainda assim, com respeito aos públicos externos interessados, as empresas estabelecidas podem encontrar os mesmos problemas que assolam as empresas recém-fundadas. Assim, as observações feitas neste capítulo devem lhes ser igualmente de valor.

PARTE V

REPENSANDO A ORGANIZAÇÃO

Será que Jack Welch está preocupado com o fato de que a tecnologia revolucionária da Internet pode perturbar sua organização tão refinadamente ajustada? "Trata-se de tornar melhor o que já se tem", declarou o CEO da General Electric Corp. em uma entrevista para a *Business Week*. "Tudo que é mundano, tudo que é lento é expulso do jogo. Você não precisa empurrar a organização para isto. Deixe que ela cresça, como as flores. Há um grupo de pessoas loucas para entrar para a Internet. Isso é bem mais fácil de administrar. Vocês estão pedindo que eles rompam os modelos. Todos estão animados. Querem uma parte disso também. E nós podemos lhes dar. Não há nada melhor do que isto."[1]

Independentemente do fato de os executivos adotarem ou não essas mudanças com tanto entusiasmo como Welch, tecnologias emergentes têm um impacto enorme nas organizações e nas pessoas. Os administradores são desafiados a repensar a organização. Esta seção analisa alguns desses desafios e novas abordagens da gestão de redes de conhecimento, do desenvolvimento de alianças e outras parcerias, da criação de novos modelos organizacionais e da redefinição do relacionamento com os funcionários.

UMA VISÃO MAIS AMPLA

Para lidar com a incerteza e a complexidade de tecnologias emergentes, os administradores precisam ter uma visão mais abrangente da empresa. Embora a unidade de análise no passado tenha sido uma única corporação, a realidade competitiva das tecnologias emergentes é que o sucesso depende de constelações inteiras de empresas. Os primeiros dois capítulos desta seção exploram a gestão das redes e das alianças.

No Capítulo 15, Lori Rosenkopf examina o impacto de "redes de conhecimento" informais e formais, essenciais ao desenvolvimento de novo conhecimento e à difusão de padrões tecnológicos. Embora essas redes desempenhem um papel-chave na criação e na difusão de novas tecnologias, muitas empresas não estão, em grande parte, cientes de que elas existem. Rosenkopf oferece estratégias para avaliar as vantagens das redes e para fortalecê-las.

Devido ao alto custo e à incerteza das tecnologias emergentes, as empresas geralmente escolhem participar através de alianças e outras parcerias. Mas gerenciar essas alianças apresenta desafios, como é mostrado por Jeff Dyer e Harbir Singh, no Capítulo 16. Eles salientam que o papel dessas alianças depende do momento em que são empreendidas. Nas tecnologias em estágio inicial, as alianças freqüentemente são usadas como "janelas" para permitir que as empresas explorem um amplo espectro de tecnologias. Ao longo do processo, as alianças são geralmente utilizadas para se fazer apostas estratégicas, criando opções para o futuro. Os autores discutem as estratégias necessárias para a construção de alianças bem-sucedidas e as competências centrais necessárias para administrar com sucesso tecnologias emergentes.

No Capítulo 17, Jennifer Herber, Jitendra Singh e Michael Useem examinam os modelos organizacionais emergentes que estão substituindo os padrões hierárquicos do passado. Eles discutem como as inovações organizacionais – organizações virtuais, empresas em rede, *spinouts*, empresas ambidestras, projetos de suporte/linha de frente e os modelos de percepção e resposta – podem oferecer às empresas a adaptabilidade e a inovação necessárias para gerenciar com sucesso tecnologias emergentes.

O conhecimento é fundamental às empresas de tecnologia emergente, e esse conhecimento está em posse dos funcionários. As exigências rapidamente mutáveis das tecnologias emergentes indicam que as empresas precisam de maior flexibilidade da parte de seus funcionários. Ao mesmo tempo, os funcionários estão buscando cada vez mais uma maior independência e um maior controle sobre seu trabalho e sua vida pessoal do que podem ser encontrados nos padrões tradicionais do emprego. No Capítulo 18, John Kimberly e Hamid Bouchikhi examinam os desafios da área de recursos humanos das tecnologias emergentes. Eles analisam como questões das empresas e dos funcionários podem convergir em um local de trabalho personalizado, no qual colaboradores e funcionários, juntos, determinam as condições de trabalho caso a caso.

Mesmo fora das empresas de tecnologia emergente, os formatos organizacionais e os locais de trabalho vêm se modificando. Mas no ambiente exigente das tecnologias emergentes, as empresas têm um apetite e uma necessidade maiores por essas inovações, para ajudar a resolver os difíceis desafios que os recursos humanos enfrentam. As tecnologias radicais são em especial perturbadoras para as organizações, mas saber se essa perturbação leva à disfunção ou a uma maior flexibilidade e criatividade vai depender muito de como os administradores reagem. Com as abordagens certas, essas mudanças podem fazer com que a organização obtenha níveis mais altos de comprometimento e desempenho. Nas palavras de Jack Welch, "não há nada melhor do que isso".

CAPÍTULO 15

GERENCIANDO REDES DINÂMICAS DE CONHECIMENTO

LORI ROSENKOPF
The Wharton School

As tecnologias emergentes não são desenvolvidas e comercializadas por indivíduos ou por empresas isoladas. São desenvolvidas em redes. À medida que a complexidade e os recursos exigidos para o avanço de tecnologias emergentes continuam aumentando, o desenvolvimento e a gestão dessas redes de conhecimento tornam-se uma questão estratégica central. Como se formam essas redes de conhecimento? Como influenciam o progresso de tecnologias emergentes? Várias dessas redes são muito informais, portanto, como as empresas começam a mapear e compreender as redes já existentes? O que os administradores podem fazer para construí-las e fortalecê-las? Este capítulo analisa o papel das redes de conhecimento e as estratégias para geri-las.

Até meados da década de 1970, os dois padrões alternativos para os simuladores de vôo usados no treinamento de pilotos militares e comerciais estavam em disputa. O primeiro modelo era o Full Flight Simulator (FFS), com todos os seus recursos e funcionalidades, e um preço de US$ 15 a US$ 20 milhões. O sistema oferecia instrumentação integrada de cabine de comando, total capacidade visual e de movimentação. A segunda opção era um modelo menos completo da Flight Training Device (FTD), que custava entre US$ 1 milhão e US$ 3 milhões e se baseava no princípio de que não era necessária a reprodução fiel da experiência de vôo para treinar de forma eficaz os pretendentes a piloto. Apesar das diferenças de preço e das características, não seriam o custo, a tecnologia ou a eficácia em si que decidiriam quem triunfaria nesses céus virtuais. Seriam as redes.

O Full Flight Simulator era financiado por companhias aéreas comerciais, órgãos de regulamentação do setor e por fabricantes de aeronaves. Os ex-pilotos que realizavam os programas de treinamento nas companhias aéreas comerciais gostavam do realismo dos simuladores. Os fabricantes gastavam da integração dos instrumentos, que gerava um mercado para seus instrumentos, para modelos aeronáuticos e para o banco de dados de teste de vôo. Esse pa-

---

Agradeço a George Day e a Paul Schoemaker pelos vários comentários úteis que fizeram; à Anca Turcanu, por suas análises cuidadosas dos dados do setor de celulares. Também agradeço o auxílio de Sonya Ahluwalia, Joan Allatta e Anjana Pandey. Sou grata à Elaine Baskin, editora da *Communications Standards Review*, por fornecer os dados de participação da comissão técnica.

drão recebia apoio de várias organizações profissionais fortes, inclusive o Training Committee, da Air Transport Association, e o Advanced Simulation Plan Working Group, da Aviation Administration. O *lobby* feito por essas organizações ajudou a fazer do FFS a norma regulamentada para treinamento e certificação de pilotos comerciais em 1980.

Por outro lado, o padrão do Flight Training Device recebia apoio dos pesquisadores acadêmicos e militares que acreditavam não ser necessária uma reprodução fiel da experiência de vôo para obter um treinamento eficaz. Os sistemas do FTD também eram usados por companhias aéreas regionais e nacionais, e por escolas de aviação que não podiam arcar com os sistemas mais caros. O padrão FTD só veio a receber apoio de organizações fortes na década de 80. Foi apenas depois que se formou essa rede de organizações que a comunidade de simulação de vôo começou a pensar seriamente em usar o treinamento do FTD.

A estrutura das redes que se formaram antes de 1980 tornaram o sucesso do padrão FFS quase inevitável. Como mostra a Figura 15.1, as organizações técnicas cooperativas que davam apoio ao padrão FFS estavam nas organizações interligadas mostradas na parte inferior da figura. As três organizações no agrupamento oval inferior são membros de um agrupamento poderoso que apoiava o padrão FFS. Os defensores do padrão FTD, como é mostrado pelos dois agrupamentos ovais na parte superior da figura, não tinham conexões. Com o estabelecimento do padrão FFS em 1980, essa rede de apoio tornou-se ainda mais forte e mais ligada, como mostra a Figura 15.2.

Foi somente no final dos anos de 1980 que os defensores do FTD acordaram para o poder das redes. Um período de inovação tecnológica, resultado do surgimento de abordagens de simulação modular, levou a um rápido crescimento de organizações técnicas cooperativas e a um aumento no número de associados. Essa mudança reformulou as redes e permitiu que os defensores do FTD começassem a se conectar uns aos outros para desenvolver agrupamentos que pudessem

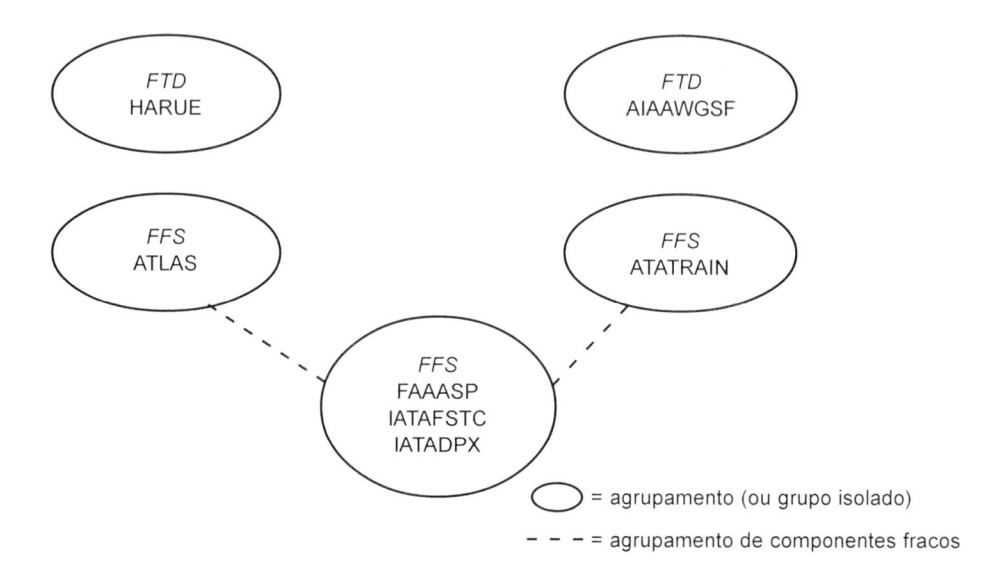

FIGURA 15.1 Estrutura da comunidade de simulação de vôo até 1980.

angariar apoio suficiente para tornar a tecnologia uma alternativa viável, como ilustra a Figura 15.3.[1] A abordagem FTD (nova onda) agora podia competir de forma eficaz com os produtos FFS (velha onda). Um dos sinais da aceitação do FTD foi que a maioria dos fabricantes tradicionais de FFS acrescentou linhas avançadas de FTD. Algumas organizações se ajustaram a um padrão ou a outro, mas algumas das principais organizações do setor estão ligadas aos dois grupos (como é mostrado pelos círculos do lado de fora da onda nova e da velha). A reformulação dessas redes tem auxiliado a tornar o FTD mais bem-sucedido como alternativa ao simulador de vôo de alto preço.

Como fica claro no exemplo do simulador de vôo, as redes podem propagar uma nova tecnologia ou acabar com ela. Essas redes desempenham um papel importante na pesquisa, no desenvolvimento de produto e na comercialização. Ainda assim, como geralmente são complexas, indefinidas e atravessam fronteiras organizacionais, gerenciá-las constitui um enorme desafio. Até mesmo reconhecer essas redes pode ser um teste para a visão corporativa.

Uma ampla gama de vínculos facilita o fluxo do conhecimento entre as organizações; essas ligações e organizações constituem *redes interorganizacionais de conhecimento*. Essas redes influenciam tanto os destinos de tecnologias concorrentes como os destinos de empresas concorrentes. Neste capítulo, analisamos as implicações gerenciais e as estratégias para o desenvolvimento de redes.

O PODER DAS REDES

As redes desempenham um papel-chave na gestão das tecnologias emergentes. Uma infinidade de agentes gerencia e difunde um conhecimento relevante; ainda

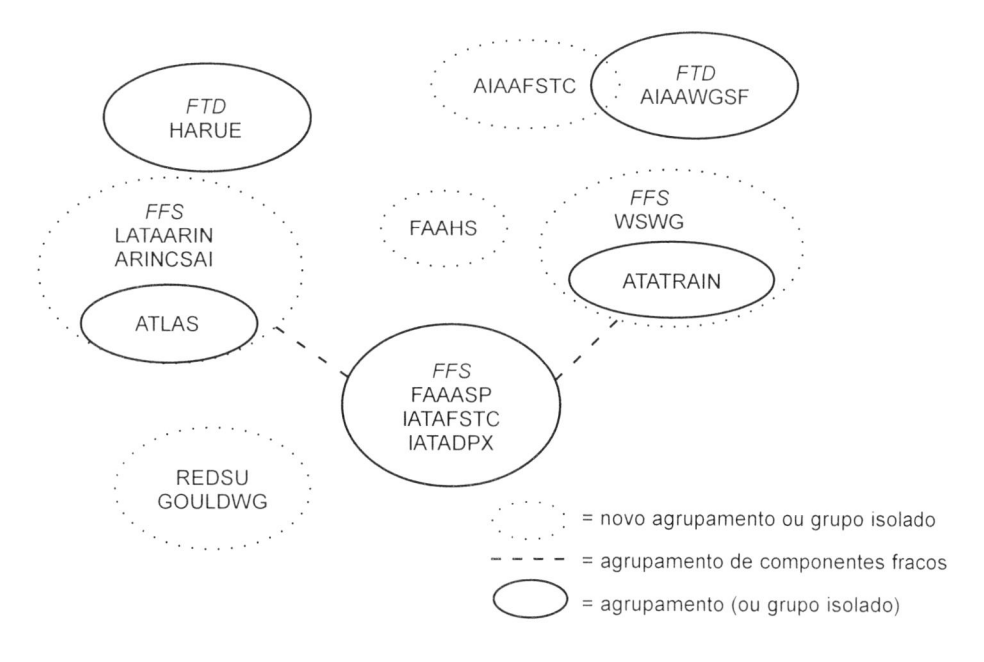

FIGURA 15.2 Estrutura da comunidade de simulação de vôo 1981-1986.

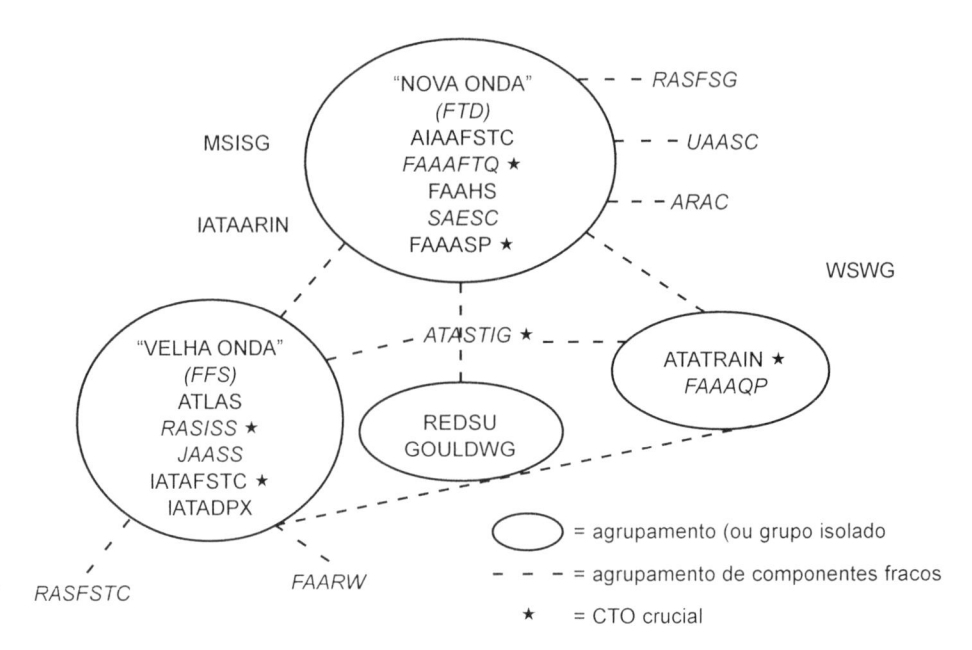

FIGURA 15.3 Estrutura da comunidade de simulação de vôo 1987-1992.

assim, é extremamente difícil assegurar qual é o conhecimento mais importante para o sucesso. A pesquisa sugere que a escolha de novas tecnologias está intimamente ligada a considerações sociopolíticas e, portanto, a estrutura dessas redes de conhecimento pode influenciar fortemente o desenvolvimento de tecnologias e o sucesso das empresas.[2] Investigar os fluxos de conhecimento em redes interorganizacionais, por conseguinte, pode ajudar os administradores a pensar de forma sistemática em como focar fontes externas úteis de conhecimento e também mecanismos de obtenção desse conhecimento.

Em particular, uma vez que as tecnologias emergentes se constroem com base em conhecimento emergente, as *redes de conhecimento* são essenciais. As redes de relações que as empresas formam determinam seu sucesso. As empresas bem-sucedidas precisam captar o conhecimento que circula por essas redes e usá-lo para seu benefício. Situando-se ao centro dessas conexões, as empresas podem obter acesso ao novo conhecimento que borbulha pelo sistema e garantir que os conhecimentos e os padrões da empresa ganhem apoio generalizado.

Considere esses exemplos de redes intricadas de relacionamentos que conectam concorrentes e empresas relacionadas:

- As empresas de telecomunicações cooperam para desenvolver padrões por meio de comissões técnicas patrocinadas por organizações como a Telecommunications Industry Association (TIA). Tradicionalmente, os funcionários da AT&T (e de suas entidades relacionadas) vêm mantendo uma forte presença nesses tipos de comissões. Essa presença reforçou ao longo do setor a reputação que tinham de detentores de conhecimento e excelência técnica e lhes permitiu controlar por décadas muitos aspectos da formação de padrões. No campo das comunicações sem fio, quando a Qualcomm desenvolveu a tecnologia celular digital denominada CDMA, adotou a técnica da AT&T e

dedicou recursos significativos a uma atividade nos órgãos formadores de padrão. Esse esforço criou muitas ligações informais com engenheiros de todo o setor, e a Qualcomm também desenvolveu alianças que criaram elos adicionais com as empresas representadas por esses engenheiros.
- O sucesso contínuo da Microsoft geralmente é atribuído à sua habilidade de integrar inovações tecnológicas de outras empresas em sua própria estratégia. A empresa aprendeu essas novas tecnologias e fez o *marketing* delas através do uso de alianças e aquisições estratégicas. Suas inúmeras relações possibilitaram flexibilidade e adaptabilidade em face de rápidas mudanças tecnológicas, mesmo com a empresa se tornando cada vez maior e mais burocrática.[3]

O prestígio e o poder de organizações como AT&T, Qualcomm e Microsoft podem ser atribuídos à capacidade que têm de criar essas redes de relações e nelas navegar. Nas tecnologias emergentes, o conhecimento sobre possibilidades tecnológicas e intenções estratégicas circula por essas redes. Já que um dos requisitos da gestão de tecnologias emergentes é a capacidade de sintetizar o novo conhecimento com a base existente de conhecimento da empresa, as empresas bem-sucedidas precisam captar o conhecimento que circula nessas redes e usá-lo em seu benefício.

ANALISANDO A REDE

Para visualizar o formato e os fluxos das redes, a teoria de redes se apóia em um ramo da matemática denominado teoria de gráfico *(graper theory)*. A teoria de gráfico vem sendo utilizada para encontrar a melhor maneira de locomover petróleo entre as refinarias ou as chamadas telefônicas entre *switches* ("o problema do fluxo máximo") e encontrar rotas otimizadas para os vendedores ambulantes ("o problema do caminho mais curto"). Os gráficos se compõem de pontos e arcos, como mostra a Figura 15.4, nos quais os arcos (as setas) carregam quantidades de itens entre os pontos (círculos) que servem de repositório para esses itens.

A aplicação mais relevante da teoria de gráfico, para os nossos propósitos, tem sido no estudo sociológico das redes de comunicação. Pode-se pensar a Figura 15.4 como uma rede de comunicação ao se presumir que cada ponto representa uma pessoa ou uma empresa e que um arco entre dois pontos significa que esses dois pontos comunicam-se um com o outro. Os arcos trazem pontas com seta porque os fluxos de informação entre duas pessoas ou empresas podem ser recíprocos ou unidirecionais.

Nessa rede de comunicação, então, poderíamos imaginar que a empresa A, no centro de muitas setas, possui algumas vantagens porque tem acesso a mais informações do que qualquer outra na rede. Ou poderíamos imaginar que, se a empresa C criasse uma nova prática poderosa, poderíamos ver uma cadeia de adoções devido a essa rede de comunicações. A empresa C comunica-se com a empresa F, que passa a idéia para as empresas A e G, que retransmitem à B e à E. Já que H, J e K não se comunicam com o grupo maior, não tomarão conhecimento da nova prática. Tampouco a empresa D: embora esteja ligada ao grupo maior por A, a informação flui só em uma direção. A empresa D compartilha informações com A, mas A não devolve o favor.

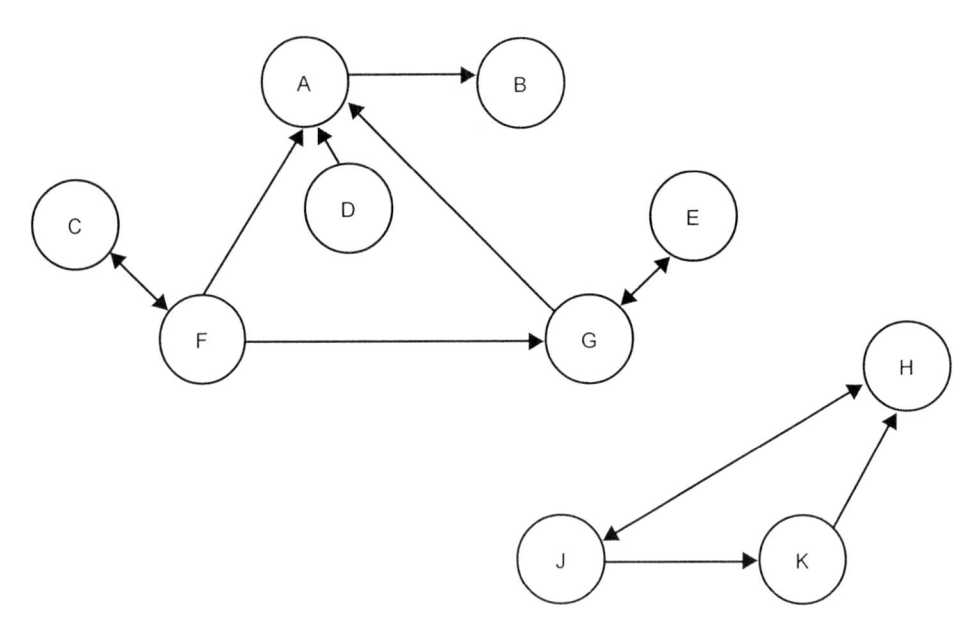

FIGURA 15.4 Rede hipotética.

Identificando as redes

O primeiro desafio na gestão da rede de conhecimento é identificá-la. As alianças formais tornam a transferência de conhecimento razoavelmente fácil de ser vista (embora haja mais em uma aliança do que o que aparece no papel). Mas o conhecimento flui para dentro e para fora das empresas por muitos outros canais. Identificar todos os atores na rede e os elos existentes entre eles é um desafio considerável.

O desenho da rede é determinado pelos tipos de pontos, ou atores da rede, e pelos arcos, ou ligações de rede. Para compreender as redes de conhecimento, os administradores precisam identificar os atores envolvidos na rede e os mecanismos pelos quais estão ligados.

Identificando os atores da rede. O conjunto de atores que criam e disseminam conhecimento sobre tecnologias emergentes pode ser bastante amplo.[4] A comunidade da biotecnologia, por exemplo, é bem mais difusa do que apenas as empresas de biotecnologia. Entre os outros atores que contribuem para o desenvolvimento da tecnologia podem-se incluir as universidades, os laboratórios de pesquisa e as empresas farmacêuticas ligadas em "redes de aprendizagem".[5]

Do mesmo modo, a comunidade de atores envolvidos no desenvolvimento de tecnologia a laser não se limita aos fabricantes, às universidades e aos laboratórios de pesquisa, mas também inclui órgãos militares e governamentais. Um exemplo específico: as patentes na área dos discos ópticos são mantidas por um conjunto diverso de atores – enquanto empresas como Sony, Philips e Matsushita são atores-chave, os laboratórios de pesquisa, como Battelle, e organizações militares e governamentais também detêm patentes na área.[6]

Já que a tecnologia subjacente aos componentes de discos ópticos é útil para tipos diversos de produtos, os fabricantes não são apenas empresas de discos ópticos, mas também indústrias da área de saúde e de semicondutores.

Determinar as ligações de rede. Embora a rede representada na Figura 15.4 designe conexões com setas simples, existe, na verdade, uma variedade de elos formais e informais entre os atores na rede. As setas indicam uma característica importante dos elos entre as organizações – a direção dos fluxos de conhecimento. Mas existem muitas outras características desses elos que afetam o funcionamento da rede.

As ligações entre empresas podem se dar através de redes formais ou *intencionadas*, como os contratos escritos, ou através de redes informais ou *emergentes*, como as trocas de conhecimento nas salas de *chat* da Internet entre os engenheiros de empresas concorrentes. Essas últimas redes são muito menos visíveis e, portanto, bem difíceis de gerenciar. Entre os locais para procurar essas ligações estão:

- *As alianças*. O papel das alianças no compartilhamento de conhecimento tem sido bem documentado.[7] Os relacionamentos de aliança vão de acordos de licenciamento a *joint ventures*, mas são todos formalizados por contratos. A intensidade do compartilhamento de conhecimento por meio das alianças tende a se aprofundar ao longo do tempo, à medida que os participantes em um relacionamento satisfatório formalizam arranjos adicionais e aumentam sua capacidade de aprender uns com os outros.[8]
- *A participação em organizações técnicas cooperativas*. Outro elo entre as empresas é a participação em sociedades profissionais, associações comerciais, órgãos normativos, comissões técnicas e "outras organizações técnicas cooperativas".[9] Na maioria dos setores, existem inúmeras "supra-organizações", que reúnem representantes de muitas empresas. Essas organizações oferecem muitas avenidas para a troca informal de *know-how* entre as empresas, que enviam seus engenheiros e administradores para participar.[10] No campo das comunicações sem-fio, por exemplo, empresas como Lucent, Motorola e Qualcomm enviam representantes para participar dos encontros técnicos patrocinados pela Telecommunications Industry Association. Existindo ou não acordos contratuais formais entre essas empresas, a participação nessa associação facilita a transferência de conhecimento por meios informais. A pesquisa também sugere que o desenvolvimento de relações informais por meio de atividades de CTO pode estar associado à formação de alianças. Assim, a troca informal de conhecimento que ocorre nos foros de comissão técnica pode possibilitar a identificação de oportunidades de desenvolvimento de produto em conjunto.[11]
- *As autorias conjuntas*. A autoria de estudos técnicos com parceiros de outras organizações ou empresas é outro modo de os pesquisadores criarem elos entre organizações diferentes. Os estudos técnicos demonstram uma atividade colaboradora tangível de P&D. A pesquisa no setor de biotecnologia sugere que empresas que colaboram com universidades na área de P&D, na forma de co-autoria, constatam que essas relações ampliam fronteiras e aumentam a aprendizagem e a flexibilidade.[12]
- *As interligações nos conselhos*. Com o termo "interligações nos conselhos", referimo-nos a duas empresas que têm uma mesma pessoa em seus respectivos conselhos de administração. A experiência acumulada e os contatos desse representante comum aos dois conselhos estarão disponíveis a cada uma das duas empresas, e as atividades de uma empresa podem ser mais transpa-

rentes à outra. Estudos demonstraram que estratégias de "pílula de veneno" (para evitar intenções escusas como o *takeover*)[13] e a atividade de M&A[14] têm sido difundidas através dessas interligações de conselhos, e que provavelmente as empresas assim interligadas formam alianças.[15]

- *A mobilidade de cargos*. O conhecimento também se move entre as empresas devido à mobilidade das carreiras de engenheiros e administradores. É mais provável que as empresas cresçam com o conhecimento de outras empresas quando um engenheiro se desloca de uma empresa recém-formada para a matriz.[16] Outra pesquisa constatou que, quanto mais cargos anteriores os administradores tiveram, maiores serão as oportunidades para formar alianças, porque sabem mais sobre os potenciais parceiros.[17] Os administradores que desenvolveram estratégias para um produto tendem a implantar essas mesmas estratégias nas novas empresas para as quais se mudam.[18] Um estudo feito sobre as empresas recém-fundadas de semicondutores sugere que a transferência de conhecimento através da mobilidade da equipe pode reduzir a probabilidade de alianças formais com a mesma empresa. Presumivelmente a nova equipe traz o conhecimento para a empresa, portanto a aliança formal não se faz mais necessária.[19]
- *A comunicação eletrônica*. Com a rápida expansão da comunicação eletrônica, os funcionários não precisam trocar de emprego ou freqüentar encontros profissionais para trocar informações. Existe um conjunto emergente de interações por computador entre os engenheiros de diferentes empresas, incluindo as salas de *chat*, os *sites* da Web ou as comunicações por *e-mail*. Embora esses elos ainda sejam em grande parte invisíveis, a tecnologia para permitir um monitoramento sistemático dessas atividades encontra-se em estágio de desenvolvimento.

Medidas de proximidade (proxy) dos fluxos de conhecimento. Essas ligações podem ser diretamente mapeadas ou sistematicamente estudadas, mas é difícil acumular dados sistemáticos das ligações de rede. Do ponto de vista prático, é difícil para uma empresa rastrear o conhecimento transferido em uma sala de *chat* ou em um coquetel de uma reunião de associação. Uma outra maneira de identificar fluxos possíveis de conhecimento entre empresas é considerar medidas de proximidade, como a proximidade geográfica ou tecnológica das duas empresas. Embora essas medidas não identifiquem explicitamente os mecanismos de transferências de conhecimento, auxiliam a prever a probabilidade de transferências de conhecimento:

- *A semelhança tecnológica*. É bastante provável que duas empresas que sejam tecnologicamente semelhantes tentem obter informações uma sobre a outra, participar nas mesmas associações e ter engenheiros se comunicando eletronicamente. O que constitui uma empresa tecnologicamente similar? Os pesquisadores utilizam dados de patente para determinar se as empresas fazem patentes em áreas similares,[20] ou se as patentes das empresas citam trabalhos similares.[21] De forma semelhante, as citações em uma mesma publicação técnica[22] ou os próprios dados dos produtos[23] podem ser comparados.
- *A semelhança geográfica*. A proximidade geográfica também pode servir como medida *(proxy)* para vários mecanismos informais que transferem conheci-

mento. Os relatos conhecidos de engenheiros que trocam *know-how* entre uma cerveja e outra nos bares, e o movimento dos engenheiros entre as empresas de uma região, dão sustento a essa noção.[24] Os estudos também mostraram que a tendência de se formarem localmente grupos *(clusters)* de conhecimento pode ser atribuída à mobilidade dos inventores dentro das regiões. [25]

- *Registros de patente*. Além de buscar semelhanças nos registros de patente, examinar as redes relacionadas de patente oferece uma compreensão fascinante sobre o caminho de pesquisa e de exploração que as empresas percorrem. [26] As ligações entre as empresas também podem ser observadas na sobreposição dos registros de patentes com a literatura científica. [27]

Há muitos elos que facilitam o fluxo de conhecimento entre empresas. Compreendendo suas redes de conhecimento, os administradores podem explorar cada um desses elos e as medidas de proximidade *(proxy)* que podem indicar o potencial das ligações, mesmo se não forem aparentes. Como se pode ver, uma vez que esses elos não se limitam a ligações formais intencionalmente criadas, identificar todos os elos pode ser uma tarefa desafiadora.

Avaliando a vantagem das redes

Após identificar os atores e as ligações relevantes na rede de conhecimento, o próximo desafio para os administradores é avaliar o que representam para a empresa. Uma vez que traçaram um mapa de suas redes semelhante ao da Figura 15.4, como podem avaliar a vantagem relativa de rede que possuem? O que essa rede implica para o destino de cada ator? E como eles podem reformular a rede para obter maiores vantagens? Por exemplo, se as empresas do simulador de vôo FTD tivessem feito essa análise, provavelmente reconheceriam sua desvantagem, resultante de uma rede bem mais fraca, e poderiam ter começado a estabelecer com mais rapidez a rede necessária para o sucesso.

Utilizam-se vários tipos de medidas para quantificar a posição de um ator em uma rede, inclusive a medição das ligações de cada ator (centralidade de grau), a centralidade do ator em transmitir conhecimento pela rede (a centralidade de interrelação) e a identificação de agrupamentos.

Centralidade de grau. No caso mais simples, podemos contar o número de ligações mantidas por cada ator. No jargão de rede, essa medida é conhecida como *grau* ou, às vezes, como *centralidade de grau*. Considerando-se a rede descrita na Figura 15.4, o cálculo do grau exige que se considere a direção das ligações de rede. Embora seja possível calcular o grau simplesmente contando-se o número de arcos anexados a cada ponto, sem se levar em conta a direção, muitos pesquisadores distinguiriam entre "graus para dentro" (o número de arcos na direção do ponto) e "graus para fora" (o número de arcos que saem do ponto). Para os nossos propósitos, os graus para dentro medem a quantia de informações disponíveis ao ponto e são mais apropriados. A Figura 15.5 apresenta as medidas de centralidade de graus para dentro para cada empresa da rede. A empresa A tem o grau para dentro mais alto (3), e poder-se-ia esperar que ela colhesse os maiores benefícios de informação. Em contraste, a empresa D apresenta o grau para dentro mais baixo (0) e se esperaria que ela sofresse pela falta de informações.

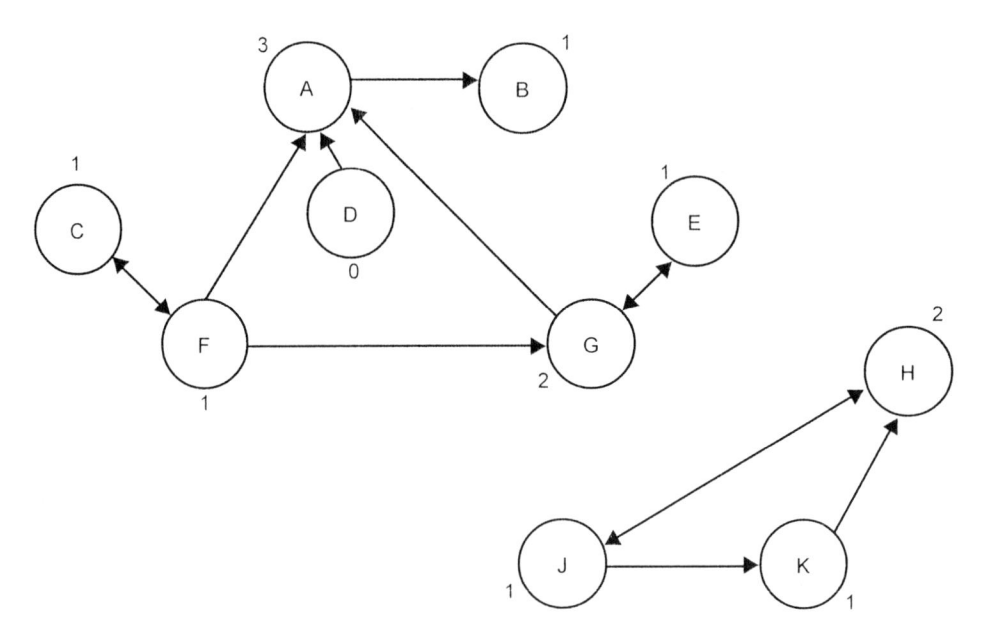

FIGURA 15.5 Usando a centralidade de grau para dentro para calcular a vantagem de rede.

Grau ponderado. Embora a centralidade de grau seja uma quantidade facilmente mensurável, que concede uma medida intuitiva da quantidade de conhecimento que um ator poderia acessar, precisamos reconhecer que o conhecimento de algumas empresas de prestígio pode ser mais valioso que o conhecimento das empresas comuns. Sendo assim, poderíamos usar uma medição de grau ponderado que incorpora o prestígio de cada organização a quem o ator em foco se conecta. Por exemplo, presuma que a empresa A tenha um alto prestígio, e a empresa C, um baixo prestígio. Poderíamos ponderar as ligações à empresa A com maior valor e descontar as ligações com a empresa C. Mais especificamente, suponha que dobremos o impacto das ligações à empresa A e cortemos pela metade o impacto das ligações com a empresa C. Então, nossa previsão sobre os benefícios do conhecimento para as empresas diferirão dos cálculos diretos dos graus: enquanto as empresas B e F, cada uma, tinham o mesmo grau (1), uma vez que pesamos as suas ligações, o grau para dentro de B é 2 e o de F é 1/2, refletindo a nossa crença de que a ligação com B gera um conhecimento mais bem-sucedido do que com F.

Centralidade de inter-relação. Os fluxos de conhecimento não existem apenas entre dois pontos, eles estão em toda a rede. Como discutido antes, o conhecimento mantido por C, em última instância, transfere-se para A, B, E, F e G. Em contraste, o conhecimento oriundo de D passa apenas para A e B. Há outras medidas mais complexas, como a "restrição" e a "autonomia estrutural", que refinam as associações à coleta e ao potencial de conhecimento, mas elas podem ser razoavelmente complicadas de calcular.[28] Essas medidas consideram se as várias ligações realmente oferecem acesso ao conhecimento adicional e não-redundante, ou se duplicam o mesmo conhecimento. Assim, uma medida que se concentra no valor dos atores na rede em geral é a "centralidade de inter-relação", que, de forma livre, mede quantos pares de atores dependem de um ator em particular na transmissão de informação entre eles.[29]

Especificamente, para determinarmos a centralidade do ator k, calculamos quantos caminhos ligam os atores i e j, e depois calculamos a proporção desses caminhos nos quais k se situa. Essa fração sugere como k se coloca entre i e j, e depois somamos essa cifra para todos os pares (i, j) para calcular a centralidade de inter-relação total de k. A Figura 15.6 apresenta os valores de centralidade de inter-relação para a nossa rede hipotética. Mais uma vez, A é o ator mais central. Observe que F e G obtêm o mesmo valor de centralidade de inter-relação, embora seus valores de grau para dentro tenham sido diferentes. Isso sugere que, embora G possa receber mais informações que F, G não tem mais controle sobre o fluxo de informações entre os outros participantes do que F.

Agrupamentos. Um outro tipo de conceito de rede que exige compreensão é o agrupamento. O agrupamento é um conjunto de atores que estão todos conectados uns aos outros. Os agrupamentos representam coalizões que geralmente funcionam na direção de objetivos comuns. Os atores que não estão ligados em agrupamentos podem ser muito periféricos para influenciar ou lucrar com o desenvolvimento tecnológico. Na Figura 15.3, podemos observar dois agrupamentos distintos: as empresas A-G estão em um agrupamento, enquanto as empresas H–K estão em outro.[30] Conhecimento bastante diferente pode circular em cada agrupamento, já que não passa de um agrupamento ao outro.

Analisando as redes dos celulares

Como esses conceitos de grau de centralidade e de centralidade de inter-relação podem ser usados para analisar as redes de verdade? Consideremos um exemplo no segmento dos celulares. Em 1995, 59 empresas participaram das comissões técnicas patrocinadas pela Telecommunications Industry Association. Podemos

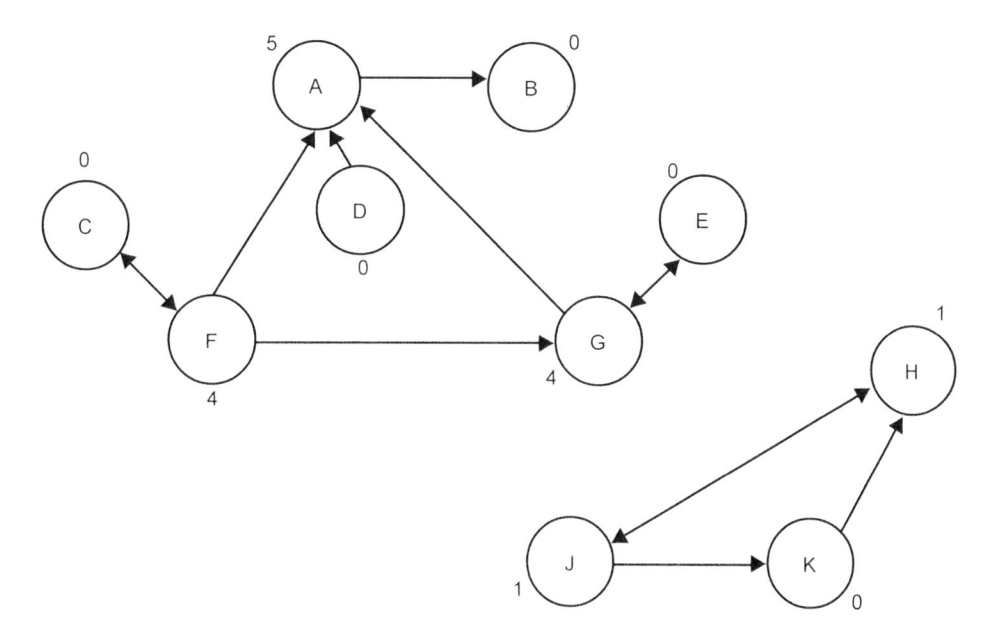

FIGURA 15.6 Usando a centralidade de inter-relação para avaliar a vantagem de rede.

construir uma rede de fluxos de conhecimento informal igualando o nosso valor de ligação de rede, para qualquer par de empresas, ao número de encontros para os quais ambas enviaram representantes. Uma rede assim é bastante densa, em contraste com a rede hipotética antes examinada. Isso ocorre porque é bastante provável que qualquer empresa que envie representantes a pelo menos alguns encontros entre em contato com muitas outras empresas. Assim, uma pequena parte dos valores de ligação são zero, e muitos dos valores de ligações são bem maiores que 1. Listamos as principais empresas por centralidade de grau e centralidade de inter-relação na Tabela 15.1. Observe que as mesmas empresas dominam as duas listas, embora haja diferenças sutis nas classificações.[31]

Por exemplo, a NEC empatou em primeiro lugar em centralidade de inter-relação com a AT&T e a Motorola, embora sua pontuação de centralidade de grau seja substancialmente mais baixa do que a da AT&T ou a da Motorola. Isso significa que, embora a NEC tenha menos interações com outras empresas, ainda colhe os mesmos benefícios por controlar as informações – uma estratégia eficiente.

Como mostra a Tabela 15.2, as principais empresas tendem a se congregar em um dos dois agrupamentos fortes. A AT&T, a BellSouth, a Nokia, a Bell Atlantic e a Mitsubishi Electric formam um agrupamento, no qual todas as empresas participaram em vários dos mesmos CTOs, fazendo com o que conhecimento circule. De forma igual, a Motorola, a Qualcomm, a NEC e a SBC Communications também inte-

TABELA 15.1 As principais empresas por centralidade de grau e centralidade de inter-relação

Empresa	Centralidade de grau
1) AT&T	677
2) Motorola	663
3) Ericsson	641
4) Northern Telecom	592
5) Qualcomm	499
6) NEC	497
7) (ligação) BellSouth	443
7) (ligação) Nokia	443
9) SBC Communications	430
10) GTE	425
11) Bell Atlantic	390
14) Mitsubishi Electric	383
Valor mínimo em uma rede de 59 empresas	11

Empresa	Centralidade de inter-relação
1) (ligação) AT&T	58,7
1) (ligação) Motorola	58,7
1) (ligação) NEC	58,7
4) Ericsson	54,3
5) Northern Telecom	49,8
6) Nokia	47,1
7) Bell Atlantic	39,8
7) Qualcomm	39,0
9) SBC Communications	36,8
10) Mitsubishi Electric	30,2
11) (ligação) BellSouth	27,8
11) (ligação) GTE	27,8
Valor mínimo em uma rede de 59 empresas	0

TABELA 15.2 As grandes empresas tendem a se congregar

Agregação 1	Agregação 2	Não-afiliadas com nenhuma grande empresa
AT&T	Motorola	Ericsson, GTE, Northern Telecom
Bell Atlantic	NEC	
BellSouth	Qualcomm	
Mitsubishi Electric	SBC Communications	
Nokia		

ragem fortemente. Das principais empresas, somente a Ericsson, a GTE e a Northern Telecom mantêm padrões de participação mais independentes e singulares.

Essa análise tem implicações importantes para as empresas envolvidas. Uma empresa com alta centralidade poderia questionar se muito conhecimento pode estar fluindo para fora da empresa (em particular se examinar a centralidade de grau para fora). Uma empresa com baixa centralidade poderia perguntar se há conexões suficientes para obter o conhecimento de que necessita para ser bem-sucedida. Os administradores também poderiam usar este referencial para avaliar se a empresa está nos agrupamentos corretos para levar o negócio adiante. Baseados nessa análise, os administradores poderiam querer reformular as ligações que definem a rede.

O IMPACTO DAS REDES DE CONHECIMENTO

Por que é importante esta análise de redes? Como indicado no exemplo do simulador de vôo, essas redes de conhecimento têm um impacto na evolução da tecnologia e no destino das empresas. Compreender esse impacto e gerenciar de forma ativa as redes de conhecimento pode oferecer vantagem às empresas.

As redes influenciam os resultados tecnológicos

Embora o pensamento tradicional sobre a evolução tecnológica reconheça a empresa como o local da inovação, estudos mais recentes reconhecem as muitas situações nas quais a seleção tecnológica resulta de muitas e variadas ações organizacionais independentes. Os padrões dominantes são resultado de processos em nível de comunidade.[32] Em outras palavras, como fica claro no exemplo do simulador de vôo, as tecnologias que dominam a maior parte do mercado não saem vitoriosas apenas por simples considerações técnicas e econômicas. Ao contrário, atividades sociais e políticas, como a construção de coalizão, têm lugar em redes de comunidades e determinam resultados tecnológicos. A influência da comunidade é ainda mais pronunciada quando a incerteza é alta, o investimento é grande, os produtos são sistêmicos e o conhecimento é fundamental – todas as condições que geralmente caracterizam as tecnologias emergentes.

Muitos estudos de caso históricos sugerem o poder de coalizões e redes na formação de resultados tecnológicos. O cancelamento do projeto britânico TSR 2 de aviões militares foi atribuído a ligações de rede incompletas entre atores críticos[33], e as diferenças na distribuição do fornecimento elétrico na Alemanha, no Reino Unido e nos Estados Unidos podem ser atribuídos a sistemas políticos diferentes que moldaram as ações das empresas.[34] De modo semelhante, os sistemas numericamente controlados podem ter dominado os sistemas bem mais eficientes de gravação e *playback* devido a ações coordenadas da GE, da MIT e das forças aéreas dos Estados Unidos.[35]

As redes afetam os destinos das empresas

As redes não afetam só a tecnologia, mas também o destino das empresas. Estudos indicaram que a posição da empresa na rede é associada ao sucesso (ou à ausência dele). Um estudo sobre as redes de alianças entre empresas de biotecnologia demonstrou a importância de uma "rede de aprendizagem".[36] O preço do ingresso a essa rede é a aceitação (por exemplo, uma aliança contratual) por parte de um membro da rede. Pesquisadores constataram que as empresas conectadas ao principal componente da rede alcançam taxas de crescimento mais altas e que as empresas localizadas mais centralmente na rede como um todo também. Assim, a aprendizagem por meio de ligações de rede é associada a um resultado de desempenho (o crescimento).

Vários estudos em setores de tecnologia reproduzem e ampliam essas constatações. Um deles constatou que empresas de biotecnologia financiadas por capital de risco partem mais rápido para a IPO e recebem valorização maior, quando os seus parceiros e investidores de capital em ações são mais proeminentes (isto é, concentram-se na centralidade de grau ponderado para atingir estes resultados da IPO).[37]

Como já se observou, os fluxos de conhecimento parecem dar sustentação à formação de alianças, e a formação de alianças dá sustentação aos fluxos de conhecimento. No setor de semicondutores, a pesquisa constatou que empresas com portfólios de patentes registradas formam mais alianças.[38] O estudo também constatou que as empresas em regiões com muitos espaços tecnológicos (onde a rede se define por registros de patente comuns a algumas empresas) também formam mais alianças. Um estudo feito no setor de produtos químicos demonstrou que o caráter inovador (definido pelos registros de patentes) é associado ao número de parceiros de aliança, ao número de parceiros dos parceiros de aliança e à autonomia estrutural na rede de alianças.[39]

GERENCIANDO AS REDES PARA OBTER VANTAGEM

Dada a importância dessas redes de conhecimento para resultados tecnológicos e de desempenho, surpreende a pouca atenção que os administradores lhes concedem. Em conversas com administradores na área de telecomunicações, na qual uma participação nas comissões de padrões é tão importante, eles nos disseram duas coisas surpreendentes. A primeira é que há pouca supervisão centralizada da participação nas atividades técnicas – grupos de trabalho autônomos tendem a enviar representantes à sua própria vontade, e o conhecimento por eles coletado não é compartilhado com outros administradores da empresa patrocinadora. Como os administradores podem determinar se estão alocando sabiamente esses recursos?

Eles também nos disseram que julgariam de valor a informação sobre a participação de outras organizações, mas que não tentaram coletar essas informações sistematicamente. Compreender a estrutura dos fluxos de conhecimento entre a comunidade não só ajuda as empresas a focalizar alvos para a criação de novas ligações de rede, como também podem ajudá-las a avaliar seus futuros concorrentes. Isto é, as informações sobre as sobreposições de conhecimento nos registros de patentes ou na participação nos comitês de padrões mostram quais são as empresas com as quais você competirá no futuro (em contraste com a informação de produto, que mostra as empresas com as quais você compete hoje).

Quando compreendem essas redes, as empresas podem reformulá-las para obter vantagem. Por exemplo, a Mitsubishi reformulou sua rede de conhecimento para obter vantagem. Os dados de registros de patente mostram que a Mitsubishi tinha uma posição de rede periférica entre os principais fabricantes japoneses de semicondutores em 1982.[40] Por meio do uso estratégico de alianças, a Mitsubishi desenvolveu suas capacidades tecnológicas e ocupou uma posição de rede bem mais central em 1992. Essa mudança na posição de rede foi acompanhada de um crescimento não só em registros de patente, mas também em participação de mercado.

Como os administradores podem começar a gerenciar de forma ativa essas redes de conhecimento? Existem várias etapas:

Visualize sua rede. Quem são os atores relevantes? Uma pergunta interessante para os administradores é como estabelecer as fronteiras de uma rede. A maioria dos estudos acadêmicos compõe as redes incluindo todas as empresas de um setor. Aqui se apresentam, contudo, duas preocupações práticas. Primeiro, para as tecnologias emergentes, em geral constatamos que as fronteiras entre setores são nebulosas, já que as tecnologias emergentes geralmente originam-se de uma convergência de setores. Neste caso, é útil examinar as relações entre as empresas, como as alianças, para expandir sua rede além das fronteiras do setor atual e pensar sobre os tipos de parceiros que os outros participantes estão buscando. Segundo, embora devêssemos incluir todas as empresas no setor para formar nossas redes, precisamos nos dar conta de que o nosso *conjunto de comparação* pode ser menor do que o setor inteiro. Por exemplo, nas redes dos celulares, a Omnipoint é uma empresa bem-sucedida que se concentra no PCS. Se comparássemos suas medidas de rede às das empresas diversificadas como a AT&T, elas pareceriam inferiores. Especificamente, a pontuação de centralidade de grau da Omnipoint em 1995 foi de apenas 136 (cerca de um quinto da pontuação obtida pela AT&T), e sua pontuação de centralidade de inter-relação de grau do centro foi de apenas 2,4 (apenas 4% da pontuação da AT&T). Sua posição, no entanto, é melhor do que essas avaliações poderiam indicar. A Omnipoint compete com um conjunto diferente de participantes e deveria comparar suas medidas de rede com esses participantes, ao mesmo tempo em que luta para obter posições de longo prazo como as empresas gigantes.

Quais são os tipos de ligações mais importantes que devem ser examinados? Como já se mostrou antes, pode-se utilizar uma infinidade de ligações para gerar as redes. A pergunta sobre quais ligações devem ser examinadas vai depender dos dados específicos do setor e da disponibilidade de dados. Em setores orientados por padrões como o das telecomunicações, os grupos técnicos são importantes e bem-documentados. Os dados de alianças são de fácil obtenção, em particular para empresas de capital aberto. Os dados de patente e de publicação também são úteis para setores baseados em conhecimento.

Calcule sua posição de rede. Com a imagem da rede em mente e os dados específicos em mãos, você pode calcular suas medidas de rede associadas à sua posição, assim como as medidas associadas aos seus concorrentes. É relativamente fácil avaliar medidas como centralidade de grau, e é bem útil ponderar essa medida de acordo com o *status* das empresas às quais você está conectado. Também há *softwares* disponíveis para auxiliar no cálculo de medidas mais complexas.[41] Como se sai a sua empresa?

Procure combinações únicas de conhecimento. O conjunto de ligações que a sua empresa mantém proporciona acesso a muitas fontes diferentes de conhecimento, ou duplica as mesmas fontes? A tendência de o conhecimento circular entre empresas na mesma região geográfica e também entre as empresas tecnologicamente semelhantes, é bem conhecida. Um estudo realizado sobre os fluxos de conhecimento no setor de semicondutores constatou que empresas recém-fundadas tendem a destinar recursos à criação de alianças com outras empresas que estejam na mesma região e sejam tecnologicamente semelhantes.[42] Essas empresas iniciantes também apresentam a tendência de contratar engenheiros de empresas similares. Será que elas estão dedicando os recursos disponíveis para campos nos quais já têm acesso a informações? Poderiam se sair melhor usando esses recursos limitados para aprender algo mais interessante de uma empresa distante? Calcular medidas como a da centralidade de interrelação pode ajudá-lo a avaliar a singularidade de sua posição na rede de conhecimento.

Procure maneiras de melhorar sua posição de rede e seus benefícios. As empresas possuem recursos limitados para destinar à obtenção de acesso ao conhecimento. A pergunta, então, é como você pode empregar esses recursos de um modo que maximize seus benefícios. Com a valorização da rede e as medidas em mãos, você pode se concentrar em fontes de informações não-redundantes e nos tipos de ligações que podem ser eficazes. Procure aumentar a centralidade de interrelação servindo de ponte para grupos desconexos.

Como exemplo, lembre-se de nossa rede hipotética da Figura 15.4. A empresa G pode aumentar drasticamente a centralidade desenvolvendo uma ligação com a empresa J. Se presumimos que a nova ligação G-J vá ser bidirecional, constatamos que a centralidade de grau de G e J aumenta em 1, enquanto a centralidade de grau de todas as outras empresas não se modifica. A mudança na centralidade de interrelação é ainda mais drástica, como mostra a Figura 15.7. Os valores de centralidade de interrelação aumentam para várias empresas (A, F, G, J e H), mas mais significativamente para G e J, já que controlam o fluxo de informações entre os dois agrupamentos previamente desconexos (veja a Figura 15.7). A empresa G e mesmo a empresa J, por fim, acabam vencendo a empresa A em sua capacidade de controlar e obter acesso a informações na nova rede.[43]

CONCLUSÕES

As tecnologias emergentes caracterizam-se por uma vasta incerteza. Não importa qual seja a forma que essas tecnologias adquiram no fim, ela, sem dúvida alguma, emergirá da ação coordenada de vários atores; assim, é primordial a importância de redes sociais e de uma construção política de coalizões.

Os administradores precisam enfatizar a compreensão sistemática das redes de conhecimento e sua gestão. Embora inúmeros autores enfatizem a importância

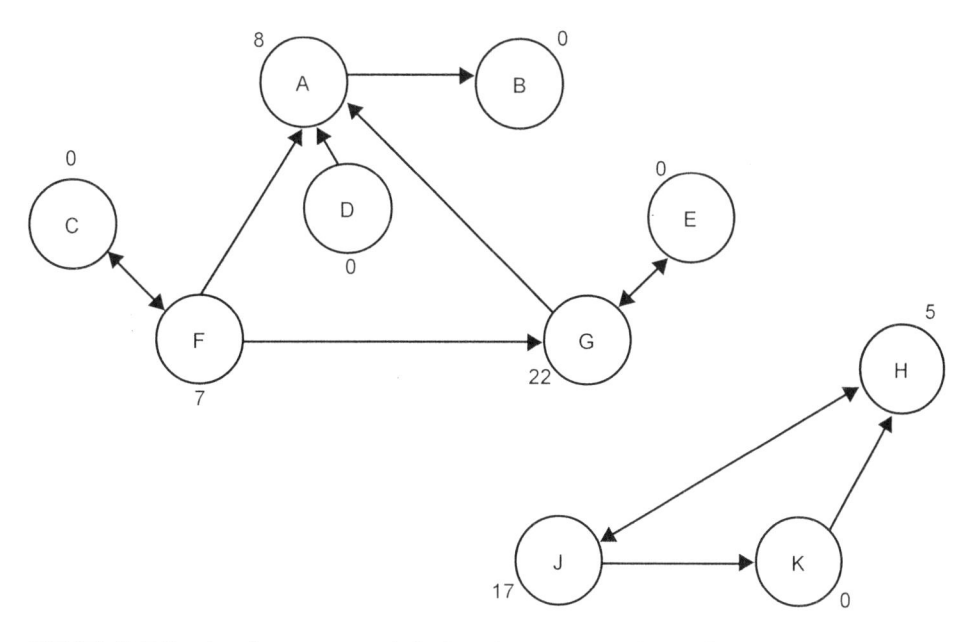

FIGURA 15.7 G e J melhoram sua posição de rede acrescentando um elo.

de manter o conhecimento de propriedade da empresa e de se proteger dos vazamentos de conhecimento, as muitas formas de ligações discutidas neste capítulo indicam que essa é uma tarefa difícil, se não impossível. Presumindo-se que o conhecimento flua entre as empresas, o desafio não é impedir esses fluxos, e sim gerenciá-los.

Os fluxos de conhecimento através de vários tipos de redes demonstraram influenciar tanto resultados tecnológicos como resultados específicos às empresas. Compete, portanto, aos administradores visualizar os potenciais atores em suas comunidades tecnológicas para que possam avaliar as conexões de rede entre esses atores e a posição de rede de suas empresas nessas estruturas. Apenas através dessa atividade os administradores podem aprimorar o emprego de seus recursos visando a uma atividade, de rede que influencie o desenvolvimento tecnológico e o papel de suas empresas nesse processo.

Gerenciar redes é um processo permanente. À medida que as empresas mudam as ligações que possuem na rede, outros participantes podem estar alterando as ligações que possuem. Muitos participantes em uma rede tentarão melhorar suas posições, assim as ligações estratégicas podem subir ou cair em valor. Gerenciar redes exige uma reavaliação constante e sistemática, que se move ao ritmo da evolução de atores e ligações existentes.

CAPÍTULO 16

UTILIZANDO ALIANÇAS PARA CONSTRUIR VANTAGEM COMPETITIVA EM TECNOLOGIAS EMERGENTES

JEFFREY H. DYER
Marriot School of Management

HARBIR SINGH
The Wharton School

As alianças desempenham um papel central no sucesso de empresas de tecnologia emergente. Com a alta incerteza e os altos custos do desenvolvimento de tecnologias, as alianças oferecem uma maneira de compartilhar recursos e distribuir o risco. São, contudo, muito difíceis de gerenciar, e muitas alianças não conseguem cumprir suas promessas. Neste capítulo, os autores examinam estratégias para criar e gerenciar alianças bem-sucedidas. Eles analisam os diferentes usos das alianças com a evolução da tecnologia – desde proporcionar janelas iniciais para tecnologias, até criar opções e conquistar um posicionamento com o amadurecimento da tecnologia. Também examinam quatro fatores-chave que determinam as vantagens criadas pelas alianças: compartilhamento de conhecimento, encontro de parceiros complementares, criação e gestão de ativos especializados específicos da parceria, e o estabelecimento de sistemas eficazes de governança.

A empresa farmacêutica Rhone Poulenc-Rorer (RPR) desenvolveu uma rede flexível de alianças com 19 parceiros para aprender mais sobre a pesquisa em terapia de genes. Essa rede de alianças serviu de elo para vários esforços de pesquisa, cada um proporcionando acesso a uma nova área tecnológica para a RPR. Essas alianças eram altamente flexíveis. Os parceiros moviam-se para dentro e para fora da rede com base na conquista de suas metas, ou com base nas prioridades estratégicas da RPR. Mas será que se trata de uma maneira eficaz de estruturar as alianças? Oferece alguma vantagem? Até agora não ficou claro se o conjunto de relacionamentos da RPR rendeu grandes lucros, mas ilustra a atenção e a criatividade que as empresas vêm concedendo a alianças nas empresas de tecnologia emergente.

As alianças são tão importantes para companhias de alta tecnologia que empresas como Hewlett-Packard, Xerox e Microsoft criaram novos cargos de "diretor de alianças estratégicas" para identificar e avaliar melhor os parceiros de aliança. Esses novos cargos, que agem como pontos de foco para a aprendizagem e a alavancagem das lições obtidas com as alianças antigas e as atuais, significam que as capacidades de criação e gestão de alianças são competências-chave para empresas de tecnologia emergente.

Durante as últimas duas décadas, verificou-se um acréscimo extraordinário nas alianças entre as empresas, em particular nos setores de tecnologia emergente. Entre 1980 e 1989, empresas dos setores emergentes da biotecnologia e de tecnologia de novos materiais informaram haver 1.277 alianças, em comparação a apenas 99 alianças nos segmentos de tecnologias solidificadas, de alimentos e bebidas e de produtos eletrônicos de consumo.[1] Recentemente, as estimativas dos números de alianças são ainda mais altas para os setores de tecnologia intensiva.

Por que as alianças são tão importantes para empresas de alta tecnologia? As alianças oferecem uma variedade de oportunidades para melhorar a posição competitiva de empresas de alta tecnologia como:

1. Oportunidades de aprender e adquirir novas tecnologias;
2. Acesso a recursos tecnológicos e capacidades complementares que se encontram em outras empresas;
3. Acesso a novos mercados;
4. Acesso a recursos que podem melhorar a posição competitiva da empresa (p. ex., minimizando os custos);
5. Oportunidades de influenciar ou mesmo controlar padrões tecnológicos.

Essas potenciais vantagens vêm forçando as empresas a desenvolver portfólios de alianças como parte de uma estratégia para competir de forma eficaz no mercado.

Contudo, é extremamente difícil gerenciar essas alianças. Uma grande porcentagem delas não consegue atingir as expectativas. De fato, alguns estudos indicam que aproximadamente metade das alianças acaba fracassando.[2] Entre os motivos para o fracasso, incluem-se a ausência de adequação organizacional (p. ex., conflitos culturais, administração deficiente de conflitos, ausência de mecanismos eficazes de coordenação), ausência de adequação estratégica (ao parceiro faltam recursos complementares viáveis, ativos, conhecimento) ou alterações nos objetivos estratégicos da parte de uma ou de ambas as empresas. Assim, ao mesmo tempo que as alianças podem criar valor econômico, elas também se mostram uma fonte riquíssima de risco. Como as empresas podem gerenciar as alianças para maximizar a probabilidade de sucesso?

Neste capítulo, descrevemos os principais motivos para se formar alianças e discutimos como o foco da aliança estratégica de uma empresa poderá variar de acordo com o estágio de evolução da tecnologia emergente. Também descrevemos como as capacidades-chave necessárias para o sucesso de uma aliança se modificam com a evolução da tecnologia (do setor). Esses *insights* podem ajudar os administradores a criar alianças de sucesso.

CARACTERÍSTICAS-CHAVE DE ALIANÇAS ESTRATÉGICAS

Uma aliança estratégica caracteriza-se por ser "um relacionamento *cooperativo* entre duas ou mais *organizações*, projetado para alcançar um *objetivo estratégico compartilhado*". Cada uma das palavras em itálico tem importância: o relacionamento precisa ser de natureza cooperativa para constituir uma aliança. Além disso, usamos o termo *organizações* amplamente, para incluir empresas, universidades ou agências governamentais. A idéia do objetivo estratégico compartilhado apresenta um aspecto: organizações parceiras podem ter vários objetivos relacionados à aliança: alguns compartilhados e outros não. Isso leva a uma das tensões que geralmente se associam às alianças: será que os benefícios dos objetivos compartilhados compensam os custos decorrentes do conflito entre os objetivos não-compartilhados? É necessário que essa tensão seja resolvida quando da formação de alianças.

As alianças constituem formas organizacionais singulares. Apresentam a tendência de possuir uma grande variedade de estruturas, implicam cooperação e competição simultâneas e são, com freqüência, temporárias. As alianças apresentam grande variedade de estruturas, a começar pelas alianças com participação acionária em comparação às que não possuem participação acionária. As alianças sem participação acionária tendem a ser governadas por um contrato, o qual delineia os papéis e as responsabilidades de cada parte envolvida. As alianças com participação acionária geralmente tomam a forma de *joint ventures*, que têm uma estrutura organizacional separada da das matrizes. Para os propósitos da nossa discussão, referimo-nos ao espectro inteiro de alianças, a não ser quando explicitamente declarado.

A coexistência da cooperação e da competição representa um traço das alianças estratégicas, tanto que se chegou a cunhar um novo termo, a *co-opetição*, para descrevê-la.[3] Esse desafio é levado ao extremo quando as empresas são concorrentes tradicionais em suas áreas de atuação, e a aliança se dá em um segmento do mercado no qual as empresas escolheram cooperar. Manter as fronteiras da cooperação e da competição bem-definidas e fáceis de discernir representa um desafio significativo. Muitas alianças bem-concebidas caíram vítimas da tensão entre forças cooperativas e forças competitivas.

Uma das características da organização com capacidades de relacionamento é a competência dos administradores e funcionários de caminhar com eficácia sobre a linha existente entre o comportamento cooperativo, quando necessário, e o comportamento que protege os ativos de propriedade da empresa. No ambiente cooperativo, o comportamento-chave desejável é aquele que maximiza a vantagem competitiva conjunta, enquanto, no ambiente competitivo, é aquele que maximiza a vantagem competitiva individual da empresa. De modo semelhante, em termos de recursos de propriedade da empresa, como as tecnologias-chave, o comportamento cooperativo implicaria compartilhar esses recursos, enquanto o comportamento competitivo implicaria protegê-los ao mesmo tempo em que se tenta absorver o máximo possível dos recursos do parceiro.

UMA PERSPECTIVA ESTRATÉGICA SOBRE A FORMAÇÃO DE ALIANÇA

Por que é mais provável que empresas em setores de tecnologia emergente ingressem em alianças do que empresas que atuam em setores de produtos tecnologicamente maduros? A razão fundamental é a *incerteza de mercado*, uma combinação da incerteza sobre a demanda e do desenvolvimento tecnológico.

Essa combinação de incertezas de demanda e incertezas tecnológicas nos setores de tecnologia emergente naturalmente aumenta os riscos do negócio. Em particular, essas incertezas de mercado aumentam os riscos associados ao desenvolvimento interno de ativos, de recursos ou de capacidades. Esses riscos são mais altos quando existe muita incerteza de mercado, devido a duas razões básicas. Primeiro, o desenvolvimento interno toma tempo. Recursos importantes e de valor não podem se desenvolver do dia para a noite, porque estão geralmente sujeitos a deseconomias da limitação de tempo.[4] Isso apresenta um problema especial nos setores de alta tecnologia porque a velocidade é importante especialmente quando a incerteza é alta – em parte porque existem vantagens poderosas para o primeiro entrante, associadas à possibilidade de se ser o primeiro a levar ao mercado a nova tecnologia (p. ex., construir uma base instalada ou tornar-se o padrão do setor). A incapacidade de responder com rapidez às oportunidades de mercado pode fazer com que a empresa perca para os seus concorrentes em uma determinada arena tecnológica.

Segundo, o investimento interno geralmente exige um comprometimento de recursos e de ativos com uma direção tecnológica ou uma trajetória em particular. Muitos desses comprometimentos envolvem investimentos em ativos especializados, que aumentam os custos e levam a barreiras altas de saída, reduzindo, assim, a flexibilidade da empresa em responder às incertezas de mercado.[5] Isso poderia explicar por que as pesquisas indicam um relacionamento negativo entre a incerteza técnica e a integração vertical.[6] "Assim, um segmento altamente volátil, caracterizado por mudanças tecnológicas freqüentes, não será atraente para altos níveis de integração [vertical]."[7] Em vez de efetuar esses investimentos diretos, as empresas voltam-se para as alianças, a fim de diminuir os custos e aumentar a flexibilidade. As alianças oferecem maior velocidade e flexibilidade de resposta às incertezas do mercado.

USANDO AS ALIANÇAS PARA CRIAR VANTAGEM

Embora a incerteza de mercado explique por que as alianças são importantes para o sucesso competitivo nos setores que lidam com tecnologia emergente, ela não explica o papel específico das alianças ou a maneira como ajudam as empresas a alcançar vantagem competitiva. As alianças desempenham papéis diferentes durante a evolução da tecnologia – de um estágio inicial, caracterizado por um alto grau de incerteza de mercado, a um estágio maduro, caracterizado por um grau bem mais baixo de incerteza de mercado, como ilustra a Figura 16.1. As alianças estratégicas relacionadas a cada estágio dessa evolução são mostradas na Tabela 16.1. Durante o estágio inicial do desenvolvimento, as alianças oferecem janelas para o aprendizado sobre correntes diversas de tecnologia. À medida que tecnologias promissoras começam a surgir, utilizam-se as alianças para criar opções para investimentos futuros. Por fim, conforme a promessa dessas tecnologias torna-se mais clara, utilizam-se as alianças para situar a empresa no contexto de novos setores emergentes.

No início da pesquisa e desenvolvimento, existem muitas perguntas sem respostas, muitas direções tecnológicas possíveis que a empresa pode tomar e uma grande incerteza em relação ao funcionamento da tecnologia como imaginado. Com o tempo, à medida que continua o desenvolvimento do espectro de tecnologias relacionadas (internamente e talvez com a assistência dos parceiros de aliança), a incerteza se reduz. A empresa pode, com maior certeza,

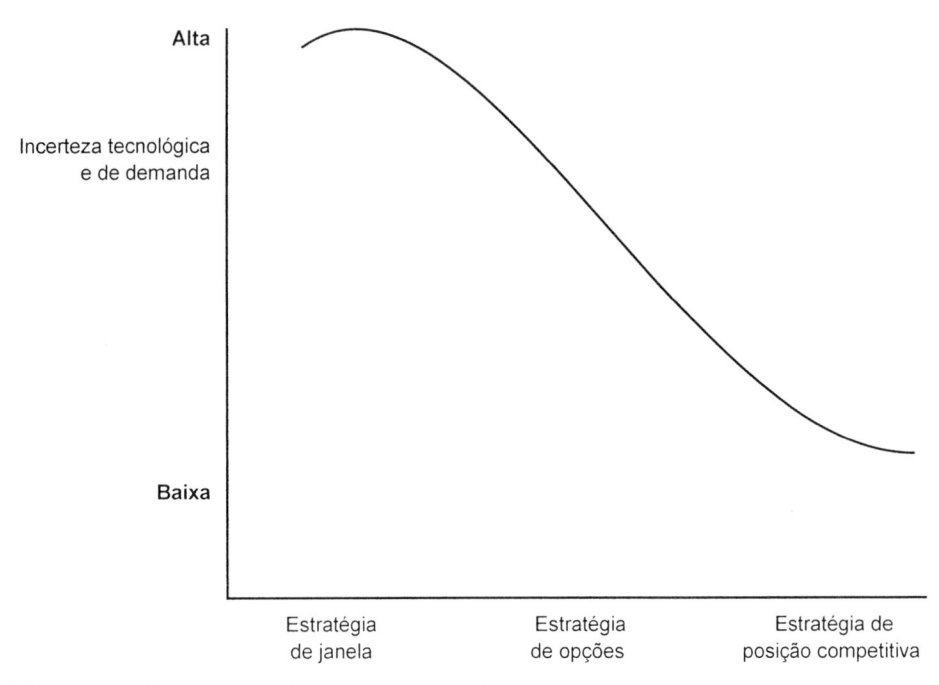

FIGURA 16.1 Como as estratégias de aliança mudam com o tempo.

prever quais são as tecnologias que funcionarão e se o mercado se materializará para uma tecnologia em particular. Por fim, conforme novas tecnologias vão se incorporando a produtos ou serviços comercializados, a incerteza se reduz ainda mais porque a empresa é capaz de adquirir conhecimento adicional monitorando a aceitação do mercado.

Em cada um desses estágios do desenvolvimento da tecnologia, as alianças servem a um propósito diferente:

- *Abrir janelas*. Durante a fase inicial, quando o mercado e a incerteza técnica estão no auge, as empresas podem fazer alianças que usam uma "estratégia de janela": utilizam-se alianças como janelas que monitoram um espectro de tecnologias relacionadas ou complementares. A razão primordial para se fazer tais alianças é a aquisição de conhecimento que auxiliará a empresa a desenvolver mais a tecnologia e/ou reduzir a incerteza quanto aos pontos fortes da tecnologia, em comparação a possíveis tecnologias substitutas.
- *Explorar opções*. À medida que a tecnologia (e aquelas relacionadas e complementares desenvolvidas por outras empresas) amadurece, a empresa ainda pode ter incerteza em relação a que tecnologias serão vencedoras no futuro, mas pode ter informações suficientes para fazer algumas apostas calculadas. Pode haver um número de tecnologias novas competindo no mercado. Assim, é possível utilizar as alianças como "estratégia de opções" ou como oportunidade de obter acesso a tecnologias vencedoras no futuro.

- *Ganhar posição.* Por fim, à proporção que determinadas tecnologias são incorporadas a produtos e serviços que competem no mercado, é mais provável que se utilizem alianças para aumentar a posição competitiva da empresa e de seus parceiros de aliança. Assim, também é mais provável que se usem alianças como "estratégia de posição competitiva" para reduzir os custos, influenciar a estrutura de mercado ou ganhar acesso a mercados, ou para diferenciar melhor uma oferta de produto.

As alianças em cada estágio apresentam diferentes objetivos estratégicos, fatores-chave de sucesso e problemas em potencial, como resume a Tabela 16.1.

Abrindo janelas

Nos estágios iniciais da evolução de uma tecnologia emergente, existem níveis muito altos de incerteza, tanto tecnológica como mercadológica. A formação de alianças nesse estágio se guiará por uma estratégia de janela, na qual a empresa forma alianças para abrir janelas para as atividades tecnológicas na área. Neste estágio, a ênfase reside em um rastreamento eficaz das tecnologias e no aprendizado. As empresas que possuem um mercado ou tecnologia afetados pela tecnologia emergente tentarão formar aliança com empresas que possuem tecnologias promissoras. Por exemplo, a rede de alianças da Rhone Poulenc-Rorer, formada por 19 parceiros, foi usada para conquistar janelas em várias correntes de tecnologia que podem ser necessárias para sua pesquisa na terapia de genes. A empresa criou novas parcerias e se desfez de algumas, à medida que o potencial tecnológico delas se comprovava ou não se mostrava eficaz. Um fator importante de sucesso é a absorção do conhecimento: a capacidade de absorver o *know-how* tecnológico e de nele desenvolver uma presença com o tempo. Uma dificuldade importante no estágio de janela é o potencial vazamento das tecnologias da empresa ao buscar abrir janelas para as tecnologias do parceiro. A área da biotecnologia apresenta um número consi-

TABELA 16.1 Resumo dos elementos de uma aliança

	Estratégia de janela	Estratégia de opções	Estratégia de posição competitiva
Objetivos estratégicos	Monitoramento do aprendizado	Construção de plataformas	Vantagens de escala
Principais fatores de sucesso	Rastreamento eficaz Absorção de conhecimento	Escalonamento Capacidade de avaliar tecnologias	Eficácia operacional e de escala Capacidade de identificar recursos complementares
Principais dificuldades	Vazamento de conhecimento	Valor de opção	Velocidade e capacidade de responder (dependência do parceiro)

deravelmente grande de alianças, e as alianças para pesquisa básica tendem a ser o tipo mais freqüente de parceria.

Neste estágio geralmente se gerenciam redes flexíveis de aliança. As tecnologias que conseguem produzir aplicações fortes de mercado são muito incertas. Em geral as empresas usam alianças para buscar vários caminhos. Os estudos sobre as inovações em biotecnologia revelaram que o local da inovação é a rede, em vez da empresa em si. Isso se deve em parte ao uso de alianças como janelas para a pesquisa de outras empresas.

Explorando opções

À medida que tecnologias emergentes evoluem, a incerteza tecnológica e mercadológica se reduz. Neste estágio, o papel das alianças se desloca para a criação de estratégias reais de opções para a empresa. A névoa da incerteza cedeu um pouco, mas ainda existem vários caminhos para obter vantagem no mercado futuro. Nessas situações, há decisões difíceis que precisam ser tomadas: comprometer-se prematuramente com um caminho tecnológico pode não ser sábio se a tecnologia provar-se malsucedida. Comprometer-se com um grande número de projetos, contudo, não seria exeqüível em um ambiente de recursos limitados. Em uma situação assim, o uso de alianças múltiplas, cada uma representando um caminho possível, constitui uma resposta apropriada.

Para ilustrar, a Intel é uma empresa que utiliza uma abordagem de opções em muitas de suas alianças, em particular com empresas que buscam desenvolver novas tecnologias para a Internet. A companhia entende que certas tecnologias novas de Internet apresentam alto potencial, além de impor uma potencial ameaça, pois poderiam permitir que os usuários fizessem uso de aplicações, de dados e de poder de processamento através de dispositivos relativamente simples e baratos de *desktop*. Essas tecnologias poderiam ser devastadoras para o ramo dos microprocessadores da Intel e, portanto, foram classificadas pelo CEO da Intel, Andrew Grove, tendo o potencial de "representar uma mudança enorme para o negócio da Intel". Para proteger-se do risco, a Intel alocou mais de meio bilhão de dólares em capital de risco, adquirindo posições acionárias (comprando opções) em mais de 50 empresas, muitas delas envolvidas no desenvolvimento de novas tecnologias para a Internet.[8]

Ganhando posição

Com o tempo, a incerteza tecnológica e de demanda diminui o suficiente para permitir que se busquem vantagens de *posição* no mercado. Nessas situações, utilizam-se as alianças para obter vantagens baseadas em escala ou em escopo e melhorar as posições de mercado das empresas participantes. As empresas encontram parceiros com capacidades complementares neste estágio, tentando criar uma combinação de empresas com os melhores recursos do setor. Um estudo realizado sobre alianças nos setores de tecnologia média a baixa constatou que o motivo mais importante para a formação de alianças era a obtenção de acesso ao mercado e posicionamento.[9] Essa constatação contrastou com aquela obtida nos setores que lidam com alta tecnologia, nos quais se utilizaram alianças para a obtenção de acesso a tecnologias complementares, a redução do período de inovação, ou para a pesquisa básica.

Um exemplo do uso de alianças para posicionamento e comercialização de tecnologias mais desenvolvidas é a *joint venture* entre a Xerox e a Fuji, no Japão, criada em 1967, a qual garante a fabricação e o *marketing* de equipamentos para fotocópia no Japão. A Xerox tinha as patentes da tecnologia, mas enfrentava incerteza de mercado e não sabia se tentava conquistar o mercado japonês sozinha. Não tinha nenhuma experiência de fabricação no Japão (e tinha competência de fabricação relativamente fraca em comparação à da Fuji), tendo pouco acesso às complicadas redes de distribuição japonesas e quase nenhuma familiaridade com elas. Uma parceria com a Fuji concedeu à Xerox as capacidades e os recursos complementares dos quais necessitava para se embrenhar de forma agressiva no mercado japonês e conquistar vantagens de posição competitiva ao fornecer copiadoras de alta qualidade que supriam os segmentos de preço médio e alto.

Os objetivos e as abordagens para a formação de alianças variam de acordo com o estágio de desenvolvimento da tecnologia, as competências técnicas da empresa e o ambiente competitivo. Qualquer que seja o propósito da aliança, porém, existe um conjunto de "capacidades relacionais" superiores que podem ajudar as empresas a formar alianças bem-sucedidas e com elas gerar valor. Será sobre essas capacidades que versará a seção seguinte.

ESTRATÉGIAS PARA ALIANÇAS DE SUCESSO: CONSTRUINDO VANTAGENS RELACIONAIS

Como se observou na abertura do capítulo, muitas alianças não conseguem corresponder a todo o potencial que possuem. O que as empresas podem fazer para gerenciar suas alianças com mais eficácia? Quatro estratégias-chave contribuem para o sucesso e constroem vantagem relacional:[10]

1. Criar rotinas de compartilhamento de conhecimento;
2. Escolher parceiros complementares;
3. Construir e gerenciar ativos co-especializados;
4. Estabelecer processos eficazes de governança.

No contexto dos setores de alta tecnologia, as empresas utilizam esses quatro mecanismos para obter vantagem relacional ou para desenvolver vantagens competitivas. O objetivo estratégico da aliança influencia a importância relativa de cada um desses mecanismos, além das capacidades de que as empresas precisam para realizar com eficácia o potencial completo de suas alianças (p. ex., as rotinas de compartilhamento de conhecimento são relativamente mais importantes quando uma empresa está usando uma aliança como janela para novas tecnologias).

Criando rotinas de compartilhamento de conhecimento

Com a evolução da aliança, há a necessidade de se desenvolverem maneiras eficazes de compartilhar o conhecimento. A pesquisa mostra que o conhecimento encontra-se nas rotinas de gestão usadas pelas empresas. Construir rotinas eficazes de compartilhamento de conhecimento constitui um elemento importante para obter retornos com alianças. É bem provável que o compartilhamento e a aquisição de conhecimento sejam particularmente importantes quando se utiliza a aliança como janela para uma nova tecnologia.

A aprendizagem interorganizacional é essencial para o sucesso competitivo, pois as empresas geralmente aprendem muito colaborando com outras empresas.[11] Por exemplo, em alguns setores (como o de instrumentos científicos), mais de dois terços das inovações vieram de sugestões ou idéias iniciais do cliente. Portanto, transferir esse conhecimento dos clientes para a empresa é importantíssimo para o sucesso. Uma rede com mecanismos de transferência de conhecimento entre usuários, fornecedores e fabricantes deve ser capaz de "superar em inovação" as redes com rotinas menos eficazes de compartilhamento de conhecimento.[12]

Além de entender os benefícios das rotinas de compartilhamento de conhecimento, é importante compreender-se *como* os parceiros criam rotinas de compartilhamento de conhecimento que resultam em vantagem competitiva. O conhecimento pode dividir-se em dois tipos: (1) *informação* e (2) *know-how*.[13] A informação se define como um conhecimento de fácil codificação, que pode ser transmitido de forma clara, incluindo "fatos, proposições axiomáticas e símbolos".[14] Em comparação, o *know-how* envolve um conhecimento tácito, "fluido", complexo e de difícil codificação.[15]

O *know-how* é também difícil de imitar e de transferir. Essas propriedades também sugerem, no entanto, que, comparado à informação, o *know-how* provavelmente resultará em vantagens sustentáveis. Conseqüentemente, é bem provável que os parceiros de alianças eficazes em transferir *know-how* superem em desempenho os concorrentes que não o são.

A capacidade de explorar fontes externas de conhecimento depende, em grande parte, de um conhecimento anterior relacionado ou da "capacidade de absorção" de conhecimento. A capacidade de absorção é "a competência de uma empresa de reconhecer o valor de novas informações externas, assimilá-las e aplicá-las a fins comerciais".[16] Essa definição sugere que, se uma empresa tem capacidade de absorção, é igualmente capaz de aprender com todas as outras organizações. Embora Cohen e Levinthal concentrem-se na capacidade de absorção de uma empresa, o conceito é particularmente útil ao se pensar em como os parceiros de aliança podem, de forma sistemática, engajar-se em aprendizagem interorganizacional. Assim, a *capacidade de absorção específica ao parceiro* refere-se à idéia de que uma empresa tenha desenvolvido a competência de reconhecer e de assimilar conhecimento *de um parceiro de aliança em particular*. Essa capacidade implicaria na implementação de um conjunto de processos interorganizacionais que permitissem às empresas colaboradoras identificar sistematicamente o *know-how* de valor e depois transferi-lo entre as fronteiras organizacionais. A capacidade de absorção específica a parceiros depende de: (1) até que ponto os parceiros desenvolveram bases de conhecimento sobrepostas e (2) até que ponto os parceiros desenvolveram rotinas de interação que maximizam a freqüência e a intensidade de suas interações. A capacidade de assimilar conhecimento depende, em grande parte, de saber se a empresa possui ou não bases de conhecimento sobrepostas.[17] Assim, esse é um componente crítico da capacidade de absorção específica ao parceiro. Ademais, a capacidade de absorção específica ao parceiro aumenta à medida que os indivíduos se conhecem bem o bastante para saber *quem sabe o que e onde reside o know-how crítico* dentro de cada empresa. Em muitos casos, esse conhecimento desenvolve-se informalmente ao longo do tempo através das interações. Pode ser possível, porém, a codificação de, pelo menos, alguns desses conhecimentos.

Por exemplo, a Fuji e a Xerox tentaram codificar esse conhecimento criando uma "matriz de comunicações" que identifica um conjunto de questões relevantes (p. ex., produtos, tecnologias, mercados) e depois identifica os indivíduos (por funções) que possuem *know-how* relevante naquela questão em particular dentro da Fuji-Xerox e dentro da Fuji e da Xerox, em separado. Essa matriz fornece informações valiosas sobre o local onde reside o *know-how* relevante dentro das empresas parceiras. Esse exemplo ilustra que os parceiros podem aumentar a capacidade de absorção específica desenhando rotinas que facilitam a comunicação. Esses tipos de rotinas são particularmente importantes porque as transferências de *know-how* geralmente envolvem um processo interativo de troca, e o sucesso dessas transferências vai depender de a equipe das duas empresas desfrutarem de interações face a face diretas, íntimas e extensivas.[18]

Por fim, para gerar vantagem através de rotinas de compartilhamento de conhecimento, os parceiros de aliança precisam de incentivos para ser transparentes, transferir conhecimento e não "pegar carona" no conhecimento adquirido com o parceiro. Em particular, a empresa transferidora precisa ter o incentivo de dedicar os recursos exigidos para a transferência do *know-how*, já que geralmente há custos significativos durante a transferência que são comparáveis aos custos incorridos pela empresa recebedora. Assim, os mecanismos empregados para gerenciar a relação de aliança (discutidos a seguir) devem criar incentivos apropriados para o compartilhamento do conhecimento. Podem ser incentivos formais (p. ex., acordos de capital) ou normas informais de reciprocidade. Os acordos de capital são, em particular, eficazes ao alinhar os incentivos dos parceiros e, portanto, promover maiores transferências de conhecimento do que os acordos contratuais.

Escolhendo parceiros complementares

Existe prioridade para a escolha de parceiros cujos ativos complementam os ativos da empresa que busca parceria. Quanto maior for a complementaridade dos ativos envolvidos, maiores serão os retornos advindos da combinação dos ativos sob a rubrica de uma aliança estratégia. Isso é especialmente importante quando uma empresa está escolhendo parceiros de aliança como parte de uma estratégia de opções. A informação sobre os potenciais parceiros é um recurso fundamental, e a capacidade de avaliar e de prever o valor potencial e a complementaridade dos recursos objetos da aliança é importantíssima.

Definimos a herança dos recursos complementares como recursos distintivos dos parceiros de aliança que, em conjunto, geram uma maior vantagem competitiva do que a soma das vantagens obtidas das heranças individuais de cada parceiro. Para que esses recursos gerem vantagem por meio de uma aliança, nenhuma das empresas na parceria pode comprar os recursos relevantes em um mercado secundário. Além disso, esses recursos precisam ser indivisíveis, criando, assim, um incentivo para cada empresa formar a aliança a fim de obter acesso aos recursos complementares.

A aliança da Apple Computer Inc. com a Sony Corporation, cujo objetivo era fabricar os computadores Powerbook da Apple, é um exemplo de como a vantagem competitiva pode ser gerada pela combinação de heranças de recursos complementares. A aliança Apple-Sony vinculou a capacidade da Apple de projetar computadores de fácil uso à capacidade de miniaturização da Sony, incluindo o *know-how* de fabricação necessário para fazer produtos compactos. Nenhuma das duas empresas conseguiria desenvolver o Powerbook individualmente.

Um estudo feito sobre alianças estratégicas globais em biotecnologia constatou que a complementaridade de recursos específicos a empresas e a países entre empresas domésticas e estrangeiras, foi um fator crucial na formação das alianças.[19] A complementaridade, nestes casos, consistiu nos vínculos entre as capacidades de pesquisa básica das empresas estadunidenses com o conhecimento local e as capacidades de distribuição de seus parceiros nos mercados externos.

Em cada um dos casos descritos, os parceiros de aliança trouxeram recursos distintivos, que, quando combinados com os recursos do parceiro, resultaram em um efeito sinérgico no qual *as heranças combinadas de recursos eram de mais valor, mais raras e mais difíceis de imitar do que antes de serem combinadas*. Em conseqüência, essas alianças produziram posições competitivas mais fortes do que as alcançáveis pelas empresas operando individualmente.

Nem todos os recursos de um potencial parceiro de aliança serão complementares. Na avaliação das vantagens relacionais proporcionadas por uma determinada aliança, os parceiros deveriam examinar os recursos que teriam sinergia com os seus próprios recursos. Com o aumento dos recursos sensíveis à sinergia dos parceiros, aumenta também o potencial de ganho de vantagem relacional através da combinação dos recursos complementares.

Vários desafios são enfrentados pelas empresas que tentam gerar uma vantagem relacional através de recursos complementares. Primeiro, elas precisam descobrir a existência uma da outra e reconhecer o valor potencial da combinação de seus recursos. Se os potenciais parceiros de aliança possuíssem informações perfeitas, facilmente poderiam calcular o valor de combinações diferentes de parceiros e depois, de modo racional, formar uma aliança com o parceiro ou parceiros que geram o maior valor combinado. Freqüentemente é muito caro e difícil (se não impossível) estabelecer um valor aos recursos complementares de parceiros em potencial. Com efeito, as empresas variam na capacidade de identificar parceiros e de atribuir valor a seus recursos complementares por três razões principais:

1. *Diferenças em experiências prévias*. As empresas com níveis mais altos de experiência em gestão de aliança podem ter uma visão mais precisa dos tipos

de combinações parceiro/recurso que lhes permitem gerar retornos acima do normal. Uma experiência prévia de aliança resulta em mais oportunidades de ingressar em alianças futuras, presumivelmente devido ao desenvolvimento de capacidades e de reputação.
2. *Diferenças na capacidade de busca e avaliação.* Muitas organizações estão desenvolvendo maneiras de acumular conhecimento sobre como selecionar parceiros através da criação de uma função de "aliança estratégica". Por exemplo, empresas como Hewlett Packard, Xerox e Microsoft nomearam um diretor de Alianças Estratégicas com equipe e recursos próprios. A função desses indivíduos é identificar e avaliar parceiros de aliança, além de monitorar e coordenar as alianças atuais de suas empresas. A criação da função de administrador de alianças assegura responsabilidade na seleção e gestão dos parceiros. Também garante a acumulação de conhecimento sobre parcerias bem-sucedidas e sobre práticas eficazes de gestão de aliança. Existe oportunidade para se codificar parte desse conhecimento, como exemplificado pelo fato de que algumas empresas, como a Hewlett Packard, criaram manuais que buscam codificar conhecimento específico à formação de alianças. (A Hewlett Packard possui 60 ferramentas e padrões diferentes para gerir alianças incluídos em um manual de 300 páginas.) A Lotus Corporation criou "35 regras empíricas" para gerir cada fase de uma aliança, da formação à fase final. Outras empresas, como a Xerox, a SmithKline Beecham e a Oracle, adotaram abordagens similares.
3. *Diferenças na capacidade de adquirir informações sobre parceiros devido a posições diferentes em suas redes sociais/econômicas.* Por fim, a capacidade de uma empresa de identificar e avaliar parceiros com recursos complementares depende de até que ponto ela tem acesso a informações acuradas e oportunas sobre os potenciais parceiros. A criação de uma função para esta finalidade provavelmente facilitará a aquisição dessa informação, mas também depende de até que ponto a empresa ocupa uma posição rica em informações nas redes sociais/econômicas. As empresas que ocupam posições centrais de rede, com maiores ligações de rede, têm um acesso superior a informações e, portanto, mais probabilidade de aumentar seu número de alianças.

Até agora, nossa discussão focalizou os benefícios de combinar recursos com *complementaridade estratégica*. Contudo, uma vez identificado um possível parceiro com os recursos complementares exigidos, outro desafio é desenvolver a *complementaridade organizacional*, ou os mecanismos organizacionais para obter acesso aos benefícios dos recursos complementares estratégicos. A capacidade dos parceiros de aliança de alcançarem estes benefícios fica condicionada à compatibilidade nos processos de decisão, nos sistemas de informação e de controle e na cultura.[20] Embora a complementaridade dos recursos estratégicos crie o *potencial* para vantagem competitiva, essa vantagem só pode se realizar se as empresas tiverem sistemas e culturas suficientemente compatíveis para facilitar uma ação coordenada. A pesquisa sugere que a razão principal dos fracassos, tanto em aquisições como em alianças, *não* foi o fato de as duas empresas não possuírem recursos complementares estratégicos, mas sim de não possuírem sistemas de operação, processos de tomada de decisão e culturas compatíveis.²¹ Os administradores precisam distinguir entre a complementaridade inicial (complementaridade estratégica), baseada em possíveis combinações de recursos, e as complementaridades efetivadas (complementaridade organizacional), baseadas nos resultados de cooperação entre as empresas envolvidas na parceria.²² Tanto a complementaridade estratégica como a organizacional são importantíssimas para a realização dos potenciais benefícios de uma combinação de recursos complementares estratégicos.

Construindo e gerenciando ativos co-especializados

Embora os ativos complementares trazidos pelos parceiros sejam importantes no início da aliança, com o tempo novos ativos se criam como resultado do fato de a parceria se tornar cada vez mais importante. As alianças bem-sucedidas precisam de um processo de gerenciamento de ativos e de capacidades que seja ligado distintamente à parceria e desenvolvido por cada parceiro. O conhecido economista Oliver Williamson (1985) identificou três tipos de ativos que podem ser criados pelas empresas e que poderiam ser co-especializados: a especificidade de ativos locais, físicos e humanos.²³ A *especificidade de local,* ou de proximidade física, refere-se à situação em que os processos de produção se localizam em proximidade um do outro. Os investimentos específicos no local podem reduzir substancialmente os custos de estoque e de transporte e podem baixar os custos de coordenação de atividades.²⁴ A *especificidade de ativo físico* refere-se aos investimentos de capital específicos à transação (p. ex., em maquinaria, em ferramentas e em matrizes criadas sob medida) adaptando os processos aos parceiros. A especialização do ativo físico permite uma diferenciação de produto e pode melhorar a qualidade ao aumentar a integridade ou a adequação do produto.²⁵ A *especificidade do ativo humano* refere-se ao *know-how* específico à transação, acumulado pelos atores ao longo de relacionamentos duradouros (p. ex., os engenheiros de vendas que aprendem os sistemas e os procedimentos idiossincráticos do comprador). A co-especialização aumenta à medida que os parceiros de aliança desenvolvem experiências trabalhando juntos e acumulam informações, linguagem e *know-how* especializados que lhes permitem comunicar-se de forma eficiente e eficaz. A especificidade do ativo humano reduz os erros de comunicação, resultando, assim, em qualidade mais alta e ciclos mais rápidos de tempo de desenvolvimento de produto.²⁶

É bem provável que esses ativos co-especializados sejam particularmente importantes para as estratégias de posição competitiva ou para a conquista de eficiências operacionais. Esses investimentos geralmente se dão ao longo do tempo, mas podem aprimorar o desempenho da aliança, como ilustrado pelas alianças formadas por muitas empresas do Vale do Silício ao final dos anos 1980. A Hewlett Packard e outras empresas do Vale do Silício melhoraram muito seu desempenho desenvolvendo parcerias duradouras com empresas próximas fisicamente.²⁷ Essa proximidade nos setores de alta tecnologia "facilita enormemente a colaboração exigida por tecnologias emergentes e complexas que envolvem interação permanente, ajuste mútuo e aprendizagem".²⁸ Como observou o diretor de materiais da Sun Microsoft, Scott Metcalf: "No mundo ideal, traçaríamos um raio de 100 quilômetros e faríamos todos os nossos fornecedores localizarem suas instalações nessa área".[29] A proximidade física criada por investimentos específicos facilita a cooperação e a coordenação entre empresas, melhorando o desempenho. Uma vantagem decorrente da personalização de ativos é a dificuldade dos concorrentes em imitá-la, pois ela exige tempo, dinheiro e pode significar investimentos irreversíveis.

Isso significa que as empresas envolvidas em alianças tendem a adaptar seus ativos umas às outras, de modo que sua combinação dos ativos tenha valor singular. Uma das vantagens que surgem da personalização específica de ativos, denominada *especificidade de ativos*, é que torna-se difícil de ser imitada pelos concorrentes e é muito complicado concorrer com ela.

Além disso, a capacidade de substituir ativos de propósito específico por ativos de propósito geral é influenciada pelo volume total de transações entre os parceiros de aliança. Assim como empresas que conquistam economias de escala são capazes de aumentar a produtividade substituindo ativos de propósito específico por ativos de propósito geral, os parceiros de aliança também são capazes de aumentar a eficiência à medida que aumenta o volume das transações entre elas.

Estabelecendo processos eficazes de governança

À medida que parceiros de aliança criam mais ativos co-especializados, também aumentam seus riscos. Quanto mais especializados se tornam esses recursos, menor será seu valor para usos alternativos. Isso aumenta os riscos de oportunismo por parte dos parceiros.[30] Para os parceiros firmarem esse tipo de comprometimento com a aliança, um sistema eficaz de governança é essencial. Esse mecanismo para o gerenciamento do relacionamento ajuda a minimizar os custos de transação, melhorando assim a eficiência.[31]

As empresas usam uma combinação de mecanismos formais e informais para governar relacionamentos de aliança. Os mecanismos formais incluem o uso de contratos legais (com uma linguagem contratual rigorosa), composição de conselhos para supervisão da operação de e/ou investimentos financeiros, como ações ou outros títulos. Os mecanismos informais incluem a construção de uma confiança interpessoal entre os parceiros e o estabelecimento da reputação das empresas no mercado. (É menos provável que uma empresa se comporte de modo oportunista se um comportamento assim fizer com que sua reputação saia prejudicada.)

Em geral, em setores de alta tecnologia, os mecanismos informais e as obrigações financeiras (que alinham os incentivos das partes) são superiores aos acordos contratuais (embora seja mais provável que os contratos sejam usados em acréscimo a mecanismos informais). Existem duas razões principais para mecanismos informais serem superiores, como acordos de governança de aliança. Primeiro, mecanismos informais são "acordos que se auto-reforçam," são mais flexíveis e permitem que os parceiros de aliança ajustem o acordo em resposta a mudanças de mercado imprevistas.[32] Se os parceiros de aliança precisarem reescrever um contrato para responder a mudanças de mercado, isso diminuirá sua capacidade de resposta. As alianças governadas por mecanismos informais respondem à incerteza de mercado com mais flexibilidade. Segundo, um acordo de governança que envolve uma participação acionária alinha os retornos a serem obtidos pelos parceiros da aliança. Os acordos contratuais geralmente identificam apenas as exigências mínimas de um parceiro, mas não oferecem incentivos para os esforços e os recursos máximos.

O acordo de governança apropriado variará de acordo com a estratégia de aliança. Por exemplo, tanto nas alianças de janela como nas de opção pode haver tensões entre o compartilhamento de conhecimento e a proteção do conhecimento pertencente a cada empresa. Os parceiros de aliança podem não estar dispostos a compartilhar conhecimentos valiosos se não estiverem conflitantes em que esse conhecimento não será imediatamente dividido com os concorrentes ou usado de forma inadequada. A boa vontade das empresas de compartilhar conhecimentos e combinar recursos complementares estratégicos também pode depender de garantias convincentes de que o parceiro da empresa não tentará duplicar esses mesmos recursos, transformando-se em um futuro concorrente.

Os contratos geralmente não conseguem antecipar ou especificar todas as formas de mau uso do conhecimento em detrimento do parceiro da aliança. O alinhamento das compensações dos parceiros geralmente é um mecanismo mais eficaz para garantir que as transferências de conhecimento não sejam objeto de abusos. Um vínculo financeiro, como participação acionária, constitui um mecanismo de governança superior para facilitar transferências de conhecimento.[33] O fato de que o patrimônio líquido perderá valor se uma parte for oportunista fornece um incentivo para parceiros de aliança se comportarem de um modo mais confiável.

Se os parceiros puderem depender da confiança nos relacionamentos interpessoais para gerenciar o acordo e proteger os interesses de cada parte, isso oferece a ambos uma proteção adicional. À medida que cai a incerteza e as alianças forem usadas mais para o posicionamento do que para a aquisição de conhecimento ou como opções, os acordos contratuais se tornam mais viáveis. O nível mais baixo de incerteza torna mais fácil escrever um contrato que antecipe acontecimentos futuros. Ademais, a empresa em geral está tentando explorar um recurso específico de um parceiro de aliança com um valor conhecido (ou ao menos corretamente estimado). Assim, os acordos contratuais se tornarão cada vez mais eficazes com o amadurecimento da tecnologia e as alianças posicionamento.

CONCLUSÃO

As alianças são fundamentais para a gestão de tecnologias emergentes, mas apresentam desafios significativos para a administração. Podem ser usadas para abrir janelas para novas tecnologias, criar opções estratégicas que servem de marco de conquista para determinadas tecnologias, ou servir de plataforma para uma expansão se o mercado e a tecnologia continuarem a prometer. À medida que se reduz a incerteza que ronda a tecnologia e os mercados por ela servidos, as alianças são usadas para obter acesso a novos mercados ou para se posicionar a empresa no novo segmento.

À medida que as alianças foram se tornando mais necessárias para o desenvolvimento e para a comercialização de novas tecnologias, as capacidades de construção e de gestão de alianças tornaram-se cada vez mais importantes para as empresas que buscam tecnologias emergentes. As que conseguem aumentar sua capacidade de aprender mais com as alianças e de desenvolver sistemas para criá-las e geri-las serão capazes de avançar com mais rapidez e eficácia e tirar vantagem de novas oportunidades. Em particular, as capacidades de compartilhamento de conhecimento, de avaliação de parceiros complementares e de criação e gestão de ativos co-especializados e o gerenciamento de alianças são fontes importantes de vantagem para qualquer empresa de tecnologia emergente. Da mesma forma que a capacidade tecnológica no laboratório, uma capacidade forte de gerenciar e desenvolver esses relacionamentos de aliança será um fator crítico para o sucesso.

CAPÍTULO 17

O DESENHO DE NOVAS FORMAS ORGANIZACIONAIS

JENNIFER HERBER
Goldman, Sachs & Co.

JITENDRA V. SINGH
The Wharton School

MICHAEL USEEM
The Wharton School

Como aeronaves projetadas para uma viagem supersônica, as organizações necessitam de um projeto diferente para obter sucesso no ambiente rápido e turbulento das tecnologias emergentes. Os administradores e pesquisadores já reconheceram os pontos fracos das formas organizacionais hierárquicas tradicionais diante das novas demandas da rápida mudança e da incerteza, e começaram a desenvolver estruturas organizacionais mais dinâmicas e flexíveis, formuladas para esse novo ambiente. Neste capítulo, os autores examinam formas emergentes – incluindo organizações virtuais, empresas em rede, empresas spin-outs, empresas ambidestras, as organizações de frente para trás e as empresas "sentir e responder".

Até o início dos anos 90, o setor de corretagem de valores era dominado por empresas de serviço, que cobravam dos clientes pesadas comissões em troca de conselhos e negociações. A corretagem de desconto surgiu em meados da década de 1980 e oferecia um serviço bem mais limitado e bem menos caro, concentrando-se primordialmente na negociação. Ao final da década de 90, a Internet trouxe a revolução da corretagem *on-line*, com o preço das negociações caindo para menos de US$ 10. Uma transação de compra ou venda de 5.000 ações da America On-line a US$ 100 por ação resultaria, sob o regime usual de serviço, em uma taxa de negociação na casa de milhares de dólares. Mas, na era da Internet, o custo foi reduzido a uma fração desse valor, atingindo patamares de US$ 10 a US$ 20 em algumas corretoras *on-line*! O advento de negociação na Internet forçou para baixo as taxas de negociação, a um centésimo das praticadas pelo mercado durante anos.

Essa mudança tecnológica colocou as organizações de corretagem de valores em desvantagem. Seus consultores e analistas de títulos financeiros –

Este capítulo utiliza-se de uma pesquisa conduzida sob a égide da New Organizational Forms Research Initiative, dirigida por Jitendra Singh. Somos muito gratos ao permanente apoio financeiro do Emerging Technologies Management Research Program, programa de pesquisa do Huntsman Center for Global Competition & Innovation, da Wharton School. Agradecemos a George Day, Robert Gunther, Paul Schoemaker e Michael Tomczyk por seus comentários esclarecedores.

sustentados por uma estrutura de comissões de negociação lucrativa – não podiam ser totalmente mantidos pelas comissões de negociação com desconto. Nenhuma das corretoras foi capaz, a princípio, de criar uma presença significativa *on-line* quando esse mercado explodiu em meados de 90. E não causou surpresa alguma o fato de os líderes *on-line* serem recém-chegados que se encontravam livres do peso de qualquer estrutura estabelecida, como os National Discount Brokers, a Ameritrade e a E*Trade. Uma das principais empresas de desconto, a Charles Schwab, criou rapidamente um serviço *on-line* construindo uma divisão em separado, e mesmo as duas maiores corretoras – a Merrill Lynch e a Morgan Stanley Dean Witter – moveram-se agressivamente nessa direção no final de 1990. Mas, para fazer isso, era necessário que os participantes repensassem por completo sua forma organizacional e até canibalizassem suas divisões de serviço. Ao construírem os novos modelos de negócio, eles constataram que seria necessário lançar mão de novas formas organizacionais para gerenciá-los.[1]

Um dos mais sagrados truísmos da administração é que as organizações devem adaptar-se às condições ambientais em mutação. Mas as organizações de sucesso geralmente têm dificuldade de responder às mudanças descontínuas que destróem competências, como o advento da Internet.[2] Os participantes em geral não se adaptam porque, para tanto, seria necessário desmantelar as estruturas que os levaram ao sucesso. Eles dominaram as atuais tecnologias e necessidades dos clientes, mas, justamente por terem estabelecido essa perícia e excelência, também ficaram despreparados para enfrentar tecnologias inovadoras e novos clientes. As adaptações feitas no passado transformam-se em restrições de inércia, levando a um tipo de "armadilha de competência".[3] As arquiteturas organizacionais que as empresas construíram para gerar sucesso podem ficar tão desatualizadas quanto os reinos feudais na era da democracia.[4]

Assim, à medida que as tecnologias inovadoras criam oportunidades de negócios radicalmente diferentes, ingressamos em uma era de intensa experimentação com novas formas organizacionais. Como resultado, as arquiteturas da empresas modificam-se, os níveis hierárquicos diminuem, as funções ganham autoridade e os mercados se abrem. Examinaremos as novas formas organizacionais que surgem em resposta às mudanças tecnológicas descontínuas dos anos recentes. Tentaremos compreender o que diferencia essas novas formas organizacionais e como geram vantagens competitivas.

RUMO ÀS NOVAS FORMAS ORGANIZACIONAIS

Neste século, a pesquisa e a teoria de administração durante muito tempo voltaram sua atenção para a organização hierarquicamente estruturada e para suas variações predominantes, como a empresa integrada verticalmente, a empresa de múltiplas divisões e a corporação conglomerada. Entretanto, hoje fica evidente que a empresa hierárquica tradicional voltada a "fazer e vender" cede espaço a um conjunto de novas formas. Os administradores de empresas em vários setores atravessam um período de intensa experimentação, e os mercados em rápida mudança e globalização patrocinam maior diversidade de formas de organização.[5]

Os administradores que gostam de experimentação geralmente projetam essas novas formas para capturar duas capacidades tidas como essenciais ao sucesso em ambientes de mudança tecnológica descontínua. A primeira capacidade tem a ver com equilíbrio, exploração e utilização eficazes.[6] Quando uma empresa se concentra inteiramente na utilização de suas vantagens competitivas atuais, ela, com certeza, torna-se melhor naquilo que está fazendo, mas, ao mesmo tempo, torna-se vulnerável a mudanças abruptas que neguem o valor daquilo que faz. Em contrapartida, se uma empresa se concentra unicamente na exploração das capacidades futuras, ela se arrisca a fracassar a curto prazo por falta de resultados tangíveis. Dessa forma, é essencial que haja um equilíbrio, tanto em construir o futuro como em utilizar o passado. A segunda capacidade é recombinar as competências estabelecidas. As organizações que se utilizam daquilo que já fazem bem e, com base nisso, criam formas novas podem capitalizar as competências existentes sem ficar a elas amarradas.[7]

OS ELEMENTOS DAS FORMAS ORGANIZACIONAIS

Formas organizacionais distintas se definem por reconfigurações únicas de seis elementos:

1. Os *objetivos organizacionais* são objetivos e resultados amplos que se relacionam ao desempenho da empresa, variando da participação de mercado e da satisfação do cliente ao retorno para os acionistas. Contêm estruturas de tempo implícitas para medir o grau em que são alcançados. O objetivo de uma empresa, por exemplo, poderia ser a participação de mercado dominante em uma área emergente nos próximos três anos, como a Amazon.com conseguiu na venda *on-line* de livros;[8]
2. As *estratégias* dizem respeito aos padrões intencionais de métodos duradouros para conquistar os objetivos corporativos e das unidades de negócios;
3. As *relações de autoridade* incluem a arquitetura organizacional e os níveis hierárquicos;
4. As *tecnologias* referem-se aos métodos de informação, comunicação e produção;
5. Os *mercados* incluem o relacionamento com os clientes, fornecedores, parceiros e concorrentes;
6. Os *processos* referem-se às ligações dinâmicas entre esses elementos, como recrutamento, orçamento, compensação salarial e avaliação de desempenho.

O momento a partir do qual as mudanças nessas dimensões deixam de ser variações de uma forma antiga e constituem genuinamente formas "novas" permanece uma questão de debate. Steve Socolof, chefe do grupo de novos empreendimentos da Lucent Technologies, considera que uma forma só passa a ser nova quando gera como resultado uma ruptura estratégica no setor.[9] Steve Haeckel, diretor do Strategic Studies Advanced Business Institute, da IBM, parte de uma perspectiva mais interna, argumentando que uma nova forma se define por uma guinada decisiva na concepção que uma empresa tem de seus processos e na sua mentalidade sobre mudança e clientes.[10]

Os pesquisadores da administração também diferem. Uns insistem em que formas organizacionais só podem ser caracterizadas como novas se forem construídas com base em um estratégia diferente, enquanto outros argumentam que é possível criar novas formas modificando apenas uma das dimensões, mas que as formas mais interessantes são as que reconfiguraram várias das dimensões ao mesmo tempo. Nem todas as combinações das seis dimensões da forma organizacional são igualmente prováveis. Algumas são inerentemente mais propulsoras de um desempenho superior e, portanto, mais capazes de sobreviver em mercados competitivos.

FORMAS ORGANIZACIONAIS EMERGENTES

As formas organizacionais tradicionais estão se desgastando, e os administradores vêm construindo várias formas alternativas, mas ainda é um mistério saber se uma delas se tornará dominante. De fato, a próxima era pode se caracterizar por uma proliferação de formas, e é possível que nenhum modelo venha a predominar, como o fez a forma hierárquica no passado. Entre as formas emergentes, vemos seis modelos organizacionais relativamente diferentes e com potencial de permanência. Eles não são necessariamente excludentes, com algumas empresas construindo simultaneamente dois ou mais deles. Tampouco as fronteiras entre eles são definidas de modo preciso. Ainda assim, eles vêm representar respostas relativamente distintas a tecnologias emergentes de produção, de comunicação e de distribuição. As seis formas novas de organização são: (1) a organização virtual, (2) a organização em rede, (3) a organização *spin-out*, (4) a organização ambidestra, (5) a organização de frente para trás e (6) a organização "sentir e responder".

A organização virtual

A forma virtual é uma organização na qual funcionários, fornecedores e clientes estão geograficamente dispersos, mas unidos pela tecnologia. Uma rede de unidades organizacionais e indivíduos distribuídos age em conjunto para servir clientes que estão dispersos. Novas tecnologias de informação possibilitaram o surgimento dessa forma, à medida que clientes e empresas utilizem os sistemas de comunicação de banda larga de alta velocidade para comprar e vender produtos e serviços em qualquer parte, em vez de comprarem esses serviços em um ponto de contato, como uma loja ou um escritório. Essas tecnologias também criaram mecanismos para, de maneira barata, unir as organizações e as operações realizadas à distância. A organização virtual é, em grande parte, sem fronteiras, na medida em que a realização das tarefas, o acesso aos fornecedores e a entrega dos produtos se dão em centenas, senão milhares, de locais físicos amplamente espalhados. A sede da empresa pode não passar de um computador conectado à Internet, na casa do CEO.

A forma virtual minimiza os comprometimentos com ativos, resultando em maior flexibilidade, custos mais baixos e, conseqüentemente, crescimento mais rápido. Sua aplicação e seu valor podem ser vislumbrados com clareza na experiência da Dell Computer Corporation. Fundada em 1984, a Dell agarrou-se a tecnologias emergentes e a gestão de informação para integrar parceiros fornecedores, um atendimento personalizado e massificado, e uma fabricação *just-in-time* para uma resposta rápida e precisa de acordo com a demanda dos clientes. A empresa introduziu várias formas organizacionais virtuais ao longo da cadeia de valor, dos fornecedores aos fabricantes e aos clientes.

A espinha dorsal da experiência excepcional da empresa em termos de produtividade, eficiência e atendimento personalizado e massificado é a coordenação entre negócios, clientes e fornecedores.[11] Mantendo contato em tempo real com os fornecedores, por exemplo, a Dell podia oferecer os dados detalhados que lhes permitiriam reduzir o estoque, aumentar a velocidade e melhorar a logística. O compartilhamento de informações com os fornecedores fez com que aumentasse a vontade deles de cooperar. E o uso dos registros eletrônicos da Dell, no lugar dos registros em papel, reduziu o custo de muitas funções, desde o registro de pedidos até a inspeção de qualidade. Dessa forma, a tecnologia deu à Dell os elementos necessários para que a empresa se beneficiasse de uma integração vertical verdadeira sem as obrigações e as inflexibilidades da cadeia de suprimento própria.

A ligação virtual da Dell Computer com os clientes através da Internet e canais de voz também permitiu que a companhia evitasse os canais tradicionais de venda; ela criou uma vantagem competitiva sustentável com custo de venda mais baixo e resposta mais eficaz aos clientes. Ao final de 1990, a Dell já tinha se transformado no segundo maior fabricante de computadores do mundo, com 30.000 funcionários, receitas anuais de US$ 21 bilhões e US$ 30 milhões em vendas diárias pela Internet.

Tecnologias eletrônicas vêm sendo utilizadas por outras empresas para ultrapassar os limites das relações virtuais. Em relações assim, os produtos nunca aparecem nas lojas, os clientes nunca encontram os vendedores e os dólares nunca trocam fisicamente de mão. A Amazon.com, a CDNow e milhares de outras empresas recém-fundadas de comércio eletrônico dominaram o uso dos catálogos cibernéticos em lugar das lojas, dos cartões de crédito em vez de dinheiro e das confirmações por *e-mail* em vez dos recibos em papel.

Empresas virtuais também aprenderam a explorar o potencial único da mídia de duas vias através da qual elas vendem e aprendem. Criaram relações mais duradouras e personalizadas com os clientes e construíram comunidades entre eles. A Amazon.com, por exemplo, acrescentou salas de *chat* para os clientes trocarem idéias; a CDNow acrescentou uma opção para os clientes listarem em seu *site* os CDs que gostariam de receber de presente dos amigos.

Contudo, essa flexibilidade da forma organizacional virtual criou o seu próprio conjunto de desafios, em especial na área das relações de autoridade. As ligações das tecnologias de comunicação foram fortes o bastante para não exigir que os funcionários sentassem uns ao lado dos outros. Eles podem trabalhar em seus escritórios em casa, a quilômetros de distância, ou até em escritórios em outro continente. Tampouco precisam trabalhar em turnos inteiros, ou das 9 da manhã às 5 da tarde. Mas nessa redução da proximidade física e da freqüência de contato, a função tradicional dos supervisores passaria da supervisão dos processos de trabalho para os resultados do trabalho; deixaria de ser o exercício de autoridade sobre tarefas específicas e se transformaria na delegação de autoridade sobre os resultados das tarefas. Os supervisores também não se situariam mais ao centro do processo de comunicação e de coordenação, já que a crescente colaboração horizontal possibilitou a cooperação em outras operações. Um subproduto duradouro desse fato tem sido que os chefes tornam-se menos centrais na concessão de *feedback* e na avaliação do desempenho – e, obviamente, que os colegas de trabalho tornam-se mais centrais. A organização vertical cede lugar às relações laterais.

As empresas buscaram compensar os pontos negativos dessa forma virtual com doses homeopáticas de contato físico. A Diamond Technology Partners, por exemplo, empresa de consultoria sediada em Chicago que tem agentes espalhados pelos Estados Unidos, investiu pesado em tecnologia de comunicação a fim de que seus inúmeros consultores ainda pudessem trabalhar em equipes multidisciplinares integradas, apesar de suas localizações geográficas remotas. Mas a empresa também agendou "Encontros Comuns", reuniões periódicas de três dias, para garantir uma experiência compartilhada e uma familiaridade pessoal que constituem a malha da cultura de qualquer organização. Outras empresas de consultoria exigem que todos os membros da equipe estejam de volta aos seus escritórios centrais em certas épocas para lhes comunicar a agenda e os assuntos comuns a todos.

A forma organizacional virtual traz muitas vantagens às empresas de tecnologias emergentes. Essa forma serve como um imã que atrai os funcionários criativos e cheios de energia, funcionários que evitam a burocracia e preferem a soberania. Essa vantagem pode se transformar em desvantagem, contudo, quando o desenvolvimento da tecnologia depender de uma massa crítica de pessoas criativas trabalhando juntas sem parar. A necessidade de proximidade geográfica explica, em parte, por que mesmo os setores mais avançados em termos tecnológicos – que pareciam se dar melhor com as formas virtuais – geralmente se encontram numa determinada região do globo, como se vê na fabricação de computadores no Vale do Silício e nos serviços de telecomunicação no norte do estado de Virginia, nos Estados Unidos.

A organização em rede

A forma organizacional em rede se baseia em um conjunto organizado de relações entre unidades de trabalho autônomas ou semi-autônomas, para a entrega de um produto ou serviço completo ao cliente. As formas em rede são encontradas tanto dentro das empresas como entre conjuntos de empresas.

A *forma de rede externa*. Pode-se conceber as redes externas entre as empresas como terceirização na ponta. No centro da rede estão as organizações focadas em uma competência particular ou em uma fatia da cadeia de valor. As organizações centrais criam ligações simbióticas entre uma ampla variedade de entidades independentes para agregar as capacidades, as instalações e os serviços necessários.[12] Eles dependem de outras entidades, como fornecedores e distribuidores, para completar a cadeia de valor na entrega de um produto ou de um serviço completo.

Algumas redes externas podem ser descritas como *federadas,* na medida em que um conjunto de empresas livremente afiliadas trabalha de forma autônoma, mas engajando-se em monitoramento e controle mútuos.[13] Pode-se conceber que existam redes externas assemelhadas a *redes organizacionais* efêmeras, nas quais a miríade de participantes se aglutina em torno de uma oportunidade de negócio e se dissipa tão logo esta siga o seu curso. Um outro tipo é a *parceria estratégica*, na qual as empresas formam acordos cooperativos com os fornecedores, geralmente de um continente a outro, para que possam fabricar a um custo mais baixo ou colaborar com as empresas de pesquisa mundo afora, a fim de adquirir qualidade de inovação mais alta.[14]

As redes externas se costuram através de vários métodos diferentes, desde *joint ventures* e parcerias formais até os sistemas de franquias e os consórcios de pesquisa.[15] Qualquer que seja o tipo específico das redes externas, elas transformam a guerra competitiva em uma guerra entre uma miríade de empreendimentos colaboradores.

A indústria têxtil em Prato, na Itália, durante a década de 80, serve como exemplo de rede externa. Lá, empresas minúsculas vieram a se especializar em um nicho particular em resposta à demanda do cliente por preços mais baixos e maior variedade. Nenhuma empresa dominava o mercado, e corretores independentes – denominados *impannatores* – serviam de interface com o cliente, aceitando pedidos que em muito excediam a capacidade de qualquer produtor. Eles dividiam e despachavam os pedidos entre centenas de produtores sobre os quais não mantinham nenhuma autoridade formal. As 15.000 empresas independentes da região, com uma média de apenas cinco funcionários cada, produziam coletivamente o que normalmente só teria sido possível através de empresas grandes consolidadas. Embora esses miniprodutores concorressem com vigor uns contra os outros, eles também estabeleceram fortes cooperativas para executar tarefas nas quais as economias de escala e as práticas em conjunto provaram-se mais lucrativas do que se tivessem permanecido no chamado estado hobbesiano, de todos contra todos. Reunindo fabricantes especializados, os *impannatores* criaram uma rede que entrega o tecido dentro das exigências de qualidade, de quantidade e de tempo estabelecidas pelos clientes.[16]

A forma organizacional de rede externa traz relações distintas de autoridade e de mercado, dependendo de uma comunicação lateral em vez de coesão vertical para se alcançar a coordenação.[17] As empresas na rede têxtil de Prato recebiam, executavam e despachavam o trabalho de forma independente. Cada uma gerenciava o processo inteiro do produto, desde o projeto e a compra de material até a fiação, o tingimento, a tecelagem, alfaiataria, financiamento, alfândega e transporte. A rede informal entre elas garantia que a sua produção combinada suprisse as exigências do cliente, mais ou menos como faria, utilizando-se de recursos bem diferentes, um executivo de alto escalão para uma empresa têxtil gigante.

A forma de rede interna. A estrutura de rede interna baseia-se em grande parte na mesma premissa que encobre a rede externa – a de que relações alinhadas, mas livres, entre um conjunto de operações, geralmente podem vencer uma hierarquia de controle – mas, aqui, a premissa se aplica dentro da empresa. As unidades de negócios estratégicas, os microempreendimentos e as equipes de trabalho autônomas constituem a base sobre a qual se apóia toda a estrutura, e o trabalho é coordenado e disciplinado, mas raras vezes é dirigido pelo topo da pirâmide. A corporação estabelece estratégias globais, aloca ativos e monitora resultados, mas está pouco preocupada com as operações diárias. Os executivos do alto escalão estabelecem um espírito e uma mentalidade em comum entre as unidades e as equipes de operação, e depois permitem que cada operação crie seus próprios métodos de fabricação e de venda.

Um caso exemplar é a ABB, Asea Brown Boveri, sediada em Zurique, que ligou em rede muitas subsidiárias e unidades de negócio. Essa empresa de engenharia e tecnologia empregava mais de 200.000 pessoas em mais de 100 países no final dos anos 90, e em 1998 lucrou US$ 2 bilhões em uma receita de US$ 31 bilhões. Seu escritório central abrigava, no entanto, menos de 100 administradores e praticamente todas as decisões eram tomadas em 1.300 unidades de operação e 5.000 centros de lucro ao redor do mundo. Descrita como "obsessivamente descentralizada", a estrutura da ABB é a mais horizontal possível, com uma única camada gerencial entre os altos executivos e supervisores de área. Os supervisores de área, por conseguinte, têm a autonomia de fazer o que bem entendem, desde que suas decisões estejam de acordo com os objetivos da empresa. Pode-se compreender o escritório central gerenciando um enorme portfólio de empresas que se auto-administram, supervisionadas por administradores que são incentivados a agir como empresários. A matriz oferece serviços compartilhados que vão desde relações de crédito/investimento até sistemas de telecomunicações e disseminação de melhores práticas. Quase tudo fica nas mãos de seus milhares de administradores empreendores.

A forma de rede interna estimula a existência de um conjunto diferente de relações de autoridade. A equipe corporativa da ABB é pequena demais para fazer mais do que estabelecer uma estrutura abrangente de responsabilidade e de autoridade. Ela exige que cada entidade operadora alcance objetivos, que, no conjunto, representam o que a administração da empresa prometeu aos investidores. Mas o fator discricionário do sucesso ou fracasso está incorporado nos milhares de centros de lucros e nas decisões cotidianas, tornando, assim, a relação bem mais de baixo para cima do que de cima para baixo. Ademais, boa parte do valor de reunir tantas unidades de negócio autônomas sob uma rede interna constitui a oportunidade de transferência de inovações tecnológicas, de melhores práticas e de pessoas de desempenho destacado. E para que isso seja eficaz, prevê-se um modelo matricial, com os administradores reportando-se não a uma hierarquia superior, e sim a uma infinidade de linhas de autoridade.

Ambas as formas organizacionais em rede, a externa e a interna, se beneficiam da flexibilidade de adaptação decorrente de sua modularidade. Seja dentro de uma empresa ou entre um grupo de empresas, as unidades podem ser abertas, trocadas de lugar, fechadas, e cada uma se situa bem mais próxima de seus respectivos clientes. É verdade que empresas independentes ou unidades autônomas ficam livres para operar visando seus próprios interesses, o que potencialmente representa uma força centrífuga. Mas, quando esses interesses são coordenados com eficácia, por meio de recursos informais nas redes externas e por meio de mecanismos mais formais nas redes internas, o conjunto pode produzir bem mais do que a soma de suas partes e bem mais do que uma pirâmide monolítica.

Essa forma organizacional pode ser particularmente útil nos setores que apresentam mudança tecnológica rápida e surgimento rápido de novas maneiras de produção e de venda. Quando a incerteza é alta, o risco é grande e o tempo desafia, a modularidade da forma em rede fornece uma rápida resposta. O foco no cliente fornece respostas indivualizadas. E a autonomia local possibilita respostas criativas.

A organização *spin-out*

A forma organizacional de *spin-out* surge quando as empresas estabelecem internamente novas entidades com conceitos novos de negócio e depois as deixam, ao menos parcialmente, por sua própria conta. A empresa matriz, que às vezes se parece com uma *holding*, atua como investidor de risco, incubadora e mentora, mas as unidades bem-sucedidas, mais cedo ou mais tarde, são empurradas para fora do ninho. A matriz pode abrir mão de propriedade e do controle, ou pode manter uma participação de 20%, 50% ou 70%. Quaisquer que sejam os vínculos, a empresa de *spin-out* é deixada à sua própria sorte, para afundar ou para nadar até a praia.

Durante o processo de *spin-out*, as relações de autoridade entre a empresa e a unidade de negócios evoluem do controle paterno à independência adulta. Os objetivos da empresa de *spin-out* divergirão dos objetivos da empresa-mãe, no momento em que legalmente se separam. Ainda assim, em geral mantém-se um aconselhamento por parte da matriz, e alguns negócios continuam a fazer uso das funções contábeis, jurídicas e de investimento da empresa-mãe.[18]

A Thermo Electron Corporation e a Safeguard Scientifics servem como exemplo da forma de *spin-out*. Com sede em Massachusetts, a Thermo Electron há muito tem servido como "incubadora de inovação" de produtos relacionados à termodinâmica, à medicina e à tecnologia para nichos bem-definidos de mercado. Desenvolve, fabrica e faz o *marketing* de uma variedade de instrumentos analíticos e de monitoramento para controle industrial, para aplicações biomédicas e sistemas alternativos de energia. É a principal produtora de sistemas de mamografia que permitem a identificação do tumor de mama logo no início da doença. Fundada em 1956, a empresa começou a fazer o *spin-out* de tecnologias e serviços promissores em 1982, oferecendo participações minoritárias em subsidiárias recém-criadas. Para garantir que os administradores das empresas geradas pelo processo de *spin-out* continuassem a produzir grandes retornos mesmo quando não se pudesse mais exigir isso deles, a Thermo Electron criou pacotes de incentivos altamente alavancados. Recebendo uma chance de atuar como empresários e sendo recompensados por isso, e com um produto comprovado a partir da incubação, os administradores das empresas de *spin-out* acabam se superando em desempenho, como também se superou a própria Thermo Electron, cujo valor de mercado havia subido para US$ 4 bilhões em 1999, com 26.000 funcionários espalhados pelo mundo.

A Safeguard Scientifics, sediada na Pennsylvania, nos EUA, é uma empresa de tecnologia de informação que constrói e administra um portfólio de empresas nos segmentos de comércio eletrônico, de aplicações de *software* e de infra-estrutura de rede. Sua primeira função é a mesma de um investidor de risco, identificando novas oportunidades de negócio e financiando empresas recém-criadas, cujo intuito é explorar essas oportunidades. Uma vez que a supervisão estratégica e a orientação operacional da Safeguard ajudaram as novas empresas a atingir um ponto a partir do qual pudessem decolar com sucesso, ela cria um processo de *spin-out*. Sua filosofia de operação não é controlar a nova empresa, mas estabelecer uma parceria com ela, e isso atrai o perfil de empresário que a Safeguard busca para controlar seus empreendimentos. Depois da empresa lançada, a parceria continua, geralmente com a Safeguard como proprietária minoritária, mas ainda provedora de aconselhamento. Entre as empresas mais conhecidas de parceria estão a Novell e a Cambridge Technology Partners. Em 1998, a receita da Safeguard passou de US$ 2,2 bilhões, e o investidor que tivesse investido US$ 29.000 nas empresas *spin-outs* que surgiram desde 1992 teria visto o investimento atingir os US$ 217.000 em março de 1999, ultrapassando em muito um investimento equivalente nas empresas S&P 500.

Outras empresas geram *spin-outs* como parte significativa de sua estratégia. A DuPont, uma das principais empresas americanas de produtos químicos, com receita de US$ 27 bilhões em 1998, estabeleceu um grupo interno que patrocina idéias de produtos que não se encaixam em nenhuma das suas linhas de negócio. A Lucent Technologies, a gigante de equipamentos de telecomunicações cuja receita foi de US$ 30 bilhões em 1998, criou um novo grupo em 1997 para bancar aplicações inovadoras de suas tecnologias. Tanto o grupo da DuPont como o da Lucent colaboram com empresas de capital de risco externas para garantir financiamento aos seus empreendimentos internos. De vez em quando, esses grupos deixam suas próprias empresas para fundar empresas menores, e ambas antecipam que alguns dos empreendimentos internos bem-sucedidos podem ser lançados como *spin-out*.

Os registros da Thermo Electron e da Safeguard Scientifics sugerem que as formas organizacionais de *spin-out* podem ajudar no desenvolvimento de novas tecnologias promissoras, mesmo quando os administradores de negócios existentes dediquem-se a extrair o máximo do que já conhecem. As empresas de *spin-outs* desenvolvem as idéias que, do contrário, escorreriam pelas frestas ou enfrentariam a resistência da inércia.

As *spin-outs* também podem constituir um veículo excelente não só para o desenvolvimento, mas também para a comercialização, de tecnologias emergentes caras e arriscadas. Como se tornam judicialmente separadas da matriz corporativa, elas podem adotar estratégias de crescimento e objetivos financeiros e de desempenho distintos, permitindo resposta às condições de mercado em rápida mutação. Podem usar as opções de ações para atrair e reter talentos, que poderiam sair da empresa matriz devido à ausência de incentivos reais. E, uma vez que as *spin-outs* estão autônomas, as pressões dos investidores exigentes e dos concorrentes agressivos impõem uma disciplina financeira com intensidade raras vezes encontrada dentro de uma grande empresa matriz.

A organização ambidestra

Se o formato *spin-out* é projetado para lançar um novo empreendimento fora do ambiente às vezes inóspito de uma grande organização, o padrão organizacional ambidestro cria um ambiente no qual tanto o negócio estabelecido como o emergente prosperam juntos.[19] Algumas partes da organização trabalham para obter melhorias incrementais, e outras buscam inovações tecnológicas. A forma ambidestra supera o "dilema do inovador", que ocorre quando as empresas ouvem tão bem os clientes atuais que se esquecem de antecipar tecnologias radicalmente novas que os clientes ainda não conhecem, mas que mais cedo ou mais tarde vão acabar exigindo. Esse esquema organizacional é projetado para garantir uma competência simultânea, tanto em melhorias contínuas como em inovações descontínuas.[20]

Com 125.000 funcionários e vendas de US$ 47 bilhões em 1998, a Hewlett-Packard preocupava-se com o fato de que o sucesso dos produtos existentes abafasse novos produtos, pois os defensores desses produtos novos não teriam a proteção política para obter financiamento e atenção. A empresa, então, criou um grupo de consultoria interno para auxiliar suas unidades autônomas de negócio a fazer as duas coisas ao mesmo tempo. Como descrito por Stu Winby, diretor de Serviços de Mudança Estratégica, o objetivo é melhorar a venda atual de tecnologias da unidade de negócio, tendo como foco o aumento dos volumes e a diminuição dos custos. Mas há outro objetivo paralelo, que é organizar parte da mesma unidade de negócio em torno de tecnologias futuras, com ênfase no empreendedorismo e na agilidade de mercado. Os produtos dessa unidade às vezes competem com os produtos já existentes, ou mesmo ameaçam canibalizá-los por completo, e os administradores das linhas bem-estabelecidas de produto preferem adotar uma clara atitude de cautela. Ainda assim, a experiência da Hewlett-Packard confirma que é possível encontrar maneiras para manter as duas agendas funcionando com sucesso, debaixo do mesmo teto.

A forma ambidestra pode ser especialmente útil para patrocinar tecnologias emergentes sem o abandono das antigas. Há o risco de que fazer as duas coisas ao mesmo tempo gere algumas sementes de conflito, mas, quando bem orquestrada, essa forma ajuda a reconciliar agendas de outro modo contrárias. Um aspecto fundamental é limitar a separação: os responsáveis por produtos tradicionais são levados a um diálogo ativo com as pessoas que estão à frente de novas idéias. São as ligações laterais, e não as operações segregadas, que se tornam importantes para um estímulo mútuo. E quando os dois lados são bem incentivados a compartilhar conhecimentos, em vez de acumulá-los; a se comunicar, em vez de se isolar, acabam contribuindo mais para os objetivos finais da empresa e dedicam menos energia para frustrar a outra parte.

A organização de frente para trás

A forma organizacional de frente para trás organiza-se em torno dos clientes na linha de frente, com todas as funções da empresa situadas na linha de trás para servir a de frente.[21] O propósito é oferecer aos clientes soluções rápidas, adequadas e personalizadas.

Um tipo de forma de frente para trás é uma organização invertida na qual todos os executivos de linha, de sistemas e de apoio realmente trabalham para a pessoa da linha de frente, permitindo-lhe concentrar as capacidades da empresa na satisfação do cliente. Com os sistemas e procedimentos da empresa assim concentrados, a pessoa da linha de frente comanda os recursos para responder com rapidez e precisão às necessidades em evolução do cliente. O quadro da organização é virado de ponta-cabeça, com os clientes em cima, o pessoal que cria o contato com os clientes em seguida e o restante embaixo.[22]

A forma de frente para trás pode ser vista em muitas organizações de saúde. Elas ainda dividem as práticas médicas em áreas especializadas, como radiologia, anestesiologia e cardiologia, mas muitas também designam um provedor de saúde principal para coordenar as funções das linhas de trás, para que possam entregar um pacote de saúde completo ao paciente.

Uma segunda variante da forma de frente para trás é uma mistura híbrida de equipes do processo vertical e horizontal. Nele as empresas se dividem em unidades com linhas de autoridade vertical, mas também estabelecem meios formais para vencer as barreiras verticais quando elas ficam no caminho. Algumas vezes, as empresas organizadas de frente para trás concentram-se nos produtos, em outros casos na geografia ou nos canais de distribuição. Como quer que sejam configuradas, elas acabam se parecendo com uma "corporação sem centro", na qual os recursos se dirigem a qualquer parte que esteja em contato frontal com os clientes.[23]

O modelo híbrido com funções horizontais, que cortam em transversal as linhas de autoridade verticais, pode ser encontrado em muitas empresas de gestão e consultoria. Os sócios e associados da McKinsey & Company, da Andersen Consulting* e de empresas semelhantes se organizam em práticas especializadas, como estratégia, informações e mudanças, mas eles também podem criar equipes temporárias de atendimento ao cliente, formadas por membros de muitas das práticas. Os líderes de equipe têm o comando sobre os recursos das práticas especializadas pelo tempo que durar o compromisso de garantir que o cliente receba excelência técnica.

A Eastman Kodak também emprega uma forma híbrida semelhante. Com 86.000 funcionários e vendas de US$ 13 bilhões em 1998, a Kodak divide suas operações de quatro maneiras: por negócio, como os de revestimentos, tintas e resinas; por competências técnicas, como a tecnologia de polímero; por funções, como a fabricação; e por região de *marketing*.[24] Como descrita pelo executivo sênior da Kodak, a organização é uma "pizza calabresa", com a hierarquia, as redes e as equipes espalhadas em uma plataforma comum. As equipes verticalmente estruturadas em torno de grupos de produto são as mais permanentes, mas equipes de processos globais inter-relacionados desempenham um papel igualmente importante, em áreas que vão desde a geração de novos negócios até o perfeito atendimento dos pedidos. Várias equipes científicas, por exemplo, fazem uso dos peritos em toda a empresa. Assim, uma das equipes de inovação reúne pessoas de unidades de negócio, de serviços técnicos, de vendas e *marketing*, e de pesquisa e desenvolvimento.

As organizações de frente para trás diferem das formas tradicionais de modo mais marcante em suas relações de autoridade. As organizações de saúde, por exemplo, realinham os incentivos para estimular a cooperação, em vez de relações adversárias, entre médicos e trabalhadores da área de saúde e das seguradoras. Se os médicos são, por tradição, a autoridade indiscutível nos hospitais, hoje não passam de membros de equipes centradas nos pacientes, cujo líder talvez nem seja médico. A forma híbrida também transforma a auto-

---

* N. de R.T.: Atual Accenture.

ridade à medida que os funcionários tornam-se mais responsáveis frente a seus colegas do que frente a seus chefes. O desempenho deles depende tanto da capacidade de comunicação e de trabalho em equipe que possuem quanto da capacidade de seus supervisores diretos.

A organização voltada para sentir e responder

A forma organizacional que se volta para sentir e responder concentra-se ainda mais intensamente na identificação das necessidades dos clientes.[25] Enquanto a forma organizacional de frente para trás desenvolve um relacionamento distintivo com os clientes, a empresa que sente e responde orienta toda a organização para suprir as exigências em constante mutação dos clientes. A premissa de trabalho é que a mudança é inevitável, e o desafio é preparar a organização para capitalizar qualquer descontinuidade que venha a enfrentar.

A adaptabilidade está entre as capacidades principais das empresas voltadas para sentir e responder. Elas tendem a planejar de baixo para cima, com poucos planos de longo prazo determinados, reagindo quase que diariamente aos movimentos do mercado. Ocupam um nível intermediário entre uma estratégia de "controle seu próprio destino" e uma de "deixe que o destino o conduza". Uma variação desse formato é a que se convencionou chamar de "Entidade Empresarial Megaestratégica", encontrada entre empresas gigantes diversificadas que se modificam continuamente para permanecer com os mesmos clientes durante anos.[26]

A Westpac Banking Corporation, empresa com sede na Austrália que contava com 31.000 funcionários e US$ 6 bilhões de receita em 1998, ilustra a técnica de sentir e responder. Há uma década a empresa trabalha como uma combinação de capacidades e ativos gerenciados para se adaptar às exigências dos clientes. Não é de todo eficiente em termos de processamento, mas sua modularidade garante que a empresa consiga reunir informações detalhadas dos clientes e responda exatamente com o que cada um precisa. Estabelece como seu principal objetivo atender continuamente às necessidades dos clientes e antecipar suas necessidades futuras. As relações de autoridade são, por necessidade, mais fluidas, para garantir flexibilidade de resposta.[27]

Para as empresas que se dedicam a gerenciar tecnologias emergentes, a forma voltada a sentir e responder pode servir para que a empresa mantenha um foco fixo no mercado, que às vezes se perde quando as empresas começam a desenvolver novas tecnologias. Essa técnica ajuda as empresas a enxergar os primeiros sinais das necessidades que surgem no mercado, que só podem ser supridas por abordagens inovadoras, e também as ajuda a permanecer atentas às mudanças que possam exigir um grau de adaptação mais acentuado ou até a viradas de 180 graus antes que os novos produtos estejam finalmente prontos para o mercado.

CONCLUSÕES

Em um ambiente global no qual muitas vantagens competitivas podem ser rapidamente reproduzidas ou instantaneamente destruídas, o formato organizacional torna-se uma fonte importante de vantagem sustentável.[28] À medida que um número cada vez maior de concorrentes se reestrutura para conquistar uma produtividade de classe mundial, para adotar padrões de qualidade total e transformar os produtos em *commodities*, torna-se cada vez maior o grau de dificuldade que as empresas enfrentam para sustentar as maneiras tradicionais de competição.

Mas, à medida que a hierarquia da empresa tradicional dá lugar a uma proliferação de formas organizacionais, a vantagem competitiva pode ser encontrada no fato de se ser o primeiro a criar uma forma que melhor capitalize tecnologias emergentes e atenda às necessidades dos clientes. E essa vantagem pode ser pronunciada para as empresas que usam ou produzem novas tecnologias, já que as formas organizacionais tradicionais vêm inibindo as inovações que ameaçam as bases existentes de conhecimento e os sistemas de produção.[29]

Para os administradores que se perguntam qual das seis formas organizacionais apresenta a maior promessa para a empresa, a escolha é contingente. Como resume a Tabela 17.1, a seleção depende, por um lado, da configuração singular dos objetivos de uma empresa e das relações de autoridade e, de outro, da natureza de suas tecnologias e dos mercados. Quando as tecnologias e os mercados são relativamente novos, mas seus objetivos e suas relações de autoridade não, a forma ambidestra pode ser mais apropriada. Quando os objetivos e as relações de autoridade de um empreendimento são novos, mas suas tecnologias e seus mercados não são tão novos assim, a forma de *spin-out* pode ser a melhor opção. Quando uma empresa enfrenta mudanças em ambas as áreas, a técnica de sentir e responder pode ser a mais indicada.

TABELA 17.1 As formas organizacionais e os ambientes em mutação

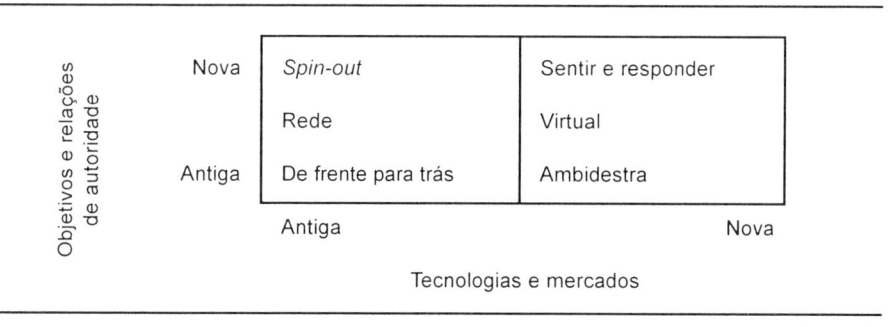

Objetivos e relações de autoridade	Tecnologias e mercados		
		Antiga	Nova
Nova		*Spin-out*	Sentir e responder
		Rede	Virtual
Antiga		De frente para trás	Ambidestra

As organizações precisam examinar com cuidado os ambientes competitivos em que estão inseridas e as capacidades internas que possuem na hora de selecionar a forma organizacional correta. As seis formas descritas aqui representam modelos distintivos, mas é possível encontrar combinações que se adaptem a cada uma; algumas empresas adotam duas técnicas ou mais simultaneamente. Podem-se compreender melhor as seis formas como ponto de partida para pensar sobre uma forma de atender aos desafios específicos que a empresa enfrenta. Como os referidos desafios são variados, é provável que, nos próximos anos, teremos inúmeras formas de organização que não adotarão mais modelos definitivos e personalizarão, de acordo com cada caso, o que for necessário para desenvolver, administrar, utilizar e vender tecnologias emergentes.

CAPÍTULO 18

PROJETANDO O LOCAL DE TRABALHO PERSONALIZADO

JOHN R. KIMBERLY
The Wharton School e INSEAD

HAMID BOUCHIKHI
Department of Strategy and Management, ESSEC

Em uma grande variedade de organizações, as relações de trabalho estão sendo reescritas. Para empresas de tecnologia emergente – com seus riscos altos, altos retornos, dependência de conhecimento e necessidade por flexibilidade – os desafios dos recursos humanos são ainda maiores. Os autores analisam as características das tecnologias emergentes e as mudanças na força de trabalho que estão reformulando o relacionamento entre funcionários e empresas. Em seguida, estudam o surgimento de um novo modelo para um "local de trabalho personalizado", no qual os colaboradores e os funcionários determinam em conjunto as condições de trabalho, com base em cada caso, em lugar de ser oferecido aos funcionários um acordo de trabalho que sirva para todos ou até um "menu" levemente disfarçado de opções. Essas relações personalizadas podem ajudar as empresas a encontrar os talentos de que precisam para o sucesso, oferecendo aos funcionários mais controle sobre seu trabalho.

O executivo que cuida da área de *softwares*, Matt Szulik, já trabalhara para cinco empresas desde meados da década de 80. Na era do homem corporativo, esse histórico de trocas de emprego e de falta de lealdade poderia tê-lo transformado em suspeito, mas não atualmente. Em vez disso, ao assumir o sexto emprego em novembro de 1998, sua experiência em várias empresas recém-fundadas de *softwares* o transformava em um *hot hire*, um candidato de alto valor.[1]

Com 40 anos, Chris Peters tornara-se chefe da Office Division, da Microsoft, com opções de ações que fizeram dele um multimilionário. Em vez de ter usado sua próspera carreira como base de lançamento para conquistas maiores, ele pediu uma licença para buscar o único objetivo que ainda não conquistara – classificar-se para uma turnê de boliche profissional.[2]

Essas histórias, tiradas de manchetes recentes do *Wall Street Journal*, são um exemplo claro do mundo bem diferente do trabalho nos anos 90, em particular nos setores de alta tecnologia.[3] As empresas desses setores estão desenvolvendo e comercializando tecnologias novas e não-comprovadas, com potencial revolucionário para produzir ganhos econômicos extraordinários, mas também com altos riscos de fracasso. O ritmo rápido de mudança e o alto valor do conhecimento – que em boa parte se encontra na mente dos funcionários – têm reescrito os contratos e o relacionamento entre trabalhadores e organizações.

As histórias de Szulik e Peters ressaltam um conjunto de desafios significativos tanto para empresas como para funcionários, enquanto lutam para manter ou aumentar o valor do acionista, obter retornos razoáveis sobre o capital investido, oferecer um ambiente de trabalho desafiador e estimulante, manter uma flexibilidade razoável no estoque de ativos humanos e ter uma vida pessoal recompensadora e realizada. Esses desafios dos recursos humanos são impulsionados pelas interações entre três fatores diferentes, mas interconectados, como ilustra a Figura 18.1:

- As propriedades de tecnologias emergentes.
- O caráter sempre em mutação das pessoas e do que buscam.
- O caráter em mutação de empresas e de como abordam seu capital humano.

A figura é deliberadamente simplificada. Ao se representar as interconexões dessa forma, a intenção é enfatizar que as empresas estão, em um sentido, presas, por um lado, entre os atributos e as dinâmicas associados às tecnologias emergentes e, por outro, entre os atributos e ambições sempre em mutação das pessoas (que incluem *tanto* seu potencial de trabalho *como* sua base em potencial de clientes). Para sobreviverem e prosperarem, as empresas precisam estar alertas às mudanças nas pessoas – como funcionários e clientes – e também às novas descobertas com potencial de criar vantagens novas e sustentáveis no mercado. As empresas estão mostrando que é muito melhor desenvolver novas tecnologias, e depois adaptar-se a elas, do que fazer com que as pessoas mudem, e isso resultou nos problemas para recrutar e manter funcionários-chave como nos casos de Szulik e Peters.

As empresas organizadas para desenvolver e comercializar tecnologias emergentes precisam redefinir a mentalidade que domina as abordagens tradicionais de recursos humanos e mover-se no sentido de uma concepção da empresa como local de trabalho personalizado. As empresas começaram a usar as opções reais para criar flexibilidade em gerenciar seus investimentos em tecnologias (como

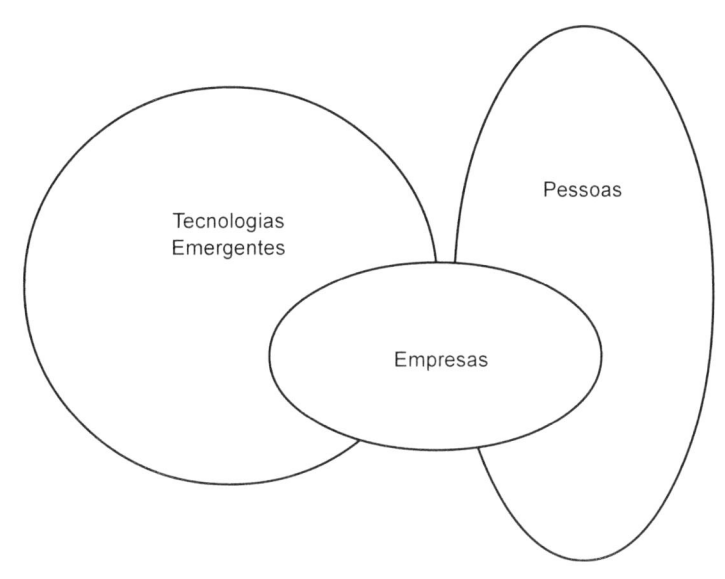

FIGURA 18.1 Interações impulsionando os desafios de recursos humanos.

mostra William Hamilton no Capítulo 12). Elas agora precisam aplicar uma abordagem paralela à construção de flexibilidade em sua gestão dos recursos humanos. Esses locais de trabalho personalizados criam um cenário no qual as necessidades em mutação das empresas e as expectativas e aspirações voláteis das pessoas se acomodam simultaneamente.

OS DESAFIOS DOS RECURSOS HUMANOS
NAS TECNOLOGIAS EMERGENTES

As características distintivas das tecnologias emergentes atenuam os desafios organizacionais que qualquer empresa enfrenta ao fazer negócios no século XXI. Em particular, os altos riscos, os retornos potencialmente altos, a incerteza, a centralidade do *know-how* e a intensa concorrência por talentos criam um ambiente de trabalho bem diferente.

O risco excepcionalmente alto

Uma das características que diferenciam as tecnologias emergentes é um nível de risco e de incerteza excepcionalmente alto e um baixo "índice de acerto". Na biotecnologia, por exemplo, um programa de pesquisa pode ocupar dezenas de cientistas e técnicos durante vários anos antes de ser possível obter um grande avanço, quando muito. Em outros setores de alta tecnologia, como o segmento de produtos eletrônicos, de computadores e de *softwares*, várias empresas trabalham em ofertas concorrentes e, em geral, a que acerta primeiro no mercado deixa as outras de fora. Nestes contextos, as empresas enfrentam desafios espinhosos. Como atrair especialistas de talento para trabalhar em organizações nas quais seus esforços talvez jamais venham a se tornar realidade em produtos passíveis de serem lançadas? Como manter as pessoas motivadas e minimizar os efeitos desmoralizantes dos fracassos e reveses? Como oferecer, nas empresas nas quais o primeiro dólar de receita pode levar vários anos, uma compensação salarial competitiva a um pessoal escasso e muito procurado?

Para que possam lidar com o alto nível de risco e de incerteza, as empresas de tecnologia emergente precisam ter a capacidade de reagir com rapidez às mudanças tecnológicas e àquelas verificadas no mercado. Os administradores têm de iniciar e terminar projetos sem esperar muito. Também devem lidar de forma eficaz com as implicações para o capital humano de agir assim. Como podem deslocar as pessoas para diversos projetos a custos e tempo mínimos de ajuste? Como podem, por exemplo, dispensar equipes inteiras, se necessário, sem prejudicar o moral e a motivação das outras equipes?

Retornos potencialmente monumentais

Embora altamente arriscadas, as tecnologias emergentes também rendem retornos monumentais quando as empresas atingem o mercado certo com os produtos certos. O uso amplamente difuso de participações acionárias e das opções de ações certamente mantém a folha de pagamento sob controle nas empresas com fome de dinheiro e motiva os funcionários, mas, como mostra o caso de Peters, da Microsoft, também levanta algumas questões imprevistas. Como os administradores de empresas bem-sucedidas de tecnologia emergente podem manter, motivar e, o mais importante, prolongar a permanência dos funcionários que se tornam milionários logo no início de suas vidas?

Ciclos imprevisíveis de crescimento

A partir do momento em que encontram o caminho que as leva ao mercado, as empresas que trabalham com tecnologias emergentes freqüentemente crescem com rapidez. As diferentes fases do desenvolvimento e da comercialização da tecnologia exigem configurações diferentes dos recursos humanos. A empresa iniciante que, num primeiro momento, criou a tecnologia pode apresentar poucas semelhanças com a organização mais madura que a leva ao mercado. Além dos riscos financeiros bem-conhecidos, o rápido crescimento também levanta perguntas desafiadoras quanto ao capital humano. Como as empresas podem criar a flexibilidade para lidar com o rápido crescimento? Como é que a empresa, que pode ter operado como negócio pequeno durante anos, deve começar subitamente a recrutar, treinar e administrar centenas de pessoas? Como ela mantém simultaneamente um espírito empreendedor e altos padrões de qualidade?

Know-how sofisticado, em evolução e passível de apropriação

Em geral, o conhecimento é o ativo mais valioso de uma empresa de tecnologia emergente, mas a base do conhecimento é sofisticada e evolui – e boa parte dela reside nas mentes de funcionários altamente móveis. Essas características levantam questões difíceis e por vezes litigiosas em torno da posse da propriedade intelectual. O que acontece quando um cientista de biotecnologia ou um engenheiro de *software* é contratado pela concorrência? Qual é o *status* do conhecimento e da excelência que ele vende a seu novo empregador? Pertence a ele ou ao antigo empregador? Como as reivindicações legítimas dos engenheiros e dos cientistas sobre a posse de seu conhecimento técnico e de suas invenções podem, ou deveriam poder, equilibrar-se com as reivindicações igualmente legítimas sobre a posse de parte das empresas que oferecem os recursos e o contexto para a acumulação do conhecimento técnico e da inovação?

A base de conhecimento nas tecnologias emergentes também tende a ser perecível e exige uma renovação permanente se a empresa pretende acompanhar um ritmo contínuo de inovação. Embora os administradores nas tradicionais empresas industriais possam repor com facilidade máquinas velhas e ativos físicos por outros mais atualizados, eles possuem muito menos controle sobre a maneira como os indivíduos renovam sua base de conhecimento. Como é possível que os administradores, que em geral não são especialistas, possam induzir os indivíduos a se informarem sobre a inovação em sua área de conhecimento?

A busca incessante por talentos

Devido ao caráter sofisticado, em evolução e passível de apropriação do *know-how,* no qual as empresas de tecnologia emergente se constroem, o somatório de talento que lhes é disponível é em geral fluido, uma condição que leva a uma intensa concorrência pelo melhor e pelo mais brilhante. Essa guerra por talentos[4] fica mais evidente nos ambientes de alta tecnologia, como o Vale do Silício, no qual se situam várias empresas baseadas em conhecimento e uma alta proporção de empresas recém-fundadas.

A busca por talentos para os cargos de executivos seniores é tão intensa no Vale que algumas empresas estão se voltando para os CEOs virtuais para atender a suas necessidades.[5] Esses executivos com experiência nas empresas recém-fundadas de tecnologia emergente vêm optando por aplicar seu *know-how* a várias empresas simultaneamente, em vez de trabalhar para apenas uma. Existem 300 vagas estimadas para CEOs apenas no Vale, um número que é espantoso e, ao mesmo tempo, um grave lembrete da significância do capital humano nas empresas de tecnologia emergente. Os vazamentos de inteligência competitiva e a proteção da propriedade intelectual representam sérios problemas em um ambiente no qual existe grave escassez de talentos e no qual os indivíduos estão trabalhando para várias empresas simultaneamente. As questões que esses indivíduos enfrentam, parecem ser diferentes, ao menos em grau, se não em tipo, das enfrentadas pelas empresas de consultoria que também oferecem aconselhamento a vários clientes simultaneamente.

COMO AS PESSOAS ESTÃO SE MODIFICANDO

As empresas de tecnologia emergente não estão sós ao enfrentar desafios novos e intensos de força de trabalho. Além de enfrentar questões específicas da gestão de tecnologias emergentes, essas empresas também enfrentam desafios mais gerais criados por mudanças mais abrangentes nas pessoas que trabalham para suas organizações e compram seus produtos. Essas mudanças na população dos trabalhadores e dos clientes também estão reformulando o local de trabalho.

O ingresso mais tarde – e mais cedo – na força de trabalho: tendências divergentes

Duas tendências divergentes ocorrem em relação à idade e ao nível educacional das pessoas recrutadas pelas empresas à base de conhecimento. Por um lado, para obter o conhecimento sofisticado de que necessitam, as empresas procuram trabalhadores com níveis de formação mais altos, o que significa que estão contratando funcionários mais velhos. Por outro lado, com uma grave escassez na mão-de-obra, muitas empresas baseadas em conhecimento contratam recém-formados e oferecem treinamento e desenvolvimento internos. Em vista dessas tendências divergentes, como uma empresa deve pensar sobre seus esforços de recrutamento e desenvolvimento?

Uma visão do trabalho mais cética e instrumental

Embora o fato de estar empregado em uma organização já tenha sido visto um dia como uma parte essencial da identidade pessoal, os funcionários vêm adotando uma visão cada vez mais distanciada e cética. Em primeiro lugar, essa geração de jovens profissionais é mais cautelosa em relação às promessas dos empregadores, depois de verem no que deu o difundido processo de reestruturação e *downsizing* e do que aconteceu com seus pais e amigos. Já ouviram a retórica do comprometimento corporativo para com os funcionários, mas muitos testemunharam, direta ou indiretamente, a realidade da rotatividade involuntária e, portanto, desenvolveram um ceticismo saudável em relação às promessas corporativas a esse respeito. Como é que as empresas podem ou devem, se é que devem, contra-atacar esse ceticismo?

Em segundo lugar, muitos jovens recrutas adotaram uma visão altamente instrumental do papel do trabalho em suas vidas. Uma pesquisa recentemente divulgada no *The New York Times* constatou que aproximadamente dois terços dos estudantes do último ano da universidade pensavam em se aposentar aos 50 anos. Se esse número puder ser interpretado como uma previsão de um comportamento real, ele prenuncia desafios significativos para as empresas que tentam atrair e manter os membros mais talentosos da força de trabalho. Assim, não apenas o trabalho é visto essencialmente como meio de acumulação de riqueza que permite que as pessoas façam o que "realmente" querem (aos 50 anos), como também é menos importante para a identidade pessoal. Dessa vez, como é que as empresas criam o contexto motivador apropriado para esses novos recrutas e como mantêm as pessoas que foram recrutadas com sucesso? Esse é, em essência, o desafio da Microsoft com Chris Peters.

Em terceiro lugar, e talvez um pouco contraditório com o que se viu anteriormente, as pessoas estão mais sensíveis a questões relacionadas ao trabalho hoje do que no passado e estão menos dispostas a investir pesado em um trabalho que prejudique as relações familiares.[6] Essa mudança, junto com a apontada antes, leva a uma situação aparentemente paradoxal, na qual pessoas com cerca de 20 ou 30 anos estão tentando construir riquezas de modo independente, que lhes permita se aposentar cedo, mas não estão dispostas a se comprometer unicamente para alcançar os objetivos corporativos. Como as empresas devem pensar sobre suas relações com sua equipe em face desse aparente paradoxo?

Uma lealdade reduzida e uma geração de nômades

Há uma tendência entre as empresas, em particular nos Estados Unidos, de se afastar da garantia de emprego, como parte do contrato empregatício, e partir para a noção de empregabilidade.[7] Efetuando essa mudança, as empresas estão modificando os termos tradicionais de barganha. Não se garante mais aos funcionários um emprego desde que se saiam razoavelmente bem nas funções exigidas pelo cargo; atualmente os empregadores prometem um conjunto de experiências de trabalho, de oportunidades de treinamento e de desenvolvimento, que os tornarão atraentes no mercado de trabalho, seja o interno ou o externo. Também deslocam da empresa para os funcionários a responsabilidade pelo gerenciamento das carreiras.

Esse movimento tem duas conseqüências dignas de nota. Em primeiro lugar, há uma confiança reduzida da parte do funcionário em relação ao contrato em si, e uma espécie de "síndrome de sobrevivente", um sentimento de culpa em relação àqueles que se foram e um sentimento associado de ansiedade sobre o próprio futuro. A profundidade desses sentimentos pode ser mais bem ilustrada no seguinte comentário: "Sempre mantenho meu currículo atualizado", que eloqüentemente fala da realidade precária que muitas pessoas empregadas realmente sentem no momento.[8] Em segundo lugar, há uma mobilidade crescente de talento entre as empresas, um fenômeno cujo exemplo mais claro encontra-se no Vale do Silício e que se ilustra de modo requintado no caso de Matt Szulik. Se a lealdade foi a cola que manteve o talento preso às empresas no passado, a intensa concorrência das empresas baseadas em conhecimento representa o lubrificante que cria o contexto nômade do presente. Como é que as empresas mantêm seus funcionários mais talentosos, tendo em vista a confiança reduzida e de busca intensa por talentos?

Desafiando a autoridade e construindo relações recíprocas

A vida social contemporânea caracteriza-se por questionamento e rejeição crescentes às formas tradicionais de mão única da autoridade. O sociólogo e filósofo Francis Fukuyama usou a expressão "A Grande Ruptura", para caracterizar a crise das instituições sociais, entre culturas e nações, baseada nos padrões verticais de autoridade e dominância.[9] A empresa, uma instituição central da vida social moderna, não é poupada pela rejeição crescente à autoridade tradicional e à busca por relações mais horizontais e recíprocas.

A capacidade de desafiar a autoridade e criar um relacionamento recíproco foi um dos pontos que atraiu o recém-diplomado em MBA Denis Harscoat à Freediskspace, empresa recém-fundada de Internet do Vale do Silício. Portador de um MBA da Rotterdam School of Management, Harscoat poderia ter optado facilmente por uma carreira corporativa tradicional bem-sucedida, mas preferiu se unir, no Vale do Silício, a uma empresa de seis meses de vida e um futuro incerto:

> Antes de me dedicar ao MBA, fui bombeiro em Paris; sendo assim, já havia trabalhado em uma organização militar sob a autoridade de superiores. Logo me dei conta de que não desejava viver a mesma situação outra vez. Eu não quis (depois do MBA) voltar a um contexto dentro do qual a política importa: ter de agradar um superior para conseguir promoções, em vez de expressar meus sentimentos sobre as situações. Aqui (na Freediskspace), podemos dizer o que pensamos. Você pode se levantar e perguntar: "Ricky, Ari e Paul, o que vocês acham?", e todo mundo escuta. Aqui podemos discutir de forma aberta sobre estratégias, compensações salariais e todo o resto... O trabalho é muito estimulante e sentimos que estamos na ponta de uma revolução humana e tecnológica.

Os fundadores da Freediskspace, como os fundadores de milhares de outras empresas recém-abertas de tecnologia emergente, são muito desafiados por funcionários como Harscoat, que, por desistirem dos privilégios e das recompensas de uma carreira tradicional e por quererem trabalhar duro para uma empresa que ainda não tem muito a oferecer, são mais exigentes e estão pouco dispostos a receber ordens da forma tradicional de comando/controle, além de reivindicarem um papel nas tomadas de decisões estratégicas e estarem dispostos a ter algum controle de seus próprios destinos em um ambiente de negócio altamente incerto.

A posse de suas próprias ferramentas e uma reduzida dependência a uma empresa qualquer

Em contraste à era da linha de montagem, na qual os trabalhadores não passavam de peças complementares às máquinas, os trabalhadores de hoje, que têm conhecimento de alta tecnologia, são os donos de suas próprias ferramentas, não ficando dependentes das ferramentas fornecidas pela empresa. Cada vez mais, nos cenários baseados em conhecimento, as "ferramentas" usadas são intelectuais. Porque são intelectuais – e portanto intangíveis –, são difíceis, senão impossíveis, de a empresa monitorar e controlar dentro das formas tradicionais. E não aparecem no balanço patrimonial da empresa.

O chefe de finanças de uma empresa iniciante do Vale do Silício nos deu um testemunho de primeira mão sobre os desafios de gerenciar pessoas autônomas que perseguem suas próprias estratégias de desenvolvimento de capital humano:

> Muitos engenheiros ficam motivados ao adquirir autoridade sobre seus projetos ou do *software* que estão criando. Um pouco faz parte da natureza humana – tentamos em toda área da empresa delegar o máximo possível de autoridade e "sair do caminho" para que as pessoas tenham as mãos livres para criar e aprender. Outro pouco também ocorre porque agrada ao interesse particular do engenheiro – às vezes eles estão pensando nos "itens quentes" que serão capazes de acrescentar a seus currículos. Muitos engenheiros pensam de forma bem ativa sobre seus currículos e, caso você já tenha visto alguns (ao contrário dos nossos, na área de gestão geral), perceberá que o currículo de um engenheiro se parece, sob certo sentido, ao portfólio de um artista – é uma relação dos seus melhores projetos.
>
> Assim, na prática, se "o roteamento de MPEG através de uma transmissão assíncrona a um *host* de dados remoto" é uma coisa "quente" de se ter no currículo esse ano (apenas um exemplo), descobriremos que, à medida que os engenheiros vão ingressando no grupo, estarão pedindo para ser designados para essa tarefa "quente", sentir-se-ão extremamente motivados em possuir essa tarefa e ficarão entediados se as prioridades se modificarem e a empresa decidir não realizá-las ("Disseram-me, quando vim trabalhar aqui, que poderia trabalhar em roteamento de MPEG através da transmissão assíncrona a um *host* remoto de dados!"). Isso mantém os administradores pisando em ovos!

O equilíbrio de poder foi na direção dos funcionários, já que podem carregar uma parte não-trivial dos ativos da empresa em suas cabeças. Os custos para a empresa de suas saídas, seja para a concorrência, seja para abrir o próprio negócio, são potencialmente muito altos. Nessas circunstâncias, como a empresa deve pensar em proteger seus ativos de conhecimento, e como pode impedir o vazamento ou o movimento desses ativos no mercado?

Ligados a redes fluidas de oportunidades

A tecnologia de informação em si vem modificando a maneira como os funcionários interagem com os empregadores. As pessoas podem informar-se sobre possíveis oportunidades empresariais e empregatícias com admirável velocidade, um fato que, sem dúvida, influencia a maneira de abordar e pensar sobre seu trabalho e suas "carreiras". Dennis Harscoat procurou emprego na Freediskspace.com, em vez de responder a um anúncio de emprego ou de passar pela circuito tradicional de entrevistas:

> Usei o produto da Freediskspace durante os meus estudos de MBA na Rotterdam School of Management, na Holanda. Na época, em abril de 1999, o produto ainda estava em teste. Eu e um colega de classe irlandês, que era engenheiro da Nokia, já havíamos sonhado com esse tipo de produto e escrevemos vários relatórios sobre produtos similares durante o MBA. Meu amigo irlandês e eu pensávamos em abrir nosso próprio empreendimento. Mas, quando descobri a Freediskspace.com e soube que eram apenas três pessoas por trás do empreendimento, e que o *site* deles estava se tornando popular, dei um duro danado para ser contratado. Os fundadores me contrataram da Holanda, com base em um relatório de consultoria enviado por *e-mail*, totalmente grátis, sobre estratégia de interface de usuário e de *marketing*.

Inerente a essas redes está uma revolução nascente na maneira como se define "emprego". É algo extremamente atual a idéia de que os indivíduos pensem em si mesmos como profissionais independentes e redefinam o relacionamento que têm com as empresas em termos limitados. As ondas de *downsizing*, os avanços na tecnologia de informação e a explosão de empregos temporários por contratos criaram um quadro de trabalhadores com um conjunto definido de competências, que estão dispostos a alugar seu desempenho às empresas por períodos fixos de tempo – e em geral relativamente curtos. Esses trabalhadores, que em sua maioria poderiam se tornar ótimos contratados em tempo integral em empresas de tecnologias emergentes, estão sendo precursores de novas dinâmicas no mercado de trabalho e estabelecendo novas regras básicas de como se trabalha. São, com efeito, "empresários da vida", comprometidos, como sugeriu o sociólogo britânico Anthony Giddens, com um "planejamento estratégico de vida".[10] Como as empresas devem agir diante desse novo indivíduo talentoso que só se interessa em relações empregatícias não-convencionais de meio turno, em geral por contratos?

RUMO A UM LOCAL DE TRABALHO PERSONALIZADO

Da discussão anterior sobre as características das tecnologias emergentes e sobre como as pessoas e o trabalho vêm evoluindo, fica claro que atrair e reter uma força de trabalho talentosa e independente exigirá uma abordagem diferente por parte dos recursos humanos.

O paradigma de gestão dominante no século XIX, que ainda pode ser encontrado em muitos setores e muitas regiões do globo, geralmente não atende às necessidades dos clientes *ou* dos funcionários. A empresa em geral pertence a uma família e é administrada como um sistema fechado. Os clientes compram o que quer que lhes seja oferecido. Os funcionários são considerados rotativos e substituíveis, são contratados e demitidos por capricho, possuem pouca voz e escolha zero. Para eles, a oportunidade limita-se a encontrar um capitalista paternalista que ofereça alguns benefícios, que deixem a vida um pouco menos sofrida e as pressões do trabalho um pouco mais toleráveis.

Criou-se um novo paradigma na última metade do século XX, segundo o qual os clientes e acionistas se tornaram mais proativos e a administração precisava responder melhor a eles. As estratégias dirigidas pelo mercado e as organizações flexíveis desenvolveram-se como resultado disso. Em contraste à idéia de uma administração que age com base no paradigma do século XIX, a administração do século XX é mais aberta. A empresa ouve clientes e acionistas de forma ativa e os envolve, por meio de mecanismos diferentes, em uma variedade de processos de decisão. Os clientes são os principais condutores das necessidades da empresa em termos de flexibilidade[11] e os funcionários situam-se no extremo, sendo forçados a ajustar horários, tarefas, períodos de férias, atribuições geográficas e cargos desempenhados à luz dessas necessidades. Por estarem no extremo oposto, os trabalhadores geralmente se queixam das pressões a eles impostas.

As empresas tentaram equipar seus antigos sistemas para atender às novas exigências da força de trabalho. Os esforços dos administradores de promover melhorias na "qualidade da vida de trabalho", embora altamente visíveis, são um produto do paradigma do século XX e não serão suficientes para o futuro. As empresas também criaram um conjunto de incentivos financeiros e não-financeiros como bônus, planos de opções de ações, benefícios, treinamento, horário flexível, pequenas licenças, expansão acelerada de responsabilidade e uma variedade de instalações exóticas para refeições, exercícios e creches. É interessante perceber, contudo, que essas soluções parecem não ter dado conta das questões subjacentes e, em alguns casos, podem até funcionar em detrimento dos resultados desejados. Algumas conseqüências contraprodutivas das opções de ações, por exemplo, são hoje amplamente reconhecidas: o exercício e a venda das ações muito cedo ou o abandono da empresa para resgatar um plano de opção de ações.[13] Embora essas soluções sejam projetadas para aumentar a flexibilidade, elas se desenvolvem lentamente em resposta às questões que vão surgindo, em vez de serem motivadas por uma filosofia abrangente por parte das empresas para com o capital humano.

Ademais, já que a maioria das empresas de tecnologia emergente utiliza-se do mesmo conjunto de incentivos para se manter competitiva em sua busca incessante por talentos, elas estão coletivamente incentivando e recompensando um comportamento oportunista e nômade entre a força de trabalho e aumentando seus custos operacionais. O nível mais alto de rotatividade e de mobilidade nos setores de alta tecnologia[14] sugere que as soluções para a *Equação Humana*[15] encontram-se longe das políticas e dos incentivos tradicionais dos recursos humanos.

O desafio para a administração neste século que acaba de surgir, como é exemplificado pelas questões que atualmente estão sendo enfrentadas pelas empresas de tecnologias emergentes, será internalizar por completo as necessidades variadas e em constante mutação dos indivíduos e inventar uma flexibilidade dirigida pelo funcionário. O desafio é significativo, pois a administração terá de personalizar o local de trabalho para se adaptar simultaneamente às necessidades *tanto* dos clientes *como* dos trabalhadores. Para fazer isso de forma eficaz, a empresa terá de aplicar a lógica do *marketing*, desenvolvida para os clientes, no relacionamento com os funcionários.

Enquanto as pessoas continuarem a ser tratadas pelas políticas de recursos humanos atuais como caixas pretas, isto é, como reagentes relativamente indiferentes a um determinado conjunto de incentivos, isso não proporcionará soluções viáveis e sustentáveis aos desafios, independentemente de seus custos para a empresa. Os funcionários se impressionam menos com a seleção de menu do restaurante ou com os outros truques fragmentados da administração – não importando o quão bem-intencionados possam ser – se forem mantidos longe da decisão sobre questões importantes na interseção do trabalho com suas prioridades pessoais. Cada vez mais, as pessoas não só estão dispostas a influenciar as decisões que afetam seu trabalho e sua vida pessoal, como esperam que isso aconteça. Sob certo sentido, elas podem ser consideradas "investidores" no local de trabalho, buscando maximizar os retornos para um determinado nível de risco.[16]

Novos modelos emergentes

O que chamamos de "local de trabalho personalizado"[17] é uma abordagem da administração que atende a essas aspirações emergentes. Em contraste aos processos organizacionais tradicionais, nos quais as estruturas e os sistemas organizacionais derivam-se de uma estratégia predefinida, o local de trabalho personalizado, como o entendemos, explicitamente busca equilibrar o que importa para a empresa (sua estratégia) com o que importa para os indivíduos (suas estratégias de vida). Os funcionários desejam obter mais controle sobre aspectos fundamentais de suas vidas de trabalho, incluindo-se:

- pelo que trabalhar;
- o conteúdo do trabalho;
- quando e onde trabalhar;
- como realizar o trabalho;
- com quem e para quem trabalhar;
- por quanto tempo trabalhar;
- o rumo do plano de carreira;
- as qualificações necessárias para perseguir o plano de carreira pessoal.

Essas dimensões uma época foram quase que exclusivamente determinadas pelo empregador, em um pacote que só podia ser aceito ou rejeitado. Mas hoje, com mais funcionários tendo a opção de abandonar esses pacotes, as empresas precisam de um modelo mais dinâmico. Precisam tratar cada uma dessas questões de forma personalizada.

Embora exemplos completos de locais de trabalho personalizados ainda estejam por ser inventados, muitas organizações ao redor do globo já estão se movendo na direção desse modelo. As empresas no Vale do Silício foram obrigadas por pressões competitivas a estar na vanguarda. Tão interessante quanto isso, no entanto, é o número de empresas que se moveu nessa direção logo cedo e sem a mesma intensidade de pressão competitiva. Por qualquer motivo, parecem ter ficado entre as primeiras que reconheceram e deram conta das tendências sociológicas que descrevemos antes neste capítulo. Suas respostas apontam na direção do local de trabalho personalizado:

- Como muitas empresas iniciantes do Vale do Silício, a SkyStream pensa em atrair funcionários, em particular engenheiros de *softwares*, um dos seus desafios mais importantes. O CEO Jim Olson, veterano da Hewlett-Packard e da 3Com, tem se concentrado em criar uma atmosfera de vitória e tratar os engenheiros como indivíduos, e não como categoria. Segundo Olson, sem o sentimento de que a empresa está se saindo bem, provavelmente as pessoas acabem partindo em busca do próximo vencedor. E, a não ser que sejam compreendidas e tratadas como indivíduos, é provável que as políticas da empresa sejam ineficazes e não consigam fazer com que as pessoas utilizem a motivação para investir profundamente nos assuntos da empresa.

- Na Semco, empresa brasileira que se tornou famosa no livro de Ricardo Semler, os funcionários envolvem-se e tomam decisões sobre o local das novas instalações e a aquisição de novas máquinas, além de terem liberdade substancial para decidir seus horários de trabalho e desfrutar de uma discrição total quanto ao investimento de uma parte dos lucros.[18]
- Na Metanoiques, empresa francesa de meio porte especializada em *softwares* de colaboração, fundada por uma pessoa não-convencional, não existem funcionários. Todo membro possui uma participação igual nas ações da empresa e age como empresário independente com responsabilidade pelos lucros e pelas perdas. A empresa não tem escritório-sede e as pessoas estão livres para organizar seus próprios horários. A colaboração interna é levada a cabo por um uso extensivo de tecnologia de informação e de comunicação.
- O fundador da CFDP, pequena empresa de seguros francesa, recentemente chegou ao ponto de vender a empresa aos funcionários, sócios e agentes de seguro e desmontar o escritório-sede.[19] Com essa jogada, ele espera transformar a organização em uma "comunidade de empresários independentes", na qual os associados são livres para conduzir seus próprios negócios e usar as redes para se coordenar com outros membros da organização.
- Therese Rieul, fundadora da KA-L'informatique, empresa francesa de meio porte que atua no segmento de computadores e varejista de *softwares*, sempre se recusou a escrever descrições formais de cargo, pois acredita que se deveria permitir que os indivíduos planejassem seus próprios cargos. Ela se baseia na crença de que a administração deve se preocupar basicamente com os resultados e deixar as pessoas livres para descobrir a melhor maneira de desempenhar as tarefas.[20]

Como mostram esses exemplos, soluções criativas a questões de capital humano estão sendo desenvolvidas por todo o mundo, em empresas jovens e antigas, de alta e de baixa tecnologia. Esses exemplos demonstram que, embora os locais de trabalho personalizados tomem muitas formas, representam uma atitude filosófica comum em relação a questões de gerenciamento de pessoal. Concentram-se nas necessidades e nas aspirações das pessoas e usam motivadores intrínsecos. Essas empresas constroem relações empregatícias projetadas para estimular o envolvimento, a confiança e o compromisso mútuo.

Um enfoque nas necessidades e nas aspirações individuais

No local de trabalho personalizado, as pessoas são administradas como indivíduos e não como grupos. Os administradores que ao longo do tempo gerenciaram as pessoas através de políticas moldadas para grupos como operários, horistas, funcionários de meio expediente, colarinhos-brancos, executivos de alto potencial, mulheres e/ou minorias, acharão essa abordagem bastante estranha. No local de trabalho personalizado, as pessoas não são gerenciadas como membros de um determinado grupo. Precisam ser tratadas como indivíduos. O maior desafio para a administração, então, será conquistar uma previsibilidade suficiente em um contexto no qual os comportamentos individuais estão menos sujeitos ao controle direto.

Enquanto as necessidades e as aspirações individuais são vistas como perturbações nas mentalidades tradicionais dos recursos humanos – ou como um mal necessário –, elas representarão a base do local de trabalho personalizado. Equilibrar as necessidades da empresa quanto a previsibilidade e eficácia com as diversas necessidades individuais exige um novo contrato, no qual a gestão e os funcionários confrontem seus planos estratégicos e pessoais e busquem um terreno comum.

Essas empresas reconhecem que os indivíduos são empresários de vida, que traçam seus próprios planos estratégicos de vida. Na gestão do século XX, mesmo em suas versões mais brilhantes, a empresa constitui o único agente de planejamento estratégico. A administração primeiro elabora uma estratégia corporativa e depois cria a organização ótima e a estrutura de incentivo para motivar as pessoas a implementar a estratégia da empresa. Em um contexto no qual os indivíduos não são necessariamente motivados a trabalhar mais por dinheiro ou por *status* social, é importante envolvê-los a *priori* e lhes conceder a oportunidade de influenciar a estratégia da empresa de uma forma mais consistente com suas próprias estratégias de vida. Essa evolução será de difícil realização dada a crença profundamente enraizada de que a estratégia é uma prerrogativa exclusiva do alto comando da companhia e que buscar contribuições dos níveis mais baixos só geraria idéias medíocres (e, talvez, desafiaria a competência e a autoridade da gestão).

Foco nos motivadores intrínsecos

Os motivadores extrínsecos, como salário e benefícios, podem ser facilmente copiados pelos concorrentes. O local de trabalho personalizado depende mais dos motivadores intrínsecos, que não são copiados com tanta facilidade e provavelmente conseguem recrutar e reter os funcionários com mais eficácia. A empresa concentra-se em compreender os "interesses de vida profundamente enraizados" dos funcionários e criar relações empregatícias que correspondam a esses interesses.[21] É provável que os funcionários envolvam-se no trabalho na medida que aquilo que fazem tiver um vínculo estreito com seus interesses mais profundos. Portanto, o que deve ficar bem claro para a administração, é que ela deve fazer todo o esforço possível para fomentar esses vínculos.

O envolvimento

Compartilhar informações sobre a empresa com funcionários e fazer com que eles se sintam responsáveis por sua situação é outro ingrediente para o local de trabalho personalizado. Contrariando a idéia amplamente defendida nos círculos de gestão, de que as pessoas jamais tomam decisões que podem prejudicá-las, algumas empresas provaram que distribuir o peso de uma situação difícil com os funcionários pode ser uma estratégia bem eficaz para a reviravolta. Quando Bernard Martin tomou as rédeas da Sulzer France, que se especializou em motores a diesel, ele envolveu os funcionários no desenvolvimento de soluções criativas para sair de uma severa crise financeira. Em vez de formular um plano de ação unilateral, ele disse aos funcionários que não esperassem por soluções milagrosas, que o destino da empresa estava nas mãos deles e que sua função era iniciar um processo através do qual todos juntos poderiam desenvolver uma estratégia eficaz para reverter a situação. Hoje, esse caso é muito citado como história exemplar de reversão de uma situação adversa no mundo empresarial francês, e Bernard Martin, hoje aposentado, é muito procurado para dar palestras nos círculos de gestão.

A centralidade da confiança

Em seu cerne, o local de trabalho personalizado se baseia na confiança. Os indivíduos estão dispostos e capazes de comprometer quantidades substanciais de tempo, de recursos e de identidade pessoal com relações que se baseiam na confiança. Após ter sido empurrada para o pano de fundo pela lógica contratual da "gestão científica", a centralidade da confiança na vida das empresas está sendo redescoberta hoje. A literatura recente sobre alianças interorganizacionais e *joint ventures*, por exemplo, enfatiza o papel importante da confiança na manutenção eficaz dessas relações.[22]

A importância da confiança se revela mais claramente em tempos de dificuldade e de rápida mudança. Dado que dificuldades e mudanças rápidas constituem a marca das tecnologias emergentes, a confiança é importantíssima para a construção de uma organização bem-sucedida em tecnologias emergentes. Apenas uma força de trabalho confiante pode sacrificar-se voluntariamente ou criar a flexibilidade de que a empresa necessita para o sucesso.

O compromisso mútuo

A confiança precisa ser construída antes de os tempos difíceis chegarem, e, para a confiança crescer entre as duas partes, é necessário reciprocidade. As pessoas estariam dispostas a colocar parte de seus destinos nas mãos da administração da empresa somente se esta também aceitar colocar parte de seu destino nas mãos das pessoas. A reciprocidade desenvolve-se apenas quando cada parceiro em uma relação é potencialmente vulnerável às decisões do outro. Os administradores que precisam manter as coisas e as pessoas sob controle terão dificuldade em estabelecer relacionamentos de confiança.

O local de trabalho personalizado não será viável se for formado por elétrons livres que podem modificar seus comportamentos ou retirar-se do jogo a qualquer momento. As organizações que sempre dependeram da cooperação de indivíduos autônomos e poderosos, como as equipes profissionais de esporte, há muito colocaram o comprometimento e a responsabilidade mútuos no centro da relação empregatícia.

O equilíbrio, contudo, reside no fato de que o comprometimento não pode ser o vago e genérico conceito de "trabalho para toda a vida", que as organizações do passado ofereciam. Parece-se mais com as relações empregatícias dos atletas profissionais e dirigentes de equipe, que estão unidos por um número acordado de temporadas e nas quais o rompimento antecipado do contrato por uma das partes oferece à outra o direito a uma compensação substancial. No mundo dos negócios, esse tipo de acordo reserva-se principalmente ao emprego de executivos seniores de grandes corporações. No século XXI, terá de se estender a todo relacionamento empregatício. Quando a relação empregatícia acaba amarrando as partes por um período predeterminado de tempo e as responsabiliza se houver um rompimento oportunista, as pessoas não suspeitam mais de ser tratadas pela empresa como ativos descartáveis, e a empresa pode contar, em troca, com a colaboração delas pela duração do contrato.

Como se baseia na participação, na divisão de poder, na confiança, na negociação, na reciprocidade e no comprometimento mútuo, o local de trabalho personalizado exigirá relações adultas, e não relações paternalistas baseadas em uma liderança carismática. Nos locais em que o antigo modelo da organização era basicamente uma relação adulto/criança, a liderança adulta hoje relaciona-se com os indivíduos como adultos e exige habilidades como ouvir e compreender a identidade dos indivíduos, antecipando, mediando, cedendo, confiando e comprometendo-se. O líder do século XXI não será um Deus, e sim um mortal que ajuda outros mortais a acordar o Deus que está em todos nós.

O LOCAL DE TRABALHO PERSONALIZADO QUE EVOLUI

Essas mudanças, tanto na força como no local de trabalho, e as novas abordagens na gestão dos recursos humanos não se distribuem uniformemente. Alguns funcionários ainda buscam relações empregatícias mais tradicionais. Alguns empregadores ainda estão oferecendo essas relações. Um desafio ainda maior para as empresas que buscam construir novas capacidades em tecnologia emergente é que, com muita freqüência, os sistemas e as filosofias novas e antigas de emprego são forçados a conviver lado a lado na mesma empresa.

Essa evolução dos empregadores e trabalhadores cria oportunidades para um desencontro. Arriscando-nos a uma simplificação demasiada, se pensarmos nas empresas como entidades que buscam estabilidade ou mudanças na composição de sua base de capital humano, e nos indivíduos como seres que também buscam estabilidade ou mudanças em suas vidas de trabalho, chegamos aos quatro tipos de casos ilustrados na Figura 18.2.

Nos momentos em que tanto a empresa quando o indivíduo convergem, nas células 1 e 4, há um bom casamento. Os *colonos* são mais produtivos nas empresas que buscam estabilidade em sua força de trabalho, e os *nômades* encaixam-se bem nas empresas que buscam mudanças. Quando divergem, nas células 2 e 3, surgem problemas. É provável que as pessoas que procuram estabilidade nas empresas que buscam mudança fiquem infelizes. De modo semelhante, é bem provável que as pessoas que buscam mudanças nas empresas que querem estabilidade tornem-se infelizes. Para as empresas de tecnologias emergentes, nas quais reinam a mudança e a incerteza, a clareza sobre como criar flexibilidade sem fragmentação é um grande desafio. Será que essa flexibilidade virá a ser conquistada mais facilmente através da busca de estabilidade ou de mudança nas pessoas que a empresa emprega? Ela deve procurar colonos ou nômades?

		O que os indivíduos buscam	
		Estabilidade	Mudança
O que as empresas buscam	Estabilidade	Colonos em organizações estabelecidas 1	Nômades em organizações estabelecidas 2
	Mudança	Colonos em organizações móveis 3	Nômades em organizações móveis 4

FIGURA 18.2 Necessidades de estabilidade e mudança dos indivíduos e das empresas.

A lógica do local de trabalho personalizado pode lidar com esses desafios desenvolvendo um nível de personalização que seja apropriado às demandas dos funcionários e às exigências da empresa. Parte da personalização do local de trabalho vem no sentido de determinar o nível de personalização que a empresa deve oferecer aos funcionários e modelar a relação de modo a suprir essas necessidades, mesmo se forem necessidades mais tradicionais, de colonos.

O clichê de que "o nosso pessoal é o nosso ativo mais importante" foi com freqüência articulado pelas empresas do século XX, mas a idéia nem sempre veio junto com uma prática consistente de gestão. Em vez de colocar os clientes *ou* o pessoal em primeiro plano, acreditamos que a administração terá de colocar em primeiro plano os acionistas, os clientes *e* os trabalhadores. Não importa se o indivíduo age como cliente, investidor, trabalhador, consorte, pai, ativista comunitário – hoje ele está menos disposto a deixar os outros tomarem decisões por ele.

As instituições que não conseguem observar essa tendência o fazem a seu próprio risco. Como a gestão não teve muita escolha a não ser reconhecer ou ignorar acionistas e clientes, ela também terá de lidar com as exigências de indivíduos autônomos e proativos cuja colaboração e cujo comprometimento não podem mais ser tidos por certo. Esse é cada vez mais o contexto que as empresas de tecnologias emergentes enfrentam hoje em dia e será o contexto sociológico que as empresas de modo mais geral enfrentarão no século XXI.

As características das tecnologias emergentes – com a alta incerteza, altos retornos e sua dependência de conhecimento – colocam as empresas desses setores na linha de frente da idéia de repensar o relacionamento existente com os trabalhadores e os projetos de suas organizações. Empresas de alta tecnologia já estão engajadas nesse processo, mas com freqüência de modo muito esparso. A visão mais abrangente de um local de trabalho personalizado poderia criar políticas e aprendizagens mais coerentes. Empresas de tecnologias emergentes podem se tornar laboratórios para o teste de novos projetos de local de trabalho. Mesmo que os cientistas continuem a desenvolver conhecimentos novos sobre tecnologia nos laboratórios de pesquisa, essas experiências de força de trabalho – se forem levadas a cabo consciente e sistematicamente – produzirão novas visões e interpretações que acelerarão a convergência entre as necessidades e as aspirações em mutação das pessoas e das empresas na nova economia.

NOTAS

Capítulo 1

1. Nanett Byrnes and Paul C. Judge, "Internet Anxiety", *Business Week* (June 28, 1999), pp. 79-88.
2. A mais conhecida declaração desse ponto de vista encontra-se em *Innovation: The Attacker's Advantage*, de Richard Foster (New York: Summit Books, 1986). Também chegaram a conclusões semelhantes James M. Utterback, *Mastering the Dynamics of Innovation* (Boston: Harvard Business School Press, 1995); Alfred D. Chandler, "Organization Capabilities and Economic History of the Industrial Enterprise", *Journal of Economic Perspectives*, vol. 6 (Summer 1992), pp. 79-100; e Rebecca M. Henderson e Kim B. Clark, "Architectural Innovation: The Reconfiguration of Existing Systems and the Failure of Established Firms", *Administrative Science Quarterly*, vol. 35 (March 1990), pp. 9-30.
3. David B. Yoffie, "Competing in the Age of Digital Convergence", *California Management Review*, vol. 38 (Summer 1996), pp. 31-53; e Andrew Grove, *Only the Paranoid Survive* (New York: Doubleday, 1996).
4. Joseph L. Bower and Clayton M. Christensen, "Disruptive Technologies: Catching the Wave", *Harvard Business Review*, vol. 73 (January/February 1995), pp. 43-53; e Clayton M. Christensen, *The Innovator's Dilemma* (Boston: Harvard Business School Press, 1997).
5. Ver nota 3, Grove.
6. Hugh Courtney, Jane Kirkland e Patrick Viguerie, "Strategy under Uncertainty", *Harvard Business Review*, vol. 75 (November/December 1997), pp. 66-81.
7. Robert H. Frank, *The Winner-Take-All Society* (New York: Free Press, 1995).
8. Bernard Wysocki, Jr., "Outlook: No. 1 Can Be Runaway Even in a Tight Race", *Wall Street Journal* (June 28, 1999), p. A1.
9. Michael Tushman e Philip Anderson, "Technological Discontinuities and Organizational Environment", *Administrative Science Quarterly*, vol. 31 (1986), pp. 439-456.
10. Joseph A. Schumpeter, *The Theory of Economic Development* (Cambridge, MA: Harvard University Press, 1934).
11. Clayton G. Smith and Arnold C. Cooper, "Entry into Threatening New Industries: Challenges and Pitfalls", *Building the Strategically-Responsive Organization*, Howard Thomas, Don O'Neal, Rod White and David Hurst, editores (New York: Wiley, 1994).
12. Bob Davis and David Wessel. "At Dawn of Electricity, Feuds and Hype", *Wall Street Journal* (April 6, 1998), A17; Carl Shapiro e Hal Varian. "Information Rules" (Boston: Harvard Business School, 1999).
13. Paul J. H. Schoemaker, "The Quest for Optimality: A Positive Heuristic of Science?" *Behavioral and Brain Sciences* (1991), 14, pp. 205-245.
14. Eric D. Beinhocker, "Robust Adaptive Strategies", *Sloan Management Review* (Spring 1999), pp. 95-106.
15. G. Christian Hill. "Technology: First Hand-Held Data Communicators Are Losers, But Makers Won't Give Up", *Wall Street Journal* (February 3, 1994), B1; Kiyonori Sakakibara, Christian Lindholm and Antti Ainamo, "Product Development Strategies in Emerging Markets: The Case of Personal Digital Assistants", *Business Strategy Review* (winter 1995), pp. 23-38.

16. Pat Dillon, "The Next Big Thing", *Fast Company* (June/July 1998), pp. 97-110.
17. Catherine Arnst, "PDA: Premature Death Announcement", *Business Week* (September 12, 1994), pp. 88-89.
18. Ver nota 16.
19. Centocor 1997, Annual Report N° 2.
20. Christopher Moran, "Industry Snapshot: Biotechnology", Hoover's Online, com base em dados de 1996.
21. Rodney Ho, "1992: Gene Therapy", *Wall Street Journal Interactive Edition* (May 24, 1999).
22. Robert Langreth and Steven Lipin, "Johnson & Johnson Is Near to Deal to Acquire Centocor for $ 4.9 Billion" *Wall Street Journal* (July 21, 1999), p. A1.
23. Perfil de empresa da Centocor.
24. Ver nota 22.
25. "The Future Was 'Obviously Not Obvious'", *Stanford Observer* (May/June 1994), p. 13.
26. William F. Hamilton and Graham R. Mitchell, "Managing R&D as a Strategic Option", *Research & Technology Management* (May/June 1988), pp. 15-22; Edward H. Bowman and Dileep Hurry, "Strategy through the Options Lens: An Integrated View of Resource Investments and the Incremental-Choice Process", *Academy of Management Review*, vol. 18 (1993), pp. 760-782; Rita G. McGrath, "A Real Options Logic for Initiation Technology Positioning Investments", *Academy of Management Review*, vol. 22 (1997), pp. 974-996.
27. Ver nota 3, Grove, p. 151.
28. Michael Tushman and Charles A. O'Reilly III, *Winning through Innovation: A Practical Guide to Leading Organizational Change and Renewal* (Boston: Harvard Business School Press, 1997).
29. Michael E. Weinstein, "Rewriting the Book on Capitalism", *New York Times* (June 5, 1999), p. B-7.
30. Adam M. Brandenburger, Barry J. Nalebuff and Ada Brandenberger, *Coopetition* (New York: Doubleday, 1997).

Capítulo 2

1. Observe as semelhanças com o estudo de 80 empresas muito antigas feito por Arie de Geus, *The Living Company* (Boston: Harvard Business School Press, 1997). Entre as empresas com ao menos 200 anos, destacavam-se quatro características: (1) orientação externa, (2) foco em valores centrais, (3) experimentação na periferia e (4) conservadorismo financeiro. O estudo de De Geus vai além da sobrevivência a mudanças tecnológicas; considera também todos os tipos de desafios. Ademais, ele se concentra na sobrevivência corporativa no geral, e não em uma única unidade da empresa.
2. Vincent Barabba, *Meeting of the Minds: Creating the Market-Based Enterprise* (Boston: Harvard Business School Press, 1995). O estudo do potencial das copiadoras também não levou em consideração a enorme demanda por cópias de cópias, além das cópias feitas com base em originais.
3. Para obter mais detalhes, ver "Encyclopedia Britannica", Harvard Business School Case, N9-396-051 (December 1995); e, para obter atualizações, ver "Bound for Glory?: the Venerable Encyclopedia Britannica Struggles to Survive in an Electronic Age", *Chicago Tribune Magazine* (March 1998).
4. Robin M. Hogarth and Howard Kunreuther, "Risk, Ambiguity and Insurance", *Journal of Risk and Uncertainty*, vol. 2 (1989), pp. 5-35. Ver também Paul J. H. Schoemaker, "Choices Involving Uncertain Possibilities: Test of Generalized Utility Models", *Journal of Economic Behavior and Organization*, vol. 16 (1991), pp. 295-317. Sendo iguais os outros fatores (como o valor esperado), as pessoas preferem o conhecido ao desconhecido, especialmente em relação ao ganho.
5. Chris Floyd, "Managing Technology Discontinuities for Competitive Advantage", *Prism* (Second Quarter, 1996), pp. 5-21; Clayton M. Christensen, "Exploring the Limits of the Technology S-Curve, Part I: Component Technologies", *Production and Operations Management*, vol. 1 (fall 1992).
6. Para obter uma discussão abrangente dessas questões no contexto da economia de informação, ver Carl Shapiro e Hal R. Varian, *Information Rules: A Strategic Guide to the Network Economy* (Boston: Harvard Business School Press, 1999).
7. Sam Hariharan e C. K. Prahalad, "Strategic Windows in the Structuring of Industries: Compatibility Standards and Industry Evolution", *Building the Strategically-Responsive Organization*, Howard Thomas, Don O'Neal, Rod White and David Hurst, eds., (New York: Wiley, 1994), pp. 289-308.
8. Daniel Kahneman e Amos Tversky, "Prospect Theory", *Econometrica*, vol. 47 (1979), pp. 283-291; Daniel Kahneman, Jack L. Knetsch and Richart Thaler, "Experimental Tests of the Endowment Effect and the Case Theorem", *Journal of Political Economy*, vol. 98, n° 61 (December 1990), pp. 1325-1348.

9. Clayton G. Smith and Arnold C. Cooper, "Entry into Threatening New Industries: Challenges and Pitfalls", *Building the Stategically-Responsive Organization*, Howard Thomas, Don O'Neal, Rod White e David Hurst, eds., (New York: Wiley, 1994).
10. Daniel Kahneman and Dan Lovallo, "Timid Choices and Bold Forecasts: A Cognitive Perspective on Risk Taking", *Management Science*, vol. 39 (1993), pp. 17-31.
11. J. Edward Russo and Paul J. H. Schoemaker, *Decision Traps: Ten Barriers to Brilliant Decision Making and How to Overcome Them* (New York: Simon & Schuster, 1990).
12. Janet E. Bercovitz, John de Figueiredo and David J. Teece, "Firm Capabilities and Managerial Decision-Making: A Theory of Innovation Biases", *Technological Innovation: Oversights and Foresights*, Raghu Garud, Praveen Rattan Nayyar and Zur Baruch Shapiro, editores (Cambridge, England: Cambridge University Press).
13. Clayton Christensen, *The Innovator's Dilemma* (Boston: Harvard Business School Press, 1997).
14. Clayton M. Christensen and Richard S. Rosenbloom, "Explaining the Attacker's Advantage: Technological Paradigms, Organizational Dynamics, and the Value Network", *Research Policy*, e Richard S. Rosenbloom and Clayton M. Christensen, "Technological Discontinuities, Organizational Capabilities, and Strategic Commitments", Working Paper 94-1 (Berkeley, CA: Consortium on Competitiveness and Cooperation, January, 1994).
15. Michael Tushman and Charles A. O'Reilly, III, *Winning through Innovation: A Practical Guide to Leading Organizational Change and Renewal* (Boston: Harvard Business School Press, 1997).
16. Ver nota 9.
17. Richard Foster, *Innovation: The Attacker's Advantage* (New York: Summit Books, 1986).
18. Gary S. Lynn, Joseph G. Morone and Albert Paulson, "Marketing and Discontinuous Innovation: The Probe and Learn Process", *California Management Review*, vol. 38 (spring 1996), p. C-37.
19. Este exemplo foi adaptado de Barabba, na nota 2.
20. Peter Senge, "The Leader's New Work: Building Learning Organization", *Sloan Management Review* (fall 1990), pp. 7-23.
21. Ver nota 1.
22. Richard O. Mason and Ian L. Mitroff, *Challeging Strategic Planning Assumptions* (New York: Wiley, 1981).
23. Nikil Deogun, "High-Tech Plunge: A Tough Bank Boss Takes on Computers with Real Trepidation", *Wall Street Journal* (July 25, 1996), pp. A1-2.
24. Paul J.H. Schoemaker, "When and How to Use Scenario Planning: A Heuristic Approach with Illustrations", *Journal of Forecasting*, vol. 10 (1991), pp. 549-564. Ou Paul J. H. Schoemaker, "Scenario Planning: A Tool for Strategic Thinking", *Sloan Management Review*, vol. 36, n° 2 (winter 1995), pp. 25-40.
25. Gary Hamel and C. K. Prahalad, *Competing for the Future* (Boston: Harvard Business School Press, 1994).
26. Kim Warren, "Exploring Competitive Futures Using Cognitive Mapping", *Long Range Planning*, vol. 28 (1995), pp. 10-21. Para obter uma revisão das ferramentas do mapeamento cognitivo, ver Josh Klayman e Paul J. H. Schoemaker, "Thinking about the Future: A Cognitive Perspective", *Journal of Forecasting*, vol. 12 (1993), pp. 161-168. Para obter mais exemplos, ver John D. W. Morecroft e John D. Sterman, *Modeling for Learning Organizations* (Portland, OR: Productivity Press, 1994). Os clássicos de referência para os modelos mentais e suas funções cognitivas são: Dedre Gentner and Albert L. Stevens, editores, *Mental Models* (Erlbaum, 1983); e Philip N. Johnson-Laird *Mental Models*, 2nd edition (Cambridge, MA: Harvard University Press, 1983).
27. Gary S. Lynn, Joseph G. Morone e Albert S. Paulson, "Marketing and Discontinuous Innovation: The Probe and Learn Process", *California Management Review*, vol. 38 (spring 1996), pp. 8-17.
28. F. Gulliver, "Post-Project Appraisals Pay", *Harvard Business Review* (March/April 1987), pp. 128-32; Steven E. Prokesh, "Unleashing the Power of Learning: An Interview with British Petroleum's John Browne", *Harvard Business Review* (September/October 1997), pp. 147-168.
29. Howard Perlmutter, "On Deep Dialog", Working Paper, Emerging Global Civilization Project (The Wharton School, University of Pennsylvania, 1999).
30. Kees van der Heijden, *The Art of Strategic Conversation* (New York: Wiley, 1998).
31. Pankaj Ghemawat, *Commitment: The Dynamic of Strategy* (New York: Free Press, 1991) e Pankaj Ghemawat e Patricio del Sol, "Commitment versus Flexibility", *California Management Review*, vol. 40, n° 4 (summer 1998), pp. 26-42.
32. Erick D. Beinhocker, "Robust Adaptive Strategies", *Sloan Management Review* (spring 1999), pp. 95-106.
33. David B. Yoffie and Michael A. Cusumano, "Building a Company on Internet Time: Lessons from Netscape", *California Management Review*, vol. 41, n° 3 (spring 1999).

34. Para informar-se sobre alguns pontos de vista sobre a maneira como as empresas do Vale do Silício obtêm sucesso nos ambientes de rápida mudança, ver Homa Bahrami, "The Emerging Flexible Organization: Perspectives from Silicon Valley", *California Management Review*, vol. 34, n° 4 (summer 1992), pp. 33-52 ou Kathleen Eisenhardt and Shona Brown, *Competing on the Edge: Strategy as Structured Chaos* (Boston: Harvard Business School Press, 1998).
35. Patrick Anslinger, Dennis Carey, Kristin Fink and Chris Gagnon. "Equity Carve-Outs", *The McKinsey Quarterly*, vol. 1 (1997), pp. 165-172.
36. Baseado em um relato das constatações de Rajesh Chandy e Gerard Tellis, em Jerry Useem, "Internet Defense Strategy: Cannibalizing Yourself", *Fortune* (September 6, 1999), pp. 121-134.
37. Erick Shonfeld, "Schwab Puts It All Online", *Fortune* (September 7, 1998), pp. 94-100.

PARTE I

1. John Hume, "Transforming Monsanto through Innovation: Faith, Hope and $ 2 Billion", *Valuing Corporate Innovation*, Conference Report N° 97-1 (March 2, 1997), Wharton Emerging Technologies Management, 10-12.

Capítulo 3

1. G. Garratt. "The Early History of Radio" (London: Institute of Electrical Engineers, 1994).
2. Hugh Aitken, *The Continuous Wave: Technology and American Radio, 1900-1932* (Princeton, NJ: Princeton University Press, 1985).
3. Stephen Gould and Niles Eldredge, "Punctuated Equilibria: The Tempo and Mode of Evolution Reconsidered", *Paleobiology*, vol. 3 (1977), pp. 115-151.
4. George Basalla, *The Evolution of Technology* (Cambridge, England: Cambridge University Press, 1988), p. 141.
5. John H. Dessauer, *My Years with Xerox: The Billions Nobody Wanted* (Garden City, NY: Doubleday, 1971).
6. Ver nota 4.
7. Clayton Christensen and Richard Rosenbloom, "Explaining the Attacker's Advantage: Technological Paradigms, Organizational Dynamics, and the Value of Network", *Research Policy*, vol. 24 (1995), pp. 233-257.
8. Ron Adner and Daniel Levinthal, "Dynamics of Product and Process Innovations: A Market-Based Perspective", estudo não-publicado (University of Pennsylvania, 1997).
9. Ver, por exemplo, Giovanni Dosi, "Technological Paradigms and Technological Trajectories, *Research Policy*, vol. 11 (1983), pp. 147-62; George Basalla, *The Evolution of Technology* (Cambridge, England: Cambridge University Press, 1988); Richard Rosenbloom and Michael Cusumano, "Technological Pioneering and Competitive Advantage: The Birth of the VCR Industry", *California Management Review* (1987), pp. 51-76.
10. Ver, por exemplo, Michael Tushman and Philip Anderson, "Technological Discontinuities and Organizational Environments", *Administrative Science Quarterly*, vol. 31 (1986), pp. 439-465; e Richard D'Aveni, *Hypercompetition* (New York: Free Press, 1994).
11. Joseph A. Schumpeter, *The Theory of Economic Development* (Cambridge, MA: Harvard University Press, 1934).
12. Ver nota 7.
13. Richard Foster, *Innovation: The Attacker's Advantage* (New York: Summit Books, 1986).
14. Nathan Rosenberg, "Technological Change in the Machine Tool Industry, 1840-1910", *Perspectives on Technology*, N. Rosenberg, ed., (London: M. E. Sharpe, 1976).
15. W. Brian Arthur, "Competing Technologies, Increasing Returns, and Lock-In by Historical Events", *Economic Journal*, vol. 99 (1989), pp. 116-131; e Paul David, "Clio and the Economics of QWERTY", *American Economic Review*, vol. 75 (1985), pp. 332-336.
16. David B. Yoffie, "Competing in the Age of Digital Convergence", *California Management Review*, vol. 38 (summer 1996), pp. 31-53; e Fumio Kodama, "Technology Fusion and the New R&D", *Harvard Business Review*, vol. 70 (1992), pp. 70-78.
17. David Teece, "Capturing Value from Technological Innovation", *The Competitive Challenge*, D. Teece, ed., (New York: Harper & Row, 1987).
18. Fumio Kodama, "Technology Fusion and the New R&D", *Harvard Business Review*, vol. 70 (1992).

19. Anita McGahan, Leslie Vadasz and David Yoffie, "Creating Value and Setting Standards: The Lessons of Consumer Electronics for Personal Digital Assistants", *Competing in the Age of Digital Convergence*, D. Yoffie, ed., (Boston: Harvard Business School Press, 1997).
20. Ver também George Day, Cap. 12.
21. Ron Adner and Daniel Levinthal, "Dynamics of Product and Process Innovations: A Market-Based Perspective", estudo não-publicado (University of Pennsylvania, 1997).
22. Ver nota 9, Rosenbloom e Cusumano.
23. Kathleen Wiegner, "Silicon Valley 1, Gallium Gulch 0", *Forbes*, vol. 141 (1988), pp. 270-272.
24. Robert Ristelhueber, "GaAS are Making a Comeback, But Profits Remain Elusive", *Electronic Business Buyer*, vol. 19 (1993), pp. 27-28.
25. Devendra Sahal, "Technological Guideposts and Innovation Avenues", *Research Policy*, vol. 14 (1985), pp. 61-82.
26. Ver, por exemplo, William Abernathy, *The Productivity Dilemma* (Baltimore: Johns Hopkins University Press, 1978); Eric von Hippel, *The Sources of Innovation* (New York: Oxford University Press, 1988); M. Lambkin and G. Day, "Evolutionary Processes in Competitive Markets: Beyond the Product Life Cycle", *Journal of Marketing*, vol. 53 (1989); Dorothy Leonard-Barton, *Wellsprings of Knowledge: Building and Sustaining the Sources of Innovation* (Boston: Harvard Business School Press, 1995); Clayton M. Christensen, *The Innovator's Dilemma* (Boston: Harvard Business School Press, 1997); George A. Moore, *Inside the Tornado: Marketing Strategies from Silicon Valley's Cutting Edge* (New York: HarperBusiness, 1995).
27. Ver nota 5.
28. Steven E. Prokesch, "Battling Bigness", *Harvard Business Review*, vol. 71, n° 6 (1993), p. 143.
29. Ver Cap. 6, nota 19.
30. Joseph G. Morone, *Winning in High-Tech Markets: The Role of General Management: How Motorola, Corning, and General Electric Have Built Global Leadership through Technology* (Boston: Harvard Business School Press, 1993).
31. Clayton M. Christensen, *The Innovator's Dilemma* (Boston: Harvard Business School Press, 1997).
32. Richard Nelson and Sidney Winter, *An Evolutionary Theory of Economic Change* (Cambridge, MA: Harvard University Press, 1982); e James G. March and Herbert A. Simon, *Organizations* (New York: Wiley, 1958).
33. George S. Day and David B. Montgomery, "Diagnosing the Experience Curve", *Journal of Marketing*, vol. 47, n° 3 (1983).
34. Wesley M. Cohen and Daniel A. Levinthal, "Absorptive Capacity: A New Perspective on Learning and Innovation", *Administrative Science Quarterly*, vol. 35, n° 1 (1990), pp. 128-152.
35. Gary Hamel and C. K. Prahalad, "Corporate Imagination and Expeditionary Marketing", *Harvard Business Review*, vol. 69, n° 4 (1991), pp. 81-92.
36. M. L. Dertouzos, R. K. Lester, and R. M. Solow, "Made in America: Regaining the Productive Edge", *The MIT Commission on Industrial Productivity* (Cambridge, MA: MIT Press, 1989).
37. Ver, por exemplo, nota 5; R. Rosenbloom and M. Cusumano, "Ampex Corporation and Video Innovation", in *Research on Technological Innovation Management, and Policy*, R. Rosenbloom, editor (1985), vol. 2, pp. 113-185; Daniel A. Levinthal, "The Slow Pace of Rapid Change", *Industrial and Corporate Change*, vol. 7 (1998), pp. 217-247; ver nota 14; Thomas P. Hughes, "Networks of Power: Electrification in Western Societies" (Baltimore: Johns Hopkins Press, 1983).
38. Ver nota 17.
39. Ver nota 5.
40. Smith e Alexander (1988).

Capítulo 4

1. Um dos autores (D.S.D.) liderou o investimento de capital de risco na AquaPharm como associado de uma empresa de capital de risco e foi vice-presidente da empresa do seu lançamento à sua eventual venda. Ele assume ou divide a responsabilidade pelas decisões de gestão aqui descritas.
2. M. Iansiti e J. West, "Technology Integration: Turning Great Research into Great Products", *Harvard Business Review* (May/June 1997), pp. 69-79.
3. D. Matheson, J. E. Matheson and M. M. Menke, "Making Excellent R&D Decisions", *Research & Technology Management* (November/December 1994), vol. 37, n° 6, pp. 21-24; e M. M. Menke, "Managing R&D for Competitive Advantage", *Research & Technology Management* (November/December 1997), vol. 40, n° 6, pp. 40-42.

4. Gary Hamel and C. K. Prahalad, *Competing for the Future* (Boston: Harvard Business School Press, 1994), pp. 129-130.
5. A abordagem das competências centrais entra em contraste com a abordagem da posição da empresa, mais bem explorada por Michael Porter, *Competitive Strategy* (New York: Free Press, 1980); e Michael Porter, *Competitive Advantage* (New York: Free Press, 1985).
6. Sobre as competências centrais, ver Margaret Peterarf, "The Cornerstones of Competitive Advantage: A Resource Based View", *Strategic Management Journal*, vol. 14 (1993), pp. 179-191; C. K. Prahalad and G. Hamel, "The Core Competence of the Corporation", *Harvard Business Review* (May/June 1990), pp. 79-91; D. J. Collis and C. A. Montgomery, "Competing on Resources: Strategy in the 1990's", *Harvard Business Review* (1995), pp. 118-128; Kathleen Conner, "A Historical Comparison of Resource-Based Theory an Five Schools of Thought within Industrial Organization: Do We Have a New Theory of the Firm?", *Journal of Management* (March 1991), pp. 121-154.
7. *Fortune*, vol. 9, n° 138 (November 9, 1998), p. 104.
8. Mark Meyers and Richard S. Rosenbloom, "Rethinking the Role of Research", *Research & Technology Management*, vol. 39, n° 3 (May/June 1996), pp. 14-18.
9. George Day estima essas probabilidades com base em inúmeros estudos do índice de fracasso de aquisições, *joint-ventures* e novos produtos.
10. A estratégia de posicionar-se e aprender assemelha-se à útil tipologia para os ambientes incertos, as estratégias e as ações incertas para se "conservar o direito de participar", desenvolvida por Courtney e alguns colaboradores na McKinsey, ao passo que a de sentir e seguir ou a de liderar podem ser estratégias formadoras. H. Courtney, J. Kirkland and P. Viguerie, "Strategy under Uncertainty", *Harvard Business Review* (November/December 1997), pp. 67-79.

Capítulo 5

1. S. Kobrin and E. Johnson, "We Know All About You: Personal Privacy in the Information Age", Working Paper, Wharton Forum on Electronic Commerce (The Wharton School, January 27, 1999).
2. Esta história inicial da Internet foi tirada de www.cs.washington.edu/homes/lazowska/cra/networks.html, um breve ensaio histórico escrito por Vincent Cerf, "o fundador" da Internet.
3. Ver, por exemplo, B. Kahin, ed., *Building Information Infrastructure* (New York: McGraw-Hill, 1992), para análises e questões relacionadas à privatização iminente (à época) da espinha dorsal da rede da NSFNet.
4. Andrew Freeman, "Technology in Finance Survey", *Economist* (October 26, 1996). Na época da publicação desse livro, cerca de 45% dos lares estadunidenses possuíam PCs e cerca de 1 em 4 pessoas já estavam conectados à rede. A penetração da Internet nos lares europeus é significativamente mais baixa; cerca de 1 em 20 pessoas estão *on-line* na França, e cerca de 1 em 10 no Reino Unido.
5. A arquitetura da NSFNet foi encerrada em abril de 1995; nenhuma estatística comparável do uso da Internet encontra-se disponível. Esses números referentes ao uso não refletem os *bytes* totais da Internet, mas somente os que passam pela espinha dorsal da NSFNet.
6. Glenda Korporaal, "Baby Bell's $ 90bn Mother of All Mergers", *Financial Review* (October 14, 1993) para obter um relato do anúncio da fusão. Ian Scales, "Irreconcilable Differences?" *Communications International* (December 1994) para obter um relato do fracasso das negociações da fusão.
7. Andrew C. Barrett, "Shifting Foundations: The Regulation of Telecommunications in an Era of Change", *Federal Communications Law Journal*, vol. 46, n° 1 (December 1993).
8. Mark K. Lottor, *Internet Domain Survey* (Network Wizards, Inc., October 1994).
9. Todd Spangler, "The Net Grows Wider: Internet Services", *PC Magazine*, vol. 15, n° 20 (November 19, 1996).
10. Para uma perspectiva jurídica interessante sobre o controle da pornografia em diferentes países, ver Dawn A. Edick, "Regulation of Pornography on the Internet in the United States and the United Kingdom: A Comparative Analysis", *Boston College International and Comparative Law Review*, vol. 21 (summer 1998).
11. Ver "The Music Industry: A Note of Fear", *Economist* (October 31, 1998), p. 67.
12. Para uma introdução à lei de propriedade intelectual e à Internet, ver os vários artigos sobre esse assunto em *Berkeley Technological Law Journal*, vol. 13 (1998).

13. Ver a edição especial da *South Carolina Review*, vol. 49 (summer 1998), que traz vários artigos que discutem essas questões sobre comércio eletrônico.
14. Eu utilizo a expressão *banda larga* em referência a um sinal eletrônico (ou às instalações projetadas para transmitir esse sinal) que carrega informações numa velocidade substancialmente maior que a voz, como os dados de vídeo ou de alta velocidade. Para os que gostam mais de engenharia, acho que o ISDN seja mais do que voz, mas menos do que banda larga. Em geral, uma medida útil, embora não de todo acurada, seriam os sinais de 10 MHz ou mais. Observe que as modernas tecnologias de compressão podem permitir, mais cedo ou mais tarde, o *download* desses sinais através das linhas telefônicas, a princípio projetadas para voz.
15. Gerald R. Faulhaber, "Public Policy in Telecommunications: The Third Revolution", *Information Economics and Policy*, vol. 7 (1994), como material de apoio.
16. Ver nota 7.
17. Mesmo o telefone celular, que já foi visto como um produto destinado única e exclusivamente aos ricos corretores da bolsa que fazem ligações de compra e de venda de seus BMWs, atingiu uma penetração de mercado substancialmente maior do que a prevista no início. Em 1995, o mercado de celulares cresceu 36%, atingindo a marca de 32 milhões de assinantes (comparado ao de 145 milhões de assinantes de linhas de telefone convencional). Tom McCall, "US Cellular Market Exhibits Solid Growth", *DataQuest Interactive* (March 25, 1996). Hoje, a pessoa com um celular ao seu lado em um engarrafamento pode estar dirigindo tanto uma picape quanto um BMW.
18. Para obter uma primeira referência (entre muitas outras), ver Ronald Brauetigam and Bruce Owen, *The Regulation Game: Strategic Use of the Administrative Process* (Cambridge, MA: Ballinger Publishing, 1978).
19. Ver, por exemplo, Tom Hazlett, "Duopolistic Competition in Cable Television", *Yale Journal of Regulation*, vol. 7, n° 1 (1990), pp. 65-119; e Stanford Levin and John Meisel, "Cable Television and Competition", *Telecommunications Policy*, vol. 15, n° 11 (1991), pp. 521-522.
20. "Focus on Universal Service", *Telco Competition Report* (BRP Publications, October 24, 1996).
21. Oliver Williamson, "Franchise Bidding for Natural Monopolies – In General and with Respect to CATV", *Bell Journal of Economics*, vol. 7, n° 1 (1976).
22. Alfred Kahn, *The Economics of Regulation* (New York: Wiley, 1970).
23. Isto não quer dizer que as empresas de cabo ou de banda larga realmente *produzam* o seu próprio conteúdo (embora as redes transmissoras produzam seus próprios noticiários), mas sim que *controlam* o conteúdo, que, em geral, compram de fornecedores externos de entretenimento.
24. Ver, por exemplo, M. Kapor, "Where Is the Digital Highway Really Heading? The Case for a Jeffersonian Information Policy", *Wired*, vol. 1, n° 3 (July/August 1993).
25. Trata-se de uma questão bem diferente da do litígio atual do Departamento de Justiça norte-americano com a Microsoft, no qual o foco é a alegada tentativa da Microsoft de "alavancar" o poder de mercado do seu SO (conduto) para dominar o mercado emergente dos navegadores de Internet (que, em si, pode ser considerado um mercado alternativo de conduto).
26. Ação Civil N° 94-1564 dos Estados Unidos *versus* a Microsoft Corporation, (1994). U.S. District Court of the District of Columbia ("Final Judgment" passado a 21 de agosto de 1995).
27. Gerald R. Faulhaber e Christiaan Hogendorn, "The Market Structure of Broadband Telecommunications", Working Paper, Public Policy & Management Department (Wharton School, University of Pennsylvania, Ausgust 1998).
28. A AT&T/TCI recentemente propôs o lançamento dos serviços de banda larga aos clientes residenciais através de *modem* a cabo nas áreas em que a TCI distribui cabo. Muitos exigem que se adote algum tipo de regulamentação desse novo "monopólio". É bem mais provável que a AT&T simplesmente seja a primeira a entrar nesse mercado, com outras empresas vindo atrás. De fato, a estratégia da AT&T de servir muitas áreas logo no início do serviço poderia ser uma forma de preempção competitiva, como se mencionou antes.
29. Essa análise baseia-se em James Kaplan, "Integration, Competition, and Industry Structure in Broadband Communications" (Wharton School Advanced Study Project Paper, 1996).
30. FCC Report and Order and Notice of Proposed Rulemaking, Docket 96-99 (March 11, 1996).

PARTE 2

1. Ken Henriksen, "Telecommunications Infrastructure", *The Convergence of Information Technologies: New Rules of Competition* (Wharton Emerging Technologies Management Program, April 17, 1998), pp. 22-23.

Capítulo 6

1. David Stipp, "Gene Chip Breakthrough", *Fortune* (March 31, 1997), pp. 56-73.
2. Andrew H. Van de Ven and R. Garud, "A Framework for Understanding the Emergence of New Industries", *Research in Technological Innovation and Policy*, vol. 4 (1989), pp. 192-225.
3. Gina Colarelli O'Connor, "Market Learning and Radical Innovation: A Cross Case Comparison of Eight Radical Innovation Projects", *Journal of Product Innovation Management*, vol. 15 (March 1998), pp. 151-166.
4. Pode-se encontrar uma orientação mais específica em um volume desta série: George S. Day e David B. Reibstein, *Wharton on Dynamic Competitive Strategies* (New York: Wiley, 1998).
5. Everett M. Rogers, *Diffusion of Innovations* (New York: Free Press, 1983).
6. Clayton M. Christensen, *The Innovator's Dillema* (Boston: Harvard Business School Press, 1997).
7. Esta crença não é bem-fundamentada. Para obter uma amostra do debate sobre as vantagens de primeiro entrante, ver Marvin B. Lieberman and David B. Montgomery, "First-Mover Advantages", *Strategic Management Journal*, vol. 9 (summer 1988), pp. 41-58; e Gerard J. Tellis and Peter N. Golder, "First to Market, First to Fail? Real Causes of Enduring Market Leadership", *Sloan Management Review* (winter 1996), pp. 65-75.
8. Giovanni Dosi, "Sources, Procedures and Microeconomic Effects of Innovation", *Journal of Economic Literature*, vol. 26 (September, 1988), pp. 1120-1171.
9. Adaptado de Geoffrey A. Moore, *Inside the Tornado* (New York: HarperCollins, 1995).
10. Ver nota 9.
11. Gary S. Lynn, Joseph G. Morone and Albert Paulson, "Marketing Discontinuous Innovation: The Probe and Learn Process", *California Management Review*, vol. 38 (spring 1996), p. C-37.
12. Kiyonori Sakakibara, Christian Lindholm and Antti Ainamo, "Product Development Strategies in Emerging Markets: The Case of Personal Digital Assistants", *Business Strategy Review* (winter 1995), pp. 23-38.
13. Glenn Bacon, Sarah Beckman, David C. Mowery and Edith Wilson, "Managing Product Definition in High-Technology Industries: A Case Study", *California Management Review*, vol. 36 (spring 1994), pp. 32-56.
14. Marjorie E. Adams, George S. Day and Deborah Dougherty, "Enhancing New Product Development Performance: An Organizational Learning Perspective", *Journal of Product Innovation Management*, vol. 15 (september 1998), pp. 403-422.
15. Ver nota 11.
16. Gary Hamel and C. K. Prahalad, *Competing for the Future* (Boston: Harvard Business School Press, 1994).
17. Ver nota 11.
18. Ver nota 11, p. 14.
19. Há mais detalhes sobre esse método em Eric von Hippel, *The Sources of Innovation* (New York: Oxford University Press, 1988). Algumas partes dessa discussão foram adaptadas de Eric von Hippel, Stefan Thomke and Mary Sonnack, "Creating Breakthroughs at 3M", *Harvard Business Review*, vol. 77 (September/October 1999), pp. 47-57; e Stefan Thomke and Ashok Nimgade, "Note on Lead User Research", Estudo número 9-699-014 (Cambridge, MA: Harvard Business School, October 16, 1998).
20. Dorothy Leonard and Jeffrey Rayport, "Spark Innovation through Empathic Design", *Harvard Business Review* (November/December 1997), pp. 102-115.
21. Daniel Roth, "My What Big Internet Numbers You Have", *Fortune* (March 15, 1999), pp. 114-120.
22. Fontes úteis sobre o modelo Bass são Vijay Mahajan, Eitan Muller and Frank Bass, "New Product Diffusion Models in Marketing: A Review and Directions for Research", *Journal of Marketing*, vol. 54 (January 1990), pp. 1-26; Vijay Mahajan, Eitan Muller and Frank Bass, "Diffusion of New Products: Empirical Generalizations and Managerial Uses", *Marketing Science*, vol. 14, n° 3 (1995), pp. 679-688; e Daniel Roth, "My, What Big Internet Numbers You Have", *Fortune* (March 15, 1999), pp. 114-120.
23. Glen L. Urban, Bruce D. Weinberg and John R. Hauser, "Premarket Forecasting of Really-New Products", *Journal of Marketing*, vol. 60 (January 1996), pp. 47-60 para uma descrição do método; e Eric Almquist and Gordon Wyner, "Identifying the Opportunities of the Future", *Mercer Management Journal*, vol. 10 (1998), pp. 31-40, para a sua aplicação ao mercado de banda larga.
24. Para mais informações sobre esses métodos, ver o capítulo sobre planejamento de cenário neste livro, escrito por Schoemaker e Mavaddat, e ver Rita G. McGrath and Ian C. MacMillan, "Discovery-Driven Planning", *Harvard Business Review* (July/August 1995), pp. 4-12.

Capítulo 7

1. P. A. Roussel, "Technological Maturity Proves a Valid and Important Concept", *Research Management* (January/February 1984), pp. 29-30.
2. O referencial aqui proposto para a compreensão da composição dos mercados com populações limitadas se baseia no estudo inicial de Shintaku. Ver J. Shintaku, "Technological Innovation and Product Evolution: Theoretical Model and Its Applications", *Gakushuin Economic Papers*, vol. 26 (1990), pp. 53-67.
3. M. Tushman and P. Anderson, "Technological Discontinuities and Organizational Environments", *Administrative Science Quarterly*, vol. 31 (1986), pp. 439-465.
4. E. von Hippel, *The Sources of Innovation* (New York: Oxford University Press, 1988).
5. Ver, por exemplo, Rita G. McGrath, Ian C. MacMillan and Michael L. Tushman, "The Role of Executive Team Actions in Shaping Dominant Designs: Towards the Strategic Shaping of Technological Progress", *Strategic Management Journal*, vol. 13 (1992), pp. 137-161; Ian C. MacMillan and Rita G. McGrath, "Technology Strategy", *Advances in Global High-Technoly Management*, M. W. Lawless and L. R. Gomez-Mejia, editores, vol. 4 (Greenwich, CT: JAI Press, 1994), pp. 27-66; e D. Levinthal, "Adaptation on Rugged Landscapes", *Management Science*, vol. 43 (1997), pp. 934-950.
6. J. Schumpeter, *Capitalism, Socialism, and Democracy* (3th edition) (New York: Harper & Row, 1950).
7. C. Christensen and J. Bower, "Customer Power, Strategic Investment, and the Failure of Leading Firms", *Strategic Management Journal*, vol. 17 (1996), pp. 197-219.
8. I. C. MacMillan and R. G. McGrath, "Discover Your Products' Hidden Potential", *Harvard Business Review*, vol. 74 (1996).
9. Para uma discussão das técnicas de análise conjunta e do *software* a fim de facilitar essa análise, ver Green e Krieger (1996).
10. G. R. Mitchell and W. F. Hamilton, "Managing R&D as a Strategic Option", *Research & Technology Management*, vol. 27 (1988), pp. 15-22; E. H. Bowman and D. Hurry, "Strategy through the Option Lens: An Integrated View of Resource Investments and the Incremental-Choice Process", *Academy of Management Review*, vol. 18 (1993), pp. 760-782; e R. G. McGrath, "A Real Options Logic for Iniciating Technology Positioning Investments", *Academy of Management Review*, vol. 22 (1997), pp. 974-996.
11. C. Christensen, "When New Technologies Cause Great Firms to Fail", *The Innovator's Dilemma* (Boston: Harvard Business School Press, 1997).

Capítulo 8

1. A discussão sobre o setor de composição gráfica baseia-se em Mary Tripsas, "Unraveling the Process of Creative Destruction: Complementary Assets and Incumbent Survival in the Typesetter Industry", *Strategic Management Journal*, vol. 18, n° S1 (July 1997), pp. 119-142.
2. A. C. Cooper and D. Schendel, "Strategic Responses to Technological Threats", *Business Horizons* (1976), pp. 61-69; L. M. Tushman and P. Anderson, "Technological Discontinuities and Organization Environments", *Administrative Science Quarterly*, 31 (1986), pp. 439-465; R. M. Henderson and K. B. Clark, "Architectural Innovations: The Reconfiguration of Existing Product Technologies and the Failure of Established Firms", *Administrative Science Quarterly*, 35 (1990), pp. 9-30.
3. L. Wallis, *Typomania* (Upton-upon-Severn, UK: Severnside Printers, 1993).
4. D. Teece, "Profiting from Technological Innovation: Implications for Integration, Collaboration, Licensing and Public Policy", *Research Policy*, vol. 15 (1986), pp. 285-305.
5. W. Mitchell, "Whether and When? Probability and Timing of Incumbent's Entry into Emerging Industrial Subfields", *Administrative Science Quarterly*, vol. 34 (1989), pp. 208-234.
6. Correspondência por computador (1983).
7. Carl Shapiro and H. Varian, *Information Rules* (Boston, MA: Harvard Business School Press, 1999).
8. M. Tripsas, "Adobe Systems: A Case Study in Architectural Leadership" (1998). Working Paper.
9. B. A. Majumdar, *Innovations, Product Developments and Technology Transfers: An Empirical Study of Dynamic Competitive Advantage, the Case of Eletronic Calculators* (Washington DC: University Press of America, 1982).
10. Clayton M. Christensen, *The Innovator's Dilemma* (Boston, MA: Harvard Business School Press, 1997).
11. A. Afuah, "How Much Do Your 'Co-Opetitor' Capabilities Matter in the Face of Technological Change?", a ser publicado no *Strategic Management Journal*.

12. J. F. Reinganum, "Uncertain Innovation and the Persistence of Monopoly", *American Economic Review*, vol. 73 (1983), pp. 741-748; R. J. Gilbert e H. M. Newberry, "Preemptive Patenting and the Persistence of Monopoly", *American Economic Review*, vol. 72 (1982), pp. 514-526.
13. Ver nota 10.
14. R. Nelson and S. Winter, *An Evolutionary Theory of Economic Change* (Cambridge, MA: Harvard University Press, 1982).
15. R. M. Henderson and K. B. Clark, "Architectural Innovation: The Reconfiguration of Existing Product Technologies and the Failure of Established Firms", *Administrative Science Quarterly*, vol. 35 (1990), pp. 9-30.

PARTE III

1. William E. Coyne, "Technology with Purpose", *3M Technology Plataforms* (1996), p. 5.

Capítulo 9

1. S. M. Davis and C. Meyer, *Blur: The Speed of Change in the Connected Economy* (Reading, MA: Addison-Wesley, 1998).
2. J. Y. Wind and J. Main, *Driving Change* (New York: Free Press, 1998).
3. Ver, por exemplo, G. Hamel, "Strategy as Revolution", *Harvard Business Review*, vol. 74, n° 4 (1996); ou H. Mintzberg, B. W. Ahlstrand and J. Lampel, *Strategy Safari: A Guided Tour through the Wilds of Strategic Management* (New York: Free Press, 1998).
4. L. Downes and C. Mui, *Unleashing the Killer App* (Boston: Harvard Business School Press, 1998).
5. S. L. Brown and K. M. Eisenhardt, *Competing on the Edge: Strategy as Structured Chaos* (Boston: Harvard Business School Press, 1998).
6. H. Mintzberg, "Crafting Strategy", *Harvard Business Review*, vol. 65, n° 4 (1987), p. 72.
7. P. F. Drucker, "The Theory of Business", *Harvard Business Review*, vol. 72, n° 5 (1994), pp. 95-104.
8. K. E. Weick, "Theory Construction as Disciplined Imagination", *Academy of Management Review*, vol. 14, n° 4 (1989), pp. 516-531.
9. J. A. Byrne, "Strategic Planning is Back", *Business Week* (1996), pp. 46-52.
10. G. Hamel and C. K. Prahalad, "Competing for the Future", *Harvard Business Review*, vol. 72, n° 4 (1994), pp. 122-128.
11. E. H. Bowman, ed., "Next Steps for Corporate Strategy", *Advances in Strategic Management* (JAI Press, 1995), pp. 39-64.
12. G. T. Allison, *Essence of Decision: Explaining the Cuban Missile Crisis* (Boston: Little, Brown & Company, 1971).
13. Esse modelo ainda presume que a ação seguinte é um estado de escolha constante, e não um fluxo de escolhas parciais, excluindo-se, assim, o ajustamento e, portanto, a aprendizagem.
14. H. Courtney, J. Kirkland and P. Viguerie, "Strategy under Uncertainty", *Harvard Business Review*, vol. 75, n° 6 (1997), pp. 66-79.
15. J. Bower, *Managing the Resource Allocation Process* (1972).
16. L. J. Bourgeois, III and K. M. Eisenhardt, "Strategic Decision Processes in High-Velocity Environments: Four Cases in the Microcomputer Industry", *Management Science*, vol. 34, n° 7 (1988), pp. 816-835.
17. Ver nota 16.
18. J. W. Fredrickson and T. R. Mitchell, "Strategic Decision Processes: Comprehensiveness and Performance in an Industry with an Unstable Environment", *Academy of Management Journal*, vol. 27, n° 2 (1984), pp. 399-423.
19. K. P. Coyne and S. Subramaniam, "Bringing Discipline to Strategy", *McKinsey Quarterly*, vol. 4 (1996), pp. 14-25.
20. Ver nota 19, p. 18.
21. Ver nota 14.
22. K. M. Eisenhardt, "Making Fast Strategic Decisions in High-Velocity Environments", *Academy of Management Journal*, vol. 32, n° 3 (1989), pp. 543-576.
23. Ver nota 8.
24. P. J. H. Schoemaker and J. E. Russo, *It's All in How You Frame It: Simple Steps to Make the Right Decision* (Mimeo, 1996).

25. R. L. Ackoff, "The Art and Science of Mess Management", *Interfaces*, vol. 11, n° 1, (1981), pp. 20-26.
26. Peter Williamson, "Strategy as Options on the Future", *Sloan Management Review*, vol. 40, n° 3 (spring 1999).
27. Ver, por exemplo, G. S. Day, *Market Driven Strategy: Processes for Creating Value* (New York: Free Press, 1990).
28. G. Hamel and C. K. Prahalad, "Corporate Imagination and Expeditionary Marketing", *Harvard Business Review* (July/August 1991), pp. 81-92.
29. Ver nota 3, Hamel.
30. Ver nota 6.
31. Ver nota 6.
32. H. A. Simon, "Strategy and Organizational Evolution", *Strategic Management Journal*, vol. 14 (edição especial, winter 1993), pp. 131-142.
33. P. J. H. Schoemaker, "Scenario Planning: A Tool for Strategic Thinking", *Sloan Management Review*, vol. 76, n° 3 (1998).
34. S. G. Makridakis, *Forecasting, Planning, and Strategy for the 21st Century* (New York: Free Press, 1990), pp. 132-133.
35. Ver nota 3.
36. Ver nota 3.
37. S. J. Wall and S. R. Wall, *Dilemmas in Strategy-Making: The New Strategists, Creating Leaders at All Levels* (New York: Free Press, 1995).
38. "Making Strategy", *Economist* (1997). Economist 342(8006). É claro que esse argumento se relaciona à execução da estratégia, mas não especifica a freqüência com que repensam o modelo do negócio, momento importante no qual o valor da diversidade entra em jogo.
39. Ver nota 37.
40. A implementação pode ser mais rápida, contudo, se houver uma participação ampla na formulação do processo.
41. M. Crossan and M. Sorrenti, "Making Sense of Improvisation", *Advances in Strategic Management*, vol. 14 (1997), p. 170.
42. Citado em Robert L. Glass, *Software Creativity* (Prentice Hall, ECS Professional, 1995).
43. Ver nota 33; e conversas pessoais.
44. S. Hart and C. Banbury, "How Strategy-Making Processes Can Make a Difference", *Strategic Management Journal*, vol. 15, n° 4 (1994), pp. 251-269.
45. Ver nota 6.
46. "Walt Disney Imagineering: A Behind the Dreams Look at Making the Magic Real", *Imagineers* (New York: Hyperion, 1996).

Capítulo 10

1. Thomas B. Rosenstiel, "Old Demons at Bay – U.S. Newspapers Face Future with New Confidence", *Los Angeles Times* (April 30, 1986).
2. Gail DeGeorge, "Knight-Ridder: Running Hard, But Staying in the Same Place", *Business Week* (February 26, 1996).
3. Foster (1986); Utterback (1995); Chandler (1992); Christensen (1998).
4. Paul J. H. Schoemaker and Cornelius A. J. M. van der Heijden, "Integrating Scenarios into Strategic Planning at Royal Dutch/Shell", *Planning Review*, vol. 20, n° 3 (1992), pp. 41-46. Para obter referências adicionais sobre planejamento de cenário, ver Pierre Wack, "Scenarios: Uncharted Waters Ahead", *Harvard Business Review* (September/October 1985); Gil Ringland, *Scenario Planning* (New York: Wiley, 1998); Paul J. H. Schoemaker, "Scenario Planning: A Tool for Strategic Thinking", *Sloan Management Review*, vol. 36, n° 2 (winter 1995), pp. 25-40.
5. Richard Mason and Ian Mitroff, *Challenging Strategic Planning Assumptions* (New York: Wiley, 1981).
6. G. Shaw, R. Brown and P. Bromiley, "Strategic Stories: How 3M is Rewriting Business Planning", *Harvard Business Review*, vol. 76, n° 3 (1998), p. 50.
7. Paul J. H. Schoemaker, "When and How to Use Scenario Planning: A Heuristic Approach with Illustration", *Journal of Forecasting*, vol. 10 (1991), pp. 549-564.
8. Ver nota 7.
9. Peter Schwartz, *The Art of Long View* (New York: Doubleday, 1991).
10. Paul J. H. Schoemaker, "Multiple Scenario Development: Its Conceptual and Behavioral Basis", *Strategic Management Journal*, vol. 14, n° 1 (1993), pp. 193-213; ver também Paul J. H. Schoe-

maker, "How to Link Strategic Vision to Core Capabilities", *Sloan Management Review*, vol. 34, n° 1 (fall 1992), pp. 67-81.
11. Howard V. Perlmutter, "On Deep Dialog", Working Paper, Emerging Global Civilization Project (The Wharton School, University of Pennsylvania, 1999).
12. Cornelius van der Heijden, *The Arts of Strategic Conversation* (New York: Wiley, 1998).
13. John Morecroft and John Sterman, *Modeling for Learning Organizations* (Productivity Press, 1994).
14. Pankaj Ghemawat, *Commitment: The Dynamic of Strategy* (New York: Free Press, 1991).
15. Ver nota 7.
16. Ver nota 6.
17. Tabela do *Economist* (September 11, 1999), p. 68.
18. Baseado no Advanced Study Project conduzido, sob a supervisão do professor Paul J. H. Schoemaker, na primavera americana de 1997, pelos alunos de MBA da Wharton Kevin Kemmerer, Jim Obsitnik e Tim Sheerin.
19. Eric von Hippel, Stefan Thomke and Mary Sonnack, "Creating Breakthroughs at 3M", *Harvard Business Review*, vol. 77 (September/October 1999), pp. 47-57.
20. Para uma lista mais completa, ver Paul J. H. Schoemaker, "Twenty Common Pitfalls in Scenario Planning", *Learning from the Future*, L. Fahey & R. Randall, ed., (New York: Wiley, 1998), pp. 422-431. Outras armadilhas mais gerais de inferência e julgamento são descritas em *Decision Traps*, J. Edward Russo and Paul J. H. Schoemaker, ed., (New York: Simon & Schuster, 1989).
21. Gary Hamel, "Bringing Silicon Valley Inside", *Harvard Business Review* (September/October 1999), pp. 70-86.
22. Kathleen Eisenhardt and Shona Brown, *Competing on the Edge: Strategy as Structured Chaos* (Boston: Harvard Business School Press, 1998).
23. Arie de Geus, "Planning as Learning", *Harvard Business Review* (March 1988).

Capítulo 11

1. A expressão *propriedade intelectual* é às vezes usada bem amplamente. Aqui, o uso é restrito, em referência aos tipos de coisas (possivelmente) elegíveis de serem reconhecidas e protegidas sob as leis de patente, direitos autorais, marca registrada e segredo profissional. Certas perspectivas estão implícitas nesse uso: por exemplo, a de que as idéias constituem produtos do intelecto, mas que não existe nenhum direito de propriedade passível de reconhecimento nas idéias como tais; sendo assim, não ajudaria em nada considerarmos as idéias como propriedade intelectual.
2. W. M. Cohen, R. R. Nelson and J. Walsh, "Protecting Their Intellectual Assets: Appropriability Conditions and Why U.S. Manufacturing Firms Patent (or Not)", Working Paper (Pittsburgh: Carnegie Mellon University, 1999).
3. Ver nota 2, p. 5.
4. H. Schultz and D. J. Yang, *Pour Your Heart Into It: How Starbucks Built a Company One Cup at a Time* (New York: Hyperion, 1997), pp. 76-77.
5. De um ponto de vista de política pública, merece uma atenção mais séria o argumento a favor de fortalecer a proteção onde ela é atualmente fraca. Os diferentes níveis e tipos de inovação entre os setores sem dúvida refletem, em alguma extensão, a eficácia diferencial do sistema de propriedade intelectual – embora não da maneira simples às vezes sugerida. A complexidade surge do fato de que a proteção de uma determinada inovação em geral significa uma supressão parcial da difusão de conhecimento, o que, por sua vez, pode significar o aumento dos custos de inovações adicionais. Ver, por exemplo, R. P. Merges and R. R. Nelson, "On the Complex Economics of Patent Scope", *Columbia Law Review*, vol. 90 (1990), pp. 839-916.
6. Outros sistemas de categorias foram usados; por exemplo, o estudo da CMU citado antes trata a complexidade como uma categoria separada, enquanto aqui é tratada como uma forma de contribuição ao sigilo. Também se trata a lei de segredo comercial de forma separada, embora seja obviamente uma forma de proteção legal e com freqüência tida como um parente distante da lei de patente. O estudo da CMU também analisa os efeitos da combinação de mecanismos, constatando sem surpresa que os ativos complementares e as vantagens de tempo caminham juntos. Ver nota 2, p. 7.
7. W. Barnett, "Telephone Companies", *Organizations in Industry: Strategy, Structure, and Selection*, G. R. Carroll and M. T. Hannan, ed., (New York: Oxford University Press, 1995).

8. Esta falta de atenção à utilidade quer dizer que existe muito trabalho para os antologistas de patentes "loucas e maravilhosas". Para conhecer algumas, consulte www.colitz.com/site/wacky/wackyold
9. Antes, a proteção geralmente estendia-se por 17 anos a partir da data de emissão. Essa mudança foi decretada conforme acordos internacionais para a harmonização da lei intelectual de propriedade firmados na Uruguay Round do GATT (1994).
10. Ver nota 7.
11. J. Hirshleifer, "The Private and Social Value of Information and the Reward to Inventive Activity", *American Economic Review*, vol. 61 (1971), pp. 561-574.
12. R. C. Levin, R. R. Nelson and S. G. Winter, "Appropriating the Returns from Industrial Research and Development", *Brookings Papers on Economic* Activity n° 3783-820 (1997). Os levantamentos diferiram na formulação de perguntas específicas e foram conduzidos durante 11 anos; assim, não se deve valorizar demais a diferença de resultados entre as duas.
13. Ver nota 12, pp. 802-803.
14. Ver nota 2, p. 13.
15. Graver Tank & Manufacturing Co. *versus* Linde Air Products Co., 339 U.S. 605, 608, como citado por Merges e Nelson, ver nota 5; ver esses últimos para conhecer os tópicos da doutrina.
16. R. Henderson, R. L. Orsenigo e G. P. Pisano, "The Pharmaceutical Industry and the Revolution in Molecular Biology: Exploring the Interactions among Scientific, Institutional and Organizational Change", *Sources of Industrial Leadership: Studies of Seven Industries,* D. C. Mowery and R. R. Nelson, editores (New York: Cambridge University Press, 1999).
17. G. P. Pisano, *The Development Factory: Unlocking the Potential of Process Innovation* (Boston: Harvard Business School Press, 1997), p. 65.
18. Valor convertido de 2,4 bilhões de libras a 1,6 dólares a libra.
19. Ver nota 2, p. 24.
20. Como se discute a seguir, as instituições do governo suplementam, em certa medida, os efeitos "naturais" do sigilo ao reforçarem as leis de segredo comercial e as obrigações contratuais relacionadas, por exemplo, os acordos de confidencialidade ou de não-concorrência.
21. D. Shapley, "Electronics Industry Takes to 'Potling' Its Products for Market", *Science*, vol. 202 (1978), pp. 848-849.
22. R. H. Hayes, G. P. Pisano and D. M. Upton, *Strategic Operations: Competing through Capabilities* (New York: Free Press, 1996), p. 54.
23. S. G. Winter, "Knowledge and Competence as Strategic Assets", *The Competitive Challenge: Strategies for Industrial Innovation and Renewal*, D. J. Teece, editor (Cambridge, MA: Ballinger, 1987), pp. 159-184.
24. U. Zander and B. Kogut, "Knowledge and the Speed of Transfer and Imitation of Organizational Capabilities: An Empirical Test", *Organizational Science*, vol. 6, n° 1 (1995), pp. 76-92.
25. J. P. Liebeskind, "Keeping Organizational Secrets: Protective Institutional Mechanisms and Their Costs", *Industrial and Corporate Change*, vol. 6 (September 1997), pp. 623-663.
26. M. J. C. Martin, *Managing Innovation and Entrepreneurship in Technology-Based Firms* (New York: Wiley, 1994), p. 45.
27. E. von Hippel, "Cooperation between Rivals: Informal Know-How Trading", *Research Policy*, vol. 16 (1987), pp. 291-302; ver nota 25.
28. Ver nota 2, p. 11.
29. D. J. Teece, "Profiting from Technological Innovation", *Research Policy*, vol. 15, n° 6 (1986), pp. 285-305.
30. Sobre esse assunto, ver nota 16, fonte da qual o presente relato foi extraído.
31. Essa discussão sobre a IBM baseou-se bastante em W. Usselman, "IBM and Its Imitators: Organizational Capabilities and the Emergence of the International Computer Industry", *Business and Economic History*, vol. 22 (winter 1993), pp. 1-15.
32. Para exemplos de um comentário que faz pouco caso da relevância das patentes para o sucesso da IBM, ver G. W. Brock, *The U.S. Computer Industry: A Study of Market Power* (Cambridge, MA: Ballinger, 1975), p. 64. Entre os estudos que basicamente não mencionam as patentes incluem-se: F. M. Fisher *et al.*, *Folded, Spindled, and Mutilated: Economic Analysis and U.S. v. IBM* (Cambridge, MA: MIT Press, 1983); e R. T. DeLamarter, *Big Blue: IBM's Use and Abuse of Power* (New York: Dodd, Mead & Co., 1986). Esses dois estudos representam as visões *pró* e *contra* IBM do mais recente caso antitruste. Ver também B. G. Katz and A. Phillips, "The Computer Industry", *Government and Technical Progress: A Cross-Industry Analysis*, R. R. Nelson, ed., (New York: Pergamon Press, 1982); R. Langlois, "Cognition and Capabilities: Opportunities Seized and Missed in the History of the Computer Industry", *Technological Innovation: Oversights and Foresights*, R.

Garud, P. R. Nayar and Z. B. Shapira, ed., (Cambridge, MA: Cambridge University Press, 1995); T. F. Bresnahan and F. Malerba, "Industrial Dynamics and the Evolution of Firms' and Nations' Competitive Capabilities in the World Computer Industry", *Sources of Industrial Leadership: Studies of Seven Industries*, D. C. Mowery and R. R. Nelson, ed., (New York: Cambridge University Press, 1999); Usselman, "IBM...." Embora faltas de evidência não sejam evidências de falta", a negligência uniforme do tópico por todos esses autores deve com certeza nos dizer algo sobre a importância atual das patentes para a IBM.

33. D. Teece, G. Pisano and A. Shuen, "Dynamic Capabilities and Strategic Management", *Strategic Management Journal*, vol. 18, n° 7 (1997), pp. 509-533. Cohen *et al.* (ver nota 2, p. 23) apontam que as patentes também podem conferir maiores vantagens quando amontoadas como "cercas" de patente do que o fazem para as inovações individuais.

34. O tempo de liderança é mencionado no levantamento como a vantagem de "ser o primeiro a levar o produto ao mercado".

35. Ver nota 2, Tabela 1.

36. O inovador em tais casos está desempenhando o papel histórico do empreendedor, como foi descrito no livro clássico de Joseph Schumpeter, *The Theory of Economic Development* (Cambridge, MA: Harvard University Press, 1934). Primeira publicação na Alemanha, em 1911.

37. Para obter resenhas críticas da literatura de "primeiro entrante", ver M. B. Lieberman and D. B. Montgomery, "First-Mover Advantages", *Strategic Management Journal*, vol. 9 (1988), pp. 41-58; e M. B. Lieberman and D. B. Montgomery, "First-Mover (Dis)Advantages: Retrospective and Link with the Resource-Based View", *Strategic Management Journal*, vol. 19 (1998), pp. 1111-1125. Sobre a "hiperconcorrência", ver R. D'Aveni, *Hypercompetition: The Dynamics of Strategic Maneuvering* (New York: Free Press, 1994).

38. Esse relato baseia-se sobretudo em R. S. Rosenbloom, *Nucor: Expanding Thin-Slab Capacity* (Boston: Harvard Business School Press, 1991), Caso 9-792-023; e P. Ghemawat, *Nucor at a Crossroads* (Boston: Harvard Business School Press, 1992) Caso 9-793-039.

39. *Fortune*, vol. 131, "The Fortune 500" (May 15, 1995), p. F57.

40. A. Phillips, *Technology and Market Structure: A Case Study of the Aircraft Industry* (Lexington, MA: C. C. Health, 1971).

41. O nível de preço do inovador afeta a quantidade de espaço que os seguidores têm para atrair os clientes reduzindo o preço sem perdas. Essa situação ilustra a questão de que um inovador pode ser capaz de proteger a extensão e a amplitude do fluxo de rendas sacrificando um pouco de sua profundidade.

42. R. Makadok, "Can First-Mover and Early-Mover Advantages Be Sustained in an Industry with Low Barriers to Entry/Imitation?" *Strategic Management Journal*, vol. 19 (1998), pp. 683-696.

43. S. G. Winter and G. Szulanski, "Replication as Strategy", *Organization Science* (2000).

44. A. Ryan *et al.*, "Biotechnology Firms", *Organizations in Industry: Strategy, Structure and Selection*, G. R. Carroll and M. T. Hannan, ed., (New York: Oxford University Press, 1995).

45. Citado em Merges e Nelson, nota 5. Ainda se discute o fato de a última cláusula acrescentar ou não algo além da palavra "pioneira" em si mesma.

46. Ver nota 5.

47. M. Tushman and P. Anderson, "Technological Discontinuities and Organization Environments", *Administrative Science Quarterly*, vol. 31 (1986), pp. 439-465.

PARTE IV

1. Raymond V. Gilmartin, "Chairman's Message", *1998 Annual Report* (Merck & Co.), p. 4.
2. Thomas Woodward, "Real Options Analysis at Merck", *Managing Uncertainty Using Scenario Planning*, Relatório da conferência do Emerging Technologies Research Program (November 22, 1996), p. 9.

Capítulo 12

1. "Keeping All Options Open", *Economist* (August 14, 1999), p. 62; Peter Coy, "Exploiting Uncertainty", *Business Week* (June 7, 1999), pp. 118-124; Martha Amram and Nalin Kulatilaka, "Disciplined Decisions: Aligning Strategy with the Financial Markets, *Harvard Business Review* (January/February 1999), pp. 95-104.

2. Stewart Myers, "Determinants of Corporate Borrowing", *Journal of Financial Economics* (November 1977), pp. 147-176.
3. Graham R. Mitchell and William F. Hamilton, "Managing R&D as a Strategic Option", *Research Technology Management* (May/June 1988), pp. 15-22.
4. Ver, por exemplo, K. Avinash Dixit and Robert S. Pindyck, "The Options Approach to Capital Investment", *Harvard Business Review* (May/June 1995), pp. 105-115; "Investment Under Uncertainty", (Princeton, NJ: Princeton University Press, 1994); Lenos Trigeorgis and Scott P. Mason, "Valuing Managerial Flexibility", *Midland Corporate Finance Journal* (spring 1987), pp. 14-21; Stewart C. Myers, "Finance Theory and Financial Strategy", *Interfaces*, vol. 14, n° 1 (January/February 1984), pp. 126-137.
5. Keith J. Leslie and Max P. Michaels, "The Real Power of Real Options", *The McKinsey Quarterly*, 3, (1997), pp. 4-22.
6. Ver nota 1, Coy.
7. Baseado na análise feita por Terrence W. Faulkner, "Applying 'Options Thinking' to R&D Valuation", *Research Technology Management* (May/June 1996), pp. 50-56.
8. Bruce Kogut e Nalin Kulatilaka, "Options Thinking and Platform Investments: Investing in Opportunity", *California Management Review* (winter 1994), pp. 52-71.
9. F. Peter Boer, *The Valuation of Technology: Business and Financial Issues in R&D* (New York: Wiley, 1999); Terrence W. Faulkner, "Options Pricing Theory and Strategic Thinking: Literature Review and Discussion, Version 3.3" (Eastman Kodak Company, May 1996); e Peter A. Morris, Elizabeth O. Teisberg and A. Lawrence Kolbe, "When Choosing R&D Projects, Go With Long Shots", *Research Technology Management* (January/February 1991), pp. 35-40; Thomas Copeland and Philip T. Keenan, "Making Real Options Real", *The McKinsey Quarterly*, 3, (1998), pp. 128-141.
10. Gordon Sick, *Capital Budgeting with Real Options*. Série de Monografias sobre Finanças e Economia, Stern School of Business (New York: New York University), Monografia n° 1989-3; Lenos Trigeorgis, "Real Options and Interactions with Financial Flexibility", *Financial Management* (fall 1993), pp. 202-224.
11. Para obter análises abrangentes e exemplos, ver Lenos Trigeorgis, ed., *Real Options in Capital Investments* (Westport, CT: Praeger, 1995); e Lenos Trigeorgis, *Real Options* (Cambridge, MA: MIT Press, 1996). Resenha: Gordon A. Sick, *The Journal of Finance*, vol. 51, n° 5 (December 1996), pp. 1974-1977.
12. Ver nota 10.
13. Edward H. Bowman and Gary T. Moskowitz, "A Heuristic Approach to the Use of Options Analysis in Strategic Decision Making", (Reginald H. Jones Center, Wharton School, January 6, 1998); Bruce Kogut and Kulatilaka Nalin. "Capabilities as Real Options", preparado para a conferência *Risk, Managers, and Options* (Centro Reginald H. Jones, Wharton School, November 18, 1997); e Timothy A. Luehrman, "Investment Opportunities as Real Options: Getting Started on the Numbers", *Harvard Business Review* (July/August 1998), pp. 51-67.
14. Elizabeth O. Teisberg, "Methods for Evaluating Capital Investment Decisions under Uncertainty", in Lenos Trigeorgis, ed., *Real Options in Capital Investment* (Westport, CT: Praeger, 1995), pp. 31-46.
15. John F. Magee, "How to Use Decision Trees in Capital Investment", *Harvard Business Review* (September/October 1946), pp. 79-96; James E. Smith and Robert F. Nau, "Valuing Risky Projects: Option Pricing Theory and Decision Analysis", *Management Science*, vol. 41, n° 5 (May 1995), pp. 795-816.
16. Data 3.5 – Release 3.5.3/32 Bit Demo. Copyright 1988-1998 Treeage Software, Inc.
17. James E. Smith and Robert F. Nau, "Valuing Risky Projects: Option Pricing Theory and Decision Analysis", *Management Science*, vol. 41, (May 1995), pp. 795-816.

Capítulo 13

1. P. Romer, L. Perlman, S. Shih, M. Volkema and D. Lessard, "Bank of America Roundtable on the Soft Revolution: Achieving Growth by Managing Intangibles", *Journal of Applied Corporate Finance*, vol. 11 (1998), pp. 2-27.
2. M.C. Jensen e W. Meckling, "The Theory of the Firm: Managerial Behavior, Agency Costs and Ownership Structure", *Journal of Financial Economics*, vol. 3 (1976), pp. 305-360.
3. S. C. Myers and N. Majluf, "Corporate Financing and Investment Decisions When Firms Have Information That Other Investors Do Not Have", *Journal of Financial Economics*, vol. 13 (1984), pp. 187-221.

4. J. E. Stiglitz e A. Weiss, "Credit Rationing in Markets with Imperfect Information", *American Economic Review*, vol. 71 (1981), pp. 393-410.
5. J. Freear e W. E. Wetzel, "Who Bankrolls High-Tech Entrepeneurs?" *Journal of Business Venturing*, vol. 5, pp. 77-89.
6. Esta seção se baseia em G. W. Fenn, N. Liang and S. Prowse, *The Economics of the Private Equity Market* (Washington DC: Board of Governors of the Federal Reserve System, 1995); P. Gompers and J. Lerner, "An Analysis of Compensation in the U.S. Venture Capital Partnership", *Journal of Financial Economics*, vol. 51 (1999), pp. 3-44; W. A. Sahlman, "The Structure of Governance of Venture-Capital Organizations", *Journal of Financial Economics*, vol. 27 (1990), pp. 473-521; M. Wright e K. Robbie, "Venture Capital and Private Equity: A Review and Synthesis", *Journal of Business Finance and Accounting*, vol. 25 (1998), pp. 521-569; e B. Zider, "How Venture Capital Works", *Harvard Business Review* (November/December 1998), pp. 131-139.
7. VentureOne, *National Venture Capital Association 1996 Annual Report* (San Francisco, CA: VentureOne, 1997).
8. Para saber mais sobre o assunto, ver J. Lerner, "'Angel' Financing and Public Policy: An Overview", *Journal of Banking and Finance*, vol. 22 (1998), pp. 773-783; e S. Prowse, "Angel Investors and the Market for Angel Investments", *Journal of Banking and Financing*, vol. 22 (1998), pp. 785-792.
9. J. Freear, S. Sohl and W. Wetzel, "Creating New Capital Markets for Emerging Ventures", Manuscrito não-publicado (Durham, NH: University of New Hampshire, 1996).
10. As IPOs vêm sendo bastante estudadas na literatura acadêmica. Um excelente levantamento encontra-se em R. G. Ibbotson and J. R. Ritter, "Initial Public Offerings", *Finance, Volume 9 of Handbooks in Operations Research and Management Science*, R. A. Jarrow, V. Maksimovic and W.T. Ziemba, eds., (Amsterdam: North Holland, 1995).
11. B. S. Black and R. J. Gilson, "Venture Capital and the Structure of Capital Markets: Banks versus Stock Markets", *Journal of Financial Economics*, vol. 47 (1998), pp. 243-277.
12. L. A. Jeng and P. C. Wells, "The Determinants of Venture Capital Funding: Evidence Across Countries", Working Paper (Cambridge, MA: Harvard Business School, 1998).
13. D. R. Emery and J. D. Finnerty, *Corporate Financial Management* (Upper Saddle River, NJ: Prentice Hall, 1997).
14. J. R. Ritter, "The Long-Run Performance of Initial Public Offerings", *Journal of Finance*, vol. 46 (1991), pp. 3-27.
15. Baseado em estudo que analisa como 26 fundos de capital de risco abandonaram 442 investimentos de 1970-1982 nos Estados Unidos, T. A. Soja and J. E. Reys, *Investment Benchmarks: Venture Capital* (Needham, MA: Venture Economics, 1990).
16. J. W. Petty, W. D. Bygrave and J. M. Shulman, "Harvesting the Entrepeneurial Venture: A Time for Creating Value", *Journal of Applied Corporate Finance*, vol. 7 (1994), pp. 4858.

Capítulo 14

1. Baseado em parte em Bradford Cornell and Alan C. Shapiro, "Financing Growth Companies", *Journal of Applied Corporate Finance* (summer 1988), pp. 6-22.
2. Ver Henry Grabowski and John Vernon, "A New Look at the Returns and Risks to Pharmaceutical R&D", *Management Science* (July 1990), pp. 804-821. Grabowski e Vernon examinaram custos e retornos da P&D para 100 novos medicamentos nos Estados Unidos durante a década de 1970. Os custos líquidos de P&D, expressos em dólares de 1986, foram de US$ 81 milhões em média. Contudo, os 10 medicamentos no topo da lista incorreram em custos de P&D de US$ 457 milhões, e o grupo dos 10 seguintes, em cerca de US$ 160 milhões.
3. Por exemplo, o Alpha Interferon foi primeiro aprovado para tratar um câncer raro denominado leucemia de células pilosas. Mas, desde então, entrou em um mercado de US$ 800 milhões no mundo todo como forma de tratamento para a herpes e a hepatite e atualmente está sendo testado contra a AIDS.
4. Benjamin Klein, Robert G. Crawford and Armen Alchian, "Vertical Integration, Appropriable Rents, and the Competitive Contracting Processes", *Journal of Law and Economics*, vol. 21 (1987), pp. 297-326; Bengt Holmstrom and Jean Tirole, "The Theory of the Firm", *Handbook of Industrial Organization*, R. Schmalensee and R. D. Willig, editores (New York: Elsevier Science Publishers B. V., 1989), cap. 3; e Oliver E. Williamson, "Transaction Cost Economics", *Handbook of Industrial Organization*, vol. 1, R. Schmalensee and R. D. Willig, eds., (New York: Elsevier Science Publishers), cap. 3.

5. David J. Teece, "Towards an Economic Theory of the Multiproduct Firm", *Journal of Economic Behavior and Organization*, vol. 3 (1982), pp. 39-63; e *The Competitive Challenge: Strategies for Industrial Innovation and Renewal*, David J. Teece, ed., (Cambridge, MA: Ballinger Publishing Co., 1987).
6. George A. Akerloff, "The Market for Lemons: Qualitative Uncertainty and the Market Mechanism", *Quarterly Journal of Economics* (August 1970), pp. 488-500.
7. William A. Sahlman, "Aspects of Financial Contracting in Venture Capital", *Journal of Applied Corporate Finance* (summer 1988), pp. 23-36 para saber mais sobre o motivo pelo qual os investidores de risco geralmente investem usando ações preferenciais conversíveis, e não ações ordinárias.
8. O problema da assimetria de informação é discutido em S. C. Myers and N. Majluf, "Corporate Financing and Investment Decisions When Firms Have Information That Other Investors Do Not Have", *Journal of Financial Economics*, vol. 13 (1984), pp. 187-221.
9. O problema de financiar opções de crescimento com dívida é discutido em Stewart C. Myers, "Determinants of Corporate Borrowing", *Journal of Financial Economics* (November 1977), pp. 138-147.
10. Merton H. Miller, "Debt and Taxes", *Journal of Finance* (May 1977), pp. 261-276.
11. Essa estimativa é de *Bridging the Gap* (Ernst & Young, 1999).
12. Michael Brennan and Eduardo Schwartz, "The Case of Convertibles", *Chase Financial Quarterly* (spring 1982), pp. 27-46.
13. Ver, por exemplo, John J. McConnell and Chris J. Muscarella, "Corporate Capital Expenditure Decisions and the Market Value of the Empresa", *Journal of Financial Economics* (September 1985), pp. 399-422; e Gregg A. Jarrell, Kenneth Lehn, and Wayne Marr, "Institutional Ownership, Tender Offers, and Long-Term Investments", (The Office of the Chief Economist, Securities and Exchange Commission, April 19, 1985).
14. Estes dados originaram-se de "Biotechnology Industry Valuation: 1992 Sector Analysis", (Paine Webber Health Care Group, February 1992).
15. O uso de financiamento em etapas é comum no capital de risco por razões semelhantes (ver nota 7).
16. O anúncio de novos produtos que nunca chegaram a ser comercializados ou que são comercializados após um atraso considerável na fabricação é uma estratégia comum e reconhecida no segmento de *softwares*. Muitas empresas anunciam aquilo que passou a ser chamado de "produtos-fantasmas" ou "produtos de vapor", referindo-se à ausência de qualquer produto tangível.
17. Ashish Arora and Alfonso Gambardella, "Complementary and External Linkages: The Strategies of the Large Firms in Biotechnology", *Journal of Industrial Economics* (June 1990), pp. 361-379.
18. Stewart C. Myers, "The Capital Structure Puzzle", *Journal of Finance* (July 1984), pp. 575-592.

PARTE V

1. Diane Brady, "GE's Welch: 'This Is the Greatest Opportunity Yet'", *Business Week* (June 28, 1999).

Capítulo 15

1. L. Rosenkopf and M. Tushman, "The Coevolution of Community Networks and Technology: Lessons from the Flight Simulation Industry", *Industrial and Corporate Change*, vol. 7 (1998), pp. 311-346.
2. M. Tushman and L. Rosenkopf, "On the Organizational Determinants of Technological Change: Toward a Sociology of Technological Evolution", *Research in Organizational Behavior*, B. Staw and L. Cummings, eds., vol. 14 (Greenwich, CT: JAI Press, 1992), pp. 311-47.
3. M. Cusumano and R. Selby, *Microsoft Secrets: How the World's Most Powerful Software Company Creates Technology, Shapes Markets, and Manages People* (New York: Free Press, 1995).
4. L. Rosenkopf and M. Tushman, "The Co-Evolution of Technology and Organizations", *Evolutionary Dynamics of Organizations*, J. Baum and J. Singh, eds., (Oxford Press, 1994).
5. W. Powell, K. Koput e L. Smith-Doerr, "Interorganizational Collaboration and the Locus of Innovation: Networks of Learning in Biotechnology", *Administrative Science Quarterly*, vol. 41 (1996), pp. 116-145.
6. L. Rosenkopf e A. Nerkar, "On the Complexity of Technological Evolution: Exploring Coevolution within and across Hierarchical Levels in Optical Disc Technology", *Variations in Organization Science: In Honor of D. T. Campbell*, J. Baum and B. McKelvey, eds. (Sage Publications, 1999).

7. G. Hamel, "Competition for Competence and Inter-Partner Learning within International Strategic Alliances", *Strategic Management Journal*, vol. 12 (1991), pp. 83-103; Y. L. Doz, "The Evolution of Cooperation in Strategic Alliances: Initial Conditions or Learning Processes?" *Strategic Management Journal*, vol. 17 (1996), pp. 55-83. Perspectivas evolucionárias sobre o suprimento de estratégia; e Dyer e Singh, Cap. 16, deste livro.
8. J. Dyer, "Effective Interfirm Collaboration: How Transactors Minimize Transaction Costs and Maximize Transaction Value", *Strategic Management Journal*, vol. 18 (1996), pp. 535-556; e Dyer and Singh, Cap. 16, deste livro.
9. Ver nota 1.
10. E. von Hippel, "Cooperation between Rivals: Informal Know-How Trading", *Research Policy*, vol. 16 (1987), pp. 291-302.
11. L. Rosenkopf and M. Faraoni, "The Coevolution of Formal and Informal Interorganizational Networks", Working Paper (University of Pennsylvania, 1996); T. Lant and A. Eisner, "The Role of Medical Professionals in Facilitating Strategic Alliances among Pharmaceutical Firms", Working Paper (New York: New York University, 1996); e L. Rosenkopf and A. Turcanu, "Strategic Participation in Cooperative Technical Networks: Emergence, Evolution and Effects of Informal Interfirm Networks", Working Paper (University of Pennsylvania, 1998).
12. J. Liebeskind, A. Oliver, L. Zucker and M. Brewer, "Social Networks, Learning and Flexibility: Sourcing Scientific Knowledge in New Biotechnology Firms", *Organization Science*, vol. 7 (1996), pp. 428-443.
13. G. F. Davis, "Agents without Principles? The Spread of the Poison Pill through the Intercorporate Network", *Administrative Science Quarterly*, vol. 36, n° 4 (1991), pp. 583-613.
14. P. Haunschild, "Interorganizational Imitation: The Impact of Interlocks on Corporate Asquisition Activity", *Administrative Science Quarterly*, vol. 38 (1993), pp. 546-592.
15. R. Gulati and J. Westphal, "The Dark Side of Embeddedness: An Examination of the Influence of Direct and Indirect Board Interlocks and CEO/Board Relationships on Interfirm Alliances", *Administrative Science Quarterly* (1998).
16. P. Almeida and B. Kogut, "Localization of Knowledge and the Mobility of Engineers", *Management Science* (1998).
17. K. M. Eisenhardt and C. B. Schoonhoven, "Resource-Based View of Strategic Alliance Formation: Strategic and Social Effects in Entrepreneurial Firms", *Organization Science*, vol. 7. n° 2 (1996), pp. 136-150.
18. W. Boeker, "Executive Migration and Strategic Chance: The Effect of Top Manager Movement on Product-Market Entry", *Administrative Science Quarterly*, vol. 42, n° 2 (1997), pp. 213-236.
19. P. Almeida and L. Rosenkopf, "Interfirm Knowledge Building by Semiconductor Startups: The Role of Alliances and Mobility", Working Paper (University of Pennsylvania, 1997).
20. Ver nota 19.
21. T. E. Stuart and J. M. Podolny, "Local Search and the Evolution of Technological Capabilities", *Strategic Management Journal*, vol. 17 (1996), pp. 21-38. Perspectivas evolucionárias sobre o suprimento de estratégia.
22. P. Lane and M. Lubatkin, "Relative Absorptive Capacity and Interorganizational Learning", *Strategic Management Journal*, vol. 19, n° 5 (1998), pp. 461-477.
23. D.-J. Kim and B. Kogut, "Technological Platforms and Diversification", *Organization Science*, vol. 7, n° 3 (1996), pp. 283-301.
24. A. Saxenian, *Regional Advantage: Culture and Competition in Silicon Valley and Route 128* (Cambridge, MA: Harvard University Press, 1994).
25. Ver nota 16.
26. L. Rosenkopf and A. Nerkar, "Crossing Technological and Organizational Boundaries for Knowledge-Building: A Typology of Exploration Behaviors and their Effects in The Optical Disc Industry", Working Paper (University of Pennsylvania, 1998); J. Sorenson and T. Stuart, "Aging, Obsolescence and Organizational Innovation", Working Paper (University of Chicago, 1998).
27. G. Ahuja, "The Antecedents and Consequences of Innovation Search: A Longitudinal Study", Working Paper (University of Texas, Austin, 1999).
28. R. Burt, *Structural Holes: The Social Structure of Competition* (Cambridge, MA: Harvard University Press, 1992).
29. L. Freeman, "Centrality in Social Networks: Conceptual Clarification", *Social Networks*, vol. 1 (1979), pp. 215-239.
30. Existem muitas maneiras diferentes de avaliar os agrupamentos (também chamados de componentes). Por exemplo, os agrupamentos de componentes fortes exigem que cada membro do

agrupamento comunique-se com todos os outros membros do agrupamento. Em contraste, os agrupamentos de componentes fracos exigem apenas que cada membro se comunique com pelo menos outro membro do agrupamento. Os nossos agrupamentos representam essa segunda opção. A natureza dessa rede hipotética é tal que se nos concentrássemos em agrupamentos de componentes fortes, apenas algumas empresas se qualificariam como agrupamentos (C e F, G e E, H e J). Em seguida, examinaremos algumas redes muito densas do setor de celulares, e então os agrupamentos de componentes fortes serão mais interessantes. Desse modo, a escolha das regras que definem o agrupamento dependerá da rede sob observação.

31. Reconhece também que essas pontuações são apenas para 1995. Análises dinâmicas dessas medidas realizadas ano a ano demonstrariam, por exemplo, a rápida evolução da Qualcomm, que não tinha quase que nenhuma presença na rede em 1990 e que, em 1995, já detinha uma posição de muito *status*.
32. Ver nota 2.
33. J. Law and M. Callon, "Engineering and Sociology in a Military Aircraft Project: A Network Analysis of Technological Change", *Social Problems*, vol. 35, n° 3 (1988), pp. 284-297.
34. T. Hughes, *Networks of Power* (Baltimore: The Johhs Hopkins University Press, 1983).
35. D. F. Noble, *Forces of Production* (New York: Alfred A. Knopf, 1984).
36. Ver nota 5.
37. T. Stuart et al., "Interorganizational Endorsements and the Performance of Entrepreneurial Ventures", *Administrative Science Quarterly* (1998).
38. T. Stuart, "Network Positions and Propensities to Collaborate: An Investigation of Strategic Alliance Formation in a High-Technology Industry", *Administrative Science Quarterly* (1999).
39. G. Ahuja, "Collaboration Networks, Structural Holes, and Innovation: A Longitudinal Study", Working Paper (University of Texas, Austin, 1998).
40. Ver nota 21.
41. Dois pacotes de *softwares* foram usados para a análise contida neste estudo: (1) STRUCTURE (Columbia University, 1991); e (2) UCINET V (Analytic Technologies, 1998).
42. Ver nota 16.
43. Para mais informações, ver R. Burt, *Structural Holes: The Social Structure of Competition* (Cambridge, MA: Harvard University Press, 1992). Burt discute o jogo estratégico associado à gestão da estrutura de rede. Também apresenta vários cálculos mais complexos, denominados "restrição" e "autonomia estrutural", que representam outras maneiras de avaliação da vantagem de rede.

Capítulo 16

1. J. Hagedoorn, "Understanding the Rationale of Strategic Technology Partnering", *Strategic Management Journal*, vol. 14 (1993), pp. 371-385.
2. B. Kogut, "Joint Ventures: Theoretical and Empirical Perspectives", *Strategic Management Journal*, vol. 9 (1989), pp. 319-332; J. Bleeke e D. Ernst, *Collaborating to Compete: Using Strategic Alliances and Acquisitions in the Global Marketplace* (New York: Wiley, 1993); *Alliance Analyst* (Newcap Communications, 1998).
3. A. M. Brandenberger and B. J. Nalebuff, *Co-opetition: 1. A Revolutionary Mindset That Redefines Competion and Cooperation: 2. The Game Theory Strategy That's Changing the Game of Business* (New York: Doubleday, 1997).
4. I. Dierickx and K. Cool, "Asset Stock Accumulation and Sustainability of Competitive Advantage", *Management Science*, vol. 35, n° 12, pp. 1504-1513.
5. Kathryn Harrigan, *Strategic Flexibility* (Lexington, MA: Lexington Books, 1985); S. Balakrishnan and B. Wernerfelt, "Technical Change, Competition and Vertical Integration", *Strategic Management Journal*, vol. 7 (July/August 1986), pp. 347-359.
6. Gordon Walker and David Weber, "A Transaction Cost Approach to Make-or-Buy", *Administrative Science Quarterly*, 29 (1984); Balakrishnan e Wernerfelt, 1986.
7. Ver nota 5, Balakrishnan.
8. P. Botticelli, D. Collis and G. Pisano, *Intel Corporation: 1968-1997* (Boston: Harvard Business School Press, 1998), pp. 15-16.
9. Ver nota 1, Hagedoorn, pp. 380-381.
10. J. H. Dyer and H. Singh, "The Relational View: Cooperative Strategy and Sources of Interorganizational Competitive Advantage", *Academy of Management Review*, vol. 23, n° 4 (October 1998), pp. 660-679.

11. J. G. March and H. A. Simon, *Organizations* (New York: Wiley, 1958); W. W. Powell, K. W. Koput and L. Smith-Doerr, "Interorganizational Collaboration and the Locus of Innovation: Networks of Learning in Biotechnology", *Administrative Science Quarterly*, vol. 41 (1996), pp. 116-145; N. S. Levinson and M. Asahi, "Cross-National Alliances and Interorganizational Learning", *Organizational Dynamics*, vol. 24 (1995), pp. 51-63.
12. E. von Hippel, *The Sources of Innovation* (New York: Oxford University Press, 1988).
13. B. Kogut and U. Zander, "Knowledge of the Firm, Combinative Capabilities, and the Replication of Technology", *Organization Science*, vol. 3, n° 3 (1992), p. 386; R. M. Grant, "Toward a Knowledge-Based Theory of the Firm", *Strategic Management Journal*, vol. 17 (winter 1996), pp. 109-122.
14. Ver nota 13.
15. R. Nelson and S. Winter, *An Evolutionary Theory of Economic Change* (Cambridge: Belknap Press, 1982); B. Kogut and U. Zander, "Knowledge of the Firm, Combinative Capabilities, and the Replication of Technology", *Organization Science*, vol. 3, n° 3 (1992), p. 386; G. Szulanski, "Exploring Internal Stickiness: Impediments to the Transfer of Best Practice within the Firm", *Strategic Management Journal*, vol. 17 (1996), pp. 27-43.
16. W. M. Cohen and D. A. Levinthal, "Absorptive Capacity: A New Perspective on Learning and Innovation", *Administrative Science Quarterly*, vol. 35 (1990), pp. 128-152.
17. G. Szulanski, "Exploring Internal Stickiness: Impediments to the Transfer of Best Practice within the Firm", *Strategic Management Journal*, vol. 17 (1996), pp. 27-43; D. C. Mowery, J. E. Oxley and B. S. Silverman, "Strategic Alliances and Interfirm Knowledge Transfer", *Strategic Management Journal*, vol. 17 (1996), pp. 77-91.
18. K. J. Arrow, *The Limits of Organization* (New York: W. W. Norton, 1974); R. Daft and R. Lengl, "Organizational Information Requirements, Media Richness and Structural Design", *Management Science*, vol. 32, n° 5, pp. 554-571; P. V. Marsden, "Network Data and Measurement", *Annual Review of Sociology*, vol. 16, pp. 435-463; J. L. Badaraco, Jr., *The Knowledge Link* (Boston: Harvard Business School Press, 1991).
19. W. Shan and W. Hamilton, "Country-Specific Advantage and International Cooperation", *Strategic Management Journal*, vol. 12, n° 6 (September 1991), pp. 419-432.
20. Y. Doz, "The Evolution of Cooperation in Strategic Alliances: Initial Conditions or Learning Processes", *Strategic Management Journal*, vol. 17 (1996), pp. 55-83; R. M. Kanter, "Collaborative Advantage: The Art of Alliances", *Harvard Business Review* (July/August 1994), pp. 96-108.
21. A. F. Buono e J. L. Bowditch, *The Human Side of Mergers and Acquisitions* (San Francisco: Jossey-Bass, 1989).
22. Ver nota 20.
23. O. E. Williamson, *The Economic Institutions of Capitalism* (New York: Free Press, 1985).
24. Dyer (1996a).
25. Clark and Fiyimoto (1991) e Nishiguchi (1994).
26. Asanuma (1989) and Dyer (1996).
27. A. Saxenian, "Regional Networks and the Resurgence of Silicon Valley", *California Management Review* (fall 1990), p. 101.
29. Ver nota 27, p. 430.
30. B. Klein, R. G. Crawford and A. A. Alchian, "Vertical Integration, Appropriable Rents, and the Competitive Contracting Process", *Journal of Law and Economics*, vol. 21, pp. 297-326.
31. Ver nota 23; D. C. North, *Institutions, Institutional Change and Economic Performance* (Cambridge, England: Cambridge University Press, 1990).
32. B. Uzzi, "Social Structure and Competition in Interfirm Networks: The Paradox of Embeddedness", *Administrative Science Quarterly*, vol. 42, n° 1 (1997), pp. 35-67.
33. Ver nota 2.

Capítulo 17

1. Jerry Useem, "Internet Defense Strategy: Cannibalize Yourself", *Fortune*, vol. 140, n° 5 (1999), 121ff.
2. Michael L. Tushman and Philip Anderson, "Technological Discontinuities and Organizational Environments", *Administrative Science Quarterly*, vol. 31 (1986), pp. 439-465.
3. James G. March, da Stanford University, foi pioneiro na análise desse conceito. Ver James G. March, "Exploration and Exploitation in Organizational Learning", *Organization Science*, vol. 2 (1991), pp. 71-87.

4. Por vezes com menos freqüência, as organizações estabelecidas são capazes de passar com sucesso pela transição. Mas, mesmo nessas ocorrências, é bem sabido que a organização inovadora precisa de uma separação da organização operacional (ver também o Cap. 2). Quanto maior for a separação da organização operacional, contudo, maior será a dificuldade de integrar as duas organizações depois.
5. David A. Nadler and Michael Tushman, *Competing by Design: The Power of Organizational Architecture* (New York: Oxford University Press, 1997).
6. Ver nota 3.
7. Bruderer and Singh desenvolveram uma abordagem sobre o estudo da evolução organizacional baseada no algoritmo genético. Ver Erhard Bruderer and Jitendra Singh, "Organizational Evolution, Learning and Selection: A Genetic Algorithm Based Model", *Academy of Management Journal*, vol. 39, n° 5 (1996), pp. 1322-1349.
8. Uma vez que a forma pode estar correlacionada à estratégia, o conceito de estratégia se aplica a todas as dimensões, inclusive à dos objetivos, das relações de autoridade, das tecnologias e dos mercados, e significa configurações diferentes de dimensões. Ademais, a estratégia é geralmente considerada sinônimo de estrutura. Os pesquisadores de hoje escrevem sobre modelos empresariais que incluem tanto a estratégia como a estrutura. As estratégias podem ser mapeadas nas formas organizacionais.
9. Steve Socolof, conversas particulares. Somos gratos às contribuições que ele deu a esse projeto durante uma entrevista e pelo material que compartilhou conosco.
10. Stephen H. Haeckel, *Adaptive Enterprise: Creating and Leading Sense-and-Respond Organizations* (Boston: Harvard Business School Press, 1999). Também agradecemos às suas contribuições pessoais a esse projeto. Haeckel dispôs-se a nos fornecer uma cópia de seu manuscrito, na época ainda não-publicado, e dedicou tempo significativo a uma entrevista.
11. Joan Magretta, *The Power of Virtual Integration: An Interview with Dell Computer's Michael Dell* (Boston: The President and Fellows of Harvard College, 1998).
12. Rolf Wigand, Arnold Picot and Ralf Reichwald, *Information, Organization, and Management: Expanding Markets and Corporate Boundaries* (New York: Wiley, 1997).
13. Peter G. W. Keen and Michael Scott Morton, *Decision Support Systems: An Organizational Perspective* (Reading, MA: Addison-Wesley, 1978).
14. W. W. Powell, "Hybrid Organizational Arrangements: New Form or Transitional Development?", *California Management Review*, vol. 30 (1983), pp. 67-87.
15. P. S. Ring and A. Van de Ven, "Developmental Process of Cooperative Interorganizational Relationships", *Academy of Management Review*, vol. 19 (1974), pp. 90-118.
16. Hansverner Voss, "Virtual Organizations: The Future is Now", *Strategy and Leadership* (July 1996), pp. 12-16.
17. Ver nota 10.
18. Assemelha-se à idéia de "corporação sem centro", proposta por Pasternack e Viscio. Bruce A. Pasternack and Albert J. Viscio, *The Centerless Corporation: A New Model for Transforming Your Organization for Growth and Prosperity* (New York: Simon & Schuster, 1998).
19. Lançada por Tushman and O'Reilly. Michael L. Tushman and Charles A. O'Reilly, *Winning through Innovation: A Practical Guide to Leading Organizational Change and Renewal* (Boston: Harvard Business School Press, 1997).
21. Galbraith, Lawler, and Associated lançaram esse formato em 1993. É uma organização que divide as atividades da linha de frente, organizadas por cliente ou geografia, e as de apoio organizadas por produto e tecnologia. Essa forma combina os traços do modelo de negócio único e do modelo divisional de centro de lucro. Existem centros quase lucrativos em torno da linha de frente ou de suporte e são menos autônomos do que em uma organização diversificada/separada em divisões. Jay R. Galbraith, Edward E. Lawler III, and Associates, *Organizing for the Future: The New Logic for Managing Complex Organizations* (San Francisco: Jossey-Bass, 1993).
22. James Brian Quinn, *Intelligent Enterprise: A Knowledge and Service Based Paradigm for Industry* (New York: Free Press, 1992).
23. Ver nota 18.
24. Jessica Lipnack and Jeffrey Stamps, *Virtual Teams: Reaching across Space, Time, and Organizations with Technology* (New York: Wiley, 1997).
25. Ver nota 10.
26. Kirk W. M. Tyson, *Competition in the 21st Century* (FL: St. Lucie Press, 1997).
27. O processo pode se orientar pela linha de frente ou pela execução, ou pela previsão/*insights*, de modo a sentir o mercado com base em tendências.
28. Ver nota 5.
29. Ver nota 21.

Capítulo 18

1. "In an Industry Where Loyalty Means Little, It Pays to Get Around", *Wall Street Journal* (December 2, 1998), p. A1.
2. "Microsoft Executives, Hitting 40, Break with the Program: Software's Giant's Top Ranks Thin as Ex-Bosses Pursue Dreams, Like Bowling", *Wall Street Journal, European Edition* (June 16, 1999).
3. P. Cappelli, *The New Deal at Work* (Boston: Harvard Business School Press, 1999); C. Handy, *Beyond Certainty: The Changing Worlds of Organizations* (Boston, MA: Harvard Business School Press, 1995); e J. Rifkin and R. Heilbroner, *The End of Work: The Decline of the Global Labor Force and the Dawn of the Post-Market Era* (New York, NY: Putnam, 1995).
4. E. G. Chambers, M. Foulton, H. Handfield-Jones, S. M. Hanking and E. G. Michaels, "The War for Talent", *The McKinsey Quarterly,* vol. 3 (1998), pp. 44-57.
5. "Silicon Valley Companies Look to 'Virtual' CEO's", *International Herald Tribune* (August 26, 1999), p. 1.
6. S. Friedman, P. Christensen and J. DeGroot, "Work and Life: The End of the Zero-Sum Game", *Harvard Business Review*, 1998 76/6 (1999), pp. 119-129.
7. Ver nota 3.
8. J. J. Clancy, "Is Loyalty Really Dead?" *Across the Board*, vol. 36, n° 6 (1999), pp. 14-19.
9. F. Fukuyama, *The Great Disruption* (New York: Free Press, 1999).
10. A. Giddens, *Modernity and Self-Identity* (Stanford CA: Stanford University Press, 1991).
11. De forma bastante interessante, a literatura sobre flexibilidade enfatiza basicamente o campo da empresa e costuma tratar as questões das pessoas apenas dessa perspectiva.
12. J-M. Hiltrop, "The Quest for the Best: Human Resources Practices to Attract and Retain Talent", *European Management Journal*, vol. 17, n° 4 (1999), pp. 422-430.
13. Ver, por exemplo, E. Welles, "Motherhood, Apple Pie & Stock Options", *Inc. Magazine* (February 1998).
14. M. E. Brown, "When Employees Leave", *Electronic Business*, vol. 24, n° 6 (1998), p. 43.
15. J. Pfeffer, *The Human Equation* (Boston: Harvard Business School Press, 1998).
16. T. O. Davenport, *Human Capital: What It Is and Why People Invest It* (San Francisco: Jossey-Bass, 1999).
17. H. Bouchikhi e J. R. Kimberly, "The Customized Workplace", *Management 21C*, S. Chowdhury, ed., (London: Financial Times Publishing, 1999).
18. R. Semler, *Maverick* (New York: Warner Books, 1993).
19. Compagnie Française de Défense et de Protection.
20. J. R. Kimberly e H. Bouchikhi, "The Dynamics of Organizational Development and Change: How the Past Shapes the Present and Constrains the Future", *Organization Science*, vol. 6, n° 1 (1995), pp. 9-18.
21. T. Butler e J. Waldroop, "Job Sculpting: The Art of Retaining Your Best People", *Harvard Business Review*, vol. 77, n° 5 (1999), pp. 144-152.
22. N. Kumar, "The Power of Trust in Manufacturer-Retailer Relationships", *Harvard Business Review* (November/December 1996), pp. 92-106.

ÍNDICE

A

ABB (Asea Brown Boveri), 334-336
Abordagem de administração, necessidade de nova, 23-32
Abordagem de opções reais, 30, 53, 55-56, 212, 241-256, 263-264. *Ver também* Opções
   adotando uma perspectiva de opções, 246, 247-248
   análise de decisão, 251-252
   atribuindo valor, 246-247, 250-254
   avaliação de limiar, 253-254
   compreendendo, 243-244
   conhecimento, 250
   criando/estruturando opções, 246, 248-250
   definição de "opção real", 243
   desamarrando decisões, 248-249
   desenvolvendo/gerenciando opções reais, 245-247
   e tecnologias emergentes, 243-245
   estrutura (Figura 12.1), 246
   estrutura hierárquica de árvore de parceria tecnológica (Figura 12.2), 248
   exercendo opções, 254
   expandindo possibilidades adicionais de uma ação futura, 249
   implementando, 247, 254-256
   incerteza, lidando com (âmago da questão), 255-256
   modelos financeiros, 250-251
   monitorando o progresso, 254
   perspectivas financeiras tradicionais *versus* perspectivas de opções (Tabela 12.1), 247
   posicionamento estratégico, 250
   preço, 243
   processos de alocação de recursos: equilibrando negócios antigos/novos, 263-264
   razões para, 244-245
   soluções para as armadilhas da tecnologia emergente, 55-56
   testando/atualizando suposições, 254
Ackoff, Russell, 178
Aço, 154, 259-260
Ações preferenciais conversíveis/títulos, 267, 281-282
Adobe Systems, 164
Agrupamentos (redes de conhecimento), 305-306. *Ver também* Redes de conhecimento, dinâmicas
Aldus (Pagemaker), 164
Alianças com participação acionária/sem participação acionária, 314, 326
Alianças, estratégicas, 30, 34-35, 264, 294, 301, 312-327, 334
   ativos co-especializados, construindo/gerenciando, 324-325
   características principais, 314-315
   com participação acionária/sem participação acionária, 314, 326
   complementaridade estratégica *versus* organizacional, 323
   estratégia de janela, 316, 317-318
   estratégia de posição competitiva, 316, 317, 318, 318-319
   estratégias de aliança que evoluem (Figura 16.1), 316
   estratégias de financiamento, 264
   estratégias de opções, 316, 317, 318, 318
   forma organizacional, parcerias estratégicas como, 334
   governança, 325-327
   parceiros complementares, escolhendo, 321-324
   perspectiva estratégica sobre, 315-316
   razões para a importância, 313
   redes de conhecimento (*ver* Redes de conhecimento, dinâmicas)
   risco de oportunismo, 325
   rotinas de compartilhamento de conhecimento, 320-321
   vantagem competitiva, 312-327
   vantagens relacionais, construindo, 319-327
Alocação de recursos, 25, 26
   e análise de cenário, 211-212
   equilibrando negócios antigos/novos, 263-264
Amazon.com, 104, 230, 332
Amdahl, 19
America Online (AOL), 22, 54, 112, 188, 206, 261, 271, 329
American Home, 261

Ameritrade, 329
Amgen, 261, 265, 275, 276
Análise conjunta, 148
Análise das necessidades latentes, 27, 135
  contando histórias, 135
  identificação de problema, 135
  observação, 135
Análise de decisão, 251-252
Análise de sensibilidade, 192, 237
Análise de usuário líder, 27, 133-135
Análise *versus* síntese, 179
Andersen Consulting, 180-181, 339
AOL. *Ver* America Online (AOL)
Apple Computer, 27-28, 33, 38, 54, 73, 87, 265, 321
  aliança com a Sony Corporation (Powerbook), 321
  Newton, 27-28, 38, 73
Applied Materials, 261
Apropriação (ganhos com inovação), 25, 172, 215-235
  ambiente de conhecimento, avaliando/reavaliando, 231-232
  concorrentes, identificando/avaliando, 231-232
  incertezas, identificando, 230-231
  "protegendo a galinha dos ovos de ouro", 234-235
  questões em tecnologias emergentes, 229-235
Apropriação: mecanismos (quatro), 218-229
  controle de ativos complementares, 218
  patentes e proteções legais relacionadas, 218-222
  sigilo, 218
  tempo de liderança, 218
Apropriação: patentes e proteções legais relacionadas, 216-218, 218-222, 233-234
  custos legais, 219
  eficácia limitada em alguns setores, 219-220
  inventando "em torno", 220
  limitações da, 219-222
  possibilidades para as patentes sólidas, 233-234
  propriedade intelectual em perspectiva (ênfase demasiada), 216-218
AquaPharm Technologies Corporation (ilustração de avaliação de tecnologia), 78-97
ARCO, 73
ARPA (Advanced Research Projects Agency), 101
Árvore de decisão, 252
Assistentes pessoais digitais (PDAs), 38, 69, 130-131
AT&T, 27, 262, 263, 299, 300, 306, 306, 307, 310
Atari, 19
Ativos físicos *versus* ativos intangíveis, 259-262
AUTM (Association of University Technology Managers), banco de dados para buscas, 84
Autoridade conjunta, 302
Avaliação de mercado, 121-139
  abordagem de difusão/adoção, 123-129
    curva de adoção (índice de adoção de nova tecnologia), 127-129
    curva de adoção (segmentação), 128-129
    difusão, estimulando, 125-127
  abordagem de exploração/aprendizagem, 124, 129-132
    formulando a investigação, 129-131
    interpretando/agindo, 130-132
  abordagem de triangulação, 124, 132-139
    aceleração de informação, 137-138

  adivinhação metodológica, 136
  análise das necessidades latentes, 135
  análise de usuário líder, 133-135
  antecipação do ponto de inflexão, 135-136
  modelo de difusão, 137, 138
  rastreando os indicadores, 136-137
Avaliação de tecnologia, 61-62, 78-97
  diagrama (Figura 4.1), 81
  passos, quatro inter-relacionados, 80-81
    avaliando, 81, 90-93
    buscando, 80-81, 84-86
    comprometendo-se com, 81-82, 93-96
    estabelecendo o escopo, 80, 82-83
  processo, 79-96
Avaliação de tecnologia:
  (primeiro passo): estabelecendo o escopo, 80, 82-83
  (quarto passo): comprometendo-se, 81-82, 93-96
  (segundo passo): buscando, 80-81, 84-86
  (terceiro passo): avaliando, 81, 90-93
  sinais fracos de surgimento tecnológico, 86-88
    confirmação dentro de redes de conhecimento, 87
    descoberta paralela ou convergência, 88
    inteligência competitiva, 87-88
Avaliando mercados, *Ver* Avaliação de mercado
Avaliando tecnologias. *Ver* Avaliação de tecnologias

B

Banco de dados, 84
Bank One, 58
Barnes & Noble, 58, 83, 104
Batten, James, 187
Bay Networks, 261
Bell (companhias telefônicas), 53, 112, 218, 219
Bell Atlantic, 103, 306, 306, 307
BellSouth, 27, 261, 306, 306, 307
Bertlesmann, 209
Biochips, 135
Biogen, 276
Bloomberg, 263
Boyer, Herbert, 226
British Airways, 82
British Petroleum, 53
Brown, S. L., 174
Busca dimensional (ferramenta recomendada), 155-157

C

Calculadoras, 164
Cambridge Technology Partners, 337
Canon, 43
Capacidade de banda larga. *Ver* Banda larga
Capital de risco, 267-268, 268, 270-271, 277, 278. *Ver também* Estratégias financeiras
  biotecnologia (*ver* Empreendimentos de biotecnologia, estratégias financeiras)
  deslocando o risco para fundadores da empresa, 278
  etapas do investimento de capital de risco (Tabela 13.2), 268
  problema da seleção adversa, 277

relação simbiótica, grandes corporações, 270-271
Características financeiras de diferentes setores/empresas (Tabela 13.1), 261
Características financeiras do setor, (Tabela 13.1), 261
Career 2000, 198
CareerPath, 208
Carnegie Mellon University, estudo da (estudo da CMU), 216-217, 220, 221, 224-225, 227
CarPoint.com, 198, 208
Carro elétrico, 124
Casio, 27, 73
CAT, *scanner* (convergência técnica), 68-69, 76, 163
CDNow, 332
Celulares. *Ver* Sem fio/celular
Centocor, 28-32, 56, 239, 271, 272-273, 275, 282-291
  estratégias financeiras, 272-273, 275, 282-291
  história financeira (Tabela 14.2), 285-286
    Tocor II, atribuindo valor às emissões de SWORDS, 288-289
Central Newspapers, 207
Centralidade de grau (redes de conhecimento), 303. *Ver também* Redes de conhecimento, dinâmicas
"Centralidade de inter-relação", 304-305. *Ver também* Redes de conhecimento, dinâmicas
CERN Laboratory, Suíça, 99, 102, 103
CFDP (pequena empresa de seguros francesa), 353
Charles Schwab, 19, 36, 58
Chiron, 261, 276
Cisco, 19, 261
Citibank, 151-152
CitiCorp, 46
Classified Ventures (consórcio de jornais), 207-208
Cláusula do "homem prudente" da ERISA, 268
Cliente(s):
  análise de usuário líder, 27, 133-135
  mudança no(s), 165-166, 169
  necessidades (*ver* Necessidades, cliente)
  notoriamente falho em previsão, 132
  tecnologias emergentes *versus* estabelecidas, 20
  uso de tecnologia, compreendendo, 27
CMU, levantamento da, *Ver* Carnegie Mellon University, estudo da (estudo da CMU)
Codificação (captação de conhecimento/informação), 88
Cognizant, 261
Cohen, W. M., 321
Comercialização, 159-170. *Ver também* apropriação, (ganhos com inovação)
  desafios da (três), 162-165
    mudança em ativos complementares, 162-165, 169 (*ver também* Complementaridade)
    mudança nos clientes, 165-166, 169
    mudanças na concorrência, 166-169
  exemplo: criação de imagens digitais, 167-169
    desafios para empresas de fotografia (Tabela 8.2), 168
  exemplo: tipografia, 159-162, 165, 167, 170
  forças que moldam (Figura 8.1), 163
Communication Decency Act, 106
Companhias de seguros, 42
Compaq, 261
Complementaridade:

comercialização através, e ativos complementares (*ver* Comercialização)
controle dos ativos complementares, 218
escolhendo parceiros complementares, 321-324
estratégica *versus* organizacional, 323
mudança nos ativos complementares, 162-165, 169
Complexidade, tratada pelo planejamento de cenário, 191
Comprando em casa, 45
Comprometimento *versus* omissão, erro de (parcialidade de seleção), 31-32, 41
Computadores *laptop* (exemplo de estratégia de mercado irregular), 140-158
Computer Associates, 261
Concorrência:
  antecipando-se pela sinalização estratégica (emissão de SWORDS), 287-288
  co-opetição, 314
  e avaliação de tecnologia, 86, 87-88 (*ver também* Avaliação de tecnologia)
  identificando/avaliando (apropriando ganhos), 231-232
  mudanças em (desafio de comercialização), 166-167, 169
  por talento, 345-346 (*ver também* Força de trabalho)
  versus colaboração (paradoxo), 34-35 (*ver também* Alianças, estratégicas)
Conflito de agência, 275, 292
Conhecimento:
  ambiente, avaliação/reavaliação, 231-232
  ativos de *versus* ativos físicos, 27
  capacidade de absorção, 321
  captação de (codificação), 88
  empresas baseadas em, *versus* empresas de ativos intensivos, 259-261
  geração (abordagem de opções reais), 250
  tipos, dois (informação e *know-how*), 320
Convergência/fusão, técnica, 68-69, 76
Co-opetição, 314
Corning, 133
Corretagem de ações, setor de, 328-329
Coyne, William E., 171
Criação de estratégia, 25, 26, 171-172
  arte de, 174-175, 181-182
  ferramenta para tecnologias revolucionárias (*ver* Planejamento de cenário)
  filtros para as opções estratégicas (Figura 9.1), 184
  para a apropriação de ganhos com inovação (*Ver* Apropriação (ganhos com inovação)
  pilares gêmeos de estratégia (disciplina/imaginação), 175-179
Criação de estratégia: imaginação disciplinada, 27-28, 52, 172, 173-186
  definição, 175
  disciplina, 176-177, 179-180
  ilustrações, 182-184
  imaginação, 38, 177-179, 180-181
  limitações da disciplina, 179-180
    análise *versus* síntese, 179
    confiança demasiada no poder da análise, 179
    extrapolação do passado, 179
    seleção *versus* geração, 179
  limitações da imaginação, 180-181
    caos, 180

diluindo a criatividade individual, 180-181
perdendo contato com a realidade, 180
retardando o processo, 181
subvalorizando o passado, 180
praticando, 185
rota complexa à, 185
Criando orçamentos/alocação de recursos e análise de cenário, 211-212
Crise, substituta (planejamento de cenário), 214
Critério de seleção, expandindo, 74
Curva de adoção. *Ver* Avaliação de mercado: abordagem de difusão/adoção
Custo do capital, 287
Cytogen (emissão de SWORDS; Cytorad), 283

D

DCF (fluxo de caixa descontado), abordagem de, 244-246, 247
de Geus, Arie, 50
DEC. *Ver* Digital Equipment Corporation (DEC)
Decisão:
  desamarrando, 248-249
  e incerteza (Tabela 1.3), 31
  P&D: práticas para a excelência (Tabela 4.1), 80
Decisões de investimento, 147-151. *Ver também* Estratégias financeiras
Dell Computer Corporation, 19, 198, 331-332
Dependência de caminho, 44. *Ver também* Tecnologia/s (emergente/s): caminho
Desenvolvimento, em estágios, 28
Desenvolvimento, tecnologia adaptável, 26-27
Desregulamentação, 182-183
Destruição criativa, 23, 68, 147
Diálogo estratégico, 53
Diamond Technology Partners, 333
Digital Cities, 198
Digital Equipment Corporation (DEC), 19, 42, 189
Digital Subscriber Line (DSL), 116
Dimensões de mérito, 142, 158
Dinâmicas, redes de conhecimento. *Ver* Redes de Conhecimento, dinâmicas
Direitos autorais, 221
Discriminadores, 147
Diversificação ("engodo"), 262-263
Dominação de nicho (estratégia de posicionamento), 153-154, 158
Dow Chemicals, 261
Dow Jones, 188
Downes, L., 174
Drucker, Peter, 175
DSL. *Ver* Digital Subscriber Line (DSL)
DuPont, 32, 84, 155, 261, 337, 337

E

E*Trade, 59, 329
Eastman Kodak, *Ver* Kodak
Edison e Westinghouse, batalhas por padrões (DC *versus* AC), 23
Edison, Thomas Alva, 189
Eisenhardt, K. M., 174
Eisner, Michael, 185
Elan (emissões de SWORDS; Drug Research Corporation), 283
Eli Lilly, 28, 29, 30, 56, 285, 290
Emerson Electric, 261
Emissão de títulos de *warrants* sobre as ações, não-expressos no balanço, para a pesquisa e o desenvolvimento (SWORDS). *Ver* Empreendimentos de biotecnologia: estratégias financeiras (emissões de SWORDS)
Empreendimento de biotecnologia: estratégias financeiras (emissões de SWORDS), 273, 282-290
  atribuindo valor, 288-289
  aumentando a valorização de fluxos de caixa futuros, 286-287
  despesas com IPOs, evitando, 289-290
  ganhos por ação, aumentando os, 284-285
  lado negativo, 290-291
  motivação dos funcionários, 289
  precificação eficiente, 289
  razões de uso, 284-290
  reduzindo o custo do capital, 287
  reduzindo o problema da assimetria de informação, 287
  reduzindo o risco para a matriz, 287
  resumo do perfil de nove emissões de SWORDS (Tabela 14.1), 283
  sinalizar a estratégia para se antecipar aos concorrentes e atrair apoio, 287-288
  teoria dos jogos, 289
Empreendimentos de biotecnologia: estratégias financeiras (formas de financiamento), 275-282
  alternativas inovadoras, 282-290
  capital próprio, 276-281
  dívida, 279-281
  empresa patrocinadora, 275-276
  financiamento não-expresso no balanço, duas formas:
    parcerias de pesquisa e desenvolvimento, 282
    emissões de SWORDS, 282-290
  títulos conversíveis, 281-282
Empreendimentos de biotecnologia: estratégias financeiras, 239, 272-292
  alternativas, inovadoras, 282- 290
  assimetria de informação, 275
  características especiais do setor, 273-275
  desafios, dois principais, 275
  descrição do processo de descoberta e desenvolvimento dos medicamentos (Figura 14.1), 274
  fontes de capital (Figura 14.2), 284
  história financeira da Centocor (Tabela 14.2), 285-286 (*ver também* Centocor)
  parcerias de pesquisa e desenvolvimento, 282
  problema investidor-agente, 275
Empresa patrocinadora (financiamento), 275-276
Empresas detentoras. *Ver* Tecnologia/s (emergente/s): empresas estabelecidas
Empresas estabelecidas/titulares. *Ver* Tecnologia/s (emergente/s): empresas estabelecidas
Enciclopédia Britânica, 40, 42, 189
Enron, 57

Entidade Empresarial Megaestratégica, 340
Ericsson, 306, 306, 307
Erro de comprometimento *versus* de omissão (parcialidade de seleção), 31-32, 41
Especiação de tecnologia, 28, 44, 62-77
  definição, 28, 64-65
  desenvolvimento da Internet, 66, 105
  gravadores de vídeo (Figura 3.4), 72
  padrões de evolução, 70-73
  telegrafia sem-fio, 64
Especiação de tecnologia: implicações para a estratégia da empresa, 73-76
  acelerando a evolução, 76
  aprendendo ao fazer, 75-76
  cautela nas interpretações de mercado, 75
  compreendendo a heterogeneidade do mercado, 73-74
  estudando os usuários líderes, 74-75
  expandindo os critérios de seleção, 74
  foco na interseção de mercados/aplicações, 73
  foco na seleção dos contextos de mercado para produto, *versus* produtos para contexto fixo de mercado, 73
  procurando oportunidades para convergência ou fusão, 76
Especificidade (nas alianças):
  de ativo físico, 324
  de ativo humano, 324
  de ativo, 325
  de local, 324
Especificidade de ativo, 325
Estabelecendo o escopo, 80, 83. *Ver também* Processo de avaliação de tecnologia
Estratégia, e formas organizacionais, 330
Estratégias financeiras, 30, 237-239, 250-251, 257-271, 272-292
  ação preferencial conversível, 267
  agente autorizado criador de valor, 264
  alianças, 264
  ativos físicos *versus* ativos intangíveis, 259-262
  capital de risco, 267-268, 268
    estágios do investimento de capital de risco (Tabela 13.2), 268
    relação simbiótica, grandes corporações, 270-271
  características financeiras do setor (Tabela 13.1), 261
  corporações, 258-265, 270-271
  desafio das tecnologias emergentes, 266
  diversificação ("engodo"), 262-263
  empreendimentos de biotecnologia, 272-292 (*ver também* Empreendimentos de biotecnologia, estratégias financeiras)
  equilibrando negócios antigos/novos, 263-265
  estruturas de gestão interna, 264
  financiamento externo, 265-271
  informação assimétrica, 265
  mercado de IPO, 269-270
  opções reais, 263-264
  sinergia ("engodo"), 262-263
Estrutura interna de administração, 264
European Airbus Consortium, 100
Exemplo da simulação de vôo (rede de conhecimento), 295-298, 303

estrutura 1981-1986 (Figura 15.2), 297
estrutura 1987-1992 (Figura 15.3), 298
estrutura até 1980 (Figura 15.1), 296
Exemplo na indústria de corretagem (formas organizacionais), 328-329
Experimentação, 27-28, 52-53

F

Fadem, Terry, 32
Falácia do custo aplicado, 45
FCC. *Ver* Federal Communication Commission (FCC)
FDA. *Ver* Food and Drug Administration (FDA)
Federal Communication Commission (FCC), 100, 112, 117
Federal Laboratory Consortium for Technology Transfer, 84
Filtros múltiplos, para as opções estratégicas (Figura 9.1), 184
Financial Information Services, 46
Financiamento de capital, 266, 276-279
Financiamento de dívida/ações, 266, 279-281
Financiamento de pesquisa, governamental, 232
Financiamento não-expresso no balanço, duas formas: emissão de SWORDS, 282-290
  parcerias limitadas de pesquisa e desenvolvimento, 282
Financiamento, formas diferentes de, 275-282
  alternativas inovadoras, 282-290
  dívida, 279-281
  empresas patrocinadoras, 275-276
  financiamento não-expresso no balanço, duas formas: emissões de SWORDS, 282-290
  parcerias de pesquisa e desenvolvimento, 282
  títulos conversíveis, 281-282
Fisher, George, 58
Flexibilidade, 30, 32-33, 53-56
  versus comprometimento (paradoxo crucial), 32-33
Fluxo de caixa descontado (DCF), abordagem de, 244-246, 247
Food and Drug Administration (FDA), 28-29, 100, 273, 275, 290
Força de trabalho, 235, 294, 342-357
Força de trabalho: fatores de tecnologia emergente que criam desafios, 395_398
  alto risco, fora do comum, 344-345
  ciclos de crescimento, imprevisíveis, 345
  interações que impulsionam os desafios de recursos humanos (Figura 18.1), 343
  know-how sofisticado, em evolução e passível de apropriação, 345
  retornos, potencialmente monumentais, 345
  talentos, busca intensa por, 345-346
Força de trabalho: local de trabalho personalizado, 342-357
  comprometimento mútuo, 409_410
  confiança, centralidade da, 354-355
  desafios de recursos humanos, 235, 294, 343
  em evolução, 356-357
  envolvimento, 354
  foco em motivadores intrínsecos, 354
  foco nas necessidades individuais/aspirações, 353

necessidade de estabilidade *versus* mudança (Figura 18.2), 356
novos modelos emergentes, 352
Força de trabalho: mudanças na, 346-350
   desafiando a autoridade e construindo relacionamentos recíprocos, 348-349
   ingresso mais cedo/mais tarde: tendências divergentes, 346
   lealdade reduzida e geração de nômades, 347-400
   propriedade das ferramentas/dependência reduzida a uma empresa, 349
   redes de oportunidades, conectada por, fluídas, 349-350
   visão do trabalho mais cética e instrumental, 346-347
Forma de organização de frente para trás, 338-340
Forma de organização voltada a sentir e responder, 340-341
Forma organizacional ambidestra, 337-338
Forma organizacional híbrida, 339-340
Fotocomposição digital, 161
Freediskspace, 348, 349, 349
Friden, 22
FTD (*flight training device*), 295-298, 303
Fuji e Xerox, 319, 321
Fukuyama, Francis, 348
Full Flight Simulator (FFS) (exemplo de rede de conhecimento), 295-298, 303
Funcionário (s). *Ver* Força de Trabalho

G

Ganhos, apropriando-se de. *Ver* Apropriação (ganhos com inovação)
Gannett (*USA Today*), 46, 207
Gates, Bill, 54
Gell-Man, Murray, 182
Gemco, 46
Genentech, 56, 94, 226, 261, 276
General Electric, 19, 36, 53, 64, 129, 175, 293, 308
General Instruments (GI), 173-174, 185
General Motors, 33
   divisão do Saturn, 33-34, 56
Genetics Institute, 275, 283
Gensia (emissão de SWORDS; Aramed), 283
Genzyme, 57, 283
Gestão de Qualidade Total (TQM), 175
Giddens, Anthony, 350
Glaxo Wellcome, 29, 221
Go Corporation, 27, 28
Governo/política pública, 29, 62, 98-118, 232
   compreendendo o papel do, 29
   financiamento de pesquisa, 232
   futuro da política de banda larga, 114-117
   lições aprendidas com a Internet, 98-118
   papel abrangente no desenvolvimento de tecnologias emergentes, 99-100
Governo/política pública: lista comentada, aumentando a intervenção pública, 99-100
   diretrizes, 100
   estabelecimento de padrões, 100
   infra-estrutura de pesquisa, 99
   infra-estrutura institucional, 99
   regulamentação, 100
   subsídios, 100
   tecnologia militar, 99-100
Governo/política pública: preocupações/mandados cruciais, 108-109
   acesso à distribuição, 109, 113-114
   poder de monopólio, 108, 112-113
   qualidade de serviço, 108, 111-112
   serviço universal, 108, 109-111
Grau ponderado (redes de conhecimento), 303-304
Grove, Andrew, 32, 318
GTE, 261, 306, 306, 307

H

Haeckel, Steve, 330
Hambrecht & Quist Biotech, Índice 99, 28
Hamel, Gary, 175, 178, 180
Harscoat, Denis, 348, 349, 349
Hawkins, Jeff, 27-28
Heidelberg Press, 164
Hewlett-Packard (HP), 27, 261, 263, 313, 322, 323, 325, 337-338, 353
Hitachi, 35
HomeAdvisor, 198
Honeywell, 261
Hume, John, 61-62

I

IBM, 19, 27, 32, 34-35, 38, 42, 54, 56, 58, 65, 84, 113, 117, 189, 227, 233, 261, 263, 330
ICANN (Internet Corporation for Assigned Names and Numbers), 105
Imagens digitais, 167-169
Imaginação disciplinada. *Ver* Criação de estratégia: imaginação disciplinada
Imaginação. *Ver* Criação de estratégias: imaginação disciplinada
Immunex (emissão de SWORDS; Receptech), 283
Immunorex Associates, 285
Incerteza (s): 20-21
   abordagem de opções reais, 255-256
   decisões sob (Tabela 1.3), 31
   e alianças, 315
   e planejamento de cenário, 30, 189-190, 191, 200, 201
   identificando (questões de apropriação), 230-231
   lidando com, 20-21
   planejando em um contexto de, 171-172
Indústria têxtil, Prato, Itália (exemplo de rede externa), 334-335
Informações:
   aceleração, 137-138
   adquirindo/disseminando (no processo de aprendizagem de mercado), 132
   assimetria, 265, 275, 279, 287, 292
   captação, 88
   e conhecimento (dois tipos de conhecimento: informação e *know-how*), 320

Infra-estrutura de pesquisa, 99
Infra-estrutura institucional, 99
Infra-estrutura:
  infra-estrutura de pesquisa, 99
  institucional, 99
  tecnologias emergentes *versus* estabelecidas, 20
Ingle, Bob, 208
Ingram's, 231
Inovação:
  aprimorando/destruindo competências existentes, 22-23
  apropriando-se de ganhos com (*ver* Apropriação (ganhos com inovação))
  descontínua, 22-23
  estimulante de uma rápida difusão, 127
  exemplos de, e conseqüências (liderança de mercado) (Tabela 2.1), 37
  produto: diversidade em padrões de crescimento, 124
Inovadores (segmento de curva de adoção), 128-129
Instrumentos médicos (pontuação da eficácia de patente) (Tabela 11.1), 220
Intel, 19, 35, 36, 38, 53, 157, 166, 318
  características financeiras, 261
  Complex Instruction Set Computing Chip (CISC) *versus* Reduced Instruction Set Chips (RISC), 53, 157, 166
Intenção estratégica (estabelecendo o escopo, na avaliação de tecnologia), 82
Interligações nos conselhos, 302
Internet Corporation for Assigned Names and Numbers (ICANN), 105
Internet, 98-118
  avaliação de mercado, e previsão (1995), 139
  codificação, 107-108
  desafios sociais, 106-107
  frustrações/velocidade lenta (exemplo de atributo energizante negativo), 38, 147
  governança e mudança para o controle privado, 105-106
  guerra dos navegadores, 54
  jornais *versus*, 41, 172, 187-214 (*ver também* Planejamento de cenário)
  mundo de negócios, novo jogo/regras, 17, 21, 30-32
  propriedade intelectual, 107-108
  questões jurídicas, 107-108
  receitas com propaganda, 136
  ritmo da, 58
  sinais para a intervenção governamental, 118
  tecnologia emergente e política pública; lições aprendidas com, 98-118
Internet: evolução da, 21, 65-69, 70
  anos iniciais, 101-102
  Archie, 101
  computadores pessoais, número de (1993), 103
  crescimento: número de hóspedes na Internet (Figura 5.2), 104
  crescimento: tráfego na espinha dorsal NSF (Figura 5.1), 103
  desenvolvimentos (três principais, início dos anos 91) que mudaram o curso da, 102-103
  especiação no desenvolvimento da, 66, 105
  File Transfer Protocol (FTP), 101
  Gopher, 101
  governança e mudança para o controle privado, 105-106
  maioridade, 102-108
  primeiro concebida (como a ARPANet), 21
  privatização, 102
  Veronica, 101
  WAIS, 101
  World Wide Web (www)
    padrões/protocolos inventados, 102-103
Internet: futuro/questões, 108
  acesso a, 109, 113-114
  integração vertical, problema de (conteúdo *versus* conduto), 113-114
  poder de monopólio, 108, 112-113
  política de banda larga, 114-117
  problema de sobreposição de jurisdições, 118
  qualidade de serviço, 108, 109-112
  serviço universal, 108, 109-111
Internet: resumo de lições de política pública/implicações (numeradas de 1-10), 102, 102, 105, 106, 107, 111, 112, 113, 114, 117
Intertype, 161
Investidores *angels*, 268
IPO. *Ver* Oferta pública inicial (IPO)

J

Jobs, Steve, 87
Johnson & Johnson, 29, 30, 56, 264, 271, 290-291
Jornais:
  consórcio (Classified Ventures), 207-208
  mentalidade de proprietário, 41
  versus Internet (*ver* Planejamento de cenário (estudo de caso): jornais/Internet)

K

Kahn, Alfred, 112
KA-L'informatique douce, 353
Kimberly-Clark, 135
Knight Ridder, Inc., 45, 46, 187, 188, 190-193, 207, 208, 214
  jogadas estratégicas (Tabela 2.2), 46
Kodak, 42-43, 58, 169, 233, 261, 339

L

L.L. Bean, 58
Largura de banda, 108, 110, 111, 114-117, 139
  definição, 108
Levinthal, D. A., 321
Lexis Nexis, 84
Lexmark, 261
Limiares de desempenho, 125-126
Limiares, 71, 125-126, 253-254
Limited, The, 57
Linotype-Hell, 159, 164. *Ver também* Mergenthaler Linotype

Literatura profissional, 84-85
Local de trabalho personalizado. *Ver* Força de trabalho
Lotus Corporation, 323
Lucent Technologies, 302, 330, 337
Lucrando com inovação. *Ver* Apropriação (ganhos com inovação)
Lucros por ação, aumentando, 284-285

M

Makridakis, Spiros, 179-180
Máquinas de *fax*, 48-49, 90-91, 133
Marco de decisão judicial, setor de biotecnologia, 230
Marshall, Alfred, 190
Martin, Bernard, 354
Matsushita, 19, 301
McClatchey Company, 207
McColl, Hugh, 51
McCoy, John B., 58
McDonald's, 223
McGraw-Hill, 46
McKinsey & Company, 177, 339
Medicamentos. *Ver* Indústria farmacêutica
MedLine, 84
Mentalidade de proprietário, 41
Mercado(s), irregular(es), 27, 140-158
  barreiras tecnológicas/impedimentos, vencendo, 145-147, 149
  buscando opções, 151, 155-157
  exemplo do computador *laptop*, 141-144, 146, 152, 153, 154
  identificando tecnologias de valor para, 147-151
  identificando, 147-148
  investindo em opções, 149-151
  opções de posicionamento, 150, 151-155
    dominação de nicho, 151-153
    estratégia revolucionária, 154-155
    fusão de nichos, 153-154
  pesquisa de mercado tradicional, 142
Mercado(s):
  aplicações, interseção com o(s), 73
  contextos para produto *versus* produtos para contexto, 73
  crescimento, impulsionadores de (Figura 6.1), 125-126
  desenvolvimento/ingresso em etapas, 28
  e formas organizacionais, 330
  exploração, 26
  heterogeneidade, 73-74
  incerteza, e alianças, 315
  informações de, uso da, 132
  o vencedor leva tudo, 22
  processo de aprendizagem, 132
  risco do, 92
  tecnologias emergentes *versus* estabelecidas, 20
Merck & Co., 56, 237, 261, 264-265
Mergenthaler Linotype, 159-162, 165, 167, 170
Merrill Lynch, 329
Metanoiques, 353
Metcalf, Scott, 325
Metropolitan Life, 42
Microsoft, 19, 26, 27, 33, 38, 51, 104, 164, 208, 265, 342

características financeiras, 261
questões de monopólio, 112, 114
redes/alianças, 35, 299-300, 313, 322
versus Netscape, 54-55
Minitel francesa, 100, 108
Minitel, francesa, 100, 108
Minnesota Mining, 261
Mintzberg, 174-175, 179, 185
Mitsubishi Electric, 306, 306, 307, 309
Mobilidade de cargos, 302
modelo Black-Scholes de atribuição de valor a uma opção, 250-251, 289
Modelo de difusão, 137, 138
Modelo de precificação de ativos de capital (CAPM), 288
Modelos de simulação *versus* planejamento de cenário, 192, 192
Modelos financeiros, 250-251
Modelos mentais, 52
Modelos/formas organizacionais, 294, 328-341
  elementos de (seis), 329-330
  estratégias, 330
  exemplo do setor de corretagem, 328-329
  mercados, 330
  objetivos, 329-330
  processos, 330
  relações de autoridade, 330
  tecnologias, 330
  tradicionais dando lugar a novos, 329
Modelos/formas organizacionais, emergentes, 330-340
  ambidestras, 337-338
  de frente para trás, 338-340
  híbridas, equipes de processo vertical/horizontal, 339-340
  organização de *spin-out*, 336-337
  organização em rede, 333-336
    externa, 333-335
    interna, 335-336
  organização virtual, 331-333
  organização voltada a sentir e responder, 340-341
Monopólio de franquia, 110
Monopólio, 108, 110, 111, 112-113, 114, 116
  natural, 112, 113
Monotipo, 161
Monroe, 22
Monsanto, 44, 61-62, 93
Moore, Lei de 125-126
Morgan Stanley Dean Witter, 329
Motorola, 27, 53, 58, 302, 306, 306,, 307
Mudança de paradigma (tratada pelo planejamento de cenário), 192, 192-193
Mui, C., 174
Multimídia (modismo), 103
Música MP3, 47, 107
Música, distribuição digital de (MP3), 47, 107

N

National Center for Supercomputing Applications (NCSA), 103
National Discount Brokers, 329
National Institutes of Health, 99

National Science Foundation (NSF), 101, 102, 103
Nationsbank, 51
NEC, 19, 306, 306, 307
Necessidades, dos clientes:
 análise das necessidades latentes, 135
 contando histórias, 135
 identificação de problema, 135
 observação, 135
 versus produtos (foco), 49-50
Net.Bank, 58
Netscape, 46, 54, 65, 112, 271
Neuhardt, Al, 46
New Corp., 209
New products, *Ver* Inovação
New York Life, 42
New York Times Company, 207
Nintendo, 19
Nixdorf, 19
Nokia, 306, 306, 307
Northern Telecom, 306, 306, 307
Nova empresa subsidiária, 264
Novartis, 56
Novell, 27, 337
NPV. *Ver* Valor presente líquido (NPV), análise de
NSF/NSFNet. *Ver* National Science Foundation (NSF)
Nucor, 227-228

O

Oferta pública inicial (IPO), 269-270, 289-290, 308
Olson, Jim, 353
Olson, Ken, 189
Omnipoint, 310
Opções reais dinâmicas. *Ver* Abordagem de opções reais
Opções:
 abordagem de opções reais (*ver* Abordagem de opções reais)
 abordagem experimental guiada por opções, 158
 múltiplos filtros para opções estratégicas (Figura 9.1), 184
 perspectiva, 53, 246, 247-248
  versus perspectiva financeira tradicional (Tabela 12.1), 247
Open Video Systems (OVS), abordagem de, 117
Operando com bancos, 17, 41, 51, 58
Operando o banco em casa, 17
Opportunities Discovery Department (ODD), 183
Oracle, 261, 323
Organização de *spin-out*, 336-337
Organização virtual, 331-333
Organizações técnicas, participações em, 301-302

P

Padronização/padrões, 23, 40, 75, 86, 100, 164
 regulamentações, (*ver* Governo/política pública)
Palm Computing, Inc. (PalmPilot), 27-28, 130-131
Paradoxos, 32-35, 42
 competição *versus* colaboração, 34-35
 comprometimento *versus* flexibilidade, 32-33
 pioneiros, vencedores *versus* perdedores, 33
 pontos fortes da matriz *versus* separação organizacional, 33-34
 previsões audaciosas *versus* escolhas tímidas, 42
Paralelo à biologia evolucionária. *Ver* Especiação de tecnologia
Parcerias, pesquisa e desenvolvimento, 282
Parcerias. *Ver* Alianças, estratégicas
Parcialidade de seleção (erro de comprometimento *versus* erro de omissão), 31-32
Participação adiada (armadilha para empresa titular), 38-39, 206
Patente Cohen-Boyer, 218, 219
Patentes, 85-86, 172, 216, 218-222, 233-234, 301, 302, 309, 310. *Ver também* Propriedade intelectual
 custos jurídicos, 219
 eficácia limitada em alguns setores, 219-220
 inventando "em torno", 220
 limitações das, 219-222
 perspectivas para, 233-234
 registros, 302, 309
PECO Energy, 178-179, 184, 185, 185
 Projeto Pula-Carniça, 178-179
Perlmutter, Howard, 53
Pesquisa e desenvolvimento:
 parcerias, 282
 práticas para tomadas de decisão excelentes (Tabela 4.1), 80
Pesquisa, 80-81, 84-86. *Ver também* Processo de avaliação de tecnologia
Peters, Chris, 342, 343, 344, 345, 347
Pfizer, 56
Philips, 35, 301
Planejamento de cenários (estudo de caso):
 análise, 205-211
 construindo cenários, 199-205
  desenvolvendo uma história, 203
  esquema (Tabela 10.3), 202
  estrutura (Tabela 10.2), 202
  forças, identificando, 199
  temas (Tabela 10.4), 204
  tendências/incertezas, 200, 201
 desafios que os jornais enfrentam, 190-193
 jornais tradicionais *versus* jornais *on-line* (Tabela 10.5), 209
 jornais/Internet, 172, 187-189, 190-193, 197-211
 questões organizacionais, 198-199
Planejamento de cenários, 30, 47, 51, 139, 172, 182-183, 187-214
 armadilhas a serem evitadas, 209-211
 desafios tratados, 30, 191-192
 e complexidade, 30, 191
 e incerteza, 30, 189-190, 191
 e mudanças de paradigma, 30, 33, 192-193
 e tecnologias emergentes, 211-214
  amplificando/analisando sinais fracos, 212-214
  criando crise substituta, 214
 passos na construção de cenários, 193-197
 poder do, 33-193
 versus planejamento tradicional, 192
Planejamento de contingências *versus* planejamento de cenário, 192

Planejamento guiado pela descoberta, 139
Polaroid, 169, 233
Política pública, *Ver* Governo/política pública
Pontos de inflexão, 135-136
Posição competitiva (estratégia/opções):
    alianças, 316, 317, 318, 318-319
    criação de novo envelope de tecnologia, 154-155, 158
    dominação de nicho, 150-153, 158
    e atribuindo valor a opções reais, 250
    fusão de nichos, 153-154, 158
Postel, Jon, 105
Postscript, 164
Postura de se posicionar e aprender (avaliação de tecnologia), 94-95
Posturas:
    de acreditar e liderar, 95
    de observar e aguardar, 94
    de se posicionar e aprender, 94-95
    de sentir e seguir, 95
Prahalad, C. K., 175, 178
Precificação eficiente, 289
Preço, 127
Processos (formas organizacionais), 330
Produtos plásticos (pontuação da eficácia de patentes) (Tabela 11.1), 220
Produtos, novos: características/padrões de crescimento:
    barreiras à adoção, 124
    curva de adoção (*ver* Avaliação de mercado: abordagem de difusão/adoção)
    oportunidades de aprender e tentar, 124
    risco percebido pelos possíveis compradores, 124
    vantagem percebida de um novo produto, 124
Propriedade intelectual, 56, 107-108, 216-218
    e Internet, 107-108
    patentes (*ver* Patentes)
    perspectiva de (ênfase demasiada em), 216-218
Proteção jurídica/patentes, 216-218, 218-222, 263-234

Q

Qualcomm, 299, 300, 302, 306, 306, 307
Qualidade de serviço (mandato regulatório), 108
Questões de regulamentação. *Ver* Governo/política pública
Questões jurídicas, Internet, 106-108

R

RCA, 64
Realtor.com, 208
Reconfiguração do setor, 154
Recursos humanos. *Ver* Força de trabalho
Redes de conhecimento, dinâmicas (exemplos):
    celulares, 305-307
    Microsoft, 299-300
    simulação de vôo, 295-298
    Telecomunicações, 299
Redes de conhecimento, dinâmicas, 295-311
    analisando, 300-307
    gerenciando, 308-311

impacto das, 307-308
    destino das empresas, 308
    resultados tecnológicos, 307-308
medindo a vantagem de rede, 303-306
    agrupamentos, 305-306
    calculando a sua posição de rede, 310
    centralidade de grau, 303
    centralidade de interrelação, 304-305
    grau ponderado, 303-304
poder das, 299-300
Redes de conhecimento, dinâmicas: analisando, 300-307
    determinando ligações de rede, 301-302
        alianças, 301
        autoria conjunta, 302
        comunicação eletrônica, 302
        elos entre empresas, informais/formais, 301
        interligações nos conselhos, 302
        mobilidade de cargos, 302
        participação em organizações técnicas cooperativas, 301-302
    fluxos de conhecimento, medidas de proximidade para, 302-303
        registros de patente, 302
        similaridade geográfica, 302
        similaridade tecnológica, 302
    identificando rede e atores, 301
    rede hipotética (Figura 15.4), 301
Redes externas federadas, 334
Redes, organizacionais, 334
Redes:
    alianças (*ver* Alianças, estratégicas)
    conhecimento (*ver* Redes de conhecimento, dinâmicas)
    de aprendizagem, 308
    organização, 333-336
        externa, 333-335
        interna, 335-336
    poder de, 299-302
    sólidas/intangíveis, 108
Refinamento de petróleo (pontuação da eficácia de patentes) (Tabela 11.1), 220
Relações de autoridade, e formas organizacionais, 330
ReproBoost. *Ver* AquaPharm Technologies Corporation (ilustração de avaliação de tecnologia)
Rhone Poulenc-Rorer (RPR), 55, 56, 312-313, 318
Rieul, Therese, 353
Risco de tecnologia, 92
Risco organizacional, 92
Risco(s), 39, 91-93, 287
    alianças reduzindo o(s), 154
    alto(s) (da tecnologia emergente); desafios da força de trabalho, 344-345
    criando o perfil de, 91-93
    da incerteza (*ver* Incerteza(s))
    da reconfiguração, 154
    desagrado por (ficando com o conhecimento), 39
    e investidores de risco, 278
    epistêmico, 21
    mercado, 92
    nas alianças, 325
    percebido(s) pelos possíveis compradores, 124
    reduzindo o risco para o investidor (emissão de SWORDS), 287

tecnologia, 92
tipos de, 92
Roche, 56
Rohm & Haas, 261
Romer, Paul, 259-260
Rosenberg, Nathan, 32
Royal Dutch/Shell, 53, 191. *Ver também* Shell
RPR-Gencell. *Ver* Rhone Poulenc-Rorer (RPR)

S

Safeguard Scientifics, 57, 337, 337
Sanyo, 73
SBC Communications, 306, 306, 307
Schering-Plough, 29, 56
Schoemaker, Hubert J. P. (presidente e co-fundador da Centocor), 28
Schulz, Howard, 217-218
Schwab, corretora, 19, 36, 58
Sculley, John, 27
Seagate, 261
Sears, 43
Sega, 19
Seleção adversa, e investidores de risco, 277
Seleção *versus* geração, 179
Semco, 353
Semelhança tecnológica, 302
Sem-fio/celulares, 64, 68, 70, 108, 301-302, 305-307, 310. *Ver também* Telecomunicações
   exemplo de especiação de tecnologia, 64
   redes, 301-302, 305-307
Semicondutores, setor de, 79, 310
   pontuação da eficácia de patente (Tabela 11.1), 220
Separação, organizacional, 56-59. *Ver também* Modelos/formas organizacionais
Seqüência de sondar e aprender, 129
Setor de biotecnologia, 17, 24, 28-32, 230, 232-233, 239, 270, 272-292, 318, 344-345
   alianças, 318
   decisão de marco judicial, 230
   empresas recém-fundadas/iniciantes, 270
   exemplo, "jogando o jogo" (Centocor), 28-32 (*ver também* Centocor)
   índice de acerto, 344-345
   tecnologia, nascentes de, 232-233
Setor de cabo, 111, 112, 116, 139, 173-174
Setor de tipografia/composição gráfica, 83, 120, 159-170
   Mergenthaler Linotype, 159-162, 165, 167, 170
Setor farmacêutico, 43, 56, 220, 221, 270, 274. *Ver também* Setor de biotecnologia
   processo de descoberta e desenvolvimento de medicamentos (Figura 14.1), 274
      Eli Lilly, 28, 29, 30, 56, 264, 271, 290-291
      Johnson & Johnson, 29, 30, 56, 264, 271, 290-291
      Merck & Co., 56, 237, 261, 264-265
      patentes, 221
      pontuação da eficácia (Tabela 11.1), 220
      Schering-Plough, 29, 56
Sharp, 73, 135
Shell, 53, 191, 210
Sidewalk, 198

Sigilo, 218
Silicon Graphics, 74
Simon, Herbert, 179
Simulação Monte Carlo, 214, 237, 252
Síndrome de medo do fracasso, 53
Sinergia, 58-59, 262-263
SkyStream, 353
Sloan, Alfred, 33
SmithKline Beecham, 94-95, 323
SMS Schloemann-Siemag (SMS), 228
Socolof, Steve, 330
Solutia, 93
Sony Corporation, 27, 35, 135, 169, 301, 321
Stanford University (patente), 218, 226
Starbucks, 217-218, 229
Sulzer, France, 354
Sun Microsystems, 54, 112, 325
SWORDS. *Ver* Empreendimentos de biotecnologia: estratégias financeiras (emissão de SWORDS)
Szulik, Matt, 342, 343, 344, 348

T

Taxa mínima de retorno (*hurdle rate*), 258
TCI, 46, 103
Tecnologia de informação, *versus* outros setores, 24
   as nascentes da (de difícil identificação), 233
   financiamento, e taxa mínima de retorno (*hurdle rate*), 258
   Internet (*ver* Internet)
Tecnologia militar, 99-100
Tecnologia/s (emergente/s): caminho de, 63-77
   combinação de linhagens: convergência e fusão, 68-69
   cruzando limiar, 71
   desenvolvimento de linhagem: critérios de seleção e abundância de recursos, 67-68
   deslocamentos no domínio de aplicação, 63-65
   especiação de tecnologia (*ver* Especiação de tecnologia)
   implicações para a estratégia da empresa, 73-76
   origens de novas tecnologias, 77
   padrões de evolução de tecnologia, 70-72
Tecnologia/s (emergente/s): contrastada com tecnologias estabelecidas, 20, 25
   alocação de recurso, 25
   ambiente, 25
   apropriando-se de ganhos, 25 (*ver também* Apropriação (ganhos com inovação)
   avaliação de mercado, 25 (*ver também* Avaliação de mercado)
   contexto organizacional/ambiente, 25 (*ver também* Modelos/formas organizacionais)
   criação de estratégia, 25 (*ver também* Criação de estratégia)
   gestão de pessoal, 25 (*ver também* Força de Trabalho)
   infra-estrutura, 20
   mercados/clientes, 20
   processo de desenvolvimento, 25
   setor, 20, 25
   tecnologia, 20

Tecnologia/s (emergente/s): desafio de recursos humanos, 344-346. *Ver também* Força de trabalho
  busca intensa por talentos, 345-346
  ciclos de crescimento imprevisíveis, 396397
  interações conduzindo a(s) (Figura 31.1), 343
  know-how sofisticado, em evolução e passível de apropriação, 345
  retornos potencialmente monumentais, 345
  risco alto, fora do comum, 344-345
Tecnologia/s (emergente/s): empresas estabelecidas, 17, 18, 20, 27, 36-59, 154
  ameaçadas pelas tecnologias emergentes, 17, 154
  ampliando a visão periférica, 47-50
    capturando sinais fracos, 47-50
    enfocando necessidades, e não produtos, 49-50
    pintando o quadro geral, 49
    tecnologias emergentes assinalam sua chegada, 47
  canibalizando, 58
  criando uma cultura de aprendizagem, 50-53
    desafiando a mentalidade predominante, 52
    diálogo estratégico produtivo, 53
    experimentando continuamente, 52-53
    incentivando a abertura a diversos pontos de vista, 50-52
  desvantagens/armadilhas, 20, 27, 36-59
  falta de persistência, 45-46
  ficando com o conhecido, 39-42
    permanecendo flexível de maneiras estratégicas, 53-56
  fracassos das, 18
  participação retardada, 38-39
  permanecendo flexível de maneiras estratégicas, 53-56
    gerenciando opções reais, 55-56 (*ver também* Abordagem de opções reais)
    proporcionando autonomia organizacional, 56-59 (*ver também* Modelos/formas organizacionais)
  sinergia, 58-59
  vantagens, 20, 27, 159-170
Tecnologia/s (emergente/s): pressentindo, 85-88. *Ver também* Avaliação de tecnologia
  fortes sinais de surgimento tecnológico, 85-86
    ações dos concorrentes, 86
    registro de patente/literatura, 85-86
  sinais fracos de surgimento tecnológico, 86-88
    confirmação dentro das redes de conhecimento, 87
    descoberta paralela ou convergência, 88
    inteligência competitiva, 87-88
Tecnologia/s (emergente/s):
  acompanhando a velocidade acelerada, 21-22
  comercializando através de ativos complementares, 159-170
  definição, 18
  desafios de, 20-22
  desenvolvendo novas competências, 22-23
  e organização corporativa (*ver* Modelos/formas organizacionais)
  e política pública (lições aprendidas com a Internet), 98-118 (*ver também* Governo/política pública)
  estratégia para (*ver* Criação de estratégia)
  estratégias financeiras para (*ver* Estratégias financeiras)
  evolução de (*ver* Especiação de tecnologia)
  falsas auroras, 108
  gestão de (*ver* Abordagem de gestão, necessidade de uma nova)
  identificação/avaliação de, 78-97 (*ver também* Avaliação de tecnologia)
  "jogo diferente", 17-35
  lições do exemplo da Centocor, 29-30
    alianças/parcerias, 30 (*ver também* Alianças estratégicas)
    avaliação financeira, empregando novas estratégias para, 30 (*ver também* Estratégias financeiras)
    cautela e visão retrospectiva, 30-32
    governo, compreendendo o papel do, 29 (*ver também* Governo/política pública)
    planejamento, usando, flexível, 30
  lidando com grande incerteza e complexidade, 20-21
  mercados para (*ver* Mercado(s); Mercado(s), irregular(es); Avaliação de mercado)
  origens de, 77
  paradoxos, 32-35
    comprometimento *versus* flexibilidade, 32
    estratégias devem se basear nas competências existentes, mas a separação organizacional é geralmente necessária, 33-34
    intensidade da concorrência *versus* colaboração, 34-35
    pioneiros, vencer *versus* perder, 33
  vencedores/perdedores, 18-20, 27-32
    visão retrospectiva e "sábio" *versus* "tolo", 30-31
Tecnologias de comunicações, índices de adoção de várias (Figura 1.1), 22
Tecnologias emergentes. *Ver* Tecnologia/s (emergente/s)
Telecommunications Act of 1996, 106, 116
Telecommunications Industry Association, 302, 306
Telecomunicações, 182-183, 257-258, 258, 262, 299. *Ver também* Sem-fio/celulares
Telefones, 32, 116, 139. *Ver também* Bell (companhias telefônicas)
Teletexto (falsa aurora), 108
Televisão:
  a cabo, 111 (*ver também* Setor de cabo)
  alta definição (HDTV), 40, 100
  interativa, 20, 47, 53
  PC holográfico, 48
Tempo de liderança, 218
Teoria clássica de decisão, 179
Teoria de decisão, clássica, 179
Teoria do jogo, 289
Texas Instruments, 261
Thermedics, 57
Thermo Electron, 57, 337, 337
  estrutura corporativa por volta de 1999 (Figura 2.1), 57
Thomas & Betts, 261
Thomson Newspaper Group de Stamford, Connecticut, 209
Time Warner, 47, 209
Times Mirror Company, 207
Tocor. *Ver* Centocor.
TQM. *Ver* Gestão de Qualidade Total

3Com, 353
3M Corporation, 84, 88, 171, 203, 224, 261
Triangulação. *Ver* Avaliação de mercado
Tribune Company, 207

U

U.S. Steel, 259-260
U.S. West, 261
UPS, 231
USX, 228

V

Valor líquido presente (NPV), análise de, 24, 207, 210, 238, 244, 255-256
van der Heijden, Kees, 53
Vantagem competitiva, construindo com alianças, 312-327. *Ver também* Alianças, estratégicas
Videoconferência, 124
Videotexto (falsa aurora/escoadouro), 108, 188
Vu-Text, 46

W

Wal-Mart, 43, 58
Walt Disney Company, 46, 185
Walt Disney Imagineers (WDI), 185
Wang, 19

Warner-Lambert, 29
Washington Post Company, 207
Watson, Thomas J., 32, 189
Web. *Ver* World Wide Web (www)
Weick, Karl, 175
Welch, Jack, 19, 293, 294
Werner Lambert, 261
Western Union, 23, 31-32
Westinghouse, 23, 64
Westpac Banking Corporation, 340
Whitney, Eli, 219
Williamson, Oliver, 112, 324
Williamson, Peter, 178
Winby, Stu, 338
Wingspan.com, 58
Wood, John, 57
Woodward, Tom, 237
World Wide Web (www), 20, 103, 190. *Ver também* Internet

X

Xerox, 33, 43, 48, 74, 90-91, 133, 212, 213, 313, 319, 321, 322, 323

Y

Yahoo, 22
Yale, levantamento da, 220, 221, 224